全国教师教育课程资源专家委员会审定

高等院校教育学类专业课程规划教材

外国教育史

贺国庆　于洪波　朱文富　主　编

高等教育出版社·北京

内容提要

　　本书分为古代教育、中世纪教育、近代教育、现代教育四编，共 38 章。古代教育编共 4 章，包括原始社会的教育、东方文明古国的教育、古希腊的教育、古罗马的教育。中世纪教育编共 3 章，对中世纪前期和后期的西欧、拜占廷与阿拉伯的教育予以详细论述。近代教育编和现代教育编以 19 世纪末 20 世纪初在欧洲发轫的"新教育"运动和思潮为分水岭，对主要发达国家和几个具有代表性的发展中国家的教育发展与改革状况予以介绍，其中近代教育编共 15 章，现代教育编共 16 章。

　　本书编者在编写过程中试图贯彻教育制度与教育思想并重、教育理论与教育实践并举、宏观文化背景之概览与微观教育史实之透视兼用、正规教育与非正规教育兼顾等原则，并在每一章的最后，对该章的基本史实和核心内容进行了高屋建瓴的理论分析和小结，体现了教材的准确性、权威性、前沿性、系统性、全面性和可理解性。

　　本书可作为高等院校外国教育史课程的学生用书和教学参考用书，适用于教育学各专业、教师教育各专业本科教学，同时也适于各级各类教师培训及硕士研究生使用。

图书在版编目（CIP）数据

外国教育史/贺国庆、于洪波、朱文富主编. —北京：高等教育出版社，2009.8(2022.11重印)
ISBN 978 – 7 – 04 – 026693 – 1

Ⅰ.外… Ⅱ.①贺…②于…③朱… Ⅲ.教育史 – 外国 Ⅳ.G519

中国版本图书馆 CIP 数据核字 （2009） 第 087897 号

策划编辑	魏延娜	责任编辑	张　然	封面设计	王　雎	版式设计	王艳红
责任校对	俞声佳	责任印制	高　峰				

出版发行	高等教育出版社	咨询电话	400 – 810 – 0598
社　　址	北京市西城区德外大街 4 号	网　址	http://www.hep.edu.cn
邮政编码	100120		http://www.hep.com.cn
印　　刷	人卫印务（北京）有限公司	网上订购	http://www.landraco.com
开　　本	787×960　1/16		http://www.landraco.com.cn
印　　张	36.75	版　次	2009 年 8 月第 1 版
字　　数	690 000	印　次	2022 年 11 月第 9 次印刷
购书热线	010 – 58581118	定　价	42.70 元

序

百年大计，教育为本。教育大计，教师为本。高素质、专业化的教师队伍是提高教育质量的关键，提高教师素质和专业化水平是教师教育的根本任务，课程设置和教材建设是教师教育的重要内容。

高等教育出版社策划出版的"高等院校教育学类专业课程规划教材"涵盖了教育学类专业课程的主要内容，反映了教育学科各分支学科研究的新成果与新水平。这套教材体现了以下特色：

一是教材的实践性。教育学科是实践性很强的理论学科，理论联系实际是教育学各分支学科须着力处理好的关键问题。作为教育学类专业课程教材，该套教材打破了以往同类教材对教育理论的抽象阐述与枯燥呈现，用案例分析阐述理论内涵，突出实践教学的内容，把教育理论变得生动并指向教育实际问题的解决，凸显了教育学科的实践性。

二是教材的先进性。随着教育学分支学科研究的不断深入和细化，涌现出很多新成就和新思想。这套教材在保证学科领域最基本的知识结构的基础上重新建构学科体系，注意吸收本学科研究的新成就和新思想，具有与本学科发展相适应的新水平，因而能够反映教育学分支学科新的变化和发展。

三是配套课程资源的丰富性。信息技术在教学领域的广泛应用，推动着教学模式、教学方法和教学手段的变革。课程观念已由单一课程观向教育资源观转变，教学资源亦须由单一纸介质教材向立体化教学资源转变。高等教育出版社建设了这套教材的配套电子教案、辅教光盘、辅学光盘、试题库、学科素材库、课程网站等立体化教学资源，极大地丰富了教材的配套课程资源。

此外，这套教材的主编都是在我国教育学科领域享有一定声望和成就的学者，他们知识广博而精深，思想先进，思维活跃，在高等院校里承担着相关课程的实际教学，积累了丰富的学术基础和实践经验。由他们来组织编写教材，使这套教材的质量有了可靠的保证。

我相信，这套教材一定能够在教育学类专业课程建设方面以及教育学科建设方面发挥引领与推动作用。我愿意向广大师生推荐这套教材，也相信这套教材的出版，会受到广大师生的欢迎。

袁振国

2009 年 7 月 22 日

前　言

历史是时代的见证、真理的火炬、记忆的生命、生活的老师和古人的使者。

——西塞罗（M. T. Cicero，前 106—前 43）

教育，可谓与人类如影随形。自文字产生以后，人类才进入文明时代。对人类教育活动的记载，亦属文字产生以后的事情。人类教育的历史及其记载之源远流长，由此可见一斑。然而，教育史作为高等学府的一门学科，其产生与发展则是晚近一个多世纪的事情。抑或说，直至 19 世纪末 20 世纪初，教育史方成为欧美诸发达国家师范院校的必修科目。教育史作为一门学科的产生，既是 19 世纪末欧美各国社会和教育现代化对新式教师养成的现实要求，又是当时学科分化的必然结果。

作为四大文明古国之一，中华民族素有重视历史研究和尊师重教的传统。但是教育史作为我国师范教育的必修科目，乃是近代以降西学东渐和新学制初创的产物。在清末民初开办的师范学堂和师范学校里，皆设有教育学教程，其中必含有中外教育史学方面的知识。尤其是在 20 世纪 20—30 年代，一批学贯中西的教育史学家出版过诸多中外教育史学方面的著作。其后，由于战火纷扰，我国的教育史学研究和教学渐趋式微。1949 年建国后的头 30 年里，我国的教育史学研究和教学又历经沧桑曲折。改革开放以来，由于学术环境的相对改善，我国的教育史学研究又得到长足发展。仅就外国教育史学的研究而言，就有一大批国别教育史、断代教育史、教育思想史、专题史的专著、教科书以及译著、论文、资料汇编等成果纷纷问世，为我国外国教育史学的研究和教学奠定了坚实基础。

人类的历史总是生生不息的，永远处于生成与发展之中。同样，人类教育的历史也是永远不会停止的，需要不断地探索和研究。本书的编写与出版，正是在承继国内外先行研究成果的基础上，根据目前我国外国教育史教学和研究存在的问题及其改革的需要，汇集诸多长期从事外国教育史学研究和教学的学者通力合作的一次探索。我们殷切地希望，本教材能够有助于我国新世纪外国教育史学科教学任务的更好实现。下面仅就本书的研究范畴、历史分期、编写体例和史料选用等问题，向读者作一扼要交代。

其一，关于本书的研究范畴问题。毋庸置疑，我国的外国教育史学研究和教学一直存在着"欧美中心主义"倾向。对此，我国著名的教育史学家滕大春先生曾经指出："我们认为外国教育史并不是西洋教育史，也不是欧美教育史，乃是世界范围的教育发展史。"①的确，仅就"外国教育史"之"外国"这一概念而言，即是一个错综复杂和难以确定的研究范畴。但可以肯定的是，"外国"是指"世界上除中国以外的所有其他国家"。问题是，"国家"是人类社会生活发展到一定阶段的产物。它是一种历史现象，在人类社会发展的一定阶段诞生，又会在一定阶段消亡。仅以西方为例，就曾经历过以希腊城邦为代表的城邦制国家时期→以罗马帝国为代表的帝国时期→以近现代欧美诸国为代表的民族国家时期。至于亚洲、非洲、拉丁美洲和大洋洲等各大洲中"国家"的形成和演变，更是一个难以确定的历史范畴。囿于史料以及本书编者研究领域等诸种因素的限制，本书中的"外国"主要局限于欧洲、亚洲和北美洲这三个区域。这种取舍并不意味着非洲、拉丁美洲和大洋洲等区域的教育史不值得研究，而是因为目前我国教育史学界对这些区域的研究成果，尚不足以纳入以知识的准确性为首要取舍标准的教材之中。作为一门学科，外国教育史所涉猎的研究地域，应该宽及除我国之外的所有地区和国家，时跨古今数千年，内容极其恢弘宽广。但是作为该学科的一部教科书，我们只能择其要者和成果成熟者而论之。该书作为高等院校教育学专业的通用教材，我们在编写过程中试图贯彻本学科知识的准确性、权威性、前沿性、系统性、全面性和可理解性等原则。在此原则之上，我们还根据目前我国各高等院校开设本门学科的学时，适当地增减了部分内容，以适应一学年的教学安排。同时，针对我国目前教育学专业硕士研究生实行全国统一招生考试的纲目和有关要求，本书对教育史实和理论的清晰性、概括性和可考察性等方面也进行了适当的调整。

其二，关于本书的历史分期问题。本书共分为古代教育、中世纪教育、近代教育、现代教育四编，共38章。其中古代教育4章，包括原始社会的教育、东方文明古国的教育、古希腊的教育、古罗马的教育。关于古代教育，目前国内外学术界对古希腊和古罗马教育的研究成果业已相当丰富和成熟，但对原始社会和东方文明古国的教育状况却相对涉猎不足。然而就古代而言，东方文明古国的教育要远早于古希腊和罗马，它们在文字的发明、教育体制及其内容和方法的革新等诸多领域都具有相当成就。为此，本书专门另设与之相关的两个章节，对人类教育的起源及其特征以及东方文明古国教育的发展轨迹等问题进行了深入的论述，以展示古代教育地缘上的多元性和遗产的丰富性。中世纪一千年，通常被史学家称为"黑暗的世纪"。但是目前的研究成果表明，中世纪是由古代通往近

① 滕大春. 外国教育通史：第一卷[M]. 济南：山东教育出版社，2005：前言.

代的"桥梁",其中蕴涵着极其丰富的文化、宗教和教育遗产。本书专设一编共3章,对中世纪前期和后期的西欧、拜占廷和阿拉伯的教育予以详细论述。关于本书"近代"和"现代"两编,其历史时期的划分相对比较难以确定。英文中的"modern"一词,既可译为"近代",又可译为"现代"。"modern"一词,在我国史学界通常指"近代"和"现代"两个不同的历史时期,但是在西方史学界二者却没有截然的界线。通常,史学家一般将文艺复兴运动看做是西方近代史的开端。当时,地理大发现、文艺复兴、宗教改革、民族国家的兴起以及随后爆发的启蒙运动和产业革命等狂飙骤雨,深刻地改变了人们的世界观、生活方式及其教育的观念和实践,预示着西方近代史的开端。但是,对于"近代史"和"现代史"之间的分野问题,中外史学界却皆莫衷一是。史学家们或以第二次产业革命,或以第二次世界大战,或以第三次产业革命,抑或以"前现代"(pre-modern)和"后现代"(post-modern)等为界线来划分,其标准不一而足。本书对外国"近代教育"和"现代教育"历史时期的划分,主要以外国教育史学科的性质和研究对象为标准。外国教育史是教育学的一门分支学科,它专门以人类教育理论和实践的发展史实为研究对象,其任务是梳理各个历史时期教育史实的发展状况,研究其发生与发展的次第或因果关系。鉴于此,本书将19世纪末20世纪初在欧洲发轫的"新教育"运动和思潮,作为划分外国"近代教育"和"现代教育"的分水岭。当时,第二次产业革命的兴起、科学技术的迅速发展、义务教育的推广普及、新兴学科的产生、欧洲新教育运动、实用主义教育思潮的影响等等,都预示着"传统教育"的渐趋衰微和"现代教育"的日趋演进。这种划分不仅符合外国教育史学科的性质,而且能够更真实地反映教育自身发展的阶段性与连续性、传统性与现代性等等之间的关系。本书近代教育编共15章,现代教育编共16章。

其三,关于本书的编写体例问题。本书在章节和内容安排上,试图贯彻教育制度与教育思想并重、教育理论与教育实践并举、宏观文化背景之概览与微观教育史实之透视兼用、正规教育与非正规教育兼顾等原则。此外,本书的整体编写体例还贯穿着以下诸特点:一是本书一般将各国教育思想家的教育思想安排在对该国相关时期教育制度的论述之后予以简要介绍,而对夸美纽斯、卢梭、裴斯泰洛齐、赫尔巴特和杜威等具有世界性影响的教育先贤,则设专章予以详细论述;二是本书对西方当代主要发达国家教育发展状况的研究,延伸至20世纪末甚至于21世纪初,从而极大地拓展了外国教育史学研究的时限范畴;三是本书的最后一章选取了几个具有代表性的发展中国家并对其教育发展与改革状况予以介绍,以便于读者了解和比较不同类型的国家教育现代化的进程及其经验教训;四是在每一章的最后,作者都对该章的基本史实和核心内容进行了高屋建瓴的理论分析和小结,目的在于激发读者通过教育史实探究教育智慧和规律的兴趣;五是在每一章的末尾,皆附有3~5个思考题和本章所采用的参考文献,以备读者后续学习和纵深研究之用。

其四,关于本书的史料选用和理论分析问题。鉴于外国教育史的学科特点,本书尽可能选用国外学术界公认的第一手史料,附以晚近几年我国权威性的研究成果。可以说,没有史料,就没有历史。但是,史料本身并不能构成历史。只有史学家光顾史料时,史料才会"说话";抑或说,史学家决定着哪些史料有"发言权",按照何种顺序在何种情况下"发言"。可见,对于史料的选用和处理,都离不开史学家的理论分析。正如康德(Immanuel Kant,1724—1804)所言:"没有理论的历史是盲目的,而没有历史的理论则又是空洞的。"①可以说,一部只有教育史料罗列的外国教育史,注定是枯燥乏味的,而且必定是毫无启发价值的。作为一种共识的约定,本书诸位作者愿意运用多年教育史学研究和教学的学识、经验,在尽可能慎重地选择和处理史料的基础上,努力对教育史实赋予理论性的解读、思考与分析。至于这种尝试的得失,尚有待于读者的惠识评判。

本书各章节的分工编撰,尽量依据诸位作者平素的研究专长而定。本书各章的执笔人分别是:

第1~4章,河北大学何振海;

第5~7章,河北大学贺国庆;

第8章、第9章、第21章,河北农业大学刘向荣;

第10章、第35章、第37章,山东师范大学金传宝;

第11章、第22章、第30章,河北大学荣艳红;

第12章、第17章,哈尔滨师范大学续润华;

第14章、第24章、第31章,山东师范大学于洪波;

第15章、第25章、第32章,华东师范大学王保星;

第16章、第26章、第33章,华南师范大学周丽华;

第18章、第23章、第28章,沈阳师范大学马立武;

第13章、第20章,浙江大学赵卫平;

第19章、第29章,河北大学朱文富;

第27章、第34章,中央教育科学研究所姜晓燕;

第36章,河北大学李文英;

第38章,河北大学张宛。

全书由贺国庆、于洪波、朱文富负责统稿,由贺国庆定稿。

本书的编辑与出版得到高等教育出版社的鼎力支持,基础教育分社社长王

---

① 转引自[俄]卡特林娅·萨里莫娃,[美]欧文·V. 约翰宁迈耶. 当代教育史研究与教学的主要趋势[M]. 方晓东等译. 北京:教育科学出版社,2001:22.

宏凯、策划编辑魏延娜和责任编辑张然为书稿的出版付出了诸多辛劳,我们在此谨表示由衷的谢意。需要提及的是,本书是全国 10 余所高等院校诸多长期从事外国教育史学研究和教学的学者们通力合作的结果。这种合作一方面可以汇集不同院校学者们的学识和经验,另一方面也存在着写作风格和编写思路难以统一等缺陷。书中纰漏和错误之处在所难免,尚祈识者不吝指正。

编者

2009 年 2 月

目　录

第一编　古代教育

第二编　中世纪教育

第三编 近 代 教 育

第四编　现 代 教 育

第一编

古代教育

第一章

原始社会的教育

原始社会是人类历史发展的最初阶段。在漫长的原始社会中,出于自身生存和生产劳动的需要,原始人群中逐渐出现了一种独特的向下一代传授各种生活和生产等经验的活动,即教育活动。尽管原始社会的教育活动仍处于初级和萌芽阶段,但这种活动却成为文明社会教育的起点。

第一节　原始社会与原始社会的教育

原始社会的出现是与人类的产生相伴而行的。人类起源于何时?关于这一问题,学界一直存有争论。就考古发现而言,目前被科学家所证实的最早的直立人出现在距今约 600 万年前。[①] 如果把能够制作工具视为人类产生的关键标志,那么最早的人类也可以追溯到距今 250 万年以前。[②] 经过数百万年的演进,直至人类第一个文明社会——奴隶社会开始出现之后,原始社会才逐渐走向终结。作为人类一种独特的社会现象的教育活动,也正是伴随着原始社会的漫长进程起源并发展起来的。

鉴于工具的制作和使用在人类历史上的重要意义,很多学者倾向于以工具作为划分人类历史的主要依据。在原始社会,人类普遍采用的工具多为石制,因此原始社会又被称为"石器时代"。根据工具的进步程度,原始社会可以划分为"旧石器时代"和"新石器时代"两个阶段。旧石器时代人类所使用的工具为打制石器,而新石器时代打制石器逐渐为磨制石器所取代。旧石器时代一直延续

[①] 2000 年,法国学者在肯尼亚发掘出部分原始人的股骨、臂骨和牙齿化石。科学家根据发掘出的一段完整的股骨化石判断,这种原始人已具备了强健的下肢,可以直立行走,这说明他们已具有原始人类的主要特征。参见:Orrorin Tugenensis:Pushing back the hominin line,引自 URL:http://cogweb. ucla. edu/ep/Orrorin. html[EB/OL],2008.7.9.

[②] [美]时代生活出版公司. 人类文明史图鉴·人类的黎明[M]. 赵沛林译. 长春:吉林人民出版社/吉林美术出版社,2000:28.

到公元前 1 万年左右,此后人类社会开始进入新石器时代。① 在新石器时代,随着生产工具的改进和生产经验的积累,原始的畜牧业和种植业开始出现,人类遂由单纯的"食物采集者"转而成为"食物生产者"。这一转变对人类社会具有革命性意义:生产力水平的提高导致剩余产品的增多,人们产生了私有观念;至新石器时代末期,私有制和阶级出现,原始社会趋向瓦解,人类社会逐步迈入文明时期。

依据血缘家族制度的发展和演变,有学者将原始社会划分为前氏族、母系氏族、父系氏族以及由原始社会向阶级社会过渡的军事民主制四个时期。前氏族时期又称原始公社时期,旧石器时代大部分属于这一时期。自母系氏族起,人类社会开始步入新石器时代。19 世纪美国著名民族学家摩尔根(Lewis H. Morgan,1818—1881)在其《古代社会》一书中,将原始社会划分为蒙昧期和野蛮期,每个时期又分为低、中、高三个阶段。② 我国学者依据完全形成的人的发展水平,将原始社会划分为早期猿人时期、晚期猿人时期、早期智人时期、晚期智人时期等阶段。

古人类学家和语言学家认为,在原始人类长期的进化过程中,出于协作劳动和集体生活的需要,人们之间的相互沟通愈加频繁与复杂。在这种情况下,动物性的单音节发声已经很难准确地表达思想、进行交流,而多音节、多频率语言则逐渐成为原始人类进行生产与生活的必然需要。与此同时,在劳动的作用下,原始人类的发音器官、理解器官的生理机制也日趋成熟。在上述因素的共同推动下,语言产生了。可以推断,语言的出现不仅表明原始人的智力活动达到了新的高度,而且对教育的发展也产生了难以估量的意义。

关于教育的起源问题,学界至今尚未达成共识,目前较具代表性的观点主要有如下几种:一是法国学者利托尔诺(Charles Letourneau,1831—1902)提出的教育的生物起源说。该学说认为教育是生物的一种本能,不独为人类所有,动物界中同样存在教育现象。二是美国教育史学家孟禄(Paul Monroe,1869—1947)提出的教育的心理起源说。该学说认为教育起源于人的无意识的模仿,属于人类一种自发的心理现象。三是苏联学者提出的教育的劳动起源说。该学说以恩格斯的劳动创造人的理论为依据,认为教育是在劳动过程中产生的。我国学者倾向于接受第三种学说即教育的劳动起源说,同时也在此基础上衍生出其他观点,如我国早期马克思主义教育理论家杨贤江(1895—1931)提出的教育的需要起源说,以及 20 世纪 80 年代以来出现的教育起源于人类自身的发展、起源于人类在劳动过程中形成的超生物经验等观点。相对而言,教育的

① [美]爱德华·麦克诺尔·伯恩斯.菲利普·李·拉尔夫.世界文明史:第一卷[M].罗经国等译.北京:商务印书馆,1988:10-19.

② [美]路易斯·亨利·摩尔根.古代社会[M].杨东莼等译.北京:商务印书馆,1981:3.

劳动起源说及其衍生学说将教育视为人类特有的有目的、有意识的社会活动，认识到劳动和人类的社会生活在教育起源过程中的关键性作用，因此尽管此类学说仍有待进一步完善，但毕竟为全面揭示教育的起源问题提供了科学的基石。

虽然原始社会的教育伴随着早期人类的社会活动走过了漫长的岁月，但就其性质和程度而言，这种教育尚处于非形式化、低水平的阶段，并未分化为一种独立的、专门的社会活动。对该时期教育的考察，既要坚持将其与动物性的本能活动做严格区分，认识到教育的社会属性，认识到教育在人类及人类社会的生存与延续过程中的重要意义，但同时也不能夸大这种低水平的社会活动的作用，而应以科学的态度对其做出合理的推测和客观的评价。

原始社会及原始社会的教育活动跨越了数以百万年计的漫长时代，但由于资料的匮乏，人们对原始社会及其教育都知之甚少。现代人关于这一时期的认识几乎完全依赖于类比或推论的方法，其依据主要包括：（1）考古学和人类学的研究成果以及民族学的相关资料。（2）19世纪以来西方学者及旅行家、传教士对非洲、北美等地区尚处于原始社会阶段的部落居民所作的考察研究。如摩尔根的《古代社会》，是作者长期对印第安人原始部落进行调查的成果。（3）古代典籍中的有关记载。如《荷马史诗》、《高卢战记》、《日耳曼尼亚志》等古代作品中有关原始部落的记录。由于上述资料均具有难以克服的局限性，因而以此为依据对原始社会所进行的考察、推测和解释往往带有很大的不确定性。关于原始社会及原始社会教育活动的研究仍有待深入。

第二节　原始社会教育的内容、方法和特征

作为人类最早的社会活动之一，教育在人类和人类社会的形成阶段就已经出现其萌芽。随着社会的发展和生产力水平的提高，教育也得到了持续发展，其内容、方法日益丰富，并呈现出原始的多面性特征。

一、原始社会教育的内容

在原始社会的形成过程中，人类积累了一定的生产和生活经验；在生产力水平极其低下的原始社会，这些经验的保留、传递对人类及人类社会的存在与延续无疑具有至关重要的作用。显而易见的是，动物性的模仿本能无法承担起保留与传递人类所积累的生产、生活经验的重任，这一职能必须依赖人类的自觉活动即教育来完成。只有通过教育，年轻一代才能够较为准确、完整地继承先辈的宝贵经验，这是人类社会得以生存和发展的必要条件。正如美国学者威尔·杜兰（Will Durant，1885—1981）所言："假若每一时代缺乏了种族上一代为他遗留的

定期必需品,文明立即陨灭。这些都有赖于生活里的教育。"①

随着原始社会的发展,教育活动所涉及的范畴也日渐扩大,教育内容不断丰富。综合而言,原始社会教育的主要内容可归纳为如下几个方面:

其一,生产劳动的教育。劳动是人类区别于其他动物的本质性活动。在原始社会的部落中,由于生产力水平低下,为保证部落所需的基本给养,每名有劳动能力的成员都必须从事生产。在这种情况下,掌握必要的生产技能和劳动技巧就成为部落对每个成员的必然要求,年长一代向儿童传授基本的生产劳动经验也就成为原始社会教育的重要组成部分。当然,生产劳动教育的内容也随着原始社会人类劳动经验的积累而不断发展。在旧石器时期,人类劳动主要局限于采用简单的打制石器进行狩猎、捕鱼和采摘等。在劳动过程中,少年儿童往往会跟随成人从事一些力所能及的活动,成人则会有意识地将工具的制造与使用、渔猎与采摘食物的技巧等劳动经验传授给年轻一代。在共同劳动中学习基本的生产技能也因此成为这一时期教育的主要形式。进入新石器时代之后,类型众多、制作精致的磨制石器大量出现,人类也开始制作和使用骨器、陶器等新器具,在距今约 6 000～7 000 年前的新石器时代晚期,一些地区的居民甚至掌握了冶铜技术并制成青铜工具。与简单的打制石器相比,这一时期出现的磨制石器、骨器、陶器和青铜器的制作更复杂,工艺要求也更高,因此对年轻一代进行此方面的教育更加必不可少,少年儿童所要学习和掌握的内容也更加丰富。此外,在新石器时代,原始农业和畜牧业开始出现并得到发展,与此相关的劳动技能显然也是这一时期教育的重要内容。几乎可以肯定的是,对于原始人类而言,"谁都不可以没有生产的知识"。② 这些知识是原始社会教育最核心的组成部分。

其二,道德与社会行为规范的教育。由于必须依赖集体的力量才能生存下来,因此原始人类在起源之初便逐渐形成了各种道德和社会行为规范,所有社会成员只有了解和恪守这些社会规则,才能恰当地协调人与人、人与社会之间的关系,适应集体生活,并维系原始部族的稳定。在原始部落中,儿童往往从小即开始跟随长者学习氏族、部落、家庭的成训、禁忌、风俗等道德内容。随着儿童年龄的增长,教育内容也不断扩充,目的在于让他们学会尊敬长者,懂得互助互援,了解部族的传统和业绩,并养成作为一名部族成员的光荣感、责任感,以及忠于部族并在必要时勇于牺牲的献身精神。在进入文明社会之前,这种自发形成的道德准则无疑起到了约束成员言行、协调部族内部关系的作用,任何个人如果不了解或者违反了这些道德要求,不仅不见容于部落、为部落所排斥,而且也难以生

---

① [美]威尔·杜兰.世界文明史·东方的遗产[M].幼狮文化公司译.北京:东方出版社,1998:51.
② 滕大春.外国教育通史:第一卷[M].济南:山东教育出版社,1989:9.

存下去。除此以外,原始部族中一些独特的禁忌、处理人际关系的行为规范也是教育的重要内容。人类学家曾在一些原始部落中发现很多这样的禁忌和行为规范,如南非祖鲁人部落中严禁女子将手放于牛的身上,甚至连走近牛栏也犯忌;在爱斯基摩人中,鹿肉和海豹肉同吃是不可饶恕的罪恶,男人和女人也不准在一处吃饭;马赛依家庭中丈夫要吃饭的时候,妻子必须立即走出茅屋,各人有各人的吃饭喝水的器皿,谁也不准乱用。① 诸如此类的禁忌和行为规范也同样有赖于部落在日常生活中对年轻一代的持续不断的教育。

其三,原始宗教及相关内容的教育。宗教观念是人类最古老的意识形态之一。由于生产力水平低下,原始人类的生存在很大程度上依赖于大自然的赐予。同时,由于对自身和外部世界认识的缺乏,对生老病死、风雨雷电等自然现象的恐惧,原始人类逐渐在艰苦的生存斗争中形成了具体、细致和直观性的思维方式,并且为这种思维方式打上了神秘主义的烙印。原始人类认为,"在现实的客观世界之外,还有一个超自然、超人世的神灵世界,它们不仅左右着自然界的各种变化,而且支配着人类的命运,应当崇拜、敬奉它们,以求得其庇护和恩赐。这样,宗教观念与神灵崇拜就逐渐产生了"。② 进入旧石器时代晚期以后,随着宗教观念的形成,原始部族中出现了丰富多样的宗教仪式,而这些仪式往往伴有音乐、舞蹈等活动,如人类学家在美洲印第安人部落中发现,在举行祭祀仪式时,"全村甚至全部落的成员都穿上兽皮,模仿他们赖以为食的某种动物的习惯和动作"。③ 祈求这种动物的繁衍,以供给他们食用。在原始人看来,这些宗教信仰、仪式以及与此相关的舞蹈和音乐是向神灵表达敬畏之情的载体,是原始人求得神灵赐予的具体方式,因此也是每一个社会成员所必须掌握的。宗教信仰、仪式、音乐、舞蹈等由此成为原始社会教育的重要内容。

其四,体育和军事教育。在原始社会,部族中的每个成员都必须参加各种体力劳动,这些体力劳动,无论是打磨石器、凿穴而居、伐木建屋,还是围猎捕鱼,都需要人们具有强壮的体魄和矫健的身姿,要求人们能跑善跳、耐久力强、敏捷灵活。这些活动既是原始人类生产劳动的一部分,同时其本身也构成了体育的最初形式。原始社会后期,随着部族间战争的出现和频繁发生,武器的制作和使用、实战技能和方法等军事知识也成为原始社会教育必不可少的组成部分。在实际生活中,军事教育和体育往往是结合在一起进行的,体育是军事教育的前提和基础,军事教育的发展又进一步推动了体育内容和方法的丰富。

除上述诸方面外,原始社会出现的尚处于萌芽阶段的文化活动也属于教育

---

① [美]罗伯特·路威.文明与野蛮[M].吕叔湘译.北京:三联书店,1984:45-47.
② 李世安.世界文明史[M].北京:中国人民大学出版社,2000:9-10.
③ [美]爱德华·麦克诺尔·伯恩斯,菲利普·李·拉尔夫.世界文明史:第一卷[M].罗经国等译.北京:商务印书馆,1988:22.

的范畴之内。考古学家考察旧石器时代的人类活动时,曾经发现过不同时期、具有某种共性的绘画和雕刻的遗迹。① 考虑到文化活动的独特性,如果没有教育的传承,那么这种文化现象是很难存留和延续下来的。

二、原始社会教育的方法

原始社会的教育处于尚未与社会生产、生活实践相分离的非形式化的阶段,实践性的知识、技能和习惯的训练与养成是其基本特征。与此相适应,原始社会的教育形成了主要在日常生产、生活实践中引导儿童学习的基本途径和方法,主要有如下几种形式:

其一,在实践中通过观察、模仿和游戏开展教育活动。由于儿童在童年期缺乏参加实际生活的能力,因此模仿成人的各种生产和生活行为就成为他们接受教育的最主要的途径。近代以来的人类学家曾在众多仍保留着原始风貌的部落中发现,儿童通过观察、模仿等途径习得种种经验、技能的现象是相当普遍的。以生产劳动为例,非洲某些部落中的儿童以模仿成人设置陷阱围捕猎物为游戏;北美洲爱斯基摩人部落中的儿童通过为玩偶做衣服的手工游戏学习剪裁;亚马逊河谷的儿童常常在游戏中学会制作简易陶器;在新几内亚巴布亚人群落中,当成年男性狩猎时,幼年男孩往往追随其左右观察和模仿他们的动作,而女孩则在成年女性准备食物、编织衣物、制作器皿时提供力所能及的帮助,并从中学习相关的技巧。概言之,原始部落中的"年轻一代在打猎中学习打猎,在捕鱼中学习捕鱼,在制造工具和用具中学习制造,在作战中学习作战,在人与人的接触中熟习人际行为规范",②这种原始的"从做中学"的教育方法为儿童掌握实际劳动的技能和其他生活经验提供了机会。

其二,部落长辈通过解说、训导向年轻一代传授生存经验以及部落传统、生活方式、行为规范等方面的知识。尽管通过观察和模仿进行学习的方式具有极强的直观特征,便于经验和技能的传授,但由于生产劳动的复杂性和社会生活的多样性,要准确和全面地了解生活行为规范、掌握劳动经验、熟练运用技能,还需要长者对儿童进行必要的传习和教导。如在北美洲靠近北极圈的一些原始部落中,长辈通常会在结束一天的劳作之后,向儿童介绍猎物的生活习性、活动规律以及如何把握时机捕获猎物,向他们解释如何更好地制作和使用工具等。在让下一代记住本部落传统及英雄人物的光荣事迹、了解部落的言行规则和宗教禁忌、养成良好的道德品质的教育过程中,解说与训导的方法运用得更为普遍,因为这些知识仅靠儿童的体验和直观感受是很难掌握的。在北美印第安人群落

---

① [美]威尔·杜兰.世界文明史·东方的遗产[M].幼狮文化公司译.北京:东方出版社,1998:65-66.

② 滕大春.外国教育通史:第一卷[M].济南:山东教育出版社,1989:13.

中,部族长辈往往会在劳动之余向儿童讲述本族的传统和历史故事,正是在这样的场合中,儿童不但学到了关于部落历史和社会生活的种种知识,同时对于儿童形成合乎部落要求的道德品质也是大有裨益的。

其三,根据人类学家的考察,大多数原始部落在其青年人达到一定年龄后,一般会对其进行身体素质、道德品质、意志性格等方面的考核和检验,青年人在通过上述考验后,才能最终被部落接纳,成为部落的正式成员。这种考核和检验过程被称为"成年礼"(或成丁礼、成年式、入社礼、青年礼等)。现代学者普遍将成年礼视为一种针对青年人的有计划的、集中、系统和全面的教育过程。在不同部落中,成年礼的内容和形式千差万别。概括而言,成年礼大致可划分为考察过程和受礼仪式两个部分。儿童在成长到一定年龄后(该年龄标准在不同部落中存在很大差异,大致在5、6岁到12、13岁之间),开始进入考察阶段。成年礼的考察期短则数日,长则持续数年。在这一阶段,受礼者须恪守部落规定,接受成年人所施加的种种严苛的考验,其中有些考验甚至"令人恐怖不忍目睹耳闻"。如在南非的"野蛮人"(kaffir)部族中,孩童被列为"成人候选人"之后,就开始由部落派服劳役,"白天整日作苦工,夜晚不许睡觉,直至精疲力竭倒地为止;更进一步使考验逼真,常常很残酷地鞭笞,使其痛苦如绞,直到鲜血流出体外为止"。① 除身体素质和意志力、耐受力的考验外,有些部落在成年礼过程中还要向青年人集中进行宗教、习俗、传统及道德等方面的教育,以保证他们能够成为合格的部落成员。在考察过程结束之后,部落常常要为青年人举行盛大的受礼仪式,确认他们已经获得部落正式成员的资格,至此成年礼方告结束。由此可见,成年礼不只是一种仪式,还是一种预定的教育过程,是原始社会中一种独特的、较为成熟的教育形式。

此外,原始人类在长年累月的教育实践中,也摸索出一些教育技巧。很多学者在对原始部落考察时发现,部落中的成年人往往会运用奖励、表扬或惩罚、劝诫、说服等方式对孩子进行教育。如印第安人非常善于运用激励、示范、解说、表演等方式指导儿童学习,并会给那些学习优良和行为得当的孩子以适当的奖励。有些部落侧重以恐吓、惩罚的方式来教育儿童,如母亲在孩子啼哭不止的情况下,会模仿猫头鹰或其他动物的奇怪声音让孩子因害怕而止啼。北美洲的祖尼(Zuni)人甚至还有一种专门的仪式,在举行仪式时,一个化过妆的成人会在全村巡逻,遇到幼儿后便警告他们"不得侮慢父母"、"要体恤母亲"、"不得将扫净的地弄脏",要求男孩应该学着喂养马匹,女孩则应帮助母亲照料弟弟妹妹,②以此对孩子们进行道德和行为方面的教育。这些被原始人灵活运用的教育技巧与其

---

① [美]威尔·杜兰.世界文明史·东方的遗产[M].幼狮文化公司译.北京:东方出版社,1998:51.

② [美]罗伯特·路威.文明与野蛮[M].吕叔湘译.北京:三联书店,1984:168–169.

他教育方法一起,鲜活地体现出了原始人类的教育智慧。

三、原始社会教育的特征

尽管就性质和发展程度而言,原始社会的教育活动尚处于非形式化的初级阶段,但这种教育活动却在早期人类的生产、生活中发挥了重要的作用,并随着人类社会的发展而逐渐丰富,体现出多面性的特征。

其一,教育是人类社会所独有的一种特殊的社会现象。在原始社会,这种有目的、有意识甚至是有计划地培养下一代的社会活动与动物界中的抚养、模仿等本能活动有着本质的区别:它是出现和存在于人类群体生活中的社会行为,人类社会为教育的产生和发展提供了独一无二的条件;它传授的是原始人类在长期的生产生活中积累下来的后天经验、知识,而非动物的先天本能;借助于早期人类的原始智慧,教育活动有着相对稳定的、具有较强目的指向性的途径与方法,这是动物界中无意识的本能活动所难以企及的。以唯物史观的角度视之,社会属性是教育最基本的特征之一,也是教育活动与其他类似的动物行为之间的本质区别。

其二,由于原始社会尚未出现阶级分化,因此教育活动体现出了原始的平等性。原始部落对所有儿童实行公养公育,每个儿童都同等地接受教育,不存在少数人独享教育的特权现象。进入母系氏族阶段之后,随着劳动分工的出现,部落中男孩和女孩所接受教育的内容开始有所区别,但这种区别与文明社会中因性别差异而导致的不平等有着根本的区别。直至原始社会末期即军事民主制时期,随着生产力水平的提高,部落中出现了剩余产品以及由此引发出阶级分化和特权阶层,教育才逐渐与生产劳动相脱离,并演变为少数特权阶层的禁脔。

其三,原始社会的教育与原始人类的生产、生活紧密地联系在一起,两者具有高度的同一性。教育本身就是早期人类适应和改造环境的生存手段之一,它渗透于一切活动及一切活动样式之中。就生产经验和劳动技艺的传授而言,几乎所有的生产活动(如狩猎、捕鱼、种植、饲养、制作工具等)都包含着教育的因素,这些活动本身既是生产过程,同时也是教育过程。原始社会中的儿童在这种生产和教育高度结合的同一性过程中,逐渐掌握各种技能并成长为合格的部族成员。同时,这种同一性也使得教育在方法上具有了"教学做合一"的基本特征。

其四,原始社会的教育尚未分化为一种独立的社会活动。在以争取生存为唯一目的的原始社会中,人类保存和延续自身的生产生活经验及与此密切相关的知识、技能、规范是教育的核心内容,但由于原始社会生产力水平的低下和物质资料的匮乏,原始社会教育的内容是非常简陋的,教育方法与后世相比也较为单一,没有学校,也没有出现专门的教师。

原始社会的教育伴随着原始人类和原始社会走过了漫长的历程。在原始社会数百万年的历史长河中,教育与社会的发展并肩前行,对人类种群的保存和延续起到了重要作用,并为人类生产生活经验的传承、知识的积累以及人类智力水平的提高提供了可靠的载体和依托,在一定程度上为人类向文明社会的迈进奠定了基石。但同时需要明确的是,原始社会的教育与原始社会一样,都仅处于发展的初级阶段,在人类尚在为自身的基本生存而挣扎的时代,教育的作用虽然重要,但却是有限的,它没有也不可能达到所谓的理想状态。在人类走出原始阶段、进入文明社会之后,教育曾具有的原始平等性被打破,少数特权阶层垄断教育的现象开始出现,这是历史发展的必然,后人无须为此而哀叹。事实上,只有在进入文明时代(具体而言是指奴隶社会)后,教育转变为一种独立和专门的社会活动才成为可能,随着生产力水平和社会发展程度的提高,教育的内容也更加丰富,方法更加完善,教育制度得以建立和健全,最早的教育理论也由此开始出现。

思 考 题

1. 原始社会教育的内容。
2. 原始社会教育的主要方法。
3. 原始社会教育的特征。

参考文献

1. [美]爱德华·麦克诺尔·伯恩斯,菲利普·李·拉尔夫.世界文明史:第一卷[M].罗经国等译.北京:商务印书馆,1988.

2. [美]路易斯·亨利·摩尔根.古代社会[M].杨东莼等译.北京:商务印书馆,1981.

3. [美]罗伯特·路威.文明与野蛮[M].吕叔湘译.北京:三联书店,1984.

4. [美]威尔·杜兰.世界文明史·东方的遗产[M].幼狮文化公司译.北京:东方出版社,1998.

5. 滕大春.外国教育通史:第一卷[M].济南:山东教育出版社,1989.

第二章

东方文明古国的教育

在走过漫长的原始社会后,人类开始步入文明时代。迄今人类发现的最早的文明中心出现在距今约 6 000 年的西亚两河流域和北非尼罗河流域;在距今约 3 000 ~ 3 500 年,南亚印度河流域以及东亚黄河流域又相继形成了两个文明中心,人们通常将上述四者统称为古代东方文明。古代东方文明孕育出了人类历史上最早的国家形态,即东方文明古国。其中除中国外,东方文明古国还包括古巴比伦、古埃及、古印度和古希伯来。

在教育史上,东方文明古国成就斐然,它们创立了最早的教育制度,诞生了最早的学校,出现了最早的教育理论和教育思想家,人类有史可载的教育是首先于古代东方发端的。

第一节　古巴比伦

古巴比伦位于西亚地区两河(幼发拉底河与底格里斯河)流域的美索不达米亚平原。古巴比伦是目前所发现的人类最早的古代文明之一,距今已有 6 000 多年。虽然巴比伦文明早已湮灭在历史的长河之中,但其对后世的很多影响却流存至今。

一、古巴比伦的社会与文化

古巴比伦以今天伊拉克的巴格达城为界,大致可分为南北两部分。北部以古亚述城为中心,称为西里西亚,或简称亚述;南部以巴比伦城为中心,称为巴比伦尼亚。巴比伦尼亚又分为两个地区,南部靠近波斯湾口的地区为苏美尔,苏美尔以北地区为阿卡德,两地居民分别被称为苏美尔人和阿卡德人。古巴比伦文明的前身苏美尔文明是由苏美尔人最早创立的。

根据考古发掘,历史学家推断在距今约 5 000 年前,苏美尔人就已经在美索不达米亚平原繁衍生息,开始了文明的创造。他们建成了最早的国家,仰赖两河流域肥沃的土地进行农耕,其农业生产技术已相当成熟。在长期的劳动过程中,苏美尔人发明了灌溉技术,学会了铸铁和制作铁器,懂得利用河泥制砖建屋、烧制陶器,还学会了造船。公元前 3500 年左右,苏美尔人发明了文字,后人将这种用削成三角尖头的芦苇笔写成的文字称为"楔形文字"。苏美尔人在泥板上刻写文字,然后将泥板烘干,以便保存,这就是"泥板书"。此外,苏美尔人在天文、历法、数学和医学等方面也都取得了卓然成就。到公元前 3000 年,当世界上仍有很多地区尚未走出蒙昧之时,苏美尔人已在两河流域描绘出灿烂的文明画卷。"流域上下,繁华的城市星罗棋布,城市的周围肥沃的农田像起伏的海洋一般绵延在曾经荒凉的平原上。……高大的城墙环绕着城市,肃穆的庙宇肃立在街头和平原上,砖盖的宫殿大厦鳞次栉比,舒适的房屋充斥了大街小巷。……手工业作坊数以百计,生产了琳琅满目的物品。"①

公元前 2000 年左右,苏美尔文明被战争摧毁。公元前 19 世纪,位于幼发拉底河中游的巴比伦逐渐兴起,并在国王汉谟拉比(前 1792—前 1750)统治时期达到极盛。汉谟拉比在位期间统一了整个两河流域,建立起古巴比伦王国。他注重发展农业经济,曾多次下令兴修水利工程。为巩固王权,汉谟拉比综合各地法规制定了《汉谟拉比法典》,这是古代第一部比较完整的法律。汉谟拉比的统治使一度衰落的苏美尔文明重获生机,并在此基础上形成了更为发达的巴比伦文明,王国的中心巴比伦城更是成为当时最为壮观和繁荣的城市之一。汉谟拉比去世后,古巴比伦王国在外族入侵下由盛转衰,自此延绵千年之久,经历了若干王朝,至尼布甲尼撒二世(Nebuchadnezzar II,约前 604—前 562)在位时曾再度辉煌,但旋即衰落。公元前 538 年,古巴比伦为波斯帝国所灭,古巴比伦文明也随之凋敝。

二、古巴比伦的教育

古巴比伦在教育史上的地位也是毋庸置疑的。苏美尔时期,文字的发明、泥板书的使用以及各种科学知识的丰富,为专门的教育机构——学校的出现提供了客观条件。由于宗教在苏美尔经济、文化等社会生活中占据了绝对的统治地位,而当时的人们又把知识视为神赐之物,只有寺庙中的僧侣才有学习和掌握这些知识的特权,因此史家推断两河流域的学校是在寺庙之中首先产生的。目前考古学家发掘出的两河流域的学校遗址所处年代约在公元前 2500 年到公元前 2100 年之间。②

①　[美]时代生活出版公司.人类文明史图鉴·神王时代[M].王海利等译.长春:吉林人民出版社/吉林美术出版社,2000:9.

②　James Bowen. A History of Western Education Vol. I. [M]. London and New York:Routledge,2003:13.

苏美尔时期的学校被称为"埃都巴"（edubba），意为"泥板书舍"（Tablet House），是一种专门培养"文士"或"书吏"（scribe）的机构，因此此"埃都巴"又被称作"文士学校"，这种教育被称作"文士教育"。所谓文士，是苏美尔人对那些知文识字的人的尊称。除书写外，文士还需掌握天文、历法、灌溉、丈量、算术、法律以及宗教等多方面的知识。最初，由于僧侣对知识的特权，所以所有的文士都是由僧侣担任的。直到公元前2000年左右，随着政治、经济等诸多社会事务对文士需求的增加，文士由僧侣垄断的局面才得以改变，社会上开始出现非僧侣的文士，文士教育的范围也逐渐扩大，除寺庙中附设的文士学校外，社会上也出现了其他类型的文士学校。

汉谟拉比统一两河流域后，随着国力的强盛以及政治、经济、文化生活的繁荣，文士教育获得了空前发展，全国各地都普遍设立了文士学校。当时的文士学校大致有三种类型：由寺庙设立的，由王室或政府机构设立的，以及由文士个人独自设立的。① 不过，尽管文士学校的广泛设立使更多的人有机会接受教育，但即便是在汉谟拉比时期，也只有那些位高权重者的子弟才能够进入文士学校学习，教育仍是一种被少数人所垄断的特权。

文士教育一般可分为初级和高级两个阶段。在初级阶段，苏美尔文的学习是教育的基础，幼童从基本音节学起，然后练习拼音和词汇。临摹和抄写是主要的学习方法，学生往往要抄写大量的词汇和文学作品，散文、诗歌、政令文件和法律文本等都是抄写的对象。在掌握基本的读写知识后，学生还要学习数学、法律等知识，为下一步的学习做准备。接受完初级阶段教育的青年，将取得初级文士的资格，此后被送入政府部门接受高级阶段的教育，主要是通过实习掌握各种实用知识和技能。

文士学校已有较为完善的组织结构。学校由校长"乌米阿"（ummia，意为"专家"）统一管理，"阿达·埃都巴"（adda edubba，意为"泥板书舍之父"）协助校长处理学校的日常事务，学校的教学工作则由教师"都布萨"（dubsar，意为"泥板书者"）承担，而"塞斯布加"（sesbgal，意为"大兄长"）以学徒的身份帮助教师指导学生的学业。据推断，"塞斯布加"应由学习成绩优秀的年长学生担任，在达到一定程度后，"塞斯布加"将成为正式教师。②

文士学校中的学习相当单调，教师对学生的要求也异常严格，一旦学生被发现有不良行为，教师往往会施以惩罚，有记载称某名学生在一天之内就遭到至少四次体罚。为了逃避责罚，甚至曾发生过学生与家长一同向教师行贿的劣迹。③

① 滕大春.外国教育通史：第一卷[M].济南：山东教育出版社，1989：33.
② James Bowen. A History of Western Education Vol. I. [M]. London and New York：Routledge，2003：14.
③ ［美］时代生活出版公司.人类文明史图鉴·神王时代[M].王海利等译.长春：吉林人民出版社/吉林美术出版社，2000：20.

在文士教育结束之后，一些学有所成的文士会聚集在所谓的"智慧之家"（House of Wisdom）中继续开展"高水平的研习活动"。① 尽管人们对"智慧之家"的具体情况尚不清楚，但可以肯定这是一种尚处于萌芽状态的高等教育机构。

作为人类最早的文明发源地之一，古巴比伦创造了灿烂的文化，并经由各种途径对后世产生了广泛影响，人们在波斯、古希伯来、古希腊等古代文明中都可以寻到这种影响的印痕。古巴比伦的教育也是先于其他地区的，可以说，古巴比伦是"人类最初的学校教育的摇篮，也是人类正式教育的起点"。②

第二节　古埃及

古埃及位于非洲东北部尼罗河下游，东临阿拉伯沙漠和红海，西界利比亚沙漠，南邻努比亚（今苏丹），北濒地中海。与古巴比伦一样，古埃及也是人类最早的文明发祥地之一。古埃及人在文字、数学、天文、历法、医学、建筑等方面都曾取得令后人叹为观止的成就，古埃及的教育也在文化发展的推动下走在了人类文明的前列。

一、古埃及的社会与文化

早在公元前 4000 年左右，古埃及地区就出现了政府形态；公元前 3500 年时，这里已经建立了上埃及和下埃及两个王国。约在公元前 3200 年至公元前 3100 年，传说中的美尼斯王（Menes）统一了上下埃及，建立起埃及王朝，史称前王朝。此后，埃及历经了古王国时期（约前 2686—前 2181）、第一中间期（约前 2181—前 2040）、中王国时期（约前 2040—前 1786）、第二中间期（约前 1786—前 1567）、新王国时期（约前 1570—前 1085）、后王朝时期（约前 1085—前 332）等阶段。公元前 332 年，马其顿国王亚历山大占领埃及，曾创造了辉煌文明的古埃及由此成为西方的占领地。在整个中世纪甚至更长的时间里，埃及在西方人看来只是罗马的殖民地或基督教的附庸，灿烂的古埃及文明因此被蒙蔽了千余年之久，直到 1798 年拿破仑远征埃及时，才逐渐为人们所重新发现。③

古埃及文明是在尼罗河的哺育下生长起来的。尼罗河纵贯埃及全境，每年定期泛滥，泛滥后留下一层肥沃的淤泥，人们就在这层淤泥上耕耘。古希腊历史学家希罗多德（Herodotus）曾羡慕地说："埃及人所获土地的收成真可以说是不

---

① James Bowen. A History of Western Education Vol. I. [M]. London and New York: Routledge, 2003:16.
② 滕大春. 外国教育史和外国教育[M]. 保定：河北大学出版社，1998:16.
③ ［美］威尔·杜兰. 世界文明史·东方的遗产[M]. 幼狮文化公司译. 北京：东方出版社，1998：100 – 101.

劳而获……他们不必犁、不必锄，就可以收获到一般农夫必须辛劳才能得到的成果；他们只等待大河水涨。大河的水，灌满沟渠田畴，水退后，他们遂即播种。……就等着收获了。"①这种说法虽不无夸张，但尼罗河特殊的自然条件的确为埃及带来了发达的农业文明。埃及人掌握的自然科学知识也大都与尼罗河有着密切的联系：由于农业几乎完全取决于尼罗河的涨落，为了准确计算河水泛滥期，古埃及人尝试根据天象安排农时，因此获得了最初的天文知识。待洪水消退之后，曾被冲垮的土地需要重新划界，数学、几何学、测量学因而日渐成熟。可能是出于防止灾后瘟疫的需要，古埃及人又在实践中积累了丰富的医学知识。同时，由于农作物种植需依赖尼罗河水灌溉，因此古埃及人修建了大量的水利设施，遂使其建筑学大为发展，著名的埃及金字塔正是古埃及人高超的建筑技术的直接体现。

文字是古埃及留给后世的又一重要遗产。大约在公元前4000年（一说约为公元前3200年），古埃及地区就已经出现了象形文字，后经长期的改进和演变，到古王国时期，埃及已经出现了24个辅音字母。"这些字母，由埃及人传给腓尼基人，由腓尼基人带到地中海，最后，由希腊罗马传遍西方。字母可算是东方人留给西方世界的最大文化遗产。"②这足以说明西方文明是在东方文化的滋养下成长起来的。古埃及人将文字写于所谓的"纸草"之上，这种用生长于尼罗河畔的长茎植物制作的纸方便耐用，便于保存。近代以来考古学者发掘出的大量"纸草书"成为后世了解古埃及文明的重要资料。

二、古埃及的教育

与其他早期文明相比，古埃及的教育制度更为完善，学校类型也更为多样。根据考古资料，一般认为古埃及时期曾存在下列四种学校：

其一是宫廷学校。顾名思义，宫廷学校是设于宫廷之中，旨在培养王室、贵族及朝臣子弟的学校。根据古埃及文献记载，在古王国时期，埃及王宫之中就已经出现了这种学校。由于资料的缺乏，宫廷学校的教育内容和教学方式已无从考证，但一般认为这种学校所教授的内容除读、写、算等基础知识外，还应包括政治、法律等方面的知识。学生自宫廷学校毕业之后，经过必要的实习锻炼，便可出任不同级别的官职。

其二是寺庙学校或僧侣学校。宗教在古埃及社会中有着巨大的影响力，僧侣则是享有崇高地位的特权阶层。在古埃及，寺庙往往掌握大量土地，僧侣们不

---

① ［美］威尔·杜兰.世界文明史·东方的遗产［M］.幼狮文化公司译.北京：东方出版社,1998：
109.
② ［美］威尔·杜兰.世界文明史·东方的遗产［M］.幼狮文化公司译.北京：东方出版社,1998：
119.

事劳动,免交赋税,免服兵役和劳役,这使他们有闲暇研究各种高深学问,在此基础上逐渐形成了寺庙学校。寺庙学校以传授天文学、数学、建筑学、医学等科学知识为主。由于教学程度较高,后世常常将寺庙学校视为高等教育机构,著名的海利欧普利斯大寺(Helioplis,也称日神大寺)就因其高水平的教学而吸引了各地学者来此求学。

其三是职官学校。为培养政府机构所需要的各级基层官吏,在中王国时期,古埃及出现了专门的职官学校。这种学校附设于政府机关内,负责训练本机关所需官吏,招收贵族子弟入学,以吏为师,教学内容与机关的日常政务联系密切。有学者推断这可能是最早的公立学校。[①]

其四是文士学校。文士学校是为社会培养能熟练运用文字,从事书写、会计和计算工作之士而设立的学校。这类学校的教学程度较低,教育内容以书写、计算为基础,还包括公文写作、合同拟定、财会等实用知识。招生范围也较广,但不论是文士学校,还是上述其他三种学校,所面向的一般都限于上层子弟,普通平民几乎不可能接受正规的教育。

重视实用知识和实践技能的传授是古埃及教育的基本特征。教师的教学往往针对现实需求,并注重采用观察、实习等方式开展教学,使学生通过直观体验获取知识。但另一方面,这种教学方式也容易导致学生视野狭隘、知识简陋,安于现状而不重创新。古埃及人在实践中积累的科学知识(如医学)在后世未能形成较为完善的理论体系且发展缓慢,其原因或许与此有某种关系。

由于语言文字的学习在教育中居于基础地位,因此古埃及的教育方法也带有机械、呆板的特征,灌输、背诵、大量临摹和抄写是常见的教学方式。学生稍有差误,教师便会施以体罚。埃及古谚云:"孩子的耳朵,系长在背上。"一位学生在写给老师的信中曾说:"如果不是您打我的背,您的教训根本听不到我的耳里。"这从一个侧面反映出体罚现象的普遍。不过,体罚的效果似乎有限,曾有教师为此而哀叹:"吾未见学童之好书本,如好啤酒者也。"[②]

第三节　古印度

古印度是一个非常宽泛的地理概念,系指整个南亚次大陆而言。根据考古发掘,古印度文明可追溯到公元前 2500 年左右,当时已有达罗毗荼人定居于此并创造出"哈拉巴文化"。哈拉巴文化一度非常辉煌,但后来可能是由于战争、

---

① ［美］威尔·杜兰.世界文明史·东方的遗产［M］.幼狮文化公司译.北京:东方出版社,1998:118.

② ［美］威尔·杜兰.世界文明史·东方的遗产［M］.幼狮文化公司译.北京:东方出版社,1998:118.

瘟疫或其他突发灾害等原因,到公元前18世纪中期时突然中断。公元前2000左右,雅利安人开始入侵印度,到公元前1500左右,雅利安人成为印度次大陆的新主人,他们在这里建立起王国,创造出了本民族的文字——梵文。有文字记载的印度历史正是从这一时期开始的。

一、古印度的宗教与文化

古印度文明是一种宗教性极强的文明。在历史上,有两种宗教曾对印度文明的发展产生过巨大影响,其一为婆罗门教,其二是佛教。

婆罗门教是雅利安人入住印度后,结合印度原始宗教而形成的一种新的宗教。婆罗门教所信奉的是"梵天"或"梵"(Brahma),认为梵天是创造和掌管宇宙的最高神灵,是万事万物的最高主宰。婆罗门教的宗教经典是《吠陀》(由四部典籍组成,包括《梨俱吠陀》、《沙摩吠陀》、《耶柔吠陀》、《阿达婆吠陀》),还有用以解释《吠陀》的《梵书》、《奥义书》等。这些文献充满各种神秘的宗教学说,深奥晦涩,只有婆罗门教的祭司僧侣才能够解读,这就保证了僧侣们的宗教特权。婆罗门教具有强烈的等级色彩,宣扬所谓的"轮回说",要求人们尊法行善,把自己的命运寄托于来世。这实际是要各等级的人们安分守己,严格遵循等级秩序,以维护统治阶层的利益。

公元前1000年之后,随着婆罗门教的发展,印度出现了"种姓"制度。按照种姓高低,人们被分为四等:婆罗门、刹帝利、吠舍和首陀罗。前三者属于"再生种姓",他们死后可获重生;后者首陀罗是"一生种姓",死后不可再生。四类种姓之外是所谓的"不可接触者",被视为贱民。种姓之间壁垒森严,各种姓的职业固定且须世袭,不同种姓间不得通婚。

公元前6世纪,印度进入"战国时代",婆罗门教在战火中势渐衰微,被新兴起的佛教所取代。相传佛教是由悉达多·乔答摩(Siddhartha Gautama,即释迦牟尼)所创。佛教与婆罗门教有一定渊源,不过两者在教义上亦有很大区别。佛教虽也宣扬因果轮回之说,但却反对有强烈等级色彩的种姓制度,倡导众生平等,因而赢得了底层民众的支持。公元前3世纪时,佛教得到广泛发展,阿育王(前273—前232)统治时期甚至一度将其定为国教,直至公元10世纪之后,佛教才逐渐在印度衰落下去,但其影响却经由古代丝绸之路而传至中国、日本、朝鲜和东南亚地区,并一直流传至今。

古印度文明在文化、科学方面的成就是值得后人景仰的。婆罗门教和佛教的典籍、古印度的史诗本身既包含着丰富的宗教和哲学思想,同时也体现了高超的文学水平。在科学方面,目前所通用的阿拉伯数字就是由印度人发明的,在数学、建筑学、医学、天文学,甚至物理学和化学等领域,古印度也都达到了相当高的水平。

二、古印度的教育

由于宗教在古印度社会中的特殊地位,宗教教育遂成为教育的主流,教育操之于宗教之手则成为古印度教育的基本特征。

1. 婆罗门教的教育

在佛教兴起之前,教育由婆罗门教所掌控。受种姓制度的影响,有资格接受教育的仅限于婆罗门、刹帝利和吠舍三个种姓,由于婆罗门种姓地位最高,因此所受教育的程度和水平要高于刹帝利和吠舍。至于首陀罗和贱民,则完全被剥夺了受教育权。早期,婆罗门教的教育活动主要是在家庭中进行的,教育内容以记诵《吠陀》经典为核心,子女要在父母的指导下反复朗读和背诵经文,教育方法机械、呆板。由于经文繁琐、晦涩,孩童即使要学完《吠陀》四经中的一部,也往往需要花费数年时间。公元前 8 世纪后,随着文化的发展,社会上出现了一种被称作"古儒"(guru)的人,他们粗通经义研究,在家中招收学生,传授《吠陀》经文。古儒居所遂变成最初的学校,被称为"阿什拉姆"(Ashram),又称"古儒学校"。古儒学校一般仅招收男孩,学生在 7、8 岁左右入学,入学前须先经考核,只有品行优良者方可入学。经古儒认可后,学生即迁入古儒家中开始漫长的学习,学习期限一般为 12 年。古儒学校的教育内容的核心是《吠陀》经。在学习《吠陀》经之前,学生们首先要学习所谓的"吠陀六分支"(Six Vedangas),包括语音学、韵律学、文法学、字源学、天文学和祭礼。[①] 古儒学校中的教育方法并不比此前的家庭教育进步多少,仍以口耳传授为主,且盛行体罚。

2. 佛教教育

公元前 6 世纪后,随着佛教的兴盛,佛教教育也日渐繁荣。与有着严格等级和性别限制的婆罗门教教育不同,佛教教育的对象范围更为宽泛,而且也不排斥女性,因此具有一定的平民性和平等性。佛教教育以佛学经典和宗教仪式为主要学习内容,教育方法除讲授和背诵外,还包括讨论、辩论等方式,学习气氛相对活泼。佛教教育以寺庵为主要场所(男性在寺院中学习,女性在尼庵中接受教育,两者有严格的区分),僧侣即是教师。学生一般自 8 岁开始学习,学习期限为 12 年。在佛教教育繁荣时期,很多大型寺院逐渐发展成为具有高等教育性质的学术活动中心,如那兰陀寺(Nalanda)、瓦拉比寺(Valabhi)等。这些寺院往往藏有大量图书,僧徒众多,寺院常常举行讲座和讨论,学术氛围浓厚。高水平的教学和研究活动使这些寺院不仅吸引了大量印度本土人士前来学习,甚至很多外国人也慕名而来,我国唐代僧人玄奘法师就曾在那兰陀寺研习佛法经义,并将众多佛学经典带到中国。

---

① S. R. Sharma. History of Ancient Education[M]. New Delhi:Omsons Publications,2005:58.

综上而言,古印度的教育带有浓重的宗教色彩,倡导精神的解脱或灵魂的救赎,内容大多消极遁世。但印度的寺院教育,特别是具有高等教育性质的寺院教育仍有其积极意义,它不仅推动了当地文化事业的发展,同时也促成了不同国家间文化的交流,佛教向东亚等地的推广正是这种交流的表现之一。

第四节 古希伯来

古希伯来位于今天约旦河流域的巴勒斯坦地区,亦是人类早期文明的发祥地之一。古希伯来对西方文明影响深远。有学者甚至认为:"在古代东方的所有民族中,大概除埃及人以外,谁也没有超过希伯来人对现代民族所产生的巨大作用。"①其历史地位由此可见一斑。

一、古希伯来的社会与文化

最早定居于巴勒斯坦地区的并非希伯来人,而是迦南人,因此历史上这一地区又被称作迦南。希伯来人本为西亚和美索不达米亚地区的游牧民族,约在公元前 2000 年之后开始移居巴勒斯坦地区。公元前 16 世纪左右臣服埃及,大量希伯来人在这一时期被掳往埃及。公元前 14 世纪,因不堪忍受埃及人的虐待,希伯来人在酋长摩西的带领下,重返巴勒斯坦(此即西方历史上著名的"出埃及记"的故事)。希伯来人在巴勒斯坦地区组成了南北两个部落联盟:南部的犹太部落和北部的以色列部落,因此希伯来人又被称为犹太人或以色列人。公元前 11 世纪,巴勒斯坦地区逐渐形成了统一的以色列—犹太王国。公元前 10 世纪后期,王国分裂为以色列和犹太两个国家,前者以撒玛利亚为都城,后者以耶路撒冷为国都。公元前 722 年和公元前 586 年,以色列和犹太分别亡于亚述与巴比伦。犹太亡国之际,战胜者尼布甲尼撒二世掠获大批犹太富贾之家到巴比伦,即"巴比伦之囚"。公元前 538 年波斯吞并巴比伦后,希伯来人被允许返回家园,并建立起以犹太教为根基的国家形式——宗教公社。70 年,罗马帝国征服巴勒斯坦地区,犹太人从此流离失所,仅作为一个分散的民族存在,而非政治意义上的国家了。

古希伯来留给后世最重要的遗产,莫过于犹太教及其经典《圣经》(即基督教《圣经》中的《旧约全书》)。犹太教是在希伯来原始宗教的基础上发展而来的,"巴比伦之囚"是犹太教形成的关键时期。当时,被掳往他国的犹太人将回乡复国的希望寄托于上帝(耶和华),上帝遂成为犹太人的精神依托。"巴比伦

---

① [美]爱德华·麦克诺尔·伯恩斯,菲利普·李·拉尔夫.世界文明史:第一卷[M].罗经国等译.北京:商务印书馆,1988:100.

之囚"结束后,犹太人进一步发展了犹太教,将其作为民族的护身符与力量源泉,并形成了一套独特的教义和排他性的礼仪习俗与宗教组织。犹太教的教义主要有以下三个特点:其一是彻底的一神教思想,它只崇拜上帝耶和华,认为他是宇宙间唯一全知全能的主宰,犹太人必须恪守耶和华通过摩西所传的十条戒律(十诫)和其他律法;其二是坚信犹太人是上帝的"选民",这是其民族自尊心在宗教思想上的突出表现;其三是救世主信仰,即相信上帝将派来救世主使犹太人脱离苦难,犹太人最终会在救世主的领导下,以耶路撒冷为都城重建自己神圣的国家。

犹太教对古希伯来和西方世界的影响难以言喻。尽管自 1 世纪之后的近两千年里犹太(以色列)人一直未能重建国家,但其民族意识却在犹太教义的感召下从未泯灭,犹太人也成为多灾多难却自强不息的典范。此外,犹太教的很多宗教思想也经由基督教而流传后世,影响了整个西方世界。虽然在历史上犹太人的圣城耶路撒冷几经毁建,但犹太民族从未消亡,"犹太人与历史同在,也许它亦与文明同样永恒"。①

二、古希伯来的教育

教育是古希伯来文化与宗教得以经久传承的重要媒介。古希伯来人对教育的重视由来已久。在"巴比伦之囚"发生以前,希伯来人的教育主要是在家庭中进行的,早期希伯来教育的显著特征是"集中于家庭"。② 在实行男性家长制的希伯来家庭中,教育子女既是父亲的权力,同时也是他的当然职责。家庭教育的首要内容是陶冶儿童的宗教情感,培养他们对耶和华的尊崇之情;同时,法律、职业技能和生活常识等也是教育的必要内容。另据史书记载,"巴比伦之囚"时被掠至巴比伦的希伯来青年多能识文断字,有较高的知识修养,因此有学者推断读写能力的训练也是早期希伯来家庭教育的内容之一。③ 需加以说明的是,希伯来家庭中颇有民主之风,特别是儿童往往享有较高的地位。这种民主之风反映到教育上,则表现为教育方法与其他文明古国相比要较为温和,父亲虽然有权惩戒和体罚子女,但实际上却多以更加积极的方式教育儿童。

"巴比伦之囚"时期是希伯来学校教育的萌生阶段。由于被掳至巴比伦的希伯来人失去了敬拜耶和华的耶路撒冷圣殿,故而在流放地设置"会堂"(syna-gogue)开展敬虔祷神活动,并担负起教育青年之责。待希伯来人返回巴勒斯坦时,这种会堂制度得以保留。公元前 2 世纪左右,希伯来人将会堂的教育功能分

---

① [美]威尔·杜兰.世界文明史·东方的遗产[M].幼狮文化公司译.北京:东方出版社,1998:238.

② S. R. Sharma. History of Ancient Education[M]. New Delhi:Omsons Publications,2005:221.

③ 滕大春.外国教育通史:第一卷[M].济南:山东教育出版社,1989:107 - 108.

化出来,遂形成了专门的学校。此外,学校的产生还与异邦文化的影响有关。"巴比伦之囚"时期,希伯来人惊叹于巴比伦精美的学校和完善的教育,在希腊化时期,又接触到大量希腊的文化和教育活动。希伯来学校的建立显然与上述影响是分不开的。

从犹太会堂分化出来的学校最初以青年人为教育对象,由精通经义和宗教仪式的僧侣为教师,向青年传授较为高深的宗教教义及相关知识,这些学校已具有高等教育的性质。公元前 2 世纪时,希伯来形成了柏特席勒(Bet Hillet)和柏特山密(Bet Shammi)两所高等学府。70 年耶路撒冷圣殿被毁之后,这两所学校迁至贾布奈(Jabneh),并在著名哲人撒该(Zakkai,约 30—90)的领导下合为一校继续存在了 20 年左右。撒该去世后,学校停办,但撒该的众多信徒又在其他地区创建了类似的学府,继续从事高水平的教学与学术活动,传播犹太教义。①

史家一般认为,希伯来的中等教育出现于高等教育(会堂学校)兴起之后。由于会堂学校对入学者有较高的知识要求,社会上因此出现了一些提供预备教育的中等学校,后来此类学校也招收那些因种种原因无法到耶路撒冷接受高等教育的青年学子入学。至于初等学校,最初仅是为无父儿童(他们无法在家中接受教育)设立的教育机构,并不正规。直到高等和中等教育兴起之后,初等学校才开始普遍出现。64 年,希伯来最高祭祀加马拉(Gamala)下令在各地设立免费的初等学校,有学者认为这是有史记载的最早的义务教育机构。②

希伯来学校的教师多由拉比(Rabbi)担任。拉比是随着犹太会堂的普及而出现的一种向民众宣讲犹太教义的文人。在古希伯来,拉比拥有较高的社会地位,常常被视为耶和华的代言人,人们甚至歌颂"拉比的声音就是上帝的声音"。在希伯来学校教育迅速发展的过程中,拉比起到了无可替代的推动作用。

希伯来的学校教育以宗教为核心,犹太教经典是必学内容。此外,虽然自公元前 4 世纪起希伯来语已完全蜕变为民间很少使用的古语,但由于它是宗教经典的书面用语,因此学生还需学习和掌握它,不过学校一般只教学生认读,并不教其学会书写(在当时,宗教经典是不允许抄写的)。这种狭窄的教育内容也使得学校的教育方法显得较为单一,一般是由教师口授,学生背诵和记忆。这种机械的教学方式往往引起学生的反感而导致厌学,教师则以严格的纪律予以约束,学校内的体罚现象非常普遍。值得肯定的一点是教师在教学过程中往往会鼓励学生提问,认为只有善于提问者才善于学习,这是有其积极之处的。

古希伯来的教育无疑是在文化交流的滋养下发展起来的。早在臣服埃及时期,希伯来人就曾目睹古埃及先进的文化和发达的教育,"巴比伦之囚"则让希

① S. R. Sharma. History of Ancient Education[M]. New Delhi:Omsons Publications,2005:229.
② S. R. Sharma. History of Ancient Education[M]. New Delhi:Omsons Publications,2005:230.

伯来人接触到巴比伦高度发展的学校教育,而希腊化时期希伯来人又吸收了古希腊的教育传统,希伯来教育正是在这些文明成果的基础上形成和发展起来的。人们常说:文化从来不是绝缘体,学校都是诸多文化的混血儿。希伯来教育的成长恰为我们提供了历史的见证。①

在历史上,由于欧美文明在近代以来所占据的强势地位,西方学者一度将西方文明的摇篮——古希腊视为人类文明的源头,"西方中心论"正是这种认识的直接反映。事实上,早在古希腊文明兴盛之前,古代东方文明就已出现并发展到相当成熟的地步,为后世留下了相当丰富的文化和教育遗产:世界上最早的文字、最早的书籍、最早的学校都产生于此,其影响既广且久,即便是西方人引以为豪的古希腊文明也曾在很大程度上受益于古代东方。威尔·杜兰评论说:"今天的西方文明,……与其说系于克里特、希腊、罗马,不如说系于近东。因为事实上,'雅利安人'并没有创造什么文明,他们的文明系来自巴比伦和埃及。希腊文明……之绝大部分皆系来自近东各城市。……近东才真正是西方文明创造者。"②美国著名科学史学者乔治·萨顿(George Sarton)则认为:"希腊科学的基础完全是东方的,不论希腊的天才多么深刻,没有这些基础,它并不一定能够创立任何可与其实际成就相比的东西。……我们没有权利无视希腊天才的埃及父亲和美索不达米亚母亲",就此而言,"光明来自东方"!③ 上述论断无疑客观地反映了古代东方文明与西方文明之间的密切关系。

思 考 题

1. 古巴比伦的文士教育。
2. 古埃及的学校类型。
3. 古印度宗教教育的主要类型。
4. 古希伯来教育的主要特点。

参考文献

1. James Bowen. A History of Western Education Vol. I. [M]. London and New

① 滕大春.外国教育通史:第一卷[M].济南:山东教育出版社,1989:124.
② [美]威尔·杜兰.世界文明史·东方的遗产[M].幼狮文化公司译.北京:东方出版社,1998:80.
③ [美]乔治·萨顿.科学史和新人文主义[M].陈恒六等译.北京:华夏出版社,1989:64,89.

York：Routledge，2003．

2．S. R. Sharma. History of Ancient Education［M］. New Delhi：Omsons Publications，2005．

3．［美］爱德华·麦克诺尔·伯恩斯，菲利普·李·拉尔夫.世界文明史：第一卷［M］.罗经国等译.北京：商务印书馆，1988．

4．［美］威尔·杜兰.世界文明史·东方的遗产［M］.幼狮文化公司译.北京：东方出版社，1998．

5．滕大春.外国教育通史：第一卷［M］.济南：山东教育出版社，1989．

第三章

古希腊的教育

古希腊是西方文明的摇篮,它不仅构成了西方社会发展的文化基础,而且被西方人视为精神世界的源头。黑格尔(Georg W. F. Hegel,1770—1831)曾说:"一提到希腊这个名字,在有教养的欧洲人心中……自然会引起一种家园之感。……凡是满足我们精神生活,使精神生活有价值、有光辉的东西,我们知道都是从希腊直接或间接传来的。"①

古希腊为后人留下了宝贵的教育遗产,以雅典和斯巴达为代表的古希腊城邦教育制度,以及以苏格拉底、柏拉图和亚里士多德为代表的古希腊先哲的教育思想,对后世西方教育的发展产生了既深且久的影响。

第一节　古希腊城邦教育制度

古希腊历史一般分为四个阶段:公元前 1100 年至公元前 800 年的"荷马时代",公元前 800 年至公元前 500 年的"古风时代",公元前 500 年至公元前 334 年的"古典时代",以及公元前 334 年至公元前 30 年的希腊化时期。一般认为,荷马时代的希腊仍处于军事民主制阶段,其教育也具有明显的原始社会末期的特征,如没有专门的学校和教师,教育内容以军事体育、音乐舞蹈和道德教育为主等。古希腊盲诗人荷马(Homer,约公元前 8 世纪)根据民间传说创作的《伊利亚特》和《奥德赛》两部史诗(即《荷马史诗》)为我们描绘了这一时期教育的生动画卷。

自古风时代起,古希腊建立起了以城邦(polis)国家为基础的社会制度,同时在政治、经济和文化等因素的影响下,逐渐形成了独特的城邦教育制度,并于古典时代达到顶峰,其后渐行衰落。历史上古希腊地区曾城邦林立,但在诸城邦中,斯巴达(Sparta)和雅典(Athens)最具代表性,同时也是古希腊城邦教育制度

---

① 　[德]黑格尔.哲学史讲演录:第一卷[M].贺麟,王太庆译.北京:商务印书馆,1959:157.

的典型。

一、斯巴达的教育

公元前 8 世纪,斯巴达人通过扩张建立起奴隶制城邦国家。城邦中居民分为三等,斯巴达人是统治者,享有一切政治和经济特权;希洛人(Helots)处于最底层,是没有任何公民权的奴隶;处于中间阶层的是庇里阿西人(Perioeci),他们有人身自由,但不具公民权。在公元前 7 世纪时,斯巴达人仅有 3 万,而希洛人则有 25 万之众。为有效控制希洛人,保持政权稳定,斯巴达人组建起一支以本民族成员为主的强大军队,把整个城邦变成了壁垒森严的大兵营,这种全民皆兵的政治模式直接影响到斯巴达教育的发展。

以军事为立国之本的斯巴达人崇拜在战争中骁勇善战、足智多谋的勇士,鄙弃畏缩不前、怯懦苟生的弱者,培养英勇果敢的战士因此成为斯巴达教育的唯一目的。借助完全军事化的教育,斯巴达拥有了希腊诸邦中实力最强大的军队,而正是由于其强大的军事力量,斯巴达方得以在古希腊诸邦中称雄一时。但这种单纯尚武的教育模式存在严重缺陷,它只重军事技能的培养,忽视甚至排斥个人的智慧和才能,终不免使斯巴达城邦落后于古希腊的文明进程。

斯巴达将教育视为最重要的国家事务之一,完全由城邦独揽,并设有专门的教育官员。儿童自出生后即为国家所有,首先要经过城邦的严格挑选,只有那些身体健硕的婴儿才能留下,其余的病弱残疾者则被丢弃。这种原始的体检制度是为了保证种族的优越性,为培养优秀的战士做准备。被留下的儿童在 7 岁之前由母亲或保姆负责抚养,7 岁以后开始在专门的机构接受教育,这种教育一直持续到成为正式的军人方告结束。所谓专门的教育机构,就是特别为青年儿童设立的军事训练营,也是一种特殊意义上的"学校"。

年满 7 岁的儿童进入军事训练营后即被编为小队(bua),由其中最为勇敢和机智的儿童担任队长(buagos),其他儿童都要接受他的领导。若干小队组成一个大队(ila),由 20 岁左右的青年人担任大队长(ilarches),负责组织训练,主要是体能训练和道德培养。体能训练以"五项竞技"为主,即赛跑、跳跃、摔跤、铁饼和标枪。道德教育的目的是培养谨慎、节制、坚韧和服从等四种品质。军事训练营由国家直接任命的"儿童督导"(paidonomos)负责管理。[①] 此外,斯巴达每一名年长的公民也都有权监督儿童的训练,他们可随时对学生的不妥行为施以处分。军营训练异常艰苦,儿童们甚至无法得到基本的衣食温饱。为了充饥御寒,儿童常常会被教唆去偷窃,借以培养他们机警、勇敢和狡黠的品质,偷窃行动一旦失败,就会遭到鞭笞,以惩罚他的迟钝。军营中体罚盛行,甚至设有专事惩

① James Bowen. A History of Western Education Vol. I. [M]. London and New York: Routledge, 2003:53.

戒的人员——执鞭者(whip-bearer)。儿童经常受到来自队长、执鞭者和成年公民的体罚,自己却"还要高高兴兴地接受鞭打,当作使自己坚强的训练"。[①]

年满18岁后,经过一定仪式,斯巴达青年成为"青丁"(ephebe),开始进入"埃佛比"(ephebia,又称青年军事训练团),接受"直接由军事首领组织的为期两年的强化军事训练"。[②] 这种训练异常严格,且着眼于实战,如一个重要的训练科目就是进行所谓的"秘密服役",即在夜间对希洛人实施突袭,以此提高青年战士的实战技能。埃佛比训练结束后,年满20岁的青年开始服兵役,同时承担对少年儿童的训练任务。30岁时正式取得公民资格,至60岁方从军队退役。由此可见,斯巴达人所接受的教育是与军事活动密不可分的。

斯巴达人高度重视道德教育的作用。道德教育贯穿于教育的全程,其目的在于培养优秀武士所具备的忠诚、英勇、机智、果敢等品质。道德教育是渗透到日常生活、军事训练以及其他教育之中进行的,且卓有成效。孟禄曾评价说:"对于'道德是可教的吗?'这个问题,斯巴达的教育制度给出了非常明了的回答。"[③]斯巴达人的爱国主义、英雄主义风尚以及热爱自由、严明守纪的情操与其成功的道德教育不无关系。

斯巴达的音乐教育甚为发达,并在音乐和音乐教育方面取得了相当的成就。斯巴达人把音乐运用到对青少年的教育之中,用音乐培养他们勇敢作战、服从长者、遵守纪律和自我控制的品格。

斯巴达将女子教育置于很高的地位。重视女子教育的目的在于强健女性体魄,以保证下一代的健康,同时对女子进行军事训练也可以使她们在男性出征时担当保卫城邦的职责。

智育在斯巴达教育中地位甚低,大多数斯巴达人因此而目不识丁,对历史、地理和天文学一无所知,对修辞学甚至抱有鄙视的态度。如果有人在外邦学习了修辞学,归国后还要受到惩罚。这种价值取向使斯巴达越来越落后于整个希腊文明的进展;加之斯巴达民族保守、狭隘、孤傲的性格又让他们拒绝吸收一切外来文化,最终,曾称霸整个希腊的斯巴达逐渐衰落,其教育也走向终结。

二、雅典的教育

雅典位于希腊中部的阿提卡(Attica)半岛,境内多山,土地贫瘠,不宜种植粮食作物,但可栽培葡萄、橄榄等经济作物,且盛产陶土和大理石,还拥有天然良

---

① [英]博伊德,金.西方教育史[M].任宝祥,吴元训主译.北京:人民教育出版社,1985:13.
② R. Freeman Butts. A Cultural History of Western Education:Its Social and Intellectual Foundations[M]. New York:McGraw-Hill Company,1955:34.
③ Paul Monroe. History of Education:A Text-book in the History of Education[M]. New York:The Macmillan Company,1905:77.

港,这些因素推动了雅典制造业和工商业的发展。公元前 7 世纪至公元前 6 世纪时,雅典在政治上进行了多次改革,如梭伦(Solon)改革、庇西特拉图(Peisistratus)改革等,经过这些改革,雅典形成了典型的民主政体。政治上的民主倾向对雅典公民参与政事的基本素质提出了更高的要求,并直接影响到雅典教育的发展。

雅典城邦高度重视教育,把教育视为培养合格公民的有效手段。不过与斯巴达不同的是,雅典城邦并不直接干预教育的细节,也不对教育进行绝对控制,国立的专门教育机构只负责对 16 ~ 20 岁的青年进行教育,16 岁以前的教育则视儿童具体情况由家庭负责,这是造成雅典私人办学盛行的原因之一。

雅典与斯巴达教育最大的不同在于教育目的上的差异。斯巴达的教育目的是培养优秀的军人,而雅典教育的主要目的则是培养青少年勇敢、强健的体魄以及理智、聪慧和公正的品质,造就的是身心和谐发展的合格公民,是健美的体魄和高尚的心灵完美结合的人,身心的和谐发展因此成为雅典教育的核心目标。

从身心和谐发展的目的出发,雅典教育体现出多面性的特征,其内容包括道德、体格、文化以及音乐、舞蹈等。雅典的教育充分重视个人才能的张扬,但又反对专业或职业化的训练,如体格训练和音乐、舞蹈均是教育的重要内容,但进行这种教育的目的不是为了培养运动员、音乐家或舞蹈家,而是要强健体魄、陶冶情操,实现人的均衡发展。"雅典教育的成功之处在于它使人的才能、倾向、个性得到充分的发展。这在古代来讲,是独一无二的。"[1]

在雅典,婴儿出生后也要进行体检,体检由其父亲负责,只有经父亲认可后方能抚养,否则将被丢弃。7 岁之前的幼儿在家中由父母养育,7 岁之后,女孩继续在家中接受母亲的教育,男孩则在"教仆"(pedagogue)的陪同下进入私人开办的音乐学校(music school,又称弦琴学校)开始接受专门的学校教育。

音乐学校教授的内容非常广泛,不仅限于音乐、唱歌和朗诵,还有阅读、书写、算术,甚至包括哲学、法律和自然科学,举凡被认为利于增长知识、培养德行、陶冶心灵者,均被列入音乐学校教育的范畴。这种广博的教育内容与雅典对公民的要求密切相关,如阅读和书写是作为雅典公民必须具备的基本能力;传授算术则是为了满足当时城邦工商贸易发展的需要;音乐和舞蹈教育则是为了陶冶人的心灵,形成高尚的道德。

体育是雅典教育的另一重要组成部分,"体育强健身体,音乐陶冶心灵"[2]是对雅典教育的最好诠释。体育自孩童幼年之时即行开始,初期进行的是有关行走坐立的锻炼,使其行为合乎规范,姿势优美。自 13 岁起进入角力学校(palaes-

① 滕大春.外国教育通史:第一卷[M].济南:山东教育出版社,1989:176.
② Paul Monroe. History of Education: A Text-book in the History of Education[M]. New York:The Macmillan Company,1905:90.

tra，或称体操学校）进行更为严格的训练，包括"五项竞技"：赛跑、跳跃、摔跤、铁饼和标枪，内容虽与斯巴达相同，但其目的决不仅仅是提高军事素质，而是锻炼身体的各个部位，形成健美的体格。16 岁后，大多数子弟开始从事各种职业，少数人则进入国立教育机构——体育馆（gymnasium），接受体育、智育和审美教育。年满 18 岁后，经过严格的年龄和出身审查，青年被记录在城市公民册，成为"青丁"，进入埃佛比接受进一步的军事训练，两年后，他们被授予公民称号，成为城邦的正式成员。

道德教育是渗透于雅典教育的各个部分中进行的，往往在潜移默化中塑造了受教育者良好的道德品质。如幼儿通过听神话故事、英雄传说等，树立起忠诚、勇敢的观念；通过体育训练，青少年形成了坚忍不拔、公平竞争、严守纪律的品质；至于音乐教育，则成为陶冶品性、崇尚美善、激发情感的有效载体。雅典人追求自由、忠于城邦以及爱美、爱智、爱和谐的风尚和倡导革新的精神，与其成功的道德教育是不无关系的。

雅典的教师已有文法教师（grammatist）、音乐教师（citharist）和体育教师（paedotribe）的初步划分，[①]但严格来说，他们还并非真正的职业教师。这些教师开办了私立性质的学校，招收 7～16 岁学生，并收取一定费用。学校教学条件简陋，没有固定的教学场所，多数情况是"教师在哪里，学校就在哪里"。[②] 雅典教师的社会地位十分低下，多由穷困潦倒者甚至是赎身奴隶担任，他们收入不高，还时常被学生家长克扣。"这种对于收取菲薄学费的教师的鄙视是雅典奴隶主对专职教师的偏见，也是雅典社会观点的自相矛盾。"[③]

第二节　希腊化时期的教育

公元前 334 年至公元前 30 年是希腊历史上的希腊化时期。这一时期，随着马其顿国王亚历山大大帝（Alexander the Great，前 356—前 323）对希腊的征服，希腊城邦逐渐衰微，其城邦教育制度也日趋败落。但也正是伴随着这一过程，希腊文明和希腊教育被传播到小亚细亚、波斯和埃及等地，并深刻影响了这些地区文化和教育的发展。

一、城邦教育制度的衰微

希腊化时期，社会的巨变对原有的社会观念造成了猛烈冲击，也导致了希腊

---

① R. Freeman Butts. A Cultural History of Western Education：Its Social and Intellectual Foundations[M]. New York：McGraw-Hill Company，1955：37.

② R. Freeman Butts. A Cultural History of Western Education：Its Social and Intellectual Foundations[M]. New York：McGraw-Hill Company，1955：37.

③ 滕大春.外国教育通史：第一卷[M].济南：山东教育出版社，1989：190.

城邦教育制度的衰落和瓦解,这首先表现为教育目的的变化。在希腊化时期之前的城邦教育制度中,无论是培养英勇善战的武士,还是造就参与政事的公民,其教育目的最终都指向国家和城邦,个人才能的发展需赖于城邦的要求。而在希腊化时期,个人诉求逐渐成为教育的中心,教育目的也变为通过使个人学习多种学科的知识,为他们能够"在变幻莫测的政治风云和光怪陆离的大千世界中取得成功,求得精神上的安宁和心灵上的平静"做好充分准备。[①]

其次,由于教育目的的变化,教育内容也出现了新的特征。体育和音乐教育逐渐丧失了原有的主导地位。希腊化时期的学校中,尽管体育仍然是重要的教育内容之一,但其目的已不再是发展健美的体格,而蜕变为纯粹的竞技和娱乐活动;在音乐教育方面,由于希腊化时期音乐日益向专业化、职业化方向发展,只有经过多年苦修才能习得高超的音乐技巧,常人难以企及,音乐遂逐渐成为专业音乐家的禁脔。这种变化使学校中的音乐教育难以为继,其结果必然是学校音乐教育的蜕化和衰落。由于体育和音乐教育在培养身心和谐发展的公民方面功能的弱化,以往注重多方面教育的传统也随之遭到破坏。

在希腊化时期,先前曾遍布于希腊各地的青年教育机构"埃佛比"亦发生了变化。亚历山大大帝为推广希腊文化,几乎在每个城市中都设立了雅典式的埃佛比,但这种埃佛比与以往却有了明显的不同,不再是对本城邦青年进行军事训练、培养其道德情操和爱国品质的机构,而演变为"少数富有年轻人学习上流社会'文雅知识'的学院和学习体育与人文知识的场所",[②]学习期限也缩减为一年。到希腊化时期的中晚期,非本地人士也被允许入校学习,埃佛比的基本职能和性质由此出现了根本改变。

二、希腊化时期教育的发展

在传统教育衰落的同时,为适应社会变革的需要,希腊化时期的教育也有所发展。一方面,原有城邦教育中的某些因素得到充分彰显,如古典文化在教育中的地位进一步加强;另一方面,学校教育在制度和结构上更趋完善,初步形成了由初等教育、中等教育和高等教育构成的学校教育体系。

希腊化时期,初等教育机构的数量比以往大大增加。在亚历山大大帝征服的城市中,都普遍设立了相当于小学的教育机构,教育对象的范围也有所扩大,在某些城市中,几乎所有的自由民子女都可以进入小学学习,女孩和男孩也都接受同样的教育。小学的教育内容包括阅读、书写、算术以及了解、掌握和背诵部分经典文学作品。

① 滕大春.外国教育通史:第一卷[M].济南:山东教育出版社,1989:303.
② 滕大春.外国教育通史:第一卷[M].济南:山东教育出版社,1989:321.

伴随着希腊化时期社会文化的繁荣,中等教育也得到进一步发展。当时的文化中心亚历山大城建立起规模宏大的博物馆和图书馆等文化机构,这里汇聚了来自四面八方的学者。出于整理、注释和翻译古代文献的需要,学者们对文法、修辞、逻辑学等学科内容进行了深入研究,创立了科学的文法体系。由此社会上衍生出了专事文法研究与教学的"语法学家"(grammarian),他们开办中等教育性质的"文法学校"(grammar school),收费授徒。文法学校的教育内容大致可以分为文学和科学两个方面。文学教育的主要内容是荷马和其他经典作家的作品,包括诗歌、戏剧等;科学教育主要包括几何学、算术以及部分音乐理论等。

希腊化时期,高等教育获得长足发展,出现了多种类型的高等教育机构。如亚历山大城的博物馆和图书馆就具有了高等教育的功能和特征。公元前308年由芝诺(Zenon Kitieus,前336—前264)开办的斯多葛(Stoics)学派哲学学校、公元前306年由伊壁鸠鲁(Epicurus,前341—前270)开办的伊壁鸠鲁学派哲学学校等也都是闻名一时的高等学府。公元前200年前后,上述两校与先前柏拉图创办的学园、亚里士多德创办的吕克昂及伊索克拉底(Isocrates)创办的修辞学校合并,组建了"雅典大学"。经过长期发展,到2—3世纪时,雅典大学达到极盛,成为当时著名的希腊文化研究中心,吸引了来自东西方各地的学子,为传播希腊文化、科学和学术做出了重要贡献。

希腊化时期是古希腊文明发展史的最后阶段,同时也是古希腊教育发展的重要时期。尽管当时作为古希腊文明重镇的雅典日趋没落,雅典式的城邦教育制度也趋于衰微,但在整个西方教育史上,希腊化时期在教育上取得的进展仍然具有积极意义。"在某种意义上可以说,……希腊人所理想的教育到了希腊化时期才更趋完善。更为重要的是从西到东,二大地区的教育从此无不打上希腊的烙印。"①

第三节 古希腊的教育思想

在长期的教育实践中,古希腊人不但创造了较为完善的城邦教育制度,同时也孕育出丰富的教育思想。尤其是智者学派以及被誉为"希腊三哲"的苏格拉底、柏拉图和亚里士多德等,更为后世留下了宝贵的教育理论财富。

一、智者学派的教育理论

所谓智者(sophists),原本泛指有智、有才之人。自公元前5世纪中后期始,智者逐渐被用来专指那些向人传授雄辩术及其他科学知识,并收取一定学费谋

---

① 滕大春.外国教育通史:第一卷[M].济南:山东教育出版社,1989:325.

生的人。智者的广泛出现构成了所谓的智者学派。在古希腊,智者们在城邦间从事教育活动,广收门徒,传播知识,史学界因而把智者视为西方最早的职业教师。[①]

智者的出现以及智者学派的教育活动对古希腊的文化教育产生了巨大影响。黑格尔认为,智者是希腊人的教师,通过智者,文化才开始在希腊出现,智者们以智慧、科学、音乐、数学等教人,代行学校职能,教化青年。[②] 尽管在古希腊后期,智者中出现了很多不分是非、专以辩术骗取钱财的品行低下之人,甚至被人称为"诡辩家",但客观而言,早期智者的教育活动和学术成就确为古希腊文化的发展做出了重要贡献,其历史地位不容抹杀。

智者是古典时代希腊尤其是雅典民主政治发达的产物。"雅典的直接民主制……需要高水平的普及教育。如果每个人都要参与社会管理,那么必须有一个好的普及教育体系。智者派承担了启蒙人民的教学任务。"[③]正是由于民主权利的扩大和普及,才促成了以传授参与政事所需技能为职业的智者的出现,而智者的教育目的就是培养人们从事政治活动、处理个人和社会事务的能力。智者学派的创始人普罗泰戈拉(Protagoras)在谈及他的教育目的时曾说,到他这里受教之人,可以学到处理私人事务以及公共事务的智慧,能够将自己的家庭管理得井井有条,能够在国家事务方面作最好的发言与活动。[④] 黑格尔认为智者的教育"既是哲学教育,也是演说教育,教人治理一个民族,或者通过观念,以便使一件事情能够办得通。……此外他们还有着最普遍的实践目的,就是给予政治家一种预备教育,以便在希腊从事一般的职业性政治活动"。[⑤]

从培养熟悉政治活动的公民角度出发,智者为学习者提供了广泛的教育内容,雄辩术(辩证法)则在其中居于核心地位。古希腊的民主政制对人的言辞技巧提出了较高要求,智者顺应了这种社会需求,对雄辩术异常重视,"教人如何进行辩难,如何从事物的各个方面,找出对于这个事物的各种观点,并能把所需要的观点突出出来,把不利的观点掩盖下去"。[⑥]尽管这种教育在一定程度上的确提高了人的言辩技巧,但却为后期智者的雄辩发展成颠倒是非的诡辩埋下了根源。

修辞学、文法以及哲学、政治、法律等知识的学习也被智者列为教育的主要内容。智者们认识到,要培养善于言辩的从政者,就必须使学习者掌握丰富

① Paul Monroe. History of Education:A Text-book in the History of Education [M]. New York:The Macmillan Company,1905:115.
② [德]黑格尔.哲学史讲演录:第二卷[M].贺麟,王太庆译.北京:商务印书馆,1960:8-9.
③ [挪]G.希尔贝克,N.伊耶.西方哲学史[M].童世骏等译.上海:上海译文出版社,2004:35.
④ 滕大春.外国教育通史:第一卷[M].济南:山东教育出版社,1989:224.
⑤ [德]黑格尔.哲学史讲演录:第二卷[M].贺麟,王太庆译.北京:商务印书馆,1960:9-10.
⑥ 滕大春.外国教育通史:第一卷[M].济南:山东教育出版社,1989:226.

的文化知识，由此他们才能够在政治活动中更全面地分析问题，阐述观点。此外，智者也高度重视道德教育在公民培养中的作用，认为所有从事政治活动的人都必须具备公正的政治品德，这与晚期智者不问是非单纯的诡辩教育截然不同。

智者学派的教育活动丰富和发展了古希腊的教育实践和教育思想。智者游走于各城邦，不问品级，收费授徒，从而扩大了教育对象，促进了文化的传播。智者积极从事修辞学、文法、哲学等学科的教学与研究活动，拓展了教育内容，延伸了学术研究领域，西方教育史上长期沿用的"三艺"（文法、修辞学、辩证法）即是由智者确立下来的。① 作为职业教师，智者们已经意识到教育活动的特殊性，开始将教育现象与其他社会现象加以区别，同时也认识到教育与政治、道德之间的密切联系，明确了教育在国家生活中的重要作用。在长期的教育教学实践中，智者们的教育内容、教学方法逐渐规范化，并提出了一整套比较完整的教育理论。可以说，正是由于智者的出现，古希腊教育思想才真正成型。

二、苏格拉底的教育思想

苏格拉底（Socrates，前469—前399）是古希腊著名的哲学家、教育家。他长期从事教育活动，坚持"有教无类"的原则，受过他教诲的学生不计其数，且从不收取学费。苏格拉底提出了很多内涵深刻的教育见解，形成了独特的教学方法，这些成就使苏格拉底成为在西方教育史上有深远影响的第一位教育家。

苏格拉底将教育视为发展人的才能、陶冶人的情操的必需途径，主张每个人都必须接受教育，"无论是天资比较聪明的人或是天资比较鲁钝的人，如果他们决心要得到值得称道的成就，都必须勤学苦练才行"。②

苏格拉底认为，在雅典的民主政体中，相对于普通公民，官员接受教育就更加必要，因为治国重任必须是由经过良好教育的德才兼备之人承担，那些没有受过教育，却用欺骗的方法窃取公职的人乃是"最大的骗子"。就此而言，苏格拉底将培养德才兼备的治国良材作为教育的最高目的。

苏格拉底认为，教育的首要任务是培养道德。他认为道德并非与生俱来，只有经过良好的教育，获得了正确的知识，人才能具备完善的道德，因此道德与知识（智慧）是密不可分的。"正义和一切其他德行都是智慧。因为正义的事和一切道德的行为都是美而好的；凡认识这些事的人决不会愿意选择别的事情；凡不认识这些事的人也决不可能把它们付诸实践；即使他们试着去做，也是要失败

---

① 在西方教育史上，由智者最早确立的"三艺"（文法、修辞、辩证法）和由古希腊著名教育家柏拉图确立的"四艺"（算术、几何、天文、音乐）合称"七艺"（seven liberal arts）。在整个中世纪长达千余年的时间里，"七艺"一直是西欧学校教育的基础性课程。

② ［古希腊］色诺芬.回忆苏格拉底［M］.吴永泉译.北京：商务印书馆，1984：116.

的。……既然正义的事和其他美而好的事都是道德的行为,很显然,正义的事和其他一切道德的行为,就都是智慧。"①这就是教育史上著名的"智慧即美德"命题,这一命题的提出为道德教育的实施寻找到了理论依据,后世的教育家也因此把发展道德意识、道德判断作为德育的重要任务之一。

在苏格拉底看来,德才兼备的治国者应该是学识渊博之士。"一个好的政治家的首要条件是他要具备广博的知识,不仅有着关于善、美德的知识,而且要对国家的情况了如指掌。只有这样,他才能达到他所希望达到的目的,才能较容易地把城邦治理好。"②因此在教育内容方面,苏格拉底除了教授政治、伦理、雄辩术和处理公共事务与私人事务所必需的实用知识外,还第一次将几何、天文、算术列为必学科目。学习这些知识的目的不在于发展理论思维,而在于实用,如学习天文是为了根据天象分辨时间,学习算术是为了避免无意义的劳动等。

苏格拉底认为,真理以潜在的形式存在于人的内心,教师的任务不在于传授既成的知识,而在于通过交谈和讨论,消除错误与模糊的认识,唤醒学生的意识,从而发现真理。由此苏格拉底在其教学中形成了以问答、诘难、诱导为特征的谈话式教学方法,后人称之为"苏格拉底教学法"或"助产术"。这种教学法由四个步骤组成:反讽、助产术、归纳和定义,即在谈话中,通过不断追问与辩难,迫使受教育者意识到自己的谬误,进而从具体现象中找到事物的共性和本质,并上升到一般概念。当然,这种谈话式教学有其不足之处,它只是在没有成熟的教材、没有正规的课堂教学的特定条件下的产物,运用范围受到很多因素的制约。但这种教学方法在一定程度上遵循了人的认知规律,能使人更加深刻地发现真理,理解教育内容,促使学生的认识不断深化,因此至今仍是教学中的重要方法之一。

在苏格拉底之前,经智者学派的发展,希腊教育思想已经基本成型,但这种教育思想发展为系统化的教育理论却是从苏格拉底开始的。苏格拉底"总结了包括智者派在内的许多思想家的教育主张,并在此基础上加以进一步的理论抽象,使前人关于教育的见解、主张范畴化,从而为教育思想的体系化提供了必不可少的思想工具。可以说,在希腊教育思想史上,苏格拉底发挥着承前启后的转折性作用"。③

三、柏拉图的教育思想

柏拉图(Plato,前427—前347)是继苏格拉底之后古希腊又一位著名的教育家。他出身名门望族,早年受过良好的教育,20岁时投于苏格拉底门下学习哲学。苏格拉底离世后,柏拉图开始了长达12年的游学生涯,足迹遍布埃及、小亚

---

① [古希腊]色诺芬.回忆苏格拉底[M].吴永泉译.北京:商务印书馆,1984:117.
② 滕大春.外国教育通史:第一卷[M].济南:山东教育出版社,1989:250.
③ 张斌贤,褚洪启等.西方教育思想史[M].成都:四川教育出版社,1994:65.

细亚、意大利南部等地。游学期间,柏拉图在了解各地政治、经济、文化与教育状况的同时,还对哲学、数学、天文学、音乐理论等知识进行了深入研究。此后柏拉图回到雅典,创办了学园(academy),从此专心教育和著述,他一生中的大部分著作都是在这里完成的。柏拉图在学园任教40年,培养了一大批著名的政治活动家和学术思想家,使学园成为当时希腊世界的哲学和科学中心。

柏拉图的教育思想集中体现在他的代表作《理想国》和《法律篇》中。在柏拉图看来,最完美的国家是由执政者、军人和生产者组成,并建立在智慧、勇敢、节制、正义这四种美德之上的,而这种理想国度只有在哲学家成为统治者之后才有可能实现。他提出:"除非哲学家成为我们这些国家的国王,或者我们目前称之为国王和统治者的那些人物,能严肃认真地追求智慧,使政治权力和聪明才智合而为一;那些得此失彼、不能兼有的庸庸碌碌之徒,必须排除出去,否则的话……对国家甚至我想对全人类都将祸害无穷,永无宁日。"①因此,培养和造就哲学家就成为柏拉图教育思想的最高目标和主要任务。

从培养哲学家的教育目的出发,柏拉图提出国家应高度重视教育,将教育视为建设"理想国"的重要杠杆。在此基础上,柏拉图对教育阶段进行了较为明确的划分。

教育的第一阶段为学前教育期。柏拉图是西方教育史上首先提出学前教育的人。他认为,人在幼年之时,性格正在形成,任何事情都可能在儿童心灵上留下深刻印象,因此应着重对儿童进行道德熏陶,使其形成良好的品质。儿童自出生后至3岁,要在家中接受父母和经过精心挑选的女仆的养育;3岁之后就要进入附设在神庙的儿童游戏场,在国家委派的女公民监督之下接受教育。教育内容包括讲故事、做游戏、音乐和舞蹈等,目的在于养成儿童勇敢、坚毅、快乐等品性。

教育的第二阶段为普通教育期。年满7岁的儿童开始进入国家举办的初等学校,如文法学校、弦琴学校和体操学校,接受普通教育,学习内容以初步的读写算、音乐和体育为主。柏拉图认为,音乐教育可以熏陶人的心灵,而体育则可使人身体健康,避免因体质孱弱而导致精神委靡,从而影响心灵的健全,因此音乐和体育必须相伴而行,达到使人身心和谐发展的目的。

教育的第三阶段为军事训练期。在普通教育基础上,年满18岁的青年将升入高一级的教育机构(埃佛比)接受为期两年的军事训练。在这一期间,青年们的学习内容除军事技能和音乐外,还应该包括初步的科学知识,如算术、几何、天文,这些知识的学习以实用为主,目的在于培养素质全面的军人。

教育的第四阶段为深入研究期。一般青年到20岁后,学业基本宣告结束,

① [古希腊]柏拉图.理想国[M].郭斌和,张竹明译.北京:商务印书馆,1986:214 - 215.

他们将投入军营,成为国家的守卫者。少数经过筛选的优秀青年则要继续研究高深的科学理论,主要学习"四艺",即算术、几何、天文和音乐,内容虽与前一阶段相同,但目的绝非为了实用,而是要使学习者心灵更加纯洁,更能够逐步接近真理。这一阶段的教育要持续十年。学习者年满 30 岁后,大多数人将充任公职,成为国家的高级官吏,少数人则进入下一教育阶段。

教育的第五阶段为哲学教育期。学习者在年满 30 岁后,经过非常严格的挑选,极少数最优秀的人开始进入哲学教育阶段,专门学习哲学(辩证法),一直到 35 岁为止。柏拉图认为研究哲学是认识真理的唯一方法。"当一个人企图靠辩证法通过推理而不管感官的知觉,以求达到每一事物的本质,并且一直坚持到靠思想本身理解到善者的本质时,他就达到了可理知事物的顶峰了。"①经过五年的哲学教育,学习者将被投入实际工作中进行锻炼,直到 50 岁。那些在实际工作和知识学习中成就卓越,特别是在哲学上有着高深造诣的人最终成为柏拉图理想中的哲学家兼政治家——哲学王。可见,柏拉图所提倡的针对哲学家的教育贯穿于人的一生,并且学习和实践锻炼始终是紧密结合的。

柏拉图重视对女子进行教育,他认为在承担国家和社会事务方面,女子与男子是平等的,"在国家中,没有一件事是专属男子干的,也无一件事是专属女子干的"。② 因此女子应与男子一样,接受同等的音乐、体育和军事教育。柏拉图这种男女平等的思想丰富与发展了古希腊的教育理论。

作为古希腊最伟大的哲学家、思想家和教育家之一,柏拉图教育思想中包含了很多弥足珍贵的见解,如国家应重视对全体公民进行教育,对学前教育的倡导,主张身心和谐发展,确立"四艺"的课程体系,强调知识的实用和发展思维能力,将教育与政治理想联系起来等等,都有重要的启发性。美国教育史学家孟禄曾评价说,柏拉图的教育思想"对后世产生了深远的历史影响,具有永恒的价值"。③

四、亚里士多德的教育思想

亚里士多德(Aristotle,前 384—前 322)是古希腊一位百科全书式的学者,曾跟随柏拉图学习。亚里士多德在哲学、政治学、物理学、伦理学、逻辑学、心理学等学科均造诣颇深,其教育理论在继承古希腊教育传统的基础上又有所发展和创新,因此他被誉为"古希腊教育经验和教育思想之集大成者"。④

---

① [古希腊]柏拉图.理想国[M].郭斌和,张竹明译.北京:商务印书馆,1986:298.
② 滕大春.外国教育通史:第一卷[M].济南:山东教育出版社,1989:279.
③ Paul Monroe. History of Education:A Text-book in the History of Education[M]. New York:The Macmillan Company,1905:130.
④ 赵祥麟.外国教育家评传:第一卷[M].上海:上海教育出版社,1992:111.

以其哲学和心理学思想为基础的灵魂论是亚里士多德教育思想的重要理论支柱。根据灵魂论学说，亚里士多德认为人是由躯体和灵魂组成的，而灵魂包括非理性和理性两个部分，其中非理性部分又可分为营养和感觉两种成分，营养的灵魂、感觉的灵魂和理性的灵魂分别对应于植物的灵魂、动物的灵魂和人的生命，三者既独立存在又相互联系。同时，亚里士多德认为人的灵魂如同一块白板，所有知识都是后天经由感觉而进入人的意识的。灵魂论的提出在教育上有其积极意义：首先，有关人的灵魂由三个部分组成的论述为教育必须包括体育、德育和智育提供了理论依据；其次，其灵魂白板说在一定程度上认可了教育在人的理性发展和知识获得等方面的作用。

由于人是躯干和灵魂的统一体，而灵魂又是由较低层次的非理性灵魂和较高层次的理性灵魂组成的，因此人的发展应遵循先躯体、后非理性灵魂和理性灵魂的顺序。据此，亚里士多德提出教育应按照人的发展阶段依次进行。首先是体格教育，使人拥有健全的体魄；其次应以道德教育为主，将人的各种情感和愿望引向良性轨道，形成完善的道德观念，养成良好的习惯；最后是智育和美育，目的在于锻炼和提高人的思维、认识、理解和判断能力，使人的理性灵魂得到充分发展，达到身心和谐，这也是教育的最终目的所在。同时，要培养身心和谐的人，就必须重视影响人发展的三个要素，即天性、习惯和理性。在亚里士多德看来，重视人的天性，在良好的环境和正当的行为中养成良好的习惯，并通过教育发展人的理性，使天性和习惯受理性的领导，人就能成为有良好德行的人。其中，教育显然起着不可或缺的特殊作用。

根据青少年不同时期的生理特征，亚里士多德将教育划分为三个阶段：儿童自出生到 7 岁为第一阶段，7 岁至 14 岁为第二阶段，14 岁至 21 岁为第三阶段。各阶段的教育内容和方法因青少年的不同特点而有所不同。第一阶段为家庭教育期，这一时期是儿童身体生长发育的关键期，重点在于引导儿童做些适于肢体发育的活动，使儿童体格健康。5 岁之前的儿童不应学习任何功课，以免妨碍身体发育，5 岁之后方可开始课业学习，但也不宜过重，要保证充足的体格锻炼。此外，这一时期的教育内容还包括游戏、讲故事等。第二阶段为初等教育期，这一时期要发展人的非理性灵魂，因此教育应以情感道德培养为主。教育内容包括阅读、书写、体育锻炼、音乐和绘画四种。学习这些科目是为了促成人的身心和谐发展，如体育锻炼旨在健康体魄、培养勇气，音乐和绘画教育则是要儿童学会善于利用闲暇等。第三阶段属于教育的中、高级阶段，由于资料的散逸，后人已无从知晓亚里士多德关于对该阶段教育的直接论述，不过从他于公元前 335 年创办的高等学府——吕克昂（Lyceum）的课程中，人们可大致了解到 14 岁至 21 岁青年教育的情况。为发展理性灵魂，亚里士多德在吕克昂开设了包括"四艺"以及哲学、物理、文法、文学和伦理等在内的诸多课程，在方法上倡导教学和科研相结合、研究与实验相结合、讲授与自由讨论相结合,同时学校根据学生学习程度划分年级或班级,实行分班授课。

作为古希腊教育思想的集大成者,亚里士多德在继承先辈成就的同时,并未拘泥于古人,而是结合他所生活的时代和社会需要,形成了自己的教育理论。他的灵魂说和白板说极大地推动了教育理论的发展,他关于教育分期的观点为人们进一步认识人的身心发展规律,并以此作为划分教育阶段的基本依据提供了参考,他开办的吕克昂更是成为当时古希腊高等教育的典范。在经历漫长的中世纪后,到文艺复兴时期,亚里士多德的思想经由人文主义者的弘扬而重现光芒,并被此后的历代教育家所吸收。"直到今天,亚里士多德的教育思想中仍有许多有价值的东西可资借鉴。"①

在西方教育史上,古希腊教育占有非常重要的地位。"希腊的教育,像希腊的文化领域中的其他部门一样,曾经达到过高度发展的水平,对于后代乃是重要的文化遗产。"②虽然古希腊教育的发展要晚于东方文明古国,但"直到早期希腊文明已使其教育得到发展时,人们公认的那种最初的欧洲学校才出现。这些学校的学习计划和教学方法,基本上和现代学校相似;从那时到现在,希腊教育思想和实践,对于每个欧洲国家的教育的形成,都有巨大影响"。③ 同时,在长期的教育实践中,古希腊不仅创立了发达的城邦教育制度,而且形成了丰富的教育理论,如古希腊教育中对人身心和谐发展的注重,对道德教育的倡导,以及在教育过程中所体现出的广泛而全面的教育内容等,都成为此后西方教育发展的直接基础。

古希腊留给后世的珍贵教育遗产并未在外族入侵的过程中消亡,而是通过罗马人的传播扩散到古代东西方世界的辽阔地域,对后世教育的发展产生了长久而深刻的影响。现代社会人们所关注的教育中的许多问题,其源头大多可以追溯到古希腊时期。

思 考 题

1. 斯巴达教育与雅典教育的异同。
2. 希腊化时期教育的进展。
3. 智者在西方教育史上的主要贡献。

① 赵祥麟.外国教育家评传:第一卷[M].上海:上海教育出版社,1992:131.
② 曹孚,滕大春,吴式颖,姜文闵.外国古代教育史[M].北京:人民教育出版社,1981:67.
③ [英]博伊德,金.西方教育史[M].任宝祥,吴元训主译.北京:人民教育出版社,1985:2.

4. 苏格拉底、柏拉图和亚里士多德教育思想的主要内容。

参考文献

1. James Bowen. A History of Western Education Vol. I. [M]. London and New York：Routledge，2003.

2. Paul Monroe. History of Education：A Text-book in the History of Education [M]. New York：The Macmillan Company，1905.

3. R. Freeman Butts. A Cultural History of Western Education：Its Social and Intellectual Foundations[M]. New York：McGraw-Hill Company，1955.

4. ［英］博伊德，金.西方教育史[M].任宝祥，吴元训主译.北京：人民教育出版社，1985.

5. ［美］威尔·杜兰.世界文明史·东方的遗产[M].幼狮文化公司译.北京：东方出版社，1998.

6. 滕大春.外国教育通史：第一卷[M].济南：山东教育出版社，1989.

7. 张斌贤，褚洪启等.西方教育思想史[M].成都：四川教育出版社，1994.

8. 赵祥麟.外国教育家评传：第一卷[M].上海：上海教育出版社，1992.

第四章

古罗马的教育

古罗马通常指公元前 8 世纪兴起于意大利半岛中部的文明,历经王政时期(前 8 世纪—前 6 世纪)、共和时期(前 6 世纪—前 1 世纪),公元前 1 世纪后期,古罗马开始进入帝国时期。帝国创建后的前 200 年,罗马国力达到了鼎盛,成为一个地跨欧、亚、非的庞大帝国。2 世纪左右,帝国开始走向衰落,并于 395 年分裂为东西两部分。476 年,西罗马帝国灭亡,西欧进入长达千年的中世纪,而东罗马帝国(即拜占廷)则一直延续到 15 世纪中期。

第一节　古罗马的教育制度

从社会发展程度来看,古罗马王政时期大致相当于古希腊荷马时代,处于原始社会晚期。由于缺乏可靠的文献资料,后人除可大致推断出这一时期的教育带有明显的原始社会晚期特征外,对其他具体内容知之甚少。共和时期是古罗马文明形成的重要阶段,其教育逐渐走向制度化。至帝国时期,古罗马文明达到辉煌,其教育也渐为成熟。

一、共和时期的教育

公元前 6 世纪,古罗马建立起由从贵族中选举产生的两名执政官共同管理国家的共和政体,是为罗马共和时期之始。以公元前 3 世纪初为界,共和时期又被划分为早期和后期两个阶段。由于社会政治、经济和文化上的显著差异,共和早期与后期的教育也呈现出不同的特征。

1. 共和早期的教育

在共和早期,农业是罗马经济的主要基础,大多数人以务农为生。同时,共和之初的罗马外部形势非常严峻,常常面临着外部入侵的威胁,与邻国之间战争频繁,因此罗马人还要时刻准备抵御外来之敌。在这种背景下,共和早期罗马的教育形成了独特的"农民—军人"模式,即教育的主要目的一方面在于使儿童掌握必要的农业耕作技能,另一方面则要将其培养成英勇善战的军士。

在共和早期,"家庭是社会中最主要的教育单位",①儿童的教育几乎完全是在家庭中进行的。共和早期的罗马家庭实行男性家长制,父亲拥有绝对权威,甚至操有生杀予夺大权,因此也负有教育子女之责。此外,母亲在教育子女特别是在早期教育方面也扮演着重要角色,儿童自出生后到7岁左右一直都主要由母亲抚养和教育。7岁之后,女童继续跟随母亲学习,为将来成为家庭主妇做准备,学习内容包括宗教仪式、纺织、料理家务等,也在母亲的指导下学习阅读。男童在7岁后则开始跟随父亲学习作为一名合格的罗马公民所需的农业、军事技能以及道德和法律知识等。这种学习主要是通过观察和参加实际活动的方式进行的,如父亲带领儿子参加农业劳动,在劳动中学会使用各种农具、掌握相关知识和技能。再如男孩经常跟随父亲出席各种社交场合,从中学习参与社会活动所需的本领及必须遵循的礼仪、习惯;或者由父亲带领到城市的广场观察公共活动,借此了解有关社会及政治方面的知识。② 这种家庭教育一直持续到16岁。年满16岁的男孩经过一定仪式便成为正式公民,并进入军队服役,履行公民职责。部分贵族子弟在服役之前往往会被送至显贵之家,多接受一年的教育,学习政治、法律和军事技能,为此后进入社会做准备。

道德和法律的学习在共和早期的教育中居于重要地位。家长通过向儿童讲述英雄传说等方式,让儿童养成勇敢、果断、节俭、厉行孝道、热爱祖国、遵守法律等传统美德。在公元前5世纪中期《十二铜表法》(*Law of the Twelve Tables*)颁布之前,儿童必须熟记所谓的罗马《古法》(*mos maiorum*)。在此之后,掌握和背诵《十二铜表法》条文就成为必不可少的教育内容。这种情况一直延续到共和后期。共和后期著名的雄辩家、教育家西塞罗(Marcus Tullius Cicero,前106—前43)在著作中曾提及:"《十二铜表法》是我们孩提时代的必学内容。"③这从一个侧面反映出法律教育在共和早期教育中的重要程度。

在共和早期,文化知识的学习并不受重视,"智力发展的需要只是最低限度的,简单的书写和计算即可满足实用"。④ 直到共和后期,轻视文化学习的情况才在古希腊教育传统的影响下有所改变。

2. 共和后期的教育

公元前3世纪至公元前2世纪中期,古罗马通过一系列对外战争,先后征服

---

① [美]S.E.佛罗斯特.西方教育的历史和哲学基础[M].吴元训等译.北京:华夏出版社,1987:89.
② 滕大春.外国教育通史:第一卷[M].济南:山东教育出版社,1989:330.
③ James Bowen. A History of Western Education Vol. I. [M]. London and New York:Routledge,2003:169.
④ James Bowen. A History of Western Education Vol. I. [M]. London and New York:Routledge,2003:170.

第一节 古罗马的教育制度

41

了包括意大利、马其顿、希腊等在内的广大地区，成为地中海的主人。在战争中，古罗马积聚了大量财富，农业、手工业、商业均得到迅速发展，统治权力向少数军人的集中也使国家政体发生了明显变化。史学界因之将公元前3世纪起至罗马帝国创建前的这段时期称为共和后期。

共和后期是古罗马文化发展的关键时期。在保留本民族文化传统的同时，古罗马也吸收了被征服地区特别是古希腊的文化成果，古希腊文化一度在罗马盛行，为罗马本土文化——拉丁文化的形成和兴盛奠定了坚实基础。

共和后期古罗马的教育同样打上了古希腊的烙印。公元前3世纪，罗马兼并了意大利南部的希腊殖民地以后，一些被俘的希腊人被带到罗马，其中不乏饱学之士，如被誉为古罗马史诗和戏剧创始人的李维·安得罗尼库（Livius Andronicus）就曾是被俘奴隶，重获自由后，他将希腊戏剧引至罗马，并把荷马史诗《奥德赛》译成拉丁文。《奥德赛》后来成为学校的标准教材。[①] 公元前146年，罗马征服希腊本土后，大批希腊教仆、教师和学者纷纷来到罗马，以办学为生，古罗马遂形成了较为完整的初等、中等和高等学校体系。最初，罗马的学校是以教授希腊语言、文学为主的希腊式学校，公元前1世纪左右，社会上又出现了拉丁文学校。这两种平行的学校体系曾长期存在，直至帝国时期方告终结。

共和后期的初等学校被称作"小学"（ludus），属私立性质，学生入学需交纳学费。学生7岁入学，至12岁结束，期间主要学习基本的读、写、算和《十二铜表法》及道德规范等。[②] 大多数小学条件简陋，教学水平并不高，因此入学者多为平民子弟，贵族家庭多聘请私人教师在家中教育子女。相对而言，在共和后期的学校体系中，人们对小学教育的关注程度并不高，小学教师（litterator）也并非受人尊重的职业，一般由自由民或被释奴隶担任，收入菲薄，社会地位低下。

文法学校是共和后期出现的中等教育机构，也属私立性质，但其条件要好于小学，因此学资不菲，学生多来自贵族家庭，平民子弟往往难以问津。学校招收年满12岁的学生，教授文法和语言。教师被称作文法学者（grammaticus），他们的专业知识水平要高于小学教师，一般认为文法学者是本领域的专家，而小学教师仅达到中等程度。[③] 最初的文法学校几乎完全由希腊人开办和主持，主要学习希腊文和古希腊经典著作，因此这类学校被称作希腊文法学校。公元前1世纪，在西塞罗等一批罗马本土学者的推动下，拉丁文学日渐兴盛，社会上出现了一批拉丁文法学校，学生兼学希腊文和拉丁文，以西塞罗等人的著作为教材。两

① James Bowen. A History of Western Education Vol. I. [M]. London and New York：Routledge，2003：174.

② James Bowen. A History of Western Education Vol. I. [M]. London and New York：Routledge，2003：184－187.

③ James Bowen. A History of Western Education Vol. I. [M]. London and New York：Routledge，2003：187.

类文法学校除教授语言和文法外,还开设地理、历史、数学和自然科学等课程,但程度不高。文法学校的教学方法以讲解和听写为主,学生注重背诵,其目的是使学生掌握读、写、说的能力。学校纪律严苛,教师可对违反纪律的学生施以体罚。①

文法学校的教育至 16 岁结束。此后,准备出任公职的贵族子弟进入修辞学校(rhetorical school,或称雄辩术学校)学习。修辞学校是具有高等教育性质的机构,其前身可追溯到公元前 4 世纪末古希腊教育家伊索克拉底创办的修辞学校。共和后期,参与社会公共事务和政治生活的人往往需要具备娴熟的雄辩技巧,修辞学校即由此产生。与文法学校一样,最初的修辞学校也是由来自希腊或希腊化地区的修辞学者开办和主持的。这种希腊修辞学校以希腊语为教学用语,主要课程是学习希腊作家的著作。公元前 1 世纪中叶,罗马本土学者开办了拉丁修辞学校,教师以拉丁语授课,主要教授罗马文学作品。在修辞学校中,雄辩术的学习被置于中心地位,此外还开设了辩证法、文学、历史、法律、数学、天文学、几何、伦理学、音乐等内容广泛的课程。

综合而言,共和后期的中等与高等教育逐渐形成了适应共和政体的特征,培养善于政事的雄辩家或演说家成为教育的重要任务,这种带有明显的古希腊特征的教育模式也具体体现出古希腊文明对罗马的深刻影响。

二、帝国时期的教育

共和后期,经过长期的军事扩张,罗马形成了横跨欧、亚、非三洲的庞大国家,原有的共和政体已难以适应复杂的统治形势。为争夺领导权,统治集团内部纷争不断,罗马陷入了长期的内战。公元前 30 年左右,屋大维(Octavianus,前 63—14)结束了内战,掌握了罗马的统治权。公元前 27 年,屋大维被授予"奥古斯都"(Augustus,神圣、尊崇之意)称号,成为事实上的独裁者,共和政体遂被帝制取代,古罗马由此进入帝国时期。

帝国时期的前 200 年是罗马史上的辉煌时期。这一时期,依靠强大的集权统治,帝国达到空前繁荣,其文化也获得长足发展,形成了灿烂的古罗马拉丁文化。帝国时期罗马的建筑学、农学、法学等领域都达到了古代世界的巅峰,史学和文学也取得了相当高的成就。

帝国时期的教育发生了明显的变化。出于通过培养良臣顺民以巩固帝国统治的考虑,帝国的皇帝们大多对教育抱有浓厚兴趣。他们通过一系列改革,加强了对教育的控制,并建立起体系相对完善的、服务于帝国政治经济的教育制度。

---

① 滕大春.外国教育通史:第一卷[M].济南:山东教育出版社,1989:335.

帝国时期,原来着眼于培养善于参与和处理政事的雄辩家的教育目的逐渐改变,为帝国造就忠顺臣民成为这一时期教育的首要目标。为此,帝国逐渐将教育的领导权掌握在国家手中,由国家管理和监督教育事业的发展。一方面,帝国在各地开办公立学校,原有的部分私立学校也被改为公立。78年,帝国还设置了国立修辞学讲座,担任首任主讲教师的就是著名教育家昆体良。另一方面,帝国时期教师的地位也有所提高,如74年,罗马帝国皇帝韦帕芗(Vespasian)下令免除教师所承担的部分公民义务,包括免缴税赋和免服兵役等。① 韦帕芗还曾向一部分文法和修辞教师提供薪金,这后来演变为由国家支付部分教师薪俸的制度。② 上述措施进一步加强了国家对教育的控制程度,将教育与国家的政治需要更加紧密地联系起来。

帝国时期,共和后期形成的学校教育体系得到了保留,其中小学教育与此前相比并未有大的改变,但中等和高等教育领域却出现了诸多显著变化。

在初等教育阶段,小学教育仍不为社会特别是统治阶层所重视,入学者大多是中下阶层的平民子弟,学习基本的读、写、算和道德、法律知识等。

在中等教育阶段,原来希腊文法学校和拉丁文法学校并存的局面被打破,希腊文法和希腊文学失去了在学校中的地位,拉丁文法和罗马文学在学校教学中逐渐占据主导地位,数学、历史、地理、自然科学等在教学中也被削弱。与此同时,学校教学的内容日益形式主义化,教学与生活实际相脱离,如文学教学的重点不再是文学内容本身,而仅仅是为了教会学生文法和辞令。

帝国时期的高等教育在发生变化的同时,亦有新的进展。为满足帝国统治的需要,修辞学校的教育目标逐渐由培养善于公共和政治事务的雄辩家或演说家,转变成为帝国培养忠诚、服从的官吏。其教学内容也渐于空泛,教师与学生致力于文字上的咬文嚼字和词藻上的争奇斗巧,一味追求词汇的堆砌和华丽的形式。在修辞学校发生变化的同时,帝国时期也成立了一些其他类型的高等教育机构。如韦帕芗曾在罗马城和平大庙(Temple of Peace)建立起一座宏伟的图书馆,到哈德良(Hadrian,117—138年在位)皇帝时期,这所图书馆已演变为当时的高等教育中心,后人甚至将之视为罗马帝国唯一的大学。③ 哈德良在这所学校设立了教授职称,后来教授职称逐渐推广到其他类型的学校之中。此外,随着法学、医学和建筑学的发展,帝国时期的部分城市中还出现了专门的法律学校、医学学校和建筑学校,这些学校一般采用艺徒制,在教学中十分重视实践环节。

---

① James Bowen. A History of Western Education Vol. I. [M]. London and New York:Routledge,2003: 197.

② S. R. Sharma. History of Ancient Education[M]. New Delhi:Omsons Publications,2005:179.

③ S. R. Sharma. History of Ancient Education[M]. New Delhi:Omsons Publications,2005:179.

第二节 基督教的兴起及其早期教育活动

基督教产生于 1 世纪前后,时值罗马帝国的鼎盛时期。在帝国广袤的土地上,被奴役和压迫的民族为重获自由,曾进行过无数次的反抗,但终被帝国的强权所镇压,甚至招致更为严酷的统治。在这种情况下,人民只能从宗教世界中寻求精神慰藉,基督教遂在此背景下产生。

基督教以上帝为最高神灵。早期基督教具有平等博爱的精神,宣称众生皆上帝子民,人人平等,教徒之间应互相周济、共渡患难,待到世界末日之时,上帝之子耶稣会降临人间,对世人进行最后的审判,基督教的信徒将会获得救赎,升入极乐世界。这种思想赢得了备受帝国奴役和压迫者的支持,很快就在各地广泛传播开来。最初,帝国政权对基督教采取镇压的态度,试图遏制其蔓延。但后来发现基督教义中亦有可为统治者所用之处,统治者于是改变策略,不再一味镇压,转而采取怀柔政策。313 年,罗马皇帝君士坦丁一世(Constantine I)颁布"米兰敕令"(Edict of Milan),承认基督教的合法地位。392 年,狄奥多西一世(Theodosius I)将基督教定为国教,基督教在罗马帝国的地位被空前加强。395 年,罗马帝国一分为二后,基督教也随之分裂,东罗马帝国基督教自称希腊正教(即东正教),西罗马帝国基督教被称作天主教(或罗马教会),其中天主教在 476 年西罗马帝国灭亡后成为中世纪西欧社会的实际统治者,对西方文明的发展产生了深远影响。

为宣扬教义、广纳信徒,基督教举办了相应的教育活动。最初,基督教的教育对象仅限于初入教会的成人,由教会长老对其进行教义、教规等方面的教育。这种教育后来扩展成专门为"新教徒准备洗礼的教育机构",[①]被称作"初级教义问答学校"(catechumenal school),其招生也不仅限于成人,开始招收一些年龄较小的儿童入学,向他们教授有关教义和宗教礼仪等方面的知识。公元 2 世纪中后期,一些受过良好的古希腊哲学和科学教育的学者皈依基督教,他们为基督教教义的丰富和发展提供了知识源泉。在这些学者的推动下,基督教创立了带有高等教育性质的教育机构——高级教义问答学校(catechetical school)。一般认为最早的高级教义问答学校是 179 年由皈依基督教的斯多葛派学者潘泰纳(Pantaenus)在亚历山大城创办的。潘泰纳退休后,克莱门特(Clement)和奥利根(Origen)先后主持学校的工作。在他们的努力下,这所学校的课程逐渐从单一的宗教和教义内容扩充到各种学科,如形而上学、伦理学、逻辑学、物理学、几何、天文、解剖学等。一直到 5 世纪,这所学校始终是传播和研究基督

---

① [英]博伊德,金.西方教育史[M].任宝祥,吴元训主译.北京:人民教育出版社,1985:83.

教文化的中心,吸引了来自帝国各地的学者。① 在其示范作用下,帝国各地创办了众多的高级教义问答学校,这些学校除注重解释和研究基督教教义、培养神职人员外,还为古希腊哲学、历史、艺术、科学等知识的传播做出了重要贡献。

帝国后期,基督教逐渐形成了修道院(monastery)制度。修道院制度起源于基督教产生早期的少数教徒的隐修生活。在基督教尚不为帝国认可而遭受镇压的时期,为逃避迫害,同时也为了脱离世俗纷扰、专心修道,一些教徒选择到孤僻之处苦练修行,希望借此寻找接近上帝或进入极乐世界的捷径。4 世纪时,部分隐修教徒开始组织起来,集体修行,这演变为后来的修道院制度。修道院在产生之初并不具备教育职能,也鲜有教育活动,但这种制度的出现却为中世纪时修道院学校的兴盛提供了制度和实践基础。

第三节　古罗马的教育思想

在长期的教育实践中,古罗马涌现出西塞罗、昆体良等众多著名的教育思想家和理论家。他们的教育思想和教育理论不仅是对古罗马教育实践的经验总结和直接反映,同时也对后世西方教育的发展产生了深远影响。

一、西塞罗的教育思想

西塞罗是古罗马共和后期著名的政治家、思想家、雄辩家和教育家。他出身于贵族世家,早年曾受过良好的教育,步入社会后曾担任律师,不久转入政界,成为名噪一时的政治人物。西塞罗学识渊博、涉猎广泛,在法学、哲学、文学等领域均达到了很高的成就,对教育也有过深刻的独到见解,其教育思想集中体现在公元前 55 年发表的《论雄辩家》(De Oratore)一书中。

作为共和政体的坚定支持者和维护者,西塞罗的教育思想也带有明显的共和特征。在共和政体下,"人们会尽可能以口头辩论的方式处理国家事务,因此清晰和雄辩地阐述思想的能力是从政者的巨大优势",②掌握了雄辩术的人往往能够在政治活动中赢得先机。西塞罗关于雄辩家的教育思想正是对这一社会现实的顺应与体现。

在西塞罗看来,雄辩家不同于一般的"善言者"(a good speaker),除了具备善言者能够在公众场合准确而清晰地表达思想的能力外,雄辩家还需有令人钦

① [美]S.E.佛罗斯特.西方教育的历史和哲学基础[M].吴元训等译.北京:华夏出版社,1987:121.

② James Bowen. A History of Western Education Vol. I. [M]. London and New York:Routledge,2003:180.

羡的高贵风度,能就自己选择的任何论题进行阐述、发挥,使之生色,同时也须在思想中拥有并牢记雄辩术的一切准则。① 概言之,出色的雄辩家是具有良好的综合素质的人,而这种综合素质不仅得自于天赋,更需要后天精心地教育和培养。

首先,雄辩家应具有某些天赋才能,如快速的反应能力、良好的口才、优雅的声调、匀称的体态等,这是成为雄辩家的基本前提。当然,仅靠天赋能力是远不能成为雄辩家的,这些天赋只有在教育的作用下才能变为雄辩家的内在素质。

其次,雄辩家应有广博的学识,掌握各种重要的知识和全部自由艺术(liberal arts)。所谓重要的知识,是指各国政治制度、法律、军事、哲学等内容。而自由艺术则包括文法、修辞、算术、几何、天文、音乐等学科。除此以外,伦理学也是雄辩家所需掌握的重要学科。

再次,雄辩家应在修辞学方面具有特殊的修养。雄辩家在向公众发表演说时,良好的遣词造句和缜密的文体结构是决定演说高明与否的关键,当然,这种能力需要通过修辞学方面的教育方可获得。

最后,雄辩家还应具备优美的举止和文雅的风度。"演说是由身体、手势、眼神以及声音的调节及变化等加以控制的,它们对于演说本身所产生的作用是巨大的。"②而要形成优美的举止和文雅的风度,学习者就必须付出艰辛的努力。

雄辩家的教育形式通常有三种:阅读和讨论,试写演讲稿,模拟演说。③ 阅读和讨论有助于学习者通晓各种知识,形成良好的思维习惯;试写演讲稿可以锻炼其思维和表达能力;而模拟演说则是检验演讲稿是否合理以及提高演说效果的重要途径。西塞罗特别强调,演讲稿的写作练习切忌半途而废,必须持之以恒,这是西塞罗从几十年亲身实践中得出的重要经验。

西塞罗关于雄辩家的教育理论对后世产生了深远影响,直至中世纪后期和文艺复兴时期,仍有众多学者对其加以推崇和提倡,他对西方教育和文学发展所起到的积极作用是不容忽视的。

二、昆体良的教育思想

昆体良(Marcus Fabius Quintilianus,35—100)是继西塞罗之后古罗马又一位著名的教育家和雄辩家。他出生于西班牙,早年曾赴罗马接受雄辩术教育,深受西塞罗著作的影响。昆体良长期在罗马从事教育活动,由于成就卓著,78年,他被任命为帝国设立的国立修辞学讲座的首位主讲教师。90年,昆体良退休之

① 滕大春.外国教育通史:第一卷[M].济南:山东教育出版社,1989:350.
② 滕大春.外国教育通史:第一卷[M].济南:山东教育出版社,1989:354.
③ James Bowen. A History of Western Education Vol. I. [M]. London and New York:Routledge,2003:181.

后,开始专心著述,在继承古代希腊、罗马教育经验的基础之上,结合自己多年来的教育实践,写成《雄辩术原理》(Institutio Oratoria)一书。这部著作集中体现了昆体良的教育思想。

1. 教育的作用和目的

长期的教育实践使昆体良坚信教育在人的形成与发展过程中的重要作用。他认为,人的天性禀赋或有不同,但绝大多数人都可以通过教育取得进步,也只有通过教育,人的优秀天赋才能够得以展露和发挥,不良天性才能够受到抑制。因此,对于大多数人而言,教育不但是可行的,也是必要的。"天生愚鲁而不可教的人……很少。……绝大多数儿童都表现出他们是大有培养前途的,如果在以后的岁月中这种希望成了泡影,那就说明,缺少的不是天赋能力,而是培养。"①

既然教育如此重要,那么,通过教育要培养什么样的人呢?在昆体良看来,雄辩术教育的最终目的是培养在各方面都堪称完美的雄辩家,这样的雄辩家是"具有天赋才能、在全部高等文理学科上都受过良好教育的人,是天神派遣下来为世界争光的人,是前无古人的人,是各方面都超群出众、完善无缺的人,是思想和言论都崇高圣洁的人"。② 无疑,昆体良所有的教育理论和教育实践都是以培养雄辩家为最高宗旨和最终目的的。

2. 教育的形式

在雄辩家的培养形式和途径上,昆体良提出了两个鲜明的主张:其一,他极力提倡对儿童实施科学合理的学前教育;其二,他认为雄辩家的教育应主要依赖学校而非家庭进行。

在学前教育方面,当时人们普遍认为,7 岁以前的儿童应接受必要的道德教育,而对是否应开展智育则说法不一。昆体良认为,对学前儿童而言,智育和道德教育都是必要和可能的,自儿童开始说话起,就应该对其进行恰当的知识教育,尽管这种教育程度不深,内容也有限,但日积月累,终能有所收获。当然,学前阶段的智育必须遵循儿童的心智发展规律,切不可揠苗助长,否则将事倍功半。

在学校教育方面,昆体良主张学校教育优于家庭教育,7 岁以后的儿童必须进入学校学习。当时有人认为,学校中的学生良莠不齐,易使儿童染上恶习,且学校教师在教学效率方面也低于家庭教师。对此,昆体良予以反驳,指出学生在学校中沾染恶习的现象并不是绝对的,相比而言,家庭中家长的溺爱、娇惯更容易使儿童道德败落。良好的学校教育不仅不会让学生走入歧途,反而更有利于

① [古罗马]昆体良.昆体良教育论著选[M].任钟印选译.北京:人民教育出版社,1989:10.
② [古罗马]昆体良.昆体良教育论著选[M].任钟印选译.北京:人民教育出版社,1989:160.

良好品质的形成,如学校中的集体生活有助于儿童养成适应公共生活的习惯和参与社会活动的能力,学校中结下的同窗之谊可使人受益终身,集体的学习也可以起到激励学生上进的作用,还可使学生学到多方面的知识。这些优势都是家庭教育所难以企及的。

3. 教育的内容

在昆体良看来,一名优秀的雄辩家必须具备高尚的道德,掌握广博的知识和精湛的雄辩技巧,雄辩家的教育正是以此为核心内容的。

昆体良宣称他所培养的是"善良的、精于雄辩的人",其中善良在雄辩家的各项素质中居于上位,且"更为珍贵,更为重要"。[①] 这是因为,真正的雄辩家肩负着宣扬正义和德行、指导人们趋善避恶的责任,因而高尚的道德情操也就成为雄辩家的首要条件,那些徒有雄辩技巧但缺乏良好操守的人,无异于手持武器的强盗,势必贻害无穷。正因如此,昆体良在论及雄辩家的培养时,首先强调道德教育的重要性,主张道德应成为学校教育的主要课程,通过这种教育,塑造学生坚守正义、善良、节制、刚毅、明辨是非的良好品行。

在知识与雄辩技巧的学习方面,昆体良认为,雄辩技巧的学习须建立在知识学习的基础之上。雄辩家的言辞技巧固然重要,但如果没有广博的知识为依托,则不免陷于浅薄。在知识的学习上,昆体良提出了雄辩家教育的课程计划。如在学前阶段,儿童应从认识字母、学习书写和阅读开始,逐步掌握语言。关于语言的学习,昆体良在西方教育史上首次提出了双语(即希腊语和拉丁语)学习的问题。在深受希腊文化影响的时代,希腊语是有文化者所必须掌握的,而拉丁语作为罗马本族语,理所当然应熟练掌握和运用。昆体良认为双语的学习应坚持先希腊语、后拉丁语的顺序,因为拉丁语是生活用语,不教自会,而希腊语作为外来语,必须经过系统的教授才能掌握。在粗通希腊语后,双语的学习方可并进。在学校教育阶段,教育的内容更加广泛,包括文法、修辞学、音乐、几何、天文学、物理学、伦理学、辩证法等。昆体良对每门学科在培养雄辩家过程中所起的作用均作了详细阐释。在今天看来,昆体良关于知识学习与技巧训练之间关系的论述,事实上已蕴涵了基础教育与专业教育关系的朴素思想,其主张至今仍不乏现实意义。

4. 教学理论

在学校教育阶段,如何才能最大限度地提高教学效率?对此,昆体良提出了分班授课的初步设想。他认为,同一时间里同一位教师是完全有可能对多名学识程度相仿的学生传授知识的。当一名教师在讲解某一知识或解答问题时,所有听讲的学生都可以从中受益。因此,把学生分成班组进行教学是可行的。尽管

---

① [古罗马]昆体良.昆体良教育论著选[M].任钟印选译.北京:人民教育出版社,1989:155.

昆体良未从理论上对此加以论证，也未在实践中加以推广，但这种观点仍不失为班级授课制的思想萌芽。

作为西方最早的教学法专家之一，昆体良还提出了若干颇具见地的教学原则与方法。如他主张教学中应遵循因材施教的原则，教师根据学生不同的能力、资质进行有针对性的教学；教学中应坚持启发诱导的原则，教师要善于运用提问，以此激发学生的学习兴趣，使学生集中注意力进行有效学习；在教学中还应注意劳逸结合，防止学生过度疲劳，教师应通过游戏等方式让学生在学习之余得到很好的休息；教师还应善于运用奖惩措施，如通过表扬激发学生的上进心，在学生犯错时加以申斥、责备，引导他们认识和改正错误。昆体良坚决反对体罚，认为这是对儿童的凌辱，绝不可取。

除上述内容外，昆体良还提出了教师应具备的基本素质，认为教师须具有高尚的道德、渊博的知识和娴熟的教学技巧，对学生要怀有"父母般的感情"，[1]关爱而不放纵，严格而不冷酷，奖惩得当，耐心施教。

如果单以教育而论，昆体良所取得的成就无疑要远高于他的前辈，其教育思想不仅丰富、全面，而且详细、具体。他在《雄辩术原理》中所提及的教育教学原理、原则、方法，几乎完全被此后罗马帝国时期的学校和教师所沿用。15世纪初，昆体良的《雄辩术原理》一书在失传千余年后被重新发现，书中所蕴涵的丰富的教育思想很快为当时的人文主义者所接受，对文艺复兴乃至其后西方教育的发展产生了深远影响。就此而言，昆体良是无愧于古希腊、罗马教育思想集大成者之称谓的。

在西方文明史上，古罗马的地位堪与古希腊相提并论，同为西方文明的重要源头。尽管就历史的传承而言，古罗马文明与古希腊文明的渊源甚深，但她却"远不止是希腊文化的传播者，她也是一种文化的创造者"。她用"自己的创造精神丰富了希腊的宝库"，[2]形成了更为灿烂、影响也更为广泛的古罗马拉丁文明。这种文明并未消亡在漫长的中世纪，而是顽强地留存下来，并在文艺复兴时期重现光芒。也正是借助古罗马文明的光芒，近代西方文明史的大幕才得以缓缓开启。

古罗马在教育史上同样占有重要地位。在吸收古希腊教育成就的基础上，古罗马建立了较为完善的学校教育制度，其雄辩术教育、法学教育等都曾取得较高成就，并泽被后世。以西塞罗、昆体良为代表的古罗马教育家们也在长期的教育实践中发展出了丰富的教育理论，在教育的基本问题和具体方法上提出了颇

---

① ［古罗马］昆体良.昆体良教育论著选［M］.任钟印选译.北京:人民教育出版社,1989:67.
② ［美］S.E.佛罗斯特.西方教育的历史和哲学基础［M］.吴元训等译.北京:华夏出版社,1987:87.

具价值的观点和主张,这些内容不仅使古代教育思想体系日益充实,而且在中世纪后也成为文艺复兴以来近代西方教育理论的重要基础。此外,诞生于古罗马的基督教教育在中世纪时期一度繁荣和发达,尽管这种垄断性的宗教教育曾备受后人诟病,但它却终究以特殊的形式保留了古罗马文明的某些片断,这种保留无疑更深刻地体现出古罗马文明及其教育的影响和价值。

思 考 题

1. 古罗马共和后期的学校教育。
2. 西塞罗雄辩家教育思想的主要内容。
3. 昆体良教育思想的主要内容及其影响。

参考文献

1. James Bowen. A History of Western Education Vol. I. ［M］. London and New York：Routledge,2003.

2. S. R. Sharma. History of Ancient Education［M］. New Delhi：Omsons Publications,2005.

3. ［英］博伊德,金. 西方教育史［M］.任宝祥,吴元训主译. 北京：人民教育出版社,1985.

4. ［美］S. E. 佛罗斯特. 西方教育的历史和哲学基础［M］.吴元训等译. 北京：华夏出版社,1987.

5. ［古罗马］昆体良. 昆体良教育论著选［M］.任钟印选译. 北京：人民教育出版社,1989.

6. 滕大春. 外国教育通史：第一卷［M］. 济南：山东教育出版社,1989.

第二编

中世纪教育

第五章

中世纪前期西欧的教育

中世纪是古代和近代之间的一个时代,西欧中世纪开始于西罗马帝国灭亡的 476 年,终结于 15 世纪末,横跨 1 000 余年。本书以 476 年到 1050 年为中世纪前期,以 1050 年到 1500 年为中世纪后期。

在中世纪前期,西欧社会充满动荡和变化。在这一时期,西欧的文明与其邻居拜占廷和阿拉伯相比异常落后,不仅物质条件非常简陋,精神生活也非常贫乏。传统观点用"黑暗时代"来概括整个中世纪,无疑是不合适的,但用于形容中世纪前期还是较为贴切的。然而即使是中世纪前期,也为未来的发展奠定了重要的基础。

第一节　基督教修行主义与修道院学校

中世纪前期,随着基督教统治地位的确立,宗教教育逐渐成为当时教育的主流,并形成了以修道院学校、大主教学校和教区学校为主的学校类型。

一、修道院制度的形成

恩格斯指出:"中世纪是从粗野的原始状态发展而来的。它把古代文明、古代哲学、政治和法律一扫而光,以便一切都从头做起。它从没落了的古代世界承受下来的唯一事物就是基督教和一些残破不全而且失掉文明的城市。其结果正如一切原始发展阶段中的情形一样,僧侣们获得了知识教育的垄断地位,因而教育本身也渗透了神学的性质。"[①]恩格斯这段话精辟地指出了中世纪前期西欧文化教育的落后性与宗教性。

罗马帝国灭亡后,罗马的教育制度也随之坍塌,拉丁学校和修辞学校在西欧

---

① 恩格斯.德国农民战争∥马克思,恩格斯.马克思恩格斯全集:第 7 卷[M].北京:人民出版社,1959:400.

几乎绝迹，"愚昧的乌云笼罩着欧洲大部"。除了教士，几乎无人能读写拉丁文，而有学问的教士也是凤毛麟角。最初，整个基督教对教育漠不关心，因为文学及修辞学教育在基督教社会被视为异教。然而不久，由于形势所迫，也出于教会文化的需要，基督教开始关注教育并逐渐产生了一种学校制度。英国教育史学者博伊德等人说："教会办教育不是因为教育本身是好的，而是教会发现，不给信徒特别是不给教士以学习圣经和履行宗教职责所要求的过去那种文化，教会就不能做好自己高尚的工作。"①渐渐地，教会举办的教育超出了最初的宗教目的，为青少年一般生活作准备也成为教育的目的。

基督教的教育最初是由修道院举办的。修道院起源于基督教的修行主义，所谓修行就是对人的精神和肉体的训练，它要求禁欲、苦行、自我克制。修行生活在 3 世纪的出现体现了当时罗马社会的日渐衰败，修行者或出于避世的目的，或出于将来能忍受宗教迫害的目的，因而劳其筋骨，忍受苦难及磨炼意志。圣安东尼（Anthony，约 251—355）在 3 世纪时到了埃及沙漠，开始过一种隐居的苦行生活，成为开创修道制度的先驱。

圣安东尼追求孤独，由圣帕科米乌斯（Pachomius，约 287—346）和圣巴西勒（Basil the Great，约 330—379）领导的修士团体主张互相交流合作。约在 4 世纪中叶，圣帕科米乌斯在尼罗河创建了最初的修道院，其特点是在修道院里过共同生活，聚集的门徒达 1 400 人之多。404 年，曾在伯利恒和埃及当修士的约翰·卡西安（John Cassian，约 360—435）回到西方，提倡合作式修道院制度，他在马赛和高卢地区的地中海岸建造了两座修道院，一座供修女居住，另一座供修士居住，后者即是著名的圣维克托修道院，他担任院长直至去世。

圣本笃（St. Benedict of Nursia，约 480—550）被称为"西方修道院制度之父"。他的贡献在于将前人的思想综合起来写入《圣本笃会规》。他创建的卡西诺山（Monte Cassino）修道院在此后几世纪一直是西欧宗教生活的中心。他的教规在随后几个世纪差不多被所有西欧修道院所采纳。本笃会会规以其简练、灵活、温和的特色而闻名。

修道院制度对每一天都有详细规定的活动，包括集体祈祷、诵经以及工作。工作包括种地、干家务和抄写手稿。修士和修女要立誓遵循最基本的义务：安贫、守贞和服从。虽然修士个人不能拥有私人财产，但许多修道院的财产是相当富有的，有些本笃会修道院成为大土地拥有者，负责辖区内的行政、律法以及征兵。在修道院，院长享有绝对的权威，他可以鞭打违反会规的修道士，但他必须对上帝负责，按照会规公正地管理修道院，还须具有爱心和耐心，严厉和宽仁相结合，尽力使修道士"热爱他而不是害怕他"。

---

① ［英］博伊德，金.西方教育史［M］.任宝祥，吴元训主译.北京：人民教育出版社，1985：98－99.

二、修道院学校

修道院的教育职能主要是在诵经的基础上发展而来的,修道院向修行者提供阅读和书写的教育,由此形成了修道院学校。当时许多父母和监护人将孩子献给宗教生活,使其进入修道院学校受教育,这种行为被称为"奉献行为"(oblation),孩子被称为"献身儿童"(oblate)。到 9 世纪时,修道院学校已发展成为欧洲一种主要的教育机构。

修道院学校的学生分为两类:一是准备充当修士的儿童,称为"内修生"(interni),二是学成后仍为俗人,不准备充当修士者,称为"外修生"(externi)。培养内修生的称为内学,培养外修生的称为外学。内学、外学或分别设立,或合并设立。学生的入学年龄约在 10 岁,学习期限约为 8~10 年。

修道院学校的教育目的是培养学生具有"服从、贞洁、安贫"三种品质,这些品质都是神职人员必备的。教学内容除传授教义外,也进行简单的读、写、算教育,这些是为诵读圣经、抄写圣书和计算宗教节日服务的。后来,修道院学校吸收希腊、罗马时代的知识,逐渐把七艺纳入课程。教学方法主要有问答、口授、抄写、背诵。学校纪律严明,体罚盛行。

图书馆是修道院主要的教育设施,当时的一则格言是:"一个没有图书馆的修道院就像一个没有军械库的城堡。"①修士们每天都要抽出一些时间读书学习,结果,修道院造就了中世纪早期大部分的学者和作家。缮写室(scriptorium)是修道院用于抄写书籍的地方,对知识的保存起到了重要的作用。美国中世纪史学者哈斯金斯(Charles Homer Haskins)说:"在中世纪早期,主要的文化中心是修道院。它们像处于愚昧和野蛮海洋中的岛屿,使学术在西欧免遭灭绝,而当时没有任何其他力量为此目的而竭尽全力。"②

在爱尔兰,基督教教徒形成了另一种修道院制度。大约在 4 世纪时,从英格兰和高卢来的传教士开始在爱尔兰人中传播基督教。随后的两个世纪里,英格兰、高卢的罗马文明被摧毁,由于爱尔兰教会与大陆隔绝,躲过了撒克逊人的入侵,逐渐形成了自己的特色。如爱尔兰没有形成统一的主教辖区制度,其各自独立的修道院具有主教的职能;长期的独立发展,也造成了爱尔兰宗教仪式上的诸多变化,如流行的削发仪式、洗礼仪式和复活节的日期等均不同于罗马教会;此外,爱尔兰的修士热衷于传教士朝圣,这种朝圣方式要求朝圣者不仅要离开家门,也要肩负起劝说异教徒改宗或者建立新的修道社群的艰巨任务。从公元 6

---

① [美]查尔斯·霍默·哈斯金斯.12 世纪文艺复兴[M].夏继果译.上海:上海人民出版社,2005:53.

② [美]查尔斯·霍默·哈斯金斯.12 世纪文艺复兴[M].夏继果译.上海:上海人民出版社,2005:23.

世纪到 8 世纪,爱尔兰向大不列颠和欧洲大陆派遣了近千名传教士①。就教育而言,爱尔兰因避开了战乱,古代罗马文化得以在修道院中保留,其修道院学校是当时欧洲最好的,就学者不仅有爱尔兰人,也有来自不列颠和欧洲大陆的学生,阿尔琴就曾在爱尔兰学习。除教授拉丁语外,还开设了其他地方没有的希腊语。哲学家罗素说:"我们有充分理由相信,公元六世纪、七世纪和八世纪间,爱尔兰人当中尚残存着希腊语文知识,以及对拉丁古典著作的相当学识。"②爱尔兰著名的三大修道院是克伦那德(Clonard)、克伦弗特(Clonfert)、班哥(Bangor)修道院,共有学生三千人。此外,还有许多较小的修道院,它们均热衷于教育。

教育史学者博伊德认为,爱尔兰修道院学校和大陆修道院学校有三点基本的不同。首先,爱尔兰学校并不限于招收将来充任圣职的人,其大门是向世俗阶层敞开的。其二,当西方教会对希腊和罗马文学茫然无知和怀疑的时候,爱尔兰修士和学者们却热心地加以研究。其三,罗马教士通常只注意拉丁语而忽视他们传教对象的本族语。与此相反,爱尔兰僧侣们对本族语和氏族文学保持了强烈的兴趣。③

爱尔兰发达的文化和教育通过许多喜欢远游的传教士传到不列颠北部、法兰克和高卢等地,后来又通过德国到达波兰和保加利亚。直到 12 世纪,欧洲各地仍有许多体现爱尔兰传统的修道院,可见其影响之久远。

英格兰的修道院教育也颇为发达。著名的学术中心包括坎特伯雷、马姆斯伯里(Malmesbury)、约克和贾罗(Jarrow)修道院。马姆斯伯里修道院是由爱尔兰传教士在不列颠建造的最著名的修道院之一。贾罗修道院由本笃会控制,坎特伯雷修道院则是罗马天主教在英格兰传播的中心。狄奥多尔(Theodore,约602—690)于669—690年任坎特伯雷大主教,他与意大利修道士哈德良(Hadrian)一道,使坎特伯雷成为著名的知识中心。

奥尔德海姆(Aldhelm,约639—709)是撒克逊人中写拉丁诗的先驱人物,他最初在马姆斯伯里修道院师从爱尔兰籍修道院院长梅邓(Meldun),后来在坎特伯雷师从哈德良,受到欧洲大陆文化影响,并担任了马姆斯伯里修道院院长。

另一位伟大的学者是比德(Venerable Bede,672/673—735),他被誉为英国史之父,一生大部分时间生活在贾罗修道院,著述颇丰,所著《英格兰人教会史》是研究盎格鲁－撒克逊各部族信仰基督教的历史的重要资料。后来协助查理曼进行教育改革的阿尔琴即是他的亲传弟子之一。

8 世纪时,凯尔特与罗马的影响在约克相遇,产生了英格兰最伟大的学

① Frederick Eby,Charles Flinn Arrowood. The History and Philosophy of Education,Ancient and Medieval[M]. New York:Prentice-Hall Inc. ,1946:669.

② [英]罗素.西方哲学史:上卷[M].何兆武,李约瑟译.北京:商务印书馆,1963:491.

③ [英]博伊德,金.西方教育史[M].任宝祥,吴元训主译.北京:人民教育出版社,1985:107－108.

校——约克主教学校。该校由约克大主教埃格伯特(Egbert)创办并任校长,培养了阿尔琴等许多教士、学者。766 年,埃格伯特升任约克总教堂大主教后,由阿尔琴接任约克主教学校的校长。

9 世纪,不信教的北欧海盗侵扰了英格兰和爱尔兰,修道院遭到劫掠,大不列颠和爱尔兰的学术进步被阻止。但与此同时,爱尔兰和英格兰学者却在法国、德国和意大利的圣坛上重新点燃了知识的火焰。[①]

除了修道院学校,中世纪前期由教会主办的学校还有大主教学校(cathedral school)和教区学校(parish school)。前者设在主教所在地,学校的性质和水平与修道院学校类似,有的成为 12 世纪兴起的大学的前身。后者设在牧师所在的村落,设备简陋,教学水平较低,但在中世纪前期,曾经起到普及教育的作用。

第二节　查理曼教育改革及其影响

中世纪前期,除基督教会举办的宗教教育外,一些世俗君主也对教育抱有浓厚的兴趣,其中法兰克王国皇帝查理曼在位时期推行的教育改革对学校教育的推广产生了积极的影响。

一、加洛林王朝和查理曼的统治

在中世纪早期,某些君主在保全文化中所起的作用仅次于教会。从恺撒(Julius Caesar,前 102—前 44)时代起,许多罗马统治者即热衷于教育,帝国分裂后,重视教育的传统仍在延续。6 世纪,统治意大利的东哥特王国第一个国王狄奥多里克(Theodoric,493—526 年在位)曾赞助公立学校并送自己的孙子入学受教育。6 世纪末,墨洛温王朝国王希尔佩里克(Chilperic)曾颁令要求儿童学习他加在拉丁字母系统中的希腊字母。东英吉利国王西吉伯特(Sigebert)曾流亡高卢,即位后按照高卢学校的模式建立了一所学校。墨洛温王朝之后的加洛林王朝同样重视教育。矮子丕平(Pepin the Short,741—768 年在位)的统治,得到了教皇的支持,作为回报,教皇也得到了丕平军事上的保护,而在这之前,罗马教皇一直依靠拜占廷的保护。后来丕平还协助建立了"教皇国",该国一直存在到 1870 年。

丕平死于 768 年,法兰克王国由他的两个儿子查理曼和卡罗曼分别继承。771 年卡罗曼去世后,查理曼统一了整个法兰克王国,其版图包括今天法国、德国、荷兰、比利时、奥地利、意大利和西班牙的一部分。800 年,罗马教皇利奥三世亲自为他加冕,授予他皇帝和奥古斯都的称号,成为"罗马人的皇帝"。这引

---

① Frederick Eby, Charles Flinn Arrowood. The History and Philosophy of Education, Ancient and Medieval [M]. New York: Prentice-Hall Inc., 1946: 688.

起拜占廷的不满,因为拜占廷统治者自认为是古罗马皇帝的唯一继承人。

二、查理曼的教育改革及影响

历史学家称"查理曼是一个具有非凡才能的军事统帅和卓越才干的国家领袖,也是教会的同盟及学术的挚友"。① 教育史家则称他是"所有赞助教育的君王中最杰出的。他比任何前辈更清楚地认识到教育对国家福利的必要性"。②

查理曼智力非凡,能说流利的拉丁语和希腊语。在他统治初期,法兰克人文化低下,文盲充斥,不仅缺少有文化的人,文化知识也被忘记殆尽。查理曼对教士和官吏发出警告说:"你们依赖你们的出身吗?为那而骄傲吗?注意,如果你们不比他人接受更好的教育,休想成为官吏或获得教会职位。"③查理曼对教育工作极为重视。他说:"我致力于改革教会的工作,不遗余力,对于推动教会的学习,更是全力以赴。这项工作,由于先人的忽略,已经被人忘记了。我以身作则,努力提倡;同时并邀请精通学艺之人,参加此项工作。"④

查理曼在教育上最先的助手是两个意大利人,即比萨的文法学家彼得和比纳特教派僧侣保罗·迪亚科努斯(Paulus Diaconus)。在两人的帮助下,查理曼着手教会改革工作,他命令教会必须改正所用《圣经》和祈祷书的抄写错误。

早在其祖父查理·马特(Charles Martel,约688—741)时期,法兰克王国的王宫便有了一所宫廷学校,查理曼即位后,即以宫廷学校为基地,振兴教育事业。782年,查理曼邀请英国教士阿尔琴(Alcuin,735—804)到他位于亚琛的王宫主持宫廷学校并协助改进国家的教育工作。阿尔琴原为英国约克大教堂主教学校校长,他从约克带来三位教徒与他一道办理宫廷学校,前来就学者包括查理曼本人、皇后、皇子、公主及其他王室成员,还有查理曼指定担任国家和教会高级职务的年轻贵族。据说查理曼是所有人中最用功的一个,他勤于求知就好像他以前专于国事一般,他经常在枕头下放一石块,以便在闲暇时习字。⑤

宫廷学校的学习科目有文法、修辞学、辩证法、算术、天文学、神学,与约克大教堂的学校基本相同。教学方法因年龄而异,对成人无固定系统的教法,以讨论为主,对儿童则多采用当时修道院学校盛行的问答法。

在阿尔琴的协助下,查理曼着手制定改进整个王国的教育计划。787年前后,查理曼向所有主教和修道院院长发布公告,要求教士为正确理解基督教圣经

① [美]朱迪斯·M.本内特,C.沃伦·霍利斯特.欧洲中世纪史[M].杨宁,李韵等译.上海:上海社会科学院出版社,2007:112.
② [英]博伊德,金.西方教育史[M].任宝祥,吴元训主译.北京:人民教育出版社,1985:117.
③ 转引自滕大春.外国教育通史:第二卷[M].济南:山东教育出版社,2005:17.
④ 夏之莲.外国教育发展史料选粹:上册[M].北京:北京师范大学出版社,1999:144.
⑤ [美]威尔·杜兰.世界文明史·信仰的时代:中卷[M].幼狮文化公司译.北京:东方出版社,1999:657.

而致力于学习。他说:"我们规劝你们,不仅不要忽视学习文法,而且要谦卑而不停地运用文法。这样,你们就能更易更快地深入圣经的奥秘。学了这些修辞手法以后,无疑地,读者就会更好地理解到所学的《圣经》的根本意义。为此,让既能而又愿意学习同时又希望教其他人的人们都学文法。"①789年,查理曼颁布《教令集》,要求"必须建立学校,以便儿童学会阅读",而且还进一步规定了每一所学校都必须有诗篇、日历、语法学和其他有用的书的精确的复本。②

阿尔琴和其他学者还致力于保存和整理古典基督教文化的传统典籍。为此,他们准确无误地抄写了过去的重要著作。我们今天所能读到的罗马诗歌、史诗、散文和其他作品,有90%是通过加洛林时代的整理和抄写才保存下来的。③

796年,在宫廷学校任教八年后,阿尔琴改任图尔的圣马丁(St. Martin)修道院院长,之后查理曼的教育政策略有改变,从主要致力于僧侣和牧师的教育,到开始关注平民的教育。查理曼在812年的敕令中说:"每个人必须把自己的儿子送到学校去学文法。儿童必须留在学校里勤奋地学习,直到他能学知识为止。"④

教育史学者在评价查理曼时期文化教育改革的成就时说:"加洛林王朝的改革将古典文化归还给古代高卢人,并使之成为欧洲的一部分,而在此之前从未扎下根来。图书馆被建立,尤其是在图尔,这是阿尔琴任院长的圣马丁修道院所在地。阿尔琴的学生们成为9世纪最著名的教师、学者和作家。法兰克帝国的教会实现了宗教信仰的统一。宗教仪式上的教会音乐和阅读水平提高了。祈祷书、学校用书和拉丁文《圣经》的文本都得到了校正。"⑤

查理曼之后,由于君主权力之争,法兰克王国走向衰落,文化和教育也随之衰退。尽管如此,查理曼致力于教育的榜样却为后人所仿效。其孙子秃头查理(Charles the Bald)继承了查理曼建立的教育传统,被誉为"几乎是每个国家的学校和教育的支柱"。⑥ 许多有学问的爱尔兰人聚集到秃头查理的宫中,其中包括著名学者埃里金纳(John Scotus Erigena),他虽被教廷指责为异端,但却终身受到秃头查理的保护。9世纪英国的教育也受到查理曼的影响。阿尔弗烈德(Alfred)871年即位时,面临学术普遍衰微的局面,他采用与查理曼几乎完全相同的方法,力图振兴学术。他创建学校、修道院,使教育和学问从长期的被漠视中复苏。他将麦西亚、威尔士和欧洲大陆的学者邀至宫中,用其收入的八分之一维持

① [英]博伊德,金.西方教育史[M].任宝祥,吴元训主译.北京:人民教育出版社,1985:119.
② [美]朱迪斯·M.本内特,C.沃伦·霍利斯特.欧洲中世纪史[M].杨宁,李韵等译.上海:上海社会科学院出版社,2007:121.
③ [美]朱迪斯·M.本内特,C.沃伦·霍利斯特.欧洲中世纪史[M].杨宁,李韵等译.上海:上海社会科学院出版社,2007:122.
④ [英]博伊德,金.西方教育史[M].任宝祥,吴元训主译.北京:人民教育出版社,1985:120.
⑤ Frederick Eby, Charles Flinn Arrowood. The History and Philosophy of Education, Ancient and Medieval [M]. New York:Prentice-Hall Inc.,1946:696.
⑥ [英]博伊德,金.西方教育史[M].任宝祥,吴元训主译.北京:人民教育出版社,1985:120.

他的宫廷学校，招收对象既有许多贵族子弟，也有下层阶级的子弟。他还致力于提高全民的教育水平。教育史学者说："阿尔弗烈德大帝对不列颠工艺、学问和文学以及民族感情的促进已载入史册。从阿尔弗烈德时代直至今日，盎格鲁－撒克逊的制度和自由传统的发展一直在继续。"①伏尔泰曾说："我想世界上没有一个人比阿尔弗烈德大帝更值得后代的尊敬。"②

在欧洲历史上，一千年的中世纪是一个充满神秘色彩的时代。传统观点一直把中世纪视作"黑暗时代"、"野蛮时代"，这种观点已被越来越多的史实所纠正。且不说产生了现代大学和充满创造性的中世纪后期，即使在中世纪前期，也很难冠以"黑暗"和"野蛮"的标签。这一时期至多是发展缓慢，但决不是停滞不前或倒退。教育史家说："在600—1050年间的欧洲，学校和学问获得了重大的进步，虽然进步是缓慢的。尽管这一时期学术成果数量少且水平低，但对学生的教育却投入了相当大的关注。其一，虽然该阶段的智力成就低于欧洲历史上任何时期，但教育仍获得了重要的发展；其二，由于这一时期重要的社会和政治运动，形成了中世纪后期和文艺复兴时期不可避免的教育发展的社会格局。"③

中世纪前期文化和教育成就主要体现在以下几个方面：第一，建立了以修道院为中心的学术和教育体制，并保存了一些学术书籍。第二，教会当局努力创办学校和管理学校，促进了知识的发展。第三，查理曼的教育改革影响深远，导致了中世纪欧洲第一次重要的学术复兴。查理曼以世俗君主的身份改革教育，可谓开创了世俗教育的先河。效法查理曼，后来的阿尔弗烈德大帝从事了同样的工作。10世纪后期，西欧又出现了伟大而持续的文艺复兴。这些都可归于查理曼改革之功。

可以说，如果没有中世纪前期的学术积累和教育进步，就不会有中世纪后期的学术和教育的巨大成就。

思 考 题

1. 修道院学校及其历史贡献。
2. 查理曼教育改革的主要内容。

---

① Frederick Eby, Charles Flinn Arrowood. The History and Philosophy of Education, Ancient and Medieval [M]. New York: Prentice-Hall Inc. ,1946:708.

② [美]威尔·杜兰. 世界文明史·信仰的时代：中卷[M]. 幼狮文化公司译. 北京：东方出版社，1999:682.

③ Frederick Eby, Charles Flinn Arrowood. The History and Philosophy of Education, Ancient and Medieval [M]. New York: Prentice-Hall Inc. ,1946:666.

参考文献

1. ［英］博伊德,金.西方教育史［M］.任宝祥,吴元训主译.北京:人民教育出版社,1985.

2. ［美］查尔斯·霍默·哈斯金斯.12世纪文艺复兴［M］.夏继果译.上海:上海人民出版社,2005.

3. ［美］朱迪斯·M.本内特,C.沃伦·霍利斯特.欧洲中世纪史［M］.杨宁,李韵等译.上海:上海社会科学院出版社,2007.

4. ［美］威尔·杜兰.世界文明史·信仰的时代:中卷［M］.幼狮文化公司译.北京:东方出版社,1999.

5. 滕大春.外国教育通史:第二卷［M］.济南:山东教育出版社,2005.

6. 夏之莲.外国教育发展史料选粹:上册［M］.北京:北京师范大学出版社,1999.

7. Frederick Eby,Charles Flinn Arrowood. The History and Philosophy of Education Ancient and Medieval［M］. New York:Prentige – Hall Inc. ,1946.

第六章

拜占廷与阿拉伯的教育

476 年西罗马帝国灭亡后,其统治过的辽阔大地,最终形成了三种后续的文明,即西欧文明、拜占廷文明和伊斯兰文明。从 8 世纪中叶开始,三足鼎立之势持续了几个世纪,直到 14 世纪,由于奥斯曼帝国侵入巴尔干半岛,这种均势才被打破。在这种均势形成的早期,约 8 世纪中叶到 11 世纪中叶,拜占廷文明和阿拉伯文明较之西欧文明更为先进和成熟。直到 11、12 世纪西欧与拜占廷和阿拉伯的联系加强加深之后,情况才发生变化。

在教育上,从西罗马帝国灭亡到 11 世纪后期,教育的中心始终位于东方。古希腊和希伯来优良的教育传统在新的拜占廷和伊斯兰文明中被保存并发扬光大,直到后来反过来滋养嗷嗷待哺的西欧。

第一节 拜占廷的教育

330 年,罗马帝国皇帝君士坦丁一世正式将古城拜占廷定为东部"新罗马"。395 年,罗马帝国最终分裂为东罗马和西罗马两个独立的国家。东罗马因其首都君士坦丁堡地处古希腊移民城市拜占廷旧址,又称拜占廷帝国。东罗马帝国的疆域以巴尔干半岛为中心,包括爱琴海上诸岛、小亚细亚、亚美尼亚、叙利亚、巴勒斯坦、北非埃及、利比亚以及美索不达米亚上游和南高加索的一部分。当西罗马帝国灭亡后,拜占廷却延续了近千年。由于拜占廷帝国在政治、经济和宗教等领域与西欧社会存在诸多差异,其教育的发展也出现了和西欧不同的特征。

一、拜占廷社会和宗教状况

与西欧相比,拜占廷文明的发展呈现了不同的特征。拜占廷奴隶制向封建制转变经历了一个缓慢的过程,从 7 世纪中叶开始,旧的奴隶制逐渐解体,到 11 世纪末,封建关系最终确立。

拜占廷农业一直是古老经济的支柱,还保存着多种经济形态共存的局面。当西部遭到日耳曼蛮族大举蹂躏时,东部仍然保持着较繁荣的经济,甚至仍有一些人口达几十万的大城市。拜占廷帝国经济的发达一直持续到11世纪。在数百年中,当远程贸易和都市生活几乎在西欧绝迹时,拜占廷则保持了商业和城市的兴旺发达。雄厚的经济基础,有助于维持帝国的专制统治和文化教育事业的繁荣。

西罗马灭亡后,在西方长期缺乏一个统一的世俗政权,因而教会势力颇为强大,罗马教会不仅控制人们的思想,还具有世俗政权的职能,几乎完全控制了文化和教育。而拜占廷在政治上承袭了罗马时期的传统,始终存在一个较为强大的世俗政权,其行之有效的官僚体系,成为拜占廷世俗政权强有力的保障,这种体系需要足够的人才维系,由此促使了统治者对教育的重视。历史学家说:"自600年左右至1200年左右,在西方基督教国家中实际上没有识文断字的世俗人士,而在东方的拜占廷,俗人识文断字是政治成就的基础。"①

在宗教上,拜占廷承袭了基督教,统治者将基督教当作实现其政令统一和专制统治的工具,对教会实行既"保护"又抑制的政策。拜占廷皇帝通过8世纪的圣像破坏运动,沉重打击了教会势力,使教会一直处于自己的控制之下。拜占廷教会最初与罗马教会是统一的,但后来因为争夺最高宗教地位而逐渐发生分歧和冲突,最终于1054年分裂为东西两个教会。

二、拜占廷的教育概况

教育史家认为拜占廷教育发展有两个主要特点:一是世俗文化教育体系与教会文化教育体系长期并存、互相渗透与对立斗争;二是希腊语为通用教学语言,古希腊的哲学、文学和古罗马的法学在教育中据有重要地位。②

拜占廷的世俗教育直接承继希腊罗马的古典教育传统。大多数拜占廷人的第一语言是希腊语,希腊语也是官方语言,学校用希腊语进行教学,拉丁语逐渐被遗忘。"在拜占廷帝国,接受良好的教育是每个人的愿望,而缺乏教养被普遍地认为是一种不幸和缺点。"③儿童从6~8岁开始入初级学校学习语言、修辞,主要教育方式为阅读和背诵。拜占廷的中等教育机构为文法学校,教育的基本内容为文法、修辞和逻辑。

学者的私人讲学也是拜占廷世俗教育的重要补充。在拜占廷各城市,私人讲学之风盛行,促进了帝国文教事业的繁荣。

较之初等教育和中等教育,拜占廷的高等教育更为后世所熟悉。在古代和

① [美]菲利普·李·拉尔夫等.世界文明史:上卷[M].赵丰等译.北京:商务印书馆,2006:481.
② 顾明远.教育大辞典:第11卷[M].上海:上海教育出版社,1991:67.
③ 陈志强.拜占廷学研究[M].北京:人民出版社,2001:214.

中世纪交替时期,由于政治动荡及文化落后民族的入侵,高等教育在西欧几乎绝迹,而拜占廷却在君士坦丁堡和各省的大城市中拥有发达的高等学校,包括雅典学园、亚历山大城的医学校和哲学学校、贝鲁特的法律学校等等。拜占廷延续时间最长、影响最大的高等学校是君士坦丁堡高级学校(Capital School of Constantinople),也有人直接称其为君士坦丁堡大学。该校由罗马皇帝约维安(Jovian,约331—364)建于363年,目的是抗衡由柏拉图750年前创办的雅典学园。它实际上成为世界上第一所研习基督教的高深学府,吸引了整个基督教世界的学者。虽然有关君士坦丁堡高级学校的成就鲜有史料记载,但它无疑是相当繁荣的。尤其是雅典学园由于398年雅典被哥特人占领而衰落后,它更从中获得诸多好处。在狄奥多西二世统治时期(408—450),君士坦丁堡高级学校经历了改革和重组,共拥有20名文法学者(其中希腊文和拉丁文各10人),8名修辞学者(其中希腊文5人,拉丁文3人),1名哲学家和2名法学家。教师由政府任命和支付薪俸。在查士丁尼529年关闭了雅典学园后,君士坦丁堡高级学校成为全国的教育中心。在福卡斯(Phokas)统治时期(602—610),学校一度被关闭,直到希拉克略(Heraclius)统治时期(610—641)才得以恢复。后来学校被一所基督教普世学校(ecumenical school)所取代,主要致力于宗教学习,由教会所控制。

863年,迈克尔三世(Michael III)的叔叔巴德斯(Bardas)重建君士坦丁堡高级学校,由著名哲学家和数学家利奥(Leo)主持校务,学生大多免缴学费,教师薪金由政府支付。著名教师有在迈克尔三世时期被免除君士坦丁堡教宗职务的佛提乌,他成为9世纪后半期拜占廷知识和文学运动的中坚人物。利奥在数学上的造诣颇深,阿拉伯哈里发麦蒙曾致信拜占廷皇帝奥菲鲁斯,请求他允许利奥到自己的宫中任教或进行短期学术访问,并承诺与拜占廷休战,还将赠予2 000镑黄金以示友好,但遭到拒绝。皇帝认为拜占廷的人才也是政府手中的一张王牌和应该保守的秘密。①

从巴斯尔二世(Basil II,963—1025)到君士坦丁九世(Constantine IX,1042—1055)统治时期,拜占廷的文化教育处于衰退状态。1045年,君士坦丁九世对君士坦丁堡高级学校进行了重组,学校分为哲学院和法学院两部分,哲学院的教育目的是使学生受到多学科的普通教育,法学院为帝国政府机构培养合格的官员。学校实行自主管理,教授由皇帝聘任并得到高薪待遇。哲学院院长普赛洛斯(Constantine Psellus)具有渊博的知识和卓越的才能,他亲自讲授哲学和修辞学。他曾无不得意地说:"我们吸引了来自西方的凯尔特人,来自东方的阿拉伯人,甚至其他大陆的人,如非洲人也慕名而来。尼罗河水灌溉了埃及大地,而我的口才滋养了他们的心智。问一下波斯人和埃塞俄比亚人吧,他们会告诉你他们怎

① 徐家玲.拜占廷文明[M].北京:人民出版社,2006:493.

样崇敬我而追寻我;现在巴比伦人也如饥似渴地吸取养分。有的民族称我为知识明灯,有的则赞我为智慧之光,其他则以最崇高的称呼赞誉我。"①这段话虽有溢美和自夸之嫌,但至少反映了拜占廷文化教育对周边的辐射作用。

然而好景不长,11 世纪后期开始,随着帝国经济和军事压力的与日俱增,君士坦丁堡高级学校逐渐衰落。

除世俗教育外,拜占廷的教会教育也值得一提。与西欧不同,拜占廷不存在高于王权的教会势力,拜占廷教会是受皇帝控制的,因此,教会的教育也是受王权控制的。

修道院和主教学校是教会重要的教育机构。修道院制度很早就传入了拜占廷。4 世纪晚期,在狄奥多西一世统治时期(379—395),尽管管理松弛,但修道院生活逐渐建立起来。与拉丁西方不同,拜占廷修道院既没有制定规程,也没有牧师的职能。拜占廷修道院从未打算建立学术功能,它们的目的是为默祷生活提供最低限度的知识训练。在 7 世纪福卡斯时期,修道院学问似乎完全消失。9—10 世纪,随着修道院的迅速发展,情况发生变化。修道院开始建立图书馆,收藏祈祷书并着手抄写手本的工作。尽管如此,拜占廷修道院仍保持了原有的默祷传统,东正教的缮写室从未像西欧一样成为修道院的特征,修道士也不被要求具有学术造诣,结果,拜占廷修道院没有具有西欧修道院的特征。但也有例外,君士坦丁堡斯图狄乌斯(Studion)修道院在狄奥多尔(Theodore)任院长期间(798—826),成为知识、学术和手抄本制作的中心。由于狄奥多尔的努力,斯图狄乌斯修道院成为东部修道制度公认的领导者。②

主教学校(patriarchal school)的历史可追溯到 5 世纪,它主要是一所神学院,但也提供世俗教育作为学习神学的准备。课程以《圣经》、赞美诗、读唱《圣经》短句为主,兼习古典人文学科、七艺和科学等。在圣像破坏运动中,主教学校曾是圣像崇拜派的堡垒,一度被执行圣像破坏政策的皇帝所封闭。12 世纪时,随着君士坦丁堡高级学校的削弱,主教学校处于最兴盛的时期,任教者有尤斯塔修斯(Eustathius)等一些著名学者。

第二节　阿拉伯的教育

阿拉伯世界曾经孕育出人类社会最古老的文明之一。在中世纪时期,阿拉伯的教育也同样达到了较高的水平,并对中世纪后期欧洲文化的复兴产生了积极影响。

---

① James Bowen. A History of Western Education. Vol. I[M]. London:Methuen & Co. Ltd. ,1972:309.
② James Bowen. A History of Western Education. Vol. I[M]. London:Methuen & Co. Ltd. ,1972:303 - 304.

一、阿拉伯社会和宗教状况

阿拉伯人与埃及人、巴比伦人、迦南人、希伯来人同属闪米特人的后代。阿拉伯民族的摇篮是阿拉伯半岛。阿拉伯半岛面积 320 多万平方公里,包括今天的沙特阿拉伯、也门、阿曼、阿联酋、巴林、卡塔尔和科威特 7 国。它是一块干旱的高原,大部分地区为沙漠和草原,只有少数绿洲适于农耕。6、7 世纪之交时,半岛上的多数居民是牧民,称为贝督因人(意为草原牧民),他们放牧骆驼、马、羊,过着迁徙不定的生活。少数绿洲里的农民种植大麦、小麦和椰枣。骆驼和椰枣在阿拉伯人的生活中占有重要地位。

在伊斯兰教创立之前,阿拉伯半岛上已出现了一种叫做哈尼夫(崇拜真神)的一神教。穆罕默德(570—632)综合犹太教、基督教以及阿拉伯半岛上的原始宗教和哈尼夫教的主张,以古莱氏部落的主神安拉为唯一的宇宙之神,创立了伊斯兰教,他自称是安拉的使者、先知。"伊斯兰"一词的意思是"顺从",信仰伊斯兰教的人称"穆斯林",意即"服从安拉和先知的人"。伊斯兰教的经典为《古兰经》,由穆罕默德口授,是伊斯兰世界的法律,更被视为真主的启示。

610 年,穆罕默德开始在麦加宣传伊斯兰教,622 年在麦地那建立了第一个伊斯兰教的国家,这是一个政教合一的国家,穆罕默德既是宗教首领,又是政治首脑、最高法官和军事统帅。630 年,穆罕默德率大军进入麦加,麦加贵族被迫接受伊斯兰教,承认穆罕默德为"先知",穆罕默德则承认麦加是伊斯兰教圣地。从此,麦加成为阿拉伯的宗教中心,麦地那仍为新国家的首都。632 年,穆罕默德逝世时,阿拉伯半岛已大体统一。其后,其继承者哈里发发动对波斯帝国和拜占廷帝国的战争,到 8 世纪中叶,倭马亚王朝(661—750)成为地跨亚、非、欧三大洲的萨拉森帝国(中国史书称"大食"),常年的征战使得穆斯林掌控了众多古代文明中心,为伊斯兰学术和教育的发展提供了得天独厚的条件。

750 年,阿拔斯王朝(750—1258)建立,迁都巴格达,因旗帜尚黑,中国古书称之为"黑衣大食"。第五任哈里发赖世德(786—809 年在位)和他的儿子第七任哈里发麦蒙时期(813—833 年在位),被称为全盛时期,文化教育也出现空前繁荣的局面。

阿拔斯王朝并非一统天下,倭马亚王室的后代阿卜杜勒·拉赫曼于 755 年来到西班牙,建立了后倭马亚王朝(756—1031),定都科尔多瓦,因旗帜尚白,中国古籍称为"白衣大食"。

在北非,什叶派建立了法蒂玛王朝(909—1171),以埃及为中心与阿拔斯王朝相抗衡,中国古籍称之为"绿衣大食"。

二、阿拉伯教育概况

伊斯兰国家幅员辽阔,由于各大食国政治和经济发展的差异,其在教权控制下的教育发展也呈现了不平衡和各自的特征,但在重视教育这一点上,则是基本相同的。

穆罕默德说:"到了某一时候,人们有的成为信士,有的成为悖逆。安拉用学问保护人们,以免沦为悖逆。"①基于此,伊斯兰教提倡学问,求学成为伊斯兰教最重要的基础。

伊斯兰的重要教育设施包括:

1. 昆它布和学馆

在伊斯兰教兴起前,阿拉伯人模仿犹太人的方式,由粗有学识的教师在家中招生授徒,传授简单的读、写、算知识,叫做昆它布(kuttāb)。伊斯兰教兴起后,昆它布被用作传播教义之地,或由私人设立,或由清真寺附设,教学内容以诵习《古兰经》为主,辅之以语法、书法、诗歌、算术等。入学者以小有产者的子弟为主。

学馆(home school)是学者在家讲学的场所,程度高于昆它布,但低于宫廷学校,是私人讲学的一种主要形式,其学生不分贫富。

2. 宫廷教育

宫廷学校是为统治者子弟设立的教育机构,形成于麦立克时代(685—705)。阿拔斯王朝时,盛行宫廷沙龙,由哈里发亲自主持,参加者有等级限制,还须准备充分、遵守时间。哈里发赖世德曾邀请学者到宫中辩论诗歌、宗教、文法、文学等问题。哈里发麦蒙也曾经从拜占廷请来学者研讨学术问题。

3. 清真寺

穆罕默德建立麦地那政权后,"先知清真寺"成为伊斯兰教最早的学校。清真寺不仅是宗教场所,也是教学场所和群众集会的场所。据称在9世纪时,巴格达城有清真寺3万座,每座清真寺就是一所学校。② 直到20世纪初,清真寺一直是阿拉伯国家主要的教学设施。

由清真寺举办的教育,程度差别较大。清真寺附设的昆它布,相当于初级教育。成年人则被施以较高程度的教育,通常是教者坐于廊下或院中授课,听者环绕着形成教学环(teaching cycle)。教师自由讲授,学生自由听讲,听者可向教师自由质疑问难。相传著名学者哈桑·巴士里(642—728)在巴士拉清真寺开设

---

① 纳忠.阿拉伯通史:下卷[M].北京:商务印书馆,1999:231.
② 纳忠.阿拉伯通史:下卷[M].北京:商务印书馆,1999:235.

讲座,其学生瓦绥勒与其观点相左,遭到大声斥责,瓦绥勒便走到另一个圆柱下自设讲座,自创学派。①

一些规模宏大的清真寺,如开罗的爱资哈尔,因其教学程度较高,相当于高等学校。阿拉伯语"大学"(al-Jamiah)与"清真寺"(al-Jamiy)两个词属同一词源,可见两者的密切关系。

4. 图书馆

在伊斯兰各大食国的首都,即巴格兰、开罗和科尔多瓦,都有设施完善的图书馆,许多清真寺也有藏书丰富的图书馆。图书馆的主要职能是搜罗书籍、组织翻译、指导阅读、抄写图书及科学研究。在一定意义上可以说,图书馆即相当于高等学校。阿拔斯王朝以及法蒂玛王朝和倭马亚王朝的哈里发,都以争相搜罗古籍为荣,甚至互相攀比。科尔多瓦的哈克木二世曾在宫中建立一座图书馆,藏书 60 余万册,大半由他派人到埃及、叙利亚、巴格达、波斯等地收集而来。法蒂玛王朝的第 5 代哈里发阿齐兹(996 年卒)建立的图书馆藏书也逾 60 万册。

5. 高等学校

9 世纪初,哈里发麦蒙(一说为赖世德)在巴格达建立拜伊特·勒·赫克迈(Bait al-Hikmah)大学,又名"智慧大学"或"智慧宫"。学校由图书馆、科学院和翻译局三个机构组成。首任校长是著名的阿拉伯学者撒赖姆(Salam),他曾留学希腊,精通希腊文化和算学。该校的翻译受到高度重视,麦蒙曾用与译稿同等重要的黄金酬谢翻译家侯奈因(Hunayn)。图书馆长是数学家兼天文学家花拉子密(khwrāizmi),他将印度、阿拉伯数学家和代数的概念介绍到欧洲。该校传授天文学、数学、医学、哲学,并十分重视希腊文化,一直存续到 11 世纪。

在绿衣大食,法蒂玛王朝哈里发阿齐兹于 972 年在埃及建成爱资哈尔清真寺,988 年形成一所颇有影响的大学,设立了学院、图书馆,聘请大批学者担任教授,讲授各门学问。学校派人到东西方各地搜罗了大批关于古典哲学、艺术、自然科学的书籍,供教师、学生们研究和学习。王朝为爱资哈尔大学提供了固定的土地收入,作为教授的薪金和学生的费用,爱资哈尔大学成为伊斯兰世界的文化中心。1010 年,阿齐兹的儿子哈克慕(al-Hākim)在位时又在开罗开办达赖·勒·仪勒姆大学(Dar al-l'lm),意为"学问之家",除讲授圣训学和教律学外,兼授语言、文学、诗歌、天文、医学等学科。值得一提的是,该大学打破教派的壁垒,不限于信奉法蒂玛所崇奉的什叶派,而是同时重视逊尼派,不啻是学术超越教派的先声。据说这所大学的教授们常常被哈克慕召入宫中举办辩论会,散会时获得荣誉礼服的奖赏,足见统治者对该校的重视。该大学存在了 119 年。

在 11 世纪崛起于东方的塞尔柱人统治时期,宰相尼采姆(Nizām al-mulk)于

---

① 纳忠.阿拉伯通史:下卷[M].北京:商务印书馆,1999:234.

1065 年在巴格兰设置了一种高等学校,称为"迈德赖赛"(Madrasah),因其是尼采姆所创办,又称为"尼采明尼亚"(或译为尼查米亚),以培训政治官员和军事官员为目标,不再以传授科学知识为中心,而以传统《古兰经》、圣训学和法律为主要课程。该校至少存在了 300 年,影响十分深远。

白衣大食何时产生了大学,无从定论。科尔多瓦大学创办于杜勒·拉赫曼(926—961 年在位)时期,在哈克木二世(961—976 年在位)时期得以扩建,设有教义学、法律学、天文学、数学和医学等课程,从东方聘请知名学者讲学,崇尚独立思考。其学术辩论不仅吸引了本校师生,也吸引了校外的学者,学术空气甚浓。前来就学的人来自欧、亚、非三大洲,既有伊斯兰教徒,也有基督教徒,学生曾多达数千人。白衣大食地处西方,不像东方大学那样专心于教授神学和法学,而是专注于传授科学和哲学。此外,白衣大食准许私人设校,政府不加干预,提倡自由讲学和辩难,学校规模较大且不尚严格管理,这些特征都对欧洲中世纪早期的大学产生了影响。

阿拉伯人在 7 世纪兴起之初,其文化教育是非常落后的,但在不长的时间竟然后来居上,在文化科学上取得了引人注目的成就,这在很大程度上得益于统治者对科学文化及教育的重视和奖励。有学者称:"半岛上的阿拉伯人固有的文化和伊斯兰教文化是阿拉伯—伊斯兰文明的种子;文化发达的地区及其四邻民族丰富的文化遗产,为阿拉伯—伊斯兰文明提供了肥沃的土壤和取之不尽的营养;稳定的社会环境,良好的经济条件,统治者的奖励政策,则为阿拉伯—伊斯兰文明提供了成长壮大、开花结果的最佳气候。所以才创造出了繁花似锦、灿烂夺目的阿拉伯—伊斯兰文明。"[1]

阿拉伯—伊斯兰文明是在吸收东西方文化的基础上发展起来的。他们在历时近两个世纪的翻译运动中,把古希腊、印度的哲学、医学、数学等论著翻译成阿拉伯文,保存和发展了古代灿烂的文化。阿拉伯文明的传入唤醒了沉睡中的欧洲,给欧洲打开了知识领域的大门。

在中世纪的大部分时间里,拜占廷文明和阿拉伯文明一直领先于西欧文明,前两者对后者的影响是不言而喻的。正是通过吸收拜占廷和阿拉伯的先进文化,西欧由先前的落后到后来的超越,最终率先进入现代文明。

1. 拜占廷文化教育的影响

在中世纪前期,由于拜占廷文化和教育直接继承了古希腊罗马的传统,在很长时间领先于西欧和阿拉伯,在三足鼎立中居于优势地位,并对其他文明产生了重要的影响。

---

① 彭树智.阿拉伯国家史[M].北京:高等教育出版社,2002:149.

中世纪前期,拜占廷与东欧就有了广泛的联系。9世纪中叶,拜占廷文明对斯拉夫人的传播进入高潮。862年,希利尔(Cyril)和美多德斯(Methodios)应邀前往传教,帮助斯拉夫人建立独立教会,并使用希腊字母为斯拉夫方言拼音,创造出希利尔文字,成为斯拉夫各民族文字的来源,两人因而被称为"斯拉夫人的使徒"。斯拉夫各地纷纷建立修道院、学校和教堂,并派遣大批留学生到君士坦丁堡学习。864—865年,保加利亚皇帝宣布将基督教定为国教。

9世纪末,拜占廷与基辅罗斯的联系逐渐加强,罗斯人通过拜占廷接触到先进的文化。10世纪末,基辅大公弗拉基米尔(Vladimir the Saint,980—1015年在位)将基督教定为国教,从此俄罗斯开始广泛接受拜占廷文化教育的影响。

拜占廷对阿拉伯文化的影响在7世纪伊斯兰教兴起后逐渐频繁,拜占廷文化成为早期伊斯兰学习的对象。哈里发曾将邀请拜占廷学者到巴格兰讲学作为其文化活动的重大事件,哈里发麦蒙曾派多名留学生赴君士坦丁堡学习自然科学。伊斯兰的图书馆和清真寺曾保存大量来自拜占廷帝国的古代手稿,以此为基础,伊斯兰学者将许多古希腊著作翻译成阿拉伯语。

拜占廷对西欧的影响主要通过其南意大利的属地。中世纪早期,意大利南部和东部长期处于拜占廷的势力范围,由于各种原因,大批拜占廷人移居此地,拜占廷的文化通过南意大利传入西欧。

拜占廷文化的西传有过多次高潮。圣像破坏运动期间,大批流亡西欧的教士成为文化的传播者;13世纪初,第四次十字军东征前后形成了又一次西传的高潮,由十字军掠夺而来的君士坦丁堡的大批文物、图书和艺术品在西欧各国广为流传;14世纪后,土耳其人的入侵导致大批拜占廷学者、工匠移居西欧,直接或间接地推动了文艺复兴运动的开展。

2. 阿拉伯文化教育的影响

西方文明在很大程度上受益于阿拉伯人,当希腊科学及哲学在西方失传时,是阿拉伯人吸收并保存了它。"自古代残存下来的希腊所有重要科学著作都被译成了阿拉伯文,后来在中世纪西方,这些著作反过来又从阿拉伯文译成了拉丁文。其中最重要的是保存和释译亚里士多德的著作,这是伊斯兰世界影响最深远的成就之一。"[①]不仅如此,阿拉伯人也接触了中国和印度的科学,在此基础上,阿拉伯人积极发展自己的学术,并在许多知识领域取得重要的突破。他们对欧洲文明最大的贡献之一是从中国引入了造纸术,他们还创造了丰富的音乐和大量的文学作品。在十字军东征时期的西班牙和西西里,在巴勒斯坦,穆斯林与基督教进行了接触,从而把古代最伟大的学者的作品重新引入西欧。他们还给欧洲带去了经过改进的印度数字系统(又称阿拉伯数字)、代数和其他科学及哲

① [美]菲利普·李·拉尔夫等.世界文明史:上卷[M].赵丰等译.北京:商务印书馆,2006:517.

学知识。

在教育上,伊斯兰教对学问和教育的重视,其举办的多种类型的教育机构,其教育的世俗化倾向,均成为其教育的特色。教育史家说:"基督教控制下的欧洲学校鄙弃世俗文化,一度使光辉的希腊学术湮没无闻;而伊斯兰教国家推崇这个被唾弃的文化宝藏,给欧洲的文艺复兴作了向导。穆斯林学者在科学和哲学研究中取得的硕果,不但丰富了伊斯兰教学校的课程,还启发了欧洲基督教的隐修院学校(即修道院学校)和座堂学校(即大主教学校)。因为各国青年就学于白衣大食,学成归国便大力传播这些学术知识。从 11 世纪起,基督教学校在七艺的教学中,特别是在数学和天文学的教学中,有所提高,恰是承受了伊斯兰教教育的嘉惠。"①

伊斯兰教特别重视高等教育,因而其高等教育对欧洲影响最大。叙利亚学者托太哈(Khalil A. Totah)说:"拜伊特·勒·赫克迈是中古和近代的第一所大学,因为博洛尼亚、巴黎、布拉格、牛津、剑桥等地还没有大学的时候,拜伊特·勒·赫克迈大学早已将学术的火炬高高地举起来了。欧洲的文艺复兴是在底格里斯河上预备的,不是在顿河、泰晤士河、莱茵河、第聂伯河上预备的。迈蒙(即麦蒙)、易斯哈格、撒赖姆、花拉子密和其他阿拉伯学者开辟了一条新的路径;而彼特拉克、但丁、伊拉斯谟等,便是沿着这条路径走去的。文艺复兴既蒙阿拉伯人的指导,则人类文化当感谢阿拉伯人的盛意。"②他又说:"阿拉伯的各大学,多至数百,盛极一时,曾为欧洲各大学的模范。因为阿拉伯人创办各大学后若干年,欧洲才办大学;而欧洲中古时代各大学内的种种习惯,又大都与阿拉伯各大学的习惯相仿佛,谁能说这是偶然相符呢?"③

思 考 题

1. 拜占廷教育及其特征分析。
2. 阿拉伯教育及其影响。

参考文献

1. [美]菲利普·李·拉尔夫等.世界文明史:上卷[M].赵丰等译.北京:商

① 滕大春.外国教育通史:第二卷[M].济南:山东教育出版社,1989:80.
② [叙]托太哈.回教教育史[M].马坚译.北京:商务印书馆,1946:40.
③ [叙]托太哈.回教教育史[M].马坚译.北京:商务印书馆,1946:148.

务印书馆,2006.

2.［叙］托太哈.回教教育史［M］.马坚译.北京:商务印书馆,1946.

3. 陈志强.拜占廷学研究［M］.北京:人民出版社,2001.

4. 徐家玲.拜占廷文明［M］.北京:人民出版社,2006.

5. 纳忠.阿拉伯通史:下卷［M］.北京:商务印书馆,1999.

6. 彭树智.阿拉伯国家史［M］.北京:高等教育出版社,2002.

7. 滕大春.外国教育通史:第二卷［M］.济南:山东教育出版社,1989.

8. James Bowen. A History of Western Education. Vol. I［M］. London:Methuen & Co. Ltd. ,1972.

第七章

中世纪后期西欧的教育

11 世纪是欧洲中世纪的分界线。此前,欧洲文化教育相对落后;此后,欧洲开始兴盛并后来居上。这一时期重要的历史事件包括:十字军东征、大学的诞生、议会制及君主立宪制的产生和发展、自由城市和城市学校的出现,这些因素最终导致了欧洲近代民族国家的形成。

第一节 骑士教育

骑士教育是中世纪后期西欧社会一种独特的教育形式,它的出现在某种程度上契合了等级分明的欧洲封建制度。

一、骑士制度的产生

骑士制源于西欧的采邑制,采邑制最初形成于 8 世纪的加洛林王朝,10 世纪后普遍流行于西欧,直到 13 世纪,它一直是欧洲西北部大多数地方农村社会和经济组织的主要形式。

所谓采邑(也可译作庄园),是指国王(封君)有条件地分封给贵族(封臣)的土地,亦即承担一定义务的封地。这种分封制是从上到下的层层分封的等级制度:国王将采邑授予大封建主,他们再依次将这些采邑划分为更小的单位分封给封臣,封臣再继续下封,这样,统治阶级的所有成员,从地位最低的骑士到国王,都在封建等级中占有一席之地。正是这种分封制,孕育产生了中世纪的骑士阶层。[①]

在采邑制中,骑士处于最低层,他从所隶属的领主(封主)处分得一块土地,统治着十余户农民,然后向领主履行一定的经济和军事义务。人们一般把骑士看作是最下层的贵族,但也有人认为并不是所有骑士都是贵族,骑士的地位处于贵族和农民之间。有时,国王和领主也以拥有骑士称号为荣耀。

---

① 田薇.信仰与理性——中世纪基督教文化的兴衰[M].保定:河北大学出版社,2001:131 – 132.

二、骑士教育的兴衰

骑士制度发端于 9 世纪,盛行于 12 世纪。12 世纪中叶以后,骑士教育制度也随之兴盛。骑士教育没有专门的教育机构和专职的教育人员,它是在骑士生活和社交生活中进行的。

骑士教育旨在培养身体强壮、虔信上帝、忠君爱国的武夫。战争和比武是骑士们的主要职能,因而骑士教育忽视文化知识的传授,许多骑士目不识丁。

骑士教育可分为三个阶段:出生到 7、8 岁前为第一阶段,贵族儿童在家中受教于母亲,内容为宗教、道德、礼仪和身体的养护。7、8 岁至 14、15 岁为礼文教育阶段,贵族之家按其等级把儿子送入高一级贵族家中,充当侍童,履行他对主人和主妇应尽的种种义务,学习上流社会的各种礼节;有时也学习识字、吟诗、弈棋、奏乐。另有少数侍童学习拉丁文、法文等,但不多见。在此阶段,也令侍童学习赛跑、角力和拳击,并进行"比武"。由 14、15 至 21 岁为侍从教育阶段,重点是学习"骑士七艺",即骑马、游泳、投矛、击剑、打猎、弈棋和吟诗,也学习唱歌、弹琴、宗教等,同时要侍奉领主和主妇。在这一阶段之末,未来的骑士可以选择一已婚或未婚的妇女,诚心相爱,这即所谓的"恋爱教育"。

21 岁时,举行晋封仪式。通常先举行宗教仪式,候选的骑士须洁身斋戒和祈祷,然后着戎装盛服去教堂,用一夜的时间进行祈祷冥想,清晨领受圣餐后将自己的剑呈给牧师,请其赐福。然后宣誓,誓词大意是:效忠教会和君主,攻击异端,保护妇女及贫弱,捍卫邦国,愿为同胞福利洒尽最后一滴血。宣誓完毕,牧师退还其剑,并告诫其要扶助孤寡,拯救苦难,惩治邪恶,固守德性。礼毕,再跪于领主之前,领主以剑背在其颈或肩上击打三下,有时还括一个耳光,作为他能无偿接受的最后侮辱的象征,告诫他要勇猛、果敢、忠心不二。之后正式宣布授予骑士称号,骑士全副武装,驰出教堂,发送礼物,款待友人。由于晋封仪式开支较大,常常同时为几个骑士共同举行。

骑士制度的黄金时期是 12、13 世纪。当新式火器广泛用于战争后,骑士制度逐渐消亡。虽然盛行的时间不长,"但它在中世纪及现代欧洲的社会、教育、礼节、文学、艺术及字汇中留着不可磨灭的痕迹"①。

骑士教育注重道德培养和身体训练,旨在形成基督教的骑士精神,在某种程度上成为欧洲现代绅士教育的先驱。史家说:"像伊顿、哈罗、温切斯特学校,结合骑士精神与文教,在教学史上创出最有效的心智、意志、品德训练。"②

---

① [美]威尔·杜兰.世界文明史·信仰的时代:中卷[M].幼狮文化公司译.北京:东方出版社,1999:806.

② [美]威尔·杜兰.世界文明史·信仰的时代:中卷[M].幼狮文化公司译.北京:东方出版社,1999:806.

然而,骑士的形象并非完美无缺。史家评论说:"实际上,中世纪的骑士不过是个武装暴徒而已。他们骑着战马,穿戴着头盔和锁子甲,就成了中世纪的坦克。作战是他训练的目的,也是他的存在理由。现在,通过抢劫物品、敲诈与地主的赠予,他们逐渐致富。他们宣称保护着教会和社会,有时候也是这么做的。但他们其实非常暴力,最根本的兴趣只是保卫与扩张他们自己的土地。"[①]正是这帮武装暴徒在1099年第一次十字军东征攻下耶路撒冷后,大肆烧杀抢掠,甚至连女人和小孩也不放过;还是这帮暴徒,1204年在第四次十字军东征中攻下了君士坦丁堡,他们滥杀无辜,肆无忌惮地破坏着教堂、圣像、建筑、雕像,其中包括许多伟大的文化遗产及标志。

第二节　经院哲学与中世纪大学

经院哲学(scholasticism)原意为"学院中的思想",实际上是一种基督教哲学,是中世纪占统治地位的哲学派别。经院哲学以学校特别是中世纪后期出现的大学为阵地,对中世纪社会和思想产生了持久的影响,而中世纪大学又进而成为中世纪留给后世最重要的遗产之一。

一、经院哲学

经院哲学产生于8、9世纪,至11世纪,逐渐分化为唯实论和唯名论两派。唯实论遵循柏拉图的唯心主义学说,认为一般概念是真实客观存在的,个别事物是由一般概念派生出来的,它比个别事物更根本、更实在。在理性和信仰的关系上,唯实论虽然兼顾理性和信仰,但侧重点在信仰,信仰在先,理性在后,理性服从信仰。唯名论与此相反,认为一般概念是单个事物的名称,个别事物是客观真实的,并先于一般概念而存在。唯名论崇尚理性,渴求知识,企图对宗教信仰和神学加以限制,具有一定的进步意义。

唯名论发展到阿伯拉尔(P. Abelard,1079—1142)时已具有摆脱中世纪思想束缚的趋向。阿拉伯尔把辩证法最彻底地运用于神学研究,在方法或形式上奠定了经院哲学的基础。他针对奥古斯丁的名言"信仰而后理解",提出"理解才能信仰",而辩证法就是理解的必由之路。他认为怀疑是获得真理的途径。

13世纪,经院哲学的主要代表人物为巴黎大学的阿尔伯特(Albert)和他的学生托马斯·阿奎那。阿尔伯特力图将科学知识纳入神学的轨道,为神学服务。阿奎那坚持信仰至上的原则,但不否定理性的作用。他的代表作《神学大全》确

---

① ［美］朱迪斯·M.本内特,C.沃伦·霍利斯特.欧洲中世纪史［M］.杨宁,李韵等译.上海:上海社会科学院出版社,2007:195.

定了经院哲学的神学体系,把经院哲学推向高峰。作为中世纪大学的神学教材,《神学大全》流行达几个世纪之久。

经院哲学旨在借助于理性支持信仰并使之合理化,但两者是相悖的。当双方无法调和时,经院哲学就走到了终点。罗吉尔·培根批判了把一切问题诉诸权威,无视科学和经验的做法,提出知识的三个来源:权威、理性和经验,埋下了经院哲学解体的种子。

二、中世纪大学

1. 中世纪大学产生的背景和客观条件

在欧洲中世纪大学创办前,高等教育存在了数千年。古代埃及、印度、中国等都是高等教育的发源地,古希腊、罗马、拜占廷及阿拉伯国家都建立了较完善和发达的高等教育机构。虽然许多教育史家把上述地方的高等学府也称之为大学,但严格地说,它们不是真正意义上的大学。"大学"专指 12 世纪末在西欧出现的一种高等教育机构,这种机构形成了自己独有的特征,如组成了系(faculties)和学院(college),开设了规定的课程,实施正式的考试,雇佣了稳定的教学人员,颁发被认可的毕业文凭或学位等等。从这个意义上,我们可以说大学起源于 12 世纪。

在 12、13 和 14 世纪,universitas 一词运用很广,常常用于表示一些合作性的团体,如手艺人行会、自治团体以及教师或学生行会。只是在 14 世纪以后,universitas 才与大学有了特定的联系。如"学生大学"(universitas scholarium)或"教师与学生大学"(universitas magistrorum et scholarium)。中世纪通常表示大学的正式术语是"studium generale"。"studium"的含义是指一个中心,该中心是由一些有组织的学习团体构成的;"generale"的含义不是指已经了解的事物的通常性或普遍性,而是指这个中心从超越本地区范围的一个广大的地理区域内招收学生的权限。比较一下就可以看到,仅仅能满足一个城镇或一个有限区域需要的中心被看作是"studium paticulare"或"特别学校"。除了或有时作为人文学科的教学场所外,"studium generale"需要设立法律(教会法、民法或二者兼而有之)、神学或医学中的至少一科。为保证课程中所有学科的连续性,这个中心要保持一定数量的能够胜任教学的优秀教师。通常与 studium generale 有关的两项特权是:其一是暂居 studium generale 学习的享有圣俸的神职人员仍有权享有圣俸;其二是毕业于大学的学生无需经过考试而在其他任何大学任教的权利(iue ubique docendi)。

为什么大学产生于 12 世纪的西欧? 其原因如下:

(1)城市的复兴、经济和贸易的发展,为大学的产生创造了客观条件

在中世纪早期,西罗马帝国留下来的城市破败不堪,早已失掉经济中心的地

位,仅仅成为封建诸侯、教会主教统治的政治和宗教中心。10 世纪至 11 世纪,随着经济的发展和人口的普遍增长,城市开始复兴。城市的产生,不仅创造了丰富的物质条件,也为丰富人们的知识和精神生活提供了广泛的空间。城市的发展,还衍生了知识阶层。正如雅克·勒戈夫(J. Le Goff)所说:"在西方国家,中世纪的知识分子随着城市而诞生。在城市同商业和工业(说得谦虚一点是手工业)共同走向繁荣的背景下,知识分子作为一种专业人员出现了,他在实现了劳动分工的城市里安家落户。"①

随着城市的出现,出现了商业和手工业等职业,行会开始形成,行会是手工业者或者商人为了保护自身的利益,联合起来对付封建势力的侵犯以及防止外来竞争而建立起来的组织。行会不仅是生产的组织,也具有军事、宗教和互助组织的性质。行会组织为最初大学的形成提供了制度上的参照。

(2)十字军东征客观上提高了欧洲的文化智力水平,导致了 12 世纪的文艺复兴,为大学的产生提供了知识基础

11 世纪末开始,历时近两百年的十字军东征是西欧封建统治阶级为缓和国内社会和阶级矛盾,扩大势力,掠夺财富而发动的对地中海东岸各国的侵略战争,它受到宗教、经济、政治等多种利益的驱动。战争的后果是给东西方人民都造成了严重的灾难,但客观上却促进了东西方贸易和文化的交流。随着贸易剧增,导致西欧城市的快速发展。在文化上,由拜占廷和阿拉伯人保存的古代希腊文化复又回到欧洲,大大拓宽了欧洲的文化和智力水平,"西方人的精神生活,由于十字军在东征过程中所得到的知识和经验而活跃起来"。② 十字军东征还促进了 12 世纪的文艺复兴。这次文艺复兴使大量的新知识涌入西欧,成为大学产生的知识基础。

(3)中世纪社会的客观需要导致了大学的产生

中世纪大学是西欧社会的一个产物。10 世纪和 11 世纪社会经济的发展,为中世纪的复兴创造了条件,而大学则是中世纪复兴的不可避免的结果。"产生于欧洲 12 世纪的大学具有相当不同的根源,它们的产生是为了从不同的方面来满足正在不断发展的城市社会对各种职业的需要。"③其起源具有很强的功利性。佛罗斯特(S. E. Frost)说:"中世纪大学的基本目的是职业训练。时代需要一批经过很好训练的人,大学热心接受这个挑战。法律、医药、神学和文艺等都是需要有能力的和受过学校教育的人。而大学正是提供这种经过很多训练的人的地方。"④

① [法]雅克·勒戈夫.中世纪的知识分子[M].张弘译.北京:商务印书馆,1996:4.
② [美]汤普逊.中世纪经济社会史:上册[M].耿淡如译.北京:商务印书馆,1997:539.
③ Alan B. Cobban. Universities in the Middle Ages[M]. Liverpool:Liverpool University Press,1990:2.
④ S. E. 佛罗斯特.西方教育的历史和哲学基础[M].吴元训等译.北京:华夏出版社,1987:159.

2. 中世纪大学的产生及其类型

最早的中世纪大学诞生的准确时间很难确定,它们是经过一定时期逐渐演化而来的。史家一致认为:中世纪大学最早出现在 12 世纪的巴黎和博洛尼亚,它们是中世纪大学的原型,并代表了中世纪大学组织的两种形式。巴黎大学模式产生了教师型大学的思想,大学的管理由教师行会负责,学生相当于商业领域中的学徒。博洛尼亚大学最初是教师型大学,但不久发展成为学生型大学,大学主要或部分由学生管理。在巴黎大学和博洛尼亚大学设立不久出现了主要以巴黎大学或博洛尼亚大学模式为主的大学,但是对这两种大学模式做了很大的调整。中世纪晚期的一些大学发展成为混合型的机构,介于巴黎大学和博洛尼亚大学这两种模式之间。到 16 世纪,欧洲的大学类型形形色色,但不管怎样,这些大学主要是受巴黎大学和博洛尼亚大学原型的影响而形成的。

博洛尼亚大学以法学闻名于世。地理位置的因素与博洛尼亚大学的形成有一定的关系。博洛尼亚很早就已成为一座社会和经济上的国际性城市。它是意大利北部的一个天然的十字路口,是所有主要干道汇合之地。在来自阿尔卑斯山北麓的商人与贩运拜占廷产品的意大利商人的贸易交流中,它具有战略性的地位。因为有相当多的人员往来,包括经常到罗马的一些旅行者,博洛尼亚成为一座著名的城市。然而,地理位置的优越不可能成为大学创办的决定性因素。博洛尼亚之所以有了大学得益于罗马法学家欧内乌斯(Irnerius)。虽然在欧内乌斯之前,博洛尼亚最早的教授佩波(Pepo)已于 1070—1100 年在此地教学达 30 年之久,但佩波的影响是无法与欧内乌斯相比的。欧内乌斯大约在 1116—1140 年在这里从事教学活动,他被认为"可能是中世纪诸多伟大的法学教授中最著名的一位"。[①] 他使博洛尼亚法律学校远远领先于意大利的其他学校。欧内乌斯对《民法大全》作了详细注释,成功地对罗马法作了合理的分析,使其既适合职业性的需要,又适合作为高等教育的一门专门学科而进行学术研究。"正是由于欧内乌斯对罗马法的学习研究以及作为教师而特有的迷人风格,使博洛尼亚成为著名的具有革新精神的罗马法教学的中心。正是由于其在法学上的声誉,教师和学生从欧洲各地大批涌入这座城市。"[②]在 12 世纪 40 年代和 50 年代,由于引入了教会法的研究以及作为罗马法重要的研究中心的快速发展,博洛尼亚具有了鲜明的世俗性质。这一发展源于格雷森(Gratian)的研究,他曾在博洛尼亚圣菲里斯牧师学校讲授教会法,并于 1140 年完成其著作《教令集》(Decretum)。该书成为教会法的标准教科书。格雷森对教会法的贡献与欧内乌斯及其同事对罗马法所做的贡献同样重要。这就是说,格雷森对教会法进行了

① Charles Homer Haskins. The Rise of Universities[M]. New York:Cornell University Press,1957:7.
② Alan B. Cobban. Universities in the Middle Ages[M]. Liverpool:Liverpool University Press,1990:8.

前所未有的理性分析,使该法作为一门学科能够在较高深的水平上得到系统研究。到 12 世纪中期,博洛尼亚已经成为欧洲教会法和罗马法的最重要的中心。1158 年,腓特烈一世(Frederick I)颁布法令,承认了博洛尼亚的大学地位。学生逐渐获得各项特权,如组织行会的权利、免交市政税的权利。12 世纪末,学生们甚至赢得了在博洛尼亚建造房屋和确保他们使用权的许可。13 世纪初,学生达五千余人。除民法和教会法外,1316 年增设医学,1360 年增设神学。博洛尼亚大学为中世纪社会培养了一批出类拔萃的人才。在管理体制上,博洛尼亚大学最初由从事教学的博士管理,他们自然对学生具有管理权,但情况很快发生了重大变化。博洛尼亚的学生来自欧洲各地,按照博洛尼亚城市的法律,他们被当作侨民对待,这意味着不论一个人在本国的家庭背景如何优越,他在这里都要面对苛刻和不公平的法律和税金,此外,还有贪婪的地主、沉重的地方税及义务兵役制等。博士们需要给这些学生提供充分的保护。但是,城市当局实行分裂性的政策,试图在博士与学生之间制造不和,并成功地使至少一部分讲师站到他们的政治立场上。为了保护自己,这些学习法律的学生建立了行会组织,并逐渐在13 世纪获得了管理控制大学事务的权力,这是历史上学生在学校管理中第一次取得主导地位。

学生依照规定对教师实施严格的管理。一般在学期开始前几个月由学生选举讲师,被选择的讲师必须发誓,保证遵守学生管理者制定的有关学校事务的所有规定。在大学的会议上,教师没有表决权,所有的教学人员必须遵守由学生会议制定的法令。几乎每项活动都须经过学生的允许,如讲师请一天假须得到学生和学生负责人的同意。如果讲师按照规定的时间上课迟到一分钟或延长一分钟就会被罚款。如果忽略了难点或在学期末到学生规定的日期没有讲到课本上已有的要点,也要被罚款。为了确保教学的进行,讲师必须在学年初到城市的银行中存入一笔钱,以备罚款之用。教师唯一可以完全控制的领域是考试制度。

教师为什么甘于受学生的管理呢？一是学生本身的原因。由于博洛尼亚大学的学生年龄比中世纪欧洲大多数大学的学生年龄偏大,而且学生中相当一部分人在作为法学学生时就已担任了重要的社会职务,具有富有的地位和显赫的背景。二是经济上的原因。在博洛尼亚大学有薪金制的教学职位设立以前,大多数教师的收入主要是依靠学生的学费,学生拥有的经济权力使他们更有能力抵制和反对那些不服从规定的讲师,这些讲师在大学的收入也会因此受到不利的影响。从 13 世纪晚期开始,博洛尼亚市镇当局建立了有薪金的讲师职位,不再依赖于学生的学费,这标志着博洛尼亚大学学生权力的衰退。由于丧失了经济上的控制手段,学生的各种特权逐渐减少。到 1350 年,博洛尼亚的学生已丧失大部分的权力,大学在很大程度上依赖于市镇当局的保护,大学的管理权重新回到教师手中。①

以博洛尼亚为代表的学生型大学模式,最早被引入到 1222 年设立的帕多瓦大学。在 14 世纪和 15 世纪,该模式由意大利扩展到法国各地方性的大学之中,在 16 世纪初的西班牙和葡萄牙也可以找到它的踪迹。后来,学生控制大学的制度被输入到南美,一直存在到 20 世纪。

像博洛尼亚大学一样,巴黎大学也是逐渐形成的。不同于博洛尼亚的是,巴黎不是一个自治的城市,而是法国君主国的首都和一个重要的主教职位的所在地。与博洛尼亚大学不同,巴黎大学的教师不受学生管理,教师主导大学,校长由教师选举产生。

1100 年后,在巴黎讲学的著名教师吸引了越来越多的来此学习逻辑和辩证法的学生,他们是为将来担任神学家做准备的。随着师生数量的增加,他们决定根据惯例建立行会以保护他们彼此的利益。成立行会的确切时间难以确定,但可能发生在 1150—1175 年之间。教师在由巴黎大主教学校发展而来的 studium 从事教学活动。后来,它获得教皇特许状,其名称为"studium generale"(general place of study)。到 15 世纪,人们开始使用"universita"作为"studium"的同义词,"studium"逐渐废而不用了。之后,那些在特别领域或学科研究和教学的学者被归并到一个学院(faculty)。巴黎大学逐渐形成四个学院,即神学院、法学院、医学院和文学院。另外,以学生原籍和语言为标志又形成四个民族团:法兰西民族团,包括拉丁语系民族;诺曼人民族团;庇卡底民族团,也包括低地国家;英格兰民族团,包括英格兰、德意志和欧洲北部和东部地区。每个民族团推举一位长者为本团首领,以维护本团成员利益,四个民族团选举大学校长。

巴黎大学曾是唯名者和唯实论者争论的讲坛,众多的优秀教师使巴黎成为北欧地区极为著名的学术中心,其中出类拔萃者当属阿伯拉尔。阿伯拉尔以讲授雄辩术和逻辑著称。由于阿伯拉尔及其继承者的声誉,各地到西岱岛上求学的学生纷至沓来,后来小岛人满为患,师生们遂向塞纳河左岸即现在的拉丁区转移。1200 年,在一次学生与圣母院教士的争执中,几名学生被打死,引起师生们强烈不满,他们上书国王菲利普·奥古斯特。不久,巴黎大学获得国王授予的特权证书,国王承认巴黎大学的学者具有合法的牧师资格,具有世俗当局的司法豁免权。1215 年,教皇特使为巴黎大学制定了第一个章程,取消圣母院主事对巴黎大学的控制权,巴黎的教师协会获得了合法团体的必要资格,至此完成了由习惯认可的大学到被法律承认的大学的转变。1229 年,巴黎宪兵司令和士兵打死打伤几名学生,引起学潮,大学宣布罢课,学生们各奔东西,投往牛津、剑桥、图卢兹、奥尔良以及昂热等地。1231 年,教皇出面调停,同意颁布新的章程,使巴黎

① Alan B. Cobban. Universities in the Middle Ages[M]. Liverpool:Liverpool University Press,1990:11.

大学最终摆脱了主教的控制,并拥有结盟权和罢课权,具有授予学士、硕士和博士学位的专一权等。同时,国王圣路易承认巴黎大学具有法人资格,使巴黎大学完全摆脱了被监护的地位,至此,巴黎大学作为一个独立的团体正式成立。

1217 年,多明我会和方济各会托钵僧进入巴黎大学,加强了大学的实力。在1245—1265 年间,托钵僧为巴黎大学提供了大量卓越的教师,包括 1239—1247 年执教的罗吉尔·培根、1248—1257 年执教的圣波拿文都立(St. Bonaventure),还有三次在巴黎大学执教的圣托马斯·阿奎那。

1257 年,索邦神学院创办,得到罗马教皇的支持。神学院授予"神学博士"学位,获学位者才有资格任教或担任神职人员。由于考试极严,学生水平较高,索邦神学院的影响越来越大,实际上已经成为巴黎大学的代名词。

同博洛尼亚大学和巴黎大学一样,萨莱诺大学(Salerno)也是欧洲最早的大学之一,甚至被誉为"第一所大学"。萨莱诺位于意大利南部,原为一所医学校,其地理环境幽美,气候宜人,适合疗养。7 世纪末,这里设立了一所医院。9 世纪末汇集了许多技艺高超的医生,其中有的人已经开始从事教学活动。传说最初的学校是由四位医生办起来的,他们分别为希腊人、拉丁人、犹太人和萨拉逊人。这个传说显示出这个学校不为宗教所束缚的可贵传统。① 将阿拉伯文化传入西方的媒介之一阿弗里卡纳斯(Constaninus Africanus)曾于 11 世纪初在该校工作,他将希腊医学家希波克拉底和阿拉伯的医学著作译为拉丁文,促进了医学理论和教学的发展,享有"东方与西方的教师"的盛名,慕名而来者均为有志于医学的青年。1231 年,腓特烈二世颁发特许状,承认该校的地位,规定不经萨莱诺学校的许可,任何人都不能行医,并且在完成五年学习课程之后,还得在一位有经验的医生指导下至少实习一年。虽然萨莱诺学校是欧洲最早和最著名的医学中心之一,但直到 13 世纪后期,萨莱诺才符合当时尚处于不成熟状态的大学标准,在此之前,它并非一所完全意义上的大学,因为它缺乏有效的组织以及一所合格的大学应开设的必要的学科。

英格兰也出现了两所中世纪最早的大学——牛津大学和剑桥大学。在牛津大学创办前,英国学生曾远涉重洋到巴黎大学求学。1167 年,英格兰国王亨利二世和法兰西国王菲利普二世发生争执,英王召回了在巴黎求学的学生和学者,大批学生汇集牛津,遂创办了牛津大学。12 世纪末,牛津大学获正式承认,被称为"师生大学"。1209 年,牛津约有 3 000 名教师和学生。牛津大学第一任校长是罗伯特·格罗斯泰斯特(Rober Grosseteste, 1175—1253),他的任职时间约为1215—1221 年。他注重实验科学,对数学、天文、语言学均有研究,被公认为近代实验科学的先驱人物。

---

① [意]卡斯蒂廖尼.医学史:上册[M].程之范主译.桂林:广西师范大学出版社,2003:248.

1249年，达勒姆的威廉(William of Durham)副主教遗赠牛津大学一笔钱以资助学习神学的硕士们，形成了"大学学院"并盖起了学院的房子，1263年和1264年又相继建立了巴利奥尔(Balliol)学院和默顿(Merton)学院，这些学院最初都是由私人出资修建房舍，供穷学生寄宿，后来逐渐发展成为半独立的教学和研究机构。学院制成为牛津大学和剑桥大学最有特色的大学制度。在1300年以前，牛津大学成为一个发挥重要影响的智力活动中心，其学术地位仅次于巴黎大学，居欧洲第二位。罗吉尔·培根是牛津著名的毕业生之一。1209年，牛津学生在练习射箭时误杀镇上一名妇女，引起骚乱，几名学生被市民吊死，大学遂以停课来抗议市民的暴行。许多师生跑到剑桥，不久创办剑桥大学。1218年剑桥大学得到英王亨利三世的认可，1233年得到教皇承认。同年6月14日，格列高利九世向剑桥大学颁发特许状，给予剑桥大学校长和学者以特别豁免权(ius non trahi extra)，而巴黎大学和牛津大学分别在1245年和1254年才获得此项特权。显然此时剑桥大学在由教师们选举出来的校长的领导下作为团体法人实体已获得了认可。到15世纪初，剑桥已作为最古老的大学之一在欧洲赢得了声誉，而其对手牛津的"大学"地位始终没有得到教皇的正式承认。英格兰两所大学都遵循了巴黎的教师型大学的模式。

早期欧洲中世纪大学大多是逐渐形成的，上述5所大学无一例外。除了这些"自发"的大学，还有"迁徙中诞生的大学"和"创建"的大学。[①] 大学创办的标志，并没有一个统一的标准。有的是由教皇颁布特许状，正式确立大学地位，有的是由皇帝颁布法令，正式承认大学身份。到中世纪末，欧洲建立了约80所大学，其中意大利20所、法国19所、德国14所、英国5所、西班牙4所、葡萄牙2所。在这些大学中，有的是短命的，还有许多仅仅具有地方性的名望。其他如萨莱诺兴盛一段时间后就消失了。而像巴黎、蒙彼利埃、博洛尼亚和帕多瓦、牛津和剑桥、维也纳和布拉格、莱比锡、科英布拉、萨拉曼卡、克拉科夫和卢万等大学，许多世纪以来，它们卓越的历史从未间断过。[②]

3. 中世纪大学的特权和教学

中世纪大学是相对自治的独立机构，具有相当大的自主权，这种自主权是经过不断的斗争，由教皇、国王、诸侯及城市当局授予的，包括内部自治权、独立审判权、免除赋税及兵役权、学位授予权及到各地任教权、自由讲演权、罢教及迁校权，等等。1158年，夫累德利克一世发布旨谕，规定博洛尼亚大学的学生可以自由通行，不受阻碍，甚至大学的信使也享有同样权利。又规定大学教授有裁判权，凡外人与大学生发生诉讼时，均由大学审理，结果外人一定败诉。1219年，

① [法]雅克·韦尔热.中世纪大学[M].王晓辉译.上海:世纪出版集团/上海人民出版社,2007:32.

② Charles Homer Haskins. The Rise of Universities[M]. New York:Cornell University Press,1957:20.

教皇奥诺里奥确认博洛尼亚副主教拥有授予学生学位的权利;学生有权到其他地区组织学校,教师可以到其他城市任教。1230 年,博洛尼亚城市当局承认外地学生享有本城居民同等权利,以换取学生保证不迁校的承诺。在这之前的1222 年,部分博洛尼亚的学生迁到帕多瓦,创办了帕多瓦大学。在巴黎,主教曾直接掌管学校事务,1215 年,教皇特使为巴黎大学制定了第一个章程,取消圣母院主事对巴黎大学的控制权。1229—1231 年的大罢课,迫使教皇出面调停并颁发新的章程,使巴黎大学最终从主教的控制中解脱出来,并拥有结盟权、罢课权及授予学位权等。随后国王圣路易确认巴黎大学具有法人资格,巴黎大学作为一个独立的团体正式成立。在海德堡,当大学于 1385 年创办时,洛伯特一世(Rupert I)许可大学师生免除各种义务或捐税,甚至这些特权有时还扩及与大学有关的人员,如大学敲钟人、书商、书册装订工、羊皮纸工等。

中世纪大学起初均为单科大学,如博洛尼亚大学为法学科,巴黎大学为神学科,萨莱诺大学为医学科,学习以上学科,须以七艺为基础,七艺乃文科。后来,一般大学开始分设文、法、医、神四科或四个学院。其中法、医、神三科被认为是"高级"学科,文科则是这三科的准备阶段,隶属于其他三科,学生修完文科,方能分别进入其他三科学习。由于教会对大学的控制,在四科中神学居于支配地位。教师作为各学院的正式成员,由他们来选举自己的系主任或院长。通常四个院长再选举一位校长来代表整个大学。在巴黎大学,起初校长是由文学院院长担任,而文学院院长要想被大家认同是整个大学的代表,则需要做许多事情。拉什多尔(Hastings Rashdall)说:"要经历一系列斗争,校长才能成为大学的首脑,这种斗争是实实在在的斗争,有时甚至会发展成拥护校长的人与拥护神学院院长的人在教堂发生武力冲突。"①

在 13 世纪前,大学课程在不同的大学或在同一所大学的不同时期都有很大的不同。到 13 世纪时,大学课程逐渐由大学规程或教皇敕令固定下来。从此大学课程体系的一个最显著的特征是大学间高度的统一性,文科包括七艺及亚里士多德的逻辑学;法科分民法(罗马法)与教会法两科,民法以民法类编为法定教本,教会法以《教会法汇编》为正式课本;医科包括希腊人及阿拉伯人的医学著述;神科包括《圣经》及经院哲学家的神学著作。大学课程的统一性为欧洲各大学自由交往和人员流动提供了可能和便利。

文科课程是大学正规教学的第一个台阶,结束时举行一个庆祝仪式或辩论活动,相当于学士学位。然后学生在一名导师指导下学习两年,就可以成为硕士学位或教学资格的申请人了。这时,这位有抱负的年轻人被正式授予"教师资

---

① Willis Rudy. The Universities of Europe,1100—1914:A History[M]. New Jersey:Associated University Press,1984:29.

格"（Licentiate）。随后还有一段学习和演讲时期，在这一时期，申请人需要以一些教学工作或其他成就来证明自己可以被教师同业行会接纳。一旦被接纳，他就会在"学位授予典礼"的庄严仪式上被正式承认为教师。如果他继续学习神学、医学或法学的话，他首先须具有文科硕士学位，然后才有资格在其中一个高级学院学习。

人们一般认为中世纪大学的课程具有很强的神学性质。的确，在 13 世纪的巴黎大学，神学学习是居于主导地位的，但这种情况并不典型。事实上中世纪大学的课程充满实用主义色彩。在大多数大学里，神学都是最不受欢迎的学科，它能吸引的学生人数最少，原因是人们认为神学太理论化了。在医、法、神三个高级学院里，民法通常是最受欢迎的领域，教会法紧随其后，然后是医学。中世纪大学主要培养市政和教会管理人员、律师以及医生，而不是哲学家、纯科学家或是文学学者。

中世纪大学的教学方法以讲授（lecture）、辩论（disputation）和大量的练习为主。讲授不是系统地阐述学科内容，而是教师讲解一些选定的原文和对原文进行注释和评论。其程序是先由教师向班级读古典作家的原文，接着对原文详细说明，然后评论特别有兴趣的段落，最后提问题进行讨论。讲授分为普通讲授和特别或临时性的讲授。普通讲授是学校制度中规定的正式讲授，通常在上午进行；特别或临时性的讲授是非正式性质的，一般在下午进行。所有讲授一律用拉丁文。

辩论是讲授的必要补充，其目的是使教师和学生扫清修业中遇到的困难，也给学生提供运用辩证法的实践。辩论有严格的规则，要忠实地遵循亚里士多德《工具论》中所包含的逻辑规则。在各个学院，辩论由教师组织实施。如在 13 世纪的巴黎大学，辩论的题目由教师每两周提出一次，作为班上同学的训练之用。然后教师试图解答或"裁定"这些问题，具体做法是对学生的不同论据及其论证的正确性的优缺点做出结论。一年中有两次，一次是在圣诞节，一次是在复活节，教师们也要当着许多学生举行大的辩论。这些辩论的主题可以是任何想辩论的内容。巴黎大学所建立的标准化的辩论程序为大多数大学所遵循。

中世纪大学已有学位制度。学位原来的意思是任教执照，大学毕业经考试合格，可获"硕士"、"博士"或"教授"学位。硕士、博士和教授"意味着同一件事——教师"。获得这些学位意味着进入教师同业行会，并且可以立刻教授你所学过的科目。学位起初并没有高低之别，硕士、博士和教授这三个头衔在中世纪完全是同义语。后来，硕士逐渐只用于低级学院的成员，博士、教授则用于医、法、神三个高级学院的成员。"学士"起初并不是正式学位，只是表示学生已经取得学位候选人的资格，后来才成为一种独立的低于硕士水平的学位。

4. 中世纪大学的意义和影响

中世纪大学在西方文化史和教育史上的地位是举足轻重的,"中世纪大学实质上是西欧特有的产物,它显然是中世纪留给现代社会的最有价值和最丰富的遗产之一"。① 现代大学的许多特征源于中世纪大学,如教学组织、课程、考试、学位等都是直接从中世纪继承而来的。然而,中世纪大学在许多方面又不同于现代大学。中世纪大学供学生利用的物质设施远远无法与当今大学相比,它不像现代大学那样有正规的入学要求;中世纪大学生可以自由从一所大学转入另一所大学,因为它没有语言障碍,拉丁文是中世纪教会和大学通用的语言;从规模上看,中世纪大学也无法与现代大学相比,一所典型的中世纪大学学生人数介于 200~800 人之间,主要大学如牛津大学和博洛尼亚大学可能有 1 000~1 500 名学生,巴黎大学最多时曾有 2 500~2 700 名学生。从上述数字可看出,有机会受大学教育的人口仅仅是欧洲人口中微乎其微的一小部分,就是说,中世纪大学仅仅是服务于极少数人的需要,而且除个别例外,只限于男性。然而在公共事务上,中世纪大学像现代大学一样发挥着重要的作用,甚至在某些方面,其影响胜过现代大学。中世纪大学曾与神圣罗马帝国和教皇统治制度一道,组成了一个国际性的法庭。在 14 世纪后期,巴黎大学在结束分裂教皇统治的大分裂运动中起了带头作用。它被查理五世称为"国王的大公主",在神学事务中扮演国际仲裁人的角色。中世纪大学在早期享有充分的学术自由,12、13 世纪的大学很少有压制、迫害反对者或异教徒的记录,当局压制大学新思想研讨的企图常常是难以奏效的。例如,1210 年,巴黎禁止阅读或讲授新发现的亚里士多德的哲学和科学著作,然而不久禁令即名存实亡。上述书籍成为巴黎大学文学院规定的读物。早期的中世纪大学也是令人兴奋的知识中心,牛津大学第一任校长格罗斯泰斯特兴趣广泛,对医学、天文学、哲学、历法等均有涉猎,其学生有著名的科学家罗吉尔·培根等名流。

中世纪大学的兴起具有深远的历史意义。它对发展科学和知识,推动人类文明进步发挥了积极作用。大学活跃了当时的思想文化活动,促进了城市的发展和繁荣,在一定意义上为文艺复兴和宗教改革作了准备。许多伟大的学者和改革家都是在大学成长起来的,如但丁、彼得拉克、薄伽丘、伊拉斯谟、路德、加尔文等等。在谈到中世纪大学时,恩格斯有句名言:"因为有了大学,所以一般教育,即使还很坏,却普及多了。"②然而,大学也极易成为保守主义的堡垒。尤其是中世纪后期的大学,由于坚持知识的传统形式,排斥一切新知识,从而被教会和国家用作维持现状的工具,在一定程度上阻碍了社会的进步和科学的发展。

---

① Alan B. Cobban. The Medieval Universities:Their Development and Organization[M]. London:Methuen & Co. Ltd. ,1975:235.

② 恩格斯.自然辩证法[M].北京:人民出版社,1955:158.

第三节　新型市民阶层的教育

中世纪西欧最早的城市出现在意大利北部和法国南部,这些地方在 9 世纪或更早时就有了城市。10 世纪以后,随着农业和手工业及贸易的发展,西欧城市开始勃兴。11 世纪以后,城市大量涌现,呈现出一派繁荣景象。起初,城市是教会或封建领主的领地,手工业者和商人并无地位,由于不堪封建领主的盘剥和压迫,遂展开反对封建领主、争取自治和自由的斗争。一些城市通过武装起义成为自由城市,较富裕的城市以赎买手段获得自治权利,还有一些城市则是两种手段交替使用。获得自治权的城市市民组成自治政府。随着手工业日益发达和市民阶层的兴起,在中世纪后期的城市里,逐渐出现了旨在培养手工业者的行会教育以及面向市民阶层的世俗性城市学校。

一、行会教育及学徒制

11—12 世纪,行会几乎与城市同时产生。行会是中世纪城市中最独特的经济和社会组织方式,是组织起来保护和促进特殊利益集团的职业团体。中世纪商人行会和手工业者行会举办的职业技术教育是中世纪教育的重要内容。

行会教育主要是采取学徒制的方式进行的。西方学者给学徒制下的定义是"一种制度,在这种制度下,那些要从事某一特定行业的人,要在一定时期内,在一个师傅手下工作,并服侍师傅,而师傅则要在这一时期内教授他们自己所从事的工业或工业分支的技艺。"[1]学徒教育一般由行会主持,制定师徒合同,学徒的期限二到十年不等,通常为七年。一般合同规定,师傅应训练学徒掌握某种职业技术,学生应学习读、写、算和宗教知识。在学徒期间,师傅为学徒提供衣服、食物和住宿,有时学徒还能得到少量工薪。学徒的义务则包括:勤奋学习和工作,学习期间不得结婚,遵从师傅的教导,保守本行业的机密,恪守行会的道德规范,信奉本行会的教派等等。学徒期满,成为帮工,可以在师傅的作坊中继续工作,也可以外出寻找工作,待技艺成熟,可提出自己的"出师作品",经考查合格后成为工匠,优者成为师傅,有权独立开设作坊。[2] 学徒制在初期具有显著的民主精神,从学徒到匠师这条路是向所有合乎资格的人开放的,但到后来,逐渐变为寡头的组织。师傅成为贵族,学徒被视为奴仆,使用多而教育少,师傅甚至不愿学徒早日出师,因而对技术保守秘密,只传给子婿,学徒成为"永久帮工",即事

---

① ［美］詹姆斯・W. 汤普逊. 中世纪晚期欧洲经济社会史［M］. 徐家玲等译. 北京:商务印书馆,1996:543.

② 滕大春. 外国教育通史:第二卷［M］. 济南:山东教育出版社,2005:125.

实上的雇佣工人。

一些行会为了自身的利益,也开办了识字的初等学校,学习简单的读写算及宗教知识,有的设学徒训练,有的也教授拉丁文及其他知识。行会学校适应大众之需,逐渐替代学徒制成为行会教育的主要形式。

二、城市学校

在中世纪早期,大多数欧洲地区的世俗学校寥寥无几,11 世纪后,随着城市的发展,原有的教会学校已不能适应新的经济和社会的需要,新兴市民阶层迫切希望其子弟能够接受对新的经济、社会和政治生活有所准备的世俗教育,城市学校遂应运而生。

城市学校一般由城市当局决定学费金额,选聘教师并支付教师工资,确定儿童入学资格。城市学校的类型多种多样,既有为商人子弟设立的拉丁文法学校,也有为普通人设立的读写学校,还有一些私立学校,甚至出现了世俗的女子学校,如尼德兰和德国等地。

城市学校的教学内容主要重视世俗知识的传授,尤其重视与商业和手工业有关的各科知识的传授,强调实用知识,适应了当时生产和经济发展的需要。到15 世纪,西欧各国大城市都设立了城市学校。

城市学校体现了新型工商业阶级及社会经济发展的要求,打破了教会对学校的垄断,为欧洲教育的世俗化奠定了基础。

中世纪前后两个时期的差异是非常明显的。"缓慢发展"可以用来概括中世纪前期文化教育的状况,但不能概括整个中世纪的状况。实际上,中世纪后期教育取得了长足的发展和进步。仅就产生了大学而言,我们就可以把中世纪后期看作是一个充满活力和创新的时代,因为大学被认为是当时西方文明最具原初性的发明。况且,除了大学以外,中世纪后期还出现了骑士教育和新型市民阶层的教育,打破了教会垄断教育的局面。骑士教育成为后来欧洲绅士教育的先驱,新型市民阶层的教育则成为现代职业技术教育的渊源。

文艺复兴孕育于中世纪后期。可以说,中世纪后期欧洲社会的环境成为文艺复兴运动的土壤。在人类文明史上,中世纪承上启下,在一千年中,西欧由野蛮走向复兴,最终超越了其他文明,其优势一直保持至今,并对其他文明产生了持续广泛的影响。在教育上,中世纪后期产生的大学以其持久的生命力,九百年来一直发挥着其他机构所无法替代的作用,对人类文明作出了巨大的贡献。

思考题

1. 骑士教育概述。
2. 中世纪大学产生的背景分析。
3. 中世纪大学的特征及其意义。
4. 学徒制概述。

参考文献

1. [美]汤普逊.中世纪经济社会史:上册[M].耿淡如译.北京:商务印书馆,1997.

2. [美]威尔·杜兰.世界文明史·信仰的时代:中卷[M].幼狮文化公司译.北京:东方出版社,1999.

3. [美]朱迪斯·M.本内特,C.沃伦·霍利斯特.欧洲中世纪史[M].杨宁,李韵等译.上海:上海社会科学院出版社,2007.

4. [美]詹姆斯·W.汤普逊.中世纪晚期欧洲经济社会史[M].徐家玲等译.北京:商务印书馆,1996.

5. [法]雅克·勒戈夫.中世纪的知识分子[M].张弘译.北京:商务印书馆,1996.

6. [法]雅克·韦尔热.中世纪大学[M].王晓辉译.上海:世纪出版集团/上海人民出版社,2007.

7. 滕大春.外国教育通史:第二卷[M].济南:山东教育出版社,2005.

8. Alan B. Cobban. Universities in the Middle Ages[M]. Liverpool:Liverpool University Press,1990.

9. Alan B. Cobban. The Medieval Universities:Their Development and Organization[M]. London:Methuen & Co. Ltd. ,1975.

10. Charles Homer Haskins. The Rise of Universities[M]. New York:Cornell University Press,1957.

第三编

近代教育

第八章

文艺复兴时期的教育

从 14 世纪到 17 世纪的大约 300 年间,欧洲在意识形态领域发动了一场以"复兴希腊、罗马古典文化"为口号的反对封建主义和教会神权的思想解放运动,史称"文艺复兴"。文艺复兴是欧洲从中世纪封建社会向近代资本主义社会转变的过渡时期。恩格斯指出,它代表了一个社会、经济、政治、文化、科学发生全面转折的伟大时代,"是一个需要巨人而且产生了巨人——在思维能力、激情和性格方面,在多才多艺和学识渊博方面的巨人的时代"。① 文艺复兴创造了欧洲继古希腊、罗马文化繁荣之后的第二个文化高峰,推动了教育领域内的深刻变革。

第一节　文艺复兴与人文主义教育

文艺复兴孕育于中世纪文明之中,发生在封建制度渐趋瓦解、资本主义生产方式萌动发展之时,它以人文主义为对抗宗教神学的思想武器,促进了艺术、文学、建筑、宗教、自然科学及社会生活诸领域的变革,人文主义新教育也因此应运而生。

一、文艺复兴与人文主义

自 10 世纪起,手工业和商业开始在西欧封建社会内部缓慢发展,世俗君主权力不断加强,封建采邑制与神权体系遭到破坏,依附封建制度的贵族和以骑士为核心的封建军事制度日渐衰微。11 世纪,意大利罗马法研究热潮再次形成,"代表了世俗精神的又一次重大突破"。② 12、13 世纪,意大利滨海城市贸易活动迅猛发展,货币流通势不可挡,"大大削弱了封建地主的地位,但却促进了土地

---

① 恩格斯. 自然辩证法//马克思恩格斯选集:第 4 卷[M]. 北京:人民出版社,1995:262.
② 张世华. 意大利文艺复兴研究[M]. 上海:上海外语教育出版社,2002:13.

和财富的流动,推动了社会各阶级的变迁和融合,城市国家的经济得到进一步的发展"。① 在宗教领域,城市经济的繁荣与民族意识的增强使倾向悲观主义和注重来世的宗教思想逐渐被乐观主义和现世的世俗兴趣所取代,同时新航线的开辟与新大陆的发现进一步开阔了人们的视野,冲击了中世纪一统的神学观念。在文化教育领域,中世纪后期的大学日益重视理性探究精神,不断增多的城市学校反映着新兴市民阶层的利益需求;充斥异教精神和世俗色彩的民族语文学与市民文学开始在民间流行,"13 世纪中叶,是意大利通俗文学的全盛时期"②。对世俗生活与人的热爱也表现在建筑、音乐、绘画等各领域。

13 世纪以后,意大利许多城市获得独立并逐渐形成强大的城市共和国。十字军东征促使佛罗伦萨、威尼斯、热那亚、米兰、罗马等城市成为东西方贸易的枢纽,新兴资产阶级力量的壮大巩固了城市共和制度,繁荣了城市生活,促进了法权意识的增长和对科学技术的向往。"以 13 世纪的佛罗伦萨为例,该地的公证人学校在当时的意大利闻名遐迩,不少外地的学生慕名前来就读。"③腐败的罗马教廷和天主教会对意大利的经济剥削助推了意大利本土的异端斗争与民众的反神权、反教会情绪,为新文化诞生开辟了道路。意大利延续和保存了古希腊、罗马的文化,设有大量藏书室和图书馆,并有不少知识分子尤其是拜占廷流亡学者研究、整理和传播古典文化。造纸术与印刷书的采用使书籍出版与文化流传更为便捷。"在这样一个富裕、多变、更加讲求实际的社会中,人们较之以往更加公开地、理直气壮地追求尘世利益与世俗乐趣。"④新兴资产阶级从高度发展的古代文明中找到了利于自己的思想文化养料,宣称要"复兴"被中世纪黑暗统治淹没的古典文化,掀起了学习、研究古典语言和文化艺术的热潮。14 世纪,文艺复兴首先在意大利兴起并快速发展,到 15 世纪达到鼎盛,开始在西欧各国广泛传播。15 世纪末 16 世纪初,随着意大利社会由共和制向君主制过渡,文艺复兴开始影响阿尔卑斯山以北地区,逐步蔓延至整个欧洲。

文艺复兴(renaissance)源于文学艺术的繁荣,本意为再生(rebirth),即古希腊、古罗马文化的复活与复兴。然而,它并非古代文化艺术的简单复活,而是在新的历史条件下对古典文化的重新考证与解释,其历史意义正如意大利学者安东尼·马森(Anthony Mason)所说:"经过文艺复兴,整个欧洲仿佛获得了新生——复兴。"⑤

1859 年,乔治·伏伊格特(George Voigt)首次将人文主义用于文艺复兴,将

---

① 张世华. 意大利文艺复兴研究[M]. 上海:上海外语教育出版社,2002:10 – 11.
② 张世华. 意大利文艺复兴研究[M]. 上海:上海外语教育出版社,2002:13.
③ 王挺之等. 新世纪的曙光:文艺复兴[M]. 北京:中国青年出版社,1999:178.
④ 吴式颖,任钟印. 外国教育思想通史:第四卷[M]. 长沙:湖南教育出版社,2000:5.
⑤ [意]安东尼·马森. 文艺复兴时期[M]. 卫平,穆兰译. 济南:明天出版社,2005:5.

与古典学问复活相关的新态度和新信念称为文艺复兴时期的人文主义。人文主义对立于中世纪的基督教和经院哲学,以人为中心,以人学、人性、人权反对神学、神性和神权,并肯定追求现世幸福和乐观进取的奋斗精神。其主要特征为:第一,歌颂人的价值和尊严,反对中世纪教会视人为上帝渺小的创造物、人须服从神、神的权威至高无上等谬论;主张发挥人的聪明才智与创造潜质,宣扬奋发有为,反对消极被动的人生态度。第二,倡导理性与智慧,宣扬个性解放与思想自由,反对绝对信仰与盲目服从教会、教义和教规。第三,肯定现世生活,主张人应遵循自然本性追求世俗享乐与现世幸福。第四,反对空洞无物的经院哲学和虚伪造作的文学形式,反对科学研究中的唯心主义先验论,强调关注人学与批判、客观的治学精神。

人文主义主要宣扬资产阶级的个人主义和人性观,"对于人类尊严的歌颂,并不意味着反对宗教"①,然而,作为思想解放的一面旗帜,它"通过新的思维方式和方法,对自然科学和普遍的现实问题产生了影响"②,成为人文主义教育的精神内核。

二、人文主义教育的基本特征

虽然不同时期、不同国度的人文主义教育有着不同的内容与表现形式,但皆因秉承了人文主义的一般要求而肯定教育对人的促进作用,并在教育目的、对象、内容、原则和方法等方面表现出更多共性。

在教育目的上,新兴资产阶级不再需要僧侣和教会神职人员,而是积极参与社会活动的实干家甚至冒险家,希望培养性格完满、身体强健、朝气蓬勃、勇于进取的一代新人。因此,人文主义教育家以古希腊身心和谐发展的教育理想为蓝本,提出教育就是要发展儿童个性,培养全知全能、身心及道德和谐发展的人。15世纪意大利新建的学校曾这样描述教育目的:"教育者是塑造儿童个性的人。个性不是预先强加的……它是仁慈与完满,是与全人类相关的、为掌握所有技能提供可能……"③

在教育对象上,为满足新兴资产阶级政治斗争与经济发展的需要,人文主义教育家通过开办新式学校扩大了受教育者的范围,基本打破了只有封建地主和教会僧侣子弟才能享受教育的局面。如城市学校招收更多普通市民阶层的子女,有些宫廷学校的创办者在教育贵族子弟外,也招收贫民子女。意大利人文主

① [英]G. R. 波特. 新编剑桥世界近代史·文艺复兴[M]. 中国社会科学院世界历史研究所主译. 北京:中国社会科学出版社,1988:136.
② [意]加林. 意大利人文主义[M]. 李玉成译. 北京:三联书店,1998:1.
③ Robert Black. Humanism and Education in Medieval and Renaissance Italy: Tradition and Innovation in Latin Schools from the Twelfth to the Fifteenth Century[M]. Cambridge: Cambridge University Press, 2001:15.

义教育家维罗纳的瓜里诺(Guarino of Verona,1374—1460)就曾在自家组织班级教育优秀的贫苦学生。当然,由于人文主义教育以培养绅士、君主或朝臣为目的,"事实上,真正能够享受人文主义教育的是那些君主、显贵和富裕市民的子女"①,多数穷人的孩子被拒于人文主义学校门外。

在教育内容上,人文主义教育增加了多方面的教育内容,扩大了学科范围。人文主义教育家主张德、智、体全面发展,智育上重视古典人文学科的同时开始吸纳自然科学的内容,并扩展传统"七艺"的教育内容,增加到11门学科,改变其对神学的依附地位,新增了历史和道德哲学,将文法分为文法、文学和历史,几何学分为几何和地理学,天文学分为天文学和力学;德育上在偏重爱国、勇敢、勤勉、荣誉心等世俗道德品质养成的同时,仍把培养宗教虔敬作为基本内容之一;体育上采用各种锻炼身体的制度和方法。

在教育原则与方法上,人文主义教育注重方法创新,反对旧教育盛行的体罚、机械学习及对儿童个性的压制,提倡遵循儿童兴趣与个性差异,通过活动、游戏、会话、探究与讨论、启发诱导、直观和实物等教学方法,激发儿童学习的主动性。人文主义教育还注重建立和谐民主的师生关系,营造宽松和谐的学习氛围。如维多里诺在其宫廷学校"快乐之家"中以仁爱保持师生间的友好关系,通过游戏和各种娱乐活动锻炼学生的实际能力。

不难看出,人文主义教育具有以下特征:第一,人本主义。不管是培养目标对个性全面发展的追求,还是教育方法对儿童天性的尊重,都体现出对人的力量、价值与潜能的充分肯定。第二,古典主义。人文主义教育借鉴了古希腊的教育理想,在课程设置上具有明显的"复古"性质,虽然带有"托古改制"的蕴意,但其古典色彩依然浓厚,多数人文主义者"都坚信古典文化会使人温文尔雅,能使人更充分地发挥其潜能"②。第三,世俗性。人文主义教育关注今生,主张为现世生活服务,在德育、智育等方面充斥着浓厚的世俗精神。第四,宗教性。人文主义虽与封建神权体系对立,但因这一时期的人文主义教育家几乎都信仰上帝,其真实愿望并非消灭宗教,而是以人文精神改革宗教,使之更富人性化色彩,因此都保留了宗教教育的内容。第五,贵族性。人文主义教育以培养上层市民阶层、君主、绅士或朝臣为主,主要服务于上层社会子弟。以上特征恰恰反映了在新旧教育转型的过渡时期人文主义教育进步与落后并存的双重属性。

第二节　人文主义学校教育

随着人文主义新精神逐步深入教育领域,自14世纪末,人文主义教育实践

① 陈曦文. 基督教与中世纪西欧社会[M]. 北京:中国青年出版社,1999:188.
② 王挺之等. 新世纪的曙光:文艺复兴[M]. 北京:中国青年出版社,1999:179.

日益广泛,教育主张逐步得到系统表达。人文主义教育首先发端于意大利,随后波及北方的尼德兰(约当今荷兰、比利时、卢森堡等地)以及法国、英国、德国等国家。以意大利社会转型为分水岭,人文主义教育分为前后两个时期,前期强调培养新型市民,后期关注培养绅士、君主或朝臣。

一、前期人文主义学校教育

14 世纪末 15 世纪初,侨居意大利的拜占廷学者、希腊文教授克利梭罗拉(Manuel Chrysoloras,1350—1415)先后在巴维亚、威尼斯、米兰等地从事希腊文教学,并在各城市建立学校,培养了许多人文主义学者,如热心搜集和研究古典文献的尼克洛(Nicclo de Niccoli,1364—1437)、布鲁尼(Leonarde Bruni,1369—1444)和波吉欧(Braccolini Poggio,1380—1459)等。人文主义学者普遍关注教育问题,据学者统计,"在 1300—1527 年间,约有 1 412 名人文主义者活跃在意大利各地。其中 533 名曾经担任过校长、家庭教师、大学讲师或教授"①。

意大利人文主义者多依靠王公、贵族及城市当局的支持另起炉灶来传播新思潮与培育新人。早在 1348 年,佛罗伦萨城市当局就建立起一所以促进新学问研究为宗旨的大学,15 世纪下半叶,又创建了柏拉图式的学园和图书馆。之后帕多瓦、威尼斯、罗马等地相继效仿,拉丁语学校几乎遍及各个城市。这些学校教授拉丁文和逻辑学,在为高级学校做准备的同时,广泛传授读、写、算的基本知识。帕多瓦大学培养了大批人文主义学者和教育家,成为早期意大利人文主义的重镇。意大利人文主义教育家还在一些城市国家相继开办为皇室服务的宫廷学校,推行区别于专业教育、水平跨度较大的通识教育,因有王公贵族支持,在组织、设备和教学质量上都优于其他各类学校。在意大利的宫廷学校中,维多里诺在孟都亚家族的冈查加开办的宫廷学校声誉最佳。

新式学校吸引了众多热衷教育的人文主义者,成为传播新思想与推行新教育的重要阵地。在意大利人文主义教育家的努力下,"15 世纪中期,人文主义文化被上层社会普遍接受,人文主义教育成为上层社会的孩子的必修内容"。② 15世纪后,受西塞罗学派的影响,意大利人文主义教育在教学中滋生了形式主义倾向,自 16 世纪中叶起渐入衰途。

15 世纪末到 16 世纪初,意大利人文主义教育开始传入北方各国。在尼德兰等地,格鲁特(Gerard de Groot,1340—1384)创办的教会团体"共同生活兄弟会"自 14 世纪起就开始创办教育贫民青年的学校,注重《圣经》和本族语教学,教授读、写、唱歌、谈话等。随着人文主义在北欧影响的扩大,这些学校增加了人

---

① 王挺之等. 新世纪的曙光:文艺复兴[M]. 北京:中国青年出版社,1999:179.
② 王挺之等. 新世纪的曙光:文艺复兴[M]. 北京:中国青年出版社,1999:178.

文主义因素,增设了古典文学与希伯来课程,学习内容多限于初等和中等水平,也开设较高水平的神学和修辞学课程,在管理上建立起男生寄宿生制度。到16世纪,此类学校的数量迅速增加,活动范围遍及尼德兰、日耳曼各邦和法国西部等地,它们大都按人文主义教育原则进行教学改革,传授人文学科,并制定各地学校共同遵行的完备的课程与组织章程。

在兄弟会的教育实践中,约翰·威塞尔(Johann Wessel,1420—1489)与亚历山大·赫吉亚斯(Alexander Hegius,1433—1498)的成就最为突出。威塞尔曾在兹沃勒(Zwolle)学校从事教学,培养了许多教授经典著作与拉丁文、希腊文、希伯来文的人文主义者。赫吉亚斯曾任代文特(Deviter)学校校长,以人文之学进行学科人性化改革,如引入希腊语、改革拉丁语教学方法、采取分班教学制度等。代文特学校的分班制度经其他学校效仿与发展,为班级教学理论提供了实践基础。

意大利继承了古罗马市民人文主义学校教育浓厚的世俗气息,以培养共和国自由平等的公民为宗旨,与北方人文主义教育有所不同。如在语法课程方面,早在13世纪初,"由于职业性大学的医学、法律及与公证相关的研究日益受到重视,社会世俗化与城市化趋势加剧,高等教育结构开始发生变化,意大利语法课程开始与北欧模式分离"。① 相比之下,北方各国因宗教势力强大,人文主义教育家多关注君主或朝臣教育,且因多为虔敬的教士,"世俗化色彩较轻,宗教色彩较浓厚"。②

二、后期人文主义学校教育

法国虽与意大利毗邻,但因保守势力强大,文艺复兴思潮的影响比较迟缓。1458年,法国巴黎大学在人文主义思潮的冲击下开始设希腊、罗马文学讲座。1494年和1498年,法国两度入侵意大利,军事行动中的文化接触推动了法国人文主义思潮的兴起。法兰西斯一世在人文主义学者布代(Guillaume Bude,1468—1540)影响下分别于1530年和1534年建立了两所著名的人文主义学府:法兰西学院(College de France)和居耶纳学院(College de Guyenne)。前者崇尚古典文学和哲学,开设希腊文、拉丁文和希伯来文讲座及算术、医药、东方研究等实用课程,与教会大学的经院教育形成鲜明对比;后者以兼容并包为宗旨,在学校管理上开始探索分科分年级教学制度,将中等科分为十级,各年级必修拉丁文和宗教二科,希腊文、数学、修辞学、演说术等科在三、四年级开设,并采用富有人文主义精神的教学方法,循序渐进、注重启发,采用活跃的讨论法进行教学,成为

---

① Robert Black. Humanism and Education in Medieval and Renaissance Italy: Tradition and Innovation in Latin Schools from the Twelfth to the Fifteenth Century[M]. Cambridge: Cambridge University Press, 2001:5.
② 陈曦文. 基督教与中世纪西欧社会[M]. 北京:中国青年出版社,1999:289.

当时法国各城市人文主义学校的典范。

英国人文主义教育发展较晚。在中等学校方面,英国主要有市镇当局或行会设立的培养一般市民的职业性市民学校、文法学校,及由教会或行会开办的培养士绅的新型公学(public school)。公学是反映人文主义思潮的典型,英国先后建立了 9 所新型公学,尤以 1440 年建立的伊顿公学最负盛名。公学崇尚古典学科,实行寄宿制和导师制,以培养道德、促进升学为主要任务。在大学方面,15世纪中叶,牛津大学开始通过游学的人文主义学者吸收人文主义文化。15 世纪末,人文主义学者威廉·格老逊(William Grocyn,1442—1519)、托马斯·林纳克(Thomas Linacres,1460—1524)和威廉·拉提谟(William Latimer,1460—1545)开始在牛津大学研究和讲授希腊文,为英国人文主义教育奠定了基础。16 世纪初,剑桥大学兴起人文之风,曾任学监的费希尔主教(Bishop Fisher)鼓励希腊文教学,礼聘人文主义学者。著名学者伊拉斯谟曾于 1510—1514 年间在此任教。1540 年,剑桥设希腊文皇家讲座,并成立以人文主义精神为指导的"三一学院"。此外,约翰·科利特(John Colet)建立的圣保罗学校在人文主义实践方面也很突出。它按学生水平和资质划分为 4 个学院,并严格挑选高水平的教师,其校长威廉·里利(William Lily)曾编著《里利文法》作为本校教材,后成为流行英国的文法课本。

自 14 世纪中叶起,德国各大城市陆续创办大学,如 1348 年建立的布拉格大学和 1365 年建立的维也纳大学,以及 1385—1409 年间设立的海德堡大学、科隆大学、爱尔福特大学、莱比锡大学等。15 世纪下半期,随着文艺复兴思潮的传入,这些旧大学纷纷引进古典文学内容,并设立希腊文教授职位。1494 年,爱尔福特大学开设含有古典文学内容的诗学和雄辩学讲座。1519 年,莱比锡大学引进西塞罗、昆体良及维吉尔的作品,亚里士多德著作的新译本开始取代由经院作家修改的旧译本。其他旧大学也在时代推动下进行人文主义改革。一些新大学如维登堡大学、马尔堡大学等则以人文主义精神为办学宗旨。16 世纪中叶,人文主义思潮几乎传遍德国所有大学。此外,德国的一般学校也在 16 世纪初通过拉丁文教学改革废止了通行 300 余年的旧文法课本。

人文主义学校教育是冲击欧洲旧教育的一股强大新生力量,为近代教育奠定了实践基础。当然,与欧洲强大的旧教育力量相比,这一时期的人文主义教育实践仍处于起步阶段。

第三节　人文主义教育家的理论与实践

文艺复兴时期的人文主义教育家不断拓展教育活动领域,完善教育理论,其丰富的实践探索与理论创新成为人文主义教育的重要组成部分。

一、前期人文主义教育家的理论与实践

14世纪后期,人文学科的传播与世俗学校的发展迫切需要教育理论的更新。意大利的弗吉里奥(Pietro Paolo Vergerio,1349—1420)顺应时势,开人文主义教育理论探索的先河,率先系统地向世人阐明其人文主义教育思想。弗吉里奥师从拜占廷著名学者克里梭罗拉,古典文化底蕴深厚。他对《雄辩术原理》的注释风行意大利,引起世人对昆体良教育经验的关注。其《论绅士风度与自由学科》继承和发扬昆体良的教育思想,全面概括了人文主义教育的目的、内容和方法。他认为,人文主义教育的目的在于以通才教育(liberal education)培养全面发展的人,这些人不是中世纪的骑士、教士或某一行业的从业者,而是充满世俗精神、知识广博、身心全面发展的人。他把教育与人生问题相联,认为教育对实现追求荣誉与名利的人生目标至关重要。他认为通才教育须借助人文学科或自由学科实现。在自由学科中,"他所推荐的课程是作了很大的修改的'七艺'。基本科目是历史、伦理学和雄辩术"。① 他还论述了文学、音乐、体育等科目及中世纪关乎自然的学科的重要性,重视军事和体育训练,但排除职业性的绘画、医学、法律、神学等学科,因而割裂了通才教育与职业教育的联系。他认为学习内容应与儿童的兴趣爱好和年龄相符,应重视教师的作用和教学过程的循序渐进,提出了复习、讨论、教授、联系等四种具体的学习方法。弗吉里奥首次系统地论述了人文主义教育理念,提出有关教育内容和方法的诸多见解,起到了承前启后的桥梁作用,为之后维多里诺(Vittrino da Feltre,1378—1446)的教育实践奠定了理论基础。

维多里诺深受弗吉里奥的影响,是实践人文主义教育理念的第一人,一生致力于实践其通才教育理念。他于1423年创办宫廷学校并在那里执教23年。因其学校环境优美、校风淳朴、师生关系融洽、学生生活与学习充满欢乐而名为"快乐之家"。他规定学生修业年限约15年,对水平不一的学生实行个别教学。在班级制度形成前,人文主义新学校的教学跨度比较大,一方面联合初级教育,"另一方面又延伸至大学水平的教学"。② 维多里诺及其追随者"发展了更加宽泛的中等教学组织,提供广博的自由教育,从初级拉丁文传授到为专业的大学研究做准备"。③ 他注重和谐的学校氛围和师生关系对学生的陶冶功能,开设以古典语文为核心的人文主义课程和经扩充的"七艺"。因笃信基督教,维多里诺保

---

① [英]博伊德,金. 西方教育史[M]. 任宝祥,吴元训主译. 北京:人民教育出版社,1985:163.
② Robert Black. Humanism and Education in Medieval and Renaissance Italy:Tradition and Innovation in Latin Schools from the Twelfth to the Fifteenth Century[M]. Cambridge:Cambridge University Press, 2001:16.
③ Robert Black. Humanism and Education in Medieval and Renaissance Italy:Tradition and Innovation in Latin Schools from the Twelfth to the Fifteenth Century[M]. Cambridge:Cambridge University Press, 2001:16.

留了宗教教育内容。在教学中,他注重直观、活动和游戏的方法,主张课程的分量与难度应与儿童年龄相适应。"维多里诺显然在追求个性全面和谐发展的希腊理想。"①受其影响,意大利各邦国几乎都办起人文主义者主持的宫廷学校,并传播到法国和德国。维多里诺因卓越的教育实践被誉为"近代教师第一人"②。

15世纪末16世纪初,意大利人文主义教育开始波及北欧诸国,尼德兰的伊拉斯谟(Desiderius Erasmus,1467—1536)成为北欧基督教人文主义教育的主要代表。他对古典语文和文献造诣颇深。他认为古典文化有助于改造社会、改良教会、净化基督教,使人走向虔敬与德行之途,因此主张将古典人文学科作为教育的基础。与意大利人文主义者过于强调古典文化不同,他认为古典文化与宗教不可分离,他把养成宗教虔敬作为教育目标,把人文主义研究方法用于《圣经》研究,以期达到人文主义基督教化和基督教人文主义化。他钟情宗教并非容忍教会的一切,其代表作《愚人颂》旨在揭露封建统治的腐败与教会的愚民,抨击中世纪教育的弊端及浅薄迷妄的经院主义,热情呼唤使人获得虔敬与道德的新教育。伊拉斯谟在促进欧洲中等学校人文主义化方面贡献突出,他以古典语文和古典著作为中等教育的核心内容,使历史、地理甚至自然科学皆为之服务,他编写的拉丁文课本《名物篇》和《对话集》被欧洲各国拉丁学校广泛采用并流行两个世纪之久。

与伊拉斯谟观点一致的有西班牙的维夫斯(Juan Luis Vives,1492—1540)和英国的莫尔(Thomas More,1478—1535)。维夫斯在《知识论》和《论灵魂与心灵》中阐述了教育的目标与途径。他认为教育是为了确立《圣经》的威信,引导人虔敬。他运用心理学方法研究学生个性与教学过程,主张教育、学习方法应遵循认识规律,采用归纳法;学习过程应从感觉到理解,由个别到一般,强调"各种感觉是我们最初的教师,理解则源于感觉"。③ 托马斯·莫尔在《乌托邦》中设计了完美的社会制度,主张实行公共的、平等的、普遍的教育,"凡是儿童都要学习"。④ 他把德育列于首位,并注重智育、体育尤其是劳动教育,希望通过各方面教育培养具有高尚道德、科学知识和劳动技能的全面发展的人。他重视直观教学,注重发展理性。莫尔的思想反映了刚刚诞生的无产阶级对教育的幼稚幻想。

温斐林(Jacob Wimpheling,1450—1528)是德国宗教改革前人文主义教育家的重要代表,强调人文知识与宗教的结合。他先后在弗莱贝格大学、爱尔福特大学、海德堡大学从事研究和教学,宣传人文主义,组建人文主义团体。其《德语入门》和《青年》阐述了语言学习方法和青年道德教育问题。他注重遵循儿童心

---

① William Henry Hudson. The Story of the Renaissance[M]. London:Cassell,1912:150.
② 刘明翰等. 文艺复兴时代的教育思想家[M]. 济南:山东教育出版社,2006:37.
③ [英]博伊德,金. 西方教育史[M]. 任宝祥,吴元训主译. 北京:人民教育出版社,1985:180.
④ [英]莫尔.乌托邦[M]. 戴镏龄译. 北京:三联书店,1956:118.

理阐发教育原理,是一位务实的教育革新人物,被誉为"日耳曼教育家"①。布代是法国人文主义思想的早期代表,在《君主的教育》中提出君主应具有基督教美德与人文知识,建议君主学习古典著作,并在法王支持下建立具有浓郁人文精神的法兰西学院,为以后人文主义在大学的发展及宗教改革奠定了基础。

以意大利为中心的市民人文主义教育与北欧基督教人文主义教育在观点上各有侧重,但都强调古典人文学科与古典语言的重要性,强调教育为现实服务的社会改造功能。

二、后期人文主义教育家的理论与实践

君主和朝臣的培养问题是后期人文主义教育的新重点。意大利的卡斯底格朗(Baldassare Castiglione,1478—1529)是一位出色的朝臣,曾在孟都亚侯爵的宫廷任职。他在《宫廷人物》中刻画了时代急需的新绅士、新朝臣的完美形象,成为"这一时代主要伦理和社会思想一种抽象概括和集中表现"②,反映了教育重点从学术成就到绅士培养的转向。他所设想的理想朝臣是熟悉战争、沉着勇敢又具有应变能力的实干家;是体魄强健、风度优雅的绅士;是精通语言艺术的辩论能手;是掌握古典人文学科与通俗诗文的学者;是具有艺术修养与宗教虔诚的理想新人。显然,这些综合素质"不是一个个别阶段或特殊的社会集团的属性,而是由一个伟大时代所显示出来的所有最大可能的人类的属性"③,因此具有普遍的推广价值。卡斯底格朗的教育主张是经文艺复兴熏陶"脱胎于以锻炼身心并鼓励雄心和一切适合人类天性的高贵感情为基础的培养完人的人文主义教育纲领"④。

法国拉伯雷(Francois Rabelais,1494—1553)的人文主义教育主张相对激进。他幼年接受隐修院教育,酷爱古希腊、罗马著作,主要教育思想体现在讽刺性文学作品《巨人传》中。《巨人传》通过主人公高康大接受教育的过程,以辛辣幽默的笔调讽刺经院主义教育的落后,讴歌人文主义教育的进步。他以新教育自由观为指导,提出教育应顺从天性,培养体魄健壮,知识广博,具有仁爱、勤劳、勇敢和正义的美德,个性解放的自由的巨人。为此,他列出了名目繁多的体育活动与包罗万象的知识范围,提出了包括语言、文字、七艺、天文、法律、自然学科等在内的系统的人文主义课程,尤其注重古典语言、著作及本族语教学。他重视道德与宗教教育,关注生活实际,强调生产实践在学习中的作用,要求知识掌握应

① 滕大春. 外国教育通史:第二卷[M]. 济南:山东教育出版社,1989:203.
② [英]博伊德,金. 西方教育史[M]. 任宝祥,吴元训主译. 北京:人民教育出版社,1985:209.
③ [英]博伊德,金. 西方教育史[M]. 任宝祥,吴元训主译. 北京:人民教育出版社,1985:214.
④ [英]G.R.波特. 新编剑桥世界近代史·文艺复兴[M]. 中国社会科学院世界历史研究所主译. 北京:中国社会科学出版社,1988:103.

建立在理解基础之上,注重顺应自然的生活教育与新的教学方法,如直观教学、谈话、参观、旅行等,力求使学习轻松惬意,"看去不像是学生在做功课,倒像是国王在消遣作乐"。①《巨人传》描绘的人文主义教育图景与蕴涵的丰富思想成就了拉伯雷在文艺复兴时期的巨人地位。

法国具有怀疑批判精神的人文主义教育家莫过于拉谟斯(Petrus Ramus,1515—1572)和蒙田(Michel de Montaigne,1533—1592)。拉谟斯反对拟古崇古,反对迷信中世纪后期亚里士多德和文艺复兴时西塞罗的权威,认为人人皆应得到自由思考的权力,"我们应训练自己的理性,用自己的头脑思维,而不应被权威束缚"②。他强调知识重在运用,教学应与现实生活相联。蒙田具有强烈的批判精神,持怀疑主义世界观,其新绅士教育理论成为后来英国新教育理论的先驱。他反对培养学究,要求培养"完全的绅士",即不仅体魄强健,知识渊博而实用,且通达世故人情,具有良好的判断力和坚忍、勇敢、谦逊、爱国、忠君、服从真理、关心公益的优秀品质,这种事业型的实干家比以往更具现实主义特色。他提出了选择教育内容的实用性、必要性和生活性原则,主张向自然学习,通过观察、实验、行动、实践、启发与探索、分析与理解来训练理性与判断力。"他的工作和学习,都是为了形成自己的看法。"③蒙田还提出关于教师素质的构想,认为教师应能根据儿童心理因材施教,具有广博的知识、良好的判断与高尚的道德,具有高于父母的权威与良好性情。蒙田的教育思想是对中世纪和文艺复兴前期教育理论与实践深刻反思的成果,充分表现出后期人文主义教育主身心并进、重能力实效、倡行动实践的现实主义精神,对洛克、卢梭和裴斯泰洛齐的教育思想产生了很大影响。

相对于莫尔的空想主义教育理论,英国的埃利奥特(Thomas Elyot,1490—1546)更直接地表达了时代对教育的需求,其《统治者之书》成为英国版的《宫廷人物》。埃利奥特兼学者与行政官双重身份。他结合英国的具体形势,针对英国人文主义偏重古典学术的浓重的学究气与不切实际,提出教育就是培养绅士风度与气质,应在学习本族语基础上学习古典语言,强调具体经验的价值及各种形式的体育锻炼与美德养成。他以青少年教育为题阐明自己的人文主义教育计划,主张教育过程应遵循儿童心理的发展特点。他把青少年的正式学习分为7~14 岁、14~17 岁、17~21 岁三个阶段并安排不同的学习课程,第一阶段以古典作品和语言学习为主,第二阶段系统学习修辞、辩论、历史、天文等知识,第三阶段主要进行哲学教育。英国宗教改革后,埃利奥特的人文主义教育精神在英国

---

① 吴元训. 中世纪教育文选[M]. 北京:人民教育出版社,1989:361.

② Edward Maslin Hulme. The Renaissance, the Protestant Revolution and the Catholic Reformation in Continental Europe [M]. New York and London: D. Appleton-Century Company Incorporated, 1915:357.

③ [法]蒙田. 蒙田随笔全集:上卷[M]. 潘丽珍等译. 南京:译林出版社,1996:168.

新贵的推动下得以弘扬。

伴随知识疆界的扩展,科学知识的价值日益受到重视。弗兰西斯·培根(Francis Bacon,1561—1626)提出了新的知识论和认识论,对近代教育产生了深远影响,成为早期科学教育思想的主要代表。他肯定知识尤其是自然科学知识的价值,在《新工具》中提出"知识就是力量"的著名论断,并在《新大西岛》有关"所罗门宫"的描述中提出"泛知识"的建议,成为夸美纽斯"泛智论"的先声。他批判经院主义演绎推理的烦琐论证,提倡以归纳法认识事物,即在观察和实验的基础上对感性材料进行整理,然后概括事物本质的规定性,最后做出结论。培根百科全书式的知识理想及对自然科学知识的肯定促进了教育内容的变革,其认识论为教学方法的更新提供了哲学依据。

不难看出,与前期相比,后期人文主义教育理论的世俗性与普及性加强,内容日趋宽泛充实、贴近生活,方法更加灵活生动、细致深化。

文艺复兴"以世界和人的发现为特征而与以前的时代分离,成为新时代再生的主要标志"[1],但这一奇才辈出、铄古振今的时代脱胎于中世纪文明,其继承性不言而喻,文艺复兴(尤其在 15 世纪)"从中世纪后期继承的教育要素是显著的"。[2] 中世纪发展起来的各门系统知识"虽然经过许多变化和补充,它仍然是文艺复兴时期的教育的主脉"。[3] 中世纪后期市政机关办理的城市学校及日益崇尚实际的大学在文艺复兴时期均获得快速发展,仍然充当着培养新兴市民、传播知识与文化的主力军。文艺复兴时期的人文主义教育"基本上处于思想酝酿阶段,在教育实践上处于实验摸索状态,欧洲广大地区的教育面貌并无根本的转变"。[4]

但是,作为一种与旧的教会控制的封建经院主义教育截然不同的新教育,人文主义教育不管在活动范围的社会广度、学校教育的质量与效果,还是教育主张的合理性方面,对封建教育都是一种超越。它打破了封建骑士教育与僧侣教育一统天下的局面,为旧教育改革与新教育诞生提供了动力。一方面,作为文艺复兴时期最强劲的教育思潮,人文主义教育为改革传统学校提供了方向与动力,充实了传统学校的教学内容,促进了教育理念、教学制度的变革及师生来源的世俗化转变。另一方面,人文主义教育家以尊重人性、肯定现世、注重实用的新理念构建教育理论,创办新式学校,为近代欧洲新教育的诞生奠定了基础。

① E. R. Chamberlin. The World of the Italian Renaissance [M]. London:Allen & Unwin,1982:3.
② Robert Black. Humanism and Education in Medieval and Renaissance Italy:Tradition and Innovation in Latin Schools from the Twelfth to the Fifteenth Century[M]. Cambridge:Cambridge University Press,2001:366.
③ 张椿年. 从信仰到理性——意大利人文主义研究[M]. 杭州:浙江人民出版社,1993:11.
④ 滕大春. 外国教育通史:第二卷[M]. 济南:山东教育出版社,1989:162.

思考题

1. 人文主义教育的一般特征。
2. 人文主义学校教育的发展。
3. 主要人文主义教育家的教育主张。

参考文献

1. 滕大春. 外国教育通史：第二卷[M]. 济南：山东教育出版社,1989.

2. 刘明翰等. 文艺复兴时代的教育思想家[M]. 济南：山东教育出版社,2006.

3. 吴式颖,任钟印. 外国教育思想通史：第四卷[M]. 长沙：湖南教育出版社,2000.

4. [英]博伊德,金. 西方教育史[M]. 任宝祥,吴元训主译. 北京：人民教育出版社,1985.

5. [德]弗·鲍尔生. 德国教育史[M]. 滕大春,滕大生译. 北京：人民教育出版社,1986.

6. 张椿年. 从信仰到理性——意大利人文主义研究[M]. 杭州：浙江人民出版社,1993.

7. [英]G. R. 波特. 新编剑桥世界近代史·文艺复兴[M]. 中国社会科学院世界历史研究所主译. 北京：中国社会科学出版社,1988.

8. [意]加林. 意大利人文主义[M]. 李玉成译. 北京：三联书店,1998.

9. Edward Maslin Hulme. The Renaissance, the Protestant Revolution and the Catholic Reformation in Continental Europe[M]. New York and London：D. Appleton-Century Company Incorporated, 1915.

第九章

宗教改革时期的教育

随着早期教会革新与文艺复兴影响的深入，16 世纪初，以德国为策源地，欧洲各国普遍爆发了宗教改革运动，天主教最终分裂为新、旧教派两大阵营。恩格斯认为发生在 16—17 世纪的宗教改革"是一场以新兴市民阶级（资产阶级）为领导的，以农民和城市平民为主力的并以宗教改革为旗号所进行的经济、政治和思想方面的改革运动"。[①]

宗教改革是文艺复兴精神在宗教领域的继续，但在活动范围、方式与结果上远远超越了文艺复兴温和、狭隘与雍容华贵的气质，它冲出纯粹文化与意识形态的藩篱，成为一场激进的、具有广泛群众基础的、触及各层面的社会改革运动。在长期的宗教斗争中，为传播教义、争取信众及扩展势力范围，各国新旧教派纷纷提出代表自己教派利益的教育主张与改革措施，在一定程度上促进了资产阶级教育的发展。

第一节　新教教育理论与实践

以路德教、加尔文教和英国国教为代表的新教势力，在教育理论与实践方面进行了全新的探索，提出了反映新兴资产阶级要求的教育纲领，在促进教育的世俗化与国家化进程中发挥了重要作用。

一、宗教改革运动与新教的建立

教会内部反正统天主教神学的斗争由来已久。早在 12、13 世纪，西欧就开始出现新教萌芽。到 15 世纪末 16 世纪初，大规模宗教改革的条件日渐成熟：新航路开辟和世界市场形成以后，在英、法和尼德兰等濒临大西洋的西欧诸国，资本主义生产得到迅速发展，自由劳动力大量涌现，新的经济结构、阶级和社会关

---

① 郭振铎. 宗教改革史纲[M]. 开封：河南大学出版社，1989：37.

系及财产形式开始形成;新世界的发现与知识的传播打破了封闭独断的欧洲文化,文艺复兴引起的思想解放逐渐深入宗教政治领域,直逼神权统治的核心,加速了教会的世俗化进程和民族主义的兴起;瘟疫、战乱、世俗生活的复杂使崇拜形式无限增多,在提高民众宗教热情的同时,刺激了异教和迷信思想的活跃,加大了信仰混乱和教会管理的难度。在经济、政治、文化及宗教因素的促动下,民众反抗教会腐败与改良教会的呼声日甚一日,终于在富庶、混乱又深受教会压榨的德国拉开了改革的序幕。

15 世纪后半期到 16 世纪初的德国,封建经济仍占统治地位,但农、工商业进步很快,有些部门如采矿和冶金超过了当时西欧先进国家而居首位。然而德国并没有形成统一的民族和国家,邦国林立、诸侯割据,严重损害了新兴资产阶级和新贵族的利益,加上罗马教皇在德国飞扬跋扈,强行发售"赎罪券"以搜刮民财,导致德国各阶层反天主教会的情绪空前高涨。1517 年,马丁·路德发布了抨击教皇的《九十五条论纲》,之后提出"因信称义"与"建立廉洁教会"的主张,正式与天主教分道扬镳。宗教改革迅速在德国形成燎原之势,瑞士加尔文派的建立进一步扩大和加深了新教的影响,英王亨利八世开始推行自上而下的改革,建立脱离教皇控制的英国国教。新教扩张时,天主教在德国南部、西班牙、法国和意大利等地的势力依然强大。16 世纪中叶,新教三个主要教派在欧洲形成与罗马天主教相抗衡的局势。路德派分布于德国大部和北欧诸国,包括丹麦、挪威、瑞典、芬兰等;加尔文派以瑞士为中心,覆盖德国一部分、荷兰和苏格兰;英国国教主要在英格兰。

新教各派分野并不清晰,与传统天主教的冲突主要表现在教义、教会组织和礼仪圣事上。在教义上,新教视《圣经》为唯一最高权威,强调个人在宗教生活中的作用,认为个人可通过独立阅读《圣经》和凭借信仰获得上帝恩典,即"因信称义",从而否定了天主教教会、神职人员和圣事的中介作用。直接与上帝交流的主张促使新教普遍注重民族语诵经,动摇了拉丁语的垄断地位,并成为资本主义契约精神的萌芽。在组织上,新教反对教廷的欺世敛财与僧侣的贪婪腐化,否定天主教集一切权力于教皇的教阶制,主张建立廉洁教会,采用多种组织制度如主教制、长老制、会众制等实现教会生活的多样化。在礼仪圣事上,新教各派主张简化圣事,反对天主教的繁文缛节、陈规陋习。新教各派无权力中心,联系松散,天主教则因承认教皇的最高权威而具有浓厚的普世和一统色彩。

宗教改革沉重打击了天主教神权统治,激发了近代特色的个人主义精神,促进了近代民族国家的形成,其资产阶级革命性使新教各派的教育呈现明显的近代化倾向。根据教派分化,宗教改革时期的新教教育主要有路德派、加尔文派及英国国教的教育。

二、路德教派的教育理论与实践

为对抗传统天主教的神学理论,路德教提出了因信称义、平信徒皆教士、在日常生活和职业训练中积善功的天职观以及政教分离等主张,这些主张成为路德教派普及义务教育及国家教育思想的宗教与政治基础。

在《致德国市长和市政官员书》和《论送子女入学的责任》等文中,路德系统论述了自己的教育理论,认为教育具有宗教性与世俗性的双重目的,而首要目的在于使人虔信上帝以达到灵魂救赎。同时,他认为教育与国家安全、兴旺密切相关,强调教会应从属政权,国家应掌管教育事业,负责开办学校、提供经费和任命教师。他提出了普及义务教育的主张和实施的具体方法,认为人人享有接受教育的平等权利,对儿童实施教育是"市长们和市政官员们不可推卸的责任"①。同时,父母让子女接受教育是一种对国家和社会的义务,国家有权强迫其将子女送入学校接受教育。他要求儿童在公立初等学校每天接受 1~2 小时的教育,其余时间在家参加劳动和学习手艺。路德设计了小学、中学和大学三级国家学校教育制度。在教育内容上,小学用德语教学,主要课程为四"R",即读、写、算和宗教,以阅读《圣经》、《伊索寓言》、《教义问答》和唱赞美诗为主,兼习历史、数学、音乐、体操。中学和大学以宗教和古典科目为主,目的是培养教会的神甫、国家官吏及学校的教师。在教学方法上,他侧重兴趣和推理,提倡举例和直观教学。他还指出,在教育事业中,教师职业具有重要的意义,教会应与国家合作,家庭和社会均应承担教育责任。

路德较早系统地阐述了普及义务教育思想,"对 16—18 世纪德国各新教邦以及美国等欧美国家初等教育的发展,产生了极为深远的影响"。② 他关于新教教育体系的主张得到一些新教诸侯的支持,并在其追随者的努力下付诸实践。从事路德教新教教育的活动家主要有布肯哈根(Johannes Bugenhagen,1485—1558)、斯图谟(J. Sturm,1507—1589)与梅兰克顿(Philip Melanchton,1497—1560)等人。

布肯哈根曾任威登堡大学教授。他贯彻和推进了路德普及教育及应用民族语言的主张,广泛组建新教教会,设立堂区学校教授德语《圣经》,开展识字运动。1520 年,他主持在汉堡地区各教区建立拉丁学校,开设拉丁文、希腊文、希伯来文、辩学、修辞、数学、教义问答及唱歌等课程。他还设立了教区拉丁学校和小学程度的男女德文学校。1528 年,他制订学校章程,为所有儿童开办初级学校,通过德语读写进行宗教教育。1537 年到 1539 年,他对丹麦教会与教育机构

---

① 华东师范大学教育系,杭州大学教育系. 西方古代教育论著选[M]. 北京:人民教育出版社,1985:184.

② 张斌贤,褚洪启. 西方教育思想史[M]. 成都:四川教育出版社,1994 年:299.

进行改组。1559 年以后,他所提倡的初级学校在新教地区获得迅速发展,布肯哈根被誉为"德意志国民学校之父"①。

斯图谟是久负盛名的人文主义学者,曾在新教团体"共同生活兄弟会"创办人文主义色彩浓厚的列日(Liege)学校,并担任斯特拉斯堡市拉丁学校校长达 40 年之久。他认为"办学的主要目的是培养学生具备三重品质:虔诚(piety)、知识(knowledge)和雄辩(eloquence)"。② 他按人文主义和基督福音相结合的原则组织以古典学科为主的教学内容,将学生按能力分成 8 个年级(后扩展到 10 级),按固定的课程和教科书教学。他规定,一年级是以拉丁语为主的语法入门;二年级是侧重语法的简明文选;三年级学习简明拉丁散文;四年级以历史著作和初级希腊文为主;五年级学习高级希腊文、逻辑、修辞及散文原著;六年级学习希腊文学、写作及高级逻辑、修辞;七年级以欧几里得、亚里士多德及柏拉图的著作为主;八年级学习神学和辩论。在斯图谟倡导的古典文科中学,学生从 6 岁到 15 岁不等,10 年时间几乎全部用于学习拉丁语和希腊语。

梅兰克顿是路德新教的主要领导人之一,长期从事教学和教育组织工作,协助路德翻译《圣经》和编纂教材。从 21 岁在威登堡大学任教直到 1560 年逝世的 42 年间,他为新教教育的开展做了大量工作。他曾参与海德堡和威登堡等旧大学的改革,为艾斯勒和纽伦堡等第一批新大学拟订章程和设置课程,参与马尔堡、哥尼斯堡、耶拿等新大学的创建。1528 年,他拟订的《萨克森学制计划》成为萨克森路德新教教会的学校法。在该计划中,他提出学科科目不应过多,语文以拉丁文为限。他把儿童划分为三个学级:第一学级学习简单的读法、书法及音乐、唱歌;第二学级学习简单的古代典籍、拉丁文法及音乐、宗教等;第三学级学习高深的古典著作,完成拉丁文法学习,并学习修辞、辩证法等学科。这一计划后来被德国同类学校广泛采用。他为建立和改革各类学校提供咨询,"至少 56 个德国城市开办学校时采纳了他的建议"。③ 在其蓝图基础上形成的拉丁文法学校体制一直延续到 19 世纪初。梅兰克顿被誉为"无与伦比的德意志人的伟大导师"。④

16、17 世纪,路德新教教育在德国北部新教各邦得到初步实现,并远播瑞典、丹麦、挪威等国,且对 17 世纪教育家拉特克、夸美纽斯及美国的教育实践产生了重要影响。

① 滕大春. 外国教育通史:第二卷[M]. 济南:山东教育出版社,1989:254.

② 滕大春. 外国教育通史:第二卷[M]. 济南:山东教育出版社,1989:257.

③ L. Glenn Smith, Joan K. Smith. Lives in Education: A Narrative of People and Ideas[M]. New Jersey: Lawrence Erlbaum Associates, Publishers Mahwah, 1994:134.

④ [德]弗·鲍尔生. 德国教育史[M]. 滕大春,滕大生译. 北京:人民教育出版社,1986:40.

三、加尔文教派的教育主张

加尔文(Jean Calvin,1509—1564)是继路德之后宗教改革的第二代领导人,作为新教理论的集大成者,他的思想与教派促进了新价值观念在欧洲的确立。受伊拉斯谟和路德宗教思想的影响,1535年,加尔文编著《基督教要义》。1541年,他在日内瓦建立起政教合一的神权共和国。加尔文与路德的基本精神是一致的,但比路德更为激进与平民化。他把路德"因信得救"的思想发展为"先定论"的神学学说,强调后世克己与勤俭努力的意义。他重视宗教的政治责任,认为教会是选民组织,由选举产生的长老或牧师掌管,应在教会中建立民主法制的神权共和国。因此,相比路德教,加尔文教的组织更为严密与世俗化。

加尔文接受了路德的普及义务教育主张,提出不论贫富与家庭出身,所有儿童都应平等地接受普及义务教育。他认为教育是为了训练对社会和政治有用的基督教徒,是实现神学理想和争取上帝选民的有力武器。在教育内容上,他注重人文学科尤其是历史的作用,其《日内瓦初级学校计划书》明确写道:"《圣经》确实是一切学识的基础,但是人文学科有助于充分理解《圣经》,不可轻视。"①他还强调宗教道德教育和法律教育,认为人只要遵循上帝训诫,就会向善并达到心灵纯洁与道德高尚。在教育方法上,他主张联系学生实际,因材施教。加尔文在学院教学时,常从《圣经》原文入手,通过言词构成探讨文句含义,根据学生水平提出问题,然后结合丰富多彩的材料论证与分析,引出解决问题的方法,使学生在掌握相关知识的同时提高分析解决问题的能力。

加尔文在推行宗教改革的同时,领导了日内瓦城市的教育改革。他筹建各类学校,并为其确定教学内容。1538年,他在《日内瓦初级学校计划书》中阐明了普及教育的计划,规定了初级学校的教学内容,指出课程以宗教、读、写和数学为主,宗教教育即以本族语传授本派教义。1541年,他重新修订《教义问答》。1556年,他考察了斯特拉斯堡的斯图谟古典文科中学,1559年起草了《日内瓦法律学校条例》。加尔文教确定的办学体系包括三部分:针对儿童的初级教育,重视语言和人文学科的中等学校,以神学为主、兼人文学科和职业训练的学院。日内瓦学院是加尔文教的最高教育机构,以培养牧师、神学家和教师为目标,注重人文学科和宗教学科,兼习医学和法学。加尔文因亲自领导了日内瓦城的普及与免费教育实践,被美国学者班克罗夫特(G. Bancroft)称为普及教育之父、免费学校的创始人。

各国以不同方式受到加尔文教教育思想与办学模式的影响。流亡日内瓦的新教牧师诺克斯(John Knox,1505—1572)把《教义问答》译成英文,作为苏格兰

---

① [英]博伊德,金. 西方教育史[M]. 任宝祥,吴元训主译. 北京:人民教育出版社,1985:197.

学校的标准教材。他在苏格兰建立了一些免费初级学校,并把日内瓦学校办学模式引介到苏格兰、荷兰和北美等地。荷兰的莱顿(Leiden)大学、苏格兰的爱丁堡(Edinburgh)大学以及英国剑桥的伊曼纽尔(Emmamuel)学院等都曾受到日内瓦学院办学模式的影响。

四、英国国教的教育改革

英国是正统天主教国家,但却具有很强的反教会异端传统。14 世纪威克利夫与之后罗拉德派的主张,为以后的宗教改革奠定了理论基础。"正是由于威克利夫在思想上开宗教改革之先河,所以他后来被称为'宗教改革的晨星'。"[①]除异端传统的影响外,正在形成的英吉利民族国家对罗马教皇在经济、政治和司法方面的控制也日益不满。1533 年,英王亨利八世与教皇决裂,开始了自上而下的宗教改革。1534 年,议会通过"至尊法案"(The Act of Supremacy),宣布英王为英国教会的最高首领,建立"国教"。国教基本保留了天主教的教义、教规和仪式。亨利八世之后,英国的宗教改革经历了爱德华六世的激进革新与玛利女王的反叛,到伊丽莎白二世时基本完成。

英国宗教改革是英王领导的自上而下的革新,具有良好人文主义素养的亨利八世是当时"文艺复兴王子的理想代表"[②]。他认为教育是统一宗教观点与加强社会秩序的有效途径,非常关注教育尤其高等教育领域的改革。在宗教改革初期,亨利八世曾封闭修道院及其学校,仅余文法学校 63 所,后经官方修缮与补充,到伊丽莎白时增至 168 所。文法学校相当简易,仅一间校舍、一名教师(或增聘一名教师助理),课程以拉丁语为主,有的学校增加了希腊语和希伯来语课程。在初等教育改革中,亨利八世发行了官方英文识字课本,统一勘定教科书,并引进希腊语和希伯来语课程。爱德华六世时,国家接管了教会管理的附属学校并设免费语法学校。"到改革后的 1575 年,语法学校至少增加了 60 所。"[③]新建语法学校改由国教会管理,识字课本、学校管理与宗教教育均带有明显的新教色彩。英国政府还成立了实用性的"基督医院",并于 1563 年颁布影响职业学徒训练的"技工法则"。

在宗教改革前,英国的大学以培养教会精英为主,强调神学和教会法学习。改革中,大学废除了教会法,增加了人文教育,增设了新的学院,扩大了招生人数,在学生来源上更加关注贵族、士绅及平民子女的教育。以牛津、剑桥为例:

① 蔡骐. 英国宗教改革研究[M]. 长沙:湖南师范大学出版社,1997:37.

② J. R. H. Moorman. A History of the Church in England[M]. New York: Principal of Chichester Theological College Chancellor of Chichester Cathedral Morehouse-Gorham Co. , 1954:161.

③ L. B. Wright and V. A. LaMar. Life and Letters in Tudor and Stuart England[M]. New York: Cornell University Press, 1962:294.

1500 年两所大学各有 10 所学院,到 1600 年各达 16 所;在学生数量上,"1500 年英国每所大学招纳 150 人,而到 16 世纪末,招生人数达到原先的三倍"①;在学生来源上,1515—1639 年牛津学生 50% 来自贵族、士绅,41% 来自平民,仅 9% 来自教士阶层;剑桥约 40% 来自绅士阶层,近 40% 来自艺术家、雇主和平民,近 20% 来自专门职业和教士阶层。②

在宗教改革中,政府通过议会法案规定教师准入资格、审定教学内容、国王巡视等手段强化了对教育的领导权,巩固了国教信仰。这一时期,英国的初等教育相对滞后,出现了平民教育与贵族教育分化的迹象。

英国宗教改革后的教育更加注重英语教学,提高了外国语、物理、化学、体育等科目的地位,在教育目标与课程设置上更加关注世俗生活,体现教育与生活的密切联系,为 17 世纪弥尔顿、洛克教育思想的产生奠定了基础。

第二节　天主教改革与耶稣会派的教育

汹涌的新教运动使天主教统治陷入空前危机。在天主教内部,反对新教的改革措施得到进一步加强。为重塑昔日的至尊地位,天主教加大了对教育事业的扶持力度,在从事教育的教会组织中,耶稣会派的教育最具成效。

一、天主教改革与耶稣会派的建立

"天主教改革是教会内部复兴的过程,是对理想教会生活的重新定位。"③天主教内部有识之士很早便开始了自发的改革,从康斯坦茨公会④到新教运动爆发,由大公会议主导的教会改革不曾中断。1517 年,天主教在罗马建立新的修会组织神爱会(The Oratory of Divine Love),以此保持基督徒虔诚的信仰、严谨的道德生活及对现实生活的深切关注。新教建立后,天主教改革具有了反宗教改革的性质。保罗三世和保罗四世上台之后,大力扶持教会改革派,组织改革委员会推行激进的内部改革。为维护正统信仰、打击异端,天主教积极改革教廷,整理财政系统,严格教职授受制度,整肃道德风纪并改组宗教裁判所。在天主教内部更新中,最重要的工具是特伦托公会(The Council of Trent,1545—1563)。它编纂和通过了区别于新教的天主教教义,改革了天主教教会生活制度,确定了教

① K. Powell, C. Cook. English Historical Facts 1485 – 1603[M]. London: Macmillan, 1977:142.
② 数据来源:滕大春. 外国教育通史:第二卷[M]. 济南:山东教育出版社,1989:268.
③ Hubert Jedin. Catholic Reformation or Counter Reformation? //David M. Luebke. The Counter-Reformation:The Essential Readings[M]. Malden, Mass. : Blackwell, 1999:45.
④ 为解决基督教会的分裂问题,教皇被迫接受大公会议高于教宗的主张,定期召开会议,并给予各国教会以较大的自主权。1414—1418 年,大公会议在德国南部的康斯坦茨(Konstanz)举行,称为康斯坦茨公会议。

会分裂的事实,开创了教派斗争的新时代。"特伦托阐释消除了以往主导教会信仰的不确定性和模糊性,清晰界定并正确定位了一个自信而自觉的天主教。"①

天主教对内厘定信仰、清理分工,对外严打异端、审查书刊,通过内部的一系列改革措施,逐渐恢复了生机与活力,新教在其有力反击下开始收缩边界,许多地区和民众重新回归天主教。1565 年以后,"新教不仅再也无法取得进展,而且连已控制了的莱茵兰和德国南部地区也大受动摇。天主教开始希望夺回失去的一切"。② 天主教力量的增强加剧了与新教的冲突,引发了从 1618 年到 1648 年的国际性宗教战争。长达 30 年的宗教战争最终以《威斯特伐利亚和约》确定了教随国定的原则。

修会在天主教复兴和对抗新教的改革中发挥了重要作用。如早期严规派(Observant,或译为常守者)运动的影响一直持续到 16 世纪末,"这个组织还培养了大批主教,成为罗马教会的中坚力量"。③ 在新建立的许多修会组织中,耶稣会的贡献最大。耶稣会由西班牙贵族出身的罗耀拉(Ignacio de Loyola,1491—1556)创立。他因战受伤,在养伤期间深受《基督生平》和《圣者传奇》等宗教书籍的影响,决心皈依上帝。罗耀拉注重神学知识的学习,热心宗教实践活动。1530 年到 1534 年,他编纂《灵修》(Spiritual Exercise),1534 年创办耶稣会,并于1540 年正式获得教宗认可。

耶稣会绝对服从教皇,坚持"为主的荣誉而战斗"的原则,成员按军队编制划分,组织严密。耶稣会活动以提升信徒生活和信仰为宗旨,包括教师讲道、听取认罪者告解、开办包括教育在内的慈善事业及海外传教。"耶稣会的工作的多样性和可变性拓宽其应用的潜在范围"④,因时因地的灵活性使其在信徒心中声名鹊起,活动范围不断扩大,短短几十年便操纵了欧洲的教育和思想,人数也突破最初教皇为其设定的 60 人并日益膨胀。18 世纪中叶,耶稣会曾遭到葡萄牙、法国、西班牙的驱逐。1773 年,教皇克雷芒十三世(Clement ⅩⅢ)正式宣布耶稣会解体,直到 1814 年庇护七世时才得以恢复。

二、耶稣会派的教育主张与活动

耶稣会派的教育以罗耀拉的教育主张为基础并一直延续下来,集中体现在《灵修》、《耶稣会章程》和《教育章程》(Ratio Studiorum,又译为《教学大全》)中。

① Hans J. Hillerbrand. Men and Ideas in the Sixteenth Century[M]. Illinois: Waveland Press,1969:94.
② [美]威利斯顿·沃尔克. 基督教会史[M]. 孙善玲等译. 北京:中国社会科学出版社,1991:481.
③ 朱孝远. 近代欧洲的兴起[M]. 上海:学林出版社,1997:317.
④ [英]G. R. 埃尔顿. 新编剑桥世界近代史·宗教改革[M]. 中国社会科学院世界历史研究所组译. 北京:中国社会科学出版社,2003:384.

罗耀拉在创办耶稣会之初就赋予教育以特殊的地位,并将其作为组织的主要活动,他起草了《耶稣会章程》的初稿,在第四部分专门论述了教育问题,成为耶稣会教育发展的纲领性文件。在此基础上,1584 年,欧洲各国耶稣会代表集会罗马认真总结教育经验,研究各类教育著作,考察当时最优秀的天主教学校教育方法,在不违背教义的基础上博采众长,讨论教育计划的制订。1591 年,耶稣会制定了教育工作计划,在试行 8 年后,于 1599 年正式出台《教育章程》作为学校组织、教材、教法的统一规章,指导耶稣会学校的全面工作。

罗耀拉认为,教育是实现耶稣会最终目的的工具和培养耶稣会士的主要手段,旨在使人在上帝恩惠下获得学问以帮助自己或他人的灵魂得救。他的教育目的寄托着"一切为了上帝的更大光荣"的宗教理想。在《灵修》中,他论述了宗教道德教育的宗旨,指出在养成道德品质与宗教信仰之外,教育应培养人具有良好的知识基础和知识运用能力。他所培养的人是信仰与知识和谐发展的耶稣会士。他把耶稣会教育向社会开放,招收校外学者,开办人文学科的中等学校及更高层次的学院或大学,尤其是大学人文学院和神学院。

在教育内容上,罗耀拉在突出神学和哲学的同时,把人文主义学科纳入课程体系,使人文学科、哲学和神学构成相互衔接的知识体系,使课程内容从低到高的选择与学习顺序、修业年限相结合:最基础的人文学科依次为低级语法、中级语法、高级语法,人文学和修辞学,这些课程是学院级教育机构 5 年的教学内容;哲学硕士学位的课程依次为逻辑、自然哲学、伦理学、形而上学等;神学博士的课程中最重要的是圣经、经院哲学和其他基督教经典。罗耀拉为耶稣会学校教育设计的课程体系内容丰富、设置严密,以拉丁语为基础,以古典知识为主架,把宗教神学奉为皇冠之最,一定程度上适应了当时文化科学进步与社会发展的需要,但因排斥法律和医学,并对具体教学内容和教科书、课外阅读书目进行严格规定,体现了维护天主教教义的狭隘与保守。1832 年,根据时代需要,耶稣会在新的教学计划中增加了本族语、历史、地理及自然学科的比重。

罗耀拉注重教学的规范化,奠定了耶稣会教育重视方法的传统。他在《耶稣会章程》中对学校教学的组织和方法进行了具体论述,规定耶稣会学校对学生实行全日制班级授课,根据新生考试水平与能力编排班级,开设大型的公共讲座,教学方法以讲授为主,包括讲座、讲演、辩论、阅读、作业、复述、背诵、竞赛和考试等。讲授法要求教师课前准备要详细缜密,学生上课要认真做笔记以便课后记忆、背诵。为了熟练记忆学习内容,学校重视复习和检查,并通过竞赛、奖励等手段激发学生记忆和辩论的兴趣。罗耀拉虽未明确教学的原则,但其思想与实践体现了因材施教、循序渐进、教学方法、内容与学生能力相适应以及德、智、体全面发展的主张。

耶稣会的《教育章程》明确规定了学校具体体制、学校设备、教师职责、学校编制、成绩考核等内容。耶稣会实行金字塔式的高度集权的教育体制,最低为学舍和学院,一定数量的学舍和学院组成行省,几个行省组成大区,依次设立舍(院)长、省长、区长,一律由会长任命,须绝对服从和效忠会长。会长有管理和决定耶稣会各级学校教育、人事、财务及教学内容等各项工作的绝对权力。耶稣会还在学校设立学习和纪律督察员辅助教学,组建中央委员会协助会长决策。为促进教士与教师一体化,选用服从教规、知识渊博、哲学和神学造诣高深的会士作教师,耶稣会学校提出了一套严格的入会审查和考核、训练与选拔考试、教学能力培训等行之有效的措施和方法。如耶稣会明确规定,只有在高级学院学习三年哲学课程的才有资格到低级学院教授低年级的课程;到高级学院任教神学,则必须在神学部学习六年。耶稣会学校在强调严格管理的同时,也注重温和的纪律与融洽的师生关系。总之,相比当时欧洲各地学校的散漫、混乱和各自为政,耶稣会学校的管理更加严密与统一。

耶稣会教育发展迅猛,影响广泛,免费教育的口号使耶稣会创办的学校数量直线上升,很快从众多教育组织中脱颖而出,不仅活跃于天主教势力范围内,且渗透至新教地区,远及亚洲和美洲。"到 1600 年已有 236 所学院。意大利和西西里 56 所;葡萄牙及其殖民地 21 所;西班牙及其开辟的新世界 77 所,其中 15 所在墨西哥和秘鲁;其他 82 所在西欧和中欧其他部分,其中 21 所在法兰西;1630 年仅在法国耶稣会学校中接受教育的人数约在 25 000 到 40 000 之间。"① 从整个欧洲来看,"1556 年前有 39 所,到 1607 年接近 300 所,18 世纪中期达到 669 所。"②耶稣会在普及和提高天主教信仰的同时,还培养了数学、天文学、历史学、语言学、神学等领域大批学者和卓越的世俗人士。"不论新教在教育领域的成就如何伟大,耶稣会和其他天主教教育家的工作即使没有超过他们,也可与之匹敌。"③特别在 16—18 世纪的欧洲,"没有哪个团体比得上耶稣会在教育上发挥的重要作用"。④

耶稣会教育的成功与其教士素质及传教活动特点有关,经严格训练的高素质教士走出经院、深入民众以社会乐于接受的方式传播知识与信仰,把人们的宗教热情与对科学知识的兴趣及学术探究结合在一起。另外,耶稣会教育在理论与操作层面汇总与集成了 16—17 世纪教育理论发展与实践探索的优秀成果,虽存在管理严苛、目标狭隘的弊端,却反映了教育规范化进程中对质量与效率的追

---

① Bireley, Robert. The Refashioning of Catholicism 1450 - 1700: A Reassessment of the Counter Reformation [M]. New York: St. Martin's Press, 1999:127.
② Michael A. Mullet. The Catholic Reformation[M]. New York: Routledge, 1999:95.
③ [英]沃纳姆. 新编剑桥世界近代史:第三卷[M]. 中国社会科学院世界历史研究所组译. 北京:中国社会科学出版社,1999:85.
④ Paul Monroe. A Cyclopedia of Education Vol. 3. [M]. New York:The Macmillan Company, 1918:533.

求。耶稣会教育成就了罗耀拉,也为天主教教育争得一席之地。

宗教改革运动中的教派冲突虽在客观上使教育事业蒙受一定损失,但其结果对教育进一步发展具有重要意义。"很少有哪次历史性运动能像天主教与新教改革如此严肃地对待教育。"①宗教冲突导致世俗权力与宗教权力剥离,世俗权力的增强使教育世俗化具有了广泛的社会基础和政治保证,加速了教育的民族化趋势,为国家控制的世俗性公共教育的产生奠定了社会基础。宗教冲突最终以均势的宗教宽容为终结,宽容带来的自由和思想解放促进了近代科学与哲学的勃兴,脱离神学的世俗性知识体系逐渐形成,为近代教育最终取代传统宗教教育提供了知识准备。宗教冲突中的教育竞争,客观上促进了教育理论与实践探索的深化与学校教育的多元化,各派教育相互借鉴、互为补充,为近代教育发展奠定了理论与实践基础。

"宗教改革运动的争端基本上全部起源于有关神的恩典及其在人的拯救中的作用的不同观点"②,因此,宗教目的是新旧各教派教育的首要目的。但是这种宗教性已然超越中世纪宗教教育的排他性,融合、延续和发展了人文主义教育的进步要素,表现出对世俗知识一定程度的宽容,增加了神学研究的理性成分,促进了宗教教育的世俗化与世俗教育的宗教化。各教派使宗教教育通过正规或世俗的教会人员得以普及,"这种宗教教育远比宗教改革以前更为系统和深入"。③当然,各教派把教育作为传播信仰的工具影响了对人文主义的选择性,从而限制其自身的丰富与完满,导致各派教育的片面、狭隘与单向度。

因服务对象不同,各派教育事业各有侧重。路德派关注普及义务教育,尤其是初等教育与中等教育的发展;加尔文派继承路德派观点,在重视普及教育的基础上,设想了统一的国家教育体系;英国国教为控制思想、统一信仰,主要对教育内容和教师资质进行严格规定;天主教在与新教各派竞争中,在教育理论和实践上吸纳各派教育之长,汇集当时人文主义教育许多有效的教学主张,实现了内容体系化、方法综合化、管理规范化,因此教育质量与效率高于其他教派。但应看到,与新教强调普及和群众性的教育相比,天主教以培养社会精英为主,贵族性明显。另外,它以神学为中心,强调权威与严格服从,忽视初等教育和自然科学,一定程度上限制了教育创新的空间。总之,宗教改革时各派教育与文艺复兴时的人文主义教育相比,世俗性与大众性增强,宗教性与功利性明显。

① Bireley, Robert. The Refashioning of Catholicism 1450－1700：A Reassessment of the Counter Reformation [M]. New York：St. Martin's Press, 1999：121.

② [英]沃纳姆. 新编剑桥世界近代史:第三卷[M]. 中国社会科学院世界历史研究所组译. 北京:中国社会科学出版社,1999:87.

③ [英]沃纳姆. 新编剑桥世界近代史:第三卷[M]. 中国社会科学院世界历史研究所组译. 北京:中国社会科学出版社,1999:90.

思 考 题

1. 简述路德教派的教育主张。
2. 论述耶稣会教育的特点及影响。
3. 比较新旧主要教派教育主张的异同。

参考文献

1. 滕大春. 外国教育通史：第二卷[M]. 济南：山东教育出版社,1989.

2. 郭振铎. 宗教改革史纲[M]. 开封：河南大学出版社,1989.

3. 张斌贤,褚洪启. 西方教育思想史[M]. 成都：四川教育出版社,1994.

4. [美]威利斯顿·沃尔克. 基督教会史[M]. 孙善玲等译. 北京：中国社会科学出版社,1991.

5. 赵祥麟. 外国教育家评传：第一卷[M]. 上海：上海教育出版社,1992.

6. [英]沃纳姆. 新编剑桥世界近代史：第三卷[M]. 中国社会科学院世界历史研究所组译. 北京：中国社会科学出版社,1999.

7. L. Glenn Smith, Joan K. Smith. Lives in Education：A Narrative of People and Ideas[M]. New Jersey：Lawrence Erlbaum Associates,Publishers Mahwah,1994.

8. J. R. H. Moorman. A History of the Church in England[M]. New York：Principal of Chichester Theological College Chancellor of Chichester Cathedral Morehouse-Gorham Co. , 1954.

9. Hans J. Hillerbrand. Men and Ideas in the Sixteenth Century[M]. Illinois：Waveland Press, Inc. , 1969.

10. Robert Bireley. The Refashioning of Catholicism 1450 – 1700：A Reassessment of the Counter Reformation[M]. New York：St. Martin's Press, 1999.

11. Michael A. Mullet. The Catholic Reformation[M]. New York：Routledge, 1999.

第十章

夸美纽斯的教育实践和教育思想

夸美纽斯(Johan Amos Comenius,1592—1670)是 17 世纪捷克的杰出教育家。夸美纽斯继承了前人,尤其是文艺复兴时期人文主义教育家的成果,总结了宗教改革时期丰富的教育实践经验,经过潜心探索研究,上升为理论。他对大多数教育理论和实践问题都进行了比较系统的分析,奠定了近代教育理论体系的基础。

第一节 生平活动和著作

夸美纽斯 1592 年 3 月 28 日出生于波希米亚王国东部莫拉维亚地方的尼夫尼兹城,12 岁时父母先后病故,在兄弟会及亲友的资助下,夸美纽斯接受了较系统的中等和高等教育。夸美纽斯在 1614 年回到了莫拉维亚,担任兄弟会的牧师,并主持一所兄弟会学校的工作。从此以后,他始终以极大的热情从事兄弟会争取民族独立的爱国活动,并献身于教育事业。

1618 年,捷克人民举行了反对德意志天主教贵族统治的起义,两年后失败。不久,夸美纽斯的妻儿又死于战后的瘟疫。就在国破家亡的痛苦日子里,夸美纽斯于 1623 年用捷克语撰写了政治、文学著作《世界迷宫》与《心的天堂》。

1628 年 2 月,夸美纽斯开始踏上了终身流亡的路途。夸美纽斯离开祖国后,定居在波兰的列什诺。在此处他主持了一所兄弟会办的古典文科中学。繁忙的工作之余,他开始系统地总结前人、同时代人及自己的教育经验,并诉诸文字。从 1628 年到 1632 年短短的几年内就先后撰写了《母育学校》、《语言入门》和《大教学论》三部著作。

1632 年,夸美纽斯担任了捷克兄弟会的长老,同时从事教育科学研究。这时,他开始进行"泛智"问题的研究,并准备编写一部全面介绍当时科学知识成果的、百科全书式的著作《泛智论》。可惜的是,最终只完成了反映他的泛智思想的《泛智论写作计划》。

1642年8月,夸美纽斯受邀为瑞典政府工作了六年。此时,夸美纽斯成为全欧洲最受欢迎的教育家。法国首相黎塞留(A. J. du P. Richelieu)邀请他赴法国协助建立一所科学院,其他国家的领导人也请求夸美纽斯给予帮助。欧美大陆的学者与教育家均与他建立了通信联系。

1650年5月,在捷克兄弟会原大主教去世后,夸美纽斯被推选为新任大主教。同年10月,夸美纽斯在匈牙利创办了一所泛智学校,并创作完成了著名教科书《世界图解》。1654年,夸美纽斯离开匈牙利又回到列什诺。1656年,他的所有财产及大批手稿、书籍均毁于战火。年迈的夸美纽斯来到了荷兰首都阿姆斯特丹,在这里度过了他流亡生涯的最后一站。

1670年11月15日,夸美纽斯与世长辞,结束了坎坷动荡、奋斗不息的一生。夸美纽斯遗留在世的各类著作达265种之多。

第二节　论教育的目的和作用

关于教育目的及其作用的认识是夸美纽斯教育思想的重要基石,也是其教育理论的出发点和归宿。

一、论教育的目的

夸美纽斯对教育目的的看法充满着矛盾性。他从宗教世界观出发,认为人生的最终目的是达到永生,现世的人生只是来生的一种准备;相应的,教育的目的就在使人为来世永生做好准备。但是夸美纽斯又认为,人并非带着所谓"原罪"来到人间。他相信人是上帝"最崇高、最完善、最美好"的创造物,上帝的特性必然反映在人的身上,人应该成为理性的动物,应该具有主宰万物的能力,并利用万物过好现世生活。教育要通过灌输知识,培养道德和信仰,使自然存在于人身上的知识、德行和虔信的"种子"得到发展,以便享受现实的幸福,并为来世的永生做好准备。很显然,在夸美纽斯看来,现世的人只要使自己的德智体等诸方面都得到和谐发展,就能为来世的永生做好准备。

二、论教育的作用

1. 教育是改造社会、建设国家的手段

夸美纽斯把教育看作改造社会和建设国家的手段。他说:"基督教的王国与国家如果能有我们所期望的这种学校该有多么幸福",①又说"教会与国家的

---

① [捷克]夸美纽斯. 大教学论[M]. 傅任敢译. 北京:教育科学出版社,1999:237.

改良在于青年得到合适的教导"。① 在《论天赋才能的培养》一文中,他从多方面对比了所谓有教养的民族和没有教养的民族之间的差别,以说明良好的教育所能产生的积极成果,并特别强调,一个民族如受到良好的教养,就会善于利用自然力量和地下的宝藏,把土地耕种得像在天堂里那样好。他还认为,受到良好教养的民族,扫除了愚昧和贫困,身体健康,德行优良,富有智慧,爱好艺术,生活得富足、幸福。

2. 教育在人的发展中的作用

夸美纽斯对于教育在人的发展中所发挥的功能给予了充分肯定,极为重视教育在个人发展中的重要作用。夸美纽斯说:"假如要去形成一个人,那就必须由教育去形成。"②"知识、德行与虔信的种子是天生在我们身上的;但是实际的知识、德行和虔信却没有这样给我们。这是应该从祈祷,从教育,从行动中去取得的。有人说,人是一个'可教的动物',这是一个不坏的定义。实际上,只有受过恰当教育之后,人才能成为一个人。"③可见夸美纽斯非常重视教育在人的发展中的作用。

第三节　论普及教育

由于夸美纽斯认识到教育对国家和社会的稳定与进步,对个人的发展与成长都具有极为重要的意义,而且,所有的人都是上帝的子民,都有共同的生活目标和人生的终极目标,因而所有人都应该接受教育。正是在这些认识的基础上,他极力提倡普及教育,认为普及教育主要基于以下理由:

首先,人有共同的目的。即"一切生而为人的人,生来都有一个同样的目的,就是他们要成为人,即要成为理性的动物,要成为万物的主宰及其造物主的形象。所以他们都应该达到这样一个境地,即在适当地吸取了学问、德行与虔信之后,能够有益地利用此生,并且好好地预备来生"。④

其次,自然不偏袒,所以"我们应该模仿天上的太阳,它把光、热与生气给予整个世界,使凡是能够生存、能够兴旺和能够发荣的东西都可以生存、兴旺和发荣。"⑤

再次,鲁钝笨拙的人更需要接受教育,没有人愚钝到不能接受教育。即"有些人虽则看上去天性鲁钝笨拙,这也毫不碍事,因为这使普遍培植这类智能一事

① [捷克]夸美纽斯. 大教学论[M]. 傅任敢译. 北京:教育科学出版社,1999:240.
② [捷克]夸美纽斯. 大教学论[M]. 傅任敢译. 北京:教育科学出版社,1999:24.
③ [捷克]夸美纽斯. 大教学论[M]. 傅任敢译. 北京:教育科学出版社,1999:24.
④ [捷克]夸美纽斯. 大教学论[M]. 傅任敢译. 北京:教育科学出版社,1999:37.
⑤ [捷克]夸美纽斯. 大教学论[M]. 傅任敢译. 北京:教育科学出版社,1999:37.

更加急不容缓。任何人的心性愈是迟钝孱弱,他便愈加需要帮助,使他能尽量摆脱粗犷和愚蠢。世上找不出一个人的智性孱弱到了不能用教化去改进的地步。一只筛子,如果你继续不断地用水泼去,它便愈来愈干净,虽则它不能够把水留住;同样,鲁钝和悟性孱弱的人,虽则在学问上面得不到进步,但是心性可以变得比较柔和,可以学会服从官吏和牧师"。①

最后,"女性完全不能追求知识(用拉丁文或用她们的国语),也是没有任何充分理由的",因为"她们也是按照上帝的形象造成的,在上帝的仁慈与未来的世界里面,她们也是有份的。她们具有同等敏锐的悟性和求知的能力(常常比男性还要强),她们能够取得最高的地位"。②

为了实现普及教育的理想,夸美纽斯大声呼吁帝王和官吏为民众兴办学校,并号召广大民众起来劝说当权者兴办学校;鼓励教育工作者献身教育事业;恳请学者和神学家为普及教育贡献力量等等。

第四节 论教育适应自然的原则

教育要适应自然,或称自然适应性是夸美纽斯提出的教育的主导原则。这是夸美纽斯教育(尤其是教学)理论的立论基础,其他具体的教学原则、规则,从形式上看,均以此原理为依据。

夸美纽斯自然适应性原则的主要含义是:自然界存在着普遍的"秩序"(即法则),这些法则无论在动植物生活中还是在人类的活动中都发生着作用,人作为自然界(即客观世界)的一部分,必须服从自然界的普遍法则;以培养人为主要任务的教育工作,也必须遵循自然法则,才合理可靠,才能发挥出应有的效力。

自然适应性原则在夸美纽斯的著作,尤其是其代表作《大教学论》中得到了充分体现。在此书中,他反复强调:"改良学校的基础应当是万物的严谨秩序"③,"教导的严谨秩序应当以自然为借鉴,并且是必须不受任何阻碍的"。④"我们将把自然当作我们的向导",去找出教育的"原则"。⑤

根据自然适应性原则,夸美纽斯论证了学校工作制度、教学组织形式、教学原则、方法以及教学用书等一系列问题。在论述有关问题时,他往往分 4 段说明:找出自然界的基本法则(或称"原理");从动植物或人类生活中举出运用这种法则的例子;指出当时学校的教学与自然的基本法则相悖谬之处;指出正确的

---

① [捷克]夸美纽斯. 大教学论[M]. 傅任敢译. 北京:教育科学出版社,1999:37-38.
② [捷克]夸美纽斯. 大教学论[M]. 傅任敢译. 北京:教育科学出版社,1999:38.
③ [捷克]夸美纽斯. 大教学论[M]. 傅任敢译. 北京:教育科学出版社,1999:60.
④ [捷克]夸美纽斯. 大教学论[M]. 傅任敢译. 北京:教育科学出版社,1999:64.
⑤ [捷克]夸美纽斯. 大教学论[M]. 傅任敢译. 北京:教育科学出版社,1999:68.

教学原则或规则。例如,在《大教学论》第 17 章,在论证教学的"便利性"原则时,夸美纽斯提出:自然不性急,它只慢慢前进;所以鸟儿在小鸟幼小时并不会为了使其加快成长而用过多的食物去填喂,而只是小心地选择食物,慢慢地按照其脆弱的消化能力所能支持的分量给予它们;在教学上,贪多求快则必然导致欲速则不达;正确的教学方法是适合学生的能力,循序渐进。

第五节　论学前教育

在西方教育史上,论述过学前儿童教育的人早已有之,但夸美纽斯的贡献则远远超过了前人。

一、论学前教育的任务

夸美纽斯非常重视儿童及其早期教育。他声称:"任何人在幼年时代播下什么样的种子,那他老年就要收获那样的果实。"[①]为此,夸美纽斯呼吁父母们都要承担起孩子的教育责任。他还指出,人比其他动物更高贵,对人不能像对待动物那样,只须注意身体的养护和外表的装饰,要更注意灵魂的塑造;要以教育去滋补、抚爱和照管其心智,施以全面的训练,因而学前教育有极为重要的意义。

在夸美纽斯看来,每一个家庭都可成为一所学校,孩子的母亲便是主要教师。他从普及教育的角度和儿童心理发展的连续性和阶段性的角度,考虑学前阶段教育的重大任务,把为儿童奠定体力、道德和智慧发展的基础,作为人生第一个阶段教育即学前教育的主要任务。

二、论学前教育的内容

1. 体育和保健

夸美纽斯在《母育学校》中引用一位作家关于"健康的精神寓于健康的身体"的忠告,提醒父母们首先要注意保持子女的健康,宜从胎儿时期就加以注意。他强调孕妇的心理状态对于胎儿的影响,指出如果孕妇不注意控制自己的感情,经常处于突然的恐惧、过度的愤怒或怨恨与感伤一类不良的情绪状况,就可能生育一个怯弱的、易动感情的和沮丧的婴儿,严重时甚至可造成死胎。夸美纽斯还非常重视锻炼和娱乐对儿童身心发展的重要性,主张不要让儿童习惯于用药,要使他们生活有规律并保持愉快的心情。

---

① ［捷克］夸美纽斯. 夸美纽斯教育论著选［M］. 任钟印选编,任宝祥等译. 北京:人民教育出版社,2005:22.

2. 德育

夸美纽斯十分重视幼儿的道德教育,强调必须在幼年生活中的头几年,就奠定他们的各种良好德行的基础;在道德教育的内容方面,强调要让儿童学习有关德行的初步知识,包括:节制、整洁、礼节、尊敬长辈、诚实、不损害他人、不嫉妒、落落大方和爱劳动。道德教育的方法主要有 3 种:训斥、榜样和练习。其中练习尤为重要,宜多运用。例如,在吃饭、穿衣服和玩玩具的过程中练习整洁;在帮助别人的过程中练习助人为乐;在与人们的日常交往中练习礼貌等。夸美纽斯在倡导温和的纪律及积极的方法的同时,对中世纪以来家庭教育实践中广泛采用的体罚持反对态度,主张在万不得已时才使用鞭笞。

3. 智育

夸美纽斯幼儿教育思想中最有特色的部分是智育。在西方教育史上,他第一次为 6 岁以下儿童的智育提出了一个广泛而详细的教学大纲。夸美纽斯认为这一时期智育的主要任务是训练幼儿的外部感觉、观察力及获得各类知识,同时发展语言、思维,为他们以后在初等学校里的系统学习作好准备。

夸美纽斯为母育学校制定的智育计划包括:自然、光学、天文学、地理学、年代学、历史学、家务、政治学、辩证法、算术、几何学、音乐、语言等学科。他强调,应当把一个人在人生的旅途中所当具备的一切知识的种子播植到儿童身上,通过这种启蒙性质的教育,就可以为儿童奠定各门科学知识的最初步的基础。例如,在物理学方面,应该知道什么是火、空气和土,并且学会说出雨、雪、冰、铅、铁等名称;在天文学方面,应当辨别日、月、星等。

三、论学前儿童的游戏及玩具

在夸美纽斯的教育体系中,游戏得到很高的评价,被认为是在母育学校时期对儿童进行全面教育的手段。他从幼儿的年龄特征出发,强调多给幼儿活动的机会,而游戏是最适合于幼儿的活动方式。他指出:游戏的时候,儿童的精神专注于某种事物,自然本身在激发他们去做事情。用这种手段,儿童就可以受到一种积极生活的锻炼而没有任何困难。

夸美纽斯对玩具也提出了许多真知灼见。他认为真的工具常会给孩子带来危险,所以必须找些可取代的玩具,例如,木剑、锄头、滑板等。儿童也可以用自己喜欢的泥土、木片、木块或石头搭起小房子。夸美纽斯还提议要为儿童的眼、耳及其他感官提供一些小作业,认为这些作业对增强他们的身心力量将是大有裨益的。

从上述主张中,我们可以看到夸美纽斯提出了涉及游戏的教育意义的一些重要问题:游戏是符合儿童天性的能量的散发;游戏是组织愉快的幸福童年的手段,是儿童生活所不可缺少的伴侣;游戏是儿童的一切力量和才能所借以发展的重要的智力活动,是扩大和丰富儿童观念的有力手段;游戏是生活的预备等。夸美纽斯还强调了成年人领导或参与游戏的必要性等。夸美纽斯的这些思想在儿童游戏理论的发展史上有着重要的意义。

第六节 教学理论

教学理论是夸美纽斯教育思想中最重要的部分之一。在夸美纽斯的著作中,尤其是他的代表作《大教学论》中,在批判传统教育弊病的基础上,他总结了大量极有价值的教学经验。

一、论教学内容和课程设置

关于教学内容与课程设置问题,夸美纽斯的主要思想体现在他所制定的标准上:

实用。夸美纽斯针对时弊,对于学校的教学内容和课程设置,提出这样一个重要的原则性要求:所学的知识必须对于实现人们的"实际目的",亦即实际生活有用。他说:"凡是所教的都应该当做能在日常生活中应用并有一定用途的去教。"[①]"聪明的人不是知道得多的人,而是知道什么是有用处的人。"[②]可见夸美纽斯对实用性的看重。

广博。在涉及教学内容和课程设置时,如果教学内容的实用性与多样性发生矛盾,夸美纽斯会毫不犹豫地取前者而舍弃后者,但这决不意味着他反对学生广博地求取知识。相反,"泛智论"是夸美纽斯课程设置的基本指导思想。而所谓"泛智",主要有两层含义:人应掌握一切有用的知识,把一切有用的知识教给一切人。这一思想充分反映了时代新精神,也说明夸美纽斯将获得包罗万象的知识作为教育目的的一个重要部分。

精要。夸美纽斯指出,尽管我们希望人人应当博学,但在学习时又要精练,应学习最基本的、最重要的东西。他曾举例说,要想迅速战胜敌人,决"不会浪费时间攻打并不重要的据点",而是"去直接攻打作战的大本营","攻占了最主要的堡垒,其余一切就一定会自行降服的"。"同样,我们掌握了任何学科的要点,次要的细节便很容易知道了。"[③]这种主张可以说已经有了裴斯泰洛齐要素教育论、巴格莱要素主义教育理论和布鲁纳认知结构理论的雏形。

① [捷克]夸美纽斯. 大教学论[M]. 傅任敢译. 北京:教育科学出版社,1999:145.
② [捷克]夸美纽斯. 大教学论[M]. 傅任敢译. 北京:教育科学出版社,1999:137.
③ [捷克]夸美纽斯. 大教学论[M]. 傅任敢译. 北京:教育科学出版社,1999:138-139.

二、论教学原则

教学原则是夸美纽斯教学理论的核心内容。他在《大教学论》中把相关的论述进行归纳总结,提出了许多重要的教学原则。

1. 启发诱导原则

夸美纽斯认为,儿童具有发展的极大可能性。他将儿童的心理比作种子或者谷米,儿童的发展是由内向外发展的,故儿童的教育应当以他的自然素质为起点,善于循循诱导,实际上也就是要调动儿童学习的自觉性、积极性。所以,他坚决反对强迫学生学习,而认为必须启发学生热爱学习的愿望。他说,学习好比"一个人饿了,他就急于要吃食物,立刻可以把食物加以消化,容易把它变成血肉"。他相信,知识的获得要靠求知的志愿,而不能强迫,进而"求知与求学的欲望应该采用一切可能的方法在孩子们身上激发起来"。① 那么如何激发儿童的求知欲望呢?夸美纽斯指出:"孩子们的求学欲望是由父母、由教师、由学校、由所教的学科、由教学的方法、由国家的权威激发起来的。"②正是因为如此,父母应该在子女面前赞扬学问和具有学问的人;教师应该用温和的亲切的语言和循循善诱的态度去吸引学生,时常表扬用功的学生;学校应该是一个快乐的场所,校内校外都看起来有吸引力;所教的学科应该适合学生的年龄特征且解释清楚;所用的方法必须来得自然,适合学生的口味;政府当局和学校则应该在公共场所赞扬用功的学生等。

2. 直观性原则

夸美纽斯从三个方面论证了直观教学的必要性和可能性:第一,"知识的开端永远必须来自感官(因为悟性所有的都是先从感官得来的,没有别的)"。③ 事物被感官领会了,文字才是有用的。第二,"科学的真实性与准确性依靠感官的证明多于其他一切";"从感官得来的知识,我们立刻就相信,而先验的推理和别人的指证则要诉之于感觉";"假如我们想使我们的学生对事物获得一种真正和可靠的知识,我们就必须格外当心,务使一切事物都通过实际观察与感官去学得"。④ 第三,感官是"记忆的最可信托的仆役"。这种感官知觉的方法若能被普遍采用,它就可以使知识在获得之后,永远得以记住。⑤ 总之,夸美纽斯认为知识来自感觉,人只有通过感觉器官,才能得到真实可靠、不会遗忘的知识。由于夸美纽斯非常推崇直观的重要作用,因此他强烈谴责经院主义旧学校只让学生

---

① [捷克]夸美纽斯. 大教学论[M]. 傅任敢译. 北京:教育科学出版社,1999:92.
② [捷克]夸美纽斯. 大教学论[M]. 傅任敢译. 北京:教育科学出版社,1999:93.
③ [捷克]夸美纽斯. 大教学论[M]. 傅任敢译. 北京:教育科学出版社,1999:141.
④ [捷克]夸美纽斯. 大教学论[M]. 傅任敢译. 北京:教育科学出版社,1999:142.
⑤ [捷克]夸美纽斯. 大教学论[M]. 傅任敢译. 北京:教育科学出版社,1999:142.

死读书本,不接触事实的做法,要求"文字应当永远和事物一道教授,一道学习,就像酒永远同盛酒的桶一道买进或卖出,剑同剑鞘在一道,树同树皮在一道,果实同果皮在一道一样"。① 进而他宣称,可以为教师们定下一条"金科玉律",即"在可能的范围以内,一切事物都应该尽量地放到感官跟前"。② 而且他特别强调,应尽可能用多种感官去感知事物。

夸美纽斯还指出,对于某些不可能直接感知、观察的事物,则可以采用其他方式取代。其原则是:"高级的事物可以由低级的去代表,不在跟前的可以由处在跟前的去代表,看不见的可以由看得见的去代表。"③他认为,诸如制作模型、范本,绘制图画、表格等都是一种可行的取代方式。

夸美纽斯关于直观教学的论述在历史上具有重要意义,他企图将文艺复兴以来的有关零星经验系统化,加强教学与生活的联系,使之走出经院哲学的迷宫,但他也过分夸大了直观的意义和作用。

3. 量力性原则

夸美纽斯要求教学适合儿童的年龄特征,必须充分考虑他们的接受能力。他声称:"一切学科都应加以排列,使其适合学生的年龄,凡是超出了他们的理解的东西就不要给他们去学习。"④夸美纽斯曾借用昆体良的一个比喻来集中说明他的量力性原则,指出教育就像向仄口的瓶子里倒水,一下子把大量的水倒进去是不可能的,而应该根据学生的接受能力一滴滴地滴进去,才会慢慢充满。夸美纽斯相信,教学只要按照学生的能量去安排,学生的能量自然就会同学习年龄一同增长。

夸美纽斯的量力性思想反映了教学必须适合儿童身心特点的规律。但由于他的许多议论是针对当时教学的弊病而发的,因此不免有矫枉过正之嫌。如他提出,若不是绝对有把握地知道孩子具备了记忆某件事情的力量,就不可要求他们去记忆等,显然并不完全符合学生学习的规律。

4. 循序渐进原则

根据"自然并不跃进,它只一步一步地前进"⑤的自然法则,并从小鸟成长学飞的事例受到启发,夸美纽斯发现:成长的"每一步骤都是必须在适当的时候去做到的;不仅时候应当适当,而且步骤也应当是渐进的"。相应的,教学也应当遵循循序渐进的原则。所以在教学过程中:

(1)各个班级的一切功课都应该仔细分成阶段,务使先学的能为后学的开

①　[捷克]夸美纽斯. 大教学论[M]. 傅任敢译. 北京:教育科学出版社,1999:134.
②　[捷克]夸美纽斯. 大教学论[M]. 傅任敢译. 北京:教育科学出版社,1999:141.
③　[捷克]夸美纽斯. 大教学论[M]. 傅任敢译. 北京:教育科学出版社,1999:143.
④　[捷克]夸美纽斯. 大教学论[M]. 傅任敢译. 北京:教育科学出版社,1999:78.
⑤　[捷克]夸美纽斯. 大教学论[M]. 傅任敢译. 北京:教育科学出版社,1999:85.

（2）时间应该仔细划分，务使每年、每月、每日、每时，都有一定的工作。

（3）时间与学科的划分应该严格遵守，务使无所省略或颠倒。①

他还要求练习应从基本的做起，不能好高骛远。教学应该遵守从已知到未知、从易到难、从简到繁、从近到远等规则。夸美纽斯的循序渐进原则在一定程度上反映了教学的规律，但也存在机械化、简单化的缺陷。如一定时候只学一件事情，绝对遵守时间和学科安排，不能颠倒或省略等就是明显的表现。

5. 巩固性原则

夸美纽斯在《大教学论》第 18 章提到的"教与学的彻底性原则"，实际上就是巩固性原则。夸美纽斯针对旧学校不能让学生真正掌握知识，只能获得知识的影子的弊端，强调应该使学生获得巩固的知识。那么如何获取巩固的知识呢？夸美纽斯认为只要满足一些条件，是可能获得巩固的知识的。这些条件包括：教给学生的知识必须有用；学科不离题也不中断；教细节之前小心地、彻底地打好底子，且以此为根基；学科的各个部分要有联系，且后教以先教为基础；注重相近学科的相似点；学科的排列符合学生的智力等特点；通过实践掌握知识等。②

从夸美纽斯关于贯彻教学巩固性原则的论述可以看出，他的这一原则与其他教学原则有着密切的联系。应当指出的是，在夸美纽斯提出的各种措施中，他非常强调实践在掌握知识、技巧中的作用。他认为，教师传授，学生听讲、阅读固然重要，但最深刻、牢固的知识却是通过学生实践得来的，他也称之为练习，实际上也就是活动，这与后来的"从做中学"思想一脉相承。

当然，夸美纽斯关于教学原则的论述还可以概括出其他的一些原则来，如因材施教原则、系统性原则等。此外，夸美纽斯还对科学、艺术和语言教学进行了系统的分析，提出了一些有效的分科教学方法。这些思想和方法也是他对教学理论的重要贡献。

第七节　论学制

夸美纽斯承袭了昆体良的观点，认为学校教育具有特别重要的意义，学校的产生乃是人类社会进步的结果，强调所有的人都应该接受教育。正是在这些思想的指导下，夸美纽斯提出了一种从出生到死亡的终身教育体制。

夸美纽斯在《大教学论》中根据儿童的年龄和学力，提出了一个统一的四阶段的单轨学制，共 24 年，分为婴儿期、儿童期、少年期和青年期，各为六年，与之

① ［捷克］夸美纽斯. 大教学论[M]. 傅任敢译. 北京：教育科学出版社,1999：86 - 87.
② ［捷克］夸美纽斯. 大教学论[M]. 傅任敢译. 北京：教育科学出版社,1999：104 - 105.

相应的是母育学校、国语学校、拉丁语学校和大学。夸美纽斯在其晚年著作《人类改进通论》7 卷本之一的《泛教论》手稿中，又对上述学制作了进一步的发展，声称教育应从妇女妊娠乃至男女婚配开始，直至进入坟墓方告结束。基于这一认识，他将人的教育划分为 7 个阶段：胎儿期、婴儿期、儿童期、少年期、青年期、成年期、老年期。除以上提到相对应的四种学校外，其他几个时期分别对应胎儿学校、成人学校和老年学校。夸美纽斯认为，每一个发展阶段及相应的教育机构都有自己专门的教育任务；同时，它们之间又存在着联系，前一个阶段是为后一阶段打基础的，后一阶段又是前一阶段的合乎逻辑的发展，最终实现教育所要达到的目的。

一、胎儿学校

夸美纽斯提出，与人生的第一个阶段（胎儿期）相对应，应设立胎儿学校。他对优生优育的问题进行了讨论，甚至提出设立婚姻指导委员会及产前诊所来对准备结婚的青年男女及孕妇提供咨询，以便养育健康的婴儿。在《母育学校》中，他也讨论过优生和胎教等问题。

二、母育学校

从儿童出生至 6 岁为第一阶段。夸美纽斯认为，教育从儿童出生即应开始，母亲是儿童的第一任教师，家庭是儿童的第一所学校，他称之为"母育学校"。他认为，这一阶段教育的主要任务是为儿童奠定体力、智慧和道德发展的基础。

三、国语学校

当儿童满 6 岁后，夸美纽斯主张他们应进入国语学校，接受初等教育，学习六年国语。夸美纽斯极力主张普及初等教育，声称要模仿"把光、暖与生气给予整个世界"的太阳，在每个城市及大小村庄都建立起国语学校，使每一个儿童都能入学，不问其社会地位或性别，并且混合编班，让所有儿童接受同样的教育。夸美纽斯甚至认为这种教育带有义务的性质，所以他说："国语学校的目的与目标是应当把对青年人终生有用的事物教给一切六岁到十二岁的青年。"①他把这些有用的事物分为 12 项内容，具体来说，就是教给青少年儿童读、写、算及音乐、宗教、道德、历史、天文、地理、自然、经济学、政治学及技艺等知识或能力。

四、拉丁语学校

当儿童结束了国语学校的学习，则进入具有中等教育性质的拉丁语学校。

---

① ［捷克］夸美纽斯. 大教学论［M］. 傅任敢译. 北京：教育科学出版社，1999：214.

这种学校让学生在系统学习语文的基础上,进一步掌握百科全书式的知识,并为以后接受更高等的教育打下一个坚实的基础。夸美纽斯把拉丁语学校六年的学习课程分为六个班级,从低到高依次为:文法班、自然哲学班、数学班、伦理学班、辩证术班、修辞学班。

五、大学

夸美纽斯认为,结束了拉丁语学校的学习,学生应该通过公开考试的方式来决定哪些人可以进大学,并根据他们的天性和国家的需要确定他们学习何种专业。其中神学、政治学和医学是最普遍的选择,而那些天分特别优良的学生则应该各科都进行研究,"使世上永远能有具备百科全书式知识的人"。[①] 也就是说,大学的目标是培养神学家、政治家、医生和百科全书式的人才。相应课程上,夸美纽斯主张,大学的课程应该是普遍的,人类的每一门知识都应该学习到。最后,夸美纽斯提议,以广泛的长途旅行来结束大学生活。他根据切身体会,认为这种旅行对于常年侧重于书本知识学习的青年获得直接经验、了解民情风俗、开阔眼界大有益处。在关于大学的思想中,夸美纽斯还提出了大学培养师资的建议,他称之为学校之学校或教学法学院,这也是难能可贵的。

六、成人学校

与人生的第六个阶段(成年期)相对应,夸美纽斯主张设立"成人学校"。他指出,认为成人应当放弃继续接受教育训练的观点是愚蠢的。在人生的这一阶段,书本不但不应抛弃,还应更广泛地使用,只是在方式上,成人以自学为主。他也依据泛智的原则为成人教育开列了内容广泛的大纲和书目,涉及完善身心及认识世界两大方面。他认为,加强道德及技术的学习可使一个人更好地从事其本职工作。此外他还谈到理论联系实际,按照人的天性选择职业,在人们之间开展竞争以使他们最大限度地发挥潜力以及如何享受生活乐趣等问题。这些主张都是超越时代的,也是极为可贵的思想。

七、老年学校

与人生的第七个阶段(老年期)相对应,夸美纽斯主张在有老人聚集的地方成立老年学校。他认为,老年是人生的一部分,不应无所事事,而应继续行动(学习工作),有时还可承担某些重任。他还提出,老人应总结自己丰富的人生阅历,尽量过好这一段平静而仍然积极的生活,并以安详的态度对待死亡,以使人生有一个完满的终结。

---

① [捷克]夸美纽斯. 大教学论[M]. 傅任敢译. 北京:教育科学出版社,1999:227.

夸美纽斯指出,与人生的前两个阶段相应的教育机构是私立学校,与中间三个阶段相应的是公立学校,与最后两个阶段相应的是个体学校。但不论哪类学校,他都要求或国家,或教会,或社团向它们提供必要的书籍、教具及合格的教师。不难看出,夸美纽斯所提出的学制是一个从摇篮到坟墓的终生教育体系。我们完全可以说,夸美纽斯是历史上比较系统的终身教育思想的最早阐述者和倡导者。

在夸美纽斯的上述学制构想中,其杰出贡献还突出表现在他的单轨学制及体现在其中的普及初等教育、中等教育为一切人开放的主张上。如果考虑到他是置身于等级及教派森严的 17 世纪,提出这样的主张就显得更加可贵。夸美纽斯所提出的学制,类似于美国的现行学制,而完全不同于后来在欧洲逐渐形成的双轨制。这与他力图维护平民利益的民主主义思想是分不开的。

第八节　论道德教育

夸美纽斯的很多著作,尤其是《大教学论》和《母育学校》都论及道德教育问题,德育论也是夸美纽斯教育理论的重要组成部分。

一、论德育的重要性

夸美纽斯非常重视道德教育,把培养德行看作学校的主要任务之一,是比智育工作更为重要的工作,也是学校里最困难的工作。他说:"我们已经讨论了比较易于教授与学习的科学和艺术的问题。"但是这"只是对于更重要的事情的一种准备而已",真正的工作是"智慧的学习,它提高我们,使我们得到稳定,使我们的心灵变高贵——我们把这种学习叫做道德,叫做虔信,有了它,我们就高出一切造物之上,就接近了上帝本身"。① 更为难能可贵的是,夸美纽斯突破了西欧中世纪教会学校的传统,将道德教育从宗教教育中分离出来,而且把道德教育放在比宗教教育更为重要的地位上。例如,在《大教学论》中,夸美纽斯把"道德教育的方法"置于"灌输虔信的方法"之前,应该说具有进步意义。

二、论德育的内容

在《母育学校》中,夸美纽斯详细阐述了学前儿童的道德教育问题,强调必须在人生的头几年,就奠定良好德行的基础。在德育内容方面,夸美纽斯强调让儿童学习有关德行的初步知识,其中特别重视节俭和勤劳等良好品质的培养。他认为节制和俭朴是健康和生活的基础,是其他一切品德的根本。

---

① ［捷克］夸美纽斯. 大教学论［M］. 傅任敢译. 北京:教育科学出版社,1999:164.

在《大教学论》中，夸美纽斯引证并发挥了柏拉图的思想，提出学校应培养的主要"德行是持重、节制、坚忍与正直"。①

持重即有理智，用夸美纽斯的话说就是"对于事实问题的健全判断"。夸美纽斯指出："对于事实问题的健全的判断，是一切德行的真正基础。"一个孩子应该追求正确的判断，避免无益的判断，使"正确的判断成为他的第二天性"。② 节制是指要求儿童在饮食起居、游戏、谈话、工作等各方面要适度，"一切不可过度"是一条"金科玉律"。坚忍即要求儿童自我克制，能用意志力抑制不适时、不合理的欲望。夸美纽斯强调指出："我们应当使孩子们习于用理性去行动，不受冲动的指挥。因为人类是一种理性的动物，所以应当服从理性的领导，在行动之先应当仔细想想每种作为应该怎样去做，使自己真能成为自己的行为的主人。"③正直是指"不损害人，应当把各人当得的给予各人，应当避免虚伪与欺骗，应当显得殷勤随和"。④ "与正直同源的德行"是"敏于或乐于替别人服务"。"我们必须尽力把人生的真正目标教给青年，必须教导他们，使其知道我们生来不是单为我们自己的，而是为的上帝与我们的邻人，就是说，为的人类。"⑤

夸美纽斯关于道德教育的主张虽是取自柏拉图，但经其发展后，赋予了新的意义，具有了极强的现实性。

三、论德育的方法

在道德教育方法上，夸美纽斯也提出了不少有积极意义的意见，主要表现在如下几个方面：

1. 及早进行

夸美纽斯强调："德行应该在邪恶尚未占住心灵之前，早早就教。""假如你不把优良的种子撒在地上，它便生不出别的东西，只会生出最坏的莠草。但是假如你想开垦那块土地，如果能在开春的时候把它犁一遍，撒一遍种子，耕耙一遍，你的工作就较容易，成功的希望就大。"⑥所以教师如果早作准备，对儿童加以良好的训练，则可杜绝邪恶的滋长。

2. 实践

这里的实践即在行动中练习。用夸美纽斯的话说："德行是由经常做正当的事情学来的。"⑦因此他要求如同在行动中求知和巩固书本知识一样，孩子们

---

① ［捷克］夸美纽斯. 大教学论［M］. 傅任敢译. 北京：教育科学出版社,1999：164.
② ［捷克］夸美纽斯. 大教学论［M］. 傅任敢译. 北京：教育科学出版社,1999：164－165.
③ ［捷克］夸美纽斯. 大教学论［M］. 傅任敢译. 北京：教育科学出版社,1999：165.
④ ［捷克］夸美纽斯. 大教学论［M］. 傅任敢译. 北京：教育科学出版社,1999：166.
⑤ ［捷克］夸美纽斯. 大教学论［M］. 傅任敢译. 北京：教育科学出版社,1999：167.
⑥ ［捷克］夸美纽斯. 大教学论［M］. 傅任敢译. 北京：教育科学出版社,1999：167.
⑦ ［捷克］夸美纽斯. 大教学论［M］. 傅任敢译. 北京：教育科学出版社,1999：167.

"可以从服从学会服从,从节制学会节制,从说真话学会真实,从有恒学会有恒。"①

3. 榜样

夸美纽斯认为:"父母、保姆、导师和同学的整饬生活的榜样必须不断放到儿童的跟前。"这是因为"孩子们和猿猴一样,爱去模仿他们所见的一切"。而榜样主要有两种,即"活的榜样和书本上的榜样",其中活的榜样即"事实上的榜样更重要,因为它们产生的印象更强烈"。②

4. 教诲与规则

夸美纽斯认为:"除榜样之外,关于行为的教诲与规则也是必须的。"为了补充与强化榜样的作用,教师应从《圣经》与智者所说的话中去寻找行为规则,像如何"反对嫉妒"、"用什么武器防备人生的忧患与机遇"、"怎样节制快乐"、"愤怒应当怎样控制",③等等。

5. 择友

夸美纽斯认为,在儿童形成良好德行的过程中,"必须非常用心地避免不良的社交,否则他们便会受到传染"。因为"我们天性腐败,所以邪恶易靠近我们。所以青年人必须小心地防备一切腐败的根源",如"不良的社交"④等等。

6. 严格的纪律

夸美纽斯指出,"我们不可能谨慎到不让任何恶事得到一个进口,所以,严格的纪律是必须用来制止邪恶的倾向的。"⑤撒旦时时会诱使我们做恶事,因此,"我们必须用纪律抗拒它们"。他甚至说,需要的时候,"应当利用责备或惩罚,斥责或鞭挞。"当然用纪律时需要分外小心,使用纪律的目的不在强迫用功,而在"保证澄清的德行"⑥。

第九节　论教育管理

夸美纽斯在总结前人和自己教育管理经验的基础上,比较系统地论述了教育管理问题,创立了一套较新的教育管理理论。

一、论督学制度

夸美纽斯是历史上最早倡导国家设置督学的教育家。他认为,当权者应将

① [捷克]夸美纽斯. 大教学论[M]. 傅任敢译. 北京:教育科学出版社,1999:168.
② [捷克]夸美纽斯. 大教学论[M]. 傅任敢译. 北京:教育科学出版社,1999:168.
③ [捷克]夸美纽斯. 大教学论[M]. 傅任敢译. 北京:教育科学出版社,1999:168.
④ [捷克]夸美纽斯. 大教学论[M]. 傅任敢译. 北京:教育科学出版社,1999:168.
⑤ [捷克]夸美纽斯. 大教学论[M]. 傅任敢译. 北京:教育科学出版社,1999:169.
⑥ [捷克]夸美纽斯. 大教学论[M]. 傅任敢译. 北京:教育科学出版社,1999:169.

那些"受人尊敬的、贤明的、信教的和积极的推举到领导岗位上去,成为学校的督学。"①而督学的职责主要有:对未来的管理者进行培训;对各类学校人员进行管理;对学校的各项教学工作进行检查;监督学校规章制度的执行;还要到社会上去巡视,了解家长和监护人如何对孩子进行教育,并予以指导等等。夸美纽斯关于督学任命和职责的思想具有前瞻性,即便对今天的教育督导工作仍有现实意义。

二、论班级授课制

夸美纽斯认为:"一个教师同时教几百个学生不仅是可能的,而且也是紧要的。"②这是因为,对教师、对学生,班级授课都是一种"最有利的制度"。"教师看到跟前的学生数目愈多,他对工作的兴趣便愈大(正同一个矿工发现了一线丰富的矿苗,震惊地手在发抖一样);教师自己愈是热忱,他的学生便愈会表现热心。"③同时,学生集体也可以相互激励,相互竞争,相互帮助。关于班级授课的具体办法,夸美纽斯认为,应该根据儿童的年龄特点、知识水平,将他们分成不同班级,作为教学的组织单元,每个班级有一个专用教室和一位教师。教师同时面对全班所有的学生进行教学,或者说全班学生在教师指导下学习同样的功课。为了使教学切实可行,他提议在班级内将学生分成十人一组,每组挑选一个承担管理职责的组长(即"十人长")。"十人长"的职责是协助教师督促其他学生,管理学业;必要时,还可代替教师主持若干教学活动。夸美纽斯指出,采取班级授课:可以减轻教师的工作;没有一个学生会被忽略;学生会比以前更用心;对一个学生所说的话会对全体学生同样有益。④

三、论学年制及学日制

为了改变中世纪学校工作的无计划性以及学生在一年中可以随时入学的混乱管理制度,夸美纽斯制定了统一的学年和学日制度。除特殊情况外,各年级应在每年的秋季开始和结束学年课程,没有特殊情况,不应该在其他时间接收儿童入校,务使全班同学的学习进度一致,都能在学年底结束相同课程的学习,经过考试,升入更高的年级。此外,一个学年还被划分为月、周、日、时,每日有 4 个小时用于上课。他建议在从事一小时紧张的学习后,要休息半小时,每天要保证 8 小时的睡眠,每周三、六的下午是学生自由活动时间。每年有 4

① [捷克]夸美纽斯.夸美纽斯教育论著选[M].任钟印选编,任宝祥等译.北京:人民教育出版社,2005:417.
② [捷克]夸美纽斯.大教学论[M].傅任敢译.北京:教育科学出版社,1999:124.
③ [捷克]夸美纽斯.大教学论[M].傅任敢译.北京:教育科学出版社,1999:124.
④ [捷克]夸美纽斯.大教学论[M].傅任敢译.北京:教育科学出版社,1999:129.

次较长的休假日,每次 8 天。在宗教节日(如圣诞节、复活节等)的前后一周、葡萄收获季节的一个月也是学生休息的时间。这样,学生的学习、休息和生活有了合理的安排。

四、论考试及考查制度

为了提高教学的效能,与班级授课制及学年制配套,夸美纽斯还制定了一套比较完整而严密的考试及考查制度。该制度共分为 6 种:(1)学时考查。由任课教师主持,在上课时进行。这种考查有时是观察学生学习是否专心,有时是通过提问进行检查。(2)学日考查,由"十人长"主持,在每天学校全部课程结束之后进行。形式是:由"十人长"与其组员一起复习,检查所学内容。(3)学周考查。这是一种自我考查,在每周星期六午休时进行,进行互换名次的比赛。任何一个名次较低的学生有权对本组名次较高的学生进行挑战。如果后者比赛失败,就应让位给对手,改为低名次;否则仍保持其原来的名次。(4)学月考查。每月一次,由校长到各班例行视察时进行。(5)学季考试。由校长和某个主任一起主持,以便了解谁的记忆力、语言表达能力更强、学习更勤奋、表现更佳,以此作为公开表彰的依据。(6)学年考试。这是学校最隆重的考试,通常在学年结束时举行,学校所有主任均需参加。形式是:将全校学生集中在操场上,通过抽签,采取口试的方式进行。合格者及其十人小组均可升级,不合格者则须重修或被勒令退学。①

上述考试及考查制度并不完全是现代意义上的考试制度,只是一种非书面的检查学习的方法,并且缺乏规范化。但是,它将对学生学业的检查作为学校工作中的一项常规,时刻关心学生的成长,并从每天、每节课抓起,这对保证教学质量和教学效果仍不失为一种良好的管理方法。

五、论学校工作人员的管理职责

夸美纽斯在《创建纪律严明的学校的准则》中,将学校人员分成 3 类:"一部分是那些学习知识的人,即学生和他们的十人长;一部分是传授知识的人,即学校的(社会的)教师和由校长监督、领导的私人教师;还有一部分是管理学校工作的人,即校长和主任。"②夸美纽斯对校长、教师和"十人长"的管理职责都进行了明确的规定。

1. 校长的管理职责

① [捷克]夸美纽斯. 夸美纽斯教育论著选[M]. 任钟印选编,任宝祥等译. 北京:人民教育出版社,2005:321 - 322.

② [捷克]夸美纽斯. 夸美纽斯教育论著选[M]. 任钟印选编,任宝祥等译. 北京:人民教育出版社,2005:316.

夸美纽斯认为,作为学校总管理者的校长,"是全校的核心和支柱"。校长不承担直接的教学工作,其职责是对学校各项工作进行领导和协调。其中包括:(1)管理教师。校长应了解教师的生活和教学状况,为此,他可私下或公开地对教师进行了解和检查。固定的检查有学月检查和学季考试。校长还须承担指导教师之责,帮助教师掌握教学方法和策略。(2)监督学校规章制度的执行。校长须监督学校各项制度和规章的执行,预防违纪现象发生,确保学校一切工作都有条不紊;一旦发现越轨之事,则需及时予以纠正。为了预防违纪现象发生,他应向每一个将要入学的学生宣读学校规章,并询问他们是否能恪守无误,学生只有作出保证遵守的承诺并签名后,方能入学。(3)对学校档案的管理。校长应对学校的档案材料,包括学校的年鉴、规章制度、学生的花名册等承担保管之责,对这些东西应该像"对待最珍贵的宝贝一样妥善照管、认真保存"。学校的年鉴宜由秘书记录,所记内容有学校创建及发展变化的情况、历年校长和教师名单及其变动情况、学校各个时期发生的重大事件等。[①]

2. 教师的职责

夸美纽斯认为:"教师应该是笃信上帝、诚实、工作积极和勤奋的人,他们不仅在表面上,而且在事实上应该成为他们教育别人要养成的各种的活生生的楷模。"[②]教师要"精神饱满地履行自己的职责",应明确执教班级的目标和任务,并据此安排一切活动。在教学中,教师首先应该教会学生笃信宗教,然后是待人接物方面的美德,最后是生活的外部装饰品——科学知识。

3."十人长"的职责

"十人长"是学生小组的管理者,其职责是管理本组成员的日常学习和生活,及时向教师汇报本组学生平时的表现。例如,"十人长应该监督本组组员按时到校","如果(班上)有人缺席,十人长应在教师走进教室后立即将此事向他报告"[③]等等。

六、论学校纪律及规章制度

夸美纽斯非常重视纪律在学校管理中的作用,声称"学校没有纪律犹如磨盘没有水"。[④] 他认为,学校所制定的各种规章制度和行为准则必须严格执行,

① [捷克]夸美纽斯. 夸美纽斯教育论著选[M]. 任钟印选编,任宝祥等译. 北京:人民教育出版社,2005:341-342.
② [捷克]夸美纽斯. 夸美纽斯教育论著选[M]. 任钟印选编,任宝祥等译. 北京:人民教育出版社,2005:337.
③ [捷克]夸美纽斯. 夸美纽斯教育论著选[M]. 任钟印选编,任宝祥等译. 北京:人民教育出版社,2005:332.
④ [捷克]夸美纽斯. 大教学论[M]. 傅任敢译. 北京:教育科学出版社,1999:198.

并确保其严肃性,"学校从上至下无论谁都不得有任何破坏规章制度的行为"。①违反了规章制度,就应该根据情节等的轻重做出适当的处罚。对于纪律,"应当经常严格地、坚决地,但不是戏谑地或狂怒地来维持"。而对于学校的各种准则和规章,则同样"要经常地、高度警惕地维护",否则"没有任何规章和有章不循这两者之间就没有区别了"。② 他提出维护纪律的办法有三种,即监督、谴责、惩罚。夸美纽斯着重指出,不论哪一种方法都应该合理有度,以纠正错误行为为目的。

从总体上看,夸美纽斯的教育管理思想与过去的经验型的教育管理相比是一个很大的进步。有学者认为夸美纽斯是西方学校管理学的奠基人。

夸美纽斯是一位伟大的教育理论家和教育实践家,同时又是一位勤奋多产的教育著作家。作为教育理论家,他善于吸收前人教育思想和教育实践经验,并不断总结自己的教育、教学经验,撰写了大量的教科书和内容丰富且影响深远的教育理论著作。其中《大教学论》是一本具有比较完整理论体系的教育学著作,使教育学的理论水平有了较大提高。夸美纽斯对学前教育的研究也具有开创性,他撰写的《母育学校》被普遍视为西方教育史上的第一本学前教育学著作。夸美纽斯也是一位伟大的教育改革和实践家,终身致力于教育事业。他的所有著作都不同程度地包含着教育改革的思想,也包含着自己的实践经验。在教育基本观念、教育内容和方法以及教育管理上,夸美纽斯都力图推陈出新,提出了许多独创性的新思想,并努力应用于实践中。夸美纽斯一生致力于通过教育为社会进步服务,在晚年,仍为建立一个和平、和谐和安宁的世界而呼吁。夸美纽斯的教育思想和业绩属于全人类,其影响具有世界性。

思 考 题

1. 夸美纽斯自然适应性原则的基本含义。
2. 夸美纽斯所提出的主要的教学原则。
3. 夸美纽斯关于学制的基本思想。
4. 夸美纽斯在教育史上的地位。

---

① [捷克]夸美纽斯. 夸美纽斯教育论著选[M]. 任钟印选编,任宝祥等译. 北京:人民教育出版社,2005:346.
② [捷克]夸美纽斯. 夸美纽斯教育论著选[M]. 任钟印选编,任宝祥等译. 北京:人民教育出版社,2005:347.

参考文献

1. ［捷克］夸美纽斯. 大教学论［M］. 傅任敢译. 北京：教育科学出版社,1999.

2. ［捷克］夸美纽斯. 夸美纽斯教育论著选［M］. 任钟印选编，任宝祥等译. 北京：人民教育出版社,2005.

第十一章

启蒙运动与教育

　　自中世纪以来,宗教和教会逐步具备了无所不包地解释世界和维护世界的功能。14世纪到17世纪,高举人文主义大旗的文艺复兴运动和宗教改革运动,曾经给予宗教神学和封建专制主义强有力的冲击。继承文艺复兴与宗教改革运动的精神,17世纪后半期发端于英国,而后发展到法国和德国,并同时波及北欧和美洲国家的启蒙运动,在一个多世纪的时间里,借助于理性与科学之光,将人类以往一切的宗教、自然观、社会和国家制度放在"理性的尺度"下进行了无情的检验。经历过启蒙运动的洗礼,世俗社会的思想和行为在很大程度上不再取决于宗教的确认,启蒙运动因之成为传统社会向现代社会迈进的关键性环节。

　　启蒙运动不仅强有力地推进了文艺复兴以来的科学、文学和艺术的发展,也同时在哲学、政治学、经济学、教育学等多个领域构建起了恢宏的大厦。其中,作为启迪智慧、健全理性、消除蒙昧、改变社会的工具,教育从一开始就被作为培养新人的手段而备受启蒙学者的推崇。无论是在启蒙运动发源地英国,还是在启蒙运动鼎盛之地法国,大多数的启蒙学者同时也是教育蓝图的规划者,他们的教育观点和实践推动了近代教育的发展。

第一节　启蒙运动的兴起及其发展

　　启蒙运动"是人类从自我感觉有罪的幼稚中成长起来的开端"。[①] 推动人类从幼稚走向成熟的启蒙运动并不是一场孤立的运动,它肇始于文艺复兴、宗教改革运动之后欧洲社会所发生的种种变革。

---

① [德]里夏德·范迪尔门.欧洲近代生活:宗教、巫术、启蒙运动[M].王亚平译.北京:东方出版社,2005:238.

一、启蒙运动的兴起

欧洲的启蒙运动之火是在英国点燃的。作为一个岛屿国家,15 世纪末世界新航道开辟后,英国迅速成为国际贸易的中心。伴随着科学技术的发展,特别是圈地运动为英国资本主义注入的大量自由劳动力,英国的毛纺织、采矿、金属加工、建筑、造船等行业均获得了较快的发展。与此同时,英国的海外贸易,尤其是对外商业战争、殖民掠夺和奴隶贸易,为英国攫取了巨额的财富,所有这些均带来了英国国内阶级关系的深刻变革。1640 年,英国资产阶级革命爆发。经过近50 年的反复与动荡,1688 年的"光荣革命"推翻了复辟王朝,建立起了土地贵族和大资产阶级联合统治的君主立宪政体。"光荣革命"成为英国启蒙运动兴起的标志。

启蒙运动之所以发端于英国,并辐射到其他国家和地区,除了与英国特殊的经济、政治环境相关外,还与英国浓厚的经验主义传统密不可分。以弗兰西斯·培根、霍布斯(Thomas Hobbes,1588—1679)、洛克(John Locke,1632—1704)等为代表的一大批经验主义学者,提出认识来源于经验,强调观察、实验和归纳的方法,他们的哲学、政治、经济、科学、教育思想,具有明显的启蒙意义;主要采用观察、实验和推理等方法进行研究的英国自然科学家牛顿(Isaac Newton,1643—1727)、哈维(William Harvey,1578—1657)、波义耳(Robert Boyle,1627—1691)等,则以自身的科学实践和成果,强力推进了启蒙运动的发展。

被马克思誉为"英国唯物主义和整个实验科学的真正始祖"的弗兰西斯·培根,反对经院哲学和唯心主义,提出了知识和观念起源于感性世界的基本原则,制定了系统的经验主义归纳法。在《新工具》一书中,培根说:"根据推论得来的公理,永远不能有助于新成果的发现……但是,由个别事物适当地、有规则地抽象而得的公理,却易于指出和解释新的个别事物。"[①]培根认为,人类的理智已经被各种假象所蒙蔽,根据真正的归纳形成的概念和公理,是我们避免和清除假象的唯一办法。他提出了"知识就是力量"的口号,为人类指出了一条借助科学发现和发明,驾驭自然、造福社会的道路。

霍布斯是英国最早的启蒙思想家,他生活在英国资产阶级革命的高潮时期,国家学说是霍布斯哲学的中心议题,《利维坦》是其代表作。他从利己主义的人性论出发,推演出国家产生和发展的自然规律。霍布斯反对君权神授,提出国家不是根据神的意志创造出来的,而是在自然权利的基础上,由所有公民以社会契约的形式联合起来的结果。霍布斯的国家学说使他成为近代社会政治理论的创

---

① [英]弗兰西斯·培根. 新工具//任钟印. 世界教育名著通览[M]. 武汉:湖北教育出版社,1994:243.

始人之一。洛克正是在继承并发展培根和霍布斯等人思想的基础上,成为英国启蒙运动时期最著名的哲学家、教育家的。

在数学、光学、热学和天文学等方面都取得了辉煌成就的自然科学家牛顿,提出了万有引力定律,将始于哥白尼学说的第一次科学革命推向了高峰。在《自然哲学的数学原理》一书中,牛顿解释了当时人们所能理解的一切力学现象,回答了行星运动、落体运动、微粒运动、潮涨潮落等各种各样的问题,成为当之无愧的近代力学的集大成者。牛顿力学之后的 200 多年里,再没有人能够补充任何实质性的东西。而牛顿用严密的数学方法所揭示的宇宙图式,对宗教神学无疑起到了釜底抽薪的作用,直接培育了 18 世纪的法国启蒙思想,奠定了法国唯物主义哲学的基础。

二、启蒙运动的发展

毗连英国的地理位置,使英国的资产阶级革命和启蒙思想很快被带到了法国。据统计,从路易十四去世到法国大革命爆发的 70 余年间,访问英国的法国著名人物就达 210 余位。[①] 除了来自英国的影响,以笛卡尔(René Descartes,1596—1650)、斯宾诺莎(Benedictus Spinoza,1632—1677)、莱布尼兹(Gottfriend Wilhelm Leibniz,1646—1716)等为代表的理性派学者,强调数学方法的普遍意义,倡导理性演绎法,反对包括经院哲学在内的一切未经理性审判的教条和偏见,他们的理性批判精神也为法国启蒙运动提供了丰富的养料。

与此同时,法国本土空前严重的政治、经济危机则是法国启蒙运动产生的直接诱因。法王路易十四提出了"朕即国家"的口号,强化了专制独裁的统治;路易十五亲政后沉溺于荒淫无耻的生活,当有人提醒他应有所警惕之时,他说"在我之后,哪怕洪水滔天"。[②] 法国森严的社会等级结构,使统治者的特权与被统治者的卑微形成了鲜明的对照,同时,连年的战争和凡尔赛宫的挥霍无度,又导致国库空虚、民生凋敝。

18 世纪的法国是启蒙运动的中心,在整整一个世纪的时间内,先后有 200 多位学者参加了波澜壮阔的启蒙运动。法国的启蒙运动有一个逐步展开和深化的过程,从最早的培尔(Pierre Bayle,1647—1706)和梅叶(Jean Meillet,1664—1729),到前期的伏尔泰(Voltaire,原名 François-Marie Arouet,1694—1778)、孟德斯鸠(Baron de Montesquieu,1689—1755),再到中期的拉美特利(Julien Offroy De La Mettrie,1709—1751)、狄德罗(Denis Diderot,1713—1784)、爱尔维修(C. A. Helvetius,1715—1771)、霍尔巴特(Baron d'Holbach,1723—1789)、卢梭

---

① 高九江. 启蒙推动下的欧洲文明[M]. 北京:华夏出版社,2000:16.
② 王觉非. 欧洲五百年史[M]. 北京:高等教育出版社,2000:137.

（Jean-Jacques Rousseau，1712—1778）等，最后阶段的启蒙运动与轰轰烈烈的法国大革命合流，孔多塞（Marquis de Condorcet，1743—1794）是法国启蒙运动的最后一位哲学家。

梅叶既是法国启蒙运动最早的思想家，也是 18 世纪法国空想社会主义的开路先锋。作为天主教神甫，他的《遗书》却成为抨击封建专制统治和宗教神学的利剑。在这部令伏尔泰读时都吓得发抖的著作中，梅叶不仅表达了其唯物主义和无神论的思想，同时还以犀利的笔触描写到："宗教正是支持最坏的政府；而政府又支持最荒谬、最愚蠢的宗教。"①梅叶的思想对法国启蒙运动和行将到来的法国大革命起到了积极的推动作用。

被时人称为"哲学家的家长"的伏尔泰，是法国启蒙运动公认的领袖和导师。他的著作丰富、体裁众多，在法国乃至欧洲都有很高的威望。他运用多种文学艺术形式与教会和宗教狂热斗争，比如在一首讽刺短诗中，他笑骂天主教会："愚昧"收到了一只匣子／这是"偏见"送给她的礼物／我亲爱的，可不许向"理智"乱说那回事／教会的荣誉不是开玩笑的东西。② 教会从未遇到过像伏尔泰这样顽强和厉害的对手。伏尔泰痛恨封建专制主义，反对等级制度和贵族特权，要求平等自由，主张实行英国君主立宪式的开明君主制度。他的社会政治思想，推动了启蒙运动的发展。

孟德斯鸠是一位通晓自然科学和社会科学的百科全书式的学者。他的《波斯人信札》以书信体的形式，深刻揭露了法国封建社会的黑暗和危机。在《罗马盛衰原因论》中，孟德斯鸠通过对历史演变更替原因的探索，颂扬了共和制度的优越性。他于 1748 年发表的《论法的精神》，作为疗救社会痼疾的手术刀，从理论上深刻地论证了一切封建专制制度必然走向灭亡，社会革新势在必行。《论法的精神》被誉为那个时代最进步的社会政治理论著作，在最初出版后两年的时间内，连续印行了 22 版，并被译成多国文字，产生了深远的世界影响。

历时 30 年，试图确立一切科学谱系的《百科全书》的编辑和出版，标志着法国启蒙运动步入了高潮。《百科全书》是启蒙运动的丰硕成果，又是启蒙运动深入开展的持续动力。围绕着它的出版和发行所展开的激烈斗争，是法国启蒙运动全部进程的中心环节。《百科全书》对各个领域的学术和技术做了一次全面总结，汇集了当时自然科学和社会科学的最新成果，团结了众多思想领域内与旧制度、旧传统、旧观念斗争的勇士。其中以狄德罗、拉美特利、爱尔维修、霍尔巴特为代表的百科全书派，共同反对封建专制和神学统治，尊重科学和人的尊严，弘扬自由、平等、民主、博爱，他们点燃的信仰之火，不仅直接孕育了法国大革命，

---

① 转引自王觉非. 欧洲五百年史［M］. 北京：高等教育出版社，2000：135.
② 转引自李凤鸣，姚介厚. 十八世纪法国启蒙运动［M］. 北京：北京出版社，1982：94.

第一节 启蒙运动的兴起及其发展

141

而且有力地促进了欧美资产阶级民主革命的进程。

波澜壮阔的法国启蒙运动同时还对欧美产生了巨大的辐射作用。在德国，以莱辛（Gotthold Ephraim Lessing,1729—1781）、歌德（Johann Wolfgang von Goethe,1749—1832）、席勒（Johann Christoph Friedrich von Schiller,1759—1805）为代表的启蒙文学，在德国启蒙思潮中占有重要位置，特别是"狂飙突进"运动的产生，将德国启蒙运动推向了高潮。德国古典唯心主义的创始人康德（Immanuel Kant,1724—1804），呼吁人要独立地运用理性，他对宗教本质的认识以及对于体制化的基督教的批判都贯穿着自然神论的精神，他的哲学思想标志着两百年来欧洲哲学发展的顶峰。欧洲启蒙学者的思想还越过大西洋，传播到美国。弗兰克林（Benjamin Franklin,1706—1790）和杰斐逊（Thomas Jefferson,1743—1826）是这方面的杰出代表。在欧洲启蒙思想的影响下，美利坚合众国的缔造者们创造性地将政教分离、三权分立、人民主权等原则写进了美国宪法。

第二节　启蒙思想家的教育思想

正像启蒙思想家卢梭所言："在所有一切有益人类的事业中，首要的一件，即教育人的事业。"①各国的启蒙思想家都非常重视教育。作为思想体系的重要组成部分，启蒙思想家的教育思想与其宗教、哲学、政治学、经济学观点是一脉相承的。下文将对洛克、爱尔维修、狄德罗、康德四位重要的启蒙思想家的教育思想做一简要介绍。

一、洛克的教育思想

作为启蒙运动的思想先驱，洛克（John Locke,1632—1704）不仅在哲学、政治学等方面取得了辉煌的成就，同时，作为英国绅士教育和实科教育的倡导者，洛克的《教育漫话》、《工作学校计划》等教育著作与其《人类理解论》、《政府论》、《论宗教宽容的信》等哲学、政治学、宗教著作同样永驻史册。

洛克生于英格兰萨莫塞特郡的一个律师家庭，1652 年进入牛津大学基督学院学习，1656 年获文学学士学位，1658 年获文学硕士学位。在留校任教期间，他讲授希腊文和修辞学，同时研究历史、自然哲学、天文学、化学、气象学、医学等。洛克与波义耳、牛顿等人的交往以及对笛卡尔学说的研读均使其受益匪浅。1665 年，洛克进入外交界。1667 年，他结识了改变其一生命运的英国著名政治家舍夫茨伯利伯爵（First Earl Shaftesbury,1621—1683），并担任伯爵的秘书、家庭教师和医生。1682 年，伯爵在政治斗争失利后逃亡荷兰，1683 年洛克也避难

---

① ［法］卢梭.爱弥儿［M］.李平沤译.北京：商务印书馆,2001：原序.

于荷兰。1688年英国"光荣革命"后洛克回国,先后担任上诉法院专员、贸易和殖民事务大臣等职。

洛克继承培根的唯物主义经验论,否认唯心主义的天赋观念,提出了人出生后心灵如同一块白板,"没有一切标记,没有一切观念……我们所有的知识都是建立在经验之上,知识归根到底导源于经验"①的观点。正因为立足于"白板说"和知识的经验来源,洛克非常重视教育实践活动在知识形成过程中的作用。在《教育漫话》的开篇,洛克就表达了他对于教育功用的看法:"我敢说我们日常所见的人中,他们之所以或好或坏,或有用或无用,十分之九都是他们的教育所决定的。人类之所以千差万别,便是由于教育之故"。② 洛克的这一思想,直接导致了以爱尔维修为代表的智力天赋平等、教育万能论思想的形成。

洛克将接受良好教育的儿童作为国家幸福与繁荣的基础,对这样的儿童的教育,在洛克的概念里就是"绅士教育"。可以说培养具备时代精神,能够提高英国国际地位,有德行、有本领、有知识的"绅士",贯穿于洛克教育思想的始终。洛克反对人们将教育概念狭窄地理解为求学问,他为未来绅士制定了全面的家庭教育计划,其中包括三大方面的内容:身体健康教育,道德教育,学问的教育。在讨论以上教育的时候,洛克还论及了教育的方法、家长及导师的责任等问题。

洛克认为,培养绅士的第一要务是重视受教育者的身体健康,"健康之精神寓于健康之身体……我们要能工作,要有幸福,必须先有健康;我们要能忍耐劳苦,要能出人头地,也必须先有强健的身体"。③ 洛克针对当时贵族家庭娇生惯养的风气,结合自己的医学知识,对未来的绅士提出了细密周全的健康建议。其中包括衣履单薄、冷水洗浴、户外活动、清淡饮食、早睡早起、定时排便、少用药物等内容。洛克将身体健康看作是人在任何环境、任何情况下服从且执行精神之命令的基础,"若是一个人的身体连冷热晴雨都不能忍受,那对于他在这世上没有什么帮助了"。④ 为了能够获得这一基础,洛克奉劝这种教育要及早开始,并养成习惯。

与身体能够忍耐劳苦相对应,洛克认为一切德行与价值的重要原则及基础在于一个人能够克制自己的欲望,听从理性的指导。对于儿童来说,父母或导师有责任采取正确的方法及早约束儿童那些有可能形成不良道德行为习惯的欲望。洛克尖锐地批评到:"我们对待动物的办法通常都是很聪明的,知道从它们极幼小的时候去着手……我们唯有对于自己的后裔不知道注意这一点;我们使他们变成了恶劣的儿童,却又愚蠢地希望他们长成善良的成人。"⑤在道德教育

① [英]洛克. 人类理解论//张焕庭. 西方资产阶级教育论著选[M]. 北京:人民教育出版社,1979:56.
② [英]洛克. 教育漫话//任钟印. 世界教育名著通览[M]. 武汉:湖北教育出版社,1994:370.
③ [英]洛克. 教育漫话//任钟印. 世界教育名著通览[M]. 武汉:湖北教育出版社,1994:370.
④ [英]洛克. 教育漫话//任钟印. 世界教育名著通览[M]. 武汉:湖北教育出版社,1994:372.
⑤ [英]洛克. 教育漫话//任钟印. 世界教育名著通览[M]. 武汉:湖北教育出版社,1994:375.

的原则和方法上，洛克反对鞭挞与呵斥儿童，同时，他也反对滥用物质奖励。洛克说，培养儿童爱好名誉、惧怕羞辱，就能使儿童获得不断向上的动力，同时，将儿童应做的事都变成像游戏一样有趣，从一件件小事抓起，养成习惯，就能够收获丰腴的果实。另外，洛克还具体论述了绅士所应该具备的诚实、智慧、勇敢、仁爱等品性，其中，他尤其注重礼仪，认为礼仪是一切美德之上的藻饰，缺乏它，其余一切就会被人看成骄夸、自负、无用和愚蠢。

关于学问的教育，洛克认为，未来的绅士应该学习的内容包括：阅读、写字、作文、修辞、图画、速记、法语、拉丁语、地理、算术、天文、几何、历史、法律、自然哲学等知识，同时，在闲暇时还可以选择跳舞、音乐、击剑、园艺、木工、熏香、油饰、雕刻、安配宝石、琢磨光学玻璃、商业算学等两三种技能。洛克认为：使儿童爱好知识、尊重知识、获得正当的方法去求知远比将所有的知识教给他们更重要。他从尊重儿童天性的角度，还强调了一些非常有价值的教育方法和原则，比如通过游戏来学习、研究原著、通过国外旅行来学习等。

1697年，洛克为英国贸易和殖民地事务委员会草拟过一份《工作学校计划》，该计划深受英国《济贫法》的影响，集中体现了洛克实科教育的思想。与绅士教育不同，这是一份专为教区3～14岁贫苦儿童设计的工作学校教育计划。所谓工作学校，实质上是一种儿童收养所或者职业培养机关，儿童在学校里主要接受宗教教育并进行工作训练。洛克认为，这样做不仅可以减轻教区的负担，对儿童自己而言，也可以在得到更好的供养的同时，养成终生端正和勤劳的习惯，并为其未来进入某一行业当学徒奠定基础。洛克的这一建议，与其绅士教育的理念形成了鲜明的对照，集中体现了其对于教育世俗性、功利性的看法，同时，该计划所提出的强迫教育、强制征税的思想，也在一定程度上对19世纪后半期英国义务教育的开展有一定的启发。

二、爱尔维修的教育思想

爱尔维修是18世纪法国唯物主义哲学家和启蒙思想家。他出生于巴黎一个宫廷御医家庭，从小就受到了良好的家庭教育。少年时代，他曾就读于一所耶稣会主办的专科学校，由于厌恶学校注重神学和经院哲学的氛围，遂将大部分精力投入到阅读家中丰富的藏书上。法国伦理学家拉罗什弗（François de La Rochefoucauld，1613—1680）的《道德箴言录》和洛克的《人类理解论》对爱尔维修思想的形成均有重大影响。1738年，23岁的爱尔维修由于家庭的关系被任命为总包税官，他利用这个职位更加深入地了解了法国社会的现实。1757年，他辞去总包税官的职务，专心著书立说。他的代表作有《论精神》（1758）、《论人的理智能力和教育》（1767）。

爱尔维修是智力天赋天生平等、教育万能论的提出者。他对教育广义的理解,使教育不仅在空间上涵盖了家庭、学校、社会政治和法律制度、自然等一切对人类产生影响的事物和现象,而且在时间上持续终身。他从洛克的唯物主义感觉论出发,认为儿童获得运动和生命的时刻,就是获得最初的教育的时刻,得到多少感觉,儿童就受到多少教育。"精神的优越程度与感官的完善程度无关,凡是构造得同样好的人,都由自然赋予了必要的感官精致程度,足以在数学、化学、政治学、物理学等方面达到最大的发现。"①爱尔维修从人类天生智力平等出发,认为人人都应该受教育,都有享受中等、高等教育的权利,这一思想从根源处颠覆了法国贵族和僧侣所持有的天赋优越论,引起了旧势力极大的恐慌。

爱尔维修认为人们之所以在知识水平、道德修养等方面存在差异,完全是由于人们所处的环境不同,所受的教育和影响不同所致,"教育使我们成为我们现在这个样子"。② 同时,爱尔维修还认为教育对民族和国家的性格形成也有巨大的影响。爱尔维修说:"在文明民族中间,如果愚蠢是人们的共同状态的话,那是一种传染性的教育的结果。"③改善教育的科学,正是民族和国家强大幸福的工具。为此,爱尔维修提出了"教育万能"的口号,充分肯定了教育所拥有的促进人的发展,推动社会政治、法律、道德进步的决定性意义。尽管爱尔维修过分夸大了教育的功用,忽视了生物遗传因素对人的精神面貌的制约作用,片面地认为人只是被动地接受教育和环境的影响,但爱尔维修的思想无疑是最具批判意识的。

爱尔维修认为,臣民的勇敢、勤劳、明理、道德是世俗国家强大的保障,而人民的迷信和愚昧则是宗教势力得胜的法宝,由于世俗国家与宗教势力拥有截然不同的教育理念,因此,一个民族如果把它的公民教育委托于教皇,就是民族的灾害,世俗君主必须承担起创办教育的责任。爱尔维修理想中的世俗教育不仅是持续终生的,而且是人人平等的。这种世俗教育反对盲从和迷信,重视天文、物理、化学、文学、历史、政治、伦理等科学知识的传授,同时,作为人民幸福和国家强大的物质基础,这种教育还强调体育。

作为功利主义的思想家,爱尔维修主张以世俗的道德观取代宗教道德观,以世俗的道德问答课代替宗教教理问答课,同时发挥国家立法在造就善良的公民方面的作用。他将人类的道德建构在肉体的感受性上,认为人类的本性是趋利避害的,这种自爱的本性在实质上就是自利,即人人都追求自我的利益。爱尔维修在充分肯定人类追求自我利益正当性的同时,并没有摒绝社会利益,相反,他

---

① ［法］爱尔维修. 论人的理智能力和教育//任钟印. 世界教育名著通览［M］. 武汉:湖北教育出版社,1994:482.

② ［法］爱尔维修. 论人的理智能力和教育//任钟印. 世界教育名著通览［M］. 武汉:湖北教育出版社,1994:486.

③ ［法］爱尔维修. 论人的理智能力和教育//任钟印. 世界教育名著通览［M］. 武汉:湖北教育出版社,1994:479.

认为公共的福利是最高的法律。① 爱尔维修的道德观念,使禁欲主义的道德观黯然失色,具有强大的启蒙作用。他的通过正义的教理问答来实施道德教育的方法,在19世纪的部分学校教育中变成了现实。

三、狄德罗的教育思想

狄德罗是18世纪法国伟大的启蒙思想家、百科全书派的领袖。他出生在朗克里城(Langres)一位刀具匠的家庭。1732年获巴黎大学文科硕士学位。弗兰西斯·培根和霍布斯等人的论著对狄德罗思想的形成有着重大的影响。由于在职业选择上违背父意,狄德罗只得自食其力,靠翻译、代写布道文、当家庭教师等维持生活。艰辛的生活磨砺了他的意志,培养了他的反抗精神。除了倾其25年时间编撰的《百科全书》外,《俄国大学计划》、《对爱尔维修<论人>一书的系统反驳》等著作集中体现了他的教育思想。

狄德罗对教育的功能有着清醒的认识。在为俄国女皇叶卡捷琳娜二世(Алексеевна Екатерина Ⅱ,1729—1796)制定的《俄国大学计划》中,他指出了教育在推动个人和民族发展方面的重大意义,即教育不仅可以提升民族的文明程度,使个性品质得到陶冶,同时还可以促进科学知识和工艺技术的传播,但是狄德罗并没有像爱尔维修那样将教育的作用无限夸大。他严肃地批驳了爱尔维修所提出的性格发展完全取决于环境、教育是人们之间差别的唯一根源等论断,他在充分考虑人的自然素质差异基础上所形成的教育功能观,更接近于事物的真实。

作为法国唯物主义和无神论的代表,狄德罗批判封建等级制度剥夺了人民群众受教育的机会,教会控制的学校只能使学生厌恶科学,成为宗教神学的忠实信徒。为此,他提出,教育一定要世俗化,交由国家管理。他呼吁国家广设学校,不分等级,实施强迫教育,使每一个人都学会阅读、书写和计算,同时,中学和大学也要向一切人开放。为了保障贫困儿童能够入学,狄德罗提出要给予这些儿童物质上的援助。狄德罗关于改革教育、普及教育的思想闪烁着民主的光辉。

狄德罗还就学校教育的内容和方法等问题提出了一系列有益的见解。首先在知识教育方面,面对欧洲工业革命的爆发,法国教育却依然固守古典主义的传统,狄德罗呼吁中学应该削减古典教育的内容,大力加强实科教育,使中学毕业生能够掌握数学、物理、化学、自然、天文等学科的基本知识;在传统的大学类型之外,设立军事、工程、农业、商业、航海、政治、艺术等类型的高等专门学校,共同推动法国工农业生产的提高和科学知识的进步。在道德教育方面,狄德罗反对

---

① [法]爱尔维修.论人的理智能力和教育//任钟印.世界教育名著通览[M].武汉:湖北教育出版社,1994:489.

宗教神学的原罪说,坚持人性本善,认为良好的教育能够发展人性中善良的因素。学校教育应该注重培养学生积极的情感、自由的意识、正义与勇敢的品质等。

在教学方法上,狄德罗充分重视思维活动在认识过程中的作用,提倡教师不仅要让学生亲自观察事物,更应该注重学生思维能力的培养。他特别提出知识的巩固性原则,认为让学生知道的少一些、好一些并不是坏事;他主张采用奖励和淘汰等措施来激发学生的学习积极性;为了能够给予学生高水平的科学知识,他建议由既懂得教学法又懂得科学原理的专家来编撰教材;教师对于所担任的学科不仅要有渊博的知识,同时更应该具有高尚的品德。狄德罗的教育思想,对法国大革命中的教育改革方案、拿破仑的教育改革、19世纪俄国的教育改革和英国空想社会主义者某些教育思想的形成都具有重大影响。

四、康德的教育思想

依曼努尔·康德是德国古典哲学的奠基人,18世纪杰出的教育家。他生于东普鲁士哥尼斯堡(Königsberg)一个马具制造商家庭,16岁入哥尼斯堡大学,攻读哲学、自然科学和神学。大学毕业后担任了9年的家庭教师,1755年获哥尼斯堡大学哲学硕士学位后留校任教达40年之久。巴泽多的泛爱学校、虔信派的伦理观以及卢梭的《爱弥儿》均对康德教育思想的形成有着巨大的影响。1776年,康德在哥尼斯堡大学首开教育学讲座,这是西方教育史上在大学讲授教育学的开始。《论教育》一书集中体现了康德的教育思想。作为欧洲启蒙运动时代末期的一位思想家,康德的教育思想对裴斯泰洛齐、赫尔巴特、费希特、黑格尔、福禄培尔、尼采尔等教育思想的形成均有巨大的影响。

康德非常肯定教育,特别是公共教育的作用,这一点与洛克、卢梭主要关注家庭教育的思想有所不同。在《论教育》的开篇,他即指出:"只有人是需要教育的生物"。[①] 在康德看来,动物的本能,自出生起就为它安排好了一切,但是人类没有这种本能,人类只有依靠教育才能成为人,人完全是教育的结果。康德不仅将教育作为个体均衡发展其自身的各种禀赋,发挥人性中向善的倾向的必要条件,同时他还超越了国家、民族的界限,从人类改进自身天性,一代更比一代完善的角度来看待教育的目标。他说,父母通常只关注他们子女能在世界上得到成功,统治者则以国家的幸福为目标,"双方都不以普通的善与人生究竟之完成为目的"。[②] 为了克服这种短见,康德认为,制定公共教育计划的人必须特别注意的一条教育原理就是:"儿童应该受教育,然而不是为了现在,而是为将来人

① [德]康德. 论教育//任钟印. 世界教育名著通览[M]. 武汉:湖北教育出版社,1994:498.
② [德]康德. 论教育//任钟印. 世界教育名著通览[M]. 武汉:湖北教育出版社,1994:500.

类可能得到一种改善的境况；换言之，应是适合人类的理性与人生的全部目的。"①

康德将全部的教育划分为儿童的养育、管束、训导和道德陶冶。与洛克和卢梭一样，康德认为，儿童的养育应该由家庭负责并遵循自然教育的原则，"最初的教育不过是消极的……我们不必对于自然已经为儿童预备好的有所增加，不过使其一一适时地得到实现"。② 康德认为管束是人类超越动物野性，获得社会性约束的必要手段，必须尽早实施；同时，管束不能抑制儿童应用其自由意志的能力，要力求两者之间的均衡。与消极的管束相对应，训导却是积极和主动的。康德认为训导包括身体的训育和心智的训育。在身体的训育方面，康德赞同经验主义者"一切知识都出自经验"的观点，提倡积极运用各种器官，以便获得力量、技艺、敏捷和自信。在心智的训育方面，康德首先提醒人们各种心理功能是相互联系的，绝不能割裂开来训练。他认为认知、感觉、想象、记忆、注意与理智能力是认识的低级训练，而理解力、判断力和理性的培养则是高级的心理功能的训练。康德主张训练心理功能最好的方法是去实践。

康德认为道德陶冶的首要目标是养成品格，其理想的方法是让儿童服从"道德律"。所谓的道德律是一种主观上对符合善的行为的一种判断能力，即儿童做任何事都服从于自身对各种行为合理性的主观判断，而不是仅仅听从外来的约束和压制。在儿童道德从无律、他律向自律转变的过程中，康德认为奖赏的作用并不大，应适时适当地采用身体惩罚或道德惩罚等手段。所谓身体的惩罚，或是指拒绝儿童的请求，或是体罚；所谓的道德的惩罚就是故意冷淡和疏远儿童，不去满足他们求人给予荣誉和喜爱的渴望。康德认为道德惩罚的方法最好，必须慎用体罚。

启蒙运动是人类从幼稚走向成熟的转折点。其中，以弗兰西斯·培根、霍布斯、洛克、牛顿等为代表的英国启蒙学者的哲学、政治、经济、科学和教育思想，具有明显的启蒙意义。而在大陆理性派传统浓厚的法国，以伏尔泰、孟德斯鸠、狄德罗、爱尔维修、霍尔巴特、卢梭等为代表的启蒙学者，反对一切未经理性审判的教条和偏见，他们点燃的理性之火，不仅直接孕育了法国大革命，而且有力地促进了欧美资产阶级民主革命的进程。

启蒙学者的教育思想是其思想体系的有机组成部分。其中，洛克提出了著名的"绅士教育"和"实科教育"理论，他为未来绅士制定的以身体健康教育为基础，以道德教育为统率，以学问教育为主体的全面的家庭教育计划，集中体现了

① ［德］康德. 论教育//任钟印. 世界教育名著通览［M］. 武汉：湖北教育出版社，1994：499.
② ［德］康德. 论教育//任钟印. 世界教育名著通览［M］. 武汉：湖北教育出版社，1994：502.

他对于英国精英阶层儿童教育的关注。尽管与夸美纽斯相比,洛克教育思想的民主成分还不足,但是他比夸美纽斯更彻底地破除了宗教神学的束缚,比弥尔顿更少带有古典主义色彩,他的教育思想对英国及西欧教育的现代化起到了一定的促进作用。爱尔维修从人类智力天生平等的角度出发,认为人人都有享受中等、高等教育的权力,他的教育万能论,充分肯定了教育的作用,虽然有失偏颇,但不乏进步的意义。百科全书派领袖人物狄德罗,在矫正爱尔维修对于教育功能过分夸大的基础上,提出了加强实科教学、普及教育等思想,他的教育主张,对法国大革命中的教育改革方案、拿破仑的教育改革等都有重大影响。最早在大学讲授教育学的康德,将全部的教育划分为儿童的养育、管束、训导和道德陶冶,裴斯泰洛齐、赫尔巴特、费希特、黑格尔等人均从康德的教育思想中受益颇多。

思 考 题

1. 启蒙运动在英法两国的发展情况。
2. 洛克"绅士教育"的理念。
3. 爱尔维修的"教育万能论"。

参考文献

1. 高九江. 启蒙推动下的欧洲文明[M]. 北京:华夏出版社,2000.
2. 单中惠. 西方教育思想史[M]. 太原:山西人民出版社,1996.
3. 滕大春. 外国教育通史:第二卷[M]. 济南:山东教育出版社,1989.
4. 吴式颖,任钟印. 外国教育思想通史:第五卷[M]. 长沙:湖南教育出版社,2002.
5. 张斌贤,褚洪启. 西方教育思想史[M]. 成都:四川教育出版社,1994.
6. [德]里夏德·范迪尔门. 欧洲近代生活:宗教、巫术、启蒙运动[M]. 王亚平译. 北京:东方出版社,2005.
7. [美]托马斯·L.汉金斯. 科学与启蒙运动[M].任定成,张爱珍译. 上海:复旦大学出版社,2000.

第十二章

17—18 世纪英国、法国、德国、俄国和美国的教育

17—18 世纪是欧美主要强国教育改革与发展的重要时期。这一时期,各国统治者开始运用国家政权的力量干预本国的文化教育,与宗教团体争夺对教育的控制权,但这一时期各国宗教团体的势力依然是很强大的,各国这一时期的教育具有强烈的宗教色彩和明显的等级性。

第一节 英国的教育

英国是一个典型的岛国,对外贸易和市场经济起步早,是最早走上资本主义道路的国家。但英国又是一个具有浓厚封建势力影响的国家,教会的势力也极其强大,这就导致英国的资产阶级革命充满了艰难和曲折。英国于 1688 年成立了资产阶级和贵族联合执政的君主立宪政权,使得英国的教育具有明显的等级性和宗教色彩。

一、英国初等教育的发展

长期以来,英国贵族子弟具有在家中聘请高素质的教师、接受私人教育的传统,因此 17—18 世纪英国的初等教育实际上是指劳动者子弟所受的教育,"以宗教知识、阅读、书写为内容的初等教育,是在形形色色的私立学校、教区学校和小规模的学校中进行的"。[①]

"多少世纪以来,英国教育的主要权限掌握在教会手中。"[②]"教会控制教育是英国历史的一个基本特点。"[③]英国资产阶级革命以前,英国的初等教育主要由天主教团体筹办和管理。英国的天主教会为了更好地在下层劳动者中间传播

宗教知识，扩大宗教势力的影响，培养有修养的温顺的教民，在教堂或教堂附近设立简陋的学习场所，向当地劳动者子弟讲授阅读、书写、计算、唱赞歌等简单知识，并进行宗教教育。英国资产阶级革命以后，原来由天主教教会管理的学校转归当地国教教会，由各教区神职人员负责向当地劳动者子女传授简单的读、写、算等方面的知识，向他们讲授《圣经》条文，教学多用英语进行。这是英国初等教育的最初形式，也是英国国教教会管理初等教育的开端。

17世纪末18世纪初，英国国教教会先后成立了基督教知识普及协会和海外福音宣传协会。这两个宗教协会为了促进宗教知识在英国劳动者之间的广泛传播，加大了对各地初等教育的投入力度，先后设立了1 600余所贫民学校。可以说，在英国初等教育的形成中，宗教团体和慈善机构发挥了主导性的作用。

这一时期，英国初等教育发展中比较有特色的是慈善初等学校的创建。产业革命的兴起使得社会贫富差距急剧扩大，大批劳动者子女流落街头，无所事事而愚昧无知，对英国经济发展和社会稳定构成严重威胁。一些热心当地社会福利事业的慈善人士认为，向当地贫苦劳动者子女提供一些基督徒的、有用的教育，灌输虔诚、尚善、服从的信念，可以把他们培养成好的基督徒、忠诚的市民和勤勉的劳动者，是对社会极有益处的善事。因此，这一时期，英国慈善家在英国政府和教会的支持下，在各地大量创设慈善初等学校（charity school），免费向当地劳动者子弟传授简易的文化知识，灌输宗教信念。

除上述学校类型外，18世纪末，英国还出现了星期日学校（Sunday School，或译为"主日学校"）、导生制学校（Monitorial School）等初等教育机构。这些学校主要招收普通民众子弟，向他们进行基本的读、写、算和宗教教育。关于这些学校的具体情况，详见第十四章第一节相关内容。

二、英国中等教育的改革与发展

17世纪以前，英国是一个具有鲜明等级性的封建国家，中等教育是为贵族和神职人员子弟服务的，劳动者子弟无权问津。贵族和神职人员子弟在家中接受完私人初等教育以后，进入文法学校或公学学习社交、语言、文化和宗教方面的知识，毕业以后直接进入大学深造，或者到政府担任官吏，或者到宗教团体任职。17—18世纪，英国的中等教育是贵族和神职人员子弟的特权，文法学校和公学是实施中等教育的最主要的机构。

文法学校是早在中世纪就在欧洲等地出现的一种以培养神职人员和官吏为目标的私立寄宿制中等教育机构。这种学校招收13～14岁以上的贵族和神职人员子弟入学，学习年限为5年，主要开设拉丁语、希腊文、文法、古典文学、数学等课程，学校主要用拉丁语进行教学。文法学校一般招生规模不大，但由于收费较高，加上政府和贵族的大力支持，教育教学设施较好，教育质量优良，学生毕业后主要进入大学深造或到政府机关任职。17世纪以后,在英国政府的大力支持下,文法学校的数量和在校生人数不断增加。据统计,仅在17世纪,英国各地的文法学校就增加了数百所,学生人数成倍增加,到1660年,每4 400人中就有一所文法学校。① 著名的英国哲学家、教育家培根甚至说:"英国的文法学校已经办得太多了。"②

公学也是早在中世纪英国各地就出现的一种专门为贵族子弟设立的寄宿制学校。由于其最早是由社会公众团体捐助创建,并以提高公共文化教育水平、培养为社会公共服务的绅士为教育目标,故称为公学。但公学实质上是专门为贵族子弟服务的一种培养社会上层人物的私立寄宿制学校,收费高昂,招收13~14岁的受过良好家庭初等教育的上层贵族子弟入学,学习年限一般为5年,主要开设古典语言(拉丁语和希腊语)、古典文学和宗教训练等课程。这类学校的办学经费主要来源于宗教团体和私人捐助,虽然也接受政府的资助,但办学不受政府的干涉。17—18世纪,在英国王室和贵族的大力支持下,英国各地的公学发展迅猛,出现了文彻斯特、伊顿等9所著名的公学,在校学生人数也成倍增加。英国的公学由于政府和贵族的大力支持,办学经费充足,办学设施先进,师资水平高,教育质量优异。公学的毕业生主要进入牛津、剑桥大学深造,也有少量的学生到政府机关或宗教团体任职。

英国文法学校和公学过于重视古典学科而忽视现代课程、过于重视学生的身份限制等弊端在英国产业革命前后暴露得更加突出,受到了新兴资产阶级和进步人士的强烈抨击。在英国产业界和教育界人士的推动下,英国在17世纪出现了一些规模不大、收费低廉、主要招收中产阶级和当地民众子弟的私立中等学校(又称为实科中学、学院),除讲授神学、古典课程外,还为学生开设现代外国语、英语、英国历史与地理、数学、物理、化学等实用课程。18世纪以后,这类学校在英国政府和产业界的支持下逐步演变成实科中学,课程内容在重视普通文化课程的同时,更加关注经济建设和社会变革的实际需求,教学中重视理论联系实际,注重学生实际能力的培养。实科中学的出现,对英国传统的公学和文法学校造成了一些冲击,对18世纪英国经济发展和社会变革产生了重大的影响。

三、英国高等教育的改革与发展

英国中世纪时期创立的牛津大学(1168年)和剑桥大学(1209年)到17世纪末已经成为欧洲闻名的古典大学,英国的高等教育在产业革命前后主要是通过这两所大学来进行的。17世纪英国的高等教育依然具有鲜明的等级色彩,接

① [英]滕大春.外国教育通史:第三卷[M].济南:山东教育出版社,1990:97.
② [英]奥尔德里奇.简明英国教育史[M].诸惠芳等译.北京:人民教育出版社,1987:107.

受高等教育的绝大多数人是贵族和统治阶层子弟。17—18 世纪英国的高等院校都与宗教团体有着千丝万缕的联系,深受宗教势力的影响,其课程设置和办学模式具有浓厚的宗教色彩。

17—18 世纪的英国资产阶级革命和宗教改革运动,使得英国的高等教育受到了强烈的冲击,进行了必要的改革以适应新时代的要求。第一,早在资产阶级革命前,苏格兰就先后创办 5 所大学。这些大学不依赖于政府,被赋予高度的自治,与社会的联系较为密切,比较注重自然科学和现代外国语、现代语言、实用数学等实用课程的开设,招收中小资产阶级的子弟入学,不住校,收费低廉,因而在校学生不断增加,甚至吸引了许多来自英格兰的学生。第二,传统的古典大学在社会各界的压力下,进行了必要的改革。17—18 世纪英国古典大学改革的措施包括加强大学与社会各界的联系,在古典大学内创设新的学院;在继续重视古典课程教学的同时,增设自然科学、现代外国语等具有实用色彩的课程;减少对学生入学的身份限制,增加对非贵族子弟的学习资助力度等。

17—18 世纪英国的高等教育改革运动,使英国出现了一批新的面向社会变革实际的高等院校,也使牛津大学、剑桥大学这样一些古典大学进行了一些改革,办学活力大大增加,为这一时期英国经济的发展和社会的变革提供了强有力的人才支持和智力保障。

从以上简要的介绍可以看出,17—18 世纪英国政府对本国的各级教育基本上是不加过问的,所有的教育事务几乎都由教会团体来管理和实施,这一时期各级教育都具有浓厚的宗教色彩。同时,英国虽然是最早走上资本主义道路的国家,但封建保守势力非常强大,等级性是英国社会文化生活的显著特征之一,其教育也是为英国贵族和统治者服务的,形成了典型的双轨制教育制度,劳动者所受的"粗茶淡饭"式的教育和贵族子弟所受的精英教育在目标、内容和形式等诸多方面都是极不相同的。

第二节　法国的教育

17—18 世纪是法国由封建专制国家向资本主义国家转变的关键时期。这一时期,法国资本主义经济开始缓慢增长,新兴资产阶级和劳动者迫切希望获得受教育的机会。但这一时期,法国宗教团体的势力是很强大的,它们长期垄断着法国的各级教育。新兴资产阶级和劳动者对教会团体长期垄断教育强烈不满,他们同教会团体在教育领域的斗争,促进了法国这一时期具有浓厚宗教色彩的教育向世俗化教育的缓慢转变。

一、法国 17 世纪初到大革命前的教育

17 世纪初的法国依然是一个典型的农业封建专制国家,封建贵族和宗教团体的势力非常强大,宗教团体垄断着法国的各级教育,使得法国这一时期的各级教育具有浓厚的宗教色彩。

1. 17 世纪初到大革命前法国的初等教育

和英国一样,法国是一个具有浓厚封建传统势力影响的国家,封建等级性非常明显。长期以来,法国贵族具有在家中聘请高素质的教师、让其子弟接受私人教育的传统,因此 17—18 世纪法国的初等教育实际上是指劳动者子弟所受的教育。

由于法国统治者和贵族子弟主要在自己的家中接受私人初等教育,他们对贵族以外子弟的初等教育并无兴趣,初等教育全部由宗教团体来办理。中世纪以来,法国的宗教团体出于扩大宗教势力的影响以及培养有教养的虔诚的教民的目的,在法国封建专制政府的支持和默许下,几乎垄断了各地的初等教育。17世纪初叶,法国各个教派之间的矛盾更加激化,各个教派之间争夺教民的斗争更加激烈,他们把创办自己教派的教区学校看作是扩大自己教派影响、争取更多教民的最佳途径,因而客观上促进了这一时期法国各地初等教育的快速发展。如17 世纪中期以前,新教胡格诺教派特别重视对教民子弟的文化教育,强调在有自己教会教堂的地方必须有该教派创设的学校。他们在法国许多地方创建初等学校,要求教区的民众必须无条件地送自己的孩子到教区学校学习。1682 年以后,属于天主教会的基督教学校兄弟会开始在法国各地初等教育的发展中占据主导地位,利用其教会势力的影响大量设立初等学校。到法国大革命爆发前,该教会在法国各地创设了 127 所免费的初等学校,在校学生人数多达 36 000余人。[①]

这一时期,法国各个教会创设初等学校的主要目的是扩大自己教派的影响。在办学中把宗教教育放在首位,其次才是阅读、书写和简易计算的教学,采用班组授课制,并用法语进行教学。由于教学设施简陋,教学人员素养不高,盛行灌输和体罚,因而教育教学质量低劣。

为了提高法国初等学校的教育质量,胡格诺教派和基督教学校兄弟会先后创建了训练传教士和教师的初等学校师资讲习所。

由于法国教会团体对初等教育的大力支持,这一时期法国的初等教育发展速度很快,无论是初等学校的数量,还是在校学生人数都居欧洲各国的前列。

2. 17 世纪初到大革命前法国中等教育的发展

---

① 滕大春.外国近代教育史[M].北京:人民教育出版社,1989:20.

17世纪到大革命前,法国的中等教育控制在宗教团体手中。在法国封建专制政府的支持下,各个教派组织为了培养教会神职人员和有教养的官吏,在各地竞相创办了一些相当于英国文法学校性质的中等教育机构,如胡格诺教派所办的中级学校被称为学院(collège),后来耶稣会举办的中等学校也称为学院。学院学制一般为7年,开设拉丁文、希腊文、数学、逻辑学、古典文学(希腊文学和拉丁文学)、算术、几何、天文学等课程。学院里经院主义色彩极其浓厚,注重训练学生的语言和理智能力,但不注意学生现代科学文化素养和实际工作能力的培养。

17世纪到大革命前,法国的中等教育由于宗教团体和当权者的重视而获得了较快的发展。1610年,胡格诺教派在法国各地创办了35所学院,学生人数达千人以上。17世纪初,耶稣会在法国当权者的支持下,在法国各地掀起了创建学院的运动。1627年,仅在巴黎一个省就创建了14所学院,到1710年,耶稣会在法国创办的学院达到了612所。[①] 1764年,耶稣会教派势力被法国当权者驱逐后,其创办的一些学院被基督教圣乐会所接管。

3. 17世纪初到大革命前法国高等教育的发展

巴黎大学是法国创办的最古老的大学之一,享有很高的声誉。但16世纪下半叶持续30年的宗教战争使这所古老的大学遭受了严重的破坏,很多教学设施遭到毁坏,大量教师流失,正常的教学活动陷于瘫痪。17世纪以后,巴黎大学由于操纵在天主教徒的手中,办学思想过于保守陈旧,学校课程设置过于重视拉丁语、希腊语、拉丁文学、希腊文学等古典课程,对教师的言行严格控制,禁止新的科学观点进入学校课程与教学中去,教学模式严重脱离现代社会的实际,收费颇高,造成学校教学与科学研究严重滑坡,学术地位不断下降,在校生人数也大量萎缩。

进入17世纪以后,法国宗教团体之间的斗争更加激烈,各个教派出于扩大本教派的势力影响、为教会培养高级神职人员和高级官吏的目的,对于创办大学非常重视。到法国大革命爆发以前,法国共拥有大学22所,但各个大学的规模都不大。

17世纪以后,法国资本主义经济的发展对高级人才的培养提出了新的要求,高等院校培养的人才既要具有良好的文化素养,还要掌握现代科学知识,具有解决实际问题的能力。在法国新兴资产阶级的大力呼吁下,法国教育界、产业界和宗教界人士于17世纪30年代以后创办了一批具有实科性质的新型的高等教育机构,如法兰西科学院(1666年)、巴黎路桥专科学校、皇家军事专科学校(1751年)、矿业专科学校(1778年)等。这一时期,法国具有实科性质的高等专

① 滕大春.外国近代教育史[M].北京:人民教育出版社,1989:21.

科学校的创建,反映了法国社会政治经济变革的要求,为法国资本主义经济的发展提供了强有力的人才准备,也促使法国传统古典大学缓慢地向实用化的方向进行变革。

二、法国大革命时期的教育改革主张

18世纪中后期,法国涌现出像伏尔泰、卢梭、爱尔维修、狄德罗等一批具有伟大创新意识的启蒙哲学家、思想家和教育家。他们自觉地接受了感觉论和人文主义思想,无情地批判封建专制政府和天主教对人的残害,强调人生而平等,没有等级的限制。他们高度重视教育在人格养成和社会改良方面的重大作用,要求取消宗教团体对教育的领导权,由国家统一管理教育,为新兴资产阶级和劳动者创设世俗化的没有阶级限制的学校教育制度,充分发挥儿童的主导作用,按照他们的天性进行教育。18世纪中下叶,法国启蒙哲学家、思想家和教育家关于改革法国政治经济和文化教育的言行,强有力地推动了法国的思想启蒙运动,为法国大革命的爆发做好了舆论准备。

1789年爆发的法国资产阶级大革命,彻底推翻了封建专制政府,取消了封建贵族和宗教团体的种种特权,主张建立民主平等的自由国家,对欧美和世界各国的历史变革产生了重大影响。法国大革命时期也是一个社会大变革的时期,涌现出一大批激进的教育改革家,他们在广泛继承18世纪中后期法国启蒙思想家、教育家教育改革思想的基础上,提出了改革法国教育的各种主张,这主要表现在以下几个方面:①

1. 强调人人都有受教育的权利,国家应该给予保障

法国大革命时期,激进的教育改革家们反复强调人生而平等,没有贵贱尊卑之分,教育不应该是面向少数人的,也不应该是有等级差别的,国家应该创造良好的环境,大量开办初等学校,推行免费教育政策,尽可能地满足所有人接受初等教育的基本要求。

2. 强调教育与宗教分离及教育的世俗化

法国大革命前后,法国各级教育的宗教色彩非常浓厚,宗教团体控制教育的弊端十分严重,已经成为法国教育改革与发展的主要障碍。因此,在法国大革命时期,激进的法国启蒙思想家、教育改革家异口同声地要求彻底地废除宗教团体对法国教育的垄断,把教育的领导权由教会团体转归政府,真正实现教育与宗教的彻底分离,做到教育的非宗教化(世俗化)。

3. 教育教学内容要实现现代化、科学化,加强教育与现实生活之间的联系

激进的法国教育改革家对大革命以前各级学校教育内容过于偏重古典知

---

① [苏]Н.А.康斯坦丁诺夫.苏联教育史[M].吴式颖等译.北京:商务印书馆,1996:74 - 80.

识、重视宗教训练、忽视现代科学知识教学、忽视教育教学与实际生活之间的联系等弊端,进行了全面而又深入的批判。他们认为自由、民主国家的教育必须与过于重视古典知识和宗教训练的教育决裂,教育教学内容必须实现现代化,取消或大幅度地减少宗教训练方面的内容,把法语、现代外国语、数学、科学等知识充实到学校教学内容中去,切实加强学校教育教学与现实生活之间的联系,"使每一个人享受的教育都与他的社会地位与需要相适合",①培养具有良好文化素养的爱国者。

法国大革命时期,进步教育家在批判传统教育基础上提出的教育改革主张虽然有脱离实际之嫌,但其历史作用是不容忽视的,它唤醒了法国民众对教育的热情,对18世纪末法国教育方针政策的完善产生了重要影响。

1791年,在法国大革命的影响下,法国议会通过了法国第一部宪法。该宪法明确规定:"应该建立和组织起面向全体公民的公共教育体系,在所有人必不可少的那些科目的教学中实行免费教育。应该根据全国的需要提供各级各类教育。设置纪念日,以保存关于法国大革命的记忆,在全体公民中发展博爱精神,使他们热爱自己的政体、国家和法律。"②1791年法国第一部具有民主精神的宪法的颁布,为法国18世纪末19世纪初的教育改革奠定了法律基础,有力地推动了19世纪法国和欧美国家的教育改革进程。

从以上简要的介绍可以看出,17—18世纪法国政府对本国的各级教育采取了放任自流的政策,基本不加过问,所有的教育事务几乎都是由教会团体来管理和实施的,因而这一时期各级教育都具有浓厚的宗教色彩。由于法国各个教派之间的斗争非常激烈,兴办学校成了各个教派扩大影响的主要手段,各个教派在教育领域的竞争促进了这一时期法国教育的快速发展,使得17—18世纪法国的教育处于欧洲各国的前列,但也使法国的各级教育具有浓厚的宗教色彩。同时,法国虽然是继英国之后最早走上资本主义道路的国家之一,但封建保守势力非常强大,等级性是法国社会文化生活的显著特征,其教育也是为贵族和统治者服务的,形成了典型的双轨制教育制度,劳动者所受的简陋的教育和贵族子弟所受的精英教育在目标、内容和形式等诸多方面都是极不相同的。法国大革命的爆发,推翻了封建专制政府和宗教势力对新兴资产阶级和劳动者的压迫,其关注人的尊严和人的平等、自由的精神对法国乃至世界各国19世纪的教育改革与发展产生了重大的影响。

---

① [美]S.E.佛罗斯特.西方教育的历史和哲学基础[M].吴元训等译.北京:华夏出版社,1987:354.

② 夏之莲.外国教育发展史料选粹:上册[M].北京:北京师范大学出版社,1999:339.

第三节　德国的教育

17世纪德国的封建割据状态以及持续30年的宗教战争,使其经济发展严重受阻,远远落后于英国、法国等欧洲经济强国。17—18世纪,德国各邦为了生存和发展,在重视经济发展的同时,开始注重教育的发展与改革。

一、17—18世纪德国的初等教育

16世纪末17世纪初,德国经济开始缓慢回升,城市数量增加,城市人口也不断扩充。早在1559年,德国的威登堡邦国国王就颁布法令,规定该邦国政府必须在每个乡村设立初等学校,父母必须送自己的子女到学校就读。1619年,魏玛邦国国王颁布法令,宣布国家有权为当地民众子弟设立学校,当地民众父母必须把年满8岁的儿童送到学校就读。这一时期,由于各个邦国当权者对发展初等教育非常重视,德国各地的初等教育获得了较快的发展。

17世纪初爆发的宗教战争使德国的经济遭受了重大的损失,也使得各地初等教育的发展受到了严重的影响。宗教战争的爆发使得新旧教派之间原有的矛盾更加激化,各个教派都把创建初等学校作为扩大本教派的影响、争夺未来教民的重要手段,纷纷创办初等学校。对17—18世纪德国初等教育做出重大贡献的教会团体很多,有代表性的是一个叫做虔信派的教会团体,在牧师弗兰克(August Francke,1663—1727)等人的领导下为当地贫苦儿童创设免费的孤儿院和初等学校。该教派仅在普鲁士邦国设立的学校数目就多达2 000所。

18世纪以后,德国各邦国出于加强本国公民的爱国意识的目的,在重视各公国经济发展的同时,加大了对初等教育的干预力度,力图取代宗教团体的教育举办权,由国家来具体兴办和管理当地的初等教育。如普鲁士邦国先后于1713年、1741年、1786年颁布法令,明确规定举办教育的权利在于国家,国家可以根据本国经济发展和社会变革的要求来筹措经费,创设学校,聘请教师,所有适龄儿童必须接受一定年限的基础教育。到18世纪末,德国各邦国先后颁布了义务教育法令,使教育的兴办权牢牢地掌握在国家的手中。

17—18世纪,德国各邦国初等学校一般都比较简陋,设在乡村的教堂或寺庙附近,设置的课程主要有读、写、算、德语等,教学设施简单,受过专业训练的教师很少,主要由当地教会团体的低级神职人员、看守、仆役或鞋匠、残废军人等充当,他们在牧师的指点下进行教学,学生在校时间有限,且很难得到经济地位低下的学生家长的支持,因而教育教学质量不高。

为了解决教师素质不高的问题,普鲁士邦从17世纪中下叶开始创建师范学校,专门培养和训练教师。普鲁士邦培养训练新教师的模式可以在短时间内大

量地培养高素质的教师,有效地解决了发展初等教育中棘手的师资短缺问题,受到了当地政府和民众的欢迎和大力支持,迅速扩展到德国其他邦国和欧美许多国家,对18世纪世界许多国家初等教育的发展产生了深远的影响。

17—18世纪德国各邦国的教育改革与发展显示出国民教育的巨大价值,促使当地民众的教育从教会垄断向国家控制快速转变,为其他日尔曼国家的发展树立了榜样,对欧洲其他国家的义务教育产生与发展产生了重大影响。正如著名的英国教育史学家威廉·博伊德所说:"在这方面,德国是欧洲其他各国的先驱"。①

二、17—18世纪德国的中等教育

德国的文科中学相当于英国的文法学校,是17—18世纪德国各邦实施中等教育的主要机构。这种学校招收接受过较为系统家庭教育的贵族子弟入学,收费高昂,主要为学生开设古典语言和古典文学、算术、几何、天文、音乐、地理等课程,学制为5~6年。

17—18世纪,德国各个邦国还出现了一种类似于欧洲中世纪骑士教育的中等教育机构——骑士学院。这种教育机构具有强烈的等级性,专门为邦国王室贵族子弟和宫中侍臣子弟所开设,目的在于培养国家的高级文武官吏。和欧洲中世纪骑士教育不同的是,德国的骑士学院非常重视学生的文化知识教育,为学生开设普通文化课程(数学、物理学、历史、地理、哲学、法律学、伦理学等)、军事课程(骑马、击剑、军事训练等)、外国语(法语、希伯来语等)和舞蹈。由于各邦国政府和贵族对骑士学院的高度重视和大力支持,骑士学院办学经费充足,教学设施先进,教师素质高,教育教学质量优良,受到了社会各界的广泛好评。

进入18世纪,德国人口数量不断增加,资本主义经济开始加速,社会变革的进程也开始加快,原来过于注重古典学科的文科中学无法适应工商业发展的要求,新兴资产阶级对中等教育培养的人才提出了新的要求,要求改革传统古典文科中学,使中等教育培养的人才能够直接为产业经济服务。德国实科中学就是在这种背景下出现的。德国实科中学的创始人是虔信派的牧师席姆勒(C. Zemmler,1669—1740),他多年大力倡导创建一种有别于文科中学的学校教育机构,并于1706年创办了数学和机械实科中学,但这所学校由于管理不善,经费缺乏,学生人数仅12名,创办2年就被迫停办了。1708年,他又创建了数学机械学经济学实科中学,招收具有一定文化程度的学生入学,收取学费,为学生开设数学、物理学、机械学、地理学、天文学、法律学、绘画和制图、宗教等课程,为产

① [英]博伊德,金.西方教育史[M].任宝祥,吴元训主译.北京:人民教育出版社,1985:251.

业界培养实用技术人才。但这所学校办学规模不大，很快也停办了。1747 年，赫克(Johann Julius Hecker,1707—1768)受席姆勒办学经验的启迪，在柏林创办了经济数学实科中学，由于产业界和普鲁士政府的大力支持，办学规模不断扩大，办学质量不断提高，受到了德国教育界和产业界的广泛好评。18 世纪下半叶，在赫克办学经验的影响下，德国许多城市的有识之士在产业界的大力支持下，掀起了创办实科中学或者在文科中学中设置实科班的浪潮。

18 世纪下半叶，实科中学在德国各地的兴起，反映了新兴资产阶级和劳动者的呼声，为产业界输送了大批实用技术人才，为这一时期乃至 19 世纪初德国经济的发展奠定了坚实的人才基础。

三、17—18 世纪德国的高等教育

和英国、法国相比，德国的高等教育起步较晚。1694 年，哈勒大学的创办标志着德国高等教育发展的新纪元。哈勒大学的课程设置和英国、法国中世纪大学有明显差异，除开设七艺和宗教课程外，还注重把哲学和自然科学的新成果引入到教学中，注重研究和自由辩论。哈勒大学是当时欧洲最具进步思想的高等院校之一。"哈勒大学最初只有 700 名学生，但由于它抨击了传统大学的教育目的、教学方法和课程安排，同时又实际验证了这种抨击的正确性，因而学生人数激增。"①它的创建和发展为 18 世纪德国的高等教育改革与发展指明了方向。

1737 年，哥廷根大学由汉诺威政府创办。该大学在继承哈勒大学办学经验的基础上，重视学校的图书资料和实验室建设，注重课程设置和内容的更新，把心理学、物理学、政治学、数学和应用数学等课程引入到大学教学中，强调教学与实际相联系，教学与研究相结合，注重学生实际能力的培养。由于得到了统治者的大力支持，加上注意吸收其他高校的办学经验，注意按照社会变革的要求及时改革，该大学成为德国乃至欧洲最具影响力的大学。它的办学模式也成为柏林大学和其他大学效仿的典范，对 18 世纪中叶以后德国和欧洲其他国家的高等教育改革产生了重要的影响。

第四节　俄国的教育

17 世纪以前，俄国是一个非常落后的封建农奴制国家，各级教育发展非常缓慢。到 17—18 世纪，俄国的疆土面积不断扩大，人口数量也在大量增加，与欧洲各国的经济、政治与文化交往不断增多，加上彼得一世推行的政治经济与文化

① ［美］S. E. 佛罗斯特.西方教育的历史和哲学基础［M］.吴元训等译.北京:华夏出版社,1987: 334－335.

改革,促进了 17—18 世纪俄国教育的发展。

一、17 世纪俄国教育的发展与变革

17 世纪时,俄国是一个落后的封建农奴制国家,经济和文化教育发展都非常缓慢,社会等级异常森严。长期以来,俄国有影响的贵族家庭具有聘请外籍教师在自己家中来教育自己子女,然后送子女到欧洲留学的传统。因此,俄国的初等教育实际上就是指小地主和富裕人家子弟的教育,劳动者子弟基本上很少有机会接受初等教育。

17 世纪以前,只有在莫斯科、圣彼得堡等大城市才有一些少量的识字学校。到 17 世纪中叶,俄国一些城镇设在教堂和修道院的初等识字学校快速发展起来。这种学校招收当地富家子弟入学,学习识字、阅读、书写、简易算术和宗教知识。

17 世纪后半期,莫斯科、圣彼得堡等大城市的一些教堂和修道院在俄国政府的支持下,还创建了一些具有中等教育性质的高级识字学校——文法学校,招收有权势的地主和贵族子弟入学,讲授拉丁语、希腊语、修辞学和哲学。

宗教势力在俄国教育特别是高等教育创建与发展进程中发挥了重要的作用。为了培养教会所需要的神职人员和文法学校的教师,基辅主显派兄弟会于 1615 年创建了基辅主显派兄弟会学校。该校 1632 年与彼得·莫吉拉创办的僧侣学校合并成立了基辅莫吉拉学院。这所学院是俄国最早的具有高等教育性质的专门学院。该学院仿照西欧中世纪大学的办学模式,把学院分成中级部和高级部,学习年限共 12 年。中级部主要为学生开设斯拉夫语、俄语、希腊语、阅读、书写、计算和教义问答等基础课程;高级部主要为学生开设哲学、教义研究、神学、外国语和实用科学等课程。这所学院的创建在俄国高等教育史上具有划时代的意义,它标志着俄国高等教育的诞生,为俄国宗教和文化教育事业提供了强有力的人才支持。它的办学模式成为俄国创建其他高等学校的样板,对俄国的政治经济产生了重大影响。苏联著名的教育史学家麦丁斯基曾对基辅莫吉拉学院创建的历史作用给予了高度的评价。他说:"基辅莫吉拉学院,成为 17—18 世纪古代俄罗斯西南部及南部最大的教育中心。在它的影响之下并仿照它的模式,以后在哈尔科夫和契尔尼戈夫成立了继续基辅学院事业的高等学校。……彼得一世在向那些反对改革维新的旧俄僧侣的斗争中,曾经依靠了基辅学院。……由此可见,作为俄国第一个高等学校的基辅学院在文化方面的意义是很巨大的。"①

1682 年,俄国著名的文化教育家波罗斯基等人按照基辅莫吉拉学院的模式

---

① [苏]麦丁斯基.世界教育史[M].天舒等译.北京:五十年代出版社,1953:32-33.

在莫斯科创建了斯拉夫－希腊－拉丁语学院,培养俄国急需的宗教、外语、医学等领域的人才,为俄国彼得一世的政治经济和文化教育改革奠定了人才基础。苏联著名教育史学家沙巴耶娃对该学院的历史作用评价甚高。她说:"1682 年在莫斯科成立的斯拉夫－希腊－拉丁语学院,是全国第一个高等学校。就当时的水平来说,莫斯科学院已经有了很有学问的教师和有才智的学生。他们中间有很多人后来都成了教科书的编者、学院和其他学校的教师,而到 18 世纪时又都成为彼得一世维新的积极参加者。……伟大的俄罗斯学者罗蒙诺索夫、莫斯科大学的最初几位教授也都在这里学习过。"①

二、彼得一世的教育改革

17 世纪以前,俄国是一个由多个小公国组成的国家。17 世纪中期以后,俄国在莫斯科公国的名义下统一起来,但依然是一个非常落后的农奴制国家,经济和文化教育都落后于同时期的欧洲强国。17 世纪以前,俄国的教育一直由东正教教会管理,教育的主要目标是培养有文化的神职人员和教化民众。由于教会对教育的重视不够,造成许多贵族及其子弟没有接受过较为系统的阅读、书写和计算的训练,甚至目不识丁。为了改变俄国的落后现状,建立一个具有强大经济和军事实力的国家,具有雄才大略的俄国皇帝彼得一世(1682—1725)在进行政治经济改革的同时,也采取了一些有力的措施进行全面的教育改革。

1. 强调科学文化知识的重要性,鼓励民众学习科学文化知识

18 世纪以前,繁琐难懂的斯拉夫文字是俄国国内政治经济和文化生活中的通用文字。为了促使文化知识在民间的传播,俄国政府决定简化俄文字母,采用一种简单易读好写的普通字母来替代斯拉夫字母;为了实现富国强兵的目的,彼得一世力主俄国虚心向欧洲强国学习,定期出版传播科学文化知识的刊物,设立专门机构翻译出版西欧的学术著作。"因为没有俄文技术书籍,所以不得不翻译外国著作,于是像数学、造船学、筑城学、建筑学、军事学等方面的书籍被大量地翻译和出版。历史方面的书籍也得以大量印发。《青年正镜》一书的阅读极为普遍,贵族青年子弟从这里获得了各种指导和有教养的行为准则"。② 这一时期俄国文字的简化和大量外国科技、文化教育领域书籍的翻译出版,对彼得一世的教育改革了产生了极为重要的影响。

2. 在各地开办普通初等学校

具有远见卓识的彼得一世对文化教育在国家生活中的作用有着非常清楚的认识,他认为良好坚实的知识学习,就像形成教会、国家一切利益的种子、根或基

---

① ［苏］Н. А. 康斯坦丁诺夫.苏联教育史[M].吴式颖等译.北京:商务印书馆,1996:191.
② ［苏］安·米·潘克拉托娃.苏联通史:第二卷[M].莫斯科:外国文书籍出版局,1955:40－41.

础一样。"①"学院和学校是国民教育的非常事业。"②针对俄国各地初等学校数量少、无法满足民众接受基本文化知识和宗教教育的实际,彼得政府于1714年颁布法令,在各教区开办初等学校,招收贵族和当地除农奴以外民众的孩子入学,除讲授阅读、书写和计算外,特别重视宗教训练。

3. 创设专门学校

在系统考察法国等欧洲强国后,彼得一世认识到俄国在经济和军事领域的落后主要是俄国实科性质的专门学校教育落后,造成俄国经济和军事领域的专门人才严重缺乏。为了适应俄国发展工业、商业、贸易和对外军事扩张对实用技术人才需求不断增加的状况,俄国政府颁布法令,创办具有实科性质的专门学校,如1701年创办了莫斯科数学和航海学校,1707年创办了莫斯科外科医学校,1712年创设了彼得堡炮兵学校,1721年创办了乌拉尔矿业学校。这些学校办学经费充足,教学设施优良,教育管理制度极其严格,教师在讲授普通文化知识的基础上,重视实际专门知识的传授和实际工作能力的训练,因而培养的人才质量很高,在俄国享有良好的声誉。

大批具有实科性质的专门学校的创建,为彼得一世的经济改革和对外军事扩张提供了重要的人才保障。

4. 筹建科学院

彼得一世在对欧洲的多次考察访问中,目睹了欧洲列强科学技术和文化教育的发达。特别是在他1716年访问欧洲的时候,莱布尼茨等著名科学家多次建议他尽快在俄国设立科学院,培养高水平的专门人才并开展高层次的科学研究。1717年,彼得一世被法国巴黎科学院授予院士的称号。受此鼓励,急于改变俄国科学技术与教育落后现状的彼得一世于1724年颁布了创办科学院的敕令和科学院工作章程,并从欧洲订购大量科学研究设备,从国外聘请高级专家参与俄国科学院的筹建工作。虽然彼得一世于1725年去世,但他在世时为科学院的筹建制定了详尽的计划,提供了充分的财力和人才支持,对科学院的发展产生了极为有利的影响。

根据彼得一世的意见,俄国科学院不是单纯的科学研究机构,而是兼顾科学研究和人才培养的教学科研机构,科学院的科学家们既要进行科学研究,还要致力于培养俄国科学技术人才的工作。按照彼得一世的指示,俄国科学院里没有神学的位置,科学院的全部工作具有世俗的性质,科学院的研究内容分成数学科学、自然科学(物理学、化学、天文学和植物学等)和人文科学(历史学、法学等)。③ 当时在俄国科学院聚集了许多著名的外国科学家(爱立尔·比尔努利兄

---

① [苏]麦丁斯基.世界教育史[M].天舒等译.北京:五十年代出版社,1953:32-33.
② [苏]麦丁斯基.世界教育史[M].天舒等译.北京:五十年代出版社,1953:33.
③ [苏]H.A.康斯坦丁诺夫.苏联教育史[M].吴式颖等译.北京:商务印书馆,1996:191.

弟、格梅林、帕尔斯等人）和一些俄国的著名学者，其中占重要地位的是俄国著名的科学家罗蒙诺索夫。

根据彼得一世的意见，俄国科学院内附设有大学和预备学校。其中科学院附属大学里设立法学、医学和哲学三个系，预备学校分成初级班和高级班两个部分。初级班学习年限为三年，主要讲授德语和一些普通文化课程，故称德语学校；高级班学习年限为两年，主要讲授拉丁语（也包括希腊语）和一些高级普通文化课程，故称为拉丁语学校。

1725 年，俄国科学院在彼得堡成立，它的创建对于当时俄国的科学研究和高级人才培养发挥了重大的作用，很快彼得堡便成为当时俄国最重要的科学文化和教育的中心。

彼得一世的教育改革，特别是简化俄国文字、出版科学书籍、创办实科性质的专门学校和科学院这些措施的实施，极大地推动了俄国文化教育事业的发展，为俄国 18 世纪经济腾飞和社会变革提供了重要的人才支持。但彼得一世的教育改革和政治经济改革一样，存在着严重的弊端。它是建立在强化俄国农奴制基础上的改革，很难得到新兴资产阶级和广大民众的支持，因而影响了其改革的进程和结果。

彼得一世去世后的 30 多年，俄国陷入了政权频繁更迭的时期。政局不稳，经济发展变缓，加上这一时期政府官员对教育事业的漠视，各级教育投入严重不足，使得这一时期俄国教育特别是初等教育发展极为缓慢。

三、贵族寄宿制等级学校的兴起

17—18 世纪的俄国是典型的封建农奴制国家，彼得一世的改革进一步加强了贵族的经济和政治地位，使得贵族成为俄国当时具有很多特权的阶层。俄国贵族普遍认为，让他们的子弟和下层民众的子弟在一起接受世俗的教育有辱他们的身份，也不利于贵族子弟优良美德的养成，因此，俄国许多贵族联合向政府施加压力，要求尽快建立一种专门为贵族子弟服务的寄宿制等级学校。

1731 年，俄国政府在彼得堡创设了第一所贵族寄宿制等级学校，即训练贵族子弟从事军事和世俗服务的陆军贵族士官学校。这所学校招收 9 岁的贵族子弟入学，修业年限为 10 到 12 年，除讲授普通文化课程（如俄语、历史、地理、算术、外国语等），还为学生开设了体育、音乐、神学和军事训练课程（如炮兵战术、击剑、战争艺术等）。这所学校采用寄宿制，所有学生必须无条件到学校住宿。该校收费昂贵，办学条件优越，办学质量颇高。其后，俄国政府又创办了海军士官学校、外国语寄宿学校等一批贵族子弟学校，并把彼得一世时期创办的无等级限制的实科学校变成了专门招收贵族子弟的学校。

由于俄国政府和贵族的大力支持,贵族寄宿制等级学校在18世纪30年代以后在俄国大量地创建起来。贵族寄宿制等级学校在俄国的创建,迅速地提高了俄国贵族的文化修养和实际工作能力,进一步巩固和强化了俄国贵族在国家政治经济生活中的主导地位,为18世纪30年代以后俄国经济发展和社会变革提供了人才基础。

四、莫斯科大学的创建及其影响

18世纪中叶,俄国和欧洲强国的经济、政治往来明显增加,经济建设和社会变革对高级专门人才的需求量不断增加。但这一时期,17世纪创建的几所专门学院和彼得一世创立的科学院在宗教势力的干预下,逐渐失去了世俗的和平民化的性质,办学规模很小,难以满足经济建设和社会变革对高级专门人才不断增长的需求。经济的发展和社会的变革迫切需要创建一所新的大学来适应新的形势。

彼得一世去世后,俄国政局长期处于动荡状态,彼得一世创立的俄国科学院的发展也陷入了停滞不前的混乱状态。造成俄国科学院发展停滞的原因很多,如俄国政府对该院的支持力度下降;管理科学院的官员过于无能,且不尊重那些具有民主思想的科学家的劳动;欧洲的一些科学家看不起俄国土生土长的科学家,双方的矛盾变得越来越尖锐,很难在一起合作相处。以罗蒙诺索夫为核心的一批具有强烈爱国心和民主思想的科学家和文化教育家,决心创建一所真正属于俄罗斯的具有时代使命的大学来培养祖国需要的高级专门人才,发展祖国的科学与文化事业。1754年,罗蒙诺索夫在广泛调查研究的基础上,向俄国政府提交了创建莫斯科大学的意见草案。

在俄国进步势力的推动下,俄国政府于1755年1月颁布了创建莫斯科大学的法令。经过罗蒙诺索夫等人的紧张筹建,莫斯科大学于1755年4月正式成立。

根据罗蒙诺索夫的意见,莫斯科大学没有西欧中世纪大学必须设置的神学系,而是根据俄国当时的需要,在该校"成立了三个系:学习历史、语言和数学、物理等课程的哲学系,法学系和医学系"。[①]"罗蒙诺索夫为了使学者能从事科学研究,规定在大学建立各种辅助性机构(物理专用室、解剖教室等)。"[②]

为了培养俄国各级教育发展中所需的师资,根据罗蒙诺索夫和其他教育界知名人士的建议,在莫斯科大学里附设了师范学院。考虑到俄国中小学教育严重落后的实际,为了确保莫斯科大学的生源质量,该校在创立之初就在大学里成

---

① [苏]B.N.叶留金.苏联高等学校[M].张天恩译.北京:教育科学出版社,1983:62.
② [苏]H.A.康斯坦丁诺夫.苏联教育史[M].吴式颖等译.北京:商务印书馆,1996:203.

立了附属中学。莫斯科大学的附属中学最初设有贵族子弟班和平民子弟班。由于政府和贵族的支持,附属中学的学生人数不断增加,创办最初有学生100人,到1787年则增加到1 000人。附属中学的创设,为莫斯科大学的发展提供了良好的生源保障。

罗蒙诺索夫和他的同事们克服办校之初的重重困难,努力确保莫斯科大学的健康发展。到18世纪末,莫斯科大学的办学设施不断完善,拥有像罗蒙诺索夫、巴尔索夫、波波尔夫斯基等一大批国内外知名的学者和教育家为核心的师资队伍,到18世纪末,莫斯科大学已经成为欧洲著名的大学。

莫斯科大学的创建是18世纪俄国教育发展史上最伟大的事件,它是俄国真正意义上的第一所综合大学,成为俄国经济建设和社会变革所需高级专门人才最重要的培养基地。莫斯科大学从诞生之日起,就一直是俄国科学和文化教育的中心,在传播现代文明、发展俄国科学技术事业、推进俄国社会进步和文明开化的进程中发挥了重大的作用。莫斯科大学的创建与发展,为俄国创建新的大学提供了成功的办学模式和强有力的师资支持,对近现代俄国高等教育的改革与发展产生了极其重大的影响。

第五节　美国的教育

16世纪以前,美洲大陆是一个人口稀少的荒凉之地,为数不多的土著人居住在那里,经济和文化教育极端落后,还没有形成自己民族的文字和学校。16世纪以后,欧洲各国开始入侵美洲大陆,并向那里大量移民,形成了具有自己国家特色的殖民地。产业革命以后,英国的经济、军事势力急剧膨胀,它在北美的势力也势不可挡,最后欧洲各国在北美的殖民地都被英国挤占,英国在那里建立了13块殖民地。17—18世纪,欧洲各国移民到美洲大陆的同时,也把本国的文化教育移植到了北美殖民地,使得那里的教育具有鲜明的宗主国特色。

1783年,北美大陆英属殖民地的人民经过7年的浴血奋战,最后赶走了英国殖民者,取得了独立。从此,美国人民开始按照自己的意愿来发展本国、本地的教育,创建了具有美国特色的教育制度。

一、1635—1787年三大殖民地教育的产生与发展

英属的13块殖民地按照地域位置和经济特色来划分,可以分成北部殖民地、中部殖民地和南部殖民地三种类型。由于经济和文化传统具有明显的不同,因而这三个殖民地的教育也有很多的差异。

北部殖民地又称为"新英格兰",那里土地贫瘠,不适合发展农业,但工商

业却很发达,当地居民主要是从英国来的清教徒,他们来到美洲新大陆的目的就是要摆脱英国的宗教迫害,追求宗教自由,过上幸福美满的生活。因此,他们历经艰难来到美洲新大陆以后,在开拓、建设新家园的同时特别重视修建教堂和学校,教会他们的儿童认字,阅读《圣经》,让他们领会上帝的旨意。1642年,马萨诸塞议会颁布法案,规定所有儿童均需学会识字读书。1647年,马萨诸塞殖民地当局又颁布了《老骗子撒旦法案》(The Old Deluder Satan Law,亦称《祛魔法案》),要求家长应对自己的孩子进行教育,并规定各乡镇居民点居民共同出资兴办初等和中等学校,为那些希望接受教育的儿童提供受教育的机会。1647年《老骗子撒旦法案》的颁布,是北美殖民地第一个维护义务教育的法令,奠定了北美殖民地公立学校体系的法律基础。

在民众和地方政府以及宗教团体的共同推动下,新英格兰地区出现了多种形式和类型的初等和中等学校,如主妇学校、慈善学校等。与此同时,当地还根据英国文法学校的模式,开设了拉丁文法学校。如1635年创建的波士顿拉丁文法学校,就是美洲新大陆的第一所中等学校。到18世纪末,新英格兰已拥有30多所拉丁文法学校。这些学校的大量设立对促进当地基础教育的发展、提高民众文化水平起到了积极的推动作用。

18世纪下半叶,美国北部地区工商业的迅猛发展对实用人才的需求量不断增加,但传统文法学校无法满足当地工商业界的需求。在产业界和进步人士富兰克林等人的强烈呼吁下,北方各地出现了偏重实用科学技术知识的文实中学。该类学校在继续重视传统古典课程教学的同时,还为学生开设了阅读、书写、计算、簿记、现代语言、测量、科学等课程,为产业界培养实用人才。

17世纪以来随着美国北部地区人口的不断增加,培养本地区所需要的牧师和其他文化教育人才成为当时亟需解决的问题。虽然很多有奉献精神的宗教人士大量移居美国,但依然无法满足当地民众不断增加的需求。在当地殖民者看来,"我们所期望的就是得到高深的知识,使子孙后代得以生存;我们害怕在我们现有的牧师死后,给教会留下的是无知的牧师。"[①]于是他们开始在自己的殖民地创建大学,培养自己的领导者和宗教人才。1636年,马萨诸塞殖民地的清教徒们按照英国剑桥大学伊曼纽尔学院的模式,集资创建了美洲新大陆第一所高等学府。出于对约翰·哈佛(John Harvard)牧师无私捐献的感激,马萨诸塞议会决定把这所高等学府命名为哈佛学院。该学院招收14岁的男生入学,为学生开设七艺、古典语言、神学等课程,学校教师用拉丁语授课。到1769年,美洲新大陆共创建了耶鲁学院、威廉与玛丽学院等9所学院,其中除费城学院外,其余

---

① [美]S.E.佛罗斯特.西方教育的历史和哲学基础[M].吴元训等译.北京:华夏出版社,1987:306.

的 8 所学院都是由教会团体创办和管理的。

中部殖民地土地平坦、肥沃,当地民众主要以畜牧业和农业为谋生手段。这一殖民地的移民来自欧洲大陆各国,由于所信仰的教派差异较大,民众和当局没有统一设立公立学校的要求,各教派分别设立学校,此外还有一些私人设立的学校。

在南部殖民地,移民主要来自英国的统治阶层,南部殖民地的统治者主要依靠契约奴、从事种植园经济。南部的统治者和英国的贵族有着千丝万缕的联系,他们热衷于按照英国贵族的风俗习惯生活,教育也不例外。当地殖民者的子女是在家庭中接受初等教育的,到了 13～14 岁以后送到英国的贵族学校学习。由于南部殖民地产业结构单一,阶级划分严格,统治者对当地公共教育不予重视,因而南部殖民地的教育多年来发展极其缓慢,贫苦的劳动者子弟很少有享受文化教育的机会。

从以上对美国独立前三大殖民地教育概况的介绍中可以看出,这一时期各殖民地的教育发展具有以下几个特点:

1. 教会控制和垄断各地教育,教育具有浓厚的宗教色彩

欧洲移民来到美洲新大陆的动机是多方面的,但追求宗教信仰自由是一个重要的因素。势力强大的欧洲各国(特别是英国)教会力图通过为欧洲移民派遣牧师、创建教堂、设立教区学校来扩大本教派在北美大陆的影响。这客观上有力地促进了美洲新大陆宗教和文化教育的快速发展,但也使教育被牢牢地控制在教会手中,使各地的教育在教育教学目标、课程设置诸多方面都具有浓厚的宗教色彩。

2. 各地的教育具有强烈的殖民地色彩

由于美洲新大陆当地土著人教育事业极端落后,欧洲移民在开辟家园、建设新国家的过程中没有现成的教育制度和教育经验可以借用,只能从欧洲各国模仿和照搬。正如美国著名的教育史学家 S. E. 弗罗斯特所指出的:"美国的社会、经济思想,作为哲学的方向、教育结构及其观点的基础大多依赖于欧洲。美国的很多人都认为'欧洲'的货物和思想比'家产'的好。知识、政治界的领袖们学习了欧洲国家的很多东西。"[①]"英国对形成美洲文化影响最大。从最初进驻弗吉尼亚开始,英国有关政治、经济、宗教阶级结构和教育的观点就成为美洲发展的基础。"[②]这一时期,各殖民地的初等教育、中等教育和高等教育的模式基本上是照搬欧洲各国特别是英国的。无论是教育的宗旨或者是课程与教学内容、教育教学方式,都是从英国移植过来的,简直就是英国教育在新大陆的

① [美]S. E. 佛罗斯特. 西方教育的历史和哲学基础[M]. 吴元训等译. 北京:华夏出版社,1987:463.
② [美]S. E. 佛罗斯特. 西方教育的历史和哲学基础[M]. 吴元训等译. 北京:华夏出版社,1987:287.

翻版。但正是由于美洲新大陆各殖民地重视向欧洲学习,注意把欧洲教育制度和教育模式移植到美国,使得美洲新大陆教育的发展建立在较高的起点上,这也是美洲新大陆的教育发展少走了很多弯路,从而在较短时间内蓬勃发展的重要原因之一。

因为美洲新大陆的实际情况不同于欧洲,当地民众的需求也各不相同,追求自由的美洲新大陆移民在发展教育的过程中,"认识到他们的教育哲学和学校结构必须适应他们所生活和他们所幻想的未来社会的环境。他们引用了许多东半球的东西,但是却把它放在适合西半球的新模式和新意图中"。[①] "她从故国的祖辈那里继承了许多东西,同时从本世纪末起又开始了自我创造。"[②]美国人民并不是简单地把欧洲教育移植到当地,也根据各殖民地的实际进行了一些创造,如老田学校(由当地社区捐款,在一些失去使用价值的原有农田上创建一种初等学校,由教会的神职人员来教育当地民众子弟的学校)、实科中学、哈佛学院的创建等都是美洲新大陆的民众根据当地的具体实际而进行的教育改革创举,并取得了良好的效果。

3. 各地教育发展极不均衡

这一时期,美国地理环境和经济条件的差异使得三大殖民地的经济发展出现较大的差异。其中北部殖民地经济最发达,而南部殖民地的经济结构单一,经济发展缓慢,这对各地区的教育事业发展产生了巨大的影响。由于经济发展迅速,当地政府和民众对教育重视,使得北部殖民地的教育事业较为发达,初等学校、中等学校和高等院校的数量远远高于其他两个地区。南部殖民地由于经济落后,统治者对当地劳动者子女的教育不重视,造成南部殖民地的教育发展极其缓慢。

二、美国独立后至 18 世纪末的教育

1775 年北美独立战争爆发,北美殖民地人民经过 7 年浴血奋战,终于赶走了英国殖民统治者,建立起独立的国家——美利坚合众国,从此一个新兴的资本主义国家出现在北美大陆上。

7 年的独立战争虽然以美国人民的彻底胜利而告终,但也使美国人民遭受了严重的经济创伤,文化教育机构和设施遭受了严重的破坏,大量教师流失,造成独立战争胜利后的十余年间各级教育发展缓慢,相当数量的初等学校停办,中学和大学的数量也在不断减少,许多适龄儿童无法按时入学,文盲人数大量

---

① [美]S. E. 佛罗斯特. 西方教育的历史和哲学基础[M]. 吴元训等译. 北京:华夏出版社,1987:293.

② [美]S. E. 佛罗斯特. 西方教育的历史和哲学基础[M]. 吴元训等译. 北京:华夏出版社,1987:392 – 393.

增加。

为了更好地巩固新生的资产阶级政权，尽快建设一个独立的、强大的资本主义国家，美国的开国元勋们高度重视教育的作用，把教育作为振兴国家、培养美国公民精神的重要手段。如美国第一任总统华盛顿说："要把筹办普遍传播知识的组织机构当作头等重要的目标。"①美国著名的政治家、教育家杰斐逊指出："我们（美国人民）的自由如不掌握在人民手中，而且在有一定教育的人民的手中，是永远不会有保障的，我看这是一条公理。"②建国初，美国政府对发展本国教育非常重视，并采取了一系列措施来促进本国教育的发展。美国政府对教育的干预主要是采取了两方面的措施：

1. 通过完善国家法令来支持本国教育的发展

1787 年《美国宪法》颁布，虽然该宪法没有提及教育，但把增进公共福利、保障公民享受自由和幸福作为联邦政府的职责，联邦政府可以在宪法许可的范围内干预各州的文化教育，来促进各州人民的公共福利事业。1791 年《美国宪法第一修正案》规定，不设立国教和保障公民享受宗教信仰自由的权利，这就为美国教育与宗教分离提供了法律依据。《美国宪法第十修正案》中规定："凡本宪法未授予合众国或未禁止各州行使的权利，由各州或各州人民保留。"③由此法案引申出兴办教育是地方政府和人民的权利，当地政府和人民可以按照国家法令和当地的实际需求来兴办教育，政府不得随意干涉。建国初美国国家法令的颁布和不断完善，为独立后美国教育的改革与发展朝着民主化、法制化、非宗教化的方向健康发展提供了强有力的法律保障，对独立后乃至现代美国教育的发展产生了重大的影响。

2. 通过赠地等方式为各州教育发展提供经济支持

建国之初，美国政府急于发展本国经济，建设强大国防，无力把大量的资金用于地方的教育事业。但独立后的美国联邦政府拥有西部大量的未开发的土地，这就为美国联邦政府资助各州教育事业的发展奠定了坚实的物质基础。联邦政府为了资助各州教育发展，于 1787 年颁布《西北土地法令》，指出："宗教、道德和学识，均系良好政府和人民幸福所必须者，因此，学校以及其他教育方式应当得到永久鼓励。"④法令规定把联邦政府的公地赠送给各州新建市镇，各市镇把联邦政府赠拨的土地划分为 36 块，其中第 16 块 1 平方英里的土地留作"办本乡公立学校"之用。⑤

① 滕大春.外国近代教育史［M］.北京:人民教育出版社,1989:322.
② 滕大春.外国近代教育史［M］.北京:人民教育出版社,1989:322.
③ 滕大春.外国近代教育史［M］.北京:人民教育出版社,1989:326.
④ ［美］S.E.佛罗斯特.西方教育的历史和哲学基础［M］.吴元训等译.北京:华夏出版社,1987:463.
⑤ 滕大春.外国近代教育史［M］.北京:人民教育出版社,1989:326.

建国初期,联邦政府运用把立法与赠地相结合的方式来干预美国各州教育的发展,确实是根据美国国情的一种创造,有效地解决了各州发展教育所需的办学经费,调动了各州发展教育的积极性,对美国各州教育的发展产生了有益的影响。

这一时期,美国各地在教会团体的支持下掀起了创设星期日学校、导生制学校的运动,文实中学也在各地开始创建,高等院校也在缓慢地恢复发展。但总的来说,建国后到18世纪末这一时期,由于美国各地经济尚处于从独立战争的严重创伤中极其艰难的恢复过程中,美国各级政府很难拿出大量的钱财来发展教育,使得美国各级教育发展处于缓慢的恢复阶段。这一时期联邦政府所颁布的发展教育的政策、法令直到19世纪初才产生了实质性的影响。

17—18世纪是欧美主要国家教育发展与改革的重要时期,这一时期宗教团体和宗教势力在这些国家教育改革与发展的过程中发挥了重要作用。18世纪中期以后,由于教会团体创办的学校数量少、规模小、宗教色彩过于浓厚、教育教学质量不高,开始受到社会各界的广泛批评。

17—18世纪欧美主要国家教育改革与发展的历史,也是这些国家的统治者和宗教势力争夺教育权的历史。从17世纪末开始,欧美主要经济强国开始运用国家政权的力量来争夺本国的教育领导权,并把兴办本国的教育作为唤醒本国民众的民族意识、培养其爱国意识的重要手段。这一时期,由于欧洲主要经济强国的统治者对本国教育开始重视,各国的初等教育获得了较快的发展,但这一时期各国初等教育设施简陋,教育质量不高则是一个非常普遍的问题。美国是一个由移民组成的新兴国家,注意向欧洲教育强国学习,并把欧洲教育经验美国化,因而其教育发展迅速,为在较短时间内赶上欧洲教育强国奠定了基础。

17—18世纪是欧洲主要国家由封建国家向资本主义国家过渡的时期,但社会阶层的两极分化严重。欧洲主要国家的教育是典型的双轨制,面向劳动者子女的教育和面向统治者子女的教育是完全不同的,统治阶级子女主要是在家庭或私立学校接受教育,劳动者子女则是在条件极为简陋的普通学校接受初等教育,而中等教育和高等教育则完全是统治者子弟的奢侈品。

思 考 题

1. 近代美国教育快速发展的基本经验。
2. 17—18世纪欧美主要国家教育发展与改革的基本特征。

参考文献

1. 滕大春.外国教育通史:第三卷[M].济南:山东教育出版社,1989.

2. 滕大春.外国近代教育史[M].北京:人民教育出版社,1989.

3. [英]奥尔德里奇.简明英国教育史[M].诸惠芳等译.北京:人民教育出版社,1987.

4. [苏]麦丁斯基.世界教育史[M].天舒等译.北京:五十年代出版社,1953.

5. [苏]H.A.康斯坦丁诺夫.苏联教育史[M].吴式颖等译.北京:商务印书馆,1996.

6. [美]S.E.佛罗斯特.西方教育的历史和哲学基础[M].吴元训等译.北京:华夏出版社,1987.

第十三章

卢梭的教育思想

让·雅各·卢梭（Jean-Jacques Rousseau，1712—1778）是法国著名的启蒙思想家、哲学家、文学家、教育家，是 18 世纪法国大革命的思想先驱，启蒙运动最卓越的代表人物之一。在教育上，他主张教育目的在于培养"自然人"，反对传统教育对儿童的戕害，要求提高儿童在教育中的地位，主张改革教育内容和方法，顺应儿童的本性，让他们的身心自由发展。卢梭的教育思想反映了资产阶级和广大劳动人民要求从封建专制主义的禁锢中解放出来的呼声，对法国乃至欧美教育历史的发展产生过重要的影响。

第一节　生平和社会政治观点

1712 年，卢梭出生在瑞士日内瓦城的一个钟表匠家庭，幼年丧母，在父亲的指导下学习。1722 年，其父因与人争斗，被诬犯伤害罪而离家出走，年幼的卢梭成了孤儿。他在舅父家中寄居两年，受到教师兰贝塞尔（Lambercier）的教导。后当过学徒，因不堪师傅的虐待而逃离，从 1728 年起开始了颠沛流离的生活。他先后当过店员、贵族家的仆役等，同时努力读书，学习领域极广。1740 年在法国里昂任空想社会主义者马布利（Gabriel Bonnot de Mably，1709—1785）家的家庭教师，虽时间不长，却引起了卢梭对教育的浓厚兴趣。1742 年后旅居巴黎，结识了狄德罗（Denis Diderot，1713—1784）等启蒙学者，为《百科全书》撰稿。1749 年起陆续发表政治和社会论著《科学和艺术的发达对于道德的影响》（1749 年）、《论人类不平等的起源和基础》（1755 年）、《社会契约论》（1762 年），小说《新爱洛漪丝》（1761 年），教育著作《爱弥儿》（1762 年）等。由于以上这些论著在政治、教育和宗教等领域抨击当时法国天主教会和封建专制政府的统治，当局下令逮捕卢梭并焚烧《爱弥儿》。卢梭被迫又开始了流浪生活，先后流亡瑞士、德国和英国等地。他于 1767 年潜返法国，隐居于

巴黎附近的尔蒙南村（Ermenonuille），写成了自传《忏悔录》。1778 年 7 月 2
日,卢梭在贫困与孤独中病逝。

《爱弥儿》是卢梭的教育代表作,全书共 5 卷,用夹叙夹议的小说体裁写成。
爱弥儿是书中的主人公,也是卢梭假设的教育对象。卢梭在书中尖锐地批判封
建教育,阐述了他的教育思想。此外,在卢梭为《百科全书》撰写的条目《论政治
经济学》(1755 年)以及《新爱洛漪丝》和为波兰政府拟定的《关于波兰政治的筹
议》(1773 年)等论著中,也都有他的教育宏论。

卢梭是一个资产阶级激进的民主主义者,是一个反封建的勇士。马克思说:
卢梭"不断避免向现存政权作任何即使是表面妥协"。① 卢梭认为,私有制和国
家等出现以前,人类生活在"自然状态"中,这时的人称"自然人",享有天赋的自
由和平等的权利,他们在政治上是自由的,在经济上是平等的,他们的人性是纯
朴的。人间的不平等是随着"文明社会"的产生而产生的。这种不平等的发展
过程经历了三个阶段:(1) 私有制的产生。因为有了私有制,就出现了富人和穷
人,导致了经济上的不平等。(2) 国家的产生。因为产生了国家,就出现了强者
(统治者)和弱者(被统治者)。(3) 专制(暴政)的形成。原先,人民让出自己的
一部分权利给某个民选政权,目的是要这个政权保护人民的利益,但后来这个政
权违背了原订的"社会契约",实行专制统治。这时,人间的不平等就发展到了
顶点,产生了主人和奴隶(人民),人性也败坏了。所以,人民应起来推翻暴政,
以"回归自然",建立起一个"优良的社会制度"。

卢梭所憧憬的新社会有两个特点:(1) 人人都有少量的财富,"不许有过
富的人,也不许有赤贫的人"。② (2) 主权在民,人民直接参与立法,法律是人
民公共利益的体现,执政者只是实施法律的公仆。卢梭认为,在这样的"社会
状态"中,人就能重享自由和平等的权利,纯朴的人性就能得到恢复并发扬
光大。

卢梭所描述的"社会状态",其实是以小私有制为基础的民主共和国(因为
卢梭生活的时代,法国还没有大规模的机器生产和现代工艺学)。在当时的历
史条件下,他实际上是为推翻封建统治和建立资产阶级民主共和国提供了理论
根据。恩格斯说:"理性的国家、卢梭的社会契约在实践中表现为,而且也只能
表现为资产阶级的民主共和国。"③马克思也曾说:卢梭的"社会契约论"是对于
"市民社会"的预感。④

---

① 马克思,恩格斯. 马克思恩格斯选集:第 2 卷[M]. 北京:人民出版社,1995:621.
② Rousseau. The Social Contract and Discoerses, Everyman's Library[M]. London: J. M. Dent &
Sons Ltd. ,1930:30.
③ 马克思,恩格斯. 马克思恩格斯选集:第 3 卷[M]. 北京:人民出版社,1995:356.
④ 马克思,恩格斯. 马克思恩格斯全集:第 12 卷[M]. 北京:人民出版社,1962:733.

第二节　自然主义的教育理论

卢梭的教育理论以"自然教育理论"著称。这方面,他也在一定程度上受到夸美纽斯等人的影响。

一、论培养"自然人"

卢梭认为,在民主制的国家建立之前,不应当为国家培养人才,不应当培养公民。在社会革命的前夜,主要应发展一般人的本性。培养"自然人"就是卢梭的教育目的。

1. 培养对象

卢梭说:"穷人是不需要受什么教育的,他的环境的教育是强迫的,他不可能受其他的教育。"①因为穷人的境遇使他符合"自然人"的条件,"他是自己能够成长为人的"。而富人则应受教育,因为富人子弟由于家庭环境的坏影响,丧失了"自然人"的本性,应通过教育使他们"放弃封号"。在他看来,特权阶级的子弟都应接受教育。这些人"放弃封号"之时,也即卢梭的理想社会出现之时。

当然,卢梭的这种主张并不具备实现的基础。首先,在当时,企图不通过人民群众的革命而通过教育推翻封建专制制度(使特权阶级"放弃封号"),企图不必依靠革命政权就能迫使特权阶级接受教育改造,这是一种幻想。其次,如果实行卢梭只让"富人"子弟受教育的主张,实际上就是剥夺了"穷人"子弟的受教育权。因此,在教育享受权的问题上,卢梭客观上是帮了"富人"的忙(尽管其主观愿望不是这样)。卢梭后来也主张国民教育,这方面的思想主要体现在他写的《关于波兰政治的筹议》第四章"教育"中。

2. 培养目标

要把富家子弟培养成什么样的"自然人"? 卢梭答曰:是"有见识、有性格、身体和头脑都健康的人"。② 具体说来,卢梭心目中的理想的新人应符合以下 3 条标准:(1) 有优等的智力与强健的身体,"像农民那样劳动,像哲学家那样思想,……使身体锻炼和思想锻炼互相调剂"。③ 卢梭还说:"我们在开头锻炼了他的身体和感官之后,又锻炼了他的思想和判断的能力。这样,我们就能使他把四肢的运用和智力的运用结合起来;我们训练了一个既能行动又能思想的人,为了造就这个人,我们还需要做的事情只是把他教育成和蔼与通情

① ［法］卢梭. 爱弥儿:上卷［M］. 李平沤译. 北京:商务印书馆,1978:32.
② ［法］卢梭. 爱弥儿:上卷［M］. 李平沤译. 北京:商务印书馆,1978:128.
③ ［法］卢梭. 爱弥儿:上卷［M］. 李平沤译. 北京:商务印书馆,1978:274.

达理的人,也就是说,用情感来使他的理性臻于完善。"①（2）"自然的学生,他从小就锻炼自己尽可能地依靠自己,所以没有经常去求助他人的习惯。"②他们要掌握劳动技能,学会谋生。这些反映了小资产阶级对剥削者的愤激情绪:"一个人在那里坐吃不是他本人挣来的东西,就等于是在盗窃;在我看来,一个人如果一事不做……就同抢劫行人的强盗没有分别。……所以,劳动是社会的人不可豁免的责任。任何一个公民,不论他是贫或是富,是强或是弱,只要他不干活,就是一个流氓。"③（3）有"自爱心"和"怜悯心"。"怜悯心"实指博爱,"要教你的学生爱一切的人"。④卢梭说:"不属于人民范畴的人为数极少,不值得计算在内。"⑤这种博爱教育是反封建特权阶级的,在当时是进步的。其局限性在于它掩盖了当时法国第三等级内部资产阶级和劳动人民之间的阶级矛盾及道德上的区别。

总之,"自然人"就是正在形成中的新兴资产阶级分子,他和"社会人"并非完全不同。不过在卢梭的笔下,这种"自然人"至少有两点高于当时一般的资产者:（1）"自然人"是积极的劳动者,坚信依靠自己的力量可以开辟出新的天地;（2）"自然人"有人道主义精神,对人民有"怜悯心"。

二、按照儿童的自然本性进行教育

卢梭继夸美纽斯之后进一步论证了教育要适应自然这一原理。他认为人的教育有三个来源:"或是受之于自然,或是受之于人,或是受之于事物。""我们的才能和器官的内在的发展,是自然的教育;别人教我们如何利用这种发展,是人的教育;我们对影响我们的事物获得良好的经验,是事物的教育。"⑥这里"自然"是指儿童的"本性"或"秉赋";"人"是指别人的教育;"事物"是指外部环境的影响。然而,"在这三种不同的教育中,自然的教育完全是不能由我们决定的,事物的教育只是在有些方面才能够由我们决定。只有人的教育才是我们能够真正地加以控制的……既然三种教育必须圆满地配合,那么,我们就要使其他两种教育配合我们无法控制的那种教育。"⑦所以,教育的方法就是"依照自然"。"自然"在《爱弥儿》中主要指儿童的"本性"（包括人类一般的特性,儿童的年龄特点、性别特点和个性差异等),有时也指自然界。教育"依照自然",意即人教人、

① ［法］卢梭.爱弥儿:上卷［M］.李平沤译.北京:商务印书馆,1978:275.
② ［法］卢梭.爱弥儿:上卷［M］.李平沤译.北京:商务印书馆,1978:139.
③ ［法］卢梭.爱弥儿:上卷［M］.李平沤译.北京:商务印书馆,1978:262.
④ ［法］卢梭.爱弥儿:上卷［M］.李平沤译.北京:商务印书馆,1978:311.
⑤ Rousseau. Emile or Education,Everyman's Library［M］. London: J. M. Dent & Cons Ltd.,1933:186.
⑥ ［法］卢梭.爱弥儿:上卷［M］.李平沤译.北京:商务印书馆,1978:7.
⑦ ［法］卢梭.爱弥儿:上卷［M］.李平沤译.北京:商务印书馆,1978:7－8.

利用事物教人,都要遵循儿童的"本性"的发展。具体就是:

1. 让儿童"自然成长"、"自由发育",进行"自由教育"

卢梭攻击中世纪封建教育的一个理论基础——基督教的"原罪论"。封建教育压制和摧残儿童的个性,阻碍儿童身心的正常发展,搞禁欲主义。他指出:人的本性是善的,"本性的最初的冲动始终是正确的,因为在人的心灵中根本没有什么生来就有的邪恶……"。① 所以,教育的职责就是帮助儿童"自然成长"、"自行发育成熟"。教育不应干涉儿童的行动,因为孩子们生来是自由的。这也就是一种所谓的"消极教育"。

我们的分析有以下两点:

第一,卢梭以上所讲的依据是"性善论",这在当时有其历史进步性。18世纪的法国,"贵贱天生殊异论"仍在流传,封建统治阶级总认为自己是天之骄子,而污蔑劳动人民天性不善。卢梭则针锋相对地认为,人人都有优良的天性,在自然状态下无贵贱之分,这在教育上自然也就驳斥了封建教育的等级论。他把当时社会上人性变恶的根源归结于封建文化教育对人性的腐蚀和败坏,从而得出结论:要恢复人的天性,就必须改造封建教育。他认为,教育者的任务是保持和发展儿童完美的天性,这就剥夺了封建教育任意体罚儿童、摧残儿童身心健康的口实,也为儿童的个性解放和自由发展提供了理论依据。当然,从理论上讲,"性善论"和"性恶论"都是片面的,人的天性本无所谓善恶。天性可能由于后天的恰当培养而向正确的方向发展,因而表现为善;也可能由于后天的不良影响而向错误的方向发展,因而表现为恶。当然,向善发展应是更重要的一面,尤其值得强调。

第二,"自然成长"论和"自由"教育论在理论上是错误的。只讲对儿童的消极适应,忽略对儿童的引导和培养,这会导致"教育即生长"这类教育生物学化的错误观点。卢梭实际上是要按照资产阶级的要求培养后代,但却将资产阶级教育的结果说成是儿童"本性"的"自然成长",这就掩盖了教育的阶级性。

2. "自然后果"教育

中世纪教育盛行体罚,卢梭则反对体罚,还反对一切人为的惩罚。他说:"不要对你的学生进行任何种类的口头教训,应该使他们从经验中去取得教训;也不要对他们施加任何种类的惩罚……"②在12岁以前,儿童所受到的惩罚应当只是"他们不良行为的自然后果"。③ 这就是说,儿童一旦犯了错误,应让他们从其自身不良行为的后果中吸取经验教训,认识到该做什么和不该做什么。

我们认为:第一,这种"自然后果"的教育方法在一定条件下是可用的,但不

---

① [法]卢梭. 爱弥儿:上卷[M]. 李平沤译. 北京:商务印书馆,1978:94-95.
② [法]卢梭. 爱弥儿:上卷[M]. 李平沤译. 北京:商务印书馆,1978:94.
③ [法]卢梭. 爱弥儿:上卷[M]. 李平沤译. 北京:商务印书馆,1978:109.

可滥用。只能在儿童明知故犯、屡教不改,而其行为所产生的后果又不会损伤其身心时偶尔用之,让他从中吸取教训。第二,儿童所知有限,主要应多方诱导,不应让他"自讨苦吃",教育之所以必要,原因本就在此。第三,如果儿童明知故犯,或过失性质严重,即使已受"自然后果"的惩罚,也还应加上批评教育,甚至人为的惩罚。否则,只能助长个人主义和自由主义的发展。第四,如果儿童错误行为的后果只危害别人而不危害自己,那就不能使用这种"自然后果"教育法。

3. 以乡村为学校,以事物为教材,拜自然为老师

以乡村为学校:卢梭认为,乡村是最适于保持和发展儿童天性的环境。所以,爱弥儿从两岁起就由教师带到乡下培养。他的这个主张反映了其对当时被贵族生活腐化了的城市环境和封建家庭的厌恶以及对教会学校的蔑视,表现出反抗性。卢梭曾说:"城市是坑陷人类的深渊",而乡村才能够"更新人类",能够恢复人们"失去的精力"。① 但该主张也有片面性:当时乡村也为封建地主所统治,也不免受封建文明的影响;封建城市本身包含反封建的进步力量;而且,反封建的战士(资产阶级新人)应在战斗中锻炼成长,企图逃避现实、离开斗争而培养新人,这是不切实际的幻想。

以事物为教材:卢梭反对当时流行的以文字和书本为主的并且是脱离实际的古典教育。在他看来,如果学生只从书本学习,那只能学得些词句,并不能获得真正的知识。"代表事物的各种符号如果不具有它们所代表的事物的观念,那就是毫无意义的。"②卢梭强调儿童的感性(觉)经验,主张从现实生活中学习丰富的实际经验,认为实际经验是智力发展的基础。他主张教学生去观察自然现象,强调学习农业和手工业等生产知识,学习地理、物理和化学等自然科学知识。他认为,世上的事物是无穷的,而"人类的智慧是有限的",因此,必须对所要教和学的东西加以选择。而选择教材的标准是:"这有什么用处?"③

卢梭当时强调以事物为教材,具有进步意义。他所攻击的"书本",特别指经院学校中的拉丁文法和修辞学等教本;所攻击的"知识",特别指天主教的教条。由此可见,卢梭反对封建文化对儿童的毒害,反对经院主义教育,但也充满小资产阶级的偏激情绪,有片面性:对封建文化未能区分精华和糟粕,甚至于宣布要烧毁一切书本;夸大直接知识在教学中的地位,夸大直观教学的作用,夸大儿童的直接经验的意义,但忽视了间接经验和书本知识。

拜自然为老师:卢梭不仅认为乡村最适于儿童成长,还进而认为,大自然是儿童最好的教师:它使他活动、锻炼他、考验他、帮助他成长。"使你的学生去观察自

---

① [法]卢梭. 爱弥儿:上卷[M]. 李平沤译. 北京:商务印书馆,1978:43.
② [法]卢梭. 爱弥儿:上卷[M]. 李平沤译. 北京:商务印书馆,1978:123.
③ [法]卢梭. 爱弥儿:上卷[M]. 李平沤译. 北京:商务印书馆,1978:235.

然的种种现象。"①卢梭要求儿童"以自然为师,而不以人为师",②要"成为自然所造成的人,而不是人造成的人"。③ 卢梭说:爱弥儿"从经验中学到了很多的东西;虽说他读书没有别的孩子读得好,但他对自然这本书的理解却比其他的孩子透彻"。④ 卢梭提倡"以自然为师",目的在于反对迂腐的经院学校教师。从《爱弥儿》全书看,卢梭并不否定一切教师,他肯定那些能够"依照自然"教育学生的教师。这样的教师既了解学生的"本性",又能利用大自然,巧妙地指导儿童"自然成长"(这要求教师巧妙地指导学生,同时使儿童不觉得是在被人指导)。

总之,在卢梭看来,以乡村为学校、以事物为教材和拜自然为老师这三者是互为联系、相辅相成的。

4. 按照儿童的自然发展阶段教育儿童

卢梭说:"要按照你的学生的年龄去对待他。"⑤他把人的教育分为 4 个阶段:

(1) 幼儿期(2 岁前)。这时以身体保健和锻炼为主要任务。卢梭非常强调身体健康的重要性。在这方面,他的许多看法和英国教育家洛克的观点很相似,但也有不同之处。卢梭认为,健康的身体是理性发展的基础。他说:"身体必须要有精力,才能听从精神的支配。"⑥"如果你想培养你的学生的智慧,就应当先培养他的智慧所支配的体力。不断地锻炼他的身体,使他健壮起来,以便他长得既聪慧又有理性,能干活,能办事,能跑,能叫,能不停地活动,能凭他的精力做人,能凭他的理性做人。"⑦健康也是人长寿的条件。"长寿的例子,差不多在所有最喜欢锻炼、最受得住劳累和最爱干活的人当中都是可以找得到的。"⑧健康还是培养良好品德的基础。卢梭指出:假如人的身体健康有力,"他就会变得挺好的:事事都能干的人,绝不会做恶事"。⑨

卢梭具体谈到了许多保育和锻炼的措施。关于生活环境,他指出,应把孩子带到乡村去呼吸"好空气";也可以每天把孩子带到草地上去,"在那里,让他跑,让他玩,让他每天跌一百次,这样反而好些:他可以更快地学会自己爬起来。从自由中得到的益处可以补偿许多的小伤"。⑩ 关于饮食,卢梭指出,孩子的食物要清淡,因为"愈是自然的口味,就愈为简单",要"尽量让孩子保持他原始的口

① [法]卢梭. 爱弥儿:上卷[M]. 李平沤译. 北京:商务印书馆,1978:217.
② Rousseau. Emile or Education,Everyman's Library[M]. London: J. M. Dent & Cons Ltd,1933:84.
③ Rousseau. Emile or Education,Everyman's Library[M]. London: J. M. Dent & Cons Ltd,1933:216.
④ [法]卢梭. 爱弥儿:上卷[M]. 李平沤译. 北京:商务印书馆,1978:206.
⑤ [法]卢梭. 爱弥儿:上卷[M]. 李平沤译. 北京:商务印书馆,1978:92.
⑥ [法]卢梭. 爱弥儿:上卷[M]. 李平沤译. 北京:商务印书馆,1978:34.
⑦ [法]卢梭. 爱弥儿:上卷[M]. 李平沤译. 北京:商务印书馆,1978:137 – 138.
⑧ [法]卢梭. 爱弥儿:上卷[M]. 李平沤译. 北京:商务印书馆,1978:38.
⑨ [法]卢梭. 爱弥儿:上卷[M]. 李平沤译. 北京:商务印书馆,1978:56.
⑩ [法]卢梭. 爱弥儿:上卷[M]. 李平沤译. 北京:商务印书馆,1978:71.

味,使他吃最普通和最简单的东西,使他的嘴经常接触的是一些清淡的味道"。① 因为清淡的食物容易消化。关于穿着,卢梭为了让儿童"自由发育",主张让儿童穿宽松和宽大的服装。如果衣服太紧,"体液不流动,循环就受到阻碍",②人就会生病。他指出,对于儿童而言,"不要给他戴什么帽子,不要给他系什么带子,也不要给他包什么襁褓;给他穿上肥大的衣服,让他的四肢能够自由,既不沉重到妨害他的活动,也不暖和到使他感觉不出空气的作用"。③ 关于锻炼,卢梭认为这是儿童所应当要经受的,那是为了以后能抵抗"必然要遭受的灾难",可以"在将来过得愉快"。④ 所以,卢梭不赞成对孩子娇生惯养。卢梭对于医药的态度是淡漠而偏激的,他甚至于说:"医药这一门学问对人类的毒害比它自认为能够医治的一切疾病还有害得多。"⑤这种态度显然是不科学的。

(2) 儿童期(2～12岁)。卢梭认为,这时的儿童在智力方面还处在"理智睡眠"的时期,他们还缺乏思维能力。所以卢梭不主张让儿童读书,卢梭甚至说:"读书是孩子们在儿童时期遇到的灾难。"⑥这时要进行感觉教育,以发展儿童的感觉器官的敏锐性为主要任务。"在我们身上首先成熟的官能是感官,因此,应该首先锻炼的是感官。""锻炼感官,并不仅仅是使用感官,而是要通过它们学习正确的判断,也就是说要学会怎样去感受;因为我们只有经过学习之后,才懂得应该怎样摸、怎样看和怎样听。""要使每一种感官都各尽其用,要用这个感官获得的印象去核实另一个感官获得的印象。"⑦卢梭又说:"我们并不是平均地使用我们的种种官能的。"⑧他特别强调的是触觉和视觉,认为它们是"我们经常不断地使用的最重要的两种感官"。⑨ 他提出,可以通过"多在夜间做游戏"等许多办法来发展人的触觉,以使我们的触觉能像盲人那样"敏锐和准确"。而这些办法也同样适用于锻炼其他的感官。

(3) 少年期(12～15岁)。这时以智育为主要任务,同时也要进行劳动教育。卢梭认为,智育的任务主要不在于传授大量的知识,而在于培养学生对于求知的兴趣、锻炼学生的思想和判断的能力。"问题不在于教他各种学问,而在于培养他有爱好学问的兴趣,而且在这种兴趣充分增长起来的时候,教他以研究学问的方法。毫无疑问,这是所有一切良好的教育的一个基本原则。"⑩劳动教育

① [法]卢梭. 爱弥儿:上卷[M]. 李平沤译. 北京:商务印书馆,1978:191,192.
② [法]卢梭. 爱弥儿:上卷[M]. 李平沤译. 北京:商务印书馆,1978:151.
③ [法]卢梭. 爱弥儿:上卷[M]. 李平沤译. 北京:商务印书馆,1978:45.
④ [法]卢梭. 爱弥儿:上卷[M]. 李平沤译. 北京:商务印书馆,1978:85.
⑤ [法]卢梭. 爱弥儿:上卷[M]. 李平沤译. 北京:商务印书馆,1978:34－35.
⑥ [法]卢梭. 爱弥儿:上卷[M]. 李平沤译. 北京:商务印书馆,1978:135.
⑦ [法]卢梭. 爱弥儿:上卷[M]. 李平沤译. 北京:商务印书馆,1978:161.
⑧ [法]卢梭. 爱弥儿:上卷[M]. 李平沤译. 北京:商务印书馆,1978:162.
⑨ [法]卢梭. 爱弥儿:上卷[M]. 李平沤译. 北京:商务印书馆,1978:186.
⑩ [法]卢梭. 爱弥儿:上卷[M]. 李平沤译. 北京:商务印书馆,1978:223.

的任务则主要是让学生掌握今后谋生的本领。卢梭说："在人类所有一切可以谋生的职业中，最能使人接近自然状态的职业是手工劳动；在所有一切有身份的人当中，最不受命运和他人的影响的，是手工业者。手工业者所依靠的是他的手艺；他是自由的……"①所以，爱弥儿要学习"一种真正的手艺，纯粹的机械的技术"，②也就是要"学一门职业"，例如"做木工"，"这种工作很干净，也很有用，而且可以在室内做；它使身体有足够的活动量，它要求工人既要具有技术，又要勤勤恳恳地干；在以实用为主的产品的样式中，也不排除典雅和美观。"③卢梭不仅论证了职业能力对于人在社会生存中的重要性，而且还谈到了劳动对于发展人的理性的作用。他说："如果不叫孩子去啃书本，而是叫他在工场干活，则他的手就会帮助他的心灵得到发展；他将变成一个哲学家，虽然他认为他只是一个工人。此外，这种锻炼还有我在后面将要谈到的其他好处，你们可以看到怎样利用哲学的游戏去培养真正的成人的机能。"④总之，卢梭在《爱弥儿》一书中花了大量篇幅来论述职业教育的重要性，这在当时是难能可贵的。

（4）青春期（16岁至成年）。这时以道德教育为主要任务，要把学生"教育成和蔼与通情达理的人"。⑤ 这时，要把爱弥儿带回城市进行教育。因为他在乡村已受到良好的教育，已能抵制腐化的城市对他思想的侵蚀。

关于道德教育的任务，首先，是要培养"善良、博爱、怜悯、仁慈"的情感、正确的判断、良好的意志和高尚的情操。其次，是要防止"产生妒忌、贪婪、仇恨以及所有一切有毒害的欲念"。⑥ 卢梭特别指出，道德是需要实践的，"我们只主张我们的学生从实践中去学习"。⑦

以上这种把体育、感觉教育、智育、劳动教育和德育相互割裂开来的思想既不科学，也难以实行。尽管如此，卢梭的许多教育观点仍是发人深省的。

5."自然宗教"的教育

爱弥儿18岁以后开始接受"自然宗教"的教育。卢梭是唯心主义的自然神论者，他只培养儿童对上帝的"敬虔之念"，而反对历史上的一切宗教的仪式、教条和教会等形式。马克思和恩格斯在《神圣家族》中指出：自然神论不过是摆脱宗教的一种简便易行的方法罢了。卢梭的神学思想虽比不上同为启蒙思想家的狄德罗、爱尔维修的无神论，但卢梭的自然神论仍具有反对封建教会的威力。

综上而言，卢梭教育思想的主题是"自然教育论"，其内容特征可概括为：第

① ［法］卢梭. 爱弥儿：上卷［M］. 李平沤译. 北京：商务印书馆,1978:262.
② ［法］卢梭. 爱弥儿：上卷［M］. 李平沤译. 北京：商务印书馆,1978:263.
③ ［法］卢梭. 爱弥儿：上卷［M］. 李平沤译. 北京：商务印书馆,1978:271－272.
④ ［法］卢梭. 爱弥儿：上卷［M］. 李平沤译. 北京：商务印书馆,1978:232.
⑤ ［法］卢梭. 爱弥儿：上卷［M］. 李平沤译. 北京：商务印书馆,1978:275.
⑥ ［法］卢梭. 爱弥儿：上卷［M］. 李平沤译. 北京：商务印书馆,1978:306.
⑦ ［法］卢梭. 爱弥儿：上卷［M］. 李平沤译. 北京：商务印书馆,1978:111.

一,"回归自然",这是他的基本社会政治观点,即建立所谓符合自然状态的小资产阶级王国,而实际上是资产阶级民主共和国。第二,培养"自然人",这是"回归自然"的基本途径。第三,"依照自然",即培养"自然人"的方法和途径。总的说来,这是一种新兴资产阶级的教育理论。但卢梭为何处处加上"自然"两字?这一方面是为了谴责封建旧教育不合乎自然、不合理,另一方面是企图论证资产阶级教育是合乎自然的、正当合理的。

卢梭在《爱弥儿》中所阐述的是一种个别化或家庭化的教育方式,而非学校教育的形式。但是,《爱弥儿》中的教育主张和卢梭十多年后所写的《关于波兰政治的筹议》中的教育主张并非对立,而是一致的。《爱弥儿》中所谓的"自然人"并非脱离社会之人,而是因为当时法国尚未建立民主制度,专制的国家已混乱腐朽乃至不成其为"国家",所以卢梭不主张为那样的国家培养公民。相反,应尽量排除那个"国家"对人的压制和毒害。越是忠于那个"国家",就越会丧失个人的独立性与价值。卢梭曾说:"提到我的祖国,我就感到赧颜,对于它,我心中怀抱的是轻蔑和恨,因为我是靠我自己而取得幸福和人家的尊敬的;我的祖国……给予我的是灾祸,使我沦为牺牲,是耻辱,使我深深感到害羞。我打断了同我的国家的一切联系,我要把整个世界当作我的国家;只有不再做公民,我才能够成为一个世界的人。"[①]而国家一旦建立了民主制度,就应建立"一种深思熟虑过的教育制度",由国家机构管理教育(包括决定校长和教师的人选与升迁),设立学校,把学生教育成真正的公民和爱国者,还要培养未来的政治家。这种教育即使不可能"完全免费",但"所收的费应该是放低到使最贫苦的也能付与。也许可能在每个高等学校里设立一些免费额,费由国家贴补……"[②]卢梭指出:这些教育制度"为一个共和国将来的希望与一个国家的荣华和命运所攸关",是极其重要的,但它们在许多国家并未受到重视,这是令人吃惊和痛心的。由此看来,卢梭还是十分重视公民教育的。

卢梭在当时提出了一种崭新的儿童观和教育观,具有划时代的意义。理解了他的教育思想,就容易理解西方近现代教育的发展。正如美国教育家杜威所说:"卢梭所说的和所做的一样,有许多是傻的。但是,他的关于教育根据受教育者的能力和根据研究儿童的需要以便发现什么是天赋的能力的主张,听起来是现代一切为教育进步所做的努力的基调。他的意思是,教育不是从外部强加给儿童和年轻人某些东西,而是人类天赋能力的生长。从卢梭那时以来教育改

---

① [法]卢梭. 爱弥儿:下卷[M]. 李平沤译. 北京:商务印书馆,1978:778.
② 张焕庭. 西方资产阶级教育论著选[M]. 北京:人民教育出版社,1979:139.

革家们所最强调的种种主张,都源于这个概念。"①

  法国资产阶级大革命爆发后,反映小生产者利益的雅各宾派曾自称是卢梭的学生,他们热情地阅读《爱弥儿》。雅各宾党人雷佩尔提(Lepelletier,1758—1793)起草的教育改革方案中体现了卢梭的劳动教育思想。德国大哲学家康德读《爱弥儿》时入了迷,以至于竟忘了他长期固定的每天散步的时间。康德的教育思想明显地受到卢梭的影响。德国教育家巴泽多(Johann Bernhard Basedow,1724—1790,人称"德意志的卢梭")在卢梭的《爱弥儿》的影响下,于1774年创办泛爱学校(Philanthropinum),进行教学改革,兴起了泛爱主义教育思潮。瑞士教育家裴斯泰洛齐在探索"教育心理学化"的过程中,也受到卢梭的影响。俄国著名作家和教育家托尔斯泰在大学学习期间就热衷于阅读卢梭的著作,他后来赞同卢梭关于儿童天性善良的观点,也提倡自由教育,要求尊重儿童。其他受到卢梭影响的教育家还有赫尔巴特、福禄培尔和蒙台梭利等。

  总体而论,卢梭的教育学说富有批判性、思辨性和哲理性,有些地方过于理想化。但由于他的教育实践活动和教育经验的不足,他的教育思想在一定程度上缺乏科学性,其中也有许多片面性和随意性,并且为以后的一些教育家所发展。例如杜威的"教育即生长"、"儿童中心论"和"经验教学"等,就是受到了卢梭的影响。

思 考 题

1. 试析卢梭自然主义教育理论的主要内容。
2. 试析卢梭教育思想对后世的影响。

参考文献

1. Rousseau. Emile or Education, Everyman's Library[M]. London：J. M. Dent & Sons Ltd. ,1933.

2.[法]卢梭. 爱弥儿[M]. 李平沤译. 北京:商务印书馆,1978.

3. 滕大春. 卢梭教育思想述评[M]. 北京:人民教育出版社,1984.

4.[法]卢梭. 关于波兰政治的筹议(第4章"教育")//张焕庭. 西方资产阶级教育论著选[M]. 北京:人民教育出版社,1979.

————————

① [美]约翰·杜威. 学校与社会·明日之学校[M]. 赵祥麟等译. 北京:人民教育出版社,1994:221.

第十四章

19 世纪英国的教育

自产业革命到 19 世纪中期,英国在世界上取得了毋庸置疑的经济优势。直到 1860 年,英国的制造业占全世界的 1/2,棉花、钢铁和煤炭生产占据全世界的 1/3。然而,与同时期其他西方诸国的国民教育发展相比,英国国民教育体系的建设却是迟缓而又落后的。到 1830 年为止,德、法、荷兰和瑞士等国家业已建立起了较为完备的国民教育体系,中等和高等教育也得到了长足的发展。相比之下,英国的国民教育体系发展落后于欧陆诸国半个世纪之久:1870 年才颁布《初等教育法》;1902 年才设立国立中学;大学一直固守经典学科,抵制现代科技教育的革新。造成这种现象的原因是错综复杂的。鉴于此,本章将在追溯 19 世纪英国教育发展史实的同时,对其背后的历史成因亦予以分析。

第一节　初等国民教育体系的形成

1870 年的《初等教育法》是英国近代教育发展史上的分水岭。19 世纪英国的初等教育基本上是按照两条主线同时推进的:其一,在 17 世纪末和 18 世纪形成的自愿捐办初等学校体系得到进一步拓展,并且一直占据着初等教育的主流;其二,国家也开始以迟缓和妥协的方式对教育进行干预,最终在 1870 年之后逐步形成了初步的初等国民教育体系。

一、自愿捐办初等学校的进一步拓展

英国早期初等教育的发展,几乎被教会所垄断。17 世纪末和 18 世纪,以贫民子弟为教育对象的初等教育主要由宗教团体和民间捐款办理,形成了独具英国教育特征的自愿捐办(voluntary-endowed)初等学校体系。到 19 世纪,自愿捐办的初等学校名目繁多,但就其社会影响和办学规模而言,主要包括以下几种类型。

其一，乞儿学校（Ragged Schools）。它是由补鞋匠彭慈（John Pounds，1766—1839）利用补鞋所得创办，"彭慈本人既当教师，又兼医生、护士和玩伴"，免费教育儿童。他的做法为当时诸多慈善家所效仿，1844年，伦敦还成立了"乞儿学校协会"。到1870年《初等教育法》公布时，仅伦敦就有乞儿学校200所，学生23 000人左右。①

其二，星期日学校（Sunday School）。它是由贫民教育慈善家雷克斯（Robert Raikes，1735—1811）于1780年首创，专门招收贫民儿童和童工，在礼拜日上课。教学内容主要涉及宗教教义和道德准则以及读、写、算等基础知识。到1818年，星期日学校有5 463所，学生数达到477 225人，1835年增至1 548 890人②，成为当时贫民子弟接受初等教育的主要机构之一。

其三，导生制学校（Monitorial School）。它产生于18世纪末，盛行于19世纪30年代，由传教士贝尔（Dr. Andrew Bell，1753—1832）和兰卡斯特（Joseph Lancaster，1778—1833）所创，故而又称贝尔—兰卡斯特制学校。其基本教学方法是，教师先在学生中挑选一些年龄较大且学业成绩较佳的学生充任导生（monitors），预先对其教学，然后由他们去教其他学生。导生制之所以盛行一时，盖因它是一种廉价的教育方式，极大地拓展了受教育者的规模，且弥补了当时师资匮乏的困境。导生制学校开创之后，贫民子弟教育成为社会各界关注的焦点。19世纪初，兰卡斯特的支持者和贝尔的支持者先后成立了"不列颠及海外学校协会"和"全国贫民教育促进会"。尽管二者在办学宗旨和教学内容等方面志趣迥异，但是它们在募捐办学和推广民众教育等方面产生了深远的影响。到1830年，导生制学校数达到3 670所，在校生数346 000人。③ 但是，导生制的缺陷也是显而易见的。一是它仅仅适合于读、写、算等简单的教学内容；二是由于导生缺乏基本的教学训练和经验，且过于循规蹈矩和机械化，不利于教学质量的提高。到19世纪40年代，导生制学校渐趋式微。

其四，幼儿学校（Infant School）。1816年，罗伯特·欧文（Robert Owen，1771—1858）在英国的纽兰纳克（New Lanark）为工人子弟创设了英国的第一所学前教育机构——幼儿学校。欧文坚信环境和教育决定论，认为"人类的天性是相同的……通过审慎的训练，世界上任何阶级的幼儿都可以容易地转变成另一个阶级的成人"。④ 欧文在教育实践中，特别重视良好性格的养成，实施一种

---

① S. R. Vashist，Ravi P. Sharma. History of Education in Nineteenth Century[M]. New Delhi：Radha Publications，1997：134.

② S. R. Vashist，Ravi P. Sharma. History of Education in Nineteenth Century[M]. New Delhi：Radha Publications，1997：132.

③ James Bowen. A History of Western Education Vol. III. [M]. London：Methuen & Co. Ltd. ，1981：297.

④ H. C. Barnard. A History of English Education from 1760[M]. London：University of London Press Ltd. ，1961：58.

理性和人道的教育方法,教学和游戏皆以愉快和舒适的方式进行。在纽兰纳克办学模式的示范作用下,怀尔德斯平(Samuel Wilderspin,1792—1886)、斯道(David Stow,1793—1864)和梅约(Charles Mayo,1792—1846)等人先后按照纽兰纳克模式创办幼儿学校和幼儿学校协会,致使当时英国的幼儿教育发展蔚然成风。

尽管上述自愿捐办初等学校之间各具特色,但是它们也拥有某些共同的特征。其一,也是最显著的特征,就是在经济上独立于国家,办学资金来自个人或不同团体的自愿捐助,学生入学不是强制性的。其二,办学目的主要出于宗教、慈善和社会安定。自愿捐款办学是该时期一种典型的贫民教育形式,其目的在于防止贫民子弟的道德堕落和犯罪,使学生得到教化,达到社会安定和改良的目的。其三,教学内容主要涉及宗教教义以及简单的读、写、算等,以使学生形成勤劳和虔诚的习惯以及基本的职业技能。其四,以贫民子弟为教育对象,是一种终结性的教育,学生以融入社会或就业为目的。

二、国家对初等教育的逐步干预

尽管自愿捐办初等学校具有发挥宗教团体、地方和个人积极性等优越性,但是也正是因为长期以来国家统一干预和管理的缺失,才导致了英国国民教育发展的滞后性。从19世纪初期开始,加强国家对国民教育干预的呼声开始日益高涨。

产业革命以来,成千上万的童工涌进工厂,充当廉价的劳动力。童工们在工作条件极其恶劣的环境里,每天从事长时间的繁重劳动。当时,"即使是毫不妥协的'放任主义'者也感觉到,某些工厂里童工们的工作条件是如此之差,以至于不得不为童工的未来福利采取某种适当的干预"。[①] 1802年,棉纺厂主皮尔(Robert Peel)提出了《学徒健康与道德议案》。它规定学徒和童工每天的工作时间不得超过12小时且不允许夜间劳动;在工作日中,应该有部分时间从事读、写、算和宗教教育。这个法案虽然获得通过,但是却没有得到全面实施。1807年,惠特布雷德(Samuel Whitbread)提出《教区学校议案》,建议各教区设立由地方税资助的学校,对7~14岁的所有贫民儿童施以两年的免费教育。该议案在下院获得通过,但被上院否决。1816年,在布鲁汉姆(Henry Brougham,1778—1868)等人的努力下,议会成立了贫民教育状况调查委员会。结果表明,以贫民子弟为教育对象的自愿捐助学校,入学率和办学效率等状况令人担忧。这一调查结果在议会乃至社会上引起强烈反响。

---

① H. C. Barnard. A History of English Education from 1760 [M]. London: University of London Press Ltd., 1961:63.

在布鲁汉姆和阿尔索普勋爵（Lord Althorp）等社会名流的呼吁下，1833 年，议会决定每年从国库拨款 2 万英镑作为对初等学校建筑的补助金，首开政府拨款资助民间自愿捐办学校之先河。此后，英国教育进入了所谓的"民办公助"（voluntary-aided）时期。同年，议会通过了《工厂法》，规定 9～13 岁的童工每天接受两个小时的义务教育。1839 年，英国政府首次设置了枢密院教育委员会，负责教育拨款的分配和使用，并首次任命"皇家督学"视察所有接受公款资助的学校。1856 年，枢密院教育委员会被改组为教育署，成为英国政府第一个初等教育的管理机构。1899 年，英国成立了中央教育委员会，统辖全国的初等、中等和技术教育。

三、初等国民教育体系的创建

19 世纪 60 年代，是英国初等教育转型的关键期。这时，"来自欧洲大陆的工业挑战第一次使良好教育的重要性完全地显现出来。同时，国内工业的进一步机械化减少了对童工的需求"。[①] 1867 年，英国城镇工人阶级获得了选举权，如何给获得选举权的大众及其子弟以适当的初等教育成为迫切的政治问题。这时，英国各地的"工会运动"也一再呼吁建立一个非宗教的全国性的教育体系。在这种背景下，英国议会于 1870 年通过了由教育署长福斯特（W. E. Forster）提出的《初等教育法》（Elementary Education Act），又称《福斯特法》。它的主要内容包括：（1）将全国划分为数千个学区，设立学校委员会管理地方教育；（2）在教会学校设置不足的地方，由地方选举产生的学校委员会可以以兴办学校为由征收地方税，并且接受中央拨款资助；（3）对 5～12 岁的儿童实施初等教育；（4）公立小学不准从事带有教派色彩的宗教教育。

1870 年《初等教育法》的颁布，在英国教育史上具有划时代的意义。它标志着英国初等教育在经过漫长的民间"自愿捐款办学"和"民办公助"两个阶段之后，教会失去了对初等教育的垄断权，国民初等教育体系得以初步确立。但是，该法也是一个典型的妥协和折中的产物：原有的自愿捐办学校被原封不动地保留下来；公立小学只是在学校设置不足的地方得以建立；小学仍然属于一种终结性的学校教育，与中学之间没有任何的衔接与沟通；它使日后的英国初等教育形成了公立体制和民办体制并存的格局。

此后，义务教育法案相继出台。1876 教育法规定，家长有义务送子女入学。1880 年教育法规定，义务教育年龄为 5～10 岁。1891 年的初等教育法规定实施免费的初等教育。1899 年教育法又将义务教育的年龄提高到 12 岁。到 20 世纪

---

① ［英］安迪·格林. 教育与国家形成：英、法、美教育体系起源之比较［M］. 王春华等译. 北京：教育科学出版社，2004：327.

初,英国才基本上普及了初等教育。

第二节 中等教育的改革与发展

英国的中等教育始于中世纪,文法中学(grammar school)和公学(public school)是中等教育的主要形式。长期以来,英国中等教育的突出特点是奉行精英主义、坚持古典文法教学、抵制现代课程、社会等级森严。19世纪,英国中等教育的调整与改革,实际上是传统习俗与现代势力之间对峙、妥协和折中的结果。

一、公学的改革

英国的公学由文法学校演变而来,是一种典型的贵族学府。其中,尤以伊顿、温彻斯特、哈罗、拉格比和威斯敏斯特等九所公学最为著名。学生一般在8岁左右进入寄宿预备学校(boarding prep school),13岁左右进入公学,毕业生可以通过考试进入牛津和剑桥大学,最终进入宗教和政治界的领导阶层。19世纪初期,公学学生大多来自地主和神职人员家庭,古典课程和贵族学风渗透着上层乡绅阶级的文化风尚,任何有关科学和职业等实用知识对这块经典圣地的渗入企图,都会遭到敏感而又强烈的抵抗。19世纪,促使公学改革的主要因素包括:公学本身守旧堕落的学风亟需纠正;中产阶级的崛起及其对实用知识的诉求;来自欧陆和美国经济的竞争以及国家的逐步干预等。但是,由于公学办学主体的独立性和经费的自愿捐助等特征,决定了公学的改革动力主要来自内部的自觉而非外部的施压。

19世纪初,施鲁斯伯里公学(Shrewsbury)校长巴特勒(Samuel Butler,1774—1839)率先提出如下改革举措:废止古典语文,改授历史和地理等"实用"知识;倡导学生自由阅读,不拘于课堂听讲;创设记分和考试制度,激励学生竞争上进等。其继任校长肯尼迪(Benjamin H. Kennedy,1804—1889)在继承巴特勒改革的基础上,又将法文、数学和体育竞技等引入学校课程。在诸多倡导改革的公学校长中,阿诺德(Thomas Arnold,1795—1842)的影响最为深远。他在1828—1842年任拉格比公学校长期间,针对当时学生中懒散和欺负等道德败坏现象进行整治,以改变师生间相互不信任和对立的局面,养成学生自理和自律的能力。他在课程中注入了新人文主义精神,改变了以往对古典语文咬文嚼字的教学方式,采取"能够激发学生自学和自我表达能力的教学方法,并且要照顾到每个学生的需求"。[①] 经过他的改革,拉格比公学声誉剧增,并对其他公学产生了广泛

---

① H. C. Barnard. A History of English Education from 1760[M]. London:University of London Press Ltd.,1961:78.

的影响。

1861 年,议会授命克拉雷顿委员会(Clarendon Commission)对著名的九大公学进行调查。该委员会在 1864 年提交的报告中,充分肯定了公学课程中宗教和古典学科对学生人格培养的重要价值,但是也建议增加和加强数学、法语或德语、自然科学和音乐等现代学科的教学。在公学的管理上,该委员会建议要明确校长的权力,建立包括所有教师参加的学校委员会。针对该报告提出的改革建议,政府于 1868 年通过了《公学法》,设立了相应的公学管理机构。但是,该法也遭到一些公学的反对。其结果是,1869 年成立了公学"校长会议"(Headmasters' Conference),反对国家试图削减公学校长的权力。"校长会议"决定,凡是达到一定标准、参加"校长会议"的学校,都可以被称为公学。这个规定导致诸多文法学校和私立学校改称"公学"的浪潮,致使公学数量剧增。

由此可见,在整个 19 世纪里,"这些公学仍然在很大程度上忽视科学和现代教育,而仅强调古典的、保守的乡村文化的价值,学校堂皇的、牧歌般的环境布置处处提醒着这种文化的存在",①即使有所变革,也是依赖于诸种势力之间的彼此消长和折中。

二、文法中学的改革

克拉雷顿委员会的报告引发了一系列对中等教育的调查研究。1864 年,政府任命以汤顿为首的学校调查委员会(Taunton School Inquiry Commission),对 900 余所捐办文法学校进行调查。该委员会在 1868 年的报告中建议,按照当时不同阶层的需要,分别设立三个层次的中学:第一层次的中学以 12~18 岁的贵族和资产阶级子弟为教育对象,课程以古典学科为主,以升学为目的;第二层次中学以 12~16 岁的中产阶级子弟为对象,课程除拉丁语以外,还包括现代语、数学和自然科学等,以培养医务、工程和商务等领域的专业人才;第三层次中学主要以 12~14 岁的小资者子弟为对象,如小农场主和小商人等,课程以英语、初等数学、自然科学、历史和地理等实用学科为主。报告还认为,国家应该通过视察和考试加强对中学的集中管理,并建议建立全国性的教师资格注册制度。该报告及其随后改革的显著特点是,把当时英国多层次的阶级划分制度化了,并利用多层次的精英教育区分,阻碍了下层民众进入中等教育的门户。

为了制定行之有效的中等教育制度,政府于 1894 年成立了以布赖斯(James Bryce,1838—1922)为首的皇家中等教育委员会。该委员会指出,影响当时英国中等教育的核心问题是教育行政机构之间缺乏协调和连贯性。1899 年,英国成

① [英]安迪·格林. 教育与国家形成:英、法、美教育体系起源之比较[M]. 王春华等译. 北京:教育科学出版社,2004:310.

立了中央教育委员会,统辖全国的初等教育、中等教育和技术教育。但是地方学区在举办学校和教学计划等方面仍然享有高度的自主权。

总之,19 世纪英国中等教育突出的特点是其不同类型学校之间的阶级差别。无论是公学、文法学校还是私立中学,在经济上都独立于国家,这也决定了自上而下的改革往往会受到抵制。尽管不同的阶层都对中等教育提出了各自的利益诉求,国家也开始逐步干预,致使中等教育有所调整和改革,但是古典学科教育仍然占据极其重要的地位。

第三节　新式高等教育机构的创建与大学推广运动

19 世纪,由产业革命引发的工业化、城市化、中产阶级的壮大、科技进步以及列强之间的经济竞争等,都要求英国的大学做出及时的调整和改革。但是,"众所周知,至少是在 19 世纪中期以前,牛津大学和剑桥大学几乎不进行任何科学技术教育,只有伦敦大学提供较为现代、较具专业化导向的教育"。[①] 可以说,伦敦大学的创建、大学学院(又称"城市学院")的兴起以及"大学推广运动"的拓展,是 19 世纪英国高等教育发展的主要特征。

一、伦敦大学的创建与大学学院的兴起

19 世纪初期,英格兰只有牛津和剑桥两所传统的大学。长期以来,二者形成了诸多突出的、经不起时代检验的陋规积弊。例如,入学者仅限于英国国教信奉者,不信奉国教者不能注册入学或毕业;每年高达 200~250 英镑的学费[②]以及严格的寝斋制度,使生源仅限于贵族和绅士等富裕阶层;对古典语文学科的迷恋和对现代学科的抵触,不能适应中产阶级对"实用"知识的利益诉求等。牛津和剑桥大学生源的宗教排他性、学风的贵族性、课程的保守性等,遭到社会各界的强烈抨击。

在对牛津和剑桥的声讨中,非国教徒、自由派人士、功利主义者、成功的实业家以及科学教育的倡导者等,组成了一个非正式的联盟,致力于创建一种新式的大学。在这种背景下,伦敦大学于 1828 年应运而生。正如 1829 年《威斯敏斯特评论》所云:"这所新大学是对旧大学的许多不合理普遍感到憎恶的合法的产物。"[③]与传统的牛津和剑桥大学相比,伦敦大学有诸多创新之举。其一,伦敦大

① [英]安迪·格林. 教育与国家形成:英、法、美教育体系起源之比较[M]. 王春华等译. 北京:教育科学出版社,2004:52.

② H. C. Barnard. A History of English Education from 1760 [M]. London:University of London Press Ltd. ,1961:83.

③ 转引自王承绪. 世界教育大系·英国教育[M]. 长春:吉林教育出版社,2000:261.

学是一所纯粹的股份制教育机构,它通过发行 1 500 张股票筹得了建校资金,故而能够反映"持股者"的教育利益。其二,与牛津和剑桥大学仅招收国教徒的传统相比,伦敦大学的招生不分教派,神学被排斥在课程之外。其三,学费低廉,一年仅需 25～30 英镑,只相当于牛津和剑桥的 1/10,[①]且学生实行走读制而非寄宿制,是一所以中产阶级为对象的大学。其四,教学语言是英语而非拉丁语,课程设置以实用而非以古典为导向,学科设置广泛且强调学以致用。其五,与牛津和剑桥的精英教育相比,伦敦大学是一所附属院校遍及联合王国、专事学位考试和学位授予的高等教育机构。1838—1900 年间,伦敦大学共接受本土和帝国领地参加考试的学生数多达 17 427 人,其中通过入学考试者 12 721 人,占 73%。[②]可见,伦敦大学的创建,打破了牛津和剑桥独霸英国高等教育的格局,拓展了中产阶级的高等教育机会。

在伦敦大学的示范作用下,从 19 世纪中叶开始,诸多城市学院(civic colleges)相继诞生,形成了大学学院运动(University College Movement)。1851 年成立的曼彻斯特欧文斯学院,揭开了大学学院发展的序幕。其后,纽卡斯尔、利兹、布里斯托尔、伯明翰、诺丁汉、利物浦等城市学院纷纷成立。这些学院在经济上独立于政府,大都由富商、实业家或公众捐办。它们偏重于工业和科技等实用学科,逐步演变成为当地的工业技术研究中心。例如,利兹学院成为研究纺织业的中心,利物浦成为研究海运业的中心。城市学院以培养经理、工程师和技术人才等为己任。初创伊始,城市学院皆无学位授予权。20 世纪后,这些城市学院才逐步升格为城市大学。

伦敦大学和众多城市学院的兴起,开创了英国高等教育的新纪元。它们以非教派、不寄宿、收费低、重实业和传授现代技术等显著特征,与传统的牛津和剑桥大学形成了鲜明的对比,但也因此形成了日后英国高等教育鲜明的等级格局。

二、大学推广运动

尽管伦敦大学和城市学院的创建拓展了中产阶级的教育机会,但是普通民众接受高等教育的机会仍然有限。据统计,从 1861—1911 年间,英格兰大学的学生数占总人口的比例仅由 0.02% 上升到 0.06%。[③] 1867 年,英国颁布法律赋予城镇工人阶级选举权,致使"教育我们的主人"的呼声成为社会各界的共识。大学推广运动就是在这种背景下兴起的。

大学推广运动(University Extension Movement)的奠基人是剑桥大学的斯图

---

① H. C. Barnard. A History of English Education from 1760 [M]. London: University of London Press Ltd. ,1961:84.

② 王承绪. 伦敦大学[M]. 长沙:湖南教育出版社,1995:47.

③ 贺国庆,王保星,朱文富等. 外国高等教育史[M]. 北京:人民教育出版社,2003:243.

尔特(James Stuart)。他设想利用大学的师资优势创办一种巡回授课大学(peripatetic university),在各地开设课程,扩大普通民众对高等教育的需求。1873年,剑桥大学采纳了他的建议,并在各地开设课程。此后,伦敦大学和牛津大学也先后开设此类课程。到1890年,该运动已覆盖全英格兰。1890—1891年,牛津、剑桥和伦敦大学共开设了457门课程,其中191门是关于自然科学的,159门是有关历史和政治经济学的,104门是关于文学、艺术或建筑学的,3门是关于哲学的。每门课程的授课时间一般在6～12讲之间,穿插有讨论课和总结课。通常,主讲教师印发给学生课程提纲、阅读资料和书面作业,通过结业考试的学生可以获得结业证书。到19世纪末,学习推广课程的学生高达6万人之多。①

应该说,大学推广运动是传统大学应对社会变革的产物。它使传统大学除原来的教学和科研功能之外,又增加了社会服务的职责,为英国成人高等教育的拓展奠定了基础。

第四节　斯宾塞的科学教育观

斯宾塞(Herbert Spencer,1820—1903)是英国著名的哲学家、社会学家和科学教育运动的倡导者。他提倡科学教育,反对单纯的古典主义教育,对世界诸多国家的教育内容革新产生过深远的影响。其教育代表作是于1861年出版的《教育论》。

一、哲学观、社会观与教育目的观

斯宾塞是自学成才的大师,他以30年的寒窗之苦写成10卷巨著《综合哲学》,使他成为近代实证主义哲学集大成者。近代的实证主义哲学通常认为,哲学应该效仿实证科学,满足于描述现象之间的先后关系和相似关系,而非穷究现象背后的内在原因和绝对知识。在斯宾塞看来,"力是一切终点的终点,是不可知的东西"。② 人类的一切知识都来源于感觉经验,都是相对的而非终极的真理;现象背后的本体、本质或"实在"是不可知的。经验是"人类历代感受的积累",对于生存竞争具有"实际效用"。源之于经验的知识,是人类应付环境的权宜之计。由此而推,"实际效用"就成为他判断教育目的观和知识观的首要准则。

在社会观上,斯宾塞是"社会达尔文主义者"。斯宾塞的《什么知识最有价值》一文与达尔文的《物种起源》一书都出版于1859年。斯宾塞认为,"适者生存"不仅是生物进化的规律,也是人类文明进步的基础。他根据动物的器官有营养、分配和调节三个系统,推论出社会也必然有三个阶级:生产食物和提供营

① 滕大春.外国教育通史:第四卷[M].济南:山东教育出版社,2005:138.
② [英]汉默顿.西方名著提要(哲学社会科学部分)[M].何宁译.北京:中国青年出版社,1957:377.

养的工人阶级；担任分配和交换的商人阶级；负责调节（生产）职能的资产阶级。社会的阶层划分，依据"适者生存"和"自由竞争"的自然规律推演，国家的干预只会导致人们智力和体力的普遍衰退。

斯宾塞的教育目的观与其哲学观和社会观密切相关。由知识的"实际效用"出发，通过"自由竞争"，进而达到"适者生存"，是他评判教育价值的立足点。他尖锐地抨击当时英国上流社会教育中"华而不实"和"本末倒置"的古典主义流弊，指出"我们应该力求把我们所有的时间用去做最有益的事情"。① 简言之，教育的目的就是为"完满的生活做准备"。"完满的生活"等同于"幸福的生活"，二者都依赖于"最有价值的知识"——科学。

二、科学教育课程体系的构建

19 世纪是近代自然科学的盛世，科学的进展极大地改变了人类的生活面貌。但是当时英国的大学和中学仍然以传授"装饰性的"古典学科为主，排斥"实用性的"科学教育。斯宾塞在抨击古典学科教育种种弊端的同时，提出了一套系统的科学教育课程体系。

在《教育论》中，斯宾塞提出在制定一个合理的课程之前，必须弄清楚各项知识的比较价值。而要比较知识的价值，就要有一个衡量价值的标准。他断定，为"完满生活做准备"是衡量知识价值高低的唯一标准。由此，他按照重要程度把人类生活的主要活动分为五大类：（1）直接自我保全的活动；（2）间接自我保全的活动；（3）养育子女的活动；（4）维持社会及政治关系的活动；（5）工作之余的休闲活动。以这五种活动为依据，斯宾塞提出了与之相对应的科学教育课程体系（参见表 14 – 1）。

表 14 – 1　斯宾塞关于科学教育课程体系的构想

人类主要活动的分类	相应的学科设置	学科目标及意义
直接自我保全的活动	生理学、解剖学	了解生命和健康的规律
间接自我保全的活动	语言、数学、物理、化学、生物学、天文学等	谋生的手段、发展生产、文明生活
养育子女的活动	生理学、心理学、教育学	父母的职责、了解儿童身心发展
维持社会及政治关系的活动	历史	调节自我行为、履行公民职责
工作之余的休闲活动	文学、艺术，如诗歌、雕塑、音乐等	提高欣赏能力、完满的闲暇生活

① ［英］赫伯特·斯宾塞. 教育论［M］. 胡毅译. 北京：人民教育出版社,1962:2.

从以科学为核心的课程体系出发,斯宾塞在德育、智育、体育和教学方法等方面也提出过颇有见地的主张。斯宾塞的科学教育思想及其课程构想,对世界诸多国家的科学教育发展与普及产生过广泛的影响,其学说在世界知识界形成了所谓的"斯宾塞主义"。

教育史学家大都认为,19世纪是西方诸发达国家教育转型的分水岭。其主要标志是:国家通过积极的干预和管理,建立起了免费的初等教育体系;中等教育通过门户开放、现代学科的开设以及教学方法的革新等举措,完成了由传统向近代的转型;在高等教育领域,现代学科取代了古典学科在传统大学的统治地位,顺应近代工农业发展的新型大学的创建,颠覆了传统大学独霸高等教育的局面。若以上述三个标准考察,19世纪英国教育的发展不仅落后于同时期的其他西方诸国,而且与其自身的经济发达水平也极不相称。造成这种现象的原因是错综复杂的。英国学者安迪·格林在比较和分析19世纪英国国民教育发展迟缓的原因时指出:"在这段时期,英国并没有经历在其他国家发生并推动那些国家教育改革的建国运动。英国17世纪初的革命动摇了英国的独裁专制,在接下来的18、19世纪里,英国没有外部的军事威胁、内部的社会革命,也没有能够引发深入维新变革的经济落后问题。"①作为近代民主政治制度和产业革命的策源地,英国长期享受着经济繁荣、民族认同和稳固的统治阶级支配权。这种得天独厚的优越感也滋生了自由市场秩序、公共事务的放任主义以及最小政府的理念。尽管这些根深蒂固的观念促进了英国早期自由资本主义的发展,但是却不利于作为公共事务的国民教育体系的发展。可以说,这是导致整个19世纪英国自愿捐办初等学校体系一直占据主导地位的根本原因——因为仅依靠教会、地方和个人自发的捐款办学,并不能建立起高效统一的国民教育体系。由于国家对教育事业迟缓的干预,再加上学校系统的不同阶段由不同的势力集团所把持,英国教育便在一种缺乏系统性的模式下发展起来。不同的阶级和势力集团之间对教育利益的不同诉求,决定着谁是办学的主体,谁可以进入何种学校以及应该教给他们何种知识。尽管1870年的《初等教育法》打破了教会和自愿捐办初等学校体系的垄断局面,但是该法也是一个妥协和折中的产物。公立小学只是在原来教会和自愿捐办学校设置不足的地方得以建立,它仍然是一种终结的教育,与中学之间存在着不可逾越的鸿沟。中等教育的突出特点是其不同类型的学校之间的阶级差别及其长期以来奉行的精英主义教育。中等教育机构在经济上独立于国家的特点,决定了自上而下的改革往往会受到抵制。牛津和剑桥大学在生源上的宗教排他性、学风的贵族性和

---

① [英]安迪·格林. 教育与国家形成:英、法、美教育体系起源之比较[M]. 王春华等译.北京:教育科学出版社,2004:340.

课程的古典性等特征,是导致伦敦大学、城市学院以及大学推广运动兴起以满足中产阶级和普通民众教育需求的主要原因。但是,这又反过来产生了日后英国高等教育机构之间难以克服的等级结构格局。

英国的教育传统,曾被布赖斯委员会珍视为“自由、多样性和适应性”。但是现实的推演结果却是,“自由”通常意味着特权阶层对精英教育的独享;“多样性”意味着教育层级和类型结构的阶级分化;而“适应性”则意味着迟缓的国家干预和统一管理的缺失。可以说,这种沿着社会阶级划分而发展起来的学校组织模式是维多利亚时期英国教育最显著的特征。

思 考 题

1. 19 世纪英国自愿捐办初等学校的主要类型和基本特征。
2. 1870 年《初等教育法》(又称《福斯特法》)的主要内容和意义。
3. 与牛津和剑桥大学相比较,19 世纪创建的伦敦大学有哪些不同的特征?
4. 斯宾塞科学教育课程体系的主要内容。

参考文献

1. S. R. Vashist, Ravi P. Sharma. History of Education in Nineteenth Century[M]. New Delhi: Radha Publications,1997.

2. H. C. Barnard. A History of English Education from 1760[M]. London: University of London Press Ltd. ,1961.

3. C. Birchenough. History of Elementary Education in England and Wales from 1800 to the Present Day[M]. London: University Tutorial Press Ltd. , 1938.

4. [英]安迪·格林. 教育与国家形成:英、法、美教育体系起源之比较[M]. 王春华等译. 北京:教育科学出版社,2004.

5. 滕大春. 外国教育通史:第四卷[M]. 济南:山东教育出版社,2005.

6. [英]赫伯特·斯宾塞. 教育论[M]. 胡毅译. 北京:人民教育出版社,1962.

7. 贺国庆,王保星,朱文富等. 外国高等教育史[M]. 北京:人民教育出版社,2003.

8. 王承绪. 世界教育大系·英国教育[M]. 长春:吉林教育出版社,2000.

第十五章

19 世纪法国的教育

法国大革命启动了法国社会由封建制向资本主义制度发展的历程。在经历19世纪不同时期立场各异的政治势力的反复较量后,法国最终确立了资本主义社会的政治框架,其经济、科技、文化也得到了发展。在适应法国民主国家作为社会发展主体需要的过程中,基督教会的教育立场也表现出某种变化。在上述背景下,借助于持续改革,19世纪法国教育取得的主要成就为:拿破仑式中央集权型教育管理体制的确立,以及在该体制的规范和引领下法国初等教育、中等教育和高等教育事业的发展,最终构建起以双轨制为主要特征的近代学校教育制度。

第一节 拿破仑教育改革

不同于旧制时期启蒙思想家对于国民教育思想的理论探讨,拿破仑利用手中的权力,借助于一系列教育改革,实现了专制主义基础上的法国教育发展。

一、中央集权制教育管理体制的基本架构

在教育改革的目标上,第一帝国时期拿破仑政府决意要建立一个中央集权的教育管理机构,实现教育对国家利益的彻底服务,并接受政府的全面控制。在具体实施手段上,拿破仑教育改革的根本架构有赖于四项法规的颁布与实施:1802年5月1日的《关于公共教育的基本法》、1806年5月10日的《关于创办帝国大学及其全体成员的专门职责的法令》、1808年3月17日的《关于帝国大学组织的政令》以及1808年9月17日的《关于帝国大学条例的政令》。

在学校的基本类型上,《关于公共教育的基本法》将其分为三大类:市镇组建的初等学校、市镇创办或者由私人教师创办的中等学校、利用财政部经费创办的国立中学和专业学校。《关于帝国大学组织的政令》进一步把分属各学区的

学校机构分为：教授读、写、算基础知识的小学，由私人教师开办但其课程深度低于私立学校的寄宿学校，教授古典语言知识以及历史和其他科目的基本原理的市立中学，以传授古典语言、历史、修辞、逻辑、数学和物理学知识为主的国立中学，旨在开展科学研究活动、承担学位授予任务的学院。

关于帝国大学性质与管理职责，《关于创办帝国大学及其全体成员的专门职责的法令》规定：在帝国大学的名义下建立一个对全帝国公共教学与教育事务负有绝对管理职责的团体。[①] 帝国大学是"统一管理、监督帝国公共教育事业的国家级教育领导组织"。[②]《关于帝国大学组织的政令》明确了帝国大学的国民教育管理职责：帝国大学全面负责整个帝国的公共教育；未经帝国大学首脑的批准，不得在帝国大学之外成立任何教育机构或学校；非帝国大学成员，也未从其下属学院毕业的任何人不得开办学校或执教。[③]

关于帝国大学的具体组织，《关于帝国大学组织的政令》规定：帝国大学校长作为全国的最高教育行政负责人，具体负责向其提出申请的帝国大学毕业生颁发从事教育和开办学校的许可证书；通过颁发盖有帝国大学校印证书的形式向教育团体的成员授予级别、衔号、官职、教师职位等。[④] 在帝国大学之下设大学评议会，专门负责教学、学校的行政和治安等工作。帝国大学校长要把各级学校实行的章程和规定的计划提交大学评议会讨论。全国共划分为 27 个大学区，每一个大学区设总长 1 人以及一个由 10 人组成的学区评议会，承担学区内学校的管理工作。在帝国大学之下设若干名督学，负责各大学区的教育巡视工作，并向帝国大学校长及评议会提交巡视报告。

1808 年 9 月 17 日参政院通过《关于帝国大学条例的政令》，规定自 1809 年 1 月 1 日起，帝国内的公共教育事业统一由帝国大学管理，并要求帝国大学校长就职时须就绝对忠诚于帝国皇帝及帝国的教育事业做出宣誓。

二、拿破仑的宗教政策与法国初等教育改革

拿破仑务实的宗教政策直接影响了初等教育改革。拿破仑一方面主张"宗教显然都是人的产物"，着意发挥宗教的社会功利价值，"在宗教中，我没有看到上帝下凡化身为基督的奥秘，却看到了社会秩序的奥秘"。[⑤] 另一方面，拿破仑又清醒地认识到绝大多数法国国民信仰宗教，绝大多数法国国民是天主教信徒。

① James Bowen. A History of Western Education Vol. III. [M]. London：Methuen & Co. Ltd. ,1981：253.
② Joseph N. Moody. French Education Since Napoleon[M]. Syracuse：Syracuse University Press, 1978：12.
③ H. C. Barnard. Education and the French Revolution [M]. Cambridge：Cambridge University Press, 1969：217.
④ 夏之莲. 外国教育发展史料选粹：上册[M]. 北京：北京师范大学出版社,1999：346.
⑤ 转引自郑崧. 国家、教会与学校教育：法国教育制度世俗化研究（从旧制度到 1905 年）[M]. 上海：学林出版社,2008：111.

他认为宗教和平才能真正有利于社会秩序的安定。最终,拿破仑选择了在改造的基础上利用天主教服务于帝国教育事务的务实的宗教政策。

为与教皇达成和解,恢复天主教在法国的正统地位,拿破仑执政初期恢复礼拜日,开放教堂,废除教师作"憎恨君主制与无政府主义"宣誓的规定。作为改善与教会关系的集中成果,1801 年 7 月拿破仑政府与教皇签订《教务专约》:恢复并确认罗马天主教的正统地位,认可其为法国绝大多数公民以及法国执政的宗教;天主教在遵循国家相关法律的基础上享有在法国自由活动的权利;重新划定教区使之与现行行政区划一致;新主教的任命权由法国第一执政行使,获得执政任命的主教需同时获得教皇的授职,且主教就职前须向第一执政做忠诚宣誓;教区牧师的任命须得到政府批准,教士须为政府祈祷并宣誓服从于政府;教皇及其继任者承认大革命期间教产所有权的变更现实,政府须承担主教和教区牧师的俸给。

在整个拿破仑的教育改革计划中,初等教育并未受到足够的重视,1802 年《关于公共教育的基本法》仅仅重申了 1795 年《多诺法》关于初等教育的基本原则。在该法的 54 项条款中仅有 4 项涉及初等教育,该法规定初等教育由地方政府负责,市长和市议会负责教师选聘、教学场所提供以及教师的工资待遇等事宜,且允许地方政府接受个人和团体的捐助,这为天主教会势力重返初等教育领域提供了可能。

然而,拿破仑务实的宗教政策在此后的法国初等教育改革中有着突出体现:

在教育内容上,基督教教义成为初等学校教育的基础。小学除学习基本的阅读、写作和计算的知识及技能之外,还需要把天主教教义作为儿童必须学习的内容,借以实现为国家培养热爱宗教、热爱君主、热爱祖国和家庭的公民。

在初等学校的创办上,基督教学校兄弟会等天主教团体成为初等学校的主要创办主体。"基督教学校兄弟会应受到帝国大学校长的批准和鼓励,教团的首要人物可以是帝国大学的成员。"①同时允许每一地方行政区建立一所天主教学校。

在教育目标的具体达成上,注重通过基督教教义的传授,向儿童灌输虔诚、服从的态度和基督教的价值观,并刻意压制儿童任何世俗野心的萌生。

值得着重指出的是,初等教育的宗教化改革,仅仅是实现初等教育服务于国家利益和社会秩序的手段,"将宗教学校置于国家的管辖之下,将民众置于宗教教育的影响之下。用国家约束宗教学校,用宗教教育控制民众,可以说拿破仑统治时期的学校宗教教育是服务于国家的世俗目的的"。②

---

① 夏之莲. 外国教育发展史料选粹:上册[M].北京:北京师范大学出版社,1999:348.
② 郑崧. 国家、教会与学校教育:法国教育制度世俗化研究(从旧制度到 1905 年)[M].上海:学林出版社,2008:115.

三、中等教育的世俗化改革

这一时期中等教育改革着力体现实用化原则，主要包括创设新型国立中学（lycée），以取代督政府时期成立的中心学校，并且将国立中学的管理权交由中央政府行使，国立中学校长直接由拿破仑任命。教师聘任也均需经过严格遴选。在新生招收上体现精英主义原则，通过严格的竞争性考试择优录取。为鼓励学业优异的青年入学就读，中央政府还在国立中学设置 6 400 份奖学金。在学习内容上，国立中学主要学习古典语言、历史、修辞学、数学和物理学基本知识，重视古典语言、文学与数学的教授，以此陶冶学生精神。在学制管理上，国立中学学制 6 年，一般实施寄宿制，学生管理的军事化色彩鲜明。

除国立中学之外，市立中学也是实施中等教育的机构。市立中学属于公立教育机构，由地方政府开办和管理，主要向学生提供古典语言基础知识、历史以及其他科目的基本知识教育，课程内容上注重体现世俗特征。

对于私立中等教育，按照《关于公共教育的基本法》，"没有政府批准不得组建中等学校。中等学校以及所有课程高于初等学校的私立学校都要置于省长的特别监督和检查之上"。① 而对于获得批准建立的中等学校，政府则采取鼓励和扶植的态度。

在拿破仑教育改革时期的中等教育体系中，私立学校也属于中等教育机构，其课程深度相当于市立中学。到 1806 年，法国共开办国立中学 37 所，在校生15 000 人；市立中学 370 所，在校生 23 000 人；私立中学 377 所，在校生 27 700 人。②

四、高等教育的专业化改革

18 世纪末期的资产阶级革命对法国高等教育发展产生了强大冲击。之前，传统的法国大学仍守持中世纪大学的古典传统，难以满足资产阶级政治形势和经济发展的需要。"在大革命过程中，法国的大学一度被取缔，部分地为文理结合的中心学校代替了。拿破仑把一些高等学校合并在新的大学里，把它置于行政管理和监督之下，并使之承担国民教育的义务。"③

在拿破仑教育改革时期，法国高等教育的发展体现为对传统大学教育的专业化改造和着重体现专业教育的大学校的发展。

在大学方面，依照 1808 年《关于帝国大学组织的政令》和《关于帝国大学条例的政令》的相关规定，以大学区为单位设立大学，基本上在每一大学区设

---

① 夏之莲. 外国教育发展史料选粹：上册［M］. 北京：北京师范大学出版社，1999：343.
② 转引自邢克超. 战后法国教育研究［M］. 南昌：江西教育出版社，1993：23.
③ ［英］博伊德，金. 西方教育史［M］. 任宝祥，吴元训主译. 北京：人民教育出版社，1985：354.

立一所大学,大学区总长即为本区所设大学的校长。在大学结构上,大学由法学院、医学院、神学院、文学院和理学院组成,主要为帝国政府培养领导人才和法学、医学专门人才。其中,文学院和理学院的主要职责在于考试组织、文凭发放、学位授予以及一定程度的补充性教学。法学院、医学院和神学院则为独立的专业性学院,是律师、医生、行政和财政官员的养成所。在第一帝国结束前夕,全法国拥有医学院 10 所,法学院 17 所。[①] 神学院的职责则在于培养高级神职人员。

法国的高等专科学校被称为"大学校"(les grandes écoles),初行于 18 世纪 20 年代,精英主义色彩浓厚,后发展成为法国高等教育体系的重要组成部分。早期开办的大学校一般为军事类学校,如 1720 年设立的炮兵学校(Ecole d'artillerie)以及后来创立的军事工程学校和骑兵学校。18 世纪中期又相继创办桥梁公路学校(Ecole des Ponts et Chaussées,1747)、巴黎矿业学校(Ecole des Mines de Pairs,1783)。在继承原有大学校的同时,1802 年的《关于公共教育的基本法》决定增设 10 所法律学校,3 所卫生学校,4 所自然、物理、化学和高等数学学校。鉴于巴黎理工学校在造就军事科学技术人才方面所做出的杰出贡献,拿破仑于 1804 年 12 月 30 日向该校授予一面写有"为了祖国的科学和繁荣"的旗帜,以资旌表。为进一步服务于战争的需要,拿破仑还重新组建了圣·苏尔军事学校(1808)、布雷斯特海军学校(1809)和土伦海军学校(1810)。在 1810 年复办了 1794 年创办不久即被封闭的巴黎师范学校。该校后在 1845 年更名为巴黎高等师范学校,发展成为培养法国高级政府官员、专家和学者的摇篮。

拿破仑政府及第一帝国时期所实施的教育改革,初步构建起以中央集权制管理为核心的国家教育管理体制,在改造原有教育的基础上,实现了初等教育、中等教育与高等教育的不同程度发展,较好地为拿破仑政府军事征战、经济发展和社会安定提供了教育服务。

第二节　近代学校教育制度的建立

拿破仑第一帝国之后,法国政坛先后经历复辟王朝(1815 年—1830 年 7 月)、七月王朝(1830 年 7 月 28 日—1848 年 5 月 4 日)、第二共和国(1848 年 5 月 4 日—1852 年 2 月 12 日)、第二帝国(1852 年 2 月 12 日—1870 年 9 月 4 日)与第三共和国初期(1870 年—1898 年,其中 1871 年 3 月 18 日—5 月 28 日为巴黎公社时期)六大历史时期,教育的发展也随着政治形势的变化而体现出阶段性特点。借助于拿破仑执政府(1799—1804)及第一帝国时期(1804 年 5 月 18

① 邢克超. 战后法国教育研究[M]. 南昌:江西教育出版社,1993:26.

日—1814 年 4 月 6 日）所初步确立的学校教育制度基础,结合此后各个历史时期的教育改革,法国近代学校教育制度得以在 19 世纪末期正式确立。

一、初等学校教育制度的演进

复辟王朝时期,科学技术进步为初等教育的发展提供了可能;同时,社会经济发展也向初等教育提出了大规模发展的要求。在此情势下,复辟王朝政府在 1816 年颁令要求每一市镇设委员一名,指导本地初等教育发展,并决定向贫穷儿童提供免费教育。[①] 1819 年 3 月 16 日通过的一项法令将基督教学校兄弟会并入帝国大学,并免除其成员领取教学证书的手续,后又将这一权力扩充及其他宗教团体,教会势力在初等教育领域内的影响进一步强化。丹尼斯·弗雷西努乌斯（Denis A. Frayssinous,1765—1841）1824 年出任法国宗教事务与公共教育部部长后,授权教会控制初、中等教育,大力扩充天主教会势力在教育领域中的作用。

教会控制初等学校的局面在七月王朝时期得到改观,这主要归功于 1833 年 6 月 28 日颁布实施的《初等教育法》（又名《基佐法》）。根据该法,政府与教会共同承担发展初等教育的任务;法国初等学校教育分两级实施,即初级小学和高级小学。初级小学的教育目的在于向学生传授基本的读、写、算知识,培养其法国国民意识、民族精神和必要的宗教观念,高级小学则在初级小学的基础上向学生提供职业课程的教育。

《初等教育法》的实施极大地改变了法国初等学校教育的面貌,初等学校数量及在校生数均发生了明显变化:法国男子初等小学的数量从 1834 年的 22 641 所增加到 1848 年的 32 964 所,女子小学数量从 1837 年的 5 453 所增至 1848 年的 7 658 所,公、私立小学在校生数则从 1831 年的 193.5 万人增至 1 846 年的 324 万人。[②]

第二共和国时期,法国初等教育整体上表现出倒退的状况。共和国初期的教育部长卡诺（Hippolyte Carnot）曾在 1848 年 6 月 30 日提出一项充满民主主义色彩的初等教育计划,要求对 14 岁以下的儿童实施免费的初等普及义务教育。但该计划随着政治形势的变易导致卡诺离职而未能实施。1848 年出任教育部长的法鲁（F. A. Falloux,1811—1886）借"教育自由"之名,大行将教育归还教会掌握之实。1850 年 3 月 15 日颁布的《法鲁法案》未就初等学校教育的免费和义务做出任何规定,而是确立私立学校可以代替公立学校招收贫苦儿童入学,初等学校可以公开传授宗教知识,持有简单传教证书的教师享有在教会学校或公立

---

① Joseph N. Moody. French Education Since Napoleon[M]. Syracuse: Syracuse University Press, 1978:21.
② 参见邢克超. 战后法国教育研究[M]. 南昌:江西教育出版社,1993:32.

学校任教的权利,为初等学校教育的宗教化发展提供了极大便利。

第二帝国初期,教会控制初等学校。这种状况在 1863 年 6 月狄律义(V. Duruy,1811—1894)出任教育部长后得以改观。狄律义主张初等教育事业为国家重要的公共事业,必须置于政府管理之下,实施免费义务教育。按照 1867 年 4 月 10 日颁行的教育改革法令,市镇须开办免费初等学校;凡拥有 500 人以上的市镇须开办女子小学一所,实施义务教育;在新设初等学校中,教会学校数量不得超过公立学校总数的 5%。

1870 年 9 月 2 日普法战争中拿破仑三世兵败色当导致第二帝国灭亡,此后执政的"国防政府"对外投降、对内镇压的行径,激起巴黎人民的强烈不满。1871 年 3 月 18 日爆发巴黎公社的武装斗争,并在 28 日成立世界上第一个无产阶级政权——巴黎公社。在初等教育发展上,巴黎公社宣布实施普及性、世俗性的初等教育,教育与国家分离。巴黎公社在《告劳动农民书》中宣告:"巴黎愿意让农民的儿子和财主的儿子一样受到同样的教育,而且是免费的教育,因为科学是人们的共同财富……"①巴黎公社仅仅存在短短的 72 天,又面临着极为复杂动荡的政治形势,难以按照公社的意志实施普及免费的初等教育,但公社关于初等教育发展的计划却为未来法国初等教育的发展指明了方向。

1875 年成立的法兰西第三共和国初期,自由主义成为执政的温和共和派的政治立场。两度出任内阁总理、三次出任教育部长的温和共和派代表费里(J. Ferry,1832—1893)通过改组教育领导机构,实现国家掌握教育管理大权后,即着手实施初等教育改革。1881 年 6 月 16 日,法国议会通过《费里法案》(史称《第一费里法案》),确立了基础教育的免费原则,即"公立学校不再收取学费"。为实现初等教育的义务和世俗化发展,在费里的积极努力下,1882 年 3 月 28 日,议会通过《第二费里法案》。在初等义务教育方面,该法案规定义务教育是指所有 7～13 岁的儿童都必须接受的初等教育,此类初等教育可以在公立学校、私立学校以及家庭中完成,但家庭教育的效果须接受检查。关于初等教育世俗化,法案规定"宗教教育不再属于初等义务教育"。可以说,两部《费里法案》的实施,最终确立起法国初等教育发展的"免费"、"义务"和"世俗化"三大基本原则。

为保证免费、义务和世俗化初等教育的发展,法案还免除了公立幼儿园及初等学校的学杂费,示范学校的学费、膳食费和住宿费;同时废除《法鲁法案》中有关教会监督学校及教士担任教师的特权;废除公立学校的宗教课,代之以道德与公民教育课。费里法案的实施在法国初等学校教育制度发展史上具有深远的意义,它不仅导致初等学校数量的增加,更为重要的是,"在有自由派新教徒跟随

① 华东师范大学教育系外国教育史教研室. 外国教育史教学参考资料(未刊本)[M]. 1985:411.

的朱尔·费里的影响下,一个真正的共和国初等公立教育体系业已确立。这是一个经过长年深思熟虑的完整的教育体系"。①

二、中等学校教育制度的确立

拿破仑执政府及第一帝国时期所确立的由国立中学、市立中学和私立中学组成的中等学校教育体系,为19世纪法国中等学校教育制度的确立提供了良好基础。

复辟王朝时期,国立中学易名为"皇家中学",其教学实践的古典主义色彩渐浓。此外,天主教势力在中等教育领域的渗透日益强烈,教士在中等学校教师总数中所占比例不断提高。七月王朝时期,法国中等学校教育制度的改革主要体现在:萨尔旺迪于1837—1839年和1845—1848年出任教育部长期间,强化中等学校教育的实用化改革。在教学内容方面,皇家中学加强现代外语教学,注重英语和德语的学习,加强科学教育的分量。自1845年起,现代外语成为中学必修课程。不过,这一改革却在基佐等持有古典主义教育立场者的反对下,未能达到预期目标。基佐等人认为"没有古典教育,一个人在智力上就只能是暴发户"。②

在1850年3月15日颁布的《法鲁法案》的规范下,第二共和国时期法国中等学校教育为教会势力和教士发挥作用提供了更大空间。按照《法鲁法案》第17条的规定,国家对教育的垄断被终止,私立学校与公立学校获得同等认可。中学开办手续被简化,凡年满25岁、持有中学会考文凭者皆可开办中学。《法鲁法案》的实施加强了教会对中等学校教育的控制。

鉴于第二帝国初期教会势力在法国教育领域内甚嚣尘上的发展势头,路易·波拿巴决意加强对公共教育的控制。第二帝国首任教育部长福尔杜(H. Fortoul,1811—1856)于1852年4月10日提出了一项中等教育的改革计划。该计划将中学的全部计划分为四、三两段,前四年学生学习共同的古典、人文与数学课程;后三年则实施文、实分科学习,文科侧重古典语文的学习,实科侧重数学与自然科学的学习。文、实分科制度因遭到传统势力与教会势力的双重抵制而废止。第二帝国后期,狄律义出任教育部长期间改行四年制中等专业学校的办法为工商界造就了实用人才。为确保未来母亲和妻子受到必要教育,女子中学也得到一定程度发展。这一时期,皇家中学得以恢复原"国立中学"之名。

在为期72天的巴黎公社存续期间,废除中等学校教育的等级性成为改造中等学校教育的主要内容。女子中等职业教育的发展被列入巴黎公社教育改革的

---

① [法]让－皮埃尔·里乌,让－弗朗索瓦·西里内利. 法国文化史(Ⅳ)[M]. 吴模信,潘丽珍译. 上海:华东师范大学出版社,2006:19.
② 转引自滕大春. 外国近代教育史[M]. 北京:人民教育出版社,2002:170.

计划之中,巴黎公社教育委员会下设妇女教育委员会,并在 1871 年 5 月 12 日宣布开办一所工艺美术女子职业学校,计划向学生提供素描、泥塑、木雕、牙科等专业教育和科学、文学教育。

普法战争中法方战败这一事实,导致法国民众思考教育发展与战争胜负的关系问题,并最终将法方战败这一事实归咎于耶稣会教育的因循守旧上。"难道俾斯麦的胜利不是因为普鲁士的教育对研究和新发明的需要采取了更加现实的协调态度? 难道法国的失败不能归罪于可以追溯到耶稣会的因循守旧?"[①]在中等教育改革方面,普法战争还引发法国民众关于古典教育价值的争论。朱尔·西蒙(Jules Simon)出任教育部长期间即建议减少中学古典语言的教学时数,同时增加现代语言、历史、地理的学时。这一倡议遭到许多社会名流和中学教师的联合抵制,改革无果而终。为进一步改进中等教育,1891 年,狄律义所创办的中等专业学校改组为"现代中学",专事现代语言与实科知识的教学。

国立女子中学的发展也成为这一时期中等教育改革的主要成就之一。1880年 12 月 20 日的法令,决定设立 5 年制的国立女子中学。该类中学收费较男子中学低廉,不设古典语言课程,重视卫生、家政、手工、音乐和图画等课程。1881年秋,法国第一所国立女子中学在蒙彼利埃设立。

三、高等学校教育制度的变革

相对于中等教育而言,高等教育发展一直是大革命以来法国教育体系中较为薄弱的环节。承担高等教育发展任务的除了较为著名的巴黎理工学校、巴黎高等师范学校和圣·苏尔军事学校等实用性、专业性色彩浓厚的大学校外,还有一些分散的学院。

复辟王朝时期,主张教育自由的"自由教权派"与主张国家绝对控制教育的"极端派"之间斗争激烈。教权派在丹尼斯·弗雷西努乌斯任公共教育和宗教事务部部长期间,一直试图打破以帝国大学为首的国家对教育的控制权,解散帝国大学。但大学作为国家管理全国教育的专门机构的地位未被撼动,相应地,高等教育的发展也就维持了第一帝国时期的基本框架。

七月王朝建立之初,资产阶级自由派即致力于大学的世俗化改革,教育专业人士在帝国大学中的发言权得到加强。不过,总体来说,七月王朝时期,大学未能较好地根据社会发展需要实施改革,僵化保守,主要精力只是放在维护既得利益上。

第二共和国与第二帝国时期,高等教育的发展仍未表现出实质性内容。第二帝国时期,法国完成了工业革命,农业、商业、金融及建筑业发展迅速。1856

---

① 转引自滕大春. 外国近代教育史[M]. 北京:人民教育出版社,2002:436.

年和 1867 年两届巴黎国际博览会的召开直接刺激了科学技术的发展,并进一步向高等学校提出了发展专业技术教育的要求。为适应此形势,狄律义提出高等学校教育发展应适应社会经济的需要。为此,1868 年创设高等研究实践学校。不过,狄律义所提出的建立大学的计划,则由于政治形势的影响而未能实现。

在 1793 年借助于《关于公共教育组织法》关闭 22 所传统大学,法国高等教育局面发生根本性改观之后,第三共和国初期,法国高等教育步入复兴发展时期。在对普法战争失利的反思中,法国民众将发展新型高等教育作为走出危机的教育选择。振兴大学,赋予大学探索高深知识与培养专业人才的职责,成为当时关注大学发展人士的共同选择。同时,大学的发展意味着要将分散设立的学院组建成彼此联系的新大学,大学应成为强有力的科学研究中心。为此目的,1878 年"高等教育问题研究会"成立,为国家改革高等教育提供了必要的策略选择。

高等教育的复兴还表现在大学自治权的获得与认可上。1879 年,公立大学在获得国家授权的基础上行使学位颁发的权利,1885 年 7 月,大学获得法人资格,有权接受社会捐赠和资助。1885 年 12 月 28 日的一项法令,将学院理事会和教师代表大会确定为学院的行政管理机构:举凡学院发展中所涉及的校务管理、财务支出、教师聘任及晋升事务,悉由学院理事会掌管。教师代表大会的职责则在于审议学院有关教学、科学研究及学生生活的重大事宜。

在高等学校的教育经费上,国家承担教育经费的比例逐步提高,由第三共和国初期的不足 1/2 增至 1905 年的 2/3 以上。为帮助优秀青年潜心向学,政府还在 1877 年设立 300 个名额的学士奖学金。①

在高等学校组织结构上,1896 年 7 月 10 日颁布的《国立大学组织法》确定在原来分散设立学院的基础上组建大学,每个大学区设一所大学。大学校长由大学区总长兼任,大学校长领导下的大学理事会负责大学的教学和财政事务。大学所属各学院院长和教师由国家任命。大学毕业文凭和学位证书颁授权掌握在政府手中。新组建而成的法国大学普遍设立理学院,重视现代自然科学教学,法国出现了设有文学院、理学院、法学院和医学院的综合性大学。如此,传统意义上的"大学"在 1793 年被废止的一个世纪之后重新现身于法国社会,结束了一个世纪之中法国只有一所大学(帝国大学)的局面,最终赋予 1896 年的《国立大学组织法》深远的历史意义。

为刺激各大学开展竞争,自 1898 年始,法国政府推行学费、注册费、图书费、实验费等收入归大学的办法。此举导致各大学不断扩大办学规模,增加招生人数,在校大学生数量持续增加。据统计,1900 年在校大学生数约为 2.8 万人,1905 年增加到 3.15 万人,1910 年达到约 3.9 万人,至第一次世界大战结束后,

---

① 邢克超. 战后法国教育研究[M]. 南昌:江西教育出版社,1993:46.

在校大学生数已超过 4.1 万人。①

概而言之,19 世纪法国教育发展的成就可以表述为中央集权教育管理体制的建立和近代学校教育制度的确立。这一成就的取得是对法国教育传统继承与创新的结果,并为 20 世纪法国教育改革奠定了基础。

19 世纪法国教育改革、发展及其所取得的成就,是对法国教育传统扬弃性继承的结果,包括强化集权管理的专制政府治理制度、教育等级制度以及对宗教势力为重要的教育力量等传统的继承;同时这种继承又是一种超越性的继承,实现了新的飞跃和进步,具体表现在:

教育国家化成为教育发展的主要价值取向,国家成为发展教育的主导性力量,国家意志渗透到各级各类教育实践中,基于对政府利益的关注而有选择性地发展中等教育和高等教育事业。

初等教育领域的改革虽比较有限,但在教育世俗化方面也取得了不俗的成就。拿破仑借助于《教务专约》所缔结的与教会的关系,为后来法国政府处理与教会势力在教育领域中的问题提供了依据,教会的教育行为最终被纳入到国家利益的轨道上。初等教育的发展最终借助于两部《费里法案》的实施确立了"免费"、"义务"和"世俗化"的三大原则。

在中等教育方面,伴随着中等学校类型的多样化、女子中等教育的发展以及中等教育的实科化发展,法国中等教育在继承古典教育传统的同时,也开始向中等教育民主化与现代化的方向迈进。

高等教育在 19 世纪发生了较为根本性的变革。大革命时期传统大学被关闭,取而代之的是具有在大学区背景条件下体现专业教育特色的学院和大学校。法国高等教育专业化色彩突出。19 世纪末传统意义上的大学出现,进一步完善了法国高等教育结构。但法国高等教育的等级性及古典性仍是有待解决的问题。

法国教育制度在 19 世纪的发展中还表现出严格的等级性。为社会底层民众子弟所准备的教育阶梯是:初等学校—高等小学或某种类型的职业学校;中产阶层或具有良好经济基础家庭子女的教育阶梯则是:家庭教育或中学预备班—国立中学或市立中学—大学或大学校。这就形成了学校教育制度的双轨制。这一显然有悖教育民主化理想的双轨制,成为法国 20 世纪前半期统一学校运动改革的主要对象。另外,19 世纪法国所确立的中央集权型教育管理体制在规范法国各级各类教育事业发展的同时,也提出了 20 世纪法国教育改革中难以回避的经典性教育改革话题,即如何发挥中央集权式教育管理与地方政府及各类学校发展教育的积极性。

---

① 具体数字详见邢克超. 战后法国教育研究[M]. 南昌:江西教育出版社,1993:47.

思 考 题

1. 拿破仑第一帝国时期所确立的中央集权制教育管理体制的基本架构。

2.《费里法案》的基本内容及对 19 世纪末期法国初等教育发展的历史作用。

3. 19 世纪法国高等教育发展的历史成就。

参考文献

1. 邢克超. 战后法国教育研究［M］. 南昌:江西教育出版社,1993.

2. 夏之莲. 外国教育发展史料选粹:上册［M］. 北京:北京师范大学出版社,1999.

3. 滕大春. 外国近代教育史［M］. 北京:人民教育出版社,2002.

4. 郑崧. 国家、教会与学校教育:法国教育制度世俗化研究(从旧制度到1905 年)［M］. 上海:学林出版社,2008.

5.［英］博伊德,金. 西方教育史［M］. 任宝祥,吴元训主译. 北京:人民教育出版社,1985.

6. James Bowen. A History of Western Education Vol. III.［M］. London:Methuen & Co. Ltd,1981.

7. Joseph N. Moody. French Education since Napoleon［M］. Syracuse:Syracuse University Press,1978.

8. H. C. Barnard. Education and the French Revolution［M］. Cambridge:Cambridge University Press, 1969.

第十六章

19 世纪德国的教育

　　19 世纪是德国学校的世纪,学校教育取得了令世人注目的成就。具体来讲,19 世纪德国教育发展大致经历了三个时期[①]:(1) 1800—1840 年,为教育变革与创新时期。这一时期,以普鲁士为教育改革的样板与典型[②],德意志各邦在新人文主义的指引下,进行了小学、中学及大学的一系列具有时代意义的改革,奠定了 19 世纪中后期乃至 20 世纪德国教育制度的基本格局,即将学校教育统一为分工明确、定位清楚、互不贯通的双轨制:一轨是由预备学校、文科中学(Gymnasium)和大学组成的教育系统;另一轨是由初等学校即国民学校(Volksschule)与各种职业性教育机构组成的教育系统。其最具典型意义的是:职业教育与普通教育分离,国民学校与文科中学沿着不同的道路独立发展;以柏林大学为样板的新大学得以发展与推广。而随着国民教育的兴起,教师教育也成为人们关注的事业。(2) 1840—1870 年,为教育发展的停滞时期。这一时期,是德意志民族统一运动如火如荼的阶段。普奥争霸,自由主义与民族主义、保守主义口诛笔伐、唇枪舌剑,最终"民族统一"取得优先地位,国家主义抬头。作为社会政治生活的一扇窗口,在学校教育领域,政府对新人文主义指导下发展起来的新学校及其教师持不信任态度,学校教育呈现出退回到改革前的势态。(3) 1870—1900 年,为教育突飞猛进时期。1871 年,俾斯麦以新保守主义的政治原则和"铁血"方法最终完成了德意志民族国家的统一大业,德国政治、经济出现欣欣向荣的局面,教育也进入了一个快速发展的时期。这不仅体现在规模的扩大上,而且也反映在教育的结构上。1872 年《普通初等学校和师资培训学院的管理规章》颁布之后,一种介乎于初等学校与中等学校之间的"中间学校"(Mittelschule,相当于高级小学)发展起来,从而使国民教育的教育年限得以延

---

① [德]弗·鲍尔生. 德国教育史[M]. 滕大春,滕大生译. 北京:人民教育出版社,1986:121.
② "当讨论 1815 年学校和教育改革的历史时,我们必须首先研究普鲁士,因为它作为德国教育改革的样板与典型,其改革行动要领先于当时德语地区大多数邦国 20 至 30 年。"参见 Thomas Nipperdey. Deutsche Geschichte 1800—1866;Buergerwelt und starker Staat[M]. Muenchen:Beck, 1991:452.

长。与此同时,中等学校类型变得多样化。1900 年新的学校规章确定,除重视古典语文的文科中学以外,另外两种新型的中学——文实中学(Realgymnasium)与高级实科中学(Oberrealschule)的毕业生也获得升入大学的资格。

第一节 国民学校成为真正意义上的国民教育机构

在 17 世纪中叶以前,德国的初等教育完全隶属于教会。到 17 世纪中叶,国家开始掌握初等学校,并实行强迫教育,强迫入学原则开始出现在一些邦国的法律中。不过,由于资金不足和师资匮乏,义务教育的实施多流于形式。进入 19 世纪以后,德国各邦通过颁布法律、增加教育投入以及加强教育的监管,使初等教育发展的步伐大大加快,国民学校逐渐成为大多数人就读的学校,成为真正意义上的国民教育机构。同时,随着国民教育的发展,师范教育以及学校职业教育也得以起步。

一、国民学校成为国民教育的主要承担者

1806 年普法战争结束后,普鲁士这个在众多德意志邦国中迅速强大的北方邦国,宣布教育是振兴国家的关键因素。具有新人文主义思想的威廉·冯·洪堡(W. v. Humboldt, 1767—1835)承担了重建教育的历史重任。这位于 1809 年初被任命为普鲁士内政部文化与教育司司长的教育家和语言学家,在其短短的14 个月任期内,为国家构建了一套完整的教育制度。洪堡废除了骑士学院和武士学院等封建等级学校,将学校教育统一为双轨制:其一轨是为中上层阶层子弟准备的,由预备学校或家庭教育、文科中学和大学组成的教育系统;另一轨是为下层阶层子弟准备的,由初等学校即国民学校与各种职业性教育机构组成的教育系统。紧随其后,德国其他各邦也纷纷颁布法律,推动初等教育的发展。巴伐利亚邦于 1802 年、萨克森邦(Sachsen)于 1805 年先后颁布初等义务教育法[①],确定举办学校教育是国家和公民的义务。

在政府的推动下,德国的学校数量及入学人数迅速增长。以普鲁士为例,1816 年,仅有 60% 的处在学校义务阶段的年龄的人按时上学;而到 1846 年,该比例已上升到 82%;1864 年,则达到了 93%,其中,男童达到 94.3%,以至于一位法国人在 1831 年游历普鲁士后描述它是一个由兵营和学校构成的典型国家。在德意志其他地区,情况也类似。1846 年,在萨克森邦,学龄儿童入学率达到 95%,即使是较为落后的波兹南(Poznan,现在波兰境内),该比例也达到了 70%。而其中,国民学校担当了主力军的角色。以柏林为例,1830 年

---

① 戴继强,方在庆. 德国科技与教育发展[M]. 北京:人民教育出版社,2004:212.

只有 30% 的学生在国民学校;但到 1865 年前后,绝大部分学生都在国民学校里就读。[①]

不过应当指出的是,学校系统中存在着巨大差别,尤其是城乡差别十分明显。从 50 年代开始,大城市的国民学校逐渐成为最初的贫民学校,慢慢地有了 8 个不同的年级,得到地方税的支持并免除了学费。但在农村,最典型的是 1 个班级的乡村学校,到 1864 年,每所学校平均只有 1.1 名教师,师生比在 1816 年为 1:54~70,1848 年为 1:90,1864 年为 1:83,[②]教学质量也是乏善可陈。

与以往的教育机构相比,国民学校具有以下特征:

首先,国民学校是由乡镇举办的学校。学校的办学经费主要由乡镇财政和学费构成。其中,乡镇平均承担了国民学校 75% 的办学费用。1864 年,乡村学生须交纳的学费平均为 1.9 马克,城市学生为 4.3 马克[③]。

其次,国民学校是世俗化的教育机构,政府掌握学校的全部权力。换言之,学校不再附属于教会,尽管教会在政府的委托下以国家的名义仍对学校行使一定限度的管理权[④]。帝国建立后,德国政府教育改革的目标之一就是使学校进一步摆脱教会的控制。1872 年颁布的《学校视察法案》(*Das Gesetz ueber die Beaufsichtigung des Unterrichts – und – Erziehungswesens*)明确规定,监督学校是政府的职权,所有学校(包括公立和非公立学校)的督学均由政府任命;牧师仍可以担任督学,但他们是受政府委托而对学校实施监督,政府可以随时撤换他们[⑤]。

再次,国民学校是实施普通教育的教育机构。虽然学校课程也有少量实用学科课程,如地理学和博物学等,但国民学校主要进行的是向学生传授基本的文化知识和宗教知识的普通教育。国民学校是在新人文主义思想下建立起来的新兴学校。当启蒙教育家主张建立一个普通教育与职业教育统一的教育体系时,以威廉·洪堡为代表的新人文主义者则主张普通教育与职业教育的分离,也即

<hr />

① Thomas Nipperdey. Deutsche Geschichte 1800—1866: Buergerwelt und starker Staat [M]. Muenchen:Beck, 1991:463.

② Thomas Nipperdey. Deutsche Geschichte 1800—1866: Buergerwelt und starker Staat [M]. Muenchen:Beck, 1991:463.

③ Thomas Nipperdey. Deutsche Geschichte 1800—1866:Buergerwelt und starker Staat[M]. Muenchen: Beck, 1991:463.

④ 国民学校无疑是世俗的教育机构,但与当时的文科中学、大学相比,它与教会的联系却要密切得多。例如:很多教师同时又兼教堂司事(如圣器看管人、差役和教堂管理者);牧师仍担任当地或地区的督学(schulaufsicht),进入校务委员会;教会仍对学校宗教课教学承担专业监督等。到 20 世纪初,德国绝大部分学校督学仍由神职人员担任。

⑤ 顾明远. 教育大辞典:第 11 卷[M]. 上海:上海教育出版社,1991:227;[德]弗·鲍尔生. 德国教育史[M]. 滕大春,滕大生译. 北京:人民教育出版社,1986:173.

是普通学校和专门学校的分离①。前者包括国民学校、文科中学和大学,后者包括军官学校、艺术学校、工业学校等。

最后,国民学校开始有了接受过师范专门教育的教师。随着国民学校的兴起,德国师范教育也得到了发展。第斯多惠(F. A. W. Diesterweg, 1790—1866)就是当时卓越的师范教育活动家。以普鲁士为例,世纪之初,只有14所师范学校(Seminar);到1840年,师范学校的数量发展到38所,辅助师范学校(Hilfsseminar)为7所。② 这些接受了2~3年师范专门教育的教师无疑给国民学校带来了清新空气,因为他们与以往的教师不同,是一群具有新的职业意识和职业能力的教师,虽然他们并没能改变当时教师收入及社会地位仍不高的局面。

二、进修学校作为国民学校的延伸,开始实施学校职业教育

职业教育最初不属于学校教育的范围,它主要在家庭和工厂实施。在洪堡设计的双轨制学校教育体制中,除了为社会上层的子弟设计的预科学校、文科中学及至大学一轨外,还设计了面向社会下层子弟的教育机构,即国民学校及其以上的短期、部分时间制教育机构。教会星期日学校(又称主日学校)和手工业星期日学校即是这种短期的、部分时间制学校。当时教会星期日学校主要传授普通教育知识,而手工业星期日学校则给学生教授一些计算、绘画、机械和普通技术等一些为就业做准备的实用课程。星期日学校如名称所示,实行部分时间制,主要在星期日,有时也在晚上授课。

大约到了19世纪30年代,星期日学校逐渐演变为进修学校(fortbildungss-chule)③。进修学校成为完成了国民学校教育的劳动青年,尤其是处于学徒期的青少年接受继续教育的主要学校机构。

进修学校最初是非义务性的。随着人们逐渐认识到学校教育对青少年发展及社会稳定的重要意义,进修学校在各地逐步变成义务性和职业性的学校教育。1873年,萨克森国民学校教育法就规定,从1874年开始对男性青年实行进修学校义务教育。随后,巴登、黑森、魏玛等也紧跟其后,颁布了相应的义务性进修学校条例。1869年,北德意志邦联颁布工商条例。该条例规定:未满18周岁的帮工、手工业学徒及工厂学徒必须进入进修学校接受规定时间的教育。这样,在北德意志地区,进修学校成为法定的实施义务职业教育的学校机构。到19世纪70年代,在当时德国的26个邦中,就有11个在法律上确定了进修学校的义务

① 参见孙祖复,金锵. 德国职业技术教育史[M]. 杭州:浙江教育出版社,2000:19-22.

② Ludwig von Friedeburg. Bildungsreform in Deutschland: Geschichte und gesellschaftlicher Widerspruch[M]. Frankfurt am Main: Suhrkamp, 1992:73.

③ 孙祖复,金锵. 德国职业技术教育史[M]. 杭州:浙江教育出版社,2000:28.

性。在普鲁士颁布的进修法案中,还规定对义务教育学校的举办人给予国家的经济补助。[1]

进修学校作为国民学校的延续,开始主要是开展普通教育及公民教育。从进修教育学校发展到职业学校之路则是在劳动学校运动(Arbeitsschulbewegung),尤其是凯兴斯泰纳(Georg Kerschensteiner,1854—1932)的"劳动学校"思想推动下而实现的。在凯兴斯泰纳看来,一个对社会和国家有用的人应是一个具有公民意识的能干的劳动者,因此,国家举办的学校,也即公立学校应当是劳动学校。不过,在实践上,职业学校的发展十分缓慢。到1900年前后,进修学校开始按职业划分,但最终演化为职业学校是在魏玛共和国时期。

企业和职业学校的"双元制"职业教育这个概念,是1964年联邦德国教育委员会(Deutsche Ausschuss fuer das Erziehungs – und Bildungswesen,1953—1965)在其《关于职业培训和学校教育的鉴定书》中首次提出来的。不过"双元制"职业教育在实践上要比其概念古老得多。当18、19世纪帮工、学徒在劳动之余去部分时间制学校上课时,"双元制"职业教育的胚胎就已经出现了。19世纪职业的、义务性的进修学校出现,基本上满足了"双元制"职业教育的条件。可以说,今天"双元制"职业教育之"一元"的职业学校,其源头可以追溯到19世纪的进修学校。

第二节 三种类型中学并存的格局基本形成

19世纪上半叶,新人文主义的文科中学是德国标准的中等教育机构。到19世纪中后期,随着文实中学、实科中学逐渐发展起来,德国中等教育三种类型中学的格局基本形成。

一、文科中学的发展

在文科中学的发展上,普鲁士仍然走在德意志各邦的前面。1812年,普鲁士颁布中学毕业考试章程。考试章程除了规定中学毕业考试的内容和方法外,还确定了主持毕业考试的学校。这样,一些经政府审定作为主持毕业考试的文法学校便从当时大量存在的文法学校中分离出来,并被称之为"文科中学"。1834年,普鲁士全面废止传统的大学自行主持入学考试的制度,统一实行中学毕业证书入学制度。至此,文科中学便成为了严格意义上的中学,成为了大学的预备学校。1818年,普鲁士有91所文科中学,1848年发展为118所,1864年为

---

① Ludwig von Friedeburg. Bildungsreform in Deutschland: Geschichte und gesellschaftlicher Widerspruch [M]. Frankfurt am Main: Suhrkamp, 1992:245.

145 所。① 紧随其后,巴伐利亚等邦国也逐步发展了此类学校。

　　文科中学作为大学的预备学校,基本上承接了大学哲学院的普通教育任务。古典语言及经典文献、形式训练在课程中占有明显的优先地位。在 1840 年之前,相对于旧文法学校只有拉丁文写作,外加一点希腊文,文科中学课程与教学的主导思想是新人文主义的"全面教育",即"以古典文学研究和德文教学培养学生在语文和文学方面的能力,以数学、自然科学、历史和宗教教育提高学生的'实科方面'知识"②。与文法学校相比,虽然教学重点仍然是古典文的学习,但德语、数学等学科的地位有了明显的提高。以普鲁士为例,1837 年,9 年制文科中学教学的周学时为 280,其中:拉丁文 86,希腊语 42,数学 33,德语 22,历史与地理 24,宗教 18,自然科学 16,绘画与书法 13,法语 12,哲学 4,声乐 10③。19 世纪 40 年代以后,随着德国政治趋于保守,文科中学的"全面教育"思想遭到质疑,"负担过重"也成为人们批评文科中学的说辞。然而,坚持新人文主义,倾心于古典文化与古希腊理想;指向理论和知识的学习,远离生活实际;强调严格的训练、严明的纪律、严肃的气氛等仍然是文科中学一直坚持的传统。

　　如果说国民学校是乡镇学校的话,那么,文科中学就是统一的国立学校。举办与维持、制定教学计划、考试和监督、对教师的考核与任用等都是国家的事务;教师是国家公务员,校长由国家委任。国家通过制定和颁布文科中学毕业考试条例,规定学校教学计划以及学校报告的义务、日常监督等对文科中学实行统一管理。所在城市虽负责提供学校建筑等方面的费用,但在组织管理上几乎不发挥作用。文科中学教学条件优良、教学要求严格,教学质量与国民学校相比有着天壤之别。

　　过去,文法学校的教师主要由牧师担任。1810 年,普鲁士颁布了文科中学新教师考试规程(Edikt wegen Pruefung der Kandidaten des hoeheren Schulamts)。新规程规定,对中学教师的考核和选拔由大学成员构成的教育代表团负责,考试科目包括文科中学讲授的语文、科学、数学和历史等所有学科。在以后的相当长时间,文科中学教师都自视为接受过专业训练的语文学家。在他们的观念里,与其说自己是和国民学校教师一样的教师,还不如说是受过学术训练的公务员。确实,不论是接受的学术训练,还是拥有的社会地位和经济收入,国民学校教师都不能和他们相提并论。

二、文实中学和实科中学的发展

　　当文科中学从旧的文法学校中脱颖而出时,剩余的文法学校也在不断分化:

　　①　Thomas Nipperdey. Deutsche Geschichte 1800—1866:Buergerwelt und starker Staat[M]. Muenchen:Beck, 1991:454.
　　②　[德]弗・鲍尔生. 德国教育史[M]. 滕大春,滕大生译. 北京:人民教育出版社,1986:136.
　　③　Thomas Nipperdey. Deutsche Geschichte 1800—1866:Buergerwelt und starker Staat[M]. Muenchen:Beck, 1991:455.

有的改成了文科中学的预备班;有的则发展成了各式各样的非文科中学的中等学校,其中包括一些实施实科教育的中等市民学校(mittlere Burgershule)。最初,政府方面并不支持这些学校的发展,对这些学校采取放任自流的态度。19世纪30年代起,国家着手进行了这类学校的国家标准化管理,就其学习年限、毕业考试、毕业资格等问题进行统一规定。

1832年,普鲁士颁布文实中学毕业考试章程,规定了文实中学的考试科目和考试办法,并确认毕业考试通过者可享受的某些权利,如可因此减免兵役一年,可在邮政、林业和建筑等行业任职等。1859年,普鲁士颁布了第一个实科中学课程编制条例,在制度上确立了实科中学的地位。该条例规定:9年制的文实中学(实科中学Ⅰ),保留拉丁文的教学,但缩减相应的教学时数并推至高年级的拉丁文学校(Lateinschule),毕业考试通过者可获得文科中学毕业证(Abitur),毕业生可在技术和建筑行业任职。并规定,不设高中的文实中学,称之为实科中学(Realschule)。后来,这种原本没有高中的实科中学又演化为学制9年、不设拉丁文的高级实科中学和学制少于9年(即没有高中)、不设拉丁文的实科中学。

文实中学、实科中学虽然被承认为正式的中学,但它们的地位却一直不能与文科中学相比。例如9年制的文实中学,毕业生可获得文科中学毕业证书,但却并不因此具备了进入大学学习的入学资格;毕业生可以在技术部门就业,但在公共事业类行业却要受到一定的限制。因此,从文实中学、实科中学存在之日起,它们就一直为取得与文科中学等同的地位而抗争。1870年,9年制的文实中学毕业生首次获得升入大学的资格,虽然选择的专业受到限制,如只限于升入大学哲学院;毕业资格也受到限制,如即使通过了教师资格考试,这类大学毕业生仍然不能担任文科中学教师,而只能担任实科中学教师等。1876年,实科学校联合会成立,为争取获得与文科中学的同等地位进行了不懈的努力。世纪之交,斗争终于有了结果。1900年11月26日,德国颁布法令规定:文科中学、文实中学及实科中学等三种九年制中学所提供的教育具有等同的价值,文科中学、文实中学与高级实科中学毕业生都可获得升入大学的资格。1901年,普鲁士颁布的学校规章更是进一步制定了以上三类中学的课程编制和考试制度,使之相互配合共同成为大学的预备学校:(1)设置拉丁文与希腊文两种古典语文的文科中学;(2)保留拉丁文而取消希腊文,以现代语和现代科学作为教学重点的文实中学;(3)以法语取代拉丁文作为外语基础,取消一切古典语文,以现代语和现代科学作为主要学科的高级实科中学。[①]

① 参见[德]弗·鲍尔生. 德国教育史[M]. 滕大春,滕大生译. 北京:人民教育出版社,1986:145 - 149.

第三节　柏林大学的创建与德国高等教育的发展

19 世纪初,普鲁士开始了大学改革的进程,并分别于 1810 年、1811 年、1818 年创建了柏林大学(Die Friedrich-Wilhelms-Universitaet zu Berlin)、布雷斯劳(Breslau)大学和波恩(Bonn)大学。其中,以洪堡等人创建的柏林大学为代表。19 世纪的德国高校以其先进的教育理念、全新的组织制度以及卓越的科学成就,成就了德国高等教育一个世纪的辉煌。

一、柏林大学及其时代意义

1. 柏林大学建立的社会背景

新大学在 19 世纪的普鲁士出现,与当时普鲁士的社会环境有着密不可分的联系。

首先,柏林大学的建立是普鲁士战后整体社会改革的重要组成部分。耶拿战役失利后,普鲁士进行了一系列社会改革,其中包括经济改革、国家行政改革、军事改革和教育改革。19 世纪初,洪堡及其同仁们为国家构建了一套完整的教育制度,并着手从初等教育到高等教育的一系列改革。新的柏林大学即是高等教育改革的重要产物。

其次,柏林大学是在康德启蒙哲学,尤其是洪堡新人文主义的新大学观影响之下创建的。在柏林大学成立之前,大学的主要任务是传递符合人们社会角色的有用知识。随着启蒙运动的兴起,尤其是康德的启蒙哲学的发展,理性主义得到了极大的张扬。人们开始运用理性来对待知识。真理越来越多地建立在理性的责任之上,这就要求传统的科学以及大学的角色必须发生转变。

最后,柏林大学是在哈勒大学与哥廷根大学学术传统之上建立的。18 世纪的哈勒大学和哥廷根大学是现代大学的先行者,它们的做法及其学术声誉对即将成立的大学的影响是不容忽视的。18 世纪初,哈勒大学在神学家弗兰克(A. H. Francke,1633—1727)、哲学家托马西乌斯(C. Thomasius,1655—1728),尤其是启蒙哲学家沃尔夫(C. Wolff,1679—1754)的领导下,掀起了大学的现代化运动。18 世纪 30 年代以后,哥廷根大学在闵希豪生(G. A. von Muenchhausen,1688—1770)的带领下后来居上,成为这一时期最有影响力的大学。当旧大学致力于现成的、有用知识传授的时候,这两所大学将目光投向了对未知世界的研究,发展了经验研究与实验研究,提出了思想自由的口号。可以说,18 世纪的这两所大学为柏林大学的建立与发展提供了充足的养分。

2. 柏林大学的建立及其时代意义

早在 1800 年,普鲁士政府就有了创建一所新大学的动议,其间不少政要和学者,包括舍林(F. W. J. Schelling,1775—1854)、费希特、施莱尔马赫(F. D. Schleiermacher,1768—1834)、沃尔夫等人都对新大学提出了建设性的意见。最终,柏林大学在时任普鲁士教育官员洪堡的推动下于1810年建立。在柏林大学建校之初,与其说洪堡是一个深邃的思想者,不如说他是积极的组织者。在其短暂的14个月任期内,洪堡的主要工作是解决大学成立之初亟待解决的财政、法律和组织方面的细节问题,其中尤其是教授招聘的事宜。

开学之初,柏林大学并不是一所规模宏大的组织:它只有3名神学教授、3名法学教授、6名医学教授、12名哲学教授,以及250名学生。① 从形式上看,新大学与传统大学并无二致:大学由神学、法学、医学及哲学(以前为人文学院)等4个学院组成;教师分为正教授(编内教授)、编外教授及私人讲师;正教授负责大学的学术事务以及选举校长和各院院长,由政府委派的督学(Kurator)负责大学的财政、人事等事务。然而,柏林大学的创建却具有划时代的意义:它是一所全新的大学,是新大学理念的组织化,是一场深刻的大学改革运动。概括地讲,柏林大学的划时代意义主要体现在:

(1) 重新定义了大学

19世纪初普鲁士人创建的柏林大学彻底打破了人们对大学的定义。正如人们所说的:"柏林大学的建立不只是增加了一所大学而已,而是创造了一种体现大学教育的新概念。"② 这些新概念包括:

其一,大学不是职业训练机构,大学是基于科学的高等学校。在新大学的倡导者看来,只有科学才是促进个性发展的唯一途径。他们认为,只有当大学生不只是单纯地掌握材料,而且学会理解、学会独立地判断时,其个性才真正养成。也只有在人的个性得到充分发展时,人们才有可能完全依据自己的兴趣和意愿来选择和从事各职业。既然只有通过无外在目的的科学才可能达至修养,科学也就在大学获得了前所未有的地位,大学也成为国家最重要的科研场所。正如教育史学家鲍尔生所说,1810年创建的柏林大学是"把大学作为专心致志于真正的科学研究与科学教育的机构的典型"③。

其二,大学不同于注重传递知识的中小学,大学是探究的场所。由于科学是某种还没有得出完全结论的事物,是对新的知识与真理的探寻和发现,因而使得大学与中小学具有完全不同的性质。如果说,中小学教学传递的是成熟的知识体系的话,大学就是"独立研究者"(教授)和"受到指导的研究者"(学生)探究未知世界的研究场所。在大学,教学与研究是不可分的,这也就是人们常说的

① Thomas Nipperdey. Deutsche Geschichte 1800—1866:Buergerwelt und starker Staat. Muenchen:Beck, 1991.64.

② [英]博伊德,金. 西方教育史[M]. 任宝祥,吴元训主译. 北京:人民教育出版社,1985:330.

③ [德]弗·鲍尔生. 德国教育史[M]. 滕大春,滕大生译. 北京:人民教育出版社,1986:126.

"教学与研究相统一"。即使是在知识的传授过程中,大学活动也不是对知识的简单传递,而是对其原则创造且能动的反映。

其三,大学不是专门化以及追逐功利的会所,而是从事纯科学研究的圣殿。这里的纯科学至少包含两层含义:其一,科学是一个整体、统一体。即各门学科实质上都是根据其对世界和生命整体的反映来划分的,而哲学和古典人文学科(Humanitaet)是其典型的代表。其二,科学的首要目的即科学本身。至于它的实用价值、它对社会及个人所具有的意义都是次要的。正是这种除自身目的之外无其他目的的对真理的追求,会带来最重要的有实用价值的知识,并最终服务于社会。新科学观决定了新的大学观。正因为如此,哲学、文学等人文学科在柏林大学受到了尊重。经过改造后的人文学院,不但摆脱了大学预科的地位,成为"将各分支知识统一为一体"的哲学院,而且也为未来文科中学教师提供了学术教育。

(2)营造了新的大学文化

柏林大学的举办者不仅将新的科学观应用于办学实践,规定了大学的基本方向和办学宗旨,而且在此过程中营造了新的大学文化。其中最重要的包括:

其一,营造了"以科学为业"的学术气氛。新大学确立了科学在大学中的核心地位,从而培养了以科学为业的主流文化。教授以"科学"为业,并以科学成就确立自己的学术声望和职业前途。在大学生中,为谋生而学遭到鄙视,为科学而学得到弘扬。最重要的是,"教学与研究相统一"成为了大学最重要和最基本的原则,研究和探究式教学成为大学的主要活动。在新的大学,大学学习变得自由而个性化,研讨班、实验室、图书馆成为学生与导师进行研究性对话与开展研究工作的主要场所。

其二,促进了研究的整体思维与协作精神。新科学观强调科学的统一性。相比英语的"科学"一词,德语的"科学"一词有着更广泛的意义。德国人把"科学"理解为天下的所有学问。以统一的、整体的、普遍联系的观点看待问题,并强调科学研究的协作与配合,成为德国大学与学术界的传统与优势,这也是德国人在理论学科、综合学科领域独占鳌头的原因之一。英国学者梅尔茨甚至感叹,如果没有德国科学与哲学的结合,何以有生物科学这一类现代科学的发展。他说到:"生理学和病理学这两门现代科学可以突出地称得起德国的科学。因为,别的国家都不具备必要的条件和广泛的组织、协合研究和坚忍合作的习惯、广阔观点和崇高目标,而这一切在德国大学里在德国'科学'理想的指导下和在哲学和古典精神的影响下都已达致了。"[①]

其三,培养了勇于探索、甘于寂寞的科学精神。尽管柏林大学倡导的强调哲

---

① [英]梅尔茨. 十九世纪欧洲思想史:第一卷[M]. 周昌忠译. 北京:商务印书馆,1999:184.

学与人文学科的"科学"理想与后来在德国及世界其他地方蓬勃发展的经验科学不同,但这种理想所培育出来的"为科学而科学"的科学精神却是无价之宝。新的科学理想带给世界的不只是它的科学发现与科学成果,还有它含有的伦理价值,后者甚至比前者更重要。它不仅培育了一大批人文科学大师,而且作为科学遗产传承给了后来的科学工作者,包括从事实验科学和应用科学的工作者。

(3) 建立了有利于科学发展的组织制度

以色列学者本-戴维认为,德国 19 世纪科学成就不能归因于那时占主导地位的"哲学思想",而应归因于因此"哲学思想"而建立的"能根据科学探索的需要和潜力而变化"的德国大学体制。在他看来,是那种"可能蕴藏在大学内部组织中,也可能在德国整个大学体系中,或者在整体与内部组织的互动之中"[①]的德国大学的适应能力推动了 19 世纪科学中心由法国向德国转移。这个具有适应能力的德国大学体制的核心就是:

其一,学术自由和自治制度。柏林大学创建之时,确认了大学的双重属性:大学是国家机构,但同时大学也是享有学术自治权的法人社团。在这样的制度框架下,国家举办大学,并管理相关的财务及人事事务;但国家不插手大学的学术事务。大学拥有学术自我管理权;鉴于教授是学术专业人员,柏林大学的自我管理实际上是以教授为核心的自我管理。这种学术自由和自治制度保证了学术决定由专家做出,从而在一定程度上满足了科学"自由"的基本条件,促进了科学的发展。

其二,教授资格与私人讲师制度。为保证被任命的教授能胜任其职位且动机纯洁、具有科学献身精神,柏林大学于 1816 年在德国大学史上首次引入了教授资格制度。1816 年,柏林大学规定:"私人讲师必须在其打算授课的学院通过授课资格,即教授资格。"[②]由于申请教授资格的前提条件是博士学位,因此,这样的结果是,德国大学授课的资格由原来的一个(博士学位)变成了两个(博士学位和教授资格),保证了大学教师的高水平。

与教授资格相联系的是,柏林大学设立了私人讲师制度。当一个人获得了教授资格而又未被聘为教授时,他可以在大学开课,但除了收取学生的听课费,他并不能从国家拿到薪水。这种人即所谓的"私人讲师"。私人讲师制度为人所称道,认为正是这些几乎"无产"的,但又对科学充满兴趣、志存高远的年轻人成为了德国大学及其科学研究的生力军。这个漫长而充满风险的学术职业发展道路,不但保障了学术人员的高素质,铸造了"为科学献身"的科学精神,而且促

---

① [以色列]本-戴维. 科学家在社会中的角色[M]. 赵佳苓译. 成都:四川人民出版社,1988:227.

② H. Boockmann. Wissen und Widerstand:Geschichte der deutschen Universitaet[M]. Berlin:Siedler Verlag, 1999:212.

进了大学的科学创新与专门化——因为只有站在研究的前沿,只有开辟新的学科和专业方向,青年人才有更多的机会实现成为"教席教授"的梦想。

其三,研讨班(seminar)制度。在柏林大学,研讨班和实验室成为学生与导师进行研究性对话与实际研究工作的重要场所。虽然研讨班在柏林大学成立之时就已存在,但研讨班及研究所大规模的发展,却是在新的教育理想的推动下发生的。据统计,在柏林大学,研讨班和研究所在 1820 年,医学有 7 个,神学和哲学有 3 个;1850 年,医学发展为 10 个,神学和哲学为 8 个;到 1870 年,医学发展为 16 个,神学和哲学为 11 个。[①] 由化学家利比希(J. Liebig,1803—1873)在吉森大学(Giessen)创办的利比希实验室,以及由矿物学家和物理学家诺伊曼(F. Neumann)和雅各比(C. G. J. Jacobi,1804—1851)在柯尼斯堡大学创办的数学—物理研讨班,便是享誉世界的研究所和研讨班模式。它们不但为世界培养出了数名诺贝尔奖获得者,而且也为现代大学的教学研究活动的组织与运行起到了示范作用。

二、德国高等教育的改革与发展

在柏林大学的影响下,德国各邦国对高等教育进行了卓有成效的改革。概括来讲,19 世纪德国高等教育的改革与发展大致分为两个阶段:

1. 1871 年以前的德意志邦联时期

从 1815 年至 1848 年在政治上被称为"复辟时期"。1814 年 4 月,拿破仑在反法联盟的军事打击下宣布退位。在维也纳会议(1814 年 10 月至 1815 年 6 月)[②]上,德意志联邦成立。所谓德意志联邦实际上是旧德意志帝国的延续物,由 39 个主权邦[③]组成,其组织机构是联邦会议(Bundestag),主席由奥地利担任。由于当时奥地利主政的是保守主义者梅特涅,因此"复辟时期"(1815—1848)的许多事件也是与梅特涅的名字紧紧联系在一起的。相对于德意志联邦这个松散的政治联盟,1834 年在普鲁士的领导下德意志关税同盟(Zollverein)[④]得以建立。在柏林大学的影响下,这一时期新大学发展迅速,大学及其教授赢得了极高的社会声望,大学数及大学生人数都急剧上升。普鲁士的布雷斯劳大学,莱茵地区的

---

① Thomas Nipperdey. Deutsche Geschichte 1800—1866: Buergerwelt und starker Staat[M]. Muenchen: Beck, 1991:474.

② 1814 年 10 月至 1815 年 6 月,反法联盟中的英、俄、普、奥在维也纳举行会议,商讨在拿破仑垮台后欧洲政治秩序的重建工作。其主要目标是恢复革命前的旧制度,维持"正统"的封建王权。

③ 德意志联邦的 39 个主权邦包括:4 个自由市(不来梅、汉堡、卢卑克、美茵河畔的法兰克福),1 个帝国(奥地利),5 个王国(普鲁士、巴伐利亚、萨克森、汉诺威、符腾姆贝格),1 个选侯国(库尔黑森),以及若干大公国、公国、侯国、伯爵领等。

④ 1819 年,图宾根大学教授弗里德里希·李斯特以德意志地区 5 000 多名商人和工厂主的名义,起草了《致德意志同盟议会请愿书》;1820 年符腾堡、巴登、巴伐利亚、黑森-达姆施特、图林根达成一个关税预备性条约,但因巴伐利亚的阻挠而失败;1834 年,在普鲁士的领导下,一个包括北德、中德和南德邦国的关税同盟建立。到 1842 年,39 个主权邦中的 28 个邦加入了关税同盟。

波恩大学、维尔茨堡大学(Wuerzburg)、海德堡大学(Heidelberg)、兰茨胡特大学(Landshut)都先后以柏林大学为样板创建或改造,并成为当时最重要的德国大学。据统计,1815年,柏林大学、布雷斯劳大学、波恩大学和兰茨胡特大学集中了全德近40%的大学生①。大学生人数扶摇直上:1800年约为6 000人;1816—1825年上升到9 000人;1830年发展到近16 000人②。就学科来讲,哲学在大学及思想文化领域获得了前无古人后无来者的地位。这一时期也是德意志自由主义极其活跃的时期,1819年的大学生运动及"三月以前"(Voermarz)③以大学教授为主的自由主义运动引起梅特涅为首的德意志联邦诸王国的恐慌,最终导致臭名昭著的镇压大学师生反抗、压制思想自由的卡尔斯巴德决议(Karlsbader Be-schluesse)和哥廷根七教授被解雇事件。

1848年革命后至1871年是德意志民族统一运动如火如荼的阶段,但同时也是大学停滞不前的时期。普奥争霸,自由主义、民族主义、保守主义交锋,构成了社会生活的主要场景。在"民族统一"与"个人自由"的两难选择中,"民族统一"取得了优先权,国家主义抬头,自由与权威在这个特殊时期的特殊任务中达成了妥协。在1862年9月,俾斯麦担任普鲁士总理以后,以新保守主义的政治原则和铁血的方法最终完成了"小德意志民族统一国家"的统一大业。这一时期,学生人数有所下降,思辨哲学和新人文主义哲学逐渐失去它们原有的地位。与此同时,以数学和实验方法为基础的自然科学及其组织形式却得到发展,并赢得人们的赞誉。其中最突出的例子是吉森大学的利比希化学实验室。该实验室成立于1826年,成立之初因与洪堡"纯粹"科学的理想相冲突而处境艰难,但到19世纪40年代,经过利比希的努力,它已经成为国际上著名的化学研究中心,成为培养巴黎以外大部分卓越化学家的训练学校。④ 更为重要的是,它的成功促进了其他德国大学类似实验室的迅速发展,如海德堡大学的本森(Bunsen)实验室、莱比锡的科尔比(Kolbe)实验室以及慕尼黑的贝耶(Baeye)实验室。大学实验室逐渐成为大学教授及大学师生教学科研的组织工具,同时它也标志着科学专门化的加剧。从60年代开始,大学科研与经济界开始接触,并取得丰硕的成果,如蔡斯公司即是成功的例子。出生于1816年的蔡斯(Carl Zeis),在1846

① Thomas Nipperdey. Deutsche Geschichte 1800—1866:Buergerwelt und starker Staat[M]. Muenchen:Beck, 1991:471.

② Thomas Nipperdey. Deutsche Geschichte 1800—1866:Buergerwelt und starker Staat[M]. Muenchen:Beck, 1991:476.

③ 1830年至1848年,德意志历史上称为"三月以前"(Voermarz),是德意志自由主义最具活力的阶段。

④ 1830年,利比希提出了以他名字命名的有机分析方法。利比希实验室独有的方法是,按照一个专门制订的计划系统地且讲究方法地训练定性的、定量的和有机的分析,年青人由此透彻掌握化学性质和操作的知识。利比希实验室存在了30年,在利比希领导实验室的28年里,共有700多人;到19世纪40年代,实验室每次接纳的学生达到50多人,成为世界上最著名的化学实验室。

年建立了一个精密机械和光学仪器制造厂。他很早就关注到精密仪器与科学研究之间的关系。1866 年,他聘请物理学家阿贝(Ernst Abbe)为之工作。阿贝为公司提高了镜头生产的精度,并首次生产出显微镜。

2. 1871 年以后的德意志第二帝国时期

1871 年,长期处于分裂状态的德意志诸国在普鲁士的领导下统一,建立了联邦制的德意志帝国,史称第二帝国。1871 年至 1914 年是德国完成工业化的重要时期,"德国近现代史中最引人注目的方面,整个近现代史中最令人惊异的篇章之一,就是十九世纪后半期发生在德国的经济转变。在大约三十年的时间内,德国经历了英国用一百多年才完成的事情——将一个农业占统治地位的落后国家转变为一个现代高效率的工业技术国家。这只有现代日本的经济发展可以相比。"①在社会制度方面,"铁血宰相"俾斯麦在 80 年代相继制定了广泛的社会保险法②,为现代社会保险开了先河。这一时期也是德国高等教育的又一繁荣时期。伴随着国家的统一、经济的发展与社会的稳定,高等教育如虎添翼,进入一个扩张阶段。

(1)专业性高校侧身于高等教育之林

到 19 世纪下半叶,德语地区在传统大学之外出现了专业性大学,首先是工业大学(TH),接着是矿业学院、林学院、农学院、兽医学院。这些非传统的大学实施有关实用性和工艺技术性的科学教育,在发展过程中,它们逐渐向大学靠拢,并最终取得和大学一样的学术地位。这样,工业、农业、商业等实用性学科也和神学、法学、医学等昔日的学术专业一样,加入了高等教育的行列。1850 年以后,德国新建的高等教育机构中,绝大多数是工业大学和其他专业性大学。据统计,在 19 世纪以前,整个德语地区只有三所矿业学院③,而在 1850—1919 短短的70 年里这一地区新建了 30 所不包括师范院校在内的专业性大学,与此同时,新建的古典式大学却只有 4 所④。最初,这种发展最快速的大学——专业性大学并不能与大学平起平坐,尽管它们在发展中竭力向学术性方向发展,但始终是作为第二等级的高校存在。在经过艰苦卓绝的抗争之后,它们于 1865 年获得学术自我管理权,1899 年取得博士授予权,最终得到了和古典大学同等的学术

---

① [美]平森. 德国近现代史:它的历史和文化:上册[M]. 范德一译. 北京:商务印书馆,1987:300.

② 它们包括:1883 年的《疾病保险法》、1884 年的《意外灾害保险法》、1889 年的《残疾和老年保险法》;今日联邦德国三大社会保险,即医疗保险、事故保险和养老金保险就是在此三大保险法之上的完善和发展。

③ 它们是成立于 1765 年的弗莱堡矿业学院(Freiburg)、1770 年的塞姆利兹(Schemnitz)以及 1775 年的克劳斯塔尔矿业学院(Clausthal);在 1800—1850 年新建了两所专业性高校,即 1815 的维也纳技术大学(Wien, TH)以及 1847 年的农业经济大学(Hohenheim ,Landwirtschaft)。

④ 它们是日内瓦(Genf,1873);切尔诺维茨(Czernowitz,1875)、弗莱堡(Freiburg/Schweiz,1889)、汉堡(Hamburg, 1919)。

地位。①

（2）学生与教师人数急剧增长

19世纪20世纪之交，大学生人数出现跨越性的增长。到1914年，几乎所有的大学在校生人数都超过1 000人，其中柏林大学超过8 000人。就学生人数而言，增长最快的是哲学院。到19世纪末，哲学院的学生人数历史上第一次超过了法学院。而中世纪时期大学的主导学院——神学院的学生人数，1830年到1914年则减少了一半。这种学生人数的变化也反映出大学学习方向的转变，即对现代职业（如研究人员、学术教师、工程技术人员）的需求，以及旧的职业（如牧师、国家公务员）的引退（表16-1、表16-2）。

表16-1 1871—1914年德国大学在校生人数

学校及建校时间	1871	1881	1891	1901	1914	其中女生人数
柏　林(1810)	2 208	3 709	4 278	6 673	8 024	802
慕尼黑(1826)	1 107	1 824	3 551	4 184	6 626	470
莱比锡(1409)	1 803	3 183	3 242	3 586	5 359	200
波　恩(1818)	617	1 070	1 367	1 917	4 524	398
弗莱堡(1457)	204	683	1 138	1 218	3 178	316

资料来源：T. Werner. Deutsches Hochschulrecht[M]. Koeln/ Berlin/ Bonn/ Muenchen：Heymann, 1986：36-37.

表16-2 德国大学各学院学生人数统计

	神学	法学	医学	哲学	总计
1830	6 076	4 502	2 355	2 937	15 870
1850	3 006	4 386	1 932	3 102	12 426
1904	3 777	11 747	6 948	15 205	37 677

资料来源：[德]弗·鲍尔生. 德国教育史[M]. 滕大春，滕大生译. 北京：人民教育出版社，1986：131.

伴随着学生人数的增加，教师人数也出现较大的增长。据统计，大学教师在1864年至1910年之间增长了159%，由1 468人增长为3 807人，其中主要是私人讲师和编外教授人数的增长；拿全薪的讲座教授也有增长，由原来的723人增长到了1 236人，同期增长了70%②。

（3）研究所和研讨班以"狂热的速度"发展

"到19世纪最后几十年，可以发现国家在以'狂热的速度'发展研讨班和研

① W. Ruegge. Geschichte der Universitaet in Europa[M]. Muenchen：Beck, 2004. 63.
② Thomas Nipperdey. Deutsche Geschichte 1866—1918[M]. Muenchen：Beck, 1990：569.

究所。在 1860—1914 年间，德意志帝国新建或扩建医学研究所 173 个，1882—1907 年间有哲学所 77 个。"① 与此同时，大学机构也发生了一些相应的变化，即许多大学在原来四个学院的基础上增加了第五个学院，即从哲学院分离出来的自然科学学院。图宾根大学（Tuebingen）于 1863 年，斯特拉斯堡大学（Strassburg）于 1873 年，海德堡大学于 1890 年，弗莱堡大学（Freiburg）于 1910 年，数学与自然科学相继从哲学院分离出来。

（4）教学与科研硕果累累

根据一位学者的统计，1900 年左右，1/3 的物理学论文和 42% 的物理发现是出于德国人之手；1901—1925 年间的 31 位诺贝尔物理学奖获得者中有 10 位是德国人，22 名化学奖获得者中有 9 名是德国人，23 名生理学奖获得者中有 5 名是德国人。② 除了数学和自然科学的成就以外，这一时期德国的社会科学也成绩卓著。史学家利奥波德·冯·兰克、弗里德里希·克里斯托弗·达尔曼、特奥多尔·莫姆森，社会学家马克斯·韦伯等都是学术界的领军人物。

当然，这一时期也是德国大学影响向外广为传播的时期。随着德国大学的声名远扬，世界各地的青年学子趋之若鹜。例如，在这一百年里，大约有 1 万名美国人到德国大学学习和访问，其中仅柏林大学就接纳了 5 000 多名来自美国的学生。③ 而随着留学生的回国，德国大学模式也成为世界各国争相效仿的对象。例如 1876 年成立的美国约翰·霍普金斯大学就被人称为"美国的柏林大学"。

第四节　福禄培尔、第斯多惠、洪堡的教育思想

一、福禄培尔

福禄培尔（Friedrich Froebel，1782—1852）是德国教育家。他创办了世界上第一个幼儿园（kindergarten）④，建立了以"创造性游戏"为主要活动的幼儿教育体系，设计并制作了一系列的儿童玩具和教学材料，开设了幼儿教师培训班，是近代学前教育实践的开拓者和理论的奠基人。19 世纪，福禄培尔的幼儿园及其教育理论盛行于欧美各国，对世界幼儿教育事业产生了深远的影响，福禄培尔重要的著作有：《人的教育》（1826）、《幼儿园教育学》（1844）以及《母亲与游戏、儿

---

① Thomas Nipperdey. Deutsche Geschichte 1866—1918［M］. Muenchen：Beck，1990：569 - 570.
② Thomas Nipperdey. Deutsche Geschichte 1866—1918［M］. Muenchen：Beck，1990：602
③ 贺国庆. 近代欧洲对美国教育的影响［M］. 保定：河北大学出版社，1994：105.
④ 德语"幼儿园（kindergarten）"直译即"儿童的花园"。"幼儿园（kindergarten）"这一德语词汇后来被许多种语言作为外来词直接采用，是德语向其他语言输出的少数几个词之一。

歌》(1843)等。

1. 生平

福禄培尔于 1782 年出生在德国一个乡村牧师家庭,1799 年进入耶拿大学学习数学和自然科学。从 1805 年在法兰克福师范学校担任教师,开始了他的教育生涯。1817 年,他在爱尔姆(Ilm)的格雷斯黑姆(Griesheim)创办了自己的一所学校,并于第二年将学校搬到他家乡的一个小镇卡伊尔霍(Keilhau),推行裴斯泰洛齐的教育理念。1826 年,福禄培尔发表了他的著作《人的教育》。1829年,由于当时保守政府认为福禄培尔的思想过于激进,关闭了卡伊尔霍学校,福禄培尔被迫出走瑞士。在瑞士期间,他曾创办过一所初等学校,担任过一所孤儿院的院长。1837 年,福禄培尔返回德国,在卡伊尔霍附近的勃兰根堡创办了一所招收 3~6 岁儿童的学校,当时命名为"儿童活动学校",1840 年,他把学校命名为"幼儿园"。在那里,他开展了他最重要的幼儿教育实践,并创立了以游戏为主的幼儿教育理体体系。1852 年,福禄培尔去世。

2. 教育观

福禄培尔教育思想的源泉有两个:一是德国古典哲学,尤其是费希特、谢林哲学;一是卢梭和裴斯泰洛齐自然主义的教育思想。福禄培尔提出了几项教育的根本原则[①]:

(1)统一性原则。福禄培尔是一位"泛神论"者和唯心主义者。他在《人的教育》开篇就写道:"在一切事物中存在着和统治着一个永恒的法则。……这个法则过去和现在都表现在外部、在自然中,在内部、在精神中,也表现在结合自然和精神的生活中,是同等的明晰和确定的。"[②]在福禄培尔看来,宇宙中存在着"统一法则"或者说"内在联系";自然界、人都是这个"永恒法则",也是"神的精神"的体现。

(2)发展性原则。福禄培尔认为,同一切事物一样,人起初并不总是完善的,而是一个不断生长与发展的过程;教育必须遵循儿童发展的内在法则,即生长规律,使其获得自由的发展。

(3)创造性原则。福禄培尔认为,教育应当以儿童经验和活动为基础,要把儿童自主活动当作教育的出发点和基本原则。

3. 幼儿教育理论与实践

福禄培尔在思考与实践中逐渐形成了他的幼儿教育体系,它包括以下几个主要内容:

(1)幼儿教育对人一生的发展而言十分重要。在他看来,在婴儿期,人的成

① 参见滕大春. 外国教育通史:第三卷[M]. 济南:山东教育出版社,1990:296-298.
② 张焕庭. 西方资产阶级教育论著选[M]. 北京:人民教育出版社,1979:310.

长主要是感觉及身体四肢等的外部生长,父母及教育者对婴儿主要是身体的看护,而到幼儿期,随着语言的发展,幼儿开始通过自己来了解周围的世界,这时,"真正的人的教育就开始了。这时对儿童的悉心关注,应较少地注意于身体,较多地注意心智了"。①

(2)游戏是儿童活动的特点,游戏在儿童的成长中扮演着十分重要的作用。福禄培尔认为游戏和语言是儿童生活的基本要素。在这个时期,儿童赋予每一事物以生命、情感和语言。儿童通过游戏了解世界。他写到:"游戏是儿童发展的最高阶段,是这一时期人类发展的最高阶段。因为游戏是内部存在的自我活动的表现,是由内心的需要和冲动而来的内部表现。"②他甚至认为:"一个能够痛快地有着自动的决心,坚持地游戏,直到身体疲劳为止的儿童,必然会成为一个完全的、有决心的人,能够为了增进自己和别人的幸福而自我牺牲的人。一个游戏着的儿童,一个全神贯注地游戏的儿童,一个这样沉醉于游戏中的儿童,不是儿童生活的最美丽的表现吗?"③

(3)幼儿园应当以创造性的游戏为主要活动。福禄培尔指出幼儿园的任务是通过活动与游戏,也就是儿童的自我活动,促进儿童的身心发展。为此,福禄培尔设计了以活动和游戏为主要内容的幼儿园课程,开发制作了一系列儿童玩具和幼儿园教具。其中,幼儿园课程包括:游戏与歌谣;使用"恩物"的游戏活动;应用"恩物"原则所进行的手工活动,也称"作业";游戏室内和户外的运动游戏;园艺与饲养;通过散步观察自然界的活动。④ "恩物",也就是福禄培尔为儿童游戏和作业设计与制作的一套玩具和作业用具,包括供 1~3 岁儿童使用的彩色的绒球、活动的圆球、正方体、圆柱体;供 3~7 岁儿童使用的各种形式的积木。除此之外,为了使幼儿园游戏活动更好地开展,福禄培尔还设计和提供了 10 种作业材料及其教学方法,如针、剪刀、浆糊、笔、颜色盒、黏土以及各种彩色纸片、纸条、纸板、竹签、碗等,供儿童画线、绘图、剪纸、贴纸、泥塑、针刺、刺孔、编织等作业使用。

二、第斯多惠

第斯多惠(Friedrich Adolf Wilhelm Diesterweg, 1790—1866)是 19 世纪德国国民教育和师范教育的卓越活动家。他长期从事师范教育工作,发表了包括《德国教师培养指南》等多部著作,写了 15 部教科书和 9 部供教师用的教学指导书,创办并主编《莱茵教育杂志》、《教育年鉴》等教育杂志,被誉为"德国

① 张焕庭. 西方资产阶级教育论著选[M]. 北京:人民教育出版社,1979:320.
② 张焕庭. 西方资产阶级教育论著选[M]. 北京:人民教育出版社,1979:322.
③ 张焕庭. 西方资产阶级教育论著选[M]. 北京:人民教育出版社,1979:323.
④ 滕大春. 外国教育通史:第三卷[M]. 济南:山东教育出版社,1990:307.

普通教育之父"和"德国教师的教师"。他的代表作是《德国教师培养指南》（1835）。

1. 生平

第斯多惠出生于德国一个法官家庭,先后在赫博恩大学(Herborn)和图宾根(Tuebingen)大学学习哲学、历史和数学。1811 年大学毕业。1812 年开始了其教育生涯。他先后担任过家庭教师和文科中学教师。1820 年,他从一名文科中学教师成为梅尔斯师范学校(Moers)的校长,在那里工作 12 年之后,于 1832 年被国家任命为柏林师范学校的校长,直至 1847 年被政府当局免去该校校长职务。在从事师范教育实践的同时,第斯多惠还发表了大量的作品,并积极从事许多教师社团活动。1827 年,他创立了当时最早的教育学杂志《莱茵教育杂志》,并在上面发表了 400 多篇文章;1835 年,他发表了他的代表作《德国教师培养指南》,系统地阐述了有关教学与教师培养的问题;1848 年,他被推选担任全德教师联合会的主席。他于 1866 年去世。

2. 教育思想

（1）论教育目的。国民学校的教育目的是什么？第斯多惠认为国民教育的目的是培养"全人"。在第斯多惠的观念里,所谓"全人"包括以下特征:首先,他是一种能自由思考,以追求真善美为崇高使命的人;其次,他是充满人道和博爱、为人类而忘我牺牲的人;第三,他是全面而和谐发展的人。① 第斯多惠的"全人教育"观是有针对性的。他主张国民学校实施普通基础教育,反对过早开展职业训练的倾向。他说道:"德国教育学要求首先培养人,然后培养公民和国家职员;先做人,然后做公民和公务人员,决不可颠倒这一顺序。每个人只有奠定了普通教育的基础才能逐渐发展成专门人才。"②

（2）论教育原则。一是教育要遵循人的自然发展规律。教师在教学中要充分考虑学生的年龄特征和个性差异。第斯多惠提出了儿童发展的三个阶段:感官性阶段、习惯和幻想阶段以及独立自主和任意支配阶段。他要求教师在教学中细心观察,针对学生的特点施教。二是教育要遵循社会文化的要求。"在教育时,必须注意人在其中诞生和将来生活所在的地点和时间的条件。"③这即是说,教育要关注学生的民族文化和国家传统。当然,第斯多惠认为,在这两者中,遵循人的自然发展规律是第一位的。

（3）论教学目的。在教学中,教师教学的主要任务是传授知识还是发展能力？在第斯多惠看来,过分强调能力培养的"形式教育论"与过分强调实际知识的"实质教育论"都不可取,他认为知识学习与能力发展实际上是相互依

---

① 滕大春. 外国教育通史:第三卷[M]. 济南:山东教育出版社,1990:324－325.
② [德]第斯多惠. 德国教师培养指南[M]. 袁一安译. 北京:人民教育出版社,1990:138.
③ [德]第斯多惠. 德国教师培养指南[M]. 袁一安译. 北京:人民教育出版社,1990:161.

存、相互转化的,两者不可能截然分开。当然,两者并非没有主次之分,他认为相对而言,形式是目的,或者说能力的发展更为重要,在教学中应置于优先位置。

(4)论教学原则。论教学原则是第斯多惠教育思想最重要的部分。他在"适应自然"这一基本原则之上,系统地论述了一系列具体教学原则的内涵、依据与基本要求。这些教学原则包括:循序渐进原则、直观性教学原则、理解与巩固原则、因材施教原则等。

三、洪堡

威廉·冯·洪堡,德国语言学家、政治家和教育家。作为语言学家,他发表了大量有关比较语言学和语言哲学方面的论著;作为政治家和教育家,他的功绩主要是创建了柏林大学,并为其确立了学术自由和学术自治、教学与研究相统一等为核心的办学原则。洪堡因此成为名载德国和世界高等教育发展史的重要人物。洪堡有关大学教育的论著包括:《论国家的作用》(1792)、《柯尼斯堡学校计划》(1809)、《立陶宛学校计划》(1809)、《文化和教育司工作报告》(1809)、《关于高等学术机构的组织》(1810)。

1. 生平

洪堡出生于波茨坦的一个贵族家庭,其祖父和父亲都是普鲁士军官。他先后在法兰克福大学、哥廷根大学学习财政学、法学、哲学、历史和古代语言。1802年,洪堡被普鲁士国王任命为驻罗马教廷的代办,开始了他的外交生涯;1806年又被授予"全权驻任公使"。1808年,他离开罗马回国,并于次年被普鲁士国王任命为国务枢密顾问和内务部教育司司长。在任期间,他全面改革普鲁士教育,确立了德国"双轨"的教育制度,尤其是建立了文科中学制度,创办了柏林大学。但由于感觉其改革并未得到国王的支持和赏识,洪堡于1810年6月辞去了内务部教育司司长的职务,重返外交岗位。1810年至1820年,洪堡主要作为外交家从事外交活动。1820年至1835年,洪堡回到书斋从事个人的比较语言学和语言哲学方面的学术研究。

2. 大学观

洪堡从小接受人文主义的教育,是卢梭、康德思想的追随者。成年后,与席勒、歌德等人交往甚密,是当时德国人文主义的核心人物之一[①]。洪堡与当时德国人文主义者一样,"都对思想塑造生活的力量和个人自我修养的能力有着共同的信仰,认为个人可以修养到自己的内心冲突得到克服而与同胞和大自然和

---

① [英]布洛克. 西方人文主义传统[M]. 董乐山译. 北京:生活·读书·新知三联书店,1997:150.

谐相处的程度"。①如果说洪堡与他同时代的人有所不同的话,那就是当大多数人沉醉于修身养性、独善其身时,洪堡却利用其在 1809 年至 1810 年担任普鲁士内务部教育司长的机会,把"教养"(Bildung)制度化了,这尤其体现在他创建柏林大学的行动之中。有学者把洪堡的大学观总结为四个基本原则,即四个"统一":研究与教学统一、科学与教养统一、科学与启蒙统一、科学自身的统一。②这应当是十分恰当的。

(1)教育就是全面和谐地发展人的个性。洪堡的教育观是建立在其理想主义和新人文主义基础之上的。洪堡继承了康德"人是目的"的思想。和大多数人文主义者一样,洪堡把人当作目的,当作中心。在他的思想里,人具有"能动性",人是自己的产品,是自己世界的建造者,是自主、自由、成熟的。

个性在洪堡的新教育中处于中心的地位。洪堡十分推崇希腊人有关人全面发展的观念。他认为,真正的教育就是个性的全面和谐的发展。从目的上讲,这种教育不是对传统世界的适应,或者基本知识与技能的传授;而是唤醒人的"潜力",包括人的判断能力和自决能力,使人能够在无法意料的处境中自由地做出决策与行动。从时间上讲,这种教育不同于一般意义上的学校教育,它是一个终身的、不会完结的过程,是一个以自身为目的的活动。从内容上讲,这种教育不是有关职业的培训,而是有关"普通教育"的教养,是区别于职业教育的"人性的陶冶"。

(2)科学是没有外在目的的探寻未知事物的研究活动。洪堡所谓的科学,是纯粹意义上的科学,是没有外在目的探寻未知事物的研究活动。这种科学观既有别于将现成的、规定性的知识等同于科学的观念,也有别于把自然科学等同于科学的观念。首先,科学是某种还没有得出完全结论的事物,亦即"还未曾完全发现和永远也不会完全找到的"事物。科学指对新的真理和知识的探寻和发现,指研究;即使是在知识的传授过程中,它也不是对知识的简单传递,而是对其原则的创造的、能动的反映。其次,科学是一个整体。在洪堡看来,各门学科实质上都是根据其对世界和生命整体的反映,对知觉和综合能力的反映,以及对人的行为准则的反映来划分的。哲学和古典人文学科是这种科学的典型代表,而分工精细且缺乏探究性的应用学科、技术学科却不属于这种科学的范畴。第三,科学首要的目的即科学本身。洪堡不是绝对否认科学的功利价值,但他认为,相对于科学本身的目的而言,科学的实用价值、对社会和个人的重要意义都是第二位;因为正是这种除自身目的之外无其他目的的对真理的追求,将带来最重要的有实用价值的知识,并最终服务于社会

① [英]布洛克. 西方人文主义传统[M]. 董乐山译. 北京:生活・读书・新知三联书店,1997:150.
② H. Brunkhorst. Die Universitaet der Demokratie. In:D. Kimmich, A. Thumfart. Universitaet ohne Zukunft? [M]. Frankfurt am Main:Suhrkamp Verlag, 2004:83.

与个人。

（3）大学是"通过科学而完成教养"的场所。洪堡认为，如果大学要培养个性和谐发展的人，那么，大学必须与科学相结合、研究与教学相结合。因为，只有在这种无目的、强调整体性的研究与探索活动中，才能让人们学会独立地思考和判断，才能发展人的个性与独立性。因为，只有当大学生不只是单纯地掌握材料，而是在掌握材料的同时还学会理解、学会独立地判断时，他们的个性才能真正养成。只有当人的个性得到充分发展时，人们才有可能完全依据自己的兴趣和意愿，而不是由于谋生的需要来从事和选择各职业。一句话，只有通过科学才能真正完成人的教育与教养。"以科学达至修养"，才是符合洪堡心目中的人的教育。这是一种全新的教育观，它要求大学从传统的职业训练所变成纯粹科学的场所。

（4）"寂寞与自由"是学术生活的基本原则。洪堡强调"寂寞与自由"是大学最重要的组织原则，是实现新教育与新科学的制度保证。在洪堡看来，科学与自由存在着内在的联系，自由是科学与大学的生存条件。没有自由，就没有科学与大学。在这里，"寂寞与自由"表现为大学与学者摆脱国家和社会的强制措施、社会出身、职业前景以及大学的生活条件等约束；表现为大学摆脱功利目的，不采取高等专科学校的形式，而将那些非实用性的学科统一为以哲学为中心的科学整体（Gesamtheit）；表现为教授只服从于真理，学生只为满足兴趣和好奇心而学；表现为大学以科学与理智生活为中心，它既不是死气沉沉的修道院，也不是追名逐利的名利场。

1906 年，德国著名历史学家鲍尔生（Friedrich Paulsen）在其名为《在其历史发展中的德国教育事业》一书中指出，19 世纪德国教育发展的基本特征，即"两个连贯的基本特点：一个是教育事业持续的世俗化和国家化，另一个是学校教育不断扩张到愈来愈大的范围，可以说，这就是教育事业的民主化"。[①] 这一论断可谓一语中的。首先是国家化和世俗化。在教育的现代化发展过程中，国家活动不断扩展和加强，教育事业成为了国家的事业。这突出地表现在，国家加大教育投入，颁布法律法规，加强教育的管理与监督等；在政治生活中，学校问题成为基本的政治议题；对于普通民众而言，上学也和服兵役、纳税一样成为了他们必须承担的义务。其次是民主化。随着各级各类学校教育的发展，尤其是义务教育的实行，使得学校大门进一步向大众敞开。这不仅表现在在学人数绝对数的增长上，而且也表现在学生在社会各人群中分布范围的扩大上。

---

① 转引自［德］克里斯托弗·福尔. 1945 年以来的德国教育：概览与问题［M］. 肖辉英，陈德兴，戴继强译. 北京：人民教育出版社，2002：2.

思 考 题

1. 19世纪德国国民学校的主要特点。
2. 19世纪德国中学的主要类型及其课程编制的特点。
3. 柏林大学的时代意义。
4. 洪堡大学观的基本内容。

参考文献

1. ［美］平森. 德国近现代史：它的历史和文化：上册［M］. 范德一译. 北京：商务印书馆，1987.

2. 滕大春. 外国教育通史：第三卷［M］. 济南：山东教育出版社，1990.

3. ［德］弗·鲍尔生. 德国教育史［M］. 滕大春，滕大生译. 北京：人民教育出版社，1986.

4. 戴本博. 外国教育史［M］. 北京：人民教育出版社，1990.

5. ［英］博伊德，金. 西方教育史［M］. 任宝祥，吴元训主译. 北京：人民教育出版社，1985.

6. 孙祖复，金锵. 德国职业技术教育史［M］. 杭州：浙江教育出版社，2000.

7. ［德］第斯多惠. 德国教师培养指南［M］. 袁一安译. 北京：人民教育出版社，1990.

8. 瞿葆奎. 教育学文集·联邦德国教育改革［M］. 北京：人民教育出版社，1991.

9. 张焕庭. 西方资产阶级教育论著选［M］. 北京：人民教育出版社，1979.

10. Thomas Nipperdey. Deutsche Geschichte 1800—1866：Buergerwelt und starker Staat［M］. Muenchen：Beck，1991.

11. Ludwig von Friedeburg. Bildungsreform in Deutschland：Geschichte und gesellschaftlicher Widerspruch［M］. Frankfurt am Main：Suhrkamp，1992.

12. H. Boockmann. Wissen und Widerstand：Geschichte der Deutschen Universitaet［M］. Berlin：Siedler Verlag，1999.

第十七章

19 世纪俄国的教育

　　19 世纪是俄国经济快速发展的时期,这一时期,在俄国政治经济变革和社会进步势力的推动下,俄国统治者颁布了一系列关于学校教育的章程,推进了俄国各级学校教育制度的建立与完善,使得俄国文化教育也得到长足的发展。但这时期俄国教育的发展也充满曲折与艰难,是在进步势力与保守势力的斗争中不断发展壮大的。

第一节　19 世纪俄国教育的改革与发展

　　19 世纪初,俄国与欧洲各工业大国的经济往来不断增加,资本主义经济开始快速增长,但和英国、法国等西欧强国相比,俄国依然是比较落后的封建农奴制国家。为了加快本国经济的发展,沙皇俄国政府在国内外进步势力的推动下,颁布了一系列政策法令,在对本国政治经济进行全面改革的同时,大力改革和发展本国的教育制度。但这一时期俄国贵族保守势力依然是很强大的,对俄国的教育改革横加指责,使得这一时期俄国教育的发展充满了曲折与艰难。

一、1804 年《大学附属学校章程》的颁布及其影响

　　1802 年,受欧洲资产阶级革命的冲击和影响,俄国皇帝亚历山大一世巴甫洛维奇(1777—1825)把俄国业已过时的"参议会"管理制度,变成欧洲各国时兴的各部,其中之一就是成立国民教育部,统一领导和管理俄国各级教育。他于1804 年颁布了《大学附属学校章程》,以此来推动俄国各地教育的发展与改革的进程。

　　《大学附属学校章程》的主要内容有:[1]

　　1. 把俄罗斯国家分成莫斯科、彼得堡、喀山、哈尔科夫、维历诺和德尔波六

---
　　[1]　贺国庆,王保星,朱文富等.外国高等教育史[M].北京:人民教育出版社,2003:312－314.

个学区,在每个学区内设立若干堂区学校、县立小学、文科中学和一所大学。

2. 堂区学校设立在城镇和乡村的教堂中,修业年限为 1 年,开设堂区小学的目的在于授予当地民众子弟以宗教、阅读和计算等方面的基本知识,并使学生为升入县立小学做好准备;在各省的省城及县城设立至少一所县立小学,县立小学的修业年限为 2 年。县立小学的目的是:第一,为学生做升入中学的准备;第二,授予那些无特权的自由阶层的子弟以适合他们的身份和工业上必需的知识。

3. 每个省要在省城设立文科中学,招收贵族和官吏子弟入学,修业年限为 4 年,为学生开设拉丁语、法语、德语、历史、地理、统计学、哲学和逻辑学、文艺、美学、数学、物理学等课程,旨在使学习者经过系统的学习掌握品性高尚的人应该具备的基本知识,并使他们为升入高等院校做好准备。

4. 强调大学是国民教育的最高层次,招收具有中等教育程度的人入学,培养国家各级行政部门的官吏。为了有效发挥大学在人才培养和科学研究方面的作用,《大学附属学校章程》适当地扩大了大学在教育教学工作中的办学自主权,允许大学在国家法令许可的范围内自主地决定办学中的具体问题。

5. 强调大学也是该学区的学校教育管理机构,要求大学对该学区内各级教育进行具体的管理和指导,大学校长还担负着对各级学校教师进行教学法指导和督学的职责。

6. 强调俄国各级学校在形式上向除农奴外的所有阶层的子弟开放,各级学校一律实行免费教育,各级学校之间可以相互衔接。

7. 俄国中学和大学中不得设置神学和其他宗教课程。

1804 年俄国《大学附属学校章程》的颁布是俄国教育发展进程中的一个具有里程碑意义的伟大事件,对 19 世纪俄国教育的改革与发展产生了重要的影响。

第一,推动了 19 世纪初俄国中小学教育的发展。

《大学附属学校章程》明确规定各省及地方政府必须设立相互衔接的堂区小学、县立小学和文科中学体系。中小学可以招收除农奴以外社会阶层的子弟入学,各级学校必须免收学费,大学必须为中小学培养合格师资,这些措施极大地促进了俄国中小学教育的发展,使得各级小学和文科中学的数量、在校学生人数都有了较大的增长。据统计,到 1812 年前,俄国境内的 47 个省城中有 40 所文科中学,各县城县立小学的数量超过了 150 所,堂区小学的数量增加了几倍,中小学在校学生人数也有了明显的增长。[①] 这一时期,俄国中小学教育的快速发展又为该国高等教育的快速发展创造了极为有利的条件。

第二,促进了 19 世纪初俄国高等教育的大发展。

① 贺国庆,王保星,朱文富等. 外国高等教育史[M]. 北京:人民教育出版社,2003:315.

1804 年《大学附属学校章程》把发展综合性大学作为教育改革的核心任务，创办了喀山大学(1804)、哈尔科夫大学(1805)和彼得堡师范大学(1804)，为大学的发展提供了充足的办学经费，并允许大学拥有较大的办学自主权。该章程促进了俄国 19 世纪初叶高等教育的快速发展，使得综合大学增加了 3 所，每一所大学的教师和学生人数增加了近一倍以上，还创建了工程交通学院等一批新型工业学院。《大学附属学校章程》的实施，使得各高等院校的图书馆、实验室、资料室和实习基地也逐步建立和完善起来，对于这一时期俄国高等教育质量的提高产生了重要的影响。在俄国政府的支持下，俄国的综合大学成为当地文化教育和科学研究中心，对振兴俄国的经济和推进俄国的政治文化改革产生了积极的影响。

总之，1804 年《大学附属学校章程》是一个具有浓厚民主色彩的教育章程，反映了新兴资产阶级发展资本主义的要求，它的颁布与实施建立了相互衔接的学校系统，有力地推进了俄国教育的民主化进程，为俄国 19 世纪上半叶资本主义经济的发展和社会的变革做好了重要的人才准备和舆论支持。

在充分肯定 1804 年俄国《大学附属学校章程》的积极作用的同时，还应看到它所具有的历史局限性。如该章程对教育的民族化重视不够，在文科中学的课程计划中有拉丁语、法语和德语，却没有俄语的位置。该章程提出创建免费的面向劳动者子弟的堂区学校和县立小学，但这些学校数量少(每年新增加的小学数目不超过 12 所)，学习年限短，教学内容过于简单原始，教育教学设施严重落后。这些必然造成为劳动者子女开设的学校教育质量低下，这显然是无法与为贵族和地主子弟开设学校相比的。该章程也没有给大学真正的办学自主权，在课程设置和教育自由等方面给大学和其他高等院校设置了诸多障碍，对这一时期俄国高等教育的健康发展产生了一些消极的影响。

二、19 世纪 60 年代的教育改革

1. 19 世纪 60 年代教育改革的背景

1804 年《大学附属学校章程》的颁布实施促进了俄国教育改革的进程，但也引起了俄国贵族和保守势力的恐慌和严重不满。1812 年以后，欧洲封建势力开始向进步势力反扑，沙皇俄国在政治上进一步走向反动，这也促使俄国政府颁布反动的《大学所属各级学校章程》(1828)和《大学章程》(1835)，在教育上采取了一些更加保守专制的教育措施。如在各级学校征收学费，限制劳动者子弟进入文科中学学习，创办以宗教为宗旨的初等学校，在各级学校里大量开设神学课，取消或限制高等院校的办学自主权，限制高等院校的学生人数，加强教育当局对学校教材内容的审查和对师生教学活动的监督等。这些教育措施的实施，导致了俄国各级学校教育发展缓慢。据统计，从 1830 年到 1855 年间，俄国境内的文科中学仅增加了 15

所,县立小学只增加了22所,大学也只增加了300多人。[1]

19世纪中叶,俄国与西欧各经济大国的商业贸易往来明显增加,俄国资本主义经济快速增长。在欧洲资产阶级革命胜利的影响下,新兴资产阶级和广大的劳动者阶层开始和封建贵族势力开展各种斗争,各地农奴反抗封建贵族的武装起义不断出现,使沙皇俄国统治者的统治出现了严重的动荡。迫于多重压力,沙皇俄国皇帝亚历山大二世颁布法令,废除了实行多年的农奴制,并在政治、经济和文化教育领域进行了具有资本主义色彩的改革。应该说,19世纪60年代俄国进行的政治、经济和文化领域的改革,为这一时期俄国的教育改革创造了必要的条件,促进了这一时期俄国的教育改革进程。

2. 19世纪60年代教育改革的措施

19世纪60年代初,俄国政府通过颁布一系列的教育法令,全力推进本国各级学校的教育教学改革。

(1)大力发展初等国民教育,允许男女学生同校

为了提高国民的文化素养,培养聪明伶俐且温顺听话的劳动者,俄国统治者于19世纪60年代初颁布了《国民教育部女子学校章程》、《初等国民学校章程》,决定在俄国境内保留堂区学校的基础上,在乡镇广泛设立修业3年的面向社会各阶层子弟的国民小学,开设神学、阅读、书写、计算等课程,用俄语进行教学,允许男女学生同校,并强调国民小学由地方教育委员会管理。

(2)在保留传统文科中学的基础上大力发展实科中学

为了缓解社会各界对文科中学等级性的批评,满足社会各界子弟接受中等教育的需求,俄国政府于1864年颁布了《文科中学和中学预备学校章程》,明确规定俄国政府在各省开设文科中学(其中又分为古典文科中学和半古典文科中学)和实科中学,招收接受完初等教育的学生入学,前者学习的内容、学习的年限都比后者要多一些,前者的毕业生可以考入到大学深造,后者只能进入实用高等技术院校学习。为了满足女子接受中等教育的需求,俄国政府还颁布法令设立女子初等学校和女子高等学校。

(3)在继续重视综合性大学建设的同时,大力发展实用高等教育

为了有效地发挥高等院校在人才培养和科学研究中的作用,俄国政府于1863年颁布了《俄罗斯帝国大学章程》,放宽了对大学和其他高等院校办学的诸多限制,给予大学自主选择教师、成立教授会、由大学自主管理办学事务等权利。为了适应俄国19世纪60年代基础教育快速发展和工业化对实用技术人才需求不断增长的形势,俄国政府在继续重视综合大学建设的同时,提出了优先发展师范高等教育和工业高等教育的计划,在俄罗斯境内大量创建高等师范院校和实

① 滕大春. 外国教育通史:第三卷[M]. 济南:山东教育出版社,1990:437.

用工业高等院校。

19世纪60年代初,俄国政府通过颁布法令来推进本国各级各类教育的发展与改革,反映了新兴资产阶级和劳动者的呼声,也反映了俄国发展资本主义的需求,其民主化方向是正确的,奠定了19世纪60年代初俄国教育改革的法律基础,对这一时期俄国各级各类学校的发展与改革产生了巨大的影响。

三、19世纪70年代后俄国教育的发展

由于俄国不是通过激烈的资产阶级革命来夺取国家政权,而是通过非暴力的改良方式走上资本主义道路的,因而俄国贵族和封建地主的势力非常强大。他们对俄国19世纪60年代的教育改革制造了诸多的障碍,并通过多种方式向俄国政府施压,迫使俄国政府颁布更加保守的各级学校章程,来减缓俄国社会民主化的进程。如俄国政府分别于19世纪70年代颁布了新的学校章程,增加了神学课和宗教课程的教学,加强对各级学校师生的控制,减少大学招生人数,取消了大学的许多自主权,取缔大学进步社团,强化对大学师生的言行控制等,这些措施的实施,使俄国19世纪60年代的教育改革势头受到了严重的影响,导致俄国教育进程在19世纪70年代以后趋缓。

1. 初等教育

19世纪70年代以后,俄国政府根据本国经济发展对劳动者素养要求不断提高的实际,在俄国的一些城镇创设了5年制的初等小学,实行三、二分段。第一阶段相当于一般的初等学校;第二阶段相当于高等小学,为学生开设神学和宗教、阅读、书写、计算、自然科学、物理基础、历史和地理等课程,培养具有一定文化素养的劳动者。此外,俄国政府还在这一时期创设了修业年限为6年的市立学校,让学生在接受初等文化知识教育的同时,接受一些实用技术训练,培养实用技术人才。但由于这一时期俄国政府对初等教育不甚重视,导致初等教育发展速度缓慢,初等学校数量严重不足,许多适龄儿童无法入学。据俄国政府1897年公布的人口调查资料显示,9～49岁的俄国国民中文盲占72%(其中男性占60%,女性占83%),这也确实说明19世纪后叶俄国初等教育的落后。①

2. 中等教育

19世纪70年代以后,俄国政府在保守贵族势力的压迫下,制定了新的中学章程,将古典文科中学作为俄国普通中等教育的唯一机构。这样所有男子中学都被改成了古典文科中学,而且很快成为收费颇高的专门招收贵族子弟的学校。这种学校修业年限为8年,主要是为升入大学做准备的,神学和古典学科的教学时数占据整个教学计划的一半以上,而自然科学的教学则几乎全部取消。为了

① 吴式颖. 外国现代教育史[M]. 北京:人民教育出版社,1999:153.

满足工商界对实用人才不断增长的需求和防止平民子弟涌入文科中学,俄国政府于1872年颁布了《实科中学章程》,创设修业6~7年的实科中学,招收接受过初等教育的学生入学,培养工商业界需要的实用技术人才。

这一时期,俄国还颁布了《女子中学章程》,明确规定女子中学学制年限为7年(还附设了一个第8年的师资班),招收贵族的女子入学。这一时期,俄国女子中学在俄国政府和社会各界的支持下得到了较快的增长。

为了满足19世纪后半叶国防和经济建设对中等专业技术人才需求不断增长的要求,俄国政府不断加大对中等专业教育的投入力度。到19世纪末,俄国拥有工业、建筑、交通、医学、航海等领域的中等专业学校69所,这些学校为俄国经济建设和海外扩张提供了强有力的人才保障。

3. 高等教育

19世纪70年代以后,俄国政府加强了对高等院校的控制力度,严格限制高等院校的办学自主权,使得俄国高等教育发展势头明显减缓,但这一时期俄国高等教育仍然得到了一定的发展。迫于大力发展资本主义经济对高等专门人才需求不断增加的现实,在进步势力和社会各界的强烈呼吁下,俄国政府在创办了新莫斯科大学、俄罗斯华沙大学、托姆斯克大学等大学的同时,大力发展面向经济建设和社会生活的专门学院,如里加工业大学(1862)、哈尔科夫工学院(1885)、彼得堡电工学院(1886)、彼得堡农学院(1848)、彼得堡音乐学院等。这些新型技术院校的创建为俄国19世纪下半叶经济的快速发展和社会变革做出了重要的贡献。

尽管19世纪70年代以后俄国高等教育发展缓慢,但它毕竟获得了一些发展,新建了一些大学,设立了许多新型技术学院,在校学生人数逐年增加,为俄国成为世界经济大国和军事强国提供了人才保证。

第二节 乌申斯基的教育思想

康斯坦丁·德·乌申斯基(Константин Дмитриевич Ушинский,1823—1870)是19世纪俄国最著名的教育理论家和教育实践活动家,他大力倡导教育的民族性原则,力图把教育心理学运用到教育教学过程中去,并创造性地尝试着建立具有俄国特色的师范教育机构,为俄国教育理论的科学化和俄国教育的改革做出了重大的贡献,被誉为"俄国教师的教师"。

一、生平与教育活动

1823年,乌申斯基出生于俄国土拉市的一个小贵族家庭。他的父亲是一个思想进步的庄园主,乌申斯基的童年时代是在父亲的庄园里度过的,在那里,他接受了较为完满的家庭教育。他父亲兴趣广泛,酷爱读书,这对乌申斯基的成长产生了重要的影响,促使他养成了善于观察、喜欢独立思考的习惯。1833—1839年,他在离父亲庄园不远的一所贵族中学学习,由于学习刻苦,成绩优异,受到了学校师生的好评。1840年,乌申斯基考入莫斯科大学法律系学习,在一些进步学者的影响下,他除学习法律外,还广泛地阅读了哲学、生理学、生物学、心理学和教育学等方面的著作,并对教育问题产生了浓厚的兴趣。由于成绩优异,经一些进步学者推荐,乌申斯基毕业后留在学校继续学习和研究教育学。

1846年,乌申斯基到雅罗斯拉夫法律专科学校担任代理教授,讲授法学、经济学和财政学等课程。他讲课方式灵活,善于启发学生独立思考,充满了民主和进步思想,受到了学生们的广泛好评。但他的教学工作和处事方式引起了教育主管部门保守势力的严重不满,并于1849年被解除了代理教授的职务。

迫于生计,乌申斯基在1849年离开雅罗斯拉夫法律专科学校后当过几年地方官吏,期间为一些刊物撰写过一系列学术文章,并较为系统地研究了西方的文化和教育,这对他进一步拓宽知识领域、了解社会和提高理论研究能力产生了积极的影响。1854年,乌申斯基在一所孤儿院担任教师,不久又担任该孤儿院的总监。在工作之余,他系统地研究教育理论,并在国内知名刊物上发表了《论教育书籍的益处》、《论公共教育的民族性》、《学校的三要素》等教育学术论文,在俄国教育界产生了一定影响。

1859年,乌申斯基担任斯莫尔尼女子学院的总监。他不顾学院保守势力的反对,力图用民主化的精神对该学院的教育教学制度进行改革,强调教育的民族化和平民化,注意加强教学内容与实际生活的联系,加强教学实践环节,注意培养学生实际工作能力。他还极力倡导在该校设立四年制师范教育班,为各地小学培养教师。乌申斯基的教育改革措施有力地推进了该校的教育教学改革进程,对俄国许多地方的教育改革产生了重要的影响。但他的改革也引起了学院保守势力和教育主管当局的不满,1862年,他们以需要系统考察外国教育为名而解除了他的职务,把他赶到欧洲去考察。

1862年到1867年,乌申斯基系统地考察和研究了瑞士、德国、法国、比利时等国的教育制度和教育理论,在此基础上广泛深入地开展教育教学研究,出版了《人是教育的对象》第一卷和第二卷,并发表了许多教育科研论文。1867年,乌申斯基回到俄国,但并没有得到教育当局的重用。

1870年,年仅47岁的乌申斯基因患肺结核去世。

二、乌申斯基教育思想的主要内容

1. 教育学的理论基础

在乌申斯基看来,教育学要真正成为一门科学,就必须以哲学和心理学以及其他科学为其理论基础。

（1）教育学的哲学基础

和西欧同时代的教育理论家一样，乌申斯基也特别强调哲学与教育学的关系，强调哲学对教育学的指导作用。在他看来，学生的学习过程就是学生在教师指导下进行的认识过程，教育学要了解这种认识过程的规律，如知识的本质、知识获得过程的规律，就不可能脱离哲学认识论的指导。乌申斯基认为，教育学就其根本而言，是一门哲学的科学，它追求的是方法论的统一。他极力强调教育学不能就教育研究教育，要在哲学认识论的指导下探究教育产生与发展的规律。

（2）教育学的心理学基础

在乌申斯基看来，教育工作的对象是学生，要了解学生身心发展变化的规律就必须学习和研究心理学。他说："如果教育学希望从一切方面去教育人，那么，它就必须首先从一切方面去了解人。"[①]教育者就是要研究教育教学过程中的心理和生理规律，使自己的教育教学符合这些规律及其应用这些规律的客观条件。因此他认为教育学除要坚持以哲学认识论为基础外，还必须坚持以心理学为其理论基础，"不管是讲教育学的人也好，听教育学的人也好，首先一定要同意去理解心理的和心理—生理的现象，以求达到教育的目的"。[②] 教育者要"以心理学的基本原理为依据而得出教育学的结论"。[③]

（3）教育学的其他科学的理论基础

除了强调教育学要坚持以哲学、心理学为其理论基础外，乌申斯基也特别重视生理学、解剖学、伦理学等学科在教育学的学习和研究中的作用。他说："教育学——不是一门科学而是一门学艺……教育学艺是以科学为倚靠的。作为一门复杂而又广泛的学艺，它倚靠着许多广泛而复杂的科学。"[④]"一切能促进教育者获得作为教育理论依据的全部人类科学的精确知识的著作，也都有助于教育理论的研究。"[⑤]他以体育为例说明其他学科对教育学建设的重要性，"在任何教育学中现在都有体育这一部分，如果要使体育的规则多少是肯定的、明确的和正确的，就必须从渊博的解剖学、生理学和病理学的知识引申出来，不然的话，这些体育规则将会类似通常的非医师所写的普通教育学教程中充满着体育这一章的那些既一般化而又模糊的、平庸无力的、空洞的，往往是矛盾的而有时是有害的意见一样。……他必须掌握物理学、化学、解剖学和生理学的初步知识，使他们有可能理解以这些科学为基础的体育规则的说明"。[⑥]

---

① 张焕庭. 西方资产阶级教育论著选[M]. 北京:人民教育出版社,1979:502.
② 张焕庭. 西方资产阶级教育论著选[M]. 北京:人民教育出版社,1979:508.
③ [俄]乌申斯基. 人是教育的对象[M]. 李子卓译. 北京:科学出版社,1959:31.
④ 张焕庭. 西方资产阶级教育论著选[M]. 北京:人民教育出版社,1979:505.
⑤ 张焕庭. 西方资产阶级教育论著选[M]. 北京:人民教育出版社,1979:505.
⑥ 张焕庭. 西方资产阶级教育论著选[M]. 北京:人民教育出版社,1979:505.

2. 教育的民族性原则

在乌申斯基看来,世界许多国家在发展文化教育的过程中积累了宝贵的经验,学习和借鉴欧洲先进国家发展教育的成功经验对于振兴俄国的教育具有重要的现实意义。但他又反复强调,每一个民族具有自身的特点和需求,发展本国的文化教育不应该排斥外国先进的经验,但不能过于依赖外国,不应该抄袭外国的教育制度,本国文化教育的发展必须具有本身民族的特色,使之更好地为本国的经济建设和社会变革服务。正因为如此,他在其全部的教育活动中,都特别强调教育的民族性原则,并把它作为自己教育活动的指导方针。

乌申斯基对当时俄国教育当局无视本民族的特点,盲目崇拜外国教育的恶习提出了强烈的批评。在他看来,只有具有本国、本民族特点的教育,才能培养出本国、本民族所需要的具有民族意识的热爱自己祖国的人才。道理很简单,"唯有民族的教育才是民族历史发展过程中有生命力的工具"。[①] "如果教育不想成为无能为力的东西,它就必须是民族的教育。"[②]

在乌申斯基看来,要把教育的民族化原则贯彻到教育教学活动中,关键在于要制定适合本国、本民族特点的国民教育制度,要重视本民族的语言和文化传统的教育,要重视运用民族语言进行教学,要重视本国历史、地理、文化等课程的教学。

乌申斯基本着振兴俄国的愿望,大力倡导教育的民族性原则,对于发展俄国的教育事业,推进俄国教育的民族化进程产生了重要的影响。当然,乌申斯基在论述教育的民族化原则时也确实包含着一些民族主义和大俄罗斯主义,对此我们也要有清醒的认识。

3. 论教育的意义与作用

乌申斯基高度评价教育在经济建设和社会变革中的作用,他认为教育是促进社会变革和经济振兴的主要手段,对于增强本国的经济和国防实力,改变社会落后和不平等的现象具有重要的意义。因此,他极力主张沙皇政府要重视发展本国的公共文化教育,不断提高本国国民的文化素养和文明程度,进而提高俄国在国际上的实力和地位。他说:"公共教育把意识之光引入民族性格的深处,从而对社会及其语言、文学、法律的发展——总之,对社会的整个历史产生良好而有力的影响。"[③]

乌申斯基也高度强调教育在青少年学生身心发展中的作用,在他看来,青少年学生具有身心发展的种子,但他们身心能否发展和发展到什么程度都离不开

① 张焕庭. 西方资产阶级教育论著选[M]. 北京:人民教育出版社,1979:469.
② 张焕庭. 西方资产阶级教育论著选[M]. 北京:人民教育出版社,1979:465
③ [俄]乌申斯基. 乌申斯基教育文选[M]. 郑文樾编选,张佩珍等译. 北京:人民教育出版社,1991:83.

自身所处的社会环境,其中文化教育特别是有意识的学校教育在他们身心发展中的作用是绝对不能忽视的。他说:"有意的教育,一句话,学校和学校的学习与秩序,对这些精神的改变的引起、发展或抑制,可能有直接的和强大的影响。"①"完善的教育可以使人类的身体的、智力的和道德的力量得到广泛的发挥。"②

总之,乌申斯基非常重视教育的作用,认为通过教育完善人的天赋素质,提高人的素养,在社会变革和经济建设中发挥着重大的作用。

4. 论课程与教学

(1) 教学过程的本质

乌申斯基认为,教学过程是教师指导下的学生的学习过程,也就是教师向学生传授知识技能和学生掌握知识技能的过程。教师是教学的组织者和领导者,学生则是具有自主性的个体,教师的教和学生的学这二者是相互联系和不可分割的。他指出:"新型的学校则是组织教师和学生的劳动,并使他们分担劳动:它要求儿童尽可能地独立地劳动,教师则领导这些独立的劳动,并为之提供材料。"③

乌申斯基根据自己对教学过程本质的理解,把教学过程划分为两个基本阶段:第一个阶段,教师创设良好的教育环境,用言语等手段向学生传授知识,并引导学生对所教授的知识加以区分和辨别,形成事物的概念,并把所学的知识系统化;第二个阶段,教师指导学生通过练习、作业等方式使所学的知识技能牢固地保持在记忆中,并形成技能技巧。

(2) 课程和教学内容的选择与确定

在乌申斯基看来,无论是偏重学生知识技能传授的实质教育论,还是偏重学生思维训练的形式教育论,都是具有严重缺陷的。他认为,学生实际知识技能的掌握和思维能力的培养是无法截然分开的,学生是在学习和掌握基本知识技能的过程中,智能水平得到发展和提高的,"不是知识本身,而是儿童借掌握这种或那种知识在头脑里发展起来的思想——就是这个应该构成这类课程的内核、心脏和最终目的"。④ 因此,乌申斯基强调教育者在确定课程与教学内容时,既要考虑让学生掌握必要的基本知识技能,又要有利于学生智能的培养和提高。"首先应该给学生某些有益的知识,给他思想,并运用这个思想来练习他的思维能力和语言能力。"⑤

---

① 张焕庭. 西方资产阶级教育论著选[M]. 北京:人民教育出版社,1979:500.
② [俄]乌申斯基. 人是教育的对象[M]. 李子卓译. 北京:科学出版社,1959:24.
③ 张焕庭. 西方资产阶级教育论著选[M]. 北京:人民教育出版社,1979:485.
④ 张焕庭. 西方资产阶级教育论著选[M]. 北京:人民教育出版社,1979:483.
⑤ 张焕庭. 西方资产阶级教育论著选[M]. 北京:人民教育出版社,1979:500.

从培养具有民族意识的具有牢固知识和高强能力的爱国者出发,乌申斯基高度重视本民族语言学习的重要性,并主张为学生开设多样化的有利于拓宽他们认识领域的具有现代生活气息的课程,如历史、地理、数学、自然科学和现代外语等。

（3）论教学的原则

乌申斯基在深入探究教学过程规律的基础上,广泛总结教师们的教学经验,提出了学生自觉性与积极性等一系列教学原则。

第一,自觉性与积极性原则。乌申斯基强调教学过程就是教师帮助学生学习的过程,教师的职责"不是教,而是帮助学"[①],在于调动学生学习的自觉性与积极性,使学生在积极主动地参与获取知识的过程中体验到学习带来的欢乐,养成良好的脑力劳动习惯。

第二,直观性原则。在乌申斯基看来,儿童的天性明显地要求直观性教学,通过直观性教学可以帮助学生形成关于事物的清晰表象,更好地获取知识。因此,他强调教师在教学中要尽可能地采用直观性教学,加强教学内容与学生周围实际的联系,帮助学生顺利地掌握知识。

第三,知识的系统性与连贯性原则。在乌申斯基看来:"心理学证明,智慧本身不是别的,而是组织得很好的知识体系。"[②]因此,他反复强调,教师在教学中要切实注意教学的系统性和连贯性,让学生形成系统连贯的知识体系。

第四,巩固性原则。在乌申斯基看来,知识技能的巩固性是教学的基本要求,也是学生掌握知识技能的基本标志,教师要引导学生通过阅读、练习和作业等方式进行复习巩固的工作,帮助学生把所学的知识牢固地保持在头脑中,形成牢固的技能技巧。

他认为上述四条教学原则是紧密相连的,是一个有机的整体。

5. 论教师和师资培养

乌申斯基认为,人民把教育学生的重任交给了教师,也就是把人类和国家的未来交给了教师,教师在教育学生、转变社会风气的过程中发挥着重大的作用,教育当局应该重视为教师创造良好的工作生活条件,让他们更好地发挥自己的作用。

在乌申斯基看来,教育者必须首先受教育,教育者要想完成教育学生的任务,就必须具有良好的个性和广泛的知识,能够为人师表。他认为,人类教育最基本的途径是信念,只有信念才能影响信念,"任何教学大纲、任何教育方法,无论它是多么完善,如果没有转化为教育者的信念,那么它仍然是实际上没有任何

---

① 滕大春. 外国近代教育史[M]. 北京:人民教育出版社,1989:390.
② [俄]乌申斯基. 人是教育的对象[M]. 李子卓译. 北京:科学出版社,1959:21.

意义的死条文"。①

乌申斯基除对教师掌握专业知识提出了很高的要求外,还要求教师要学习教育学、心理学和逻辑学,认为这是一个合格教师必须掌握的基本知识。他认为教师素质的完善离不开教育理论的指导,更离不开教育教学实践,教师要在教育教学实践中形成自己的教育风格和教育机智。为了有效地提高培养教师的质量和效率,他提出了创建高水平师范院校的设想,主张在这样的教育机构要重视对未来教师的教育学、心理学和逻辑学的教育,要重视教育实习。

为了发展国家的教育科学事业,培养俄国教师的教师,乌申斯基还提出了创设教育系的设想。他说:"如果在大学里有医学系甚至财经系,而没有教育系,那就只能证明,一直到现在人还是对他的身体的健康比对他的精神的健康看得重些,对未来一代的财富比对他们的优良教育要关心得多。"②

乌申斯基在广泛继承前人教育遗产的基础上,在教育实践中创造性地提出了教育民族化的主张,他力图把教育教学工作建立在心理学的基础上,对教学过程、课程与教学内容的确定、教学原则提出了颇具新意的看法。他还对教师素质进行了专门系统的研究,提出了创建师范教育机构、设立教育系、培养高素质的教师队伍的设想。他的这些观点构成了完整的教育思想体系,成为世界教育宝库中的重要组成部分,也对俄国和其他国家的教育教学改革产生了重要影响。他被认为是俄国19世纪最著名的教育理论大师,他编写的教科书和教学参考书对当时俄国教师帮助很大,被誉为是"俄国教师的教师"。

19世纪俄国教育在进步势力与保守势力的斗争中曲折发展,由于沙皇俄国统治者对劳动者子女教育的不重视,导致该国基础教育严重落后,大批适龄儿童无法接受初等教育;这一时期,在经济发展和以乌申斯基为代表的社会进步势力的推动下,俄国的中等教育和高等教育获得了较快的发展,为这一时期俄国的经济建设和社会变革提供了强有力的人才支持。

思 考 题

1. 俄国《大学附属学校章程》的主要内容及其历史意义。

2. 19世纪俄国教育发展的基本特点。

---

① 滕大春. 外国教育通史:第三卷[M]. 济南:山东教育出版社,1990:473.
② 张焕庭. 西方资产阶级教育论著选[M]. 北京:人民教育出版社,1979:502.

3. 述评乌申斯基的教育思想。

参考文献

1. 戴本博. 外国教育史：中[M]. 北京：人民教育出版社,1990.

2.［俄］乌申斯基. 人是教育的对象[M]. 李子卓译. 北京：科学出版社,1959.

3. 贺国庆,王保星,朱文富等. 外国高等教育史[M]. 北京：人民教育出版社,2003.

4. 滕大春. 外国近代教育史[M]. 北京：人民教育出版社,1989.

5. 张焕庭. 西方资产阶级教育论著选[M]. 北京：人民教育出版社,1979.

第十八章

19 世纪美国的教育

独立战争后,美国教育经过恢复逐渐获得发展,公共学校运动促进了基础教育的发展,义务教育开始在各州实施。同时也形成了以地方学区和州管理学校教育为主要特点的教育管理体制。私立学院和州立大学成为高等教育的主要实施机构。19 世纪 60 年代的南北战争结束后,各级各类学校教育得以长足的发展,义务教育普遍在各州实施,农工学院、研究型大学的建立进一步完善了美国高等教育制度。到 19 世纪末,美国基本形成了独具特色的教育制度。

第一节　教育管理体制的形成

建国后,美国在教育体制方面确立了地方分权管理的原则,承担教育之责的主要是州和地方政府,地方学区成为教育管理的基层单位。

一、教育分权原则的确立

建国后,很多有远见的资产阶级政治家、思想家,诸如富兰克林、华盛顿、杰斐逊等人积极呼吁教育是立国之本,要求政府承担教育的责任,这使教会办学、慈善教育等传统受到冲击。美国作为典型的地方分权制国家,根据 1789 年美国宪法第 10 条修正案[①],在教育管理体制上,教育管理权属于各州而不是联邦,各州又将教育行政权力大量地委托给地方。联邦政府只是根据宪法序言中"确保内部安宁,提高共同防御,增进公共福利"的原则,在认为有必要的情况下对教育进行干预。美国教育地方分权制是在适应美国政治制度、经济体制、地理环境和社会观念的情况下发展起来的。从美国教育发展的历史来看,地方分权的管理体制是"自下而上"自发形成的。它源于地方学区自行办理和经营学校,逐渐

---

① 美国宪法中没有具体谈到教育问题,宪法第 10 条修正案的"保留条款"明确指出:本宪法所未授予合众国或未禁止各州行使的权力,皆由各州和人民保留之。因此,美国教育一直被认为是各州的责任。

发展为州管理教育,最后加强了联邦政府对教育事务的参与和调控。19 世纪后半期,特别是南北战争以后,美国资本主义经济迅速发展,教育管理体制得到进一步加强和完善,基本确立了以州为主体、地方承担具体管理责任,州、地方、联邦共同负责的教育管理体制。

二、地方学区对教育的管理

地方学区是美国最早的教育管理单位,受英国的影响,殖民地时期美国已经形成了地方学区管理学校的传统。独立战争前,新英格兰地区已形成学区教育管理制度。1768 年,马萨诸塞州就颁布了法律以确认学区的合法地位。独立后,美国确立了由地方掌管教育权的原则,使自殖民地时期形成的教育由地方办理学区制的传统继续维持,并有了进一步的发展。

19 世纪以后,殖民地时期已经形成的地方的传统学区也逐渐由原来的民间办学机构转变为管理学校的地方政府机构。马萨诸塞州于 1789 年以法令确定学区为办学单位,以后又准许学区征收教育税,授予学区具有签约、诉讼等权力。马萨诸塞州 1827 年的立法完善了学区对教育的管理权。法令规定,学区有权选举本学区教育官员,学区官员有权选择课本、雇佣及审核教师资格及征集建筑、维修校舍的经费。受新英格兰地区的影响,至南北战争以前,学区制在全国日益盛行。19 世纪中期以前,许多学区仍沿用殖民地时期的乡学区制。1853 年,马萨诸塞州率先采用镇学区制,以后随着学校规模的进一步扩大,又发展成县学区制。

南北战争后,由于城市的发展,又产生了市学区制。县学区和市学区的划分都比最初的学区复杂。这个时期还出现了跨行政区的独立学区和中间学区。到19 世纪末,地方学区已经成为美国教育管理最重要的基层单位。

各地学区的规模大小、管理机构不尽相同,一般设有教育委员会,决定办学方针。少数学区仅有一所一教师、一教室的小学,不设专人管学。随着人口增多和市镇的扩大,市镇当局无法包揽一切教育事宜,遂设立教育委员会专门负责教育事务。市镇教育委员会的建立开始于 19 世纪 30 年代,以路易斯维尔、普洛维登斯、圣路易斯等为先导。在中部和西部,主要是在 19 世纪中期建成了县教育委员会,如纽约、俄亥俄、印第安纳、宾夕法尼亚、伊利诺伊等地建立了县级教育行政机构。19 世纪 20 年代,马萨诸塞州议会通过法令,规定各市镇设立市镇教育委员会管理本市镇各学区的教育。教育委员会主席召集会议和处理要事,秘书负责会议记录和保管记录,会计负责筹划和分配教育经费等事宜。当时,各地除由本学区筹款外,州也按入学人数拨给教育补助金。此后,学区教育委员会制度逐渐风行各地,并逐步独立于一般行政机构之外,终于形成今日的地方教育委员会。

整个 19 世纪期间,由于州对教育的控制相对较弱,地方学区制得以在美国普遍推行,并逐渐走向制度化和普遍化。学区在调动地方办学积极性和创造性方面,发挥了很大的作用。但随着城市的兴起,学生人数的增加和征收、调拨、使用教育经费问题的复杂化,以及新思想的传播,小型学区已经不能适应需要,在实施学区制时,逐渐显露出学区办学各行其是的弊端。

三、州教育管理制度的形成与发展

根据联邦宪法,教育属于州的权力,但州很少介入地方教育事务。直到19世纪初,随着公立学校运动的发展,各州着手创建州教育领导组织,日渐加强了对学区的领导,州管理学校的职能不断加强。1802年,俄亥俄是最早由州参与教育管理的地区。纽约州于1812年设立了美国第一个州教育厅,设置视导全部公立学校的教育督察长,其主要职责是征集和管理有关经费、向州立法机关提供教育信息等。

1837年,马萨诸塞州议会通过法令设立美国教育史上第一个州教育委员会,以负责州教育行政事务,贺拉斯·曼被任命为该委员会首任秘书。该委员会一般由州政府官员、社会知名人士及其他代表共同组成。在具有教育分权传统的美国,州教育委员会的设立并不顺利,地区管理学校教育是美国悠久的传统。反对者认为,州权发展是对民主制度的威胁,担心州掌握教育领导权,会挫伤地方办学的积极性。[1] 州对教育管理的加强也引起了教会的不满。早期公立学校运动的提倡者都坚持认为,要形成全新的民族整体,要实现大多数人的民主理想,就必须广泛推广教育,而要做到这一点就必须实行州对教育的领导地位。经过几十年的激烈争论,主张教育权归州所有的改革派获得了胜利。[2] 随着各州陆续通过义务教育法,州教育管理的规模和作用逐渐扩大,职能和任务也越来越复杂。到19世纪末,所有的州都设立了州教育管理机构(州教育委员会和州教育厅)。

起初,州一级的教育管理机构权力十分有限,主要是收集教育统计资料、推荐教学用书以及建立师资培训机构等。19世纪,州最初参与教育事务的管理逐渐以公共税收的形式进行。1825年,北卡罗来纳州创设州教育委员会管理学校基金。以后新开发的中西部各州和东部的一些州也逐渐通过土地基金的形式参与教育事务。1821年俄亥俄州、1825年伊利诺伊州、1826年马里兰州、1834年罗德岛州和威斯康星州等相继制定有关公共税收支持教育的法律。设置州督学是州管理教育事务的另一主要形式。最初州督学的任务一般是访问地方学区,为地方政府提供建议及给新教学计划提出意见。随着州权的增长,以及州教育

① 陈孝彬.外国教育管理史[M].北京:人民教育出版社,1996:100.
② 滕大春.今日美国教育[M].北京:人民教育出版社,1980:151.

行政管理职能的完善,督学的职能逐渐扩大。到 19 世纪末,督学在管理学校事务方面已经有相当大的权力。

作为教育管理机构,州教育委员会按照州的法律来确定教育政策的制定与实施,州下面分设学区作为地方教育行政机关。在教育行政管理方面逐渐形成了典型的地方分权的管理体制。由于确立了州掌管教育职权以及成立州教育委员会为实行教育领导职权的机构,美国教育由各自为政和放任自流走向有法可依和有章可循,因而学校与日俱增,教育步入健康发展之路。到 19 世纪后半期,州一级的教育行政管理职能进一步加强,由州来制定学校的最低标准、审定教师资格、学生就学年限。另外,在全州的范围内征集税收支持全州的教育,调剂各地收入不均,集中财力对落后地区加以扶持,有助于推动落后地区教育事业的发展,促进了教育民主化程度的提高。

第二节　公共学校运动与义务教育的发展

美国殖民地时期的教育制度基本上是从英国移植过来的,教育深受宗教的影响和控制。独立战争是美国的第一次资产阶级革命,它使美国获得独立,为美国资本主义的发展创造了有利条件。1776 年建国后,美国成为世界上唯一的资产阶级民主共和国,学校被看作培养民主国家健全公民的场所。受法国启蒙学者狄德罗等人的影响,美国政府以天赋人权、自由平等相标榜,试图按照自由民主的原则,创建新教育,开办新学校。但在建国后的一段时期里,由于战争破坏,经济困难,教育的发展基本上处于停滞状态。

第二次抗英战争(1812—1814)胜利后,美国摆脱了英国的影响和控制,走上了独立发展资本主义工业的道路。随着社会经济的迅速发展,新兴工业城市纷纷出现,来自欧洲等地的移民不断进入美国。为了有效地培养适应经济发展所需要的新型劳动力,为了使来自不同的国家和民族的移民形成美国精神和民族特征,迫切需要建立平等、免费、不属于任何教派的公立学校来普及教育。于是从 19 世纪 20—30 年代开始出现了声势浩大的公共教育运动,改变了教派控制教育的局面。

一、初等教育的发展

美国的初等学校,在殖民地时期有市镇学校、书写学校、主妇学校以及慈善性质的贫民学校。建国后,初等教育已经不能满足新国家的社会和政治需要。19 世纪 20 年代,美国公共教育运动首先从新英格兰各州开始。各州采取的政策措施主要有:(1) 设立州教育委员会等地方教育行政机构,加强对学校教育的领导管理,推动教育的改革和发展;(2) 实行免费教育,包括免费供应课本和提供免费取暖等;(3)多方筹集资金,或从地方财政中划拨专款,支付办学经费;(4)制定并颁布有关义务教育的法令,强制施行。1832年,纽约市政当局率先实行免费制度,此后,各州陆续制定并实行学校法,通过征税强迫当地居民来扶持公立小学。到1865年,用公费为所有儿童提供免费学校教育的观念已经被普遍接受。19世纪60年代以后,经过公立学校运动的开展,终于建立起不同于欧洲各国的双轨制教育的单轨公立学校系统,在美国教育史上具有划时代的意义。它不但确立了公共、免费、世俗化教育的基本原则,而且通过广泛宣传,使普及教育的理想和原则逐渐为社会各阶级、阶层所接受,公立学校运动为初等教育的普及、中等教育的发展开辟了道路。

南北战争结束后,黑人获得了解放,极大地促进了社会生产力的发展,使美国成为世界工业强国。此后,美国的教育也获得了快速发展。自1852年马萨诸塞州第一个通过了义务教育法,到1918、1919年,密西西比州和阿拉巴马州最后通过义务教育法,美国用60多年的时间基本普及了义务教育。

初等教育的发展也促进了师范学校的建立。1823年,霍尔在佛蒙特州创办了美国第一所私立师范学校。1839年,马萨诸塞州建立了美国第一所州立师范学校,随后各州相继设立了师范学校。

二、公立中学运动的发展

在殖民地时期,美国的中等学校主要是效仿英国的拉丁文法学校,为学生升入大学做准备,课程以古典语文和神学为主。为适应工商业社会的需要,富兰克林于1751年在费城创办了文实中学。文实中学倾向于自由主义和实用的要求,不仅为升大学提供准备,也为从事一般职业的人提供训练,它包含文、实两科,文科侧重英语及现代外国语教学,实科侧重算术、几何、天文、地理等自然科学以及应用科学的教学。随着19世纪公立学校运动的发展,文实中学也大量发展起来。文实中学属于私立性质,学费昂贵,主要面向中产阶级子弟。文实中学的发展适应了日益壮大的资产阶级的需要和政治经济的发展,很受欢迎,因而受到政府的资助和重视,到19世纪中期,文实中学基本取代了拉丁文法学校而成为中等教育的主要形式,标志着美国中等教育进入新的发展阶段。

南北战争以后,公立中学有了很大发展。1821年创办的波士顿英文中学是美国第一所公立中学,学校经费由当地纳税支持,课程侧重应用学科。1872年,密歇根州最高法院对卡拉马祖诉讼案①的裁定,为美国公立中学发展提供了法

---

① 1872年,美国密歇根州卡拉马祖市因征税设置中学引起的一宗诉讼案。起诉人市民斯图亚特认为州宪法规定的公立学校不包括中学,故市当局像建立公立小学那样征税设置公立中学,并在其中进行非英语语言教学是违反宪法的。1874年,州最高法院判决州及学区征税设立中学、聘用督学及开设各种课程并不违反宪法。这成为以后各地处理类似案件的范例,使公立中学得以合法地迅速发展。

律保障。法院判决允许以公众税收作为公立中学的经费来源。此后，各州纷纷创办公立中学，并逐渐取代了文实中学而在全国发展起来，成为与小学紧密衔接的公共教育体系的重要阶段。公立中学的建立和发展标志着美国摆脱了欧洲双轨制的影响，开始形成了具有本国特色的基础教育制度。

第三节　高等教育体系的形成与确立

建国初期受到法国高等教育思想的影响，华盛顿、杰斐逊等政治家向国会明确提出设立国立大学的计划。华盛顿总统还为创建国立大学留下一笔捐赠。但州权主义者认为创建国立大学有违反美国宪法之嫌，担心国立大学的创办会使联邦的权力过大，因此创建国立大学的议案未被通过。但联邦政府仍积极为高等教育的发展创造良好的条件，使美国高等教育有了快速的发展。19世纪，美国高等教育也逐渐形成了自己的特色。

一、州立大学的创办

建国后，随着西部和南部的开拓发展，急需各种高级建设人才，而殖民地时期设立的高等院校由于集中于东部少数城市，规模较小，已经不能适应社会发展的需要。急需人才的各州政府不得不用公款办理高等院校，州立大学应运而生。弗吉尼亚州早在1776年的州宪法中就已经规定设置州立大学，虽然付诸实施稍晚，但影响较大。1795年，北卡罗来纳州正式创立了州立大学，成为美国第一所州立大学。联邦政府也采取了鼓励建立州立大学的办法，到19世纪，州立大学纷纷建立起来。到南北战争前，全国27个州已有25个州建立了州立大学。1860年，美国州立大学已达66所。

早期的州立大学规模小，入学者较少。如密歇根州立大学1841年开学时仅有2名教授，6名学生，1843—1844年仅有教授3人，讲师1人，助教1人，学生53人；1852年有学生72人，1860年才增至519人。[①]1885年，学生数在250名以上的大学仅有9所。加之州立大学经费紧张，常常是入不敷出，因而生存与发展极为艰难。尽管如此，新型的州立大学仍显示出了强大的生命力。由于它们面向实际，注重学以致用，为美国提供了众多的实干人才；由于其不属于某个教派控制，因而课程体系更加世俗化，古典学科的比重下降，现代科学内容增多。

19世纪初的美国在创办州立大学的同时，继续支持原有私立院校的存在与发展。马萨诸塞、纽约等州曾试图把私立院校改建为州立大学的计划都没能实现。1819年的"达特茅斯学院诉讼案"是美国高等教育史上最重要的事件之一。

---

① 滕大春.美国教育史[M].北京:人民教育出版社,2001:208.

联邦最高法院裁定殖民地时期设立的私立学院达特茅斯学院系私人的慈善机构,不是公共机构,学校的特许状是一个不能更改的契约,受宪法保护。最高法院的判决对美国私立大学的存在和发展提供了法律保障,鼓励了大批私立院校的建立。据统计,1860 年美国共有高等院校 182 所,其中教派院校竟占 116 所。可见,私立院校仍然是美国高等教育中的主体机构。

二、赠地学院的创办与研究型大学的兴起

美国高等教育在南北战争后向两个方向发展。一个方向是继续注重实用的原则,努力兴办符合工商业发展需要的农业和工艺学院。1862 年,美国总统林肯签署并颁布实施了《莫雷尔法案》(Morrill Act)①。法案的主要内容是:联邦政府在每州至少资助 1 所学院从事农业及工艺教育;依据 1860 年规定分配的名额,每州凡有国会议员 1 人可获赠 3 万英亩的公地或相等的土地期票;出售公地所获资金的 10% 可用于校址用地,其余则设立为捐赠基金,其利息不得低于5%;出售公地所获得的捐赠基金如果在 5 年内未能使用,将全部退还给联邦政府。大多数州都将赠地收入用来创办农工学院或在原有的大学内附设农工学院,这种学院被称为赠地学院。为了向实施农业与工艺教育的赠地学院直接提供更全面的财政资助,1890 年,哈里逊总统批准实施了《第二莫雷尔法案》。

《莫雷尔法案》的颁布促进了赠地学院运动的蓬勃发展,对美国高等教育的发展具有重要意义。赠地学院是美国从本国实际出发所独创的高等教育机构,改变了高等教育重理论轻实际的传统,开创了高等教育为工农业生产服务的方向,也改变了美国私立高等院校占主导地位的局面。许多赠地学院成为日后美国重要的教学和科研基地。

另一个方向是在欧洲,特别是德国大学影响下,努力发展注重科学研究的大学。19 世纪,大批美国学者赴德国留学或考察。从 1815 年至 1915 年的 100 年时间里,大约有 1 万名美国学生和学者在德国学成毕业。仅柏林大学一校,就接纳了 5 000 名美国学生。在 1 万名留德学子中,不少人后来担任了美国一些重要大学的校长,其中大多数成为将德国大学体制移植到美国的热情的提倡者,直接参与和领导了以德国大学为榜样的高等教育改革运动。塔潘、艾略特等学者竭力倡导德国大学注重学术研究的传统。1876 年,约翰·霍普金斯大学建立,它以学术性研究为主,强调教学和科研的统一,在全国首创研究生院。此后,哈佛大学、耶鲁大学、哥伦比亚大学等都以德国为榜样,向学术型方向发展。

① 1857 年,国会议员莫雷尔向国会提交了一项议案,吁请联邦政府捐赠土地给州设立学院,开展农业及工艺教育。1861 年 12 月,莫雷尔再次提出赠地兴学的有关法案并获参、众两院通过。参见 E. D. Eddy. Colleges for Our Land and Time, The Land-Grant Idea in American Education [M]. New York: Harper & Brothers, 1957:31.

三、大学的改革与发展

美国独立前,高等院校的课程改革和专业教育发展比较缓慢。建国后,特别是 19 世纪后,美国大学为了适应社会的发展变化,课程设置发生了积极的变化,削弱了古典科目,倾向于重视实际知识的教学,物理、天文、地质、气象等自然科学科目在大学中逐渐取得了重要地位,而政治、经济、法律等社会科学学科也成为适应新的社会需要的重要课程。到南北战争前,美国大学的课程逐渐趋向多样化和丰富化,不仅州立大学引进了新的学科专业,面向现实,更加注重自然科学和现代科学,私立院校也开始不断改革,以适应时势之需要。但从总的情况看,南北战争前美国高等教育发展的进程是缓慢的,保守势力仍然顽固地坚守其阵地,反对一切革新措施。1828 年的耶鲁报告就是一篇反对弗吉尼亚大学和哈佛大学 1825 年课程改革的宣言书。该报告认为大学教育应该是文化修养的教育而非专业教育或职业教育,竭力维护古典的传统教育。直到南北战争结束后,情况才发生根本改变。1870 年后,美国大学开始采用分系教学制,实行选课制和学分制,并逐步确立了系统的学位制度。19 世纪末,一些大学和学院也设置了教育课程。

19 世纪 30 年代以后,女子逐渐获得接受高等教育的机会。美国女子高等教育始于 1836 年卫斯理女子学院的开办和 1837 年妇女获准进入奥柏林学院。19 世纪美国女子高等教育以女子学院、附属女子学院以及男女合校教育三种形式获得较大发展。进入 19 世纪末,各个大学开始招收女生,高等教育不再是男子的特权,极大地丰富了美国现代高等教育制度的内涵。

第四节　贺拉斯·曼的教育观

贺拉斯·曼(1796—1859)是 19 世纪美国具有重要影响的教育家,是建立美国公立学校系统的著名领导者和推动者之一,被誉为美国"公立教育之父"。

一、贺拉斯·曼的生平和教育实践

贺拉斯·曼出生于马萨诸塞州富兰克林镇附近乡村的清教徒家庭。1819 年于布朗大学毕业后留校任教,担任拉丁文、希腊文辅导教师。1821 年进入康涅狄格州利齐菲尔德法律学校学习。1823 年毕业后取得律师资格,开始从事法律工作。1827 年,贺拉斯·曼当选为马萨诸塞州众议院议员,1833 年成为参议院议员,并担任两年参议院议长。在国会任职期间,他倡导社会公益事业,赞成修筑铁路,关注残疾人待遇、平民教育等问题。

马萨诸塞州教育的发展一直走在其他各州之前,但是 19 世纪前期美国社会发展迅速,提高民众的普及教育工作成为燃眉之急。但由于学区过小,教育管理权的分散以及教育观念的落后,使得州的一些新的教育法不能有效实施。贺拉斯·曼与一些热心教育事业的人们一道,提议建立州一级的专门教育领导机构。1837 年,州教育委员会成立,贺拉斯·曼毅然放弃律师职业和议长职务,担任了州教育委员会首任秘书。为推进公共教育制度,争取公众对免费公立学校的支持,他定期出访州内各地进行演讲,宣传公共教育的意义。从 1838 年起,他编印《马萨诸塞州公立学校杂志》,该杂志发行了 10 年,在社会得到广泛的传播。贺拉斯·曼任职期间向州当局写的 12 份年度报告至今是美国教育的重要典籍之一,该报告反映了每年公共教育的发展情况,介绍了裴斯泰洛齐等人新的教育思想和方法,介绍了当时普鲁士的学校管理实践。这些报告在国内各州流行,也受到英国、德国等欧洲国家的关注。在担任该职务的 12 年期间,他致力于公立教育运动,与反对公立教育的社会和宗教势力不懈斗争,创建了州教育管理体制,推动了公立学校运动的发展,为美国公共教育体制的推广和完善创造了良好的思想基础和实际条件。

1848 年,贺拉斯·曼辞去秘书职务,当选为美国国会参议院议员,但他仍关注教育事业。1852 年,他竞选州长失败后退出政界,1853 年任俄亥俄州安蒂奥克学院院长,1859 年病逝。

二、贺拉斯·曼的教育观

1. 论普及教育的目的和作用

从当时美国社会的政治、经济、人口以及宗教等因素考虑,贺拉斯·曼认为,建立一个共和国是件容易的事情,但是培养理性的公民却是件费力的事。他继承了建国初期著名政治家的教育思想,把合格的美国公民作为普及教育的培养目标,主张通过教育来培养适应社会环境、有能力参与社会公共事务的合格公民,认为教育就是要使人们免于贫困和恶习,为其正确地履行社会的、公民的责任做好准备。所以,他十分重视普及教育对于国家、社会和个人的作用。

贺拉斯·曼认为,"教育是人们的境况的伟大均衡阀——它是社会机器的平衡轮",[①]是维持社会稳定和顺利实施民主政治的重要工具,实行免费普及教育是共和国继续存在的必不可少的条件。如果没有良好的普及教育,社会就没有合格的公民,会导致阶级矛盾的激化,社会暴力和邪恶现象增多。

在 1842 年的第 5 份年度报告中,贺拉斯·曼认为,教育不仅是道德修复器和理智放大器,而且是使物质丰富的最多产的母体。教育不仅是最为诚实和高尚,而且是最为可靠的积聚财产的手段。在他看来,普及教育也是物质财富的主

① 任钟印.世界教育名著通览[M].武汉:湖北教育出版社,1994:770.

要来源,是使人民摆脱贫穷的重要手段。他说,一个受过教育的民族往往是更勤劳、更有生产能力的民族。智力是各国财富的重要组成部分。他的第 11 份年度报告认为,没有知识的人民肯定是贫困的人民,这样的国家也不能创造出自己的财富。对于贫穷的劳动者来说,接受教育就可以使自己富裕起来。如果没有普遍的教育,穷人就会增多,犯罪就会增多,实际上将使别人的和国家的财富遭受到损失,引起社会贫困和动荡。普及的公立教育是克服社会不平等现象及其恶果的有效手段。

2. 论公立学校

贺拉斯·曼任马萨诸塞州教育委员会秘书时大力倡导、推行公立学校,谋求建立公立的、用税收维持的、非教派的学校体系。他希望通过公立学校的建立来消除美国社会中的阶级区分,缓和已很紧张的阶级矛盾。他认为,公立学校是人类的最大发现,用建立免费学校的办法实现普及教育,是一条最好的途径。在美国这样的移民国家,各国移民带有各自的民族文化传统和宗教信仰。贺拉斯·曼把公立学校看作是一个熔炉,主张通过公立学校把来自不同民族和文化背景的人锤炼成美国社会需要的能履行社会和公民责任的人。他强调,公立学校的宗旨是要把全体儿童培养成美国的合格公民。他要求把全州 4~16 岁的儿童作为公立学校的招收对象,而不论其经济、宗教、社会政治背景及性别如何。所有的儿童进同一种学校,就可以使不同背景的儿童能够获得作为未来公民的必要的共同基础,而不至于有所差别和遗漏。

在贺拉斯·曼看来,公立学校作为培养国家公民的统一机构,不能为宗教教派或政治派别所控制。针对当时私立学校存在的种种问题,他坚持公立学校中只能开设所有儿童共同需要的、符合共同目的的课程;面对各教派人士的反对,他主张宗教的教学也只能以没有教派注释的《圣经》作为教材。公立学校要获得积极发展,需要公众共同管理和支持。首先要建立州教育委员会作为全州公立学校的最高管理机构。除了学区以外,他还坚持设立市镇教育委员会来管理本地的公立学校,学校由当地立法机关、校外人士等具有广泛代表性的学校委员会负责。这样学校才能在公众的全面控制之下,避免党派控制的危险。他强调公立学校主要的财政来源是征收公共教育税,各级政府也应当在财政上大力支持公立学校。对于那些眼光短浅、不愿意纳税以建立公立学校的人士,他反复宣传公立学校的巨大意义:如果公民没有得到良好的教育,就不能维持良好的社会秩序;没有稳定的社会秩序,富人的财产安全就得不到保障。他说:“恶行和犯罪不仅本身就是浪费和挥霍,而且也是别人的资财的诈骗者和掠夺者,它们将夺取诚实的勤劳的全部收益。”这种情况通过教育可以避免。[①]

---

① 任钟印.世界教育名著通览[M].武汉:湖北教育出版社,1994:628.

3. 论教育内容

在第 12 份年度报告中,贺拉斯·曼论述了公立学校培养良好公民的主要教育内容。根据公民教育的要求,他强调学校应当使学生学习实际知识以适应社会生活的需要,并为公立学校制定了包括道德教育在内的各种实用课程。

(1) 智育

他把智育当做除去贫穷而获得富裕的手段,认为就创造财富和人民富足、国家富足而言,智力是主要的条件。基于当时美国的教育水平,他认为文字的学习是获取知识的基础和前提。"观念如果没有文字,对公众来说是没有价值的。"①他重视语文、生理学、历史、地理及其他实用科目的学习,不赞成学科内容过深、过广。他强调儿童学习应该具有主动性,而不应该被动地接受知识。

(2) 道德教育

他认为普及教育最重要的任务是养成公民良好的道德品质。道德教育是社会存在的首要必备条件。人们无克制的情欲不仅是杀人的,而且是自杀的;一个没有良心的社区会立即自行灭亡。法律固然重要,但道德教育的作用是法律约束不能比的,法律的作用是有限的。他认为与法律、宗教、政府形式等手段相比,道德教育对于儿童和青年心灵的影响具有全面性和决定性的意义。道德教育主要是使人能够分辨善恶,与人为善,形成良好的人际关系。他强调道德教育要按照儿童的自然发展的途径及早进行,"按照儿童应该走的道路来培养训练他,当他年老时他将不会离开这条道路"。②形成良好的道德品质需要良好的环境。

(3) 体育

贺拉斯·曼高度重视体育,他强调健康的身体是每个合格公民的必要条件,对个人和社会的幸福具有重要意义。他认为人体生理及卫生知识应当成为公立学校必须为学生提供的教育科目。为了应付各种复杂的社会情况,耐力训练也应该受到重视。但他认为先天素质的好坏对公民身体健康的重大影响要大于后天人为的锻炼。为了学生的身体健康,学校也应该创设良好的卫生条件和学习环境。学校教师应该熟悉和精通生理学的主要原理并能将它们应用到生活中的各种环境之中,学生在学校期间必须接受这些训练,使他们养成良好的规律和习惯。

(4) 公民常识教育

贺拉斯·曼认为,为了培养合格的共和国公民,必须教给学生最需要的基本的社会知识,以便适应这种社会并有效地参与其中的活动,合法地维护自己的权

---

① Horace Mann. The Republic and the School:Horace Mann on the Education of Free Men [M]. New York:Teachers Couege Press,Columbia University Press,1957:35. 转引自滕大春. 外国教育通史:第三卷[M]. 济南:山东教育出版社,1990:390.

② [美]理查德·D.范斯科德等.美国教育基础——社会展望[M].北京师范大学外国教育研究所译.北京:教育科学出版社,1984:13.

益。因此学校除了要开设一般课程外，还要开设美国宪法和本州宪法、历史等课程。

（5）宗教教育

由于历史传统的原因，宗教教育在美国社会具有重要影响。贺拉斯·曼认为宗教信仰是个人或其父母所决定的事情，政府及教会不应予以干涉、压制或强迫。通过宗教教育，应该培养未来公民的理智与良知，团结在同一个上帝周围。他并不排斥学校中的宗教教育，但反对教派控制学校和教派教育。为了培养合格的共和国公民，公立学校不应该将某一特定教派的教义作为宗教教育的唯一内容。

4. 论教师教育

当时，公立学校中教师水平不高，使用的教学方法陈旧落后，教师职业的专门化程度低。基于这种情况，贺拉斯·曼认为提高公立学校质量的重要手段是提高教师质量。他非常重视教师教育和培训工作。

受到欧洲教育经验和同时代许多教育家的影响，他提倡设立专门的师范学校来培训未来教师，来为公立学校补充有能力的教师。他认为，没有师范学校，公立免费学校就会逐渐失去活力。设立师范学校会推动各项事业全面进步，是人类历史进程中一种新的进步的方法，因此具有重大的意义。在他的宣传和倡议下，马萨诸塞州自 1839 年起建立了美国第一批公立师范学校。师范学校的开设，提高了美国公立学校教师的专业化水平。

贺拉斯·曼任职州教育委员会的 12 年，是美国教育的恢复和快速发展时期。在他的推动下，马萨诸塞州实现了由州资助和控制的免费公立学校这一原则，改变了美国以教派私立学校为主的局面，为美国全国公立教育的发展定下了基调。他的普及教育、教师教育的理论和实践，对美国教育的发展具有重要指导意义。

19 世纪的美国教育在美国教育发展史上具有重要地位，实现了由欧洲传统向教育近代化的转变，该时期在公共教育制度、高等教育体系、教育管理体制等方面取得的成就奠定了 20 世纪美国教育发展和提高的基础。美国公共教育体制的确立，突破了欧洲主导的教育双轨制的传统，在人类教育平等化、民主化的进程中做出了突破性的贡献。公共学校运动推动了师范教育、公立中等教育以至高等教育的发展，为 19 世纪末 20 世纪初美国建立和形成完整的现代学校教育制度，实现普及初等教育奠定了基础。美国公立教育和州立大学的建立，促进了教育世俗化的发展，进一步改变了中世纪以来教会控制学校教育的局面。从教育管理体制的变化可以看到 19 世纪的美国教育较好地适应了美国政治、经济的发展需要。但由于受到保守势力、"白人至上"种族主义的影响，黑人、妇女以及其他少数团体在教育上的进展缓慢，这成为 20 世纪美国教育要解决的主要问题之一。

思 考 题

1. 19 世纪美国教育管理体制的特点。
2. 19 世纪美国公共教育运动的过程及其意义。
3. 19 世纪美国高等教育的特点。
4. 贺拉斯·曼教育观的内容及影响。

参考文献

1. [美]S.E.佛罗斯特.西方教育的历史和哲学基础[M].吴元训等译.北京:华夏出版社,1987.
2. 滕大春.外国教育通史:第三卷[M].济南:山东教育出版社,1990.
3. 陈孝彬.外国教育管理史[M].北京:人民教育出版社,1996.

第十九章

19 世纪日本的教育

　　以明治维新为界限,日本教育史分为古代教育史和近代教育史。明治维新发生于1868年,是日本历史上的一次不彻底的资产阶级革命,它结束了日本长期的封建锁国状态,使其走上了发展资本主义的道路。维新伊始,新政府所面临的最大课题是克服幕藩体制造成的国内危机,改革封建制度,对抗欧美资本主义列强的侵略,争得国家富强和民族独立。为此,明治政府提出"富国强兵"、"殖产兴业"和"文明开化"三大政策,一面大刀阔斧地改革封建制度,一面如饥似渴地引进西方文化和科学技术。教育作为文明开化的工具和实施殖产兴业、实现富国强兵的手段,被视为旺国兴邦的战略武器而受到政府的高度重视。在这种思想的指导下,明治政府继承幕末时期的教育遗产并大力吸收欧美国家发展近代教育的经验,使日本教育很快步入了近代化轨道。在叙述日本近代教育之前,首先回顾明治维新以前日本教育的发展概况,借以说明日本教育的近代化是在怎样的基础上开端的。

第一节　明治维新以前日本教育发展概况

　　日本是亚洲东部的岛国,领土由北海道、本州、四国、九州4个大岛和几千个小岛组成,面积37.78万平方千米。2世纪末3世纪初,日本出现奴隶制国家。646年的大化革新,标志着日本向封建社会过渡。在此后漫长的封建社会中,通过学习中国的文化教育经验,日本逐渐形成了自己独特的教育体系。

一、大化革新前和大化革新时期的教育

　　日本最早的有组织形式的教育,是在中国的儒学传入后,于宫廷中设立私学开始的。据《古事记》和《日本书纪》记载,284年(应神天皇十五年),朝鲜半岛上百济国的汉学家阿直歧来到日本,被聘为皇太子的老师。阿直歧又向天皇推

荐博士王仁。王仁于285年到日本,并献《论语》十卷、《千字文》一卷。儒学的传入,促使日本宫廷开始兴办学问所,皇太子和皇族、宫廷贵族子弟都来就学,宫廷教育就此开端。552年,印度佛教和佛教经典也通过朝鲜传入日本,与中国儒学文化汇合起来,共同推进了日本文化教育的快速发展。在这一发展过程中,树立丰功伟绩的是圣德太子(574—622)。他在摄政期间(593—622),采取多种措施大兴文化教育事业,为传播佛学而广设佛寺;为直接吸收中国文化,曾于607年和608年两次向中国隋朝派遣使臣、留学生和学问僧;为拓宽就学渠道,首倡开办私塾。

圣德太子死后,奴隶主贵族苏我氏掌握朝廷实权,各方矛盾激化。645年6月,中大兄皇子联合新兴贵族中臣镰足夺取政权,拥立孝德天皇,仿中国建制,定国号为大化。次年元旦,发布改革诏书,仿中国唐朝封建制度,确立中央集权制,实行一系列改革,史称"大化革新"。从此,日本设官治学,并仿中国唐朝教育制度,建立自己的贵族教育制度。668年,中大兄皇子即位,称天智天皇。在教育方面,始设大学。701年(大宝元年),文武天皇命人制定《大宝律令》,继承大化革新以来的教育改革精神,在京都设大学寮(简称大学),在地方设国学(教育机构)。

二、奈良和平安时期的教育

奈良时期(710—794),以天皇为首的中央集权制进一步加强,社会整体上比较安定。日本与中国的交往更加频繁,受中国唐朝影响,文化艺术空前繁荣,佛教昌盛,学术进步。学术研究和教育内容模仿中国,以汉字和汉籍为主。与此同时,日本创造了以汉字作音符的日本文字,约8世纪成书的《万叶集》就是用这种文字写成的,因而这种文字称为"万叶假名"。在这种背景下,官立的大学和国学、学者的私塾、教授家传技能和世袭技术的家庭教育同时发达起来。平安时期(794—1192),日本不再照搬中国文化,而是通过消化吸收,逐渐形成自己的文化,即国风文化。平安初期,对大学比较重视,并采取了奖掖和改革措施。但到中期,政局动荡,大学衰落。1177年,京都发生大火,大学被焚,再未重建。与此同时,地方国学式微并最终停办。至此,官办学校消失。然而,随着官学衰落和佛教兴盛,私学和寺院教育却发展起来。

三、镰仓和战国时期的教育

平安时代后期,天皇统治衰落,武士阶层和寺院僧侣逐渐在日本政治生活中发挥重要作用,新兴军事贵族不断窃取实权。1185年,日本武家政治的创始者源赖朝推翻平安时期豪族平氏,并于1192年称"征夷大将军",在镰仓建立幕府政权,天皇成为傀儡,镰仓时代开始。但在镰仓幕府末期,因各方势力之间复杂而激烈的斗争,造成南北对峙和地方势力割据百余年的政治局面,史称战国时代。在这种背景下,大学和国学未能恢复,兴盛一时的汉学也开始衰落,代之而起的是武士教育和寺院教育。武士教育以灌输武士道精神和传授武艺为主要内容,家庭和寺院是其主要教育场所。因武士教育重武轻文,文化水平比以前有所下降。日本教育家小原国芳称之为“中世黑暗现象”。然而,就教育内容而言,这一时期的教育却比前代更加摆脱了对中国教育的模拟和因袭,明显出现了日本教育的特点,在教育对象上也明显呈现出向社会下层移动的趋势。

四、江户时期的教育

日本社会经过长期分裂和战乱之后,于 17 世纪初得到重新统一。最终完成统一大业的是德川家康,1603 年,他取得“征夷大将军”称号,在江户(今东京)建立幕府。此后直到明治维新的 260 多年间,称为江户时期或德川时期。与前几个时期相比,这一时期的教育又呈现出复兴之势。

德川幕府建立后,德川家康及其后嗣恢复和加强了幕府集权统治。他们把全国分为 260 多个藩,藩主称大名。将军和大名又分别拥有众多直属家臣和下级武士,各级武士之间形成严密的等级制度。这就是以幕府为核心、以诸藩为支柱的幕藩体制。为实现长治久安,他们还一方面制定各种法规,实行依法治国;另一方面重视教化,实行思想统治。在这种情况下,儒学,特别是朱子学,受到历代幕府的赏识和推崇,成为维护幕藩体制的官学,并极大地影响了江户时期教育的发展。这是江户时期文教政策的一个显著特点。对该时期日本教育产生重要影响的还有日本的国学和西方的洋学。国学是江户时期兴起的一种学术派别,以研究日本古代文学和古典文献为依据,阐明日本固有的精神。洋学指西方的文化和科学技术,于 18 世纪在日本流传。因幕府怕欧洲殖民势力入侵,采取了锁国政策,禁止与除中国、荷兰以外的其他国家通商,日本只能通过荷兰人了解西方的文化科学知识,因此,洋学当时被称为兰学。上述三种学说在不同阶段和不同程度上影响了日本文化思想和教育的发展,多种教育机构逐渐发展起来。

江户时期的教育机构主要有幕府直辖学校、藩校、寺子屋、乡校和私塾。教学内容涉及儒学、国学、洋学、军事学、医学、武艺等多种学问。幕府直辖学校是为幕臣子弟设置、培养辅佐幕政的官吏和务实人才的教育机构,江户时期先后设置 21 所,其中,最重要的是最早设立的昌平坂学问所;藩校是以昌平坂学问所为样板、由各藩设立并经营的学校,江户时期先后设置 219 所;寺子屋是专门为平民子弟开设的初等教育机关,江户时期共有 2 万余所;①乡校是在乡村用公费设

---

① 中国大百科全书总编辑委员会,教育编辑委员会.中国大百科全书:教育[M].北京・上海:中国大百科全书出版社,1985:299.

立的初等教育机构,所设数量远少于寺子屋;私塾是一些学者在私宅设立的高等专门教育设施,据《日本书记》记载,当时全国约有 1 500 所。①

江户时期的文教政策和教育机构,虽然对提高当时日本人民的文化水平和进行思想教化发挥了重要作用,但终究未能实现幕府统治长治久安的梦想。由于统治阶级的残酷剥削,下级武士和劳苦大众奋起反抗,加之西方殖民势力的频频入侵,德川幕府终于走向了灭亡的命运。

第二节　日本近代教育的创立与发展

1868 年,以下级武士为首的倒幕派推翻德川幕府的封建统治,在"王政复古"②的口号下,宣布废除幕府制和将军制,成立天皇亲裁下的明治政府。明治政府推行资产阶级改革运动,史称"明治维新"。从此,日本走上发展资本主义的道路,日本教育也步入了近代化轨道。

一、明治维新与教育改革

明治政府成立后,在倒幕派领导下,用了一年半左右时间征服了旧幕臣的叛乱和反抗,统一了全日本。紧接着,从 1869 年到 1890 年实行了一系列资产阶级性质的改革。改革的总目标是实现富国强兵、殖产兴业和文明开化。这也是教育改革的指导思想。所谓文明开化是指全面学习西方资本主义的文化、技术和知识,以保障日本的独立富强,免受西方列强的侵略。在促进文明开化过程中,日本近代启蒙思想家、教育家福泽谕吉号召日本人民学习实用知识,追求独立精神,舍身卫国,使日本文明尽快赶上先进国家。他毕生从事教育活动,著述颇多,对日本资本主义和资产阶级民主运动的发展起了很大作用。1871 年,明治政府规定官制,7 月 18 日设置文部省,负者管理全国的文化教育事业。教育改革正式拉开序幕。

1.《学制》的颁布与近代教育制度的初创

文部省成立后,立即着手创立近代学校制度。1871 年 12 月,文部省成立了一个归其直接领导的学制调查研究委员会,负责草拟学制改革方案。委员会由12 名委员组成,其中 10 名是著名的洋学家,2 名是国学家和汉学家。这样组织的目的是在充分吸收西方各国教育制度优长的同时,把日本古代教育制度的合理成分充实到新学制中来。委员会主要以法国教育制度为依据,也参照了英国、

---

① 滕大春.外国教育通史:第二卷[M].济南:山东教育出版社,1989:410.
② 日本自镰仓幕府以来,政治实权落在将军之手,天皇受将军支配。所谓王政复古,并不是恢复古代天皇制,乃是将政治实权收归天皇所有。

荷兰、德国、美国等先进国家的教育制度,拟定了《学制》方案,经太政官①会议批准后于 1872 年 8 月颁布。《学制》分五篇,由学区、学校、教员、学生和考试、学费等部分组成,共 109 章。1873 年又在第二篇里增添了关于海外留学生规则和专门学校的规定。二者相加,总共 213 章。它对学校教育的有关事项做了全面的规定,是一个庞大的国民教育计划。《学制》规定全国分 8 个大学区,每个大学区设 1 所大学和 32 个中学区,每个中学区设 1 所中学和 210 个小学区,全国设 53 760 所小学。小学分下等小学和上等小学,各为 4 年。中学分为两段,初中 3 年,高中 3 年。大学分理学、化学、法学、医学、数理学 5 个学科。在教育行政管理方面,实行中央集权制,即在文部省统一管理下,设督学局。各大学区设督学,各中学区设监督。督学有权与地方官协商督办区内的学校,学区监督负责管理和监督小学区的学务。

为贯彻新的教育制度,政府在颁布《学制》的前一天,发布了名为《关于奖励学事的被仰出书》的学制布告,指出过去教育的弊害在于“以学问为武士以上之事,至于农工商及妇女则置之度外,不辨学问为何物。而少数受教育之武士,又动辄高唱为国,不知何为立身之基础,或趋于记诵辞章之末,或陷于虚谈空理之途”,结果“文明不能普及,才艺不能增长”,因而强调 “为人必须学习”,并说明“文部省要制定学制,逐渐改正教则”。为了造就人才,要求“邑无不学之户,家无不学之人,为人之父兄者……须使其子弟从事于学”②。学制布告否定了修身、齐家、治国、平天下的封建教育思想,指明教育是个人立身治产昌业之本,主张教育机会均等,强调学问必须是实业厚生之实学,提出了日本资产阶级的近代教育观。

明治政府在颁布《学制》后,开始着手设立师范学校以培育师资,1872 年 8 月,东京师范学校成立,随后又在大阪、宫城、广岛、爱知、长崎、新泻成立了师范学校。1874 年 3 月,在东京设立女子师范学校。为培养更多的新式教师,各府县还创办了各种名称的小学教员速成养成所,到 1874 年,其数量达到 47 所。在大学方面,文部省于 1877 年将从幕府手中接管过来并已适当改造的昌平学校、东京开成所和东京医学校合并,创办了日本历史上第一所近代大学东京大学。文部省对东京大学的办学十分重视,将直辖学校教育经费的 40% 拨给该校,且此比例一直持续到 1890 年,使东京大学有能力招聘大量外籍教师来校讲课并向欧美派遣众多留学生,因此,该校一开始就保持了较高的学术水平并成为日本资本主义近代化的中心。为迅速普及初等教育,政府采取了种种措施和强制性手段,到 1879 年学校数和学生数都增加了两倍多,教员人数增加了近 3 倍,学龄儿

童入学率由 1873 年的 28.13% 上升到 41.16%。①《学制》在创建日本近代教育制度和促进教育事业的发展方面都起了很大的推动作用,尤其对普及初等教育有着重要的实际意义。但作为日本近代第一个全国性的教育法令,《学制》也存在许多弊端,如照搬照抄欧美资本主义教育制度,严重脱离日本实际;过于强调中央集权,限制了地方办教育的积极性;学制单一化和理想化,超出日本当时的经济实力,使人民负担重等等。结果,在实行过程中,遇到种种阻力,加之中央政府的高压政策,使各地方当局和群众产生严重不满,有的地方甚至发生群众捣毁校舍的事件。随着自由民权运动的发展和反对强迫教育呼声的高涨,明治政府不得不在 1879 年废止《学制》令,重新修改学校制度,颁布《教育令》。

2.《教育令》、《改正教育令》的颁布与近代教育制度的探索

《教育令》颁布于 1879 年 3 月,是第二次建立国民教育制度的尝试,其特点是仿照美国的教育行政管理模式,中央政府放宽对地方教育事业的官僚式控制,把教育管理权下放给地方,由各地民众选出学务委员会来管理学校;儿童接受小学普通教育的时限缩短为 16 个月,并可灵活掌握。《教育令》取消了《学制》的某些弊端,更加适应人民自治、自由的要求,因而在一时之间受到人民的欢迎。但《教育令》实行后,效果并不好。由于它过分强调自由主义,造成学校增加率和儿童入学率急剧下降。如小学校数在 1874—1879 年,每年平均增加 2 800 所,而 1880 年仅增加 441 所,1881 年更少,只有 381 所;儿童入学率 1879 年为 41.16%,1880 年降为 41.06%。②加之,《教育令》的自由主义精神不符合日本中央集权式的国家管理体制,所以又遭到明治政府内部保守势力的反对。人们戏称它为"自由教育令"。1880 年,文部省迫于压力,又对《教育令》进行了修改,并于同年 12 月颁布了《改正教育令》。

《改正教育令》要点如下:第一,重新强调就学的义务,把《教育令》规定的最低就学限度 16 个月改为 3 年;授课时间每年在 32 周以上;每日授课时间不得少于 3 小时,最多 6 小时;严格监督巡回教学,适龄儿童如不就学须经郡长或区长批准。第二,强化中央对教育的监督权力,公、私立学校的创办、停办及就学资格,一律由官方决定;学务委员的产生由选举制改为任命制;教员任免要向学务委员会申请,再由地方官批准;教学科目要根据文部卿颁布的纲要,由地方官视当地情况安排;重视修身课,列之于各科之首;教员要具备一定资格,且需品行端正。第三,取消政府补助金,强制设置小学校和师范学校。第四,关于实业学校,各地方应根据情况尽力设置。《改正教育令》否定了人民参与教育管理的权利,强调国家对教育的干涉,加强了中央及地方对教育的监督管理,带有浓厚的强制

① [日]海后宗臣.日本近代教育史事典[M].东京:平凡社,1971:711.
② [日]海后宗臣.日本近代教育史事典[M].东京:平凡社,1971:711.

性色彩,因此,人们又称之为"强制教育令"。但因该法令避免了《学制》要求过高和《教育令》要求过低的弊端,所以公布之后受到各界欢迎。随后,政府又以之为根据连续制定了《小学校教则纲要》、《中学教则大纲》和《师范学校教则大纲》等专门法规,严格了教师任用条件,并建立了国家审定教科书制度,使《改正教育令》成为其后一段时期内指导教育发展的纲领性文件,直到1886年颁布《学校令》为止。

二、国家主义教育制度的确立与加强

19世纪80年代,日本教育由探索期进入国家主义教育制度的确立时期。国家主义教育制度是指教育制度、学校体系及教育内容的指导思想均是国家至上主义,它强调培养国家观念和忠君爱国的道德品质,压制自由主义和个人主义。国家主义教育制度的出现并不是孤立的偶然现象,它是日本资本主义经济发展和君主立宪制的产物。这一时期,日本资本主义经济在天皇扶植下得到飞速发展,从封建主义经济转化为半封建的、军事的、特权商人的资本主义经济。

1.《学校令》的颁布与国家主义教育制度的确立

1885年,日本废除太政官制,建立内阁制,伊藤博文被任命为第一任总理大臣,森有礼被任命为文部大臣。1889年颁布《大日本帝国宪法》,确立了君主立宪制的政治体制。《大日本帝国宪法》的颁布标志着明治维新改革运动的终结。在颁布宪法前后,日本政府为加强地主资产阶级的联合专政,保护天皇制国家政权,一方面强化了暴力统治手段——军队和警察,一方面则加强了思想控制。1886年颁布的《学校令》和1890年颁布的《教育敕语》,其目的就在于加强国家对教育的控制,培养忠于天皇制国家的顺良臣民。

《学校令》的颁布标志着日本国家主义教育制度的确立,它是在文部大臣森有礼的主持下制定的。森有礼是日本明治初期的政治家、教育家。1847年生于鹿儿岛,自幼修习汉学,爱好武技。1865年,鹿儿岛藩选派他留学英国伦敦大学,专攻数、理、化学科。1867年又转赴美国,对美国的民主政治和教育精神推崇备至。1868年6月归国,任新政府的征士外国官权判事。1870年又赴美并任少辩务使(遣外使者)。1873年由美国回到日本,与福泽谕吉等人一起,创办"明六社",出版《明六杂志》,宣传民主、自由、民权等资产阶级思想。1875年,创立商法讲习所,提倡发展西式近代职业教育。同年,奉政府之命出任驻中国公使。1880年又改任驻英国特命公使,直到1884年。这一时期,森有礼的思想发生了急剧变化,他崇拜德国首相俾斯麦,由一名资产阶级自由主义战士、自由民权的维护者,转化为国家主义的崇拜者。他主张日本向德国学习,提倡国家主义教育,即为了国家的富强而办教育,为了维护国家的政体而实施国民皆受军事训练的教育,在学校教育行政上要根据国家经济的理论来办事。他的这种主张很合乎伊藤博文的胃口。1882 年,伊藤博文去德国考察期间,森有礼专程去拜访了他。两人在巴黎会面,就发展日本教育问题交换了意见。伊藤博文很赏识森有礼,当即约定在组建内阁时请他回国担任文部大臣。1885 年,森有礼任文部大臣后,在国家主义教育思想指导下,以先前日本教育发展的成就为基础,通过颁布《学校令》,很快建立了日本的国家主义教育制度。1889 年 2 月 11 日,森有礼应邀参加《大日本帝国宪法》颁布仪式,在离开官邸时,被刺身亡,时年 43 岁。

《学校令》是《帝国大学令》、《师范学校令》、《中学校令》和《小学校令》的统称。《帝国大学令》颁布于 1886 年 3 月 2 日。它规定:帝国大学要适应国家需要,以教授学术、技术理论及研究学术、攻克技术奥秘为目的。帝国大学由大学院(研究生院)及分科大学组成,它们平行并列设置。大学院的任务是专门研究深奥的学术,分科大学分为法科、医科、工科、文科及理科大学,其任务是传授学术理论及实用知识。帝国大学校长由文部大臣任命,法科大学校长由帝国大学校长兼任。从该令颁布之日起,东京大学改称帝国大学。《师范学校令》颁布于 1886 年 4 月 9 日。它规定:师范学校要培养教师应有的品德和学识,师范生特别应具备顺良、信爱、威重的品质。为达此目的,师范生一律寄宿,接受兵营式训练与管理。师范学校在体系上分为寻常师范学校和高等师范学校两级,寻常师范学校由各府县设立,从地方税中支付经费,招收高等小学校毕业生,学生毕业后任公立小学校校长或教员,学生的学费完全由学校支出,毕业后有服务的义务。高等师范学校只在东京设立一所,招收寻常师范学校毕业生,经费由国库统一拨给,学生毕业后任寻常师范学校的校长或教员,根据情况也可到其他类型的学校任校长或教员。学生的学费及毕业后的服务义务等与寻常师范学校一样。《中学校令》颁布于 1886 年 4 月 10 日。它规定:中学分寻常中学和高等中学两级。前者修业 5 年,由各府县设置和管理。后者修业 2 年,属文部大臣管辖。高等中学和寻常中学性质不同,高等中学分科设置,设有法科、医科、工科、文科、理科、农业科、商业科等,属大学预科性质。《小学校令》与《中学校令》同日公布。它规定:小学分寻常小学和高等小学两级,修业年限均为 4 年。6 岁至 14 岁为学龄期,学龄儿童必须接受 4 年义务教育。寻常小学开设的课程有修身、读书、作文、习字、算术、体操、图画、唱歌。

这样,在森有礼国家主义教育思想的指导下,通过法定形式,正式建立起以小学为基础的双轨制学校体系。一轨是高等小学—寻常中学—高等中学—帝国大学;另一轨是高等小学—寻常师范学校—高等师范学校。至此,充满浓厚国家主义色彩的日本国民教育制度正式确立起来。但森有礼在制定国民教育制度时,没有注意到职业教育。后来由井上毅对此作了补充。

国家主义教育制度确立后,为维护天皇制国家主义的国体,加强向日本人民灌输"忠君爱国"的国家主义思想,1890 年 10 月 30 日又用天皇诏敕的名义颁布了以儒家忠孝仁爱为教育的中心内容,并掺杂了近代资本主义社会伦理道德的《教育敕语》。其目的在于培养学生"忠君爱国"、"义勇奉公"、"保卫皇运"的道德品质。它规定了日本教育的发展方向,奠定了国民道德的基础,实质上成为第二次世界大战以前日本教育的基本法,对教育乃至整个社会影响极大。

2. 国家主义教育制度的加强

进入 19 世纪 90 年代后,日本资本主义力量更加壮大。在经济方面,以轻工业为中心的产业革命基本完成,并开始向发展重化学工业转化;在政治方面,以天皇为首的政治统治不断加强,对人民的控制更加牢固;在军事方面,与列强猖狂瓜分世界领土的风潮相适应,相继挑起中日甲午战争和日俄战争,势力范围日益扩大。在这种形势下,为积极培养产业革命所需要的科技人才和训练对外侵略的战争工具,日本政府又整顿了学校体系,严格了对教科书、教师的控制,使 1886 年以来建立的国家主义教育制度得到进一步加强与完善。

第一,延长义务教育年限。1900 年,日本政府修改《小学校令》,确立了 4 年义务教育制。1907 年再次修改,将义务教育年限延长到 6 年。由于采取了坚决的财政措施,到 1910 年基本实现目标,义务教育就学率达到 98.1%。

第二,改革中等教育结构。1894 年,日本政府颁布《高等学校令》,取消高等中学名称,中学不再分为寻常中学和高等中学,改为 5 年一贯制的寻常中学。1899 年,日本政府修改《中学校令》,颁布《高等女学校令》和《实业学校令》。将寻常中学改称中学校,招收 12 岁以上、修完高等小学校第二年课程或具有同等学力的男生。高等女学校是中学校的一种,修业 4 年,入学资格与男子中学校相同。实业学校也是中等教育机构的一种,其任务是进行职业教育,具体情况将在后文详述。上述法令公布后,中学数量明显增加,从 1898 年的 186 所、学生61 457 人,增加到 1912 年的 315 所、学生 128 973 人。

第三,改高等中学为"高等学校"。根据 1894 年颁布的《高等学校令》,高等中学改为高等学校,不再属于中等教育范畴,而是进行专门教育的机构,是为升入帝国大学作准备的大学预科,学制 2 年。1886 年,日本仅有高等中学 1 所,1887 年增为 6 所,1908 年增为 8 所,直到 1918 年再无增加。高等学校是高等教育的重要组成部分,是升入帝国大学的必经之路。

第四,增设帝国大学。1897 年以前,日本只有 1 所帝国大学(1897 年改称东京帝国大学)。1897 年增设京都帝国大学。1907 年在仙台设立东北帝国大学。1910 年在福冈设立九州帝国大学。它们是日本教育制度金字塔的顶尖。

第五,颁布《专门学校令》,发展专门学校。该令颁布于 1903 年,此前日本已设立一些公、私立专门学校,但因没有统一要求,发展较为混乱。为进行整顿,该令作出统一要求。它规定:专门学校教授高等学术和技艺;修业 3 年;招收中学及高等女学校毕业或具有同等学力者;在同一学校内可并设预科和研究科;允许国立、公立,也允许私立。该令颁布后,原有专门学校按规定进行了整顿,同时,各地还成立了一批新的专门学校。

第六,颁布《师范教育令》,扩大师范教育体系。该令颁布于1897年,同时撤销了1886年的《师范学校令》。该令规定,师范教育分为师范学校、高等师范学校和女子高等师范学校三个系统。师范学校培养小学教师,各府县至少设立1所,归地方长官管辖。1896年,日本有寻常师范学校47所,到1912年增为86所。高等师范学校培养师范学校、中学校和高等女学校的教师,归文部大臣直接管辖。1902年以前,日本只有东京一所高等师范学校,1902年增设广岛高等师范学校。女子高等师范学校培养师范学校女子部、高等女学校的教师,亦归文部大臣直接管辖。到1908年,日本共有2所这样的学校,分别设在东京和奈良。

经过上述改革,日本的国家主义教育制度更趋完善,无论就学校结构来说,还是就教学内容来说,都已基本适应经济发展和对内对外政策的需要。此后,只在1918年将高等学校修业年限由2年改为3年,从而形成日本近代的"6—5—3—3"学制,直到第二次世界大战前,再无重大变化。

三、产业革命与职业教育

职业教育是日本近代教育改革的重要组成部分,它与普通教育一起,构成日本近代教育发展的双重主旋律。所不同的是,它与普通教育未能同步发展。日本近代教育发展的顺序是:先基础教育与高等教育,后中等教育和职业教育。但这并不是说日本政府不重视职业教育,如果从1871年成立"工学寮"算起,日本政府重视职业教育的起点比普通教育还要早些。与普通教育相比,发展职业教育,还更多地受经济发展水平的制约。

明治政府成立后,为尽快发展资本主义经济,采取了依靠国家力量,直抄欧美资本主义的"移植主义"模式,迅速在多个经济领域建立了近代化国营企业,并希望以此调动私人参与的积极性。为解决技术人才之不足,日本政府一面大量聘请外国技术专家和向欧美派遣留学生,一面采取企业办学和单独设校的方式培养自己的技术人才,这就是日本最初的近代职业教育。在企业创办的学校中,最为有名的是1872年设立的富冈缫丝厂职工学校和横须贺制铁所技工学校。单独设立的学校主要包括,1871年工部省在东京设立的工学寮(1877年改称工部大学校)、司法省在东京设立的司法寮(1877年改称法学校),1872年北海道开拓使在东京设立的临时学校(1875年迁往札幌并改称札幌农业学校),1875年森有礼在东京设立的商法讲习所等。这些学校创立的目的都是为了引进外国的先进技术和管理经验,办学水平和要求虽然较高,但还远远谈不上职业教育的普及性。尤其是各官厅创办的职业学校多属高等教育机构,结果由于缺少中初级职业学校,其毕业生不得不降格使用。这些教训后为日本人自己所记取。

进入 19 世纪 80 年代,因先前创办的国营企业连年亏损,日本政府决定改官营民助政策为民营官助政策,将之以低价出售给私人经营。这一政策充分调动了私人办厂的积极性,结果大批企业尤其是中小企业不断涌现。伴随产业政策的转换,社会上开始出现普及职业教育的呼声,产业界和教育界也越来越关心职业教育。1884 年,日本政府颁布了著名的《兴业意见书》,以专章论述了职业教育的重要意义。1885 年,文部省翻译了长达 20 卷的《英国技术教育调查委员会报告》,全面介绍英国兴办职业教育的经验。从 1880 年起,随着普通教育基础的建立,文部省陆续接管其他官厅创办的职业学校。为整顿职业学校并促进其迅速发展,文部省于 1883 年、1884 年相继颁布《农业学校通则》、《商业学校通则》,开始确立职业教育在法律上和教育制度上的地位。尽管如此,职业教育发展仍很缓慢。其主要原因是当时生产力水平较低,资本主义刚刚兴起尚不成熟,尽管工厂数量不断增加,但工业部门中占主导地位的生产方式还是作坊式工厂,以蒸汽机为动力的机械工业仍处于劣势,只占整个工业部门的 10% 左右。因为手工生产依靠师徒制教育仍能维持,所以在客观上对兴办职业学校的需要还不十分迫切。

19 世纪 80 年代后期,日本进入产业革命时代,资本主义获得迅猛发展。特别是在中日甲午战争和日俄战争期间,它的工业化从以纺织业为中心的轻工业转向以钢铁为中心的重工业,培养大批技术人才和职业人才的需求更加迫切。在这种客观形势下,改革和发展职业教育的呼声日益高涨。借助这种有利形势,文部大臣井上毅采取坚决措施,使职业教育快速朝着体系化方向发展起来。

井上毅是日本近代著名的政治家、教育家。1844 年生于熊本藩。幼年修习儒学,1862 年被藩校时习馆选为居寮生。明治维新后,到东京进大学南校,研究西洋学术。1870 年任开成学校学舍长。次年到司法省供职。1872 年 6 月到欧洲考察司法制度,1873 年回国后就政治、教育问题尤其是德国发展职业教育的经验,向明治政府提出了很多建设性意见,随后从事政务活动。1886 年在伊藤博文领导下参与起草《大日本帝国宪法》。1890 年与元田永孚等人一起制定《教育敕语》。1893 年 3 月任文部大臣,致力发展日本教育。1895 年因患肺结核病去世,时年 52 岁。

井上毅非常重视职业教育,认为"人民实业上的知识是无形的资本,实业教育乃是富国的基本条件"。[①]就任文部大臣后,井上毅决心扭转日本职业教育落后的局面。他借鉴德国经验主张必须建立完整的职业教育体系。根据日本当时的实际情况,他认为应该优先发展初等职业教育。1893—1894 年,他先后主持

---

① ［日］唐泽富太郎.日本教育史［M］.东京:诚文堂新光社,1961:285.

制定和颁布了《实业补习学校规程》、《徒弟学校规程》、《简易农学校规程》等各项法令,对初等职业学校的办学目的、入学条件、课程设置和修业年限都作了详细规定。例如,《实业补习学校规程》第一条规定:"实业补习学校对从事各种职业者及愿从事各种职业的儿童施以高等小学教育,同时以简易的方法授予职业上所需要的知识技术";它还规定:"入学程度定为寻常小学校毕业的文化程度,学习年限规定在 3 年以内,教学科目定为修身、读法、习字及有关实业的科目"。为使各项法令真正付诸实施,在井上毅的倡导下,还成立了专门负责职业教育督查工作的实业事务局,并且采取了坚决的财政措施。1894 年,他提请国会通过并颁布《实业教育国库补助法》,规定国库每年支出 15 万日元用来奖励职业教育。1898 年后,这笔款项每年增加到 25 万日元。上述法令的实施,推动了职业教育的快速普及与发展,从 1894 年到 1898 年,徒弟学校由 3 所增至 23 所,实业补习学校由 19 所增至 113 所,传授农业、工业、商业等方面技术的技工学校由 29 所增至 83 所。①

1899 年,日本政府在改革中等教育结构时颁布了《实业学校令》,同年又颁布了《工业学校规程》、《农业学校规程》、《商业学校规程》、《商船学校规程》,1902 年和 1904 年分别修改了《实业补习学校规程》与《徒弟学校规程》,1910 年又单独制定了《水产学校规程》。这些法令规定:实业学校的目的在于对从事工业、农业、商业的实业者施以必要的职业教育。实业学校的种类有工业学校、农业学校、商业学校、商船学校和实业补习学校,蚕业学校、山林学校、兽医学校及水产学校属于农业学校,徒弟学校属于工业学校。各种实业学校大体可分 A、B两种,A 种对高小毕业生施以 3 年教育,B 种对普通小学毕业生施以 2 年或 3 年教育,所设课程包括普通学科、职业学科和实习训练。上述法令的实施,不但极大地促进了中等职业教育的发展,而且进一步完善了初等职业教育系统。

中等职业学校系统建立后,中等教育明显分为两个系统,新的矛盾随之出现,即普通中学毕业生可升大学,实业中学毕业生则只能就业,没有进一步深造的机会。加之,中日甲午战争后日本产业界也要求培养更多更高层次的技术人才。所以,创办更高层次的职业学校成为当务之急。为解决这一矛盾,日本政府于 1903 年颁布了《专门学校令》。该令的实施促使专门学校数迅速增加,1903年,根据法令要求得到认可的专门学校只有 46 所(其中,实业专门学校 8 所),到1918 年猛增至 96 所(其中,实业专门学校 24 所)。至此,日本近代多类型、多层次的职业教育体系最终形成。而且,一批高水平的专门学校率先向晋升大学的目标奋进,为第一次世界大战后日本私立大学群的形成奠定了良好基础。

---

① 王桂.日本教育史[M].长春:吉林教育出版社,1987:193.

第三节　福泽谕吉的教育思想

福泽谕吉（1835—1901）是日本明治维新时期著名的启蒙思想家、教育家。其教育思想和教育活动对 19 世纪后期日本教育的发展产生了重要影响。

一、生平略历与教育事功

1835 年 1 月 10 日，福泽谕吉生于大阪，翌年父亲病故，随母亲回到故里中津（今大分县）。幼年在中津习汉学。1854 年赴长崎修兰学。1855 年去大阪，入绪方洪庵的"适适塾"继续学习兰学，颇有成绩。1858 年奉藩命到江户（今东京）筑地铁炮洲开设兰学塾，讲授兰学。1860 年、1861 年、1867 年他三次到过欧、美，深刻体会到西方文明的进步，更加坚定了从事教育事业和著书立说工作的决心，希望以此唤起日本国民的觉醒。1868 年，他将塾舍从铁炮洲迁到新钱座，并按当时年号（庆应 4 年）命名为"庆应义塾"。1871 年再将义塾搬到三田。1870 年，他同森有礼等人创办"明六社"，出版《明六杂志》，介绍西方近代科学的认识方法和学习方法，宣传民主、自由、民权等资产阶级思想。此后，他将全部精力用在著书立说、进行思想启蒙和兴办庆应义塾上。

福泽谕吉一生著述约 60 种，其思想发展与活动大致可分三个时期。初期（1862—1869），从写作《唐人往来》到《西洋事情》，主要介绍西方情况，输入资本主义文明，是其启蒙思想的准备时期。中期（1870—1881），从发表《劝学篇》、《文明论概略》到《丁丑公论》、《民情一新》和《时事小言》，系统地阐述了其启蒙思想和文明理论，是他作为启蒙思想家的活跃时期。后期（1882—1901），从撰著《帝室论》、《尊王论》到《新女大学》，民族主义思想逐渐膨胀，宣传官民调和，倡导脱亚入欧，是其政治思想转趋保守的时期。在这三个时期中，最能代表其思想特点的是中期的启蒙思想和文明理论著作，其中，《劝学篇》和《文明论概略》可说是他的代表作。

1890 年，随着庆应义塾规模的壮大，福泽谕吉对其进行学制改革，建立了以大学本部为中心的小学 6 年、中学 5 年、大学 5 年的一贯制教育体制。

1897 年，他开始整理文稿，准备出版《全集》。接着，口述自传，由速记员笔录，1898 年 5 月完稿。1901 年 2 月 3 日，因患脑溢血病去世，是年 66 岁。

二、论文明开化和崇实致用

福泽谕吉生平有两大誓愿：一是希望日本国民从封建束缚下解放出来，二是希望日本从欧美列强的压迫下解放出来，即实现个人独立和国家独立。在这二者之中，他又首先注重个人独立，希望以一身之独立求一国之独立。为达此目的,他认为只有两条途径可循。

第一,实行文明开化,树立文明精神。他说,要实现个人独立和国家独立,"除争取文明之外,没有别的出路"。①为此,他努力介绍西方文明,希望通过吸收西方文明来促进日本的文明。他结合西方和日本的情况,提出了自己的一套文明理论。他认为"文明"这一范畴可以无所不包,举凡工商企业、科学技术、政法制度、文学艺术和道德伦理,无不包含在内。他还指出,文明并不是死的东西,而是不断变化发展着的。他特别强调道德智慧的重要性,认为一国文明程度的高低可以用人民的德智水准来衡量。人民德智的提高没有限度,因而文明的进步也没有止境。他对比了日本文明和西方文明,断定日本落后,日本应向西方学习。

第二,鼓励人人向学,提倡崇实致用。福泽谕吉把掌握知识作为实现人人独立和国家独立的又一手段。为鼓励人民立志向学,在《劝学篇》一书中,他提出"天不生人上之人,也不生人下之人"的响亮口号,②认为社会上之所以存在贤人与愚人、穷人与富人、贵人与贱人之分,"这只是其人有无学问所造成的差别"。③他还进一步指出,所谓学问,并不是能识难字、能读难懂的古文、能咏和歌和会做诗等不切实际的学问,也不是空疏无用的儒学,而是和日常生活紧密相关,能起救人济世之功效的实学,实际上就是西方先进的科学技术。福泽谕吉劝导人们学习这样的实学,并充满信心地说:"如果大家不分贵贱上下,都爱好这些学问,并有所体会,而后士农工商各安其分,各自经营家业,则个人可以独立,一家可以独立,国家也就可以独立了。"④

三、论学校教育

福泽谕吉提倡文明开化和崇实致用,但他认为文明开化不可能自动生成,实用知识也必须通过学习才能掌握,因此,大力主张普及教育。他所说的普及教育主要是指学校教育。当1872年日本政府颁布《学制》实行强迫入学时,他高兴地说:"我赞成平日用强迫的办法,让全国的男女适龄儿童,一律就学,这对于日本当今的社会是当务之急。"⑤在重视广设学校的同时,他又明确提出"学校设立的本旨,是促进能力的发育"⑥,"必须体育、智育、德育同时加以注意"⑦,即学校应该实施"和谐发展"的教育,培养德、智、体全面均衡发展的人。

① [日]福泽谕吉.文明论概略[M].北京编译社译.北京:商务印书馆,1958:192.
② [日]福泽谕吉.劝学篇[M].群力译.北京:商务印书馆,1984:2.
③ [日]福泽谕吉.劝学篇[M].群力译.北京:商务印书馆,1984:2.
④ [日]福泽谕吉.劝学篇[M].群力译.北京:商务印书馆,1984:3-4.
⑤ [日]井上久雄.日本现代的教育思想[M].东京:福村社,1979:195.
⑥ [日]福泽谕吉.福泽谕吉全集:第12卷[M].东京:岩波书店,1961:219.
⑦ [日]福泽谕吉.福泽谕吉全集:第12卷[M].东京:岩波书店,1961:471.

为实现这样的培养目标，福泽谕吉首先重视体育。他说："活泼的精神寓于健康的身体。生来虚弱多病决不会有超人的智慧与判断力；即便有也难以应用。"①基于这种观点，他一贯主张对儿童的教育要从体育开始。他曾多次谈到："关于儿童的教育方法，用身体去实现是最重要的。我主张在幼小的时候，不能强迫其读书，而要待其成长之后，再去训练他的心理。"②他要求学校重视体育，并把它列为必修课程。学校里开设体育课，"经常锻炼，能使身体无病健壮，精神可以快乐充沛，这是自然规律。而身心健壮的人，能克服社会所有的困难，并能为独立生活创造有利条件"。③

在学生获得健康的体魄和愉悦的精神之后，福泽谕吉主张要及时对他们进行心理训练。他说："人不学习，就没有知识，学习才能使人获得知识，增长智力。"④可见，他把智育的任务分为两个方面，一是使学生掌握知识，二是使学生发展智力。在教学方法上，他主张以学生自学为主，教师应发现学生的兴趣，因势利导，既不放纵，也不乞求。

福泽谕吉也十分重视道德教育。他说，只有健康的体魄和聪明的智慧是远远不够的，"有智慧而缺乏道德之心的人，等于禽兽，非人也"。但是福泽谕吉所强调的道德，与传统的儒学孔孟之道不同，它主要是指通行的人情道理这一普遍的德行，是一种超越宗教派别的道德规范。

福泽谕吉不仅分别论述了体育、智育和德育的意义，而且阐述了三者的关系。他把体育作为发展智、德的基础，又说"智慧和道德，恰像人的思想的两部分，各有各的作用，所以不能说哪个重要，哪个不重要。如果不是两者兼备，就不能算作完人"。⑤

四、论社会教育和家庭教育

福泽谕吉不但重视学校教育，而且重视社会教育和家庭教育。他认为，一个国家的教育应该由这三种教育组成，只有它们相互配合，协调发展，才能充分发挥教育的作用。

在说明社会教育时，他比喻道："社会恰是知识和德育的大教场，假如在这个教场中，去看区区之学校，不论其什么样的学制、什么样的教则，都只会改变人心的某一部分。"⑥与学校教育相比，他认为社会教育内容更丰富，方式更灵活，效果更持久。因此，他始终鼓励学生参与社会实践、接受社会教育、纯洁社会风

---

① ［日］上沼八郎.福泽谕吉教育论集［M］.东京：明治出版社，1981：110.
② ［日］鹿野政直.福泽谕吉［M］.卞崇道译.北京：三联书店，1987：97.
③ ［日］福泽谕吉.福泽谕吉全集：第12卷［M］.东京：岩波书店，1961：219.
④ ［日］福泽谕吉.福泽谕吉全集：第12卷［M］.东京：岩波书店，1961：195.
⑤ ［日］福泽谕吉.文明论概略［M］.北京编译社译.北京：商务印书馆，1959：77.
⑥ ［日］井上久雄.日本现代的教育思想［M］.东京：福村社，1979：193.

气和改变社会面貌。

福泽谕吉也特别重视家庭教育。针对婴幼儿的特点,他强调家庭教育的主要任务在于使儿童养成健康的身体和良好的习惯。他主张,孩子出生后,父母不应过早地对其进行智力开发,而应像饲养动物一样促进其身体发育。待孩子7、8岁后,其身体长得类似兽身那样健壮时,再及时对他们进行智力教育。关于习惯,他说:"习惯比一般的教育更具影响力,因此,每一个家庭就是一所习惯学校,父母就是教师,它远比学校式的讲授更具有力量,效果也相当明显。"①为此,他要求父母以身作则,努力营造良好的家风。

作为日本明治维新时期著名的启蒙思想家和教育家,福泽谕吉知识丰富,思想深邃,具有强烈的反封建的民主主义精神。在日本近代史上,他扮演了文明开化巨匠和启蒙运动旗手的角色。通过教育把日本建设成文明开化的独立国家是福泽谕吉的最大理想。为了实现这一理想,他终生辞官不做,潜心研究教育理论和从事教育实践。他所倡导的普及教育、和谐发展的教育以及使学校教育、社会教育和家庭教育协调发展的思想,为日本近代教育的发展奠定了理论基础。由于他的突出贡献,被日本人尊为"近代教育之父"。但是,他的思想也并非完美无缺,尤其在晚年时期,随着日本资本主义由自由竞争阶段走向帝国主义阶段,他的思想开始由激进转向保守甚至反动。在政治上,由提倡民主权利变为主张官民调和;在外交上,由要求各国平等变为支持侵略扩张;在教育上,由尊重平等自由变为鼓吹国家主义。所有这些,都在日本近现代史上产生了极其消极的影响。

明治维新以前,日本是个落后的封建小邦。在西方先进国家已处于垄断资本主义前夜之时,它才经过1868年的明治维新,结束长期的封建锁国状态,走上发展资本主义的道路。但是,日本跨入资本主义的门槛后,发展十分迅速,仅用短短几十年时间,就跃居到了资本主义世界的前列。日本的崛起震惊了世界,被西方国家誉为"亚洲的凤凰"。近代日本的迅速发展,原因固然很多,其重要原因之一,便是通过大力发展教育事业,唤醒了人们的思想觉悟,推动了科学技术的进步,造就了一支规模宏大而训练有素的人才队伍。近代日本教育的建立与发展,有赖于日本历史上长期形成的善于吸取他国之长的优良传统和明治维新以前留下的教育遗产;有赖于日本政府的文明开化政策和世界教育发展的成就;有赖于日本政治家、人民群众对教育的高度重视和一大批教育家卓有成效的工作。然而,近代日本教育在取得巨大成就的同时,也存在着极大的隐患。由于明治维新的不彻底性,日本社会的封建思想残余依然严重,它为国家主义教育思想

---

① [日]井上久雄.日本现代的教育思想[M].东京:福村社,1979:197.

的确立提供了温床。日后,随着日本资本主义由自由竞争阶段向帝国主义阶段的过渡,更进一步发展成为军国主义教育思想。日本这只"亚洲的凤凰"也摇身变为"凶恶的鹰隼",对亚洲近邻各国人民恣意劫掠,给世界人民和日本人民造成了巨大灾难。

思 考 题

1. 日本明治维新时期的教育改革。
2. 日本国家主义教育制度的建立及其加强。
3. 福泽谕吉的教育思想。
4. 日本近代教育快速发展的原因。

参考文献

1. 王桂.日本教育史[M].长春:吉林教育出版社,1987.

2. 中国大百科全书总编辑委员会,教育编辑委员会.中国大百科全书·教育[M].北京·上海:中国大百科全书出版社,1985.

3. 滕大春.外国教育通史:第二卷[M].济南:山东教育出版社,1989.

4. 滕大春.外国教育通史:第四卷[M].济南:山东教育出版社,1992.

5. 吴式颖,单中惠.外国教育思想通史:第八卷[M],长沙:湖南教育出版社,2002.

6. 朱文富.日本近代职业教育发展研究[M].保定:河北大学出版社,1999.

7. 日本文部省.学制百年史[M].东京:帝国地方行政学会,1973.

8. [日]尾形裕康.日本教育通史[M].东京:早稻田大学出版社,1981.

第二十章

裴斯泰洛齐的教育思想

约翰·亨利赫·裴斯泰洛齐（Johann Heinrich Pestalozzi，1746—1827）是瑞士著名的民主主义教育实践家和理论家，是一位把毕生精力献给教育事业的高尚的教育工作者。

第一节　生平与教育活动

1746年，裴斯泰洛齐出生于苏黎世一个医生的家庭。裴斯泰洛齐的青少年时代，正值瑞士由封建社会向资本主义社会过渡。当时贫雇农过着痛苦的生活，他们的孩子也不能受到良好的教育。裴斯泰洛齐从小就对农民有同情之心。他在读大学时由于参与进步活动而遭当局的逮捕，后来就终止了学业。裴斯泰洛齐的政治思想中心内容是改善贫苦农民的生活，他的一生都在践行"教育救民"的思想。

裴斯泰洛齐的教育事业大致可分五个时期。

1."新庄"时期。"新庄"（Neuhof）是裴斯泰洛齐于1768年创办的农场。他于1775年在新庄办了一所孤儿院，起初收容了50多个6～18岁的孤儿和流浪儿，1778年增至80人。裴斯泰洛齐让孩子们夏天从事农业劳动，冬天学习纺织等手工技术；他自己则对孩子们进行读、写、算和宗教、道德方面的教育。裴斯泰洛齐对孩子们关怀备至，和他们共同生活。但由于经济困难，孤儿院于1780年被迫停办。在办孤儿院的几年中，裴斯泰洛齐开始了教育与生产劳动相结合的试验，探索对孤儿进行教育的经验。

2.写作时期。孤儿院停办以后的18年中，裴斯泰洛齐主要从事写作，阐述他关于社会和教育问题的主张。1780年，裴斯泰洛齐发表了第一篇教育论文《隐士的黄昏》（又译《隐者夕话》）。次年，他出版了他最著名的教育小说《林哈德和葛笃德》的第一部，其余几部后陆续出版。该书使裴斯泰洛齐获得了许多荣誉。

3. "斯坦兹"时期。受政府的委托,裴斯泰洛齐于 1798 年 12 月去斯坦兹(Stanz)创办孤儿院,收容了 80 个 5～10 岁的孩子。他既负责孩子们的教育,又要照顾他们的身体。半年后,孤儿院的房屋被改作他用,裴斯泰洛齐不得不离开斯坦兹。[1] 关于在斯坦兹的工作,以后裴斯泰洛齐在写给他的朋友的一封长信[2]中作了总结。

4. "柏格多夫"时期。经人介绍,裴斯泰洛齐于 1799 年 7 月去伯尔尼州的柏格多夫城(Burgdorf)的学校任教,期间他继续进行关于低年级教学方法的实验工作,并萌生了使教育心理学化的思想。1800 年 10 月,裴斯泰洛齐和他的助手创办了一所寄宿学校,称为柏格多夫学校,其中包括保育院、小学和一个小学师资训练班。在柏格多夫学校,裴斯泰洛齐全力进行简化教学方法的实验并取得了成功。该时期是他一生中在教育实践和理论方面最有成效的时期。他相继写了许多书,包括他的主要教育著作之一《葛笃德怎样教育她的子女》(*Wie Gertrud ihre Kinder*,1801)。

5. "伊弗东"时期。1804 年 10 月,裴斯泰洛齐迁往位于纳沙泰耳湖(Lake Neuchatel)之滨的伊弗东(Yverdun)。次年 7 月,他创办了伊弗东学院(学校),其中包括中小学和师资训练部。伊弗东学校存在了 20 年。前 10 年是它的全盛时期。裴斯泰洛齐的教学方法当时在欧洲被称为"裴斯泰洛齐教学法",各国教育家和学者,包括德国的费希特、赫尔巴特和英国的空想社会主义者欧文等,纷纷前往参观学习。德国幼儿教育家福禄培尔还于 1808—1810 年在伊弗东学校任裴斯泰洛齐的助教。普鲁士政府于 1808 年派 17 位教师到伊弗东学校,在那里花了 3 年时间研究裴斯泰洛齐的教育方法。一时,伊弗东学校名扬全欧洲,成了"教育的麦加"[3]。后来由于各种原因,学校逐渐衰落,裴斯泰洛齐于 1825 年初将其关闭。之后,裴斯泰洛齐回到了他最初从事教育活动的地方——新庄。在那里,裴斯泰洛齐于 1826 年写成并出版了一部回忆式的著作《天鹅之歌》[4],总结了他一生的教育工作。1827 年 2 月 17 日,裴斯泰洛齐在新庄去世。

第二节　论教育的作用和目的

裴斯泰洛齐受到 17—18 世纪德国唯心主义哲学的影响。哲学家莱布尼茨

---

① 张焕庭.西方资产阶级教育论著选[M].北京:人民教育出版社,1979:206.
② 即《与友人谈斯坦兹经验的信》,1807 年发表在周刊《人的教育》(*Wochenschrift*)上。
③ E. P. Cubberley. The History of Education[M]. Boston:Houghton Mifflin Company,1920:545.
④ 《天鹅之歌》(*Schwanengesang*)。据传说,天鹅将死时,会唱出美好的歌来。后人就此表示诗人、作家最后的创作。

（Gottfried Wilhelm Leibniz,1646—1716）认为,世界万物是由无数精神实体"单子"（即"特种的灵魂"）所构成,而"人类的灵魂是中心的,高级的单子",并且单子是"活动的",具有能动性（即自我发展）。裴斯泰洛齐根据莱布尼茨的上述观点,认为每个人生来就蕴藏有各种才能和力量的萌芽（种子）,它们有渴望发展的倾向。但他又认为,人生来除了有真正的人的禀赋以外,还有低级的动物性的本能,并且人的天性只有通过良好的教育才能趋于完美。所以教育对人的作用就是抑制儿童的动物性本能和促进其人的才能的发展,"只有通过教育,人才能成为人"。①裴斯泰洛齐这种充分强调教育在人的发展中的作用的观点无疑具有积极意义。但是,他认为儿童的才能和力量是天赋（根据莱布尼茨的观点,最高级的单子就是神,所以裴斯泰洛齐又认为人的能力归根结底是神所赋予的）,教育只是促使其自然显露和发展,如同树木的种子从土壤里生长出来一样。这显然是一种唯心主义的"内发论"的观点,同时也抹杀了教育的社会性。

关于教育目的,裴斯泰洛齐认为应是"和谐地发展个人的各种能力"。他说:"发展个人天赋的内在力量……这就是教育的最终目的。"②这里,裴斯泰洛齐的缺点是把教育目的全部归结为发展儿童的"天赋能力",而不了解教育目的的社会制约性,不懂得教育目的是由一定的社会关系决定并在一定的社会条件下实现的。

第三节　论和谐发展的教育

裴斯泰洛齐所提倡的教育是一种和谐发展的教育,包括体育、德育、智育和劳动教育四个方面。他说:"我的初等教育思想,在于依照自然法则,发展儿童道德、智慧和身体各方面的能力,而这些能力的发展,又必须顾到它们的完全平衡。"③

一、体育

裴斯泰洛齐认为儿童生来就有喜欢活动的自然愿望,例如"眼睛要看,耳朵要听,脚要行走,手要抓物",④这些便是体育的基础。而体育最简单的要素又是各种"关节活动",包括打、拉等基本动作,它们组合起来就构成人体各种复杂的动作。对此,裴斯泰洛齐曾说:"体育,必须从最简单的体力的表现开始,例如打击和搬运,戳刺和投掷,拖拉和旋转,围绕和摆动等等即是我们体力的极简单的

---

① J. A. Green. Life and Work of Pestalozzi[M]. London：University Cutorial Press,1913：145.
② Kate Silber. Pestalozzi：The Man and His Work[M]. New York：Schocken Books Inc,1973：33 – 34.
③ 张焕庭.西方资产阶级教育论著选[M].北京:人民教育出版社,1979:206.
④ J. A. Green. Life and Work of Pestalozzi[M]. London：University Cutorial Press,1913：156.

表现。这些体力的表现本身是各不相同的,它们结合起来同时又各自地包含着一切可能的行动的基础,甚至是人类各种职业所依赖的最复杂的行动的基础。并且,这种基本的四肢操练必须同基本的感觉训练协调合拍,同所有的机械思维练习协调合拍,同形状训练和数字教学协调合拍。"①由此可见,裴斯洛泰齐还强调体育和智育的结合与联系。

二、劳动教育

裴斯洛泰齐十分重视劳动教育,重视教育和生产劳动相结合。他曾说:"一个人必须从他经常从事的劳动中找寻自己世界观的基础……他应该尽力独立地、主要从自己的劳动活动中得到知识……因而授予每个儿童的知识应该围绕着他的劳动活动。"②他这方面的具体观点包括:

劳动教育是使人掌握劳动技能、改变贫困状况所必需的途径。他说:"使功课劳作合一,提倡职业训练,是提高人的工作能力,增加实际生产量的最好途径。"③并说,这是一个"伟大的主张","抓着了人生的真正需要,找到了造成幸福与保证生活的根源"。④

要注意劳动教育与体育的联系以及相互促进的作用。要在劳动中"多顾到身体的训练;而身体的训练,由于它发展了他们的力量和技巧,以后必然会给他们谋生的手段"。⑤

通过劳动教育,可以使人学到实际有用的知识。

劳动教育有助于培养儿童的诚实、坚忍不拔等品质和发展人与人之间的合理关系(即友爱)。

裴斯泰洛齐不仅提出了有关劳动教育的思想,并付诸实施。此外,他还曾"想写一本《劳动入门》,书中指出如何循序渐进地进行各种初步劳动活动,如:抛、搬、推、摇、转,等等。儿童如果做完了这些练习,就能发展自己的体力,并能养成动作的机敏性,运用自己各种官能的灵活性,而这是从事任何工作所不可缺少的素质"。⑥所有这些,都具有十分积极的意义。苏联教育家克鲁普斯卡娅曾说:"裴斯泰洛齐大力提出的根本主张,即生产劳动应该成为教育活动的中心,

① 任钟印.西方近代教育论著选[M].北京:人民教育出版社,2001:266.
② 转引自[苏]克鲁普斯卡娅.克鲁普斯卡娅教育文选:上卷[M].卫道治译.金世柏校.北京:人民教育出版社,2006:169.
③ 任钟印.西方近代教育论著选[M].北京:人民教育出版社,2001:173.
④ 任钟印.西方近代教育论著选[M].北京:人民教育出版社,2001:239.
⑤ 张焕庭.西方资产阶级教育论著选[M].北京:人民教育出版社,1979:203.
⑥ [苏]克鲁普斯卡娅.克鲁普斯卡娅教育文选:上卷[M].卫道治译.金世柏校.北京:人民教育出版社,2006:170.

是完全正确的",①"裴斯泰洛齐所主张的教育是与劳动人民的要求紧密联系着的,是从劳动人民中产生的;这种教育就是培养全面的劳动能力,它与生活保持着密切联系,从中可以获得发展体力和智力的手段"。②但裴斯泰洛齐所提倡的劳动教育也有缺陷。首先,将劳动作为一般学校教育的中心内容,而导致文化教育的水平过低。其次,他所谓劳动和教学的结合是机械的、形式的,实际是二者的轮换或交替,而非真正内在的有机结合。例如他在《林哈德和葛笃德》中描述葛笃德对儿童的教育时说:"每一架纺车上都放着一本书",孩子们"一面纺纱一面读书认字……纺车的轮盘仍然是辘辘地转动不停,孩子们只用眼睛看着书本"。③再次,劳动教育的对象只是劳动人民的子弟。

三、德育

裴斯泰洛齐强调道德教育是"整个教育体系的关键问题"。④他认为:(1)德育的最终目标是培养儿童"一生确实地爱上帝,爱人类","人的最大需要就是认识上帝"。(2)这种以"爱"为中心的道德教育(或称"爱的教育")应从家庭教育开始。德育的要素是儿童对母亲的爱。儿童从小在母亲的照顾和抚爱下,"爱的种子就在孩子心里发展起来了"。儿童对母亲的爱进而及于父亲和兄弟姐妹、周围的人,以至达到爱所有的人、爱上帝。这"就是道德的自我发展的基本原理"。⑤(3)学校德育"必须摹仿家庭教育的优点"。家庭是"培养道德的学校","正是在家里,儿童受到最好的道德训练"。因此,"教育者的力量,也要像一个父亲的力量一样,为家庭生活的一般情况所激励"。⑥裴斯泰洛齐在《与友人谈斯坦兹经验的信》中曾说:我的主要办法,首先是通过孩子们对共同生活的初步感觉,使他们产生姐妹兄弟般的友爱,把整个团体融化于一种大的家庭的朴实精神中;并且就在这样基础上,鼓舞他们一般的义务感和道德感。(4)道德教育不能"空谈"。道德教育的途径,除了教育者的感化和示范以外,主要应让学生练习,如要求儿童为别人做好事等。在《林哈德和葛笃德》中,裴斯泰洛齐曾举了很多有关儿童的道德行为的练习的事例。

裴斯泰洛齐的道德教育思想强调学校与家庭的联系、强调道德实践,这些无疑都是正确的,但也有缺点:(1)主张道德天赋说,认为幼儿自其出生时起,道德

---

① [苏]克鲁普斯卡娅.克鲁普斯卡娅教育文选:上卷[M].卫道治译.金世柏校.北京:人民教育出版社,2006:173.
② [苏]克鲁普斯卡娅.克鲁普斯卡娅教育文选:上卷[M].卫道治译.金世柏校.北京:人民教育出版社,2006:163.
③ 任钟印.西方近代教育论著选[M].北京:人民教育出版社,2001:233-234.
④ 任钟印.西方近代教育论著选[M].北京:人民教育出版社,2001:267.
⑤ 任钟印.西方近代教育论著选[M].北京:人民教育出版社,2001:267.
⑥ 张焕庭.西方资产阶级教育论著选[M].北京:人民教育出版社,1979:197.

力量萌芽蕴藏于幼儿的内心之中。这显然具有唯心主义的色彩。实际上,道德是社会的产物,决定于一定的社会关系。(2)不懂得道德的阶级性,要求在阶级社会中爱一切人,这与卢梭的博爱观点如出一辙,是一种资产阶级人性论的观点。(3)作为一个自然神教论者,他把道德教育和宗教教育连在一起,这就使道德教育具有了一种宗教神秘主义的色彩。

四、智育

1. 智育的任务。裴斯泰洛齐反对旧式学校把智育看成简单的传授和学习知识的过程,认为教学不仅要使学生获得知识,而且更重要的是应发展学生的判断能力和思考能力。他说:必须集中地提高智力,而不仅是泛泛地增强知识。这里,裴斯泰洛齐实际上提出了教学的双重任务,即传授知识与发展能力,这一思想到现在还很有意义。

2. 智育的内容。裴斯泰洛齐主张扩充初等学校的教学内容,开设语文、算术、几何、测量、历史、地理、自然、画图、唱歌等科目。

第四节　教学理论及其心理学基础

裴斯泰洛齐受自然主义教育思想(特别是卢梭)的影响,认为人的教育必须适应自然。他说:"人类必须采取跟大自然相结合的教育训练。"[1]但裴斯泰洛齐所谓"自然"的重点是指儿童的年龄和心理特点。他认为旧学校忽视儿童自身的能力和要求,使他们死记硬背地学习,这违背了心理学的原则。所以他把"教育心理学化"作为教育实验和教育改革的目标之一,并为此做了大量的工作。他说:"我长期探寻一切教学艺术的共同心理根源,因为我确信只有通过这个共同的心理根源,才可能发现一种形式,在这个形式中,人类的教养是经由大自然自身的绝对规律来决定的。很明显,这种形式是建立在心智的一般结构的基础上的。"[2]他还深信:"当我们……在真正的心理学的基础上办学的时候,新的一代必然会培养起来。"[3]他要求教育者像母亲对待孩子那样,每日每时"从儿童的眼睛、嘴唇、面部判断他心灵中的最微小的变化",[4]并以此作为教育的依据。裴斯泰洛齐教学论的一个主要理论基础就是他的心理学思想。

① 任钟印.西方近代教育论著选[M].北京:人民教育出版社,2001:242.
② 任钟印.西方近代教育论著选[M].北京:人民教育出版社,2001:250-251.
③ 张焕庭.西方资产阶级教育论著选[M].北京:人民教育出版社,1979:205.
④ 张焕庭.西方资产阶级教育论著选[M].北京:人民教育出版社,1979:197.

一、直观 ABC（或译"直观三要素"）

1. 直观。康德认为人的认识有三种形式：感性、知性和理性。在感性阶段，外界事物刺激人的感官便会产生感觉。裴斯泰洛齐接受了康德这种感性直观的观点，强调认识事物首先要通过感觉器官，要从自己的生活环境中获取直接的知识和经验。当然，裴斯泰洛齐所说的感觉并不仅限于视觉和听觉，它包括各种感觉，因为"当你对一件事物的本性或外貌进行探讨时，运用的感官越多，你就越能获得对该事物精确的知识"。①并且，"你的概念是清晰还是含混，毫无疑问，肯定取决于所有外部对象接触五官的远近"。②而教学原则，"必须从人类心智发展的永恒的第一个形式（即感性直观——引者）中引申出来"。③这样，裴斯泰洛齐就确立了教学的直观性原则，主张小学教学不从文字开始，而从实物开始，显然这是符合小学（尤其是低年级）学生学习知识和认识事物的心理特点的。

2. 直观的三要素。裴斯泰洛齐通过研究，认为任何事物都包含形状、数目和名称（语词）这三个要素。因此，观察事物或教学首先要抓住这三个要素。他曾说："关于教学要素的活生生而又不明确的思想……在我脑海里盘旋了很长的时间……最后，突然地，像机器之神一样产生了这种思想——使一切通过感觉印象而获得的认识得以清晰的手段，来自数、形和词。突然间，我试验着做的事情似乎得到了新的启迪。"④他又说："数目、形状和词一起，就是教学的基本手段，因为任何对象的外部特性的总和，就是由它的轮廓和它的数目组成的，并通过语言为我们的意识所掌握。"⑤

具体地讲，学生在感知事物时，"他将注意三件事情：（1）在他面前的对象有多少？有哪几种？（2）它们的外貌、形状或轮廓。（3）它们的名称；他如何用一种声音或词来称呼它们。……那么，从这种三重原则出发，并遵循它进行工作，肯定就是教学艺术的一条永恒不变的规律：

（1）教儿童把眼前任何物体看作一个单位，就是说，看做是从那些互相联系的东西中分离出来的单位。

（2）教他们认识每一物体的形状，就是说，它的大小和比例。

（3）尽可能快地使他们熟悉一切用以描述他们所知道的物体的词和名称。

由于儿童的教学应该从这三个基点着手进行，那么十分明显，教学艺术首先要用来培养基本的计算能力、测量能力和说话能力，这些能力是一切精确认识物

---

① 任钟印.西方近代教育论著选[M].北京:人民教育出版社,2001:248.
② 任钟印.西方近代教育论著选[M].北京:人民教育出版社,2001:251－252.
③ 任钟印.西方近代教育论著选[M].北京:人民教育出版社,2001:251.
④ 任钟印.西方近代教育论著选[M].北京:人民教育出版社,2001:252.
⑤ 任钟印.西方近代教育论著选[M].北京:人民教育出版社,2001:253.

体意义的基础。我们应当用最严格的心理学的艺术来培养它们,努力强化它们,使之强而有力……"①也就是说,学生要通过计算学习数目,通过测量学习形状,通过说话(语言)学习名称。所以,知识(学科)教学的要素,便可归结为培养计算、测量和讲话的能力。从某种意义上说,裴斯泰洛齐确实抓住了儿童学习的起点。

根据以上"要素教学"的理论,裴斯泰洛齐认为当时瑞士小学的教学内容须大大扩充,主要应包括:

(1)语文:字音、字母、文法、读写、初级的历史和地理、自然等;

(2)计算:数的观念、口算和笔算、四则运算等;

(3)测量:素描、画图、初步几何等。

3. 观照。裴斯泰洛齐认为,儿童的认识过程(或称心理发展过程)有三个阶段:(1)儿童接触新事物或进入新的境界,最初产生的感觉印象是模糊的。"呈现在我们眼前的世界,好像是波涛起伏的一片混乱的感觉印象的海洋。"②此后,感觉印象渐趋"明显",某些客体从感觉群中突出起来。(2)从明显的印象转向"清楚",了解了有关事物的形状或某些一般性质,但对事物的真实性质还不知道,这是事物的"描写"阶段。(3)从清楚的印象转变为"确定"的观念或概念,这时已能给事物下定义;以前对事物只是作为个体的东西来认识,现已了解到它和其他事物的关系并能用定义来表现。所以,"教学的任务就是消除这些最初感觉印象的混乱:(a)使客体各自分开(并使之明显);(b)把客体和想象中类似的或相互联系的事物放在一起(加以比较),把这些东西都弄清楚;(c)把完全弄清楚了的对象上升到明确的观念。教学的进行:(a)当这些混乱的模糊不清的感觉印象一个一个地出现在我们面前时(这些单元是可以点数的);(b)然后把这些变化中的感觉印象,放在我们眼前的不同的位置(这样我们可以熟悉它们的形状);(c)使这些感觉印象和我们以前的知识连结在一起(给它取了个名字)"。③简言之,在裴斯泰洛齐看来,教学过程就是教师通过指导学生辨形(状)、点数(目)和知名(称)三个环节,帮助学生将朦胧的感觉印象理出头绪,最终能说出认识对象(某事物)的形状、数目和名称并对之有明白的认识。

关于裴斯泰洛齐"直观ABC"的理论,我们认为:(1)他以对客观事物的实际观察为认识的基础,这是唯物论的感觉论的观点,在当时是进步的;同时裴斯泰洛齐也进一步发展了夸美纽斯的直观教学思想和卢梭感觉教育的理论。(2)强调在直观教学过程中同时培养学生的思维能力,要求他们对事物形成明确的观念,这在当时也是进步的。(3)观照的过程不全是一个科学的认识过程。

---

① 任钟印.西方近代教育论著选[M].北京:人民教育出版社,2001:253.

② Pestalozzi. How Gertrude Teaches Her Children[M]. London:George Allen and Unwin Ltd. , 1938:85.

③ Pestalozzi. How Gertrude Teaches Her Children[M]. London:George Allen and Unwin Ltd. ,1938:85.

二、初等教学法

裴斯泰洛齐对教学理论的一个重大贡献,是他奠定了小学分科教学法的基础。这方面,他的宗旨是:"把教学方法简化,以便每个普通人都能用这种方法容易地教自己的孩子。"①他的依据是心理学,他曾说,"智力和才能的发展,要有一个适合于人类本性的、心理学的、循序渐进的方法"。②

1. 语文教学

裴斯泰洛齐曾说:"我唯一的愿望是要使我的初等教育理论在语文的教学方面发生相当的影响。"③关于语文教学,他有两个基本观点:(1)儿童从出生起,教育便已开始,因此,语文学习并非入学以后才有的,而是早已开始了。(2)儿童逐步获得说话能力的进展程序和人类运用语言的历程是一致的,可分三个时期:a. 以模仿和姿态表达意思的时期;b. 给具体事物以特定的名称的时期;c. 根据情境,凑合单词以形成语句的时期。根据以上这两个观点,裴斯泰洛齐认为在语文教学中,说应先于识字读书。此外,他主张语文教学应遵循三个步骤或阶段:(1)"发音教学,或言语器官的训练";(2)"单词教学,或关于单个事物的教学";(3)"语言教学",使学生"正确表述熟知的事物及其有关知识"。④

首先是发音教学。裴斯泰洛齐认为语言最简单的要素是语音(瑞士的正式语言为德、法、意和拉丁罗马语),应先让儿童练习听音,然后让儿童跟着念。先学元音,后学辅音,进而学习字母和单词。练习的材料由简单到复杂,由无意义的到有意义的,如 f,fe,fen,fend,fende,fender(护舷碰垫)和 r,er,der,nder,ender,fender 等。

其次是单词、单句教学。裴斯泰洛齐认为:在把词连成有意义的句子以前,应先使儿童了解个别的单词。所以他主张先教儿童学习单词,然后练习单句。儿童在学会"父亲是慈爱的"、"蝴蝶有花翅膀"等整句后,师生之间再进行句子的问答练习,例如:

"还有谁是慈爱的?""妈妈是慈爱的。"

"谁是?""是什么?"

"老虎是凶猛的。"

"树根是坚韧的。"

"谁要?""要什么?"

---

① [瑞士]阿图尔·布律迈尔.裴斯泰洛齐选集:第 1 卷[M].尹德新组译.北京:教育科学出版社,1994:330.

② 张焕庭.西方资产阶级教育论著选[M].北京:人民教育出版社,1979:191.

③ 吴志尧.裴斯塔洛齐[M].北京:商务印书馆,1948:84.

④ 任钟印.西方近代教育论著选[M].北京:人民教育出版社,2001:255.

"囚犯渴望自由。"

"债主希望收回欠款。"

"谁会?""会什么?"

"裁缝会裁衣。"

"猪会发出呼噜声。"等等。①

另外,单句练习还包括各种语法的练习。句子的结构也是由简至繁、由短句到长句。所学的单词和单句都取自儿童的日常生活,与他们的经验紧密相联。

再次是语言教学。这时,可让儿童看图画并依次做以下练习:

(1) 述说事物的数量和形式。

(2) 述说事物的主要属性。并且所说的属性都是从感觉得到的,"那些靠判断和想象而知道的属性不在此列"。② 例如:

橡树之果——椭圆形、色绿、味苦;

琥珀——黄色、透明、光亮;

淡色啤酒——性稍烈、发泡、棕色。

接着倒过来练习,例如:

圆的——球、盘子、月亮;

轻的——羽毛、绒毛、空气;

深的——海、潭、湖。

此外还练习描述不同的事物和动作并下定义,例如:

走:是一步一步朝前移动;

坐:是把身体放在椅子上。

(3) 述说事物在数量、时间、空间上的相互关系。例如裴斯泰洛齐的一个学生将一次上课的情形描述如下:

> 我们需要观察壁纸上的窟窿和破块,观察它们的数目、形式、位置、颜色,并且用一些长短不一的语句把我们的观察表达出来。例如,裴斯泰洛齐问:"孩子,你在那儿看见什么东西?"——"我看见壁纸上有个窟窿"。裴斯泰洛齐说:"好!跟着我说:'我看见壁纸上有个窟窿。我看见壁纸上有一个长窟窿。我在这个窟窿后面看见墙'"等等③。

① J. A. Green. Life and Work of Pestalozzi[M]. London:University Cutorial Press,1913:190

② J. A. Green. Life and Work of Pestalozzi[M]. London:University Cutorial Press,1913:191

③ Gabriel Compayre. The History of Pedagogy[M]. London:George Allen and Unwin Ltd. ,1918:431.

第四节 教学理论及其心理学基础

总的看来,裴斯泰洛齐所倡导的由浅入深、由易到难的小学语文教学,包括"听"、"说"、"读"和后面的"写"四个方面,安排得井井有条;其中有些练习直到今天还在学校里得到广泛的应用。但他的方法有时过分拘泥于形式而具有机械性。

2. 算术教学

裴斯泰洛齐这方面的具体思想有:

(1)算术教学最直接的目的是获得"清晰概念"。①

(2)先掌握数字"1"这个计算的基础要素,然后以此学习其他个位数、十位数、百位数等多位数以及分数、小数、四则运算等。

(3)在开始教计算时,可借助手指、石子、豆粒等具体实物。

(4)心算与笔算相结合。

(5)为便于儿童学习,他创造了几种特殊的表格形式(又叫"算数表"或"分数表")。例如在图中把一个正方形分成一百个小正方形,分列十行,每行有小正方形十个,由此提出"个"(小正方形)、"十"(小正方形的行)、"百"(含有十行小正方形的大正方形)的概念,并说明部分与整体的关系。裴氏后继者根据这些材料发展了一种被广泛使用的教具——"算术箱"(含有一千个小正方形的大立方体)。这可谓裴斯泰洛齐对小学算术教学的一个贡献。

3. 测量(初步几何、制图)教学

裴斯泰洛齐认为这主要包括两个方面。首先,"形"最简单的要素是直线。因此要先学直线,然后学曲线、三角形、正方形、圆形和椭圆形等。其次,要求学生在观察几何线条和图形的基础上学习测量,并将测量结果绘成图。

4. 地理教学

裴斯泰洛齐主张:

(1)由近及远。先教儿童熟悉周围环境,如本校、本村的地形(即"乡土地理"),然后逐渐扩大到认识本县、本省以至全世界的地理情况。

(2)学习地理知识和学习其他自然知识相结合。

(3)先用黏土塑造的地形图(模型),逐渐过渡使用地图。

由于裴斯泰洛齐以上对初等教学法的创新,他被欧美教育界尊称为"分科教学法之父"。

19世纪起,欧美各国掀起了一场大规模的"裴斯泰洛齐运动",号召发扬裴斯泰洛齐献身教育的精神,宣传和推广他的教育理论与方法。正如法国一位教育史学家所说:"整个欧洲,无论南北,几乎没有一个地方不受到裴斯泰洛齐的

---

① 任钟印.西方近代教育论著选[M].北京:人民教育出版社,2001:261.

影响。"①例如,裴斯泰洛齐的同胞、教育家费林别尔格(Philipp Emanuel von Fellenberg,1771—1844)在裴斯泰洛齐的影响下,在自己的领地霍夫维尔(Hofwel)为劳动人民子弟开办"贫民工业学校"(1806—1848)以拯救贫民。该校把农业劳动放在首位,学生一天只花两小时学习读、写、算、自然、图画、唱歌等。学生的劳动收入可支付他们自己的生活费和其他开支。该校培养出许多适应当时发展资本主义农业生产所需的农业工人。后来瑞士各地出现了一批这样的学校,对各国的劳动教育和贫民教育产生了较大影响。大力推广"劳作学校"的德国教育家凯兴斯泰纳(Georg Kerschensteiner,1854—1932)也深受裴斯泰洛齐的影响,认为他是最早认识劳动教育和职业教育的价值的一位教育家。②赫尔巴特和福禄培尔等人则直接继承并发展了裴斯泰洛齐"教育心理学化"的思想,在19世纪上半期的西方兴起了一场"教育心理学化运动",要求教育工作注意儿童的心理活动规律和个性差异,促进了教育科学的发展。此外,通过欧文以及德国教育家第斯多惠等人,欧美各国的幼儿教育和师范教育等也都不同程度地、直接或间接地受到过裴斯泰洛齐的影响。正如裴斯泰洛齐1818年初所指出的:"我敢说,凡是我在这世纪初所做的教育研究,到这世纪的末年,必有许多教育家去继续努力,并感谢我所供给的方法和主张。"③这也表明,裴斯泰洛齐的教育理论因为主要是实验的结果,具有一定的科学性,所以富有生命力。2002年,瑞士正式成立了学术性的组织——裴斯泰洛齐协会(Pestalozzi Society),其会员包括来自瑞士、德国等国的专家学者。该协会奉行"向公众全面介绍裴斯泰洛齐的生平和著作以及与此相关的学术讨论"的宗旨,不仅支持德语区一切弘扬这位著名教育家精神财富的活动,还致力于世界范围内全民教育的开展。协会的中心任务是借助于现代媒体收集、整理有关裴斯泰洛齐生平与著作以及学术讨论的文献资料,以推动和提升世界各国研究和实践裴斯泰洛齐教育思想的活动。该协会和我国的一些教育研究机构也保持着联系。

　　裴斯泰洛齐的教育理论于20世纪初传入我国。瑞士苏黎世裴斯泰洛齐教育研究中心和我国中央教育科学研究所曾于1994年10月在北京成功地举办过一次"裴斯泰洛齐教育思想国际研讨会",时任瑞士裴斯泰洛齐协会主席的布律迈尔(Arthur Bluhmeir)和来自瑞士、德国、比利时、日本和中国的代表参加了会议;为配合会议的召开,我国教育科学出版社还于1994、1996年陆续出版了由布律迈尔主编的《裴斯泰洛齐选集》(1、2卷)等有关书籍。

①　转引自吴志尧.裴斯泰洛齐[M].北京:商务印书馆,1948:118.
②　参见[德]凯兴斯泰纳.工作学校要义[M].刘钧译.北京:商务印书馆,1936:104-105.
③　[德]凯兴斯泰纳.工作学校要义[M].刘钧译.北京:商务印书馆,1936:104.

思 考 题

1. 裴斯泰洛齐的和谐发展的教育思想。
2. "教育心理学化"思想的意义。
3. 裴斯泰洛齐的初等教学法。

参考文献

1. Roger De Guimps. Pestalozzi：His Life and Work［M］. London：Swan Sonnen-schein Co. ，1890.

2. J. A. Green. Life and Work of Pestalozzi［M］. London：University Cutorial Press，1913.

3. J. Russell. Pestalozzi, Educational Reformer, 1746—1827［M］. London：George Allen and Unwin Ltd. ，1926.

4. Kate Silber. Pestalozzi：The Man and His Work［M］. New York：Schocken Books Inc. ，1973.

5. A. Pinloch. Pestalozzi and the Foundation of Modern Elementary School［M］. New York：Charles Scribners Son's，1912.

6. ［瑞士］裴斯泰洛齐. 林哈德和葛笃德［M］. 北京编译社译. 北京：人民教育出版社，2005.

7. ［瑞士］阿图尔·布律迈尔. 裴斯泰洛齐选集：第1、2卷［M］. 尹德新组译. 北京：教育科学出版社，1994，1996.

8. ［瑞士］裴斯泰洛齐. 裴斯泰洛齐教育论著选［M］. 夏之莲等译. 北京：人民教育出版社，1992.

第二十一章

赫尔巴特的教育思想

赫尔巴特(Johann Friedrich Herbart,1776—1841),德国近代著名哲学家、心理学家和教育学家,科学教育学的奠基人。他在前人成果与自身实践的基础上,依据其实践哲学与心理学观点,系统论述了教育的目的与过程、课程与教学、管理与训育等教育理论问题,提出了较为完整的教育思想体系,成为推动教育学学科独立的先驱。他虽未实现建立科学教育学的理想,却指出了教育学科学化前进的方向。赫尔巴特教育学说的进一步发展与传播对德国乃至欧美、日、中等许多国家的学校教育产生了广泛而深远的影响。

第一节　赫尔巴特教育思想的形成与理论基础

赫尔巴特生活在 18 世纪末至 19 世纪中期的德国,处于欧洲民主、民族运动错综交织,德国资本主义刚刚起步、工业革命方兴未艾的时期。他的教育思想形成于 19 世纪上半期,是欧洲教育理论演进的客观需求与其主观努力共同作用的结果,既来自其唯心主义实在论哲学、伦理学与心理学理论的直接推演,又是他长期精心观察与实验的总结和升华。

一、赫尔巴特教育思想的形成

赫尔巴特生于德国西北部城市奥登堡(Oldenburg),自幼接受了良好的家庭教育与学校教育。1797 年到 1800 年间,他担任了三年家庭教师,之后专攻哲学。1802 年获哲学博士学位后,开始了漫长的大学任教生涯。在大学任教期间,他孜孜不倦地从事理论著述,努力寻找机会进行教育、教学实验,积极参与当时德国正在进行的教育改革。从其教育思想的形成过程来看,1800 年前赫尔巴特的学习与初涉教育实践是其教育思想的萌芽与发展期,之后的自觉理论建构与实践探索为成熟与完善期。

萌芽期(1776—1797)：赫尔巴特自幼聪慧，勤奋好学。祖父在文科中学任职 34 年，在德国教育界颇有声望。母亲极富智慧、善理家政，尤其重视孩子的教育。在母亲与家庭教师的努力下，赫尔巴特接受了全面、严格的家庭教育与初级教育。他最初师从沃尔夫学派的哲学家尤金(H. W. Ultzen)牧师。尤金强调思想的清晰、确定与连续性，这一主张深深影响了赫尔巴特。1788 年，他进入奥登堡拉丁古典文科中学，逐步显露出数学、语言、哲学、音乐和文学等方面的天赋。他根据自己对心理过程的理解批判费希特所谓"自创自己世界"的观念，主张学生创造自己的世界须依赖教师教导和外在世界的影响。1794 年，他进入当时哲学革命的中心耶拿大学学习。大学期间，他接受了莱布尼茨、康德、费希特、巴门尼德等各派哲学家的影响，并参加了信奉新人文主义的文学会，逐步认识到教育及学术活动对国家发展的重要意义。浓厚的教育兴趣、多方面的知识、严格的学术训练及广泛的社交与讨论，孕育着赫尔巴特教育思想的全部萌芽。

发展期(1797—1800)：1797 年，大学毕业的赫尔巴特前往瑞士茵特拉肯城，在贵族施泰格尔(N. F. von Steiger)家担任三个孩子的家庭教师。他在那里实验着自己的教育设想：根据心理学原理，对三个性格迥异的孩子进行个性化教育，并应主人要求在三年中撰写了 24 份关于教学方法与进展的报告。在对孩子的教育中，他不断思考道德教育及本性与道德的关系问题，萌发了通过激发本性进行道德教育的基本设想。1799 年夏，他专程到柏格多夫参观瑞士教育家裴斯泰洛齐正在进行的"要素教育"与直观教学实验。裴斯泰洛齐在心理学与教学论方面的探索激发了赫尔巴特学习和探讨教育理论的兴趣，他开始研究和宣传裴斯泰洛齐的教育思想，成为德国第一个用文字传播裴斯泰洛齐教育思想的人。任家庭教师的三年是赫尔巴特教育理论发展的关键时期。

成熟期(1800—1809)：1800 年到 1802 年，赫尔巴特旅居不来梅的友人家中潜心研究哲学，教育上主要从事裴斯泰洛齐教育理论的宣传与研究，并根据自己的教育经验批判地从事理论创新。至此他逐步摆脱前人束缚，走向教育理论的独创与体系化时期。1802 年获博士学位后，他到哥廷根大学主讲教育学和哲学等课程，进入创作的高峰期，一系列教育学论文与著作先后问世，如《裴斯泰洛齐的直观初步的观念》、《评裴斯泰洛齐的近著〈葛笃德怎样教育她的子女〉》、《评裴斯泰洛齐的教学方法》、《论对世界之审美描述是教育的首要工作》、《形而上学概要》、《逻辑学概要》、《实践哲学概论》等。尤其是完成于 1806 年的《普通教育学》，从教育的一般目的入手，全面系统地论述了儿童管理、教学、道德教育等教育学基本理论问题，不仅展示了赫尔巴特长期理论探索的成果，也代表了当时西方教育理论的最新进展。作为赫尔巴特教育理论的代表作，《普通教育学》曾被视为教育史上第一部具有科学体系的教育著作，对世界许多国家的教育理论与实践产生了广泛的影响。

完善期(1809—1841):1809 年之前,赫尔巴特在学术研究上以哲学和伦理学为重心,教育理论侧重哲学和伦理学探讨,因此其《普通教育学》的心理学基础相对薄弱。从 1809 年到 1833 年,他在柯尼斯堡大学任哲学教授,对心理学进行了长期系统的研究,撰写了大量心理学著作及在教育学中应用心理学的文章或信件,如《心理学论文集》、《心理学教科书》、《科学心理学》、《关于心理学应用于教育学的几封信》等。他认为教育不只是一门研究的学科,还应是一种活动,既有理论层次,也有实践部分。他力图将其哲学、心理学与教育学方面的研究成果付诸实验或用于指导教育实践。1809 年,他提出建立师范学校及实验学校的计划,获得当时教育司司长洪堡的批准。1810 年,他领导了教学论研究所的创办。在柯尼斯堡大学任教期间,他曾被聘为"公共教育学术团"成员。1833 年,他重新回到哥廷根大学讲授哲学和教育学,1835 年出版最具实用性的《教育学讲授纲要》,进一步发展了《普通教育学》中的思想,重新审定了教育原则,把教育理论阐述与心理学观点更加明确地联系在一起,使其教育学理论体系日臻完善。1840 年,他写成《心理学研究》,1841 年编纂《哲学辞典》,同年 8 月逝世。

二、赫尔巴特教育思想的理论基础

赫尔巴特生活在欧洲资本主义上升、启蒙运动高涨之时,然而当时的德国却仍处于封建专制的落后状态。尚处于发展初期的资产阶级只希望以温和的方式逐步获得发展的权利,依附性与妥协性明显。赫尔巴特出身中产阶级家庭,自幼勤奋守纪,中学毕业时获得的评价是"赫尔巴特一直以遵守秩序、操行良好、学习顽强而著称"。[①] 在国家与社会问题上,他强调道德教育的社会改良功效,认为教育可以培养德性、传递文化,实现讲道德的理性社会。中学时,他在题为《略论一个国家道德兴衰的一般原因》的报告中流露出对狂暴式革命的反对。同时,他因接受了新人文主义和各派哲学的影响而具有强烈的批判精神,坚信教育可以促进国家内部改革,学术活动同样可以解决政治问题,这种改进社会的崇高使命感激励其一生勤奋于教育事业。他强调人人都应接受平衡而多方面的教育,都可通过教育成为社会的有用之才。"多方面性是没有性别、没有等级、没有时代差别的,它具有灵活性与普遍存在的可接受性,适合男女老少,任意地存在于贵族和平民身上……"[②] 这一主张在当时无疑具有进步意义。他晚年对政治问题的谨慎回避一定程度上显示出其政治观点的

---

① Georg Weiβ. Johann Friedrich Herbart: Grundriβ seines Lebens[M]. Langensalza: Hermann Beyer-und Sohne, 1926:10
② [德]赫尔巴特. 普通教育学·教育学讲授纲要[M]. 李其龙译. 杭州: 浙江教育出版社, 2002: 49.

保守。

在哲学上,赫尔巴特受到了德国古典唯心主义哲学和英国唯物主义经验学派的双重影响。他糅合康德、费希特、莱布尼茨等唯心主义哲学家的思想,接受古希腊唯心主义哲学家巴门尼德关于世界统一不变的学说,提出宇宙由无数不变的、永恒的绝对实在构成,是不可知的精神实体,灵魂也是一种实在,通过与肉体结合与外界发生关系,利用感觉与经验创造各种观念。"所有的观念,毫无例外,都是时间和经验的产物。"①形而上学的实在论是赫尔巴特教育思想的哲学基础。他在强调宇宙和人的灵魂是不可知的永恒精神实体的同时,坚持感觉和经验对心理和认识的作用,因此其理论体系存在形式与实质间的矛盾与冲突,但其哲学在局部运用中仍具有一定合理性,如对理性与感性关系的论述及依此建立的教学理论等。

赫尔巴特认为,教育学应建立在伦理学与心理学基础之上,"教育作为一门科学,是以实践哲学和心理学为基础的。前者说明教育的目的,后者说明教育的途径、手段与障碍"。②他把认识、情感和意志归于观念的不同结合,从而使其伦理学与心理学理论获得了某种内在关联。

赫尔巴特反对康德的宿命论和先验论,强调知识和认识对德行形成的意义。"服从应该与认识相一致"③,"巨大的道德力量是获得广阔视野的结果,而且又是完整的不可分割的思想群活动的结果"。④他把养成道德观念作为伦理学的基本原理,企图使人类的一切行为纳入绝对的道德规范之中。他把纯粹理性的"善与正义"的观念细化为五种道德观念,以此来评述德行,论说生活、行为及人际关系。第一种是"内心自由"的观念。他认为"人际关系的特殊性就在于人有强化自身意志的力量"⑤,这种特殊性就是内在自由,它要求个人意志和行为应"摆脱一切外在影响的羁累,只受制于内在的判断"⑥,要认清行为的意义与方向,达到意志与行为的协调一致。第二种是"完善"的观念,指当意志和行为之间的矛盾无法调和时,即以多方面理智与顽强的毅力进行内部协调,使行为趋于完善。第三种是"善意"的观念,指当"完善"观念仍无法协调两种意志之间的矛盾时,即以"绝对的善"去解决,以求得与他人意志的协调。他认为善念是最能表达众人心愿的理想而无偏见的认识。第四种是"正义"或"法"的观念,指用

① [英]博伊德,金.西方教育史[M].任宝祥,吴元训主译.北京:人民教育出版社,1985:335.
② [德]赫尔巴特.赫尔巴特文集:教育学卷一[M].李其龙等译.杭州:浙江教育出版社,2002:187.
③ [德]赫尔巴特.赫尔巴特文集:哲学卷一[M].郭官义等译.杭州:浙江教育出版社,2002:112.
④ [德]赫尔巴特.普通教育学·教育学讲授纲要[M].李其龙译.杭州:浙江教育出版社,2002:153.
⑤ [德]赫尔巴特.赫尔巴特文集:哲学卷一[M].郭官义等译.杭州:浙江教育出版社,2002:112.
⑥ [德]赫尔巴特.普通教育学[M].尚仲衣译.北京:商务印书馆,1936:45.

"正义"协调现实生活中的人际冲突,使人安分守己、互不侵犯、遵守法律。"法是众多意志的和谐,它是预防争斗的规则。"①第五种是"报偿"或"公平"的观念,指当上述观念仍无法约束破坏社会生活秩序的错误行为时,则用"报偿"的观念惩恶扬善。他认为实践哲学的准则、原则和原理的普遍性"是在意志关系的判断中,并且是随着意志关系的判断直接给定的"②,五种道德观念以意志为核心,旨在阐述维护社会秩序、处理人际关系的准则,对赫尔巴特教育思想体系起着价值规范的作用。

赫尔巴特把心理学作为教育学的理论基础和首要学科,宣称心理学应与哲学和生理学脱离而成为一门独立科学。"教育者的第一门科学——虽然远非其科学的全部——也许就是心理学。应当说是心理学首先记述了人类活动的全部可能性。"③他把形而上学、数学和经验作为其观念心理学的三大支柱,认为人的心理活动与心灵相关,心灵通过各种感官获得感觉,感觉的现实状态在意识中形成观念,观念构成心理活动的基本元素,观念运动产生情感、欲望、意志、记忆、回忆、遗忘、注意等心理现象与过程。他继承莱布尼茨的单子观念和自我发展原则,发展了莱布尼茨和康德的统觉理论,吸收英国联想主义思想和当时力学概念来说明观念间的关系,并通过数字来演绎观念介入、演进与观念系列的组合,借助意识阈、统觉团、注意、兴趣等心理概念揭示观念作用的规律。在观念运动中,意识阈限上下的观念会因各种原因沉浮升降,力量较小而被抑制的沉降于意识阈限之下,力量较强则浮于意识阈限之上,成为当时支配意识的观念。新观念进入意识必先经意识阈,之后进入众多观念的组合体,成为其中一部分,赫尔巴特称对新观念理解的过程为"统觉"(apperception),众多观念的组合体为"统觉团"(apperception mass),指由很多已理解的观念组成的综合性意识,即当时的经验与知识。他认为"观念整合成统觉团的过程与兴趣、期望和意志相关"④,兴趣能保持观念的积极活动,提高统觉过程的主动性。他把统觉和兴趣理论用于教育研究,使其成为阐述教学理论的重要依据。

第二节　教育目的与过程

赫尔巴特把"由教育目的引出的普通教育学"作为其代表作《普通教育学》的副题,并在论文《论对世界之审美描述是教育的首要工作》中论证了教育的最高目的——道德。他认为教育是多方面的,"从教育的本质来看,统一的教育目

---

① [德]赫尔巴特.赫尔巴特文集:哲学卷一[M].郭官义等译.杭州:浙江教育出版社,2002:125.
② [德]赫尔巴特.赫尔巴特文集:哲学卷一[M].郭官义等译.杭州:浙江教育出版社,2002:103.
③ [德]赫尔巴特.赫尔巴特文集:教育学卷一[M].李其龙等译.杭州:浙江教育出版社,2002:11.
④ Charles De Garmo. Herbart and the Herbartians[M]. New York:Charles Scribner's Sons,1895:57.

的是不可能产生的"。①他把学生未来的目的范围划分为"一种纯粹可能的目的领域和一种完全与此区分开来的必要的目的领域"②,明确指出教育的多方面目的主要包括职业选择的目的与道德的最高目的,并认为教育目的的实现依赖整个教育过程,需通过管理、教学、道德训练(训育)来完成。

一、教育的双重目的

赫尔巴特把教育的多方面目的主要划分为可能的目的和必要的目的。可能的目的又称选择的目的,指培养和发展儿童多方面能力和兴趣以便将来选择职业。为适应工业社会分工细化与生活多样化的需求,同时又避免社会分工与个人职业选择发生冲突,他要求"大家都必须热爱一切工作,每个人都必须精通一种工作"③。教育必须通过发展学生多方面的感受性扩展兴趣范围,通过培养多方面的均衡的兴趣,实现各种能力的和谐发展,使之"具有克服环境不利方面的能力,具有吸收环境有利方面并使之与其本身达到同一的能力,那么我们才能发挥教育的巨大威力"。④必要的目的指道德目的,即以五种道德观念完善人的道德品质,是教育的最高目的。"我们可以将教育唯一的任务和全部的任务概括为这样一个概念:道德。……道德,普遍地被认为是人类的最高目标,因此也是教育的最高目标。"⑤

赫尔巴特认为,教育的双重目的均以个性为基础。真正的教育者应尽可能避免侵犯个性,因为"即使对人类作最纯粹、最成功的描述,这种描述同时也始终是对特殊的个人的说明"⑥。真正的教育者应当"不让学生个性能够获得的唯一荣誉枯萎凋零,那就是让这种个性具有鲜明的轮廓,乃至明显地显露出来"⑦。从选择的目的来看,多方面兴趣的培养体现了对完整人格的尊重,因为平衡和谐的兴趣本身符合学生的天性。从道德的目的来看,他所倡导的五种道德观念着眼于人的内心世界,基于人性的现实基础之上,是"一种生活本身的原则"⑧。教

---

① [德]赫尔巴特.赫尔巴特文集:教育学卷一[M].李其龙等译.杭州:浙江教育出版社,2002:36.
② [德]赫尔巴特.赫尔巴特文集:教育学卷一[M].李其龙等译.杭州:浙江教育出版社,2002:37.
③ [德]赫尔巴特.普通教育学·教育学讲授纲要[M].李其龙译.杭州:浙江教育出版社,2002:41.
④ [德]赫尔巴特.赫尔巴特文集:教育学卷一[M].李其龙等译.杭州:浙江教育出版社,2002:20.
⑤ [德]赫尔巴特.赫尔巴特文集:教育学卷二[M].李其龙等译.杭州:浙江教育出版社,2002:177.
⑥ [德]赫尔巴特.普通教育学·教育学讲授纲要[M].李其龙译.杭州:浙江教育出版社,2002:44.
⑦ [德]赫尔巴特.赫尔巴特文集:教育学卷一[M].李其龙等译.杭州:浙江教育出版社,2002:41.
⑧ [德]赫尔巴特.赫尔巴特文集:教育学卷一[M].李其龙等译.杭州:浙江教育出版社,2002:39.

育的双重目的相辅相成、相互促进,最高目的为选择目的提供方向指导,选择目的加速最高目的的实现。一方面,多方面兴趣平衡发展可使道德行为的选择范围更加广泛,道德判断更加灵活准确,从而加速观念贮存与积累,促进性格形成与心灵完善,由观念形成意志,由意志养成性格,达到培养美德的最终目的。"无知即无欲!思想范围包含由兴趣逐步上升为欲望,然后又依靠行动上升为意志的积累过程。"[①]他认为知识传授能使学生明辨善恶、陶冶意志、养成弃恶从善的品德。他从心理学角度指出了智育与道德形成的关系,为教育性教学原则提供了合理基础。另一方面,最高目的对选择目的同样重要,因无论将来从事何种职业,都须"在学生心灵中培养起明智及其适宜的意志"[②],才能抑制任意的冲动,维持现存的社会秩序。

在赫尔巴特的教育思想中,道德教育是最根本的首要的任务。他在《普通教育学》第三卷"性格的道德力量"中详细论述了道德训练问题,阐明了性格的意义、道德的概念与表现形式,并叙述了道德性格形成的自然程序,揭示了兴趣、知识与道德形成的内在心理联系。他认为,通过感觉形成的观念是心理活动的本原,人的心灵是有机联系的整体,一切心理现象如情感、意志等应归于观念的积累与相互作用。

赫尔巴特的教育目的论以儿童个性为出发点,体现了人的全面发展的宗旨,隐晦地表达了资产阶级发展对人的个性发展、职业选择与道德培养的基本要求。

二、教育过程

赫尔巴特始终坚持"教育学的独立性在于它是教育过程的理论"[③]。为实现教育目的,他提出了包括儿童管理、教学和道德训练三个重要环节的完整的教育过程,并指出道德教育是全部教育的核心,应贯穿教育过程的始终。

赫尔巴特非常重视儿童管理,认为儿童不驯服的烈性是不守秩序的根源,会扰乱教育、教学计划,并将儿童的未来人格置于诸多危险之中。管理即在儿童心灵"创造一种秩序"[④],是进行教学和道德教育的首要条件。他认为"满足于管理本身而不顾及教育,这种管理乃是对心灵的压迫,而不注意儿童不守秩序行为的教育,连儿童也不认为它是教育。此外,如果不紧紧而灵巧地抓住管理的缰绳,

---

① [德]赫尔巴特.赫尔巴特文集:教育学卷一[M].李其龙等译.杭州:浙江教育出版社,2002:132.

② [德]赫尔巴特.赫尔巴特文集:教育学卷一[M].李其龙等译.杭州:浙江教育出版社,2002:38.

③ [德]赫尔巴特.普通教育学·教育学讲授纲要[M].李其龙译.杭州:浙江教育出版社,2002:406.

④ [德]赫尔巴特.普通教育学·教育学讲授纲要[M].李其龙译.杭州:浙江教育出版社,2002:27.

那么任何课都是无法进行的"。①他根据观察与经验总结了几种主要的管理方法:一是惩罚的威胁,即事先警告儿童,不守纪律必受惩罚,强迫其就范。"一切管理首先采取的措施是威胁。"②他认识到威胁可能带来的弊端,如对本性顽强的儿童可能失效,而对相当数量本性软弱的儿童会因难以承受导致不良后果。二是监督,监督必不可少,但须运用得当,"温和与强硬相结合的手段是必要的"③,不应把拘于细节与常规的监督变成双方的负担而失去相互信任,对儿童创造力、果断自信的品质与多方面兴趣造成损害。三是命令和禁止,要求具体明确,与威胁、监督配合运用。四是惩罚,即对实践中儿童的违规行为予以惩罚,如剥夺自由、禁止用餐、关禁闭、打手板、使用惩罚簿等。五是做功课或进行活动。他认为"管理的基础在于让儿童活动"④。做功课是最好的管理方法,手工劳动和野外活动也可避免儿童因无所事事而"把自己葬送于庸庸碌碌与安逸之中。"⑤六是权威和爱。"心智服从权威,权威能拘束其超出常轨的活动,因此非常有助于扑灭一种倾向于正在形成的邪恶的意志。"⑥同时慈爱可以促使师生情感和谐,从而减轻管理的难度。他认为"权威与爱比任何严厉手段更能保证管理"⑦。赫尔巴特的管理方法旨在克服儿童不驯服的烈性和盲目冲动的种子,防止儿童意志倒向反社会的方向,虽具有维护现存秩序的保守倾向,但对各种方法的辩证认识颇具启发意义。

　　教学是实现教育目的的主要途径,也是赫尔巴特全部教育理论的中心。为了实现教育选择的目的,必须设置多样化的课程以培养学生多方面的兴趣,这是教学较近的目的,也是培养德行必不可少的步骤。"德育问题是不能同整个教育分离开来的,而是同其他教育问题必然地、广泛深远地联系在一起的。"⑧教学的最高的、最后目的包含在这一概念之中——德行。"但是为了达到这个最终

① [德]赫尔巴特.赫尔巴特文集:教育学卷一[M].李其龙等译.杭州:浙江教育出版社,2002: 23.

② [德]赫尔巴特.普通教育学·教育学讲授纲要[M].李其龙译.杭州:浙江教育出版社,2002: 27.

③ [德]赫尔巴特.普通教育学·教育学讲授纲要[M].李其龙译.杭州:浙江教育出版社,2002: 233.

④ [德]赫尔巴特.普通教育学·教育学讲授纲要[M].李其龙译.杭州:浙江教育出版社,2002: 229.

⑤ [德]赫尔巴特.普通教育学·教育学讲授纲要[M].李其龙译.杭州:浙江教育出版社,2002: 28-29.

⑥ [德]赫尔巴特.普通教育学·教育学讲授纲要[M].李其龙译.杭州:浙江教育出版社,2002: 29.

⑦ [德]赫尔巴特.普通教育学·教育学讲授纲要[M].李其龙译.杭州:浙江教育出版社,2002: 235.

⑧ [德]赫尔巴特.普通教育学·教育学讲授纲要[M].李其龙译.杭州:浙江教育出版社,2002: 39.

目的,教学必须特别包含较近的目的,这个较近的目的可以表达为'多方面的兴趣'。"①出于对教学道德功能的强调及对知识与道德内在联系的认识,他把教学作为道德教育的根本途径和手段,最早明确地表述和论证了教育性教学的原则。他认为人只有认识了道德规范才能产生服从的意志,进而形成道德行为,因此教育性教学应是教育的基本原则。"不存在'无教学的教育'这个概念,正如反过来,我不承认有任何'无教育的教学'一样……"②道德教育须通过教学进行,教学是道德教育的基本途径,因此教学目的须与整个教育目的保持一致。赫尔巴特认为,兴趣也有道德力量。"对于教育性教学来说,一切都取决于其所引起的智力活动。"③为实现道德教育的最高目的,必须培养多方面兴趣以开启心智,使知识转化为意志和态度。人的观念、情感、善的意志不可分割,因此作为知识传递过程的教学和作为善的意志形成的道德教育是统一的。教学如果没有进行道德的教育,只是一种没有目的的手段。道德教育如果没有教学,则是一种失去了手段的目的。他进一步指出,教育和教学不能完全等同,并不是所有的教学都具有教育性,发展道德也不是教学的全部。赫尔巴特首次揭示了教育与教学的内在本质联系,对现代教育学的发展具有重要意义。

赫尔巴特认为,道德训练是培养道德的重要途径,与管理、教学既有联系又有区别。管理是为了养成学生遵守秩序的精神,预防不良行为以保证教育、教学的顺利进行,在某种程度上精明的儿童管理乃是教学的一部分,同时也是一种侧重外在制约的道德训练;教学是通过提供观念,塑造儿童心灵来培养道德观念,它与道德训练的共同点在于它们的目的都指向培养,"假如训育脱离了教学,那么它的作用就不会持续很久"④;道德训练是有目的地直接作用于儿童情感以养成美德的途径,贯穿于整个教育、教学及儿童日常生活中,因此道德养成的力度更强、更持久。由于管理与道德训练之间的相互联系,"管理的措施与训育的措施似乎融合在一起了"⑤。道德训练主要通过约束、抑制、制裁、谴责、训诫、劝告、惩罚及善意警告等手段进行,同时还可通过宗教教育培养顺从的情感。道德训练的具体方法主要有陶冶、赞许和谴责、保持良好的健康状况等。陶冶即对儿童心灵和感情施加潜移默化的影响和没有管理的压制力。"训育的调子完全不

① ［德］赫尔巴特.普通教育学·教育学讲授纲要［M］.李其龙译.杭州:浙江教育出版社,2002:240.

② ［德］赫尔巴特.普通教育学·教育学讲授纲要［M］.李其龙译.杭州:浙江教育出版社,2002:13.

③ ［德］赫尔巴特.普通教育学·教育学讲授纲要［M］.李其龙译.杭州:浙江教育出版社,2002:239.

④ ［德］赫尔巴特.普通教育学·教育学讲授纲要［M］.李其龙译.杭州:浙江教育出版社,2002:226.

⑤ ［德］赫尔巴特.赫尔巴特文集:教育学卷一［M］.李其龙等译.杭州:浙江教育出版社,2002:149.

同,不是短促而又尖锐的,而是延续的、不断的、慢慢地深入人心的和渐渐停止的。因为训育要使人感觉到是一种陶冶。"①赞许和谴责是根据儿童是否守纪给予相应赞许或谴责的艺术,教师需始终保持温和、宽容与耐心。保持良好的健康状况也有利于增强道德训练的效果。赫尔巴特认为在道德训练方面,宗教教育是使儿童防范热情冲动、避免情绪爆发、形成顺从感情的最好手段。他还特别指出了教师人格的道德训练意义,以及学校教育、家庭教育和社会教育在学生道德形成中的合力作用。

第三节　课程与教学

赫尔巴特强调,建立关系之秩序的理论基础与衡量标准并不是来自教育目的,而是来源于认识论与心理学。他运用心理学的兴趣学说与统觉理论来论述课程与教学,提出了以兴趣分类为依据的课程体系和以统觉为核心的教学阶段理论。

一、课程

赫尔巴特认为,兴趣的多方面性是教学的基础,有赖于学习多种学科、掌握各方面的知识,因为只有通过学习各种不同学科的知识才能形成学生各种各样的活跃的观念,进而激发多方面的兴趣。因此,多方面的兴趣与设置广泛的学科、学习各种知识直接相关。赫尔巴特把儿童已有的经验和兴趣作为选择课程内容的基础,并依据统觉原理提出课程设置与安排的原则。

赫尔巴特认为,儿童日常生活中获得的关于自然与社会的经验是教学活动进行的基础,教学能"以分析经验所积累的东西,使那些没有定形的分散的片段得到组合与条理化"②。只有课程内容与儿童经验相联才能引起儿童学习的兴趣,进而激活心理活动,保持意识警觉与观念积极活动的状态。为此,选择的课程内容应直观生动、接近儿童生活。他把广泛多样的兴趣分为两大类,一类是自然的或认识的兴趣,一类是社会的或同情的兴趣,"在认识中,事物与观念之间存在着一种对立;相反,同情却增殖着相同的情感"③。认识的兴趣包括经验的、思辨的和审美的三种,同情的兴趣分为同情的、社会的和宗教的三种。经验的兴趣表现为观察自然的愿望;思辨的兴趣反映对问题的思考;审美的兴趣体现为对

---

① ［德］赫尔巴特.普通教育学·教育学讲授纲要［M］.李其龙译.杭州:浙江教育出版社,2002:165.

② ［德］赫尔巴特.普通教育学·教育学讲授纲要［M］.李其龙译.杭州:浙江教育出版社,2002:71.

③ ［德］赫尔巴特.赫尔巴特文集:教育学卷一［M］.李其龙等译.杭州:浙江教育出版社,2002:60.

各种现象都愿进行艺术评价;同情的兴趣指愿意跟一定范围的人接触;社会的兴趣则是愿与社会上较广泛的人接触以尽公民职责;宗教的兴趣是对所信奉教派的重视和亲近。赫尔巴特充分肯定六种兴趣对人的发展的意义,如经验为知识之源,思辨可辨明因果,审美能激发美感,同情可培养仁爱、正义与善的品质等,并根据多方面兴趣的观点拟订了庞杂的中学教学计划,将其分别对应于不同学科:经验的兴趣对应自然、物理、化学、地理等学科;思辨的兴趣对应数学、逻辑、文法等学科;审美的兴趣对应图画、唱歌、文学等学科;同情的兴趣对应本国语、外国语(古典及现代外国语)等学科;社会的兴趣对应政治、公民、历史、法律等学科;宗教的兴趣对应神学。

赫尔巴特依据多方面兴趣构建的学科广泛的知识体系,体现了自然与人文的统一,知识整体性与逻辑性的结合。他以兴趣分类确定内容虽具有唯心主义思辨色彩与主知主义倾向,却体现了对儿童经验的尊重。他的课程体系给予自然科学一定程度的关注,冲击了以古典人文学科与神学为主体的课程,有利于培养博学的通才,是比较适应发展中的资本主义工业化需求的普通教育课程体系。

统觉理论是赫尔巴特进行课程安排的心理依据。由于新观念以原有观念为基础,二者结合越紧密,学生掌握的知识就越牢固,因此为有效安排教学,他反对"不考虑注意的条件,不考虑兴趣的逐渐进步"[①]的主张,要求课程安排应能使儿童不断从熟悉的题材过渡到密切相关并不熟悉的题材,使先前的教学结果成为以后学习的心理准备。他要求早期习得的知识须通过以后的教学得到补充,整个教学安排应"使以后的学习始终能与以前习得的东西对上号,并能与之结合起来"[②]。根据统觉原理,他提出了历史、相关(correlation)和集中(concentration)三大课程设置原则。

历史原则指课程和教材按历史文化发展的阶段来组织,使之与学生心理发展阶段相一致。当时盛行西欧的文化重演理论应用于教育成为儿童发展理论的主要依据。赫尔巴特主张人类与个体认识过程相一致,教育就是向儿童复演以往的文化,儿童一定发展阶段学习内容的选择和安排应以种族发展相应阶段的文化成果为基础。人类认识发展遵循从早期的感觉为主,到之后的想象,再到理性充分发展的规律,因此课程设计也应从关注感性到想象再到理性。他认为儿童和青年所固有的兴趣和活动与人类早期所表现的兴趣和活动一致,因此应首先让儿童学习古代人民的历史和语文,以激发他们的兴趣。他把儿童发展划分

---

① [德]赫尔巴特.普通教育学·教育学讲授纲要[M].李其龙译.杭州:浙江教育出版社,2002:264.

② [德]赫尔巴特.普通教育学·教育学讲授纲要[M].李其龙译.杭州:浙江教育出版社,2002:251.

为婴儿期、幼儿期、童年期和青年期,分别设置相应课程。如婴儿期和幼儿期注重身体养护,加强感官训练,发展语言能力;童年期以《荷马史诗》为主发展想象力,学习书、写、算;青年期则通过数学、历史教学发展理性思维。

为实现知识间的纵向联系与系统性,保持课程教学的逻辑结构,赫尔巴特提出了集中和相关的原则。集中原则指选择一门科目作为学习中心,其他所有科目是学习和理解中心的手段,强调各门知识或学科组织围绕统一目的和主题进行。相关即在课程中建立学科间的联系,考虑某门学科可能与其他学科的关联,在组织教学时把该学科与其他关联学科联系起来,通过相关观念的联合实现知识整合。集中强调知识传递的整体性,关注学科间的横向联系,因此离开各学科的相关就谈不上集中。

赫尔巴特以兴趣分类选择课程有些牵强附会,以统觉规律组织课程及在文化重演理论基础上探讨儿童发展亦有明显的局限。但他以兴趣为本、依统觉原理揭示教学内容的内在关联、明确将课程与儿童心理发展联系起来的主张对以后课程理论的发展,尤其对教材心理学化思潮具有深远的影响。

二、教学

赫尔巴特融合经验和理性的认识方法,以统觉条件——兴趣的发展来阐明教学过程,并针对课堂教学提出了著名的教学形式阶段理论。

赫尔巴特重视感性经验,强调经验和交际在教学中的作用,尤其是直观在儿童教育活动中的重要性,认为"对于儿童而言,没有比直观教学更适合的教学了"[①]。但他进一步指出了理性思维在学习中的重要性,认为教学始于感觉经验,经由分析和综合的心智训练,最后在学生头脑中形成概念。他对经验主义与理性主义的融合使其教学进程理论与统觉过程理论获得了一致。教学过程从接受感官刺激开始到新旧观念相互作用,通过对新旧观念的分析与综合到新旧观念联合,最终形成新的统觉团。他认为作为观念体系形成过程的教学,主要依靠两个明显不同的心理环节,即专心与审思。专心指心智集中于某一主题或对象而排斥其他思想活动;审思指追忆与调和意识内容的心智活动,通过深入理解和思考,对专心活动获得的知识进行同化,集中对个别事物的认识使之互相联合与统一。"人必须有无数这种从一种专心活动过渡到另一种专心活动去的变迁,然后才会有丰富的审思活动……"[②]因此在实际教学中,专心和审思需要相互转化。根据教学任务的不同,他把教学方法分为单纯提示教学、分析教学和综合教

---

① [德]赫尔巴特.赫尔巴特文集:教育学卷二[M].李其龙等译.杭州:浙江教育出版社,2002:61.

② [德]赫尔巴特.普通教育学·教育学讲授纲要[M].李其龙译.杭州:浙江教育出版社,2002:57.

学。单纯提示教学是一切教学的基础和前提。"凡是与儿童以往观察到的相当类似并有联系的一切,我们一般都能通过单纯的提示使儿童感知到。"①单纯提示离儿童视野越近则越清晰。在统觉的第一个环节,只有提示直观,才能使感官刺激具有一定强度和频率,得到与儿童已知事物相类似并与之关联的感觉表象。单纯提示虽直接生动,但运用范围有限,须采用分析教学对事物进行分解与比较,把同时出现的环境分解为个别事物,进一步分解为组成部分和特征。"特征、组成部分、事物以及整个环境都可以抽象化而形成各种形式概念。"②分析教学便于区分不同观念和表象,利于发现观念间的本质关系,是观念复合与融合的基础。观念复合与融合即综合教学,承担建立思想体系的任务。因分析教学只接受事实而不能获得抽象的普遍知识,因此需要通过综合教学把分析教学的结果加以重新整合,形成新的概念。三种教学方法相互衔接,体现了完整的思维过程与实际教学的进程。

赫尔巴特认为,教学是激发兴趣、形成观念、传授知识、培养性格的过程,是教师通过教学程序艺术有计划、有步骤地依循儿童心理塑造儿童心灵的过程。为了使课堂教学成为包含目的、方法和形式的完整过程,他认真研究教师向学生传授新知识、形成观念体系的具体方法与进程,提出了教学"形式阶段"理论。在教学过程中,新观念被旧观念吸收、融合与兴趣密不可分,兴趣是学生吸收新知识、形成新观念的心理动力,其发展遵循从注意到期望、到要求、再到行动的过程,即兴趣最初源于对外界实在的注意,这种实在是由一种新的表象与之相联,"当实在延缓显示于人的感觉之前时,兴趣便在期望中出现了",③期望状态的兴趣可能变为欲望并通过对事物的要求显示出来,"倘使人的各种器官可以为这种要求服务的话,那么要求就会以行动出现"④,从而进入实际应用新观念的行为状态。对应兴趣发展的四种心理状态,赫尔巴特提出教学可以分为四个阶段,即明了(clearness)、联想(association)、系统(system)和方法(method)。

在明了阶段,主要让学生在观念静止的状态中清楚、明了地感知新教材。这时儿童心理处于静态的专心活动中,兴趣表现为注意。这一阶段要求教师尽可能简练、清楚、直观明了而富有吸引力地讲解新教材,应采用叙述教学(或称单纯提示的教学)的方法,通过实物观察、图片演示、简练而清晰地讲述、提示新教材,让学生集中注意力观察、感知、分析每个单一的对象,获得明晰的观念。在联想阶段,主要让学生在观念运动中钻研教材,使新获得的观念与旧有的观念联系起来,形成新的观念。儿童的心理处于动态的专心活动,兴趣处于期待阶段。教

① [德]赫尔巴特.普通教育学·教育学讲授纲要[M].李其龙译.杭州:浙江教育出版社,2002:87.
② [德]赫尔巴特.赫尔巴特文集:教育学卷一[M].李其龙等译.杭州:浙江教育出版社,2002:81.
③ [德]赫尔巴特.普通教育学·教育学讲授纲要[M].李其龙译.杭州:浙江教育出版社,2002:63.
④ [德]赫尔巴特.普通教育学·教育学讲授纲要[M].李其龙译.杭州:浙江教育出版社,2002:63.

师应采用分析教学,在学生已有知识基础上与学生进行无拘束的谈话,唤起旧观念,使之与新观念建立联系。在系统阶段,教师指导学生在观念静止的状态下理解教材,对已有知识进行综合、归纳、概括、结论以使之概念化、系统化,并纳入原有知识系列形成组织更为严密、完整的知识体系。这一阶段儿童心理处于静态的审思活动,兴趣则处于探求阶段。在方法阶段,学生在观念运动中对观念体系进一步深思,通过独立作业或按教师指示改正作业等方法把系统化了的知识应用到实际的"个别情况"中以强化和巩固新旧观念的联合。这时心理已进入动态审思活动,兴趣处于行动阶段。

赫尔巴特的教学形式阶段理论严格遵循兴趣发展的规律,结合学生学习的心理状态,根据不同教学阶段学生的不同兴趣发展考虑教学方法的采用,并运用统觉原理加速新旧观念的结合,目的是建立一种明确规范的教学范式,使课堂教学有序可循。该教学形式阶段理论不乏合理因素,但是严格的形式化倾向很容易使丰富生动的教学过程变成刻板的公式,给教学实践带来消极后果。

赫尔巴特在西方教育史上具有重要的地位,他以对哲学、伦理学及心理学事实的理解作为教育理论与实践的前提,"研究了教育心理学的重要内容,发展了创新性的教学方法,展示了教学中方法学的重要性,发展了研究历史和人文学科的社会视野,指出了教育与伦理学的密切关系,平衡了教师与学生的责任划分"。[①]赫尔巴特是近代教育心理学化最重要的代表之一,他的教育思想构成了当时唯一完整的新式理论体系,促进了之后教育学的发展。"它本身是一个完整而系统的理论,但它也是引导教育家们向许多不同方向发展的一个丰富而多样的刺激因素。"[②]在赫尔巴特生前,他的理论并没有引起足够的关注。1844 年,他的学生斯托伊(K. von Stoy)在耶拿大学依其模式开设师范习明纳。1861 年,齐勒尔(Tuiskon Ziller)在有关赫尔巴特的哲学杂志中首次提出"赫尔巴特学派"之名,并在莱比锡成立科学教育学协会,致力于赫尔巴特教育理论的研究和传播。此后德国许多地区都建立类似组织,并很快发展成人数众多、颇具权威的赫尔巴特学派。

赫尔巴特学派通过创建学会、出版刊物、设立讲座及成立国际性研究中心等途径迅速在全世界得到广泛传播,大量研究成果先后问世。据赖因(Rein)在 1895 年出版的《教育百科全书》中报告,19 世纪 60 年代后的三十多年中,仅德国和瑞士就先后出版 2 234 部有关赫尔巴特的著作。以斯托伊、齐勒尔、赖因等为

① Frederick Mayer. A History of Education Thought[M]. Columbus: Charles E. Merrill Books INC.,1960: 279.
② [澳]W. F. 康内尔. 二十世纪世界教育史[M]. 张法琨,方能达等译. 北京:人民教育出版社, 1990:140.

代表的赫尔巴特学派信徒将四段教学理论发展成五步教学法,把集中与相关的课程思想发展为综合课程与核心课程,根据儿童发展理论提出文化阶段说等,这些通俗化、简明化与具体化的努力在扩大赫尔巴特影响的同时也使其理论日益形式化。

"也许没有哪个学术上的教育学能如赫尔巴特学派一样,对教育有如此广泛而系统的影响"①,来自世界各国的追随者成为研究和传播赫尔巴特教育思想的积极分子。留学德国的德·加莫(Charles De Garmo)、麦克默里兄弟(D. Mc-Murry、F. McMurry)和哈里斯(W. Harris)等人回美后热情宣传赫尔巴特学说。1892年,美国成立全国赫尔巴特协会,1895年成立赫尔巴特教育研究学会,赫尔巴特很快取代裴斯泰洛齐对美国教育界的主导地位。"在19世纪90年代期间,对赫尔巴特精心建立的体系的兴趣,如浪潮般席卷了美国教育界的师生。"②从19世纪后期到20世纪初,赫尔巴特深刻影响了欧美的教育理论与实践,对古典中学和文科中学的影响尤为显著。他的学说在亚洲一些国家也产生了重要影响。19世纪80年代中期后,以德国人郝斯耐克特(Emil Hausknecht)到日讲学和伊藤博文考察德国为契机,日本掀起研究赫尔巴特教育理论的热潮,20世纪初达到鼎盛并传入中国。留日归来的王国维于1901年创办《教育世界》,重点介绍和导入德国赫尔巴特的教育学说。1901年刊行的《教育丛书》称赫尔巴特为"教育改良家之精华",评其教育理论"升教育学于科学之地位"。赫尔巴特及其学派在中国的广泛传播,对废科举、兴学堂和发展近代师范教育起了积极的推动作用。20世纪40年代间问世的凯洛夫教育学对我国教育影响很大,其中不乏赫尔巴特教育思想的痕迹。

传播于各国的赫尔巴特教育理论经其信徒发展、修正与改造,在与各国教育实际结合的本土化中日渐远离本义,加上理论自身的时代局限使其在19世纪末20世纪初广泛传播之际即开始招致批评。新教育运动和进步主义教育运动兴起之后,赫尔巴特学派的优势逐渐丧失。1899年,杜威把赫尔巴特视为传统教育的代表,至此,针对赫尔巴特教育理论的批评日益普遍。上世纪60年代前后,赫尔巴特及其教育思想重又受到各国重视。至今,他对欧美乃至世界教育的影响依然存在。

① Tadasu Misawa. Modem Education and Their Ideals[D 澳]. New York:D. Appleton and Company, 1909:218.

② Frederich Eby, Charles Flinn Arrowood. The Development of Modern Education:Theory, Organization, and Practice[M]. New York:Prentice - Hall Inc.,1934:786.

思 考 题

1. 赫尔巴特伦理学的核心内容。
2. 教育性教学的具体含义。
3. 赫尔巴特的教学形式阶段理论。
4. 赫尔巴特课程理论的主要内容。

参考文献

1. [德]赫尔巴特.普通教育学·教育学讲授纲要[M].李其龙译.杭州:浙江教育出版社,2002.

2. [德]赫尔巴特.赫尔巴特文集:教育学卷一[M].李其龙等译.杭州:浙江教育出版社,2002.

3. [德]赫尔巴特.赫尔巴特文集:教育学卷二[M].李其龙等译.杭州:浙江教育出版社,2002.

4. [德]赫尔巴特.赫尔巴特文集:哲学卷一[M].郭官义等译.杭州:浙江教育出版社,2002.

5. [德]赫尔巴特.普通教育学[M].尚仲衣译.上海:商务印书馆,1936.

6. Charles De Garmo. Herbart and the Herbartians[M]. New York:Charles Scribner's Sons,1895.

7. Tadasu Misawa. Modem Education and Their Ideals[M]. New York:D. Appleton and Company,1909.

8. Frederich Eby, Charles Flinn Arrowood. The Development of Modern Education:Theory, Organization, and Practice[M]. New York:Prentice-Hall Inc. ,1934.

第二十二章

空想社会主义和科学社会主义教育思想

从 1516 年莫尔《乌托邦》一书的出版,到 1848 年马克思和恩格斯《共产党宣言》的发表,社会主义学说经历了从空想到科学的发展历程。几百年来,无论是在空想社会主义阶段还是在科学社会主义阶段,尽管不同阶段的社会主义学说包含着错综复杂的思想体系,但是它们在教育问题上却表现出了更多的一致,即几乎所有的体系都非常关注并高度重视教育。空想社会主义和科学社会主义教育思想丰富了人类教育思想的宝库,它们的许多观点在当代也有着很强的普适性。

第一节　空想社会主义教育思想

空想社会主义曾经是人类思想史上进步的思想体系。在资本主义社会的各种矛盾尖锐化之前,在无产阶级进入有意识、有组织的经济斗争和政治斗争之前,空想社会主义曾经起到过积极的作用。空想社会主义从产生到终结经历了四个发展时期:第一个时期是在 16、17 世纪,莫尔、闵采尔、康帕内拉、温斯坦莱等人是早期空想社会主义者的代表;第二个时期是 18 世纪,法国的梅叶、摩莱里、马布利、巴贝夫等人是该时期的代表人物;第三个时期是 19 世纪初期,三大空想社会主义者圣西门、傅立叶、欧文是主要的代表人物;第四个时期是在 19 世纪 30—40 年代,以法国的布朗基、卡贝、德萨米和德国的魏特林等人为代表。由于前两个时期的空想社会主义思想家及其教育思想已经在其他章节中有所介绍,因此本节将主要介绍 19 世纪空想社会主义者的教育思想,其中以三大空想社会主义者圣西门、傅立叶、欧文的教育思想为主。

一、三大空想社会主义者教育思想产生的背景

三大空想社会主义者之所以诞生于 19 世纪的英国和法国,与英国工业革命

18世纪后半期,英国工业革命爆发。伴随着生产技术的日新月异,社会生产力以前所未有的速度持续增长。同时,英国的社会生产关系也在发生急剧变革,其突出标志是:社会日益分裂为两大直接对立的阶级——近代工业无产阶级和资产阶级。工业革命为英国社会带来的大量财富并没有有效消除社会贫富不均和其他丑恶现象,它们甚至在某种程度上还有所扩大。特别是1825年,英国还爆发了资本主义世界的第一次经济危机,更加激化了两大阶级之间的矛盾。

从法国的情况来看,在启蒙思想的奠基下,不久法国即爆发了资产阶级大革命。大革命虽然最终推翻了封建专制制度,确立了资产阶级的统治地位,但是新建立的共和国却没有为人民群众带来向往的和平、幸福与安宁。人民群众的流血牺牲,换来的只是资产阶级政权代替封建专制政权,资本主义的剥削制度代替封建剥削制度,法国依然是大资产阶级的乐园,工人和劳动群众处于社会的底层,生产和生活状况都不容乐观。

面对英法两国资本主义制度初创期所产生的矛盾,包括两国空想社会主义者在内的各界有识之士,对资本主义的经济、政治、文化、教育制度等进行了深入的反思。与某些经济学家和政治学家不同的是,该时期的空想社会主义者继承早期空想社会主义者的思维特征,他们没有把资本主义经济制度看作是唯一可行的方式,而是从批判该种制度出发,要求消灭阶级对立、消灭雇佣劳动、消灭私人经营、发展文化教育。虽然他们已不再像早期空想社会主义者那样单纯描绘理想的国家,或者像18世纪空想社会主义者那样带有平均主义和禁欲主义的色彩,但是,囿于当时的历史条件,他们还没有看到无产阶级的历史主动性,而是否定阶级斗争,拒绝革命实践,幻想利用统治阶级的善心与人道主义,通过宣传、教育、普及知识、示范试验等手段改造社会,最终实现理想的图景。因此,正如恩格斯所分析的:"这种历史情况也决定了社会主义创始人的观点。不成熟的理论,是和不成熟的资本主义生产状况、不成熟的阶级状况相适应的。解决社会问题的办法还隐藏在不发达的经济关系中,所以只有从头脑中产生出来。社会所表现出来的只是弊病,消除这些弊病是思维着的理性的任务。"①

二、三大空想社会主义者的教育思想

三大空想社会主义者的教育思想是科学社会主义教育思想的源泉之一。恩格斯曾经说过:"虽然这三位思想家的学说含有十分虚幻和空想的性质,但他们终究是属于一切时代最伟大的智士之列的,他们天才地预示了我们现在已经科

---

① 转引自吴易风. 空想社会主义[M]. 北京:北京出版社,1980:192.

学地证明了其正确性的无数真理。"①而其教育学说,毫无疑问的是其天才预示的有机组成部分。

1. 圣西门的生平及教育思想

圣西门(Claude Henri de Rouvroy Saint-Simon,1760—1825),法国杰出的思想家,空想社会主义的代表人物之一。他出身于法国的名门望族,自幼受到良好的教育。著名的启蒙思想家、百科全书派的代表人物达兰贝尔曾当过他的家庭教师。圣西门17岁入伍,1779年,以志愿军身份赴美国参加独立战争。在美洲期间,他研究政治科学的时间大大多于研究战术的时间,在目睹了资本主义美洲生机勃勃的景象后,逐步完成了从贵族思想到资产阶级民主思想的转变。

1789年法国大革命爆发后,圣西门同情和支持革命,主动放弃了伯爵爵位和贵族称号,但是,由于害怕人民群众的革命暴力,他的革命热情并没有延续多久,1791年,他脱离革命转向地产投机。法国大革命后日益激化的社会矛盾推动着圣西门不断思考社会问题,在对启蒙学者所宣扬的"自由、平等、博爱"的"理性王国"深感失望的基础上,他逐步转向了空想社会主义。1802年后,在生活困顿和疾病缠身的情况下,圣西门逐步发展和完善了他的空想社会主义思想体系。他的主要著作有《一个日内瓦居民给当代人的信》、《人类科学概论》、《论实业制度》、《新基督教》等。圣西门的教育思想非常丰富,散见在他的各类著作中,其中,主要包括如下一些观点:

(1)尊重实证知识、尊重人才

圣西门认为,各种专业的科学家、艺术家和各种行业的工人,是最富生产性的,他们生产了最重要的产品,发展了科学、艺术和手工业,促进社会达到了最高文明和最大成就。但是,这些为社会提供了有益劳动的人们,却几乎没有得到社会的任何报酬。而那些完全仰仗家庭出身、阿谀奉承、阴谋诡计和其他不光彩的行为占据高位的王公贵族们,每年不仅从国家的税收中攫取了巨额的报酬,同时还得到了不应有的尊敬和奖赏。圣西门在痛斥黑白颠倒的社会的时候,提议依据道德、正义和良知,不仅应该给予各种专业的科学家、艺术家和各种行业的工人更多的物质报酬,同时还应当把科学、文化、教育等精神方面的权力交给有真才实学的学者和艺术家,把行政、生产、财政等世俗权力交给由农场主和工厂主以及商人组成的实业家联合体。他说:"在实证科学、美术和实业方面有最大才能的人,将在新制度下根据自己的社会作用对社会富有重大的使命,受托去管理国家大事。一切才华出众的人,不管他们由于家庭出身处于什么样的地位,都将被基本法提升到首位上来。"②

---

① 马克思,恩格斯. 马克思恩格斯全集:第18卷[M]. 北京:人民出版社,1964:565-566.
② 转引自吴易风. 空想社会主义[M]. 北京:北京出版社,1980:236.

（2）普及教育

圣西门认为，由于一些谬见，法国"99%的老百姓都相信自己生来不是为了自身的幸福而劳动的，而是为了使他人享福而服务；认为能够判断什么是适合于他们的，不是他们自己，而是他们的领袖"。①正因为大多数居民长期处于如此愚昧无知和需要监护的状态，人类至今采用过的社会组织都是暂时性的。如果人类要建立直接满足大多数人利益的稳定的社会组织，必须具备两个条件：第一是要使实证知识得到足够的发展，第二是使居民群众有足够的能力在社会中处理本身的事情。要实现这两个条件必须依靠普及教育，也就是对一切阶级，从最穷的无产者一直到最富有的公民进行国民教育。圣西门为此呼吁："学者先生们，这要求你们提出关于个人利益怎样能够同公共利益结合的明确观点，并拟出一项使既得的实证知识能尽快地在一切阶级和各等级人士中传播的国民教育计划。"②圣西门希望通过学者的教学活动，使支配自然现象的规律和可以按照人们的意志改造自然的方法，能够普及开来，使每个人都能够为人类造福。

（3）教育和教养

圣西门是从狭义的角度来理解教育概念的。他说，可以把教育看作是社会成员之间为了维持彼此的关系而不断获得必要的知识的过程。在获得知识的教育之外，那些培养儿童习惯、陶冶儿童情感、锻炼一般预见能力的教育则可以划归到教养的范畴。圣西门认为，假如有些儿童受到了完善的教育，但是却缺乏教养，那么，他们还必须学习很长的时间，才能担当起某一项社会工作。因此，从增进社会福利的角度来说，改进教养比改进教育更为重要。

圣西门认为，获得教养的途径更多的是在生活中。儿童从父母或监护人那里得到的一些教养可以促进儿童智力的发展，帮助儿童更好地理解从教师那里得来的比较抽象的知识。圣西门认为，根据儿童不同的发展阶段，教养和教育的地位是不同的。比如，儿童从 7 岁到 14 岁，教养的作用大于教学的作用。在该时期里，应该充分发挥在宿舍和学校监督学生行为的教师对儿童的影响，以培养儿童良好的行为习惯以及与人交往的技能；从 14 岁到 21 岁，教师的影响大于监护人对于学生的影响，此时期要注意发挥传授知识的教师的作用。

（4）道德教育

圣西门是将道德和政治结合起来进行研究的。在他看来，道德的目的在于

---

① ［法］圣西门. 圣西门论教育∥任钟印. 世界教育名著通览［M］. 武汉：湖北教育出版社，1994：576.

② ［法］圣西门. 圣西门论教育∥任钟印. 世界教育名著通览［M］. 武汉：湖北教育出版社，1994：582.

将人类组成社会,使每个人都能够尽最大的可能将自己的精神力量和物质力量贡献于社会。政治作为道德在公共管理方面的应用,是以道德为指南的。在新的政治制度下,社会组织的唯一的和固定的目的,应当是尽善尽美地运用科学、艺术和手工业所取得的知识来满足人们的需要,以保证社会一切阶级的身心生活得到最迅速和最圆满的改善。为了实现这样理想的道德境界,圣西门认为首先应该以基督教的"己所不欲,勿施于人"、"人人皆兄弟姐妹"等箴言来要求大家。但是,鉴于这些准则是消极性的,对于个人并没有强制性,于是圣西门又提出了"人应当劳动"的积极的道德教育途径。圣西门认为劳动是一切美德的源泉,"一切人都要劳动,都要把自己看成属于某工厂的工作者"。[①]只有人人凭借自己的特长,通过劳动为人类和社会造福,最高的道德境界才有可能实现。当然,圣西门认为,必须赋予劳动的观念以它可能有的最广泛的含义。同壮士挖土和脚夫挑担一样,任何一个公务人员,任何一个从事科学、美术、工业和农业的人,也都在积极劳动。圣西门说,食利者和那些没有职业但又不亲身组织必要的劳动的财主,同布道的教士一样,才是社会的负担。

2. 傅立叶的生平及教育思想

沙利·傅立叶(Charles Fourier,1772—1837),圣西门的同时代人,法国另一位伟大的空想社会主义者。他生于法国东部贝臧桑的一个富商家庭,早年曾在耶稣会学校学习,不久就对学校保守、狭隘和形式主义的经院教育感到厌烦。他兴趣广泛,尤其喜欢数学、物理,并在艺术上也显示了超凡的才华。傅立叶中学毕业后学习经商,经商期间的所见所闻,加深了他对于社会弊端的认识,促进了他社会改良思想的萌芽。1793年,由于法国大革命和国内战争的影响,他在里昂的政治事变中丧失了全部的家财,人身也受到了迫害。时局的动荡和个人的不幸,促使傅立叶去寻找医治社会疾患的良方。在对资本主义社会的矛盾和罪恶长期观察和研究的基础上,傅立叶通过阅读启蒙学者和以往空想社会主义者的著作,终于实现了从一位普通商人向空想社会主义者的转变。

傅立叶一生坎坷,充满了悲剧色彩。由于缺乏系统的教育,他的多数著作文笔艰深晦涩,结构松散奇特,很难为世人所理解。只有在科学社会主义创始人马克思、恩格斯那里,傅立叶思想的光辉才被真正地发现。傅立叶的主要代表作品有:《全世界和谐》(1803)、《四种运动论》(1808)、《宇宙统一论》(1822)、《新世界》(1829)、《论商业》(1845)等。由于傅立叶的教育思想蕴藏着教育思想史上的"精华","包含着最天才的观测",[②]马克思和恩格斯对此都十分重视。其主要内容包括如下诸点:

---

① 转引自吴易风. 空想社会主义[M]. 北京:北京出版社,1980:232.
② 转引自吴易风. 空想社会主义[M]. 北京:北京出版社,1980:303.

（1）对文明制度下教育的批判

恩格斯曾经说过："在傅立叶的著作中，几乎每一页都放射出对备受称颂的文明造成的灾祸所作的讽刺和批判。"①这其中就包括傅立叶对于资本主义文明制度下教育的批判。傅立叶发觉，文明制度下的教育有五种违反常规的表现。首先是教育进程的相反意义。傅立叶认为，资本主义教育忽略了儿童6、7岁之前适宜于在劳动中学习的天性。同时，在儿童7岁后，又让儿童学习他们根本不感兴趣的知识，整个地浪费了儿童的光阴。其次，行动的简单化。傅立叶说，儿童一年到头从早到晚都在初步知识和语法上消磨时间，或者被愚蠢地整年关禁在某个寄宿学校，他怎能不对学习产生反感呢？第三，原理的缺陷——使用强制手段。傅立叶认为，学习只有在自觉自愿的情况下才能够产生，但是文明制度下的儿童只有在穷困、惩罚、藤条、皮规尺的威胁下，才迫不得已养成学习的习惯。第四，形式的缺陷。傅立叶认为，只要教学方法适合学生的性格，便都是很好的，但是，文明制度下的教育却在假定学生性格完全一样的情况下使用各种教学方法，因而是不恰当的。第五，文明制度下的教育缺乏物质引力的原动力。与19世纪之前的一些主张禁欲主义的空想社会主义学者不同，傅立叶认为歌剧能够使儿童养成均匀的统一的习惯，而这种习惯，乃是收益的泉源和健康的保证，而美食能够促进儿童对于动植物的养护、种植的劳动感兴趣，因此美食是种种活动的联系环节，因此主张通过歌剧和美食来诱导儿童不断获得从事劳动的本领以及其他的知识和技能。

（2）创建以劳动为核心的教育体系

傅立叶把自己理想中的社会叫做和谐制度。和谐制度由一个个自愿参加的法郎吉组成。法郎吉一词源于希腊语，意思是重型装备的步兵队形，傅立叶用它来表示和谐制度下有组织的生产消费协作社或组合。在和谐制度下，工业劳动、农业劳动、商业劳动、家务劳动、教育劳动、科学劳动、艺术劳动等都被组织成了完整的协作体系，同时劳动者不再被终身束缚在一种职业上，人们可以自由地从一种劳动转移到另一种劳动中去；加之实行短时工作制，一个人一天中都可以从事多种工作，最多能参加三十种谢利叶（法郎吉的专业劳动组织），而且，每一天的安排都有变化。为了使法郎吉成员的新一代适应未来的"和谐制度"，傅立叶构建了以劳动为核心的教育体系。在这一体系中，儿童从3岁起开始学习生产劳动和艺术，法郎吉有专门适合儿童需要的小工厂、小工具、短时间的工作和舞蹈活动等。由于儿童活动的多样化，儿童到7岁时就已经从事过30种不同的职业，青年时期甚至将参加50种工作。每个人都成了多面手和全面发展的人。在和谐制度下，由于采用了自由选择工种、劳动竞赛、精神的和物质的鼓励等手段，

---

① 转引自吴易风. 空想社会主义[M]. 北京：北京出版社，1980:276.

劳动不像在文明制度下是一种沉重负担和痛苦的事情,它对每个人都具有极大的吸引力。在这种情况下,劳动与学习、劳动与科学、劳动与艺术、劳动与娱乐、劳动与休息、劳动与道德等都被有机地结合起来。儿童将在劳动中实现体力、智力和道德的全面发展,同时又将在身心全面发展的情况下,把全部的精力甚至娱乐都用在生产劳动上。

（3）遵循儿童本性的教育活动

傅立叶认为教育活动要遵循儿童的本性,在傅立叶的概念中,"情欲"是人本性的自然反映,教育首先应该根据儿童的"情欲",即儿童的兴趣、爱好、性格因材施教。比如,在和谐社会里,从婴儿期和幼儿期开始,就区分了沉静的或听话的孩子、倔强的或暴躁的孩子、讨厌的或淘气的孩子,按照作业、气质、性格、年龄、方法以及其他一切来组成谢利叶,使这些不同性格的孩子在不同的教养环境和工作中,天性得到最大的发展。在幼童时期,由儿童来选择对自己有好感的教师,同时每一个导师又固定地接近在情欲上或在劳动的爱好上都与自己相似的一类儿童,师生之间相互吸引关系的建立,为儿童更好地发展奠定了坚实的基础。另外,依据儿童的不同年龄阶段分别施教。如在婴儿期（0～2岁）和幼儿期（2～4.5岁）主要锻炼外部感觉;在中期幼年时代（4.5～9岁）,偏重发展体力,在年长幼年时代（9～15.5岁）,偏重发展精神能力;在混合童年时代（15.5～20岁）参加谢利叶的集体活动。傅立叶认为,包括幼儿园的教养员、保育员和护士在内的所有教育工作者,应该注意采用不同的方法和手段,训练儿童感觉器官的灵敏度和精确度,培养儿童积极的感情、意志、爱好等心理品质,以便使这些不同年龄段不同性格的儿童,最终成为和谐制度下合格的成员。

3. 欧文的生平及教育思想

罗伯特·欧文（Robert Owen,1771—1858）,19世纪初期英国伟大的空想社会主义者。他出生于英国北威尔士蒙哥马利郡的一个手艺人家中,从小就聪明能干、勤奋好学、善于思考。在读完初级小学后,9岁的欧文即踏上了独立谋生的道路。在艰苦的工作之余,欧文利用一切机会刻苦自学,早期空想社会主义思想和法国启蒙思想家的唯物主义思想均对他产生了重要的影响。

1789年后,欧文在经营管理工厂的实践中展露了卓越的才华,很快就在英国工商界小有名气。同时,这段经历也使他更深刻地认识到资本主义剥削的秘密和资本家的所思所想。面对人民的苦难,欧文立志寻求一条改善贫民和劳动阶级的生活并使雇主获得利益的道路。1800年初,欧文承担了苏格兰新拉纳克工厂的管理工作,并着手进行大规模的实验。他禁用9岁以下的童工,并在工厂缩短工时、建造宿舍、开办食堂、创建医院、改善道路、提高工资,甚至在工厂停工期间,还为工人照发工资。此外,他还为工人创办了少年工人夜校、成年工人讲座,为工人子女开办了托儿所、幼儿园、小学等。欧文的改革获得了巨大的成功,新拉纳克成为人们理想的"幸福之乡",吸引了国内外众多的工厂主、学者、官员前来参观访问,甚至俄皇尼古拉一世也到过新拉纳克。

欧文并不以此为满足,1815年后,他领导了争取议会制定工厂法和限制工作日立法的斗争,参加了社会知名人士组织的失业救济委员会,并在长期社会实践的基础上,形成了系统的空想社会主义思想。1824年,为了实践自己的理论,欧文带领4个儿子和一些信徒前往美国,在印第安纳州购买了3万英亩土地,建立了"新和谐共产主义公社",但是,由于多种原因,公社的实验以失败告终。1829年,欧文回国。此后,他长期在工人中进行活动,直至逝世。欧文的著作很多,其中《新社会观,或论人类性格的形成》(1813)、《新道德世界书》(1842)等较为全面地展现了他的教育思想,其中主要涉及如下内容:

(1) 环境决定人的性格

与其他空想社会主义者稍有不同的是,为了彻底变革社会的混乱与黑暗,欧文更加注意到了环境对社会成员性格养成的功效。在这方面,他直接继承了18世纪法国唯物主义者爱尔维修等人的"人是环境的产物"的思想,提出了"环境决定人的性格"的观点。欧文指出:"运用适当的方法可以为任何社会以至整个世界造成任何一种普遍的性格,从最好的到最坏的、从最愚昧的到最有教养的性格;这种方法在很大程度上是由对世事有影响的人支配和控制着的。"①欧文所指的环境,更多的是指由当政者支配和控制的教育、宗教、立法等因素。欧文认为,只要具备良好的环境因素,就能改变人的思想,培养良好的性格,最终消灭资本主义社会的罪恶,实现理想的"新道德世界"。欧文不仅是这样想的,也是这样做的。欧文的环境决定性格的思想,贬低了遗传因素的作用,过分强调了环境对于性格的影响,把人看作是环境的消极产物,因此存在着很大的片面性。

(2) 教育的目标是培养全面发展的人

欧文明确地表达了关于人的全面发展的理想。除了在新拉纳克工厂的实践,欧文还在《新道德世界书》中系统描绘了一个从婴儿到成人的完整的教育体系。欧文指出,首先要有新的社会制度,并按照社会成员的年龄、经验和人类的永恒规律对社会进行重新的划分,通过给予不同阶段的人们不同的教育,使所有的人都能够全面发展,以便在自然地消除阶级和社会地位差别的基础上,最终使人类社会的一切事业秩序井然。在欧文所倡导的教育体系中,各阶段的教育不仅包括体、智、德、行等内容,同时这些内容又都是自然地融合在一起的。比如,他提倡5岁前的儿童,多参加户外活动,在增进儿童身体健康的同时,培养儿童的道德观念,让儿童把促进周围一切人的康乐和帮助这些人作为自己莫大的快

---

① [英]欧文. 新社会观,或论人类性格的形成//任钟印. 世界教育名著通览[M]. 武汉:湖北教育出版社, 1994:600.

乐。同时,只要儿童的智力能够达到,就应该使儿童获得他们所看到和接触到的一切事物确切的知识。马克思全面发展的教育理论直接从欧文这里获得了更多的灵感。

(3)教育与生产劳动相结合

欧文为全面发展的人的培养指出了一条教育与生产劳动相结合的途径。在《新道德世界书》中,他主张根据儿童的体力和能力,通过游戏和练习的形式,让 0 ~ 5 岁的儿童快乐地学习家庭日常生活方面的实际技能。对于 10 ~ 15 岁的孩子,为了掌握处理比较复杂的重大问题的原则和方法,欧文主张教导他们学习烹饪、衣料纺织、房屋建筑、家具制造以及各种工具的技艺,同时在不损害他们体、智、德方面发展可能性的情况下,每天拿出几个小时的时间参加上述一切工作。值得注意的是,欧文所提出的教育与生产劳动相结合,是在大工业生产的基础上进行的工厂劳动,这就把教育与生产劳动的结合提高到一个新的高度。马克思非常重视欧文提出的教育与生产劳动相结合的思想,他指出:"正如我们在罗伯特·欧文那里可以详细看到的那样,从工厂制度中萌发出来了未来教育的幼芽,未来教育对所有已满一定年龄儿童来说,就是生产劳动同智育和体育相结合,它不仅是提高社会生产的一种方法,而且是造就全面发展的人的唯一方法。"①

三、19 世纪 30—40 年代的空想社会主义教育思想

19 世纪 30—40 年代是空想社会主义发展史的最后一个时期。尽管该时期的空想社会主义思想先后趋于没落,但是,后期空想社会主义者的一些教育观点仍然有许多可取之处。比如,从对教育重要性的认识方面来看,布朗基认为愚昧是共产主义道路上的敌人,教育才是社会改革的前提和取得共产主义胜利的力量;卡贝也十分重视教育,他认为教育是伊加利亚共产主义社会的根本和基础;而德萨米则信奉莱布尼茨的"如果改造了教育,那就改造了世界"的观点,对教育寄予很高的期望。另外,在他们的教育观点中,还包含着许多合理的因素,比如,布朗基认为乡村中的困难尤其严重,因此特别重视农民的教育问题。卡贝则独出心裁地设计了适用于学生的法典和学生法庭,学生犯了过错,由学生们自己组成法庭来查证和审理,伊加利亚学校的审判课变成了生动的德育课。在德萨米的公有制度下,每个学生都要从事多种职业,因此一切公民在某种程度上都是实践家和理论家,他们既是工匠、技师,又是专家、学者,人类的智慧得到了巨大的发展。

---

① 马克思,恩格斯. 马克思恩格斯全集:第 23 卷[M]. 北京:人民出版社,1972:530.

第二节　马克思、恩格斯与科学社会主义教育思想

卡尔·马克思(Karl Marx,1818—1883)、弗里德里希·恩格斯(Friedrich Engels,1820—1895),杰出的政治活动家、哲学家、社会科学家,国际工人运动的导师,辩证唯物主义和历史唯物主义的创始人。马克思和恩格斯的革命理论,对19世纪后半期以来的世界历史产生了重大的影响,同时他们也非常重视教育,其散见在各类著作中的教育思想形成了较为完整的科学社会主义教育理论体系,列宁、斯大林、毛泽东等人的教育思想更多的是他们思想的发展和延续。本节将主要围绕马克思和恩格斯的科学社会主义教育思想进行论述。

一、教育与社会生产力

马克思和恩格斯把考察教育与生产力之间的关系作为揭示教育发展规律的基础。综合来看,他们对于教育与生产力之间关系的论述有三个要点:首先,教育发展是由生产力的发展决定的;其次,教育是推动生产力发展的重要因素;第三,教育与生产力发展的不平衡性。

马克思和恩格斯认为,"物质生活的生产方式制约着整个社会生活、政治生活和精神生活的过程。"[①]教育作为一种精神生产的方式,归根结底只能由社会的物质生产来说明,是受物质生产制约着的。具体来说,不同水平的社会生产力,为教育发展提供的可能性是不同的,由此也决定了教育发展的规模、速度、内容、方法、手段、组织形式等的差异。比如,在生产力发展水平较低的情况下,家庭是社会的基本经济单位,父传子、子传孙、师傅带徒弟等的知识授受方式基本满足了大部分劳动阶层的需求。因此,当时学校教育的规模、内容和职能都是非常有限和狭窄的。但是,当生产力发展到大工业水平时,生产的社会化水平提高,劳动过程日益复杂,不仅直接的生产过程迫切要求提高人的劳动能力,同时,社会知识财富的增加也对教育提出了更多更新的要求,于是普及教育的理念、公共教育制度、新的教育内容、教学方法和教育组织形式就自然而然地产生了。

马克思和恩格斯在揭示生产力是教育发展的根本动力的同时,也从三方面论述了教育对生产力的推动作用。首先,马克思认为:"教育会生产劳动能力。"[②]劳动能力是生产力构成中的主导因素,教育会生产劳动能力是指教育能够把可能的劳动力转化为现实的劳动力,能够将"简单的"劳动力加工成"专门的"、"发达的"劳动力,能够更新人的职业能力,使劳动者轻松地从一个部门转

---

① 马克思,恩格斯.马克思恩格斯选集:第2卷[M].北京:人民出版社,1995:32.
② 转引自张健.马克思主义教育思想研究[M].北京:教育科学出版社,1989:96.

到另一个部门。其次,教育对生产力的推动作用还表现在,当劳动生产率的提高越来越取决于科学在生产上的应用的时候,教育还能够促进科学技术从知识形态的生产力转化为直接的生产力。比如,通过教育,科学技术或者物化在劳动者的身上,使劳动者成为新的发达的劳动力;或者通过教育,科学技术转变成新材料、新设备、新工艺、新产品等,直接促进社会的发展。再次,教育对科学知识自身的生产和扩大再生产也有着举足轻重的作用。马克思和恩格斯认为,没有教育的传递,世代积累的科学成果就无法传递,科学就谈不上发展。另外,教育还能把科学从少数人那里解放出来,使更多的人掌握和利用,在扩大科学知识再生产的基础上,造福社会。

在论及教育与生产力的关系的时候,马克思和恩格斯同样提及了两者之间的不平衡性问题。一般说来,教育发展的水平与生产力发展的水平是相一致的,但是在实际的发展进程中,教育发展的状况又可能落后或超过生产力发展的水平。马克思和恩格斯指出,这种不平衡,主要表明生产力是教育发展的最终决定因素,但是决不是唯一因素,教育发展的过程中还有诸如社会的生产关系、政治、社会意识形态、民族文化传统等因素在起作用。

二、教育与社会关系

马克思、恩格斯认为,社会生产力是社会发展的最终决定力量,社会生产关系则最终决定着社会的基本形态。社会生产关系分为人们在物质生产过程中形成的物质生产关系,以及由政治、法律制度和社会意识形态等构成的各种思想生产关系,它们总和起来就构成了所谓的社会关系。社会关系中的物质生产关系是最基本的关系,一切思想生产关系都是在物质生产关系的基础上建立起来的,因此它又被称作上层建筑。马克思、恩格斯指出,社会生产关系的基础是生产资料所有制的形式,它表明生产资料归谁占有,由谁支配,在此基础上决定这个社会的生产、分配、交换和消费诸关系。因此,教育作为社会现象之一,它的性质归根到底只能取决于生产关系的性质,而社会的上层建筑对教育也有着巨大的影响作用。

社会生产关系对于教育的决定作用突出表现在以下几个方面:首先,社会生产关系决定着教育的领导权。马克思、恩格斯指出:"一个阶级是社会上占统治地位的物质力量,同时也是社会上占统治地位的精神力量。支配着物质生产资料的阶级,同时也支配着精神生产的资料。"①教育作为一种精神生产过程,它是受社会物质生产过程的制约的。在物质生产上占统治地位的阶级可以借助国家政权的力量确定教育目的、制定教育政策法规、控制教育经费、选择和任免符合

---

① 马克思,恩格斯. 马克思恩格斯全集:第3卷[M].北京:人民出版社,1960:52.

自己利益的管理人员及教师等,最终实现为本阶级利益服务的目标。其次,社会生产关系又决定着人们受教育的权利。马克思认为,在生产资料公有的原始社会,年轻一代的教育是整个社会的事业,人人都享有受教育的权利。私有制产生以后,社会上便出现了阶级和阶级的对立,历代的统治阶级一般会把劳动人民排斥在学校大门之外,即使到了资本主义社会,为了获得高额的利润,统治阶级不得不让劳动者接受一定的教育,但是究竟让多少人接受教育,接受多少教育,接受什么教育,却始终被限制在符合本阶级利益的范围内。再次,社会生产关系决定着教育的内容和方法等。经济基础决定着上层建筑,占统治地位的阶级为了牢牢地控制人们的思想,最终决定着向受教育者灌输什么样的思想体系,决定着受教育者应该养成什么样的政治、道德素质,而这些又表现为教育内容和方法的不同。比如,恩格斯曾在1851年发表的《德国的革命与反革命》中,揭发了梅特涅政府的愚民政策,指出:"在这里,一切知识的来源都在政府控制之下,从贫民学校、主日学校以至报纸和大学,没有官方的事先许可,什么也不能说,不能教,不能印刷,不能发表。"①

从生产关系的角度来看,教育还与一定社会的哲学、伦理、政治、宗教、法律、文学艺术、文化等上层建筑发生着交互的作用。马克思、恩格斯认为,尽管社会物质生产关系决定着社会意识的存在,但是,如果仅仅认为教育受制于社会物质生产关系,而忽略各种形式的社会思想生产关系对于教育的影响和作用,也无法正确地解释教育的本质。比如,只有了解中世纪宗教对教育的影响及控制,才可能了解欧洲教育的特点;同样,从文化的方面来看,一定的文化模式,影响着个体性格的形成,影响着教育的模式、教育的内容和方式等,而一定的教育又传递、发展着一定的文化。此外,在讨论以上问题的时候,马克思、恩格斯还指出了教育的相对独立性和传承性。马克思认为,作为观念形态的教育一经产生,它就以一定的语言文字、书籍资料等物质的形式表现出来,固定下来,为人们所感知。在这个过程中,教育就有可能脱离原来思维着的个人而存在相对的独立性。忽略了这一点,同样不能很好地解释教育发展变化的过程,也不能很好地说明教育在社会发展中所起的作用。

三、教育与人的全面发展

马克思、恩格斯在批判吸收空想社会主义者的思想观点的基础上,形成了科学的人的全面发展理论,该理论在科学社会主义教育理论体系中占据着重要的位置。

马克思、恩格斯关于人的全面发展理论立足于对人的本质的正确把握上。

---

① 马克思,恩格斯. 马克思恩格斯全集:第8卷[M].北京:人民出版社,1961:17.

马克思、恩格斯在肯定了黑格尔"把劳动看作人的本质,看作人的自我确证的本质"的基础上,批判了黑格尔将抽象的精神的劳动作为唯一知道并承认的劳动的偏颇;同时,马克思、恩格斯还对费尔巴哈撇开历史进程,把人从社会中孤立出来,从许多超历史、超社会的单个人中抽象出所谓的"共同性"和"类"进行了批判。马克思、恩格斯认为,人是在一定的历史和社会中,积极能动地与客观世界和其他人发生着各种对象性关系的社会存在,"人的本质并不是单个人所固有的抽象物。在其现实性上,它是一切社会关系的总和"。①

马克思、恩格斯指出,社会分工是一定社会关系的具体体现。它直接决定着每个人"生产什么"和"怎样生产",甚至人们天赋的差异,各种职业的区别,如搬运夫与哲学家之间的"鸿沟",也是由分工掘成的。同时,马克思还认为,分工使人们只在特定的范围内活动,同时私有制和剥削阶级的统治,更使得人们屈从于这一范围内。比如,奴隶社会和封建社会的奴隶或农奴仅仅从事繁重的体力劳动,整体处于愚昧无知的境况,他们体力和智力的发展均是片面的;在资本主义社会,资本家把不同的工序分别给予个体的工人,工人被束缚于一定的操作和一定的工具之中,变成单纯制造剩余价值的机器,导致了智力的荒废、体力的摧残和道德的堕落;与此同时,"一切有教养的等级"也难于避免各种各样的片面性。马克思从大工业的发展水平和科学技术现代化的角度指出了个人全面发展的必然性。马克思认为,"大工业的本性决定了劳动的变换、职能的更动和工人的全面流动性",因而"承认工人尽可能多方面的发展是社会生产的普遍规律","用那种把不同社会职能当作互相交替的活动方式的全面发展的个人,来代替只是承担一种社会局部职能的局部个人"②是历史的必然趋势。

马克思、恩格斯所谓全面发展的人就是"能通晓整个生产系统的人",能够"根据社会的需要或他们自己的爱好,轮流从一个生产部门转到另一个生产部门的人"。③这样的人不仅在智力和体力等方面能够获得充分的发展,同时在道德、志趣、个性等方面也得到了全面的发展。为了实现这种可能性,他们指出:首先要根本变革资本主义的生产方式,废除资本主义生产资料的私有制,消灭阶级划分,个人联合起来,全面占有生产力,使过去支配、控制、驾驭个人的力量,重新受个人支配、控制和驾驭,这是实现人的全面发展的前提;其次,大力发展社会生产力,使社会成员都能够享有丰富的物质财富,并最终使人人都能够从事真正自由的劳动,这是个人全面发展的物质条件,也是人的全面发展的具体表现和充分确证;再次,人人普遍接受全面的教育,这其中包括智育、德育、体育、美育、综合技术教育等内容。马克思、恩格斯特别强调借助于工艺学的教育,"可使年轻人

① 转引自张健.马克思主义教育思想研究[M].北京:教育科学出版社,1989:157.
② 转引自张健.马克思主义教育思想研究[M].北京:教育科学出版社,1989:33.
③ 转引自张健.马克思主义教育思想研究[M].北京:教育科学出版社,1989:34.

很快就能熟悉整个生产系统,它可以使他们根据社会的需要或他们自己的爱好,轮流从一个生产部门转到另一个生产部门"。① 这种自由流动,不仅可以促进生产力的发展,同时也可以打破专门活动、职业、区域,甚至民族、国家的局限性,使人人都能够同整个世界的生产发生实际的联系。另外,马克思、恩格斯还强调了人人都享有充足的自由时间的必要性,因为只有充足的闲暇时间,才能够保证每个人都能够从历史遗留下来的一切有价值的东西,如文化、科学、艺术、交际方式中受益,并同时推动它们继续发展。当然,马克思、恩格斯还认为,人的全面发展和彻底消灭私有制、实现共产主义是互为条件的,不可能一蹴而就,要经历一个历史的发展过程。只有到了共产主义社会,社会全体成员的全面发展才能完全实现。

四、教育与生产劳动相结合

教育和生产劳动相结合,既是一个教育问题,也是一个更广泛的社会问题,文艺复兴以来的众多思想家和教育家对此均有论述。马克思、恩格斯的主要贡献在于:他们根据社会生产和劳动分工学说,以及资本主义生产的特征及其社会矛盾的表现,探索了教育与生产劳动相结合的原因及其实现的途径,从而将该理论奠基在历史唯物主义的科学基础上。

工业革命之后,机器大工业代替了工场手工业,科技在生产上得到了广泛的应用,生产力也有了巨大的发展,大工业的本性需要全面发展的人。但是,如何造就这样的人?马克思、恩格斯高度赞扬了欧文把生产劳动与智育、体育结合起来的实验。他们认为,教育与生产劳动相结合"不仅是提高社会生产的一种方法,而且是造就全面发展的人的唯一方法"。② 同时,在合理的条件下,"生产劳动和智育的早期结合是改造现代社会的最强有力的手段之一"。③ 首先,从促进社会生产的角度来看,伴随着科学技术的发展,物质生产中的智力因素在不断增长。在这种情况下,教育只有与生产劳动有机地结合起来,科学技术知识才能被迅速地普及到生产领域,并最终推动社会生产的发展。同时,社会生产要素只有及时进入到教育领域,教育教学才能够时刻与社会大生产保持同步,从而为大生产提供更多的精神和智力支持。其次,从全面发展的人的培养的角度来看,教育与生产劳动相结合体现着理论和实践相结合的原则,它不仅是获得有用经验的手段,同时还是运用和检验理论知识的一种机会,这种结合对儿童智力和体力的发展、思想意识和道德品质的培养等均具有重大的意义。第三,从改造社会的角度来看,教育与生产劳动相结合,有利于消除知识与劳动、工人与机器之间的分

① 马克思,恩格斯. 马克思恩格斯全集:第 1 卷[M]. 北京:人民出版社,1956:223.
② 转引自张健. 马克思主义教育思想研究[M]. 北京:教育科学出版社,1989:530.
③ 马克思,恩格斯. 马克思格斯选集:第 3 卷[M]. 北京:人民出版社,1995:318.

离和对立的现象,在培养全面和谐发展的个性的基础上,最终实现社会改造的目的。

在明确了教育与生产劳动相结合的重要意义的基础上,马克思、恩格斯还探讨了几种体现教育与生产劳动相结合观念的较为理想的教育形式。比如,和工厂劳动结合起来的初等教育、各种形式的职业技术学校、理论的和实践的工艺教育占有重要地位的未来的社会主义学校、成人学校等。马克思、恩格斯认为,在以上几种不同的学校里,儿童、少年、青年、成人等在学习文化知识的同时,积极参加工厂劳动,"对儿童和少年工人应当按不同的年龄循序渐进地授以智育、体育和技术教育的课程。……把有报酬的生产劳动、智育、体育和综合技术教育结合起来,就会把工人阶级提高到比贵族和资产阶级高得多的水平。"①当然,马克思、恩格斯认为,尽管教育与生产劳动相结合是现代社会发展的客观要求,但是,在资本主义社会,由于教育是资本家生产和再生产劳动力的手段,教育与生产劳动相结合不能不受到资本主义基本经济规律的制约,教育与生产劳动相结合的目的、内容、范围等方面还有待于进一步的提升和扩大。只有在生产力高度发达的共产主义社会,才能真正实现普遍的生产劳动和普遍的教育的结合。

三大空想社会主义者的学说,是在资本主义制度初创期社会和阶级矛盾日益激化的情况下产生的,它们直接或间接地体现了不成熟的无产阶级的利益、愿望和要求。三大空想社会主义者的学说非常重视教育在人的个性解放和社会改造中的作用,它们相当明确地提出了"人的全面发展"、"教育与生产劳动相结合"、"综合技术教育"、"普及教育"以及取消城市和农村、工业与农业、脑力劳动和体力劳动之间的差别等许多令人耳目一新的课题。但是,由于三大空想社会主义者与文艺复兴、启蒙运动以来众多的学者一样从永恒不变的人性论和人道主义出发,试图以人的自然本性来解释各种社会现象和教育现象,因此他们对于社会以及教育的设想更多的只是空想。以马克思、恩格斯为代表的科学社会主义思想家立足于当时的社会现实,从包括空想社会主义在内的诸多理论中汲取营养,从一定历史条件下人的社会属性出发来考察人的本质,并"在劳动发展史中找到了理解全部社会史的锁钥,"②从而形成了系统的科学社会主义理论体系。马克思、恩格斯一方面着重考察了社会生产力、生产关系、政治和精神文明对于教育的影响,另一方面也论证了教育的相对独立性,重视发挥教育对社会发展的促进功能。同时,马克思、恩格斯还从现代大工业的发展和科学技术现代化的角度指出了人的全面发展、教育与生产劳动相结合的必要性,从对资本主义教

---

① 转引自王焕勋. 马克思教育思想研究[M]. 重庆:重庆出版社, 1988:234.
② 马克思,恩格斯. 马克思恩格斯选集:第4卷[M]. 北京:人民出版社, 1995:258.

育批判的过程中揭示了未来教育的发展方向。他们的教育理论与他们的哲学、政治、经济等思想一样,扎根于社会的土壤,具有着旺盛的生命力。

思 考 题

1. 三大空想社会主义者的教育思想产生的背景。
2. 马克思、恩格斯对三大空想社会主义者的教育思想的继承与发展。
3. 马克思关于人的全面发展的教育思想的主要观点。

参考文献

1. 马克思,恩格斯.马克思恩格斯全集:第 1 卷 [M].北京:人民出版社,1956.

2. 马克思,恩格斯.马克思恩格斯全集:第 3 卷 [M].北京:人民出版社,1960.

3. 马克思,恩格斯.马克思恩格斯全集:第 33 卷 [M].北京:人民出版社,1973.

4. 张健.马克思主义教育思想研究[M].北京:教育科学出版社,1989.

5. 王焕勋.马克思教育思想研究[M].重庆:重庆出版社,1988.

6. 滕大春.外国教育通史:第三卷[M].济南:山东教育出版社,1990.

7. 许耀桐.新世界的思想——空想社会主义分析[M].武汉:华中师范大学出版社,1995.

8. 施茂铭,林正秋.莫尔和他的乌托邦[M].北京:商务印书馆,1964.

9. 吴易风.空想社会主义[M].北京:北京出版社,1980.

第四编

现代教育

第二十三章

20 世纪前期欧美教育革新运动

　　19 世纪末 20 世纪初,西欧一些国家和美国产生了各种新的教育思潮,兴起了一次影响广泛的教育革新运动。19 世纪末西方主要国家工业经济的迅速发展,新的科学技术广泛应用,使社会生活面貌也发生了巨大的变化,但工业化也带来了一系列的社会矛盾,人们试图通过教育来解决当时所面临的社会问题,实现社会的改造和重建。因此,教育革新运动也成为当时欧美国家社会改革运动的重要组成部分。欧洲近代以来自然主义教育思想的发展,特别是卢梭教育思想的广泛传播,以及普及初等义务教育的实施,使欧洲传统教育制度和教育思想发生了根本性变化,促使人们对学校教育体制、内容以及方法进行反思和批判,使儿童中心的理念开始变为教育中的现实。

　　19 世纪末 20 世纪初期的教育革新运动涉及的内容十分广泛,一系列的教育研究和教育实验在欧美各国广泛开展,儿童特性的研究受到重视,世界教育的发展开始进入一个新的阶段。许多教育家广泛地进行新的形式、内容和方法等实验,试图使学校教育适应新时代的要求。这场运动在欧洲被称为"新教育运动",在美国被称为"进步主义教育运动"。[①]

第一节　欧洲新教育运动

　　"新教育运动"(New Educational Movement)是 19 世纪末 20 世纪初在欧洲兴起的教育改革运动,通过建立不同于传统学校的新学校进行新教育实验,以反对传统教育、提倡发展儿童自由个性与活动能力为特征,亦称"新学校运动"。新教育运动初期的代表人物有英国教育家雷迪、德国教育家利茨和法国教育家德莫林等人。进入 20 世纪,新教育运动的代表人物有瑞典的爱伦·凯、比利时

---

　　① ［澳］W. F. 康纳尔. 二十世纪世界教育史［M］. 孟湘砥,胡若愚主译. 周定之,张文庭校. 长沙:湖南教育出版社,1991:208.

的德可乐利、意大利的蒙台梭利等人。

一、新教育运动的产生与发展

新教育开始于19世纪80年代末的英国。1889年英国教育家雷迪(Cecil Red-die,1858—1932)在英格兰创办阿博茨霍尔姆(Abbotsholme)乡村寄宿学校,被看作是欧洲新学校的典范,标志着新教育运动的开始。以后新学校扩展到德国、法国、瑞士、比利时、荷兰和奥地利等欧洲其他国家,形成了广泛的新学校运动。

1912年,瑞士教育家费利耶尔(A. Ferriere)在瑞士成立了国际新学校事务局,作为各国新学校互相联络的中心。到1913年,加入这一组织的新学校有100余所。1914年,新学校运动传入美国。之后,欧洲新教育运动与美国进步教育运动开始合作与交流,并发展成为一种具有多种形式和共同基础的国际教育革新运动。1915年,费利耶尔撰文总结新学校的基本经验与理论原则,共30条,包括学校应有优美、舒适的自然环境与设备,注重学生生活、学习的自治制度,设置发展学生双手能力的手工劳动课程,注重体育,培养学生智力并发展学生的内心道德等,为新教育理论体系的形成奠定了基础。

第一次世界大战后,新教育运动进一步发展。1921年在法国加莱成立了新教育联谊会(New Education Fellowship,简称NEF),并出版杂志《新时代教育》(*Education for the New Era*),宣传新教育理论。每位订阅杂志的人即为联谊会的会员。20世纪20年代,新教育联谊会重点关注的问题是在学校中推行儿童中心的教育理念,强调活动以及儿童个人自由而完善的发展。1922年颁布了新教育联谊会章程,提出了新教育的七项原则,即增进儿童的内在精神力量;尊重儿童个性发展;使儿童的天赋自由发展;鼓励儿童自治;培养儿童为社会服务的合作精神;发展男女儿童教育间的协作;要求儿童尊重他人与民族,保持个人尊严等。这七项原则实际上成为新教育运动的国际宣言。

新教育协会的章程、宗旨随着世界经济、政治形势的发展变化而不断修订。随着1929年世界经济危机的爆发以及纳粹势力在德国的逐渐发展,1932年新教育协会章程强调通过教育改良社会的要求,提出教育应使儿童领会当时社会和经济的复杂性。1943年,新教育协会通过《儿童宪章》,突出所有各阶层儿童均应有权平等享受义务教育,以符合世界性普及教育的要求。1966年,新教育联谊会改名为世界教育联谊会(World Education Fellowship,简称WEF),标志着新教育运动作为一场运动的终结。

二、新教育运动的主要教育活动与教育理论

1. 建立新型乡村寄宿学校

1889年,英国人雷迪始创阿博茨霍尔姆新学校,学校招收对象是11~18岁

的男生。办校宗旨是将上层社会儿童培养成智力、能力、体力、手工技巧和敏捷性均得到发展的完善的新人，新学校必须是一个真实的、实际的，儿童能在其中发现自己的小世界，教学工作须与实际生活结合，智慧的发展须与体力发展结合。① 因此，学校生活分成三个部分：上午主要是学术活动，学习功课；下午是体育锻炼和户外实践活动；晚上是娱乐和艺术活动。学校为学生开设了包括体育活动和手工劳动、艺术、文学和智力、社会教育、宗教和道德教育等方面的课程。

1893年，雷迪的同事巴德利（J. H. Badley）在英国南部苏塞克斯建立了贝达尔斯（Bedales）学校，学校实行男女合校，注重培养学生的创造力，更关注教学过程，学校管理也更加民主，该学校受到广泛的欢迎。

法国的新教育拥护者德莫林曾先后参观雷迪和巴德利的新学校，深受新教育思潮的影响，认为英国新教育的特色在于其教育内容较广泛，教育方法较自然；新学校的建立给英国带来了益处。针对法国当时盛行的古典主义教育只偏重讲授古代语言、忽视传授现代知识和培养实际能力、缺乏体育训练的倾向，1898年，德莫林参照贝达尔斯学校和阿博茨霍尔姆新学校在巴黎近郊开办了法国第一所新学校——罗什学校。该学校充满了快乐、自由的空气，有工场的作业，突破了法国浓厚的古典教育传统。该学校把新教育思想付诸实践，引起社会关注，许多人纷纷效仿。

德国人利茨（H. Lietz，1868—1919）被看作是德国乡村教育之家运动的奠基者。1889年，利茨访问英国雷迪的阿博茨霍尔姆新学校，并在校任教1年。1898年，他在伊尔森堡开办新学校，称农村寄宿学校，此后在豪宾达和比贝尔斯泰因建立2所新式的农村教育机构。利茨主张应让富裕家庭的子弟在新学校受到多方面的训练，成为企业和国家机关等方面的未来领导者和活动家。② 这些学校设置于风景优美的乡村，设有寝室、膳厅、会场、工场、田园等。学生寄宿学校，师生过家庭式的生活，教师绝不对学生作过分的强制命令、训斥和责难；学生分成小组进行学术、体育和艺术活动，并参加农业、手工业劳动以及实际工作，每天约有5小时的学术活动，5个小时的体育活动和手工劳动。利茨的教育活动促进了德国乡村教育运动的发展，德国先后出现了以他的学校为模式的许多新学校。

乡村寄宿学校的建立尽管还存在一定的局限性，如受教育对象的有限性，主要是面对社会上层子弟，规模小，收费高等，但它使欧洲的传统教育开始出现新的转机，使学校具有了新的活力，新教育的理念开始在欧洲的学校教育实践中展现出来。

2. 德可乐利的教育思想

---

① 滕大春.外国教育通史：第五卷[M].济南：山东教育出版社，1993:231.
② ［澳]W. F. 康纳尔.二十世纪世界教育史[M].孟湘砥、胡若愚主译.周定之，张文庭校.长沙：湖南教育出版社，1991:221.

德可乐利（Ovide Decroly，1871—1932）是比利时医生、心理学家、教育家。1901 年,他在布鲁塞尔创办变态儿童研究所,研究低常儿童的心理和教育问题,1903 年任布鲁塞尔市特殊教育督学。1907 年,德可乐利在布鲁塞尔市郊创办著名的"修隐学校"(又称"生活学校"或"德可乐利学校"),将其教育方法应用于正常儿童。

德可乐利对当时流行的学校教育提出批评,指出传统的学校教育过于重视学术性,没有很充分地适应儿童的年龄、能力和兴趣;学习的科目相互关联小,不能为学生所掌握;学生用在知识学习上的时间和努力过多,而花在表达上的太少。他强调应在生活中进行为生活预备的教育,并组织适合儿童发展倾向的环境,提供适当的刺激。因此,他关于教学的基本设想是将班级分解为能力小组,施行主动的、个别化的、适合儿童需要和兴趣的学校课程。

德可乐利将兴趣作为教学的基础,课程论思想以"兴趣中心"为其重要特征,提出学校需要注意培养儿童的自制力、创造力和合作能力,主张课程应以儿童的需要为根据,在食、宿、防御和工作 4 个范围内组织教学过程。他认为,人有四种原始的需要:供养自己、保护自己免遭自然力的伤害、防卫自己对抗危险和各种敌人以及活动的需要。与这些需要相联系,有四种主要的兴趣,即食物、躲避自然灾害、防御敌人以及劳动和相互依赖。① 德可乐利的课程论突破了传统的分科体系,把课程分为关于个人的知识和关于环境的知识两大类,再与属于环境的知识如家庭、社会、动物、植物、矿物、天时和气象等联系起来,组成教学单元,逐年学习。

他把教学过程分为三个阶段:观察、联想和表达,其中表达是最重要的一个步骤。观察练习在于收集第一手资料并予以理解,使儿童获得直接经验;联想是根据儿童的好奇心,把直接的经验加以综合、分类和比较,并为概括打好基础;表达的目的在于帮助巩固前两个阶段所学习的内容,可分为具体和抽象两种形式,前者包括制图、图画、剪纸,后者包括读书、谈话、写字、拼音、作文等。

德可乐利的教学方法增加了许多有用的知识与技能,大大激发了学生的学习和生活热情。他的方法也具有一定的普遍性,既适用于富裕阶层,也适用于普通学生。德可乐利的教学法得到了比利时政府的重视,被引入国立学校,同时也受到其他国家的重视。

3. 爱伦·凯的教育思想

爱伦·凯（Ellen Key，1849—1926）是瑞典女作家、新教育运动的倡导者之一。她 1900 年发表的代表作《儿童的世纪》被视为新教育的经典作品。爱伦·凯毕生从事写作和社会宣传活动,关注妇女解放和儿童的权利及其教育问题。

① 赵祥麟.外国教育家评传:第二卷[M].上海:上海教育出版社,2003:576.

她要求保护母亲和儿童，提出劳动妇女分娩前后要免除劳动；妇女应争取选举权，应为尽母亲的职责而提高自我发展的能力。

爱伦·凯重视家庭教育的作用，认为家庭和谐诚挚的气氛、父母高尚生活的榜样，是对儿童最好的教育。爱伦·凯尖锐地批判家庭和学校教育中不顾儿童年龄特征，强迫儿童屈从成人的意志，限制其兴趣与活动等弊病。爱伦·凯宣传和倡导自由教育，主张按照卢梭的自然教育原则改革教育，任儿童善良的天性自然发展，培养富于创造精神的新人，主张建立以儿童为中心的理想学校。她认为理想的学校应该废除班级制度、教科书和考试，让气质兴趣相近的儿童组成小组，自选图书进行自学。学校应设立手工场，便于儿童开展多种活动，发展能力。她强烈反对体罚儿童，认为成人和教师应该依靠大脑而不是手臂去教育儿童，应该在观察研究儿童的基础上探索科学的新教育方法。教师的任务在于创造适宜的环境，让儿童通过充分的自由活动获得经验，得到发展。

三、新教育运动的特点与影响

新教育运动促使人们对西方教育传统进行全面反思，推动了人们对教育现象的重新认识，新教育家们的教育理论和实践探索，使欧洲教育开始出现新的特征。其一，新教育运动使欧洲教育呈现出自由和民主精神，逐渐在学校教育中确立了儿童的中心地位。新教育运动强调通过自由的教育发展儿童内在的潜能，强调尊重儿童及其个性，给予儿童充分的自由，鼓励儿童自主地活动、自发地学习；反对体罚，强调培养民主、自由、合作的观念和儿童的责任心及进取心；强调学校中师生关系的平等，改变教育中的教师权威主义，培养学生的独立精神和独立人格。其二，在教学中尊重学生的身心发展规律，以经验和兴趣为教学的基础和依据。针对传统教育中知识中心、书本中心的弊端，新教育运动强调生活教育，注意研究学生的兴趣和需要，教学中提倡以儿童的个人经验为教育的基础，通过多方面的教育来促进儿童的全面发展。在教学方法上强调通过环境进行教育，重视使儿童受到自然界的感化，重视儿童兴趣与思维能力的发展。其三，强调学生的社会适应性。新教育运动强调"活动"和"劳作"，注重体育、手工劳动、近代语言和农业工艺园艺活动等课程的教学。学校的自治也谋求培养学生组织社会生活的能力，从而培养具有科学、民主和自由精神的全面发展的现代新人。其四，注重科学方法和精神。新教育运动将科学方法应用于教育本身的研究和实验，在教育和教学中鼓励和强调教师、学生使用科学方法进行教学活动。

新教育运动构成了 20 世纪西方教育发展的重要起点，为现代教育的改革提供了新的模式和思路，对 20 世纪欧美国家的教育发展产生了广泛而深刻的影响。但新教育家们思想的重点在于儿童个人的发展，所注重的主要是精英教育而非大众教育，并且始终未能解决好教育过程中的一些基本问题，如儿童主动性与教师工作的矛盾、自由和纪律的矛盾以及发展个性与社会合作的矛盾等。这些问题也是现代教育需要解决的。

第二节　美国进步主义教育运动

美国进步教育运动亦称美国进步主义教育运动,是 19 世纪末美国出现的教育革新运动,是美国南北战争后发展起来的社会改革运动的组成部分。其理论源自欧洲历史上的教育思想,尤其是受到了卢梭、裴斯泰洛齐、福禄培尔的影响,也受到了现代科学尤其是生物科学和进化论的影响。进步教育运动反对当时美国沿袭的欧洲形式主义课程,因循守旧的教材教法、繁多的清规戒律和教育与生产严重脱离的倾向。进步教育运动关心普通民众的教育,注意学校的民主化问题,强调教育与社会生活的联系,重视"从做中学"。

一、进步教育运动的发展历程

19 世纪 70 年代至 20 世纪前 10 年,是进步教育运动的兴起阶段。在这一时期,一批有创新思想的教育家,分别创办了一批以改革旧教育为宗旨的实验学校。以帕克及其昆西教学法、杜威和芝加哥大学实验学校、约翰逊及其有机教育学校等影响最大。其中帕克被尊为"进步教育之父"。杜威父女在《明日之学校》中总结进步学校的共同特征为:注重保持学生智力发展与身体健康之间的和谐;采用活动教学法,努力使学校为现实生活服务;把兴趣作为教育的出发点,促进学生对民主的认识,以培养他们的社会责任感等。

20 世纪 20 年代开始,各种进步学校大量建立,进步教育运动对美国整个学校教育产生了影响。1919 年,美国部分进步主义教育家在华盛顿成立了进步教育协会(Progressive Education Association,简称 PEA),美国安纳波利斯海军学院的一位教师科布(S. Cobb)担任该协会第一任主席,标志着进步教育进入一个新的发展阶段。1920 年,协会提出了"进步教育七原则"("改进初等教育七原则"),并创办《民主的园地》和《进步教育》两种期刊来宣传进步教育理论,介绍欧洲的教育改革实验。

与欧洲新教育运动一样,由于受到 1929 年资本主义世界经济危机的影响,进步教育运动的重心在 30 年代后发生了变化,开始强调学校的社会责任和教育在社会改造中的作用。30 年代后期,进步教育运动达到鼎盛期。进步教育协会会员最多时达万余人,影响极大。[①]

---

① 　L. Dean Webb. The History of American Education: A Great American Experiment [M]. New Jersey: Pearson Education Inc. ,2006:231.

第二次世界大战后,进步教育运动因为被认为降低了知识质量而屡遭非议,并急剧衰落。1955 年,进步教育协会解体;1957 年,协会会刊《进步教育》停刊,标志着美国进步教育的终结。

二、进步教育运动的主要活动与理论

1. 帕克的昆西教学法(Quincy Plan)

帕克(F. W. Parker, 1837—1902)是美国教育家、进步教育运动的先驱。1901 年任芝加哥大学教育学院首任院长。1875—1880 年任马萨诸塞州昆西市教育局长,领导和主持了昆西学校实验,创造了闻名全国的昆西教学法,是美国进步教育的早期模式之一。[①] 1883 年,帕克任芝加哥库克县师范学校校长,继续在昆西的教育改革实验,进一步发展了昆西制度。

帕克在昆西学校的实验对学校课程进行了改革,主张以儿童为教学过程的中心,教师的任务应该是提供必要的和适当的条件,使课程适应学生个性发展需要。他废止了旧的教学计划,将学习的内容与儿童的日常生活相联系,围绕一个核心安排相互联系的科目,注重各科间的相互联系并采用报纸、杂志、活页读物来代替教科书,增设科学、艺术、音乐、手工、体育和图画及郊游,强调培养学生的自我发现和不依赖课本的主动学习能力。昆西教学法重视学校的社会作用,强调学校应成为理想的家庭、完善的社区和民主政治的雏形。

帕克的昆西教学改革反对传统学校的机械教学方法,被认为是美国教育史上的新起点,到昆西参观者络绎不绝。其教育思想与教育改革经验成为霍尔和杜威教育思想的直接源泉之一,被誉为"进步教育之父"。

2. 约翰逊的有机教育学校(Organic School)

约翰逊(Marietta Johnson,1864—1938)是美国女教育家,进步教育协会的创始人之一,以创立有机教育学校而闻名。约翰逊 1907 年在亚拉巴马州的费尔霍普创办了费尔霍普学校(Fairhope School),以卢梭的自然教育为基本思想进行教育改革实验。该校是早期进步学校之一,被看成是儿童中心学校的一个典型。杜威在其著作《明日之学校》中赞誉该学校是"把教育看作自然发展的一个实验"。

约翰逊深受卢梭的影响,认为学校以顺应儿童的自然生长为宗旨,提倡有机教育,所以该学校被称为"有机学校",[②]试图使儿童的有机成长与保证其达到成人能力的一般要求相协调。

---

① John D. Pulliam,James Van Patten. History of Education in America [M]. New Jersey:Prentice Hall, 1995:102.

② [澳]W. F. 康纳尔. 二十世纪世界教育史[M].孟湘砥,胡若愚主译. 周定之,张文庭校. 长沙:湖南教育出版社,1991:212.

有机学校的特点是:不是让学生为遥远的未来做准备,而是注重、关心儿童现在的生长,强调不得桎梏儿童的兴趣及能力的发展,为儿童提供每个发展阶段所必需的作业和活动;教学中强调儿童的兴趣,尊重儿童的人格,顺应其自然发展,学校不分年级,只是根据学生年龄分组;按其需要安排教学过程,废除背诵、指定作业、考试、升留级等制度,教师成为辅导者而不是主导者;在教育中引进各种手工作业和活动,8、9岁前学习体操、音乐、手工、常识,进行感觉训练;8、9岁后增加阅读、地理、数学等课程;随着年龄的增长,课程也相应增加;为了适应社会生活的需要,学校也注重培养学生的社会意识,注重培养学生的利他精神、坦率性格和创造性等品质。

有机教育学校通过有机教育,以学校机构的形式发展和实践了卢梭的思想。受其教育原则和方法的影响,同类学校在美国各地兴起。

3. 沃特的葛雷制(Gary System/Plan)

葛雷制亦称"双校制"(Two School System)、"二部制"(Two Platoon Plan),是美国进步教育运动中出现的一种教学制度,由美国教育家沃特(William Albert Wirt,1874—1938)于1908年在印第安纳州葛雷市创立。沃特是杜威的学生,早在印第安纳州布鲁弗顿任督学期间就积极倡导进步主义教育思想,1907年,沃特被印第安纳州葛雷市教育委员会聘为督学后正式开始推行葛雷制。

沃特的葛雷制以杜威的"教育即生活"、"学校即社会"、"做中学"等教育观为理论依据,自称其学校为"工读游戏学校"。他把学校分为以下几个组成部分:体育运动场、教室、工厂和商店、礼堂。学校的课程就是具有社会性质的作业:一是游戏与运动;二是知识的研究;三是商店及实验室的特殊工作;四是校内外的团体活动。[①] 这些课程或作业是以四种同等重要的兴趣、内容来分类组织的。为了使学生四方面均等发展,葛雷学校除教室外,增设游戏场、健身房、图书馆、科学实验室、商场、公共食堂及其他公共运动场所。

葛雷制学校最显著的特点是采用二重编制法教学,即将全校学生分成两部分,一部分在教室上课,另一部分则在体育场、图书馆、工厂、商店以及其他公共场所进行活动,上下午对调。废除寒暑假和星期日,活动场所昼夜开放。学校采用二重编制法的原因主要是由于当地钢铁工业的发展,工人大量增加,学校容纳不了众多的学生;公立学校的学生多是工人子弟,读完小学或中学就去就业,升入大学者很少。沃特的措施解决了葛雷地区学校少、供不应求的矛盾,从而为更多的学生提供了入学受教育的机会。

葛雷制学校在第一次世界大战期间受到社会的关注,到1929年,已经被美国200多个城市采用,成为进步学校影响最广泛的一种形式。杜威父女在合著

---

① 滕大春.外国教育通史:第五卷[M].济南:山东教育出版社,1993:349.

的《明日之学校》中以较大的篇幅介绍了这一制度。

4. 帕克赫斯特的道尔顿制(Dalton Plan)

道尔顿制亦称道尔顿实验室制,是美国进步教育中出现的一种有影响的教学制度,由美国教育家帕克赫斯特(Helen Parkhurst,1887—1973)创立。帕克赫斯特1911年在华盛顿州塔科马的爱迪生学校任教时为8～12岁儿童拟订了一个教育实验室计划,但未付诸实施。1915年,加利福尼亚州首次实验了该计划。1919年,帕克赫斯特将该计划介绍给纽约伯克夏残疾儿童学校校长克兰夫人试行。1920年,该计划在马萨诸塞州道尔顿城的道尔顿中学实施,不到一年,效果显著。帕克赫斯特遂将其教育计划命名为"道尔顿实验室计划"。

道尔顿制主要是针对传统的班级授课制的缺点而提出的,它强调儿童自由、师生合作,注重个别差异及独立工作能力的培养。该计划的特点表现为:(1)将教室改为各科作业室和实验室,按照学科性质陈列参考用书和实验仪器,供学生学习之用,每个作业室配有该科教师一人,作为顾问来指导学生。(2)教学以公约或合同的形式进行,废除课堂教学、课程表和年级制。把各科学习内容制成分月的作业大纲,规定应完成的作业。学生与教师订立学习公约后,即按自己的兴趣,自由安排时间,在各作业室自学。学生学习的进程分别由教师和学生记入学习进度表内,学习进度快的学生可提前更换学习公约,毕业年限也随之缩短。(3)教学中重视培养学生的社会意识,重视师生之间、学生之间的合作。

道尔顿制产生后在英国、苏联进行了大规模试验。20世纪20年代传入中国,在部分中小学试行。但由于过于强调个别差异,对教师要求过高,在实行中易形成放任自流等问题。

5. 华虚朋的文纳特卡计划(Winnetka Plan)

华虚朋(Carleton Wolsey Washburne,1889—1968)是美国教育家,进步主义运动文纳特卡计划的主持人。1939—1943年为伊利诺伊学区文纳特卡镇的负责人,并进行教育实验。1939—1943年任美国进步主义教育协会会长。

文纳特卡计划也叫文纳特卡制(Winnetka System),主要特点是提倡教学个别化,学校社会化,使学校的教学适应儿童的个别差异。[①]该计划把课程分为两个部分,一部分是共同知识或技能(包括读、写、算等学科)。通过个别教学,以学生自学为主,按学科进行,教师给予学生适当的个别辅导。要求每个学生按照自己的实际能力拟订学习计划,学习按计划进行,并在其工作簿上记录其学习进展情况,最后通过考试来检验学习结果。另一部分是由文化的和创造性的经验组成,目的是加强各年龄的儿童之间的联系,培养学生的社会意识、合作精神。该部分是以小组为单位开展活动或施教。这部分课程没有确定的程序,也没有

---

① 滕大春.外国教育通史:第五卷[M].济南:山东教育出版社,1993:343.

考试,随机进行。

文纳特卡计划强调基本知识、技能在儿童个性发展中的作用,重视儿童自我教育能力、社会合作意识的培养,弥补了道尔顿制课程计划缺乏科学性的缺点。该计划在20世纪30年代后迅速在美国传播,对世界很多国家的教育产生了一定的影响。

6. 克伯屈的设计教学法(Project Method)

设计教学法是在美国进步运动中推行的一种教学制度。1918年,美国教育家克伯屈(W. H. Kilpatrick,1871—1965)发表《设计教学法》,对此方法进行了系统归纳和阐述。克伯屈被认为是设计教学法的代表人物。

克伯屈强调教育应积极地帮助改造生活,教育的目的在于发展完善的人格,教育制度应适于现实生活的变化,主张废除传统的班级授课制,取消分科教学和教科书,建立一种以生活和实际经验为中心的新学校,让儿童根据自己的兴趣决定学习的目的和内容,在自己设计、自己负责实行的单元活动中获得有关知识和解决实际问题的能力。教师的作用在于激发学生的学习动机,帮助学生选择活动所需要的教材。设计教学法是一种由学生在实践中自动、自发进行的有目的、有计划地获得完整经验的学习活动。

克伯屈把设计教学法分成四种类型:(1) 创作的设计,是为了培养学生的创造能力,指构思、建造某事物,或做一件具体工作,如工艺品的制作、科学实验、文章的创作等。这种设计活动最能体现教育的社会化,也是设计的重点。(2) 问题的设计,是为了解决一个问题,如研究阳光对植物生长的影响,鸟儿为什么会飞翔。(3) 欣赏的设计,使学生从设计活动中获得娱乐和满足,如欣赏别人的画、表演古代人的生活。(4) 练习的设计,使学生获得某一种或某一程度的技能或知识,如学习阅读、拼法、书写和算术等。① 这四种设计的分类并不固定,一个具体的学习单元通常可以包含两个或两个以上的设计。按照学生的人数,也可以把设计分为个别设计和团体设计;按照学科的范围,也可分为单科设计、合科设计和大单元设计。

设计教学法的过程由四个步骤组成:决定目的(包括引起动机)、制定计划、实施计划、评价结果。在这个过程中,主要是以学生为主,由他们自己发现材料、自己学习,教师的作用主要体现在指导和决定环节上。可见,设计教学法充分发挥了儿童的主动性和积极性,使儿童成为学习的主人;同时重视教学中的社会和道德因素,加强了教学与儿童实际生活的联系,培养儿童的合作精神。

设计教学法产生后在美国迅速传播,对各国的初等教育产生了重要影响。20世纪20年代传入中国,曾在一些小学流行。但设计教学法过于强调根据儿

---

① 赵祥麟.外国教育家评传:第二卷[M].上海:上海教育出版社,2003:754.

童的经验来组织教学,使系统知识的学习受到了影响。

第三节　欧美实验教育学

实验教育学是19世纪末20世纪初产生于德国,并在欧美国家广泛传播的一个理论流派,它主张用实验法研究儿童身心发展及其教育,并强调从实验结果中寻找教育的途径和方法。它的主要代表人物有德国的梅伊曼和拉伊、法国的比纳、美国的霍尔和桑代克。

实验教育学的产生首先同实验心理学的诞生紧密相关。19世纪后半叶,科学已经从对自然的研究扩大到运用科学实验的方法对人进行研究。1879年,德国心理学家威廉·冯特在莱比锡大学创建了世界上第一个心理学实验室,实验心理学的形成和发展为实验教育学提供了科学的基础和实验方法。实验教育学也从实验生理学以及其他自然科学的研究成果中汲取养料。

实验教育学的产生也同当时教育工作中的迫切问题有关联,即学习负担过重造成了学生生理上和心理上的危害,精神疲劳现象成为教育界的一大公害,教育工作者希望从生理学、心理学中寻找解决问题的途径和依据。实验教育学是作为传统教育的对立物而出现的,它批判旧教育注重逻辑推理和抽象思辨的方法,试图解决旧教育中存在的问题和弊端。

实验教育学提倡借助实验和观察等手段研究儿童,努力将教育学建立在自然科学的基础上,获得了一定成果,促进了教育科学的发展,为新教育提供了重要的理论依据。但实验教育学片面强调儿童的生物性,过分考虑教育的自然科学化而忽视了人的社会性,简单地照搬自然科学的方法,带有较大的主观性。

一、梅伊曼和拉伊的实验教育学

梅伊曼(Ernst Meumann,1862—1915)是德国教育学家、心理学家,实验教育学的创始人之一。他曾在莱比锡大学跟随冯特学习实验心理学。1901年首次提出"实验教育学"名称,首次系统地论述了实验教育学的性质、方法、研究范围和任务。1905年与拉伊合作,共同研究实验教育学,创办《实验教育学》杂志,主要著作是《实验教育学讲义》。

梅伊曼批评以往的教育学是一种概念和规范的学科,而缺乏精确的依据,最根本的缺陷在于缺乏科学的方法,未用经验科学的实验方法进行严密的论证。梅伊曼在研究方法上提出将教育学建立在实验研究的基础上,在心理实验室的环境中,由心理学者而不是教师进行实验和研究。他主张借助生理学、解剖学、精神病学以及实验心理学的研究成果与方法对儿童的生活和学习活动进行实验研究,得出符合科学根据的教育原理,防止按照逻辑推理和偶然性的经验作为教育工作的指导方针。他认为实验教育学的主要价值在于使每个教育工作者了解教学方法和措施的根据所在,而不是罗列教育研究成果,或规定教育和教学准则。

梅伊曼主张把教育学由教育者的科学改造成为受教育者的科学,提出实验教育学的研究范围是:儿童身心发展的特征;儿童心理的各组成部分,如感知觉、想象、记忆等方面的发展情况和特点;儿童的个体差异及天才儿童的特点;儿童在学校教育中的身心疲倦程度;教学方法问题、教师工作及学校制度的合理性等。研究的目的是为了改进传统教育的不足,使教材、教法心理化,使教学活动个性化,研究如何创造在学习上费力少而收效多的条件,使"学习经济化"。

他认为教育学实质上由两部分组成,一部分的主要职能是描述和说明,可由实验进行普遍证实;另一部分是教育学的组织方面,难以用实验的方法加以验证,所以不属于实验教育学的研究范围。实验教育学研究的是包含在教育过程中的项目,研究人员应该主要是受过训练的实验心理学家,研究的主要场所是心理学实验室。他认为只有在心理实验室获得的研究成果才是最有价值、最可靠的。实验教育学的具体要求可能因时、因地而有所不同,但是当教育目的确定后,也应当制定相应的具有普遍的适用性的规范,采用合适的方法。

梅伊曼强调以观察和实验为主的科学方法,来探求教育和教学的方法和途径,从而推动教育的科学化。他所提倡的实验方法对纠正从理论到理论的教育研究方法,对教育科学的发展起到了促进作用。但他单纯强调实验教育学只能处理可由实验验证的具体事实,反对建立完整的教育学体系。

拉伊(Wilhelm August Lay,1862—1926)是德国教育家,实验教育学创始人之一。他于 1876 年进入巴登首府卡尔斯鲁厄第二师范学校学习,毕业后在弗来堡的一所女子小学校任教,后进入弗来堡大学学习。1893 年回到母校卡尔斯鲁厄第二师范学校任教,后又任该校校长。主要著作有《理科教学法》(1892)、《实验教育学》(1903)、《活动学校》(1911)。拉伊在其《实验教育学》一书中对该学科的性质、意义和研究方法进行了阐述。他主张用实验、统计和比较的方法来补充旧有的研究方法,使教育学的研究方法更加丰富和严密,并对教育实验、学校课程和教学方法提出具体建议。①

与梅伊曼一样,拉伊认为旧的教育学以知觉、内省的观察和对别人的观察为依据,是片面和矛盾的。他强调教育实验在建立教育理论过程中的重要作用,主张以严密的观察、统计和实验进行教育研究,建立实验教育学和实验教学法。他把实验教育学看作旧教育学的扩充与严密化,是一种完整的教育学。

---

① [澳]W. F. 康纳尔. 二十世纪世界教育史[M]. 孟湘砥,胡若愚主译. 周定之,张文庭校. 长沙:湖南教育出版社,1991:177-178.

拉伊认为实验教育学应该建立在生物学、哲学的基础上,他把教育学分为三个部分:一是个体教育学,以个人的素质和禀赋为研究对象;二是自然教育学,以自然的影响以及生活的自然方面为研究对象;三是社会教育学,研究人类社会与教育的关系。但他又认为三者没有明显的分界,因为个人与其自然与社会生活构成一个相互关联的整体,只是在分析影响教育产生的原因时,才从三个方面去考虑。

他批评传统学校的课程不给儿童表现和活动的机会,认为活动和表现是教育的基本原则,注重活动在教育过程中的价值,主张通过活动进行学习,通过表现实现自我的发展。他期望以"在做中学"为基本原则建立活动学校,活动学校的目标是求得学生的自我发展,应当用活动、表现、建设和创造来代替被动、接受和吸收的教育。他尤其重视活动性课程在教学中的地位,将活动训练作为教育、教学的主要内容。他认为学校即生活,学校中的教学是社会生活的一部分。活动学校乃是以身体和心理活动为基础而进行教学的学校,活动学校的教育应当依据儿童的生活领域而逐步扩大。因此,他主张在学校活动中遵循活动的历程和社会的文化领域的构成来确定课程体系,进行六种教育:卫生的教育、经济的教育、科学的教育、艺术的教育、伦理的教育、宗教的教育。

他强调教育实验与教育实际的密切联系,实验教育学的目标是根据生物学、社会学以及道德学的定律和规范来解决教学上和教育上的问题。他认为教育实验应该包括三个阶段:(1)假设的成立,在旧教育学中作为最终产物的原则和原理,在实验教育学中则作为最初的假设,有待于用实验验证其真伪;(2)根据假设制定实验计划,由有实践经验的教师进行实验;(3)在实际上证明所得结果的准确性。对实验所获得的知识加以选用,以进一步检验实验结果是否正确。他期望在教育理论和教育实践中,打破陈旧的方法,引入实验心理学的方法,并在正常的学校环境(教室)中进行;重视学校、教师在教育实验研究中的作用和意义,主张教师参与心理学家、医生和人类学家的研究。

二、霍尔、桑代克的实验教育思想

1. 霍尔的实验教育思想

霍尔(Granville Stanley Hall,1844—1924)是美国儿童心理学家、教育家。1892—1900年任美国心理学会会长。其对儿童心理和教育的研究引起社会的瞩目和反响,形成了儿童研究运动。他本人被誉为"儿童研究之父",对美国进步主义教育运动的形成产生了重要影响。其代表著作有《儿童的生活和教育》(1907)、《青年心理学》(1914)。

霍尔是达尔文生物进化论的崇拜者和宣扬者。他从生物进化论解释人的心理发展,提出复演的理论,认为个体发生、发展的过程是一个重演种系发生、发展的过程。个体的进化不仅表现在身体上,也表现在心理上。个体发展的动力来自种族祖先的遗传。人类儿童期反映人类的远古时代,少年期是中世纪的复演,青年期是比较新近的祖先的特性的反映。所有人类的和前人类的古代生活的残留,都存在于今日。关于这方面的知识是理解当前人类日常生活必不可少的,也是理解教育问题以及其他领域的意识进化问题所必不可少的。①

霍尔指出真正的教育须遵循复演顺序,适应儿童在发展的不同时期所表现的不同需要,允许儿童在发展过程中依次出现的各种活动本能充分展现出来。他据此提出游戏复演理论,认为游戏是最好的伦理学校,它能锻炼人的头脑和躯体,可以引导本能向健康方向发展。儿童在游戏中复现古代人类的生活和年代久远的文化,是以简单而游乐的方式演示先人参加生产和生活,很有教育意义,也很富有兴趣。游戏是儿童为本能所驱使而体现的无目的的活动。他反对把儿童关在屋内静坐或死读书,主张遵循个体发展的特点,对儿童进行自然教育。教育工作者应当研究和利用这种游戏,作为引起儿童接受教育的动机。

霍尔是问卷法的热心提倡者和实践者,并使之成为研究儿童心理发展的一种方法。霍尔使用问卷法的具体方法包括两个方面:一是直接让被试回答问卷;二是通过教师和父母收集资料。在他的影响下,问卷法在儿童研究中盛行一时,美国内外纷纷成立用问卷法研究儿童的团体和协会。

霍尔的教育理论强调了夸美纽斯提出的适合儿童学习年龄阶段的主张,支持了卢梭关于教育顺应自然的观点,是美国第一个试图把发展心理学运用到教育领域的人,被赞誉为美国教育心理化的前锋,为欧美教育革新运动提供了理论依据。他将中学教育划分为初级中学和高级中学两个阶段,对美国的学制改革起到了促进作用。但其复演说错误地将个体发展史和种族发展史完全等同起来,从而引向生物决定论。

2. 桑代克的实验教育思想

桑代克(Edward Lee Thorndike,1874—1949)是美国心理学家和教育家。1899 年任教于哥伦比亚大学教育学院直至 1940 退休。主要致力于人类学习、教育及心理测验诸领域研究,是美国教育心理学的开创者。其主要代表著作有:《教育心理学》、《智力测验》(1926)、《成人的学习》(1931)、《人类的学习》(1931)、《教育之基本原理》(1932)。

桑代克认为教育是一种改变人类行为的艺术和科学,教育重在研究人与环境之间广泛的相互联系,以及一切能使人性善于适应环境的变化。但人性只是为教育提供了出发点,欲使教育达到最佳效果,必须了解人性。他认为人类各种

① L. Dean Webb. The History of American Education: A Great American Experiment [M]. New Jersey: Pearson Education Inc. ,2006:227.

本性的表现虽然千差万别，但其共同之处是生而具有异常复杂的禀赋，能对内部或外部的刺激作出反应。一切人类的活动、欲望都是对一定刺激的反应。他把人的行为和欲望分为先天和后天两类，并认为人的欲望对教育具有至关重要的意义。教育的真正目的是根据人的需要来逐渐改变人性，在善于利用各种倾向的基础上，除去有害的成分，并使合理的、正当的欲望得到满足和发展。

桑代克从动物学习的研究入手，将动物研究技术和理论应用于儿童。他用实验法研究动物心理，自己设计迷箱和迷笼进行动物学习的实验，提出了他的尝试错误的学习理论，认为动物是通过尝试错误偶然获得成功的。他把饿猫放在迷箱里，食物放在箱子外面作为逃脱的奖赏。猫为了打开门闩就必须去拉一根杠杆或一条链子。在饥饿的驱使下，猫不断地进行尝试与犯错误，最终表现出正确的行为。他根据实验认为，动物的学习就是在刺激与反应之间形成联结，联结遂成为桑代克教育心理学的核心概念，并被运用于人类的学习规律的研究上。但他重视人的本能性行为和活动，把它视为一切行为的基础。他认为本能的学习是不学而能，是先天的联结，而习惯是后天的联结。

他把学习过程看作是后天习得联结的过程，并提出了适合人类的三个定律：准备律、效果律和练习律。准备律，即个体以某种方式、途径作出反应的状态，强调有效的学习必须有良好的心理准备，要具有一定的学习兴趣或欲望，因为学习不是消极地接受知识。效果律，即情境或刺激所激起的动作、行为或反应，如果能满足需要，学习者就可学会它，反之则不能学会。他认为反应能满足需要则加强联结，否则则削弱联结。练习律，是指在符合前两项学习律的条件下，刺激与反应的重复次数越多，联结越巩固。根据这些学习规律，他认为适当的奖励与惩罚是促进学习的关键。同时在学习规律的具体实施中应考虑个别差异，学校工作应注意消除个别差异上的问题并重视就业指导。学习可以使良好的潜在基础得以充分发挥。学校的责任在于组织符合要求的情境、刺激，形成这些因素与正确反应间的联结。桑代克后来提出了学习迁移的共同因素说，对学习理论进行了修改和补充。他认为当两种机能有了相同的因素时，这一机能的变化才使另一机能也有变化。

桑代克关于学习的实验研究对教育心理学发展产生了重要影响，他对动物和人的学习行为的研究，克服了传统心理学只研究意识的弱点，重视把心理学运用于教育领域。他把人的本性及其改变的规律作为教育心理学的研究对象，确定了教育心理学的主要内容是人的本性、学习心理学和个别差异，使教育心理学成为一门独立的学科，被誉为"美国教育心理学之父"。但他在学习行为理论的研究中混淆了人类学习和动物学习的本质区别，夸大了遗传的作用，而忽视了教育和环境在形成个别差异中的作用；其研究过于重视外显行为，而忽视人的认知的因素。

三、比纳的智力测验

比纳（Alfred Binet，1857—1911）是法国心理学家，智力测验的主要创始人。1889年与生理学家布尼斯在巴黎大学创办了法国第一个心理实验室。1894年任巴黎大学教授兼心理实验室主任。1895年创办法国最早的心理学刊物《心理学年报》。主要著作有：《实验心理学概论》（1894）、《关于儿童的观念》（1909）、《智力实验研究》（1902）。

比纳认为传统教育的最大问题是对教育对象的忽视，强调应根据个别差异因人施教，把教育建立在个体心理学的基础上。他主张教育须立足于实验，进行教育测量。

1905年，比纳和西蒙根据法国教育部的要求，共同编制了第一个用以鉴别低能儿童的智力测验量表，最初发表在《诊断异常儿童的智力新方法》一文中，包括触觉、视觉、运动、识图和名词定义等各个方面，共有30个按难度递增编排而成的测验项目，主要用来测量判断、理解和推理水平。该智力测验量表分别于1908年和1911年进行了两次修订，将其中的测验项目按正常儿童的年龄分组加以编排，使之成为由单纯鉴定低能变为测验一般智力的测量工具，并引入"智力年龄"这个重要术语，使其成为比较科学、系统规范化的儿童智力发展的测验工具。1916年，美国斯坦福大学的推孟修订了这一测验，使之进一步标准化，成为世界上广泛运用的智力测验工具之一。

第四节　蒙台梭利的幼儿教育思想

蒙台梭利是西方教育史上继德国的福禄培尔之后杰出的幼儿教育家，她提倡在自由的气氛中让儿童获得发展，并且在以发现儿童为主旨的教育实践活动的基础上，构筑起自己独特的幼儿教育思想体系。她力图以生理学、心理学及医学为基础，以自然科学直接观察的研究方法，建立对正常儿童进行教育的科学的教育学。她的教育活动导致世界幼儿教育发生了根本性的变革，推动了欧美新教育运动及儿童教育的发展。

一、生平和教育活动

蒙台梭利（Maria Montessori，1870—1952）是意大利女教育家，出生于意大利安科纳省的希亚拉瓦莱镇，早年在家乡就学。1886年中学毕业后，蒙台梭利进入专门招收男生的高等技术学院学习[①]。从20岁开始，她在罗马大学学习了数

① E. M. Standing. Maria Montessori：Her Life and Work[M]. New York：New American Library，1962：23.

学、物理学、生物学和化学等课程。这期间,她的兴趣似乎转向了生物学,并决定做一名医生。蒙台梭利于 1892 年历尽重重困难进入罗马大学医学院学习,1896年以优异成绩毕业,获得罗马大学医学博士学位,成为意大利第一位医学女博士。

获得博士学位后,蒙台梭利任罗马大学附属精神病院临床助理医生。她最初从事身心有缺陷儿童的治疗工作,逐渐转向研究低能儿童的教育问题。在接触了法国医生、低能儿童教育的先驱伊塔(Jean Itard,1774—1858)和塞贡(Edouard Seguin,1812—1880)的理论后,受他们教育观点的影响,她开始从事通过感官训练医治身心有缺陷儿童的研究。塞贡的人体构造学,"成为蒙氏科学教育的根据"①,两位教育家发明的许多教具,成为蒙氏教具的雏形。

1898 年,蒙台梭利在意大利都灵的教育会议上发表了有关低能儿教育的公开演讲,引起了与会的学者和意大利有关当局的关注。此后,她受命担任国立特殊儿童学校校长。任职期间,她以极大的热情投身于低能儿童的教育工作。她采纳塞贡的方法及教具,结合自己的观察和研究结果,教育和训练学校收容的弱智儿童。她的工作取得了明显的效果,许多被人认为难以有所作为的低能儿童有了长足的进步,他们不仅熟练掌握了日常生活的一些基本技能,且语言发展正常,掌握了读、写、算的基本知识和技能,并通过了国家考试进入一般学校学习。

在诊疗、护理残疾和低能儿童的实践中,她认识到造成儿童智力缺陷的主要原因是教育问题,而非医学问题;适用于残疾和低能儿童的教育方法,亦适用于正常的幼年儿童。于是蒙台梭利开始关注正常儿童的教育问题,并把自己的研究方向确定为 3～6 岁儿童的幼儿教育领域。1901～1904 年期间,蒙台梭利重回罗马大学哲学系学习哲学、教育学、实验心理学、人类学等课程,并研究了一些欧洲近代著名教育思想家如夸美纽斯、洛克、卢梭、裴斯泰洛齐、福禄培尔等人的著作。这为其教育思想的形成奠定了良好的理论基础。

1907 年,蒙台梭利在罗马贫民区成立了第一所"儿童之家",招收 3～6 岁的儿童,开始了她的学前教育实践和研究,迈出了她教育生涯中教育正常儿童的第一步。"儿童之家"的实践获得了很大的成功,之后,又相继建立了数所"儿童之家"。

1909 年,她总结儿童之家的教育经验的专著《适用于儿童之家的幼儿科学教育方法》(简称《蒙台梭利教育法》)出版。教育实践的成功以及她的新颖的教育观,使她很快受到国内外教育界的重视。

1911 年,蒙台梭利离开儿童之家,继续从事儿童教育方面的研究工作,并先后到美国、澳大利亚、阿根廷、印度、巴基斯坦及欧洲的一些国家参观和考察,产

---

① 北京教育科学研究所.陈鹤琴全集[M].南京:江苏教育出版社,1989:88.

生了广泛的国际影响。

她的主要著作还有《教育人类学》(1913)、《蒙台梭利手册》(1914)、《高级蒙台梭利法》(1917)、《童年的秘密》(1936)、《人的形成》(1949)等。

二、教育的作用和目的

受卢梭、裴斯泰洛齐自然教育和自由教育理论的影响,蒙台梭利认为儿童作为未知力量的拥护者,具有来自本能的自发冲动,儿童不仅具有肌体,还具有一种与生俱来的内在的生命力,处在不断的生长和发展状态中。发现儿童并促进其获得最大限度的发展,是蒙台梭利幼儿教育思想的基本内核。

她认为追求自由是儿童的自然本性,是儿童心灵发展的自然倾向。对于儿童的这种天性,教育者必须谨慎地加以爱护。儿童在学会独立生活之前还不能处于完全自由的状态,有待于成人的帮助。她指出,人们面临的一个重要问题,就是他们没有意识到生命有自己的发展规律,儿童具有一个积极的精神生命,因而有意无意地压制儿童,在教育上采取了一系列错误措施。她竭力反对将儿童视为成人和教师进行灌输的容器,主张真正把儿童作为一个具有生命力的、能动的、发展的人来对待。教育的目的就是根据儿童的内在需求和天然求知欲,使每个儿童的潜能都在适合其身心特点的环境中得到自然的发展,成为具有自动性、能适应生活的人。

她十分重视遗传素质和内在生命力在儿童发展中的作用,认为儿童的天赋生命潜力在后天发展中发挥着积极作用。儿童的生长是由于其内部潜在的生命在发展,使生命力显现出来,儿童的生命就是根据遗传确定的生物学的规律发展起来的。由遗传所决定的生命力在儿童发展中具有头等地位。对儿童来说,生命力的主要表现就是自发冲动。教育的任务就是帮助儿童按生命本身的规律去发展。合格的教育工作者应该引发而不是压制这种冲动,扼杀儿童的冲动必然导致儿童身心发展受损。

蒙台梭利认为,以前人们往往认识不到儿童内心世界所蕴藏的巨大能力,常将自己的欲望和能力强加于儿童,压抑他们的本性,造成儿童的心理混乱。她称传统教育中的儿童为"被遗忘的公民","如同被针钉住的蝴蝶一样被钉在各自的座位上,钉在课桌旁,张开着他们所得到的乏味的、没有意义的翅膀,然而这种翅膀已失去了作用"。[①] 蒙台梭利呼吁:"当今绝对的需要是社会应该意识到儿童,并诚心地努力把儿童从他所在的巨大危险深渊中拖出来,儿童的社会权利必

---

① [意]玛利亚·蒙台梭利.蒙台梭利幼儿教育科学方法[M].任代文主译校.北京:人民教育出版社,1993:49.

须得到承认,这样才能为他们建设一个适宜他们需要的世界。"①为此,蒙台梭利主张教育工作者应当允许儿童按照自身的发展规律和自己的意愿自由地选择活动,教育工作者只是为他们的发展最大限度地创造条件。只有这样,才能使儿童隐藏着的巨大的能力更好地发挥出来,才能培养出改革社会的"新人"。

蒙台梭利认为,儿童的发展是个体与环境交互作用的结果,她也强调儿童早期的环境经验对以后阶段发展的重要性,尤其是对儿童智力发展的重要价值。为促进儿童的发展,必须为其提供一个良好的环境。但她认为环境在生命的现象中是第二位的因素,"它能改变,包括助长和抑制,但它从来不能创造。"蒙台梭利所说的环境是"有准备的环境",对幼儿来说,这个环境是成人为剔除儿童周围不适宜他们发展的因素而创造的:纪律严明适度,生活制度井然有序,校园及教室整洁美观,教具、教材及其他设备适合儿童发展。蒙台梭利的"儿童之家"可以说是她为我们树立的"有准备的环境"的典范,在"儿童之家"里,一切以儿童身心发展为中心,教师通过环境提供儿童身心发展的一切需要,到处充满自由、快乐与爱,儿童能按照自己的内在规律自由发展。

三、儿童观

蒙台梭利在儿童本质的问题上,抨击了当时传统教育不顾儿童的本性、忽视儿童的精神需要、将教育强加于儿童身上的做法,提出教育要依据人的天性,要尊重儿童的发展规律,提倡树立新的儿童观。蒙台梭利的新儿童观主要包括以下方面。

1. 儿童是独立存在的个体

蒙台梭利认为:儿童不仅是一种生物体的存在,更是一种精神的存在,自他们一诞生,就成为与众不同的个体;同时,儿童也不是成人的缩影,他们并不像我们想象的那样无助和被动、那样地依赖成人。在传统教育中,人们还认为儿童的心智空空如也,毫无规律可循,儿童的生活只能经由成人的教学得以改善;儿童的心灵有懒惰和堕落的趋势,成人应该不断地纠正和引导他们;儿童也无法控制自己的动作,成人应该包揽一切而不考虑他们独立完成的可能性。蒙台梭利提出:"我们不能把幼儿当作依赖他人的生命体,反而必须视其为一个独立自主的个体。"②她反对传统儿童观中对儿童的错误认识,甚至直言幼儿是人类未来的命运和希望。

2. 儿童具有潜在的能力

蒙台梭利认为:"在儿童心灵中有一种深不可测的秘密,随心灵的发展,它

① [意]玛利亚·蒙台梭利.蒙台梭利幼儿教育科学方法[M].任代文主译校.北京:人民教育出版社,1993:59.
② [意]玛利亚·蒙台梭利.教育与和平[M].庄建宜译.台北:及幼文化出版有限公司,2000:25.

逐渐显现出来。这种隐藏的秘密像生殖细胞在发展中遵循某种模式一样,也只有在发展的过程中才能被发现。"①每个儿童从一出生就蕴涵着这种本能的生命力,在幼儿个体不断的生长中,这种潜能逐步地显现出来。也正是这种本能的生命力使儿童在各方面不断发展。每个儿童都有两种本能:主导的本能和工作的本能。主导的本能是与生俱来的本能,是个体得以生存的保障。工作的本能是儿童发展的动力。② 她认为当环境有利时,工作就从内在的冲动中涌现出来,使儿童得到充分的满足,发展他们身体的各种心理功能,使他们成为"具有健全人格的人"。

3. 儿童的心理发展具有敏感期

蒙台梭利所说的敏感期是指由于儿童在不同的年龄阶段对不同事物或活动特别敏感或有特殊的兴趣与爱好而导致对这些事物或活动的选择性吸收。这种对特定事物的敏感性使儿童能从复杂的环境中选择对自己生长适宜的和必不可少的东西,使儿童对某些东西感兴趣,而对其他东西无动于衷,它是"与获得某种特殊品质有关的暂时的本能"。

儿童的敏感期主要有 5 种:秩序的敏感期、细节的敏感期、行走的敏感期、手的敏感期、语言的敏感期。蒙台梭利关于儿童敏感期的理论,是她的儿童观的重要内容。她的许多教育方法,都是基于敏感期提出的。理解敏感期在儿童发展中的作用,有助于我们理解她的教育理论体系和实践体系,也有助于我们将她的理论运用于我们今天的实践中。

4. 儿童的发展有阶段性

与儿童发展的敏感期相对应,蒙台梭利认为儿童的心理发展有阶段性,每个阶段的心理特征与其他阶段有质的区别,而前一阶段又是后一阶段发展的基础。她认为儿童的心理发展有三个阶段:0～6 岁、6～12 岁、12～18 岁,并分析了每一阶段儿童心理发展的特点。

5. 儿童通过工作实现自我的发展

蒙台梭利指出:幼儿的发展有赖于自由的活动,这种自由活动不是随心所欲的蛮干或胡思乱想,而是一种手脑结合、身心合一的"作业"活动——工作。她认为工作是人类的本能与人性的特征,是使人得到充分满足的源泉。她宣称通过自己的研究发现,儿童对工作的喜欢甚至超过了游戏。通过这种儿童喜欢的活动,儿童心理才能得到发展,能力才能得到提高,人格才能形成。

四、论感官教育

蒙台梭利教育的最著名的特点就是感官教育。她极为重视感官教育。在

① [意]玛利亚·蒙台梭利.童年的秘密[M].马荣根译.北京:人民教育出版社,1990:31.
② [意]玛利亚·蒙台梭利.童年的秘密[M].马荣根译.北京:人民教育出版社,1990:183.

从事智障儿童教育的初期,她就认为通过视觉、听觉、嗅觉、味觉和触觉的训练,可以对某些因为感官存在缺陷而影响心理发展的儿童进行补偿教育;这样做的目的在于促进儿童感觉的发展——包括视觉、听觉、嗅觉、味觉和触摸觉的发展——加强儿童对环境的敏感性,从环境中吸收对自己成长有益的因素。同时,感官教育还可以培养儿童的注意力和形成秩序的观念,为儿童人格的形成打下基础。蒙台梭利的感官教育主要是通过感官教具来实施的。在以后的教育实践中,她将感官教具运用到正常儿童教育中,证实了这些教具对正常儿童也具有教育作用。她针对儿童的各种感官,设计了各种具有独创性的教具,每种教具针对特定的感觉。这些教具不仅有直接发展儿童的各种感官的教具,还有学习字母、数字等文化知识的教具,儿童可以通过触觉、视觉和听觉的结合来学习。

蒙台梭利要求教师按照儿童的内在需要,在儿童不同的敏感期将不同的教具呈现在儿童生活的环境中,让儿童通过操作逐步形成概念,产生逻辑思考和语言,形成自己的知识构架。

五、论教师

蒙台梭利对于教师的要求与旧教育有明显的区别。她强调教师须了解、尊重儿童的特点,给儿童的学习以自由,教师的责任在于提供符合儿童发展规律的环境,以帮助儿童实现自我教育。她的教育体系中并没把教师放在突出的地位,她认为教师应该扮演的是环境与儿童之间的桥梁的角色,在"有准备的环境"中,"儿童经由自身的活动来学习,是从环境而非是从老师的身上获得知识"。[①]蒙台梭利认为教师要摒弃一切对于儿童发展水平的成见,帮助儿童内在生命力自由发展,相信儿童将通过工作显示自己;教师要观察儿童,了解他们的需要和兴趣,以此为根据来主动地创设环境,为儿童的发展做准备。

六、蒙台梭利教育思想的传播和影响

《蒙台梭利教育法》出版后,很快被翻译成 20 多种文字,流传世界各地。1919 年起在许多国家开办国际教师训练班,产生了世界性影响。1910 年,蒙台梭利教育思想传入美国,她的"儿童之家"和新教学法曾轰动一时,她于1912 年和 1915 年两次访问美国。1913 年,美国成立了蒙台梭利教育协会。此后,蒙台梭利运动及其研究在美国达到高潮,至 1916 年,美国共成立了 200多所蒙台梭利学校。杜威与其女儿在 1915 年合著的《明日之学校》一书中专

---

① [意]玛利亚·蒙台梭利.人的成长[M].张君虹译.李裕光审定.台北:及幼文化出版有限公司,2001:48.

门介绍了蒙台梭利方法。然而,蒙台梭利的热潮只持续了几年,到20年代就销声匿迹了。

二战后,美国上下都注意到要尽快改变苏联科教领先的局面,必须允许各种教育思想传播发展,沉寂多年的蒙台梭利教学法在美国的学前教育领域受到重新评价,蒙台梭利的教育思想得到重视。1958年,在格林威治恢复了第一所蒙台梭利学校——菲特比学校(Whitby School),蒙台梭利的主要著作又开始流行,蒙氏学校不断出现,蒙氏教法也成为美国主要的学前教育方法之一,至今仍然影响美国的学前教育。

欧洲的许多国家因其地理位置与蒙氏理论的发祥地的接近和文化的相似性,亦深受蒙氏教育学说的影响。蒙台梭利1919年访问英国,受到教育大臣费舍的欢迎。伦敦连续开办教师培训班,使她的教材和教法大量渗入到英国的幼儿学校,在英国学前教育界扎下根基。受蒙台梭利思想影响,德国、奥地利、芬兰、丹麦、瑞士等国也开办了蒙台梭利学校。1929年在荷兰成立了一个宣传蒙台梭利思想的国际组织"国际蒙台梭利协会"。沙皇俄国的圣彼得堡和莫斯科的蒙台梭利学校一直持续到苏维埃政权的早期,苏联的学前教育也吸取了蒙台梭利理论中有价值的东西。亚洲受蒙台梭利教育思想影响较大的有印度、日本、斯里兰卡、巴基斯坦等国家。

19世纪末20世纪初产生的欧美教育革新运动与当时欧美国家社会经济、科学文化的发展有密切的关系,也是欧美近代教育思想和教育实践发展的必然结果。欧美教育革新运动从多方面抨击了传统教育的体制、内容、方法以及教育理论,致力于建立符合现代社会要求的新型教育,标志着现代教育的开端。在新教育运动和进步教育运动中出现的以蒙台梭利、杜威为代表的众多教育家,他们在吸收和借鉴现代科学文化成果的基础上,开创出了具有科学和民主特征的教育理论和教育实践,引起了教育思想和教育价值观念的巨大变化,改变了人们原有的儿童观、知识观、教学观、课程观,丰富和发展了世界教育理论。欧洲教育革新运动的主要特点是:重视儿童在教育过程中的主体地位,重视学生创造性能力的培养;改革传统的学校课程和教学组织形式,注重活动和劳动在儿童身心发展中的作用;承认儿童先天具有善性和自我发展的能力,鼓励学生自由和完善地发展,重视儿童的社会合作活动。欧美教育革新运动对现代世界教育产生了广泛而深远的影响,不仅对20世纪前期整个世界传统教育的改造起到了推动作用,而且对20世纪中后期的教育理论和实践的发展也产生了积极的影响。

思考题

1. 19世纪末20世纪初欧洲教育革新运动的特点与意义。
2. 欧洲新教育的主要活动及特点。
3. 美国进步教育运动的主要活动及特点。
4. 蒙台梭利教育思想的特点及其在教育史上的地位。

参考文献

1. ［澳］W.F.康纳尔.二十世纪世界教育史［M］.孟湘砥,胡若愚主译.周定之,张文庭校.长沙:湖南教育出版社,1991.

2. 赵祥麟.外国教育家评传:第二卷［M］.上海:上海教育出版社,2003.

3. 滕大春.外国教育通史:第五卷［M］.济南:山东教育出版社,1993.

4. 吴式颖.外国现代教育史［M］.北京:人民教育出版社,1997.

第二十四章

20 世纪前期英国的教育

19 世纪的英国教育传统留下了诸多亟须改革的课题:长期的地方分治传统和自由主义观念对中央政府统一干预和监督各地教育的牵制;按照社会等级而组建的初等与中等教育之间存在着森严的双轨制等。进入 20 世纪之后,英国针对上述问题进行了改革:在教育管理体制上,逐渐形成了中央与地方教育行政之间的"伙伴关系"模式;初等教育制度随着《费舍法》的颁布得以进一步完善;由于《哈多报告》和《斯宾斯报告》的提出以及相应法律的实施,中等教育也在门户开放和多样化等方面进行了改革;1944 年《巴特勒法》的颁布与实施,最终确立了英国现代的国民教育制度。

第一节　中央与地方教育行政"伙伴关系"的形成

英国教育史学者邓特曾经指出:"真正使英国教育制度'运转'的是这样一个事实:办教育的各方,如中央与地方行政官员、教师以及民间团体,相互之间结成了伙伴关系。"①这一独特的"伙伴关系",就是在 20 世纪前半叶形成的。

一、中央教育行政职能的强化

英国教育根深蒂固的地方分治和自由主义传统,使得中央政府通常以妥协和折中的方式对国民教育进行干预和管理。英国最早的中央教育管理机构是于 1839 年设立的枢密院教育委员会,但是其职责仅限于教育经费的控制与使用。1899 年设立的中央教育委员会,名义上享有监督和管理国民教育事业的权力,但实际上只有很小的监督权。进入 20 世纪之后,中央教育行政机构逐渐增强了干预和监督国民教育的职能,主要表现在以下几点。

其一,1917 年,教育委员会主席费舍(H. Fisher)向下议院提议加强中央政府

---

① 　[英]邓特.英国教育[M].杭州大学教育系外国教育研究室译.杭州:浙江教育出版社,1987:56.

对全国教育的干预权力。尽管该提案遭到地方教育当局的强烈反对,但是1918年颁布的《费舍法》还是增强了教育委员会的权限。该法规定:地方教育当局应该将所辖地区的教育发展计划提交教育委员会批准;原来不接受教育委员会视察的公立和私立学校,今后也有义务接受它的监督和指导等。可见,《费舍法》增强了对地方教育当局的指导权和相应教育机构的监督权。

其二,1944年颁布的《巴特勒法》规定,设立"教育部"以取代原来的教育委员会,教育部长"负责促进英格兰和威尔士人民的教育,并且促进致力于该目的的机构不断发展,还要确保地方当局在他的控制和指导下有效地执行国家政策,在每一个地区提供各种全面教育的服务"。[①] 同时规定,在英格兰和威尔士分别设立中央咨询委员会,并就教育部长委托它们研究的教育问题提出改革建议。由此可见,教育部的权限得到了前所未有的拓展。

其三,增强和完善中央和地方的教育督导制度。1839年,英国首设"皇家督学团"负责对地方的学校状况进行视导和报告。1902年,英国开始实施每隔五年对所有学校进行全面视导的制度。到1944年,英格兰和威尔士共有490名督学,其中英格兰430名,威尔士60名。督学成员由女王任命,他们通常是某方面的专家,其地位有相当的权威性和独立性。尽管督学不能直接向地方教育当局和学校下达命令,但是督学的报告一旦形成,任何人不得修改,他们的意见通常会受到各方面的高度重视并形成广泛的影响。

最后,通过政府拨款,对大学实施间接影响。英国的大学素有高度自治的传统。第一次世界大战之后,英国大学都面临着严重的财政危机。1919年,英国政府成立了大学拨款委员会(University Grants Committee),负责调查各大学的经费需求状况并向政府提出拨款建议。接受政府拨款的大学,通常要在某些方面反映政府关于大学的改革意见,从而实现了政府通过拨款的方式对大学施加直接的影响。

二、地方教育当局直接管理权的确立

英国素有地方办学的传统,从早期的教区学校到近代的自愿捐办学校等,都是由教会、慈善团体和个人办理的。由于这些学校在经济上独立于国家,其管理权也就自然属于地方及相关的办学主体。办学和管理主体的多样性,往往会导致管理的无序甚至混乱。

英国的地方教育当局(Local Education Authority)创建于1902年《巴尔福法》(*Balfour Act*)颁布之后。该法的主要内容包括:(1) 废除原来的地方教育委员会,设立地方教育当局,允许其设立公立中等学校,并为中等学校和师范学校提

---

① 瞿葆奎.教育学文集·英国教育改革[M].北京:人民教育出版社,1993:142.

供资助;(2）地方教育当局具有否决学校管理委员会选择的不合格的校长和教师的权力;(3）对私立学校和教会学校提供资助,以便加强对其管理和控制。《巴尔福法》是 20 世纪初英国颁布的重要法规,它确立了以地方教育当局为主体的对地方教育的直接管理权以及与中央教育委员会之间分工明确的"伙伴关系"。该法第一次将初等教育和中等教育放在一起予以论述、资助和规划,为日后国民教育制度的发展奠定了基础。

1918 年的《费舍法》在赋予中央教育委员会教育督导权的同时,也扩大了地方教育当局的权力。该法赋予地方教育当局拥有对幼儿教育、初等教育、中等教育和继续教育的直接办学权和管理权。1944 年颁布的《巴特勒法》,又赋予地方教育当局拥有开办特殊学校的权限。至此,地方教育当局业已获得了除大学之外的各级各类学校的直接开办权和管理权。

总之,到第二次世界大战结束为止,英国政府通过法律的颁布、中央教育行政机构的改组、督导制度的完善以及对大学的拨款等方式,强化了中央政府对地方教育当局以及对各级各类教育机构的咨询、指导和监督权。通过一系列法律的实施,地方教育当局亦获得了对除大学之外的各级各类学校的直接开办权和管理权。中央教育行政机构与地方教育当局之间形成了职责分明的"伙伴关系",对此后英国教育行政管理体制的发展与改革有深远的影响。

第二节　现代公共教育制度的建立

直到 20 世纪初期,英国尚没有实现完全的免费初等教育,初等学校和中等学校之间仍然缺乏基本的合理衔接。因此,如何普及完全免费的初等教育以及实现"人人接受中等教育"的理想,就成为 20 世纪前半叶英国现代公共教育制度改革与发展的重点。

一、初等义务教育的普及与发展

20 世纪初期,以一般民众子弟为教育对象的初等教育机构与以贵族和中产阶级子弟为教育对象的中等教育机构之间,仍然存在着森严的社会等级制鸿沟。尽管 1902 年颁布的《巴尔福法》规定,地方教育当局具有以地方税兴办中等学校的权力,但是中等教育机构昂贵的学费并非一般民众所能负担。1907 年,政府颁布的《中等学校规则》规定,由地方教育当局开办或资助的中等学校,应有25% 的免费入学名额提供给经过小学毕业且经过"11 岁考试"而选拔出来的儿童,即所谓的"免费学额制"。尽管"免费学额制"在一定程度上拓展了一般民众子弟接受中等教育的机会,但是也因此导致了初等学校因为应付"11 岁考试"而忽视与考试无关的学科教学等问题。

1918 年,英国颁布了由教育委员会主席费舍提交的教育法案(又称《费舍法》)。该法主要有以下规定:(1) 地方教育当局有促进本地区教育发展的权力,但是必须把行使职权的方案提交中央教育委员会批准。(2) 地方教育当局应该为 2～5 岁的儿童开设幼儿学校;5～14 岁为义务教育阶段;公立小学一律实行免费教育;禁止雇佣不满 12 岁的儿童做童工。(3) 地方教育当局应为 14～16 岁的青少年设立补习学校,免费提供适当的学习课程,每人每年不得少于 320 课时。[①]《费舍法》进一步明确了中央教育委员会对全国教育的监督作用,以及地方教育当局对各级各类学校的直接办学和管理权。该法规定了一个包括幼儿学校、初等学校、中等学校和补习学校在内的公立学校系统,为日后完整的国民教育体系的建立打下了基础。该法清除了自 1870 年教育法以来初等学校收费的残余,真正实现了公立初等学校的免费教育。但是,该法案通过设置"补习教育"的条款,掩盖了初等学校和中等学校之间的社会等级性,学校教育制度的双轨制问题实质上并未被触及。

1944 年颁布的《巴特勒法》将义务教育年限定为 5～15 岁,其中 5～10 岁半属于初等教育阶段。该法规定,所有适龄儿童的家长都必须使其子女上学,接受适合其年龄、能力和性向的全日制教育。《巴特勒法》颁布之后,"11 岁考试"成为初等学校毕业生进入不同类型中学的法律依据。到二战结束时,英国建立起了较为完备的初等义务教育制度。

二、中等教育的改革与发展

20 世纪以前,英国的中等教育机构基本上是私立的,并且与初等教育机构之间没有任何的衔接和横向沟通。1902 年《巴尔福法》颁布之后,尽管英国政府和地方教育部门改建和新建了一些公立中学,但是能够进入中等教育机构的学生仍然是少数。据统计,到 1920 年,只有 5%～9% 的小学毕业生能够进入中等学校,最后只有 2% 的完成中等教育。[②] 这种状况显然不能适应第一次世界大战之后英国经济和社会发展的需要。

1924 年,英国工党开始执政,提出了"人人接受中等教育"的口号。同年,工党政府委托以哈多(W. H. Hadow)为主席的咨询委员会对"初等后教育"进行考察。1926 年,他提交了著名的《哈多报告》(Hadow Report)。该报告提出的改革建议主要包括以下几点:(1) 小学教育由"基础教育"(elementary)改称为"初等教育"(primary)。儿童在 11 岁以前所接受的教育为"初等教育",分为 5～8 岁的幼儿学校和 8～11 岁的初级小学两个阶段。(2) 儿童在 11 岁以后接受的各

① 瞿葆奎.教育学文集·英国教育改革[M].北京:人民教育出版社,1993:19.
② 滕大春.外国教育通史:第五卷[M].济南:山东教育出版社,2005:145.

种形式的教育均称为"中等教育"。中等教育阶段分为四种类型的学校：以学术课程为主的文法学校（11～16 岁）；具有实科性质的现代中学（11～14 岁）；相当于职业中学的非选择性现代中学（11～14 岁）；略高于初等教育水平的公立小学高级班或高级小学。（3）建立初等教育和中等教育相连接的两段制教育体系。学生通过"11 岁考试"，进入不同类型的中学。（4）义务教育年限延长到 15 岁。《哈多报告》试图改变以往初等教育和中等教育之间森严的双轨制格局，设计了一个单一的、连续的、以"11 岁考试"为分界线的初等和中等教育两段制体系。尽管该报告由于保守党的反对以及 1929 年经济危机等因素的影响而被暂时搁置，但是其富有开拓性的建议对日后英国中等教育的门户开放和多样化改革产生了深远的影响。

　　1934 年，剑桥大学的斯宾斯（Will Spens）接替哈多担任咨询委员会主席。他于 1938 年提出了以改革中等教育为中心的《斯宾斯报告》（Spens Report）。该报告的主要内容包括：（1）建议开办技术中学，设置四年的课程，招收 11～15 岁的学生；（2）重申各类中学享有平等的地位，学生从 11 岁起进入哪一种类型的中学，应该取决于他们的智力水平；（3）中等教育既应适合学生的不同兴趣与需要，又要切合社会的实际需要，在课程上应该增加具有实用和职业价值的学科；（4）建议设立"多科性中学"（multilateral school），使其兼有文法中学、现代中学和技术中学的特点。《斯宾斯报告》被誉为"英国中等教育发展的最有价值的设计草图"。① 该报告根据当时社会的需求状况，提出将中等教育机构分为三种类型——文法中学、现代中学和技术中学。这三种类型的中学成为第二次世界大战以后中学分类的主要形式。它提出的"多科性中学"的设想，也为战后英国的"综合中学运动"打下了基础。

　　到第二次世界大战之前，经过一系列报告的提出和宣传，"人人接受中等教育"的观念逐渐为英国民众所接受。但是，当时英国教育的现实状况离这一目标仍有很大距离。1944 年，英国政府通过了以巴特勒（R. A. Butler）为主席的教育委员会提出的教育改革法案，即《1944 年教育法》，又称《巴特勒法》（Butler Act）。该法的主要内容包括：（1）设置"教育部"（Ministry of Education）以取代原来的教育委员会，以加强国家对各地教育的监督、指导和管理。在英格兰和威尔士设立两个"中央教育咨询委员会"，负责对教育状况予以调查并向教育大臣提出建议。（2）法定的公共教育制度包括三个相互衔接的阶段：初等教育（5～11 或 12 岁）；中等教育（11 或 12～18 岁）；继续教育（为离校的青少年开办）。地方教育当局负责为本地区提供这三个阶段的教育。小学毕业生根据"11 岁考试"

---

① S. J. Curtis, M. Boultwood. An Introductory History of English Education since 1800 [M]. London: University Tutorial Press, 1970: 190.

的结果,即按照成绩、能力和性向(3As)接受适宜的全日制中等教育。(3) 实施
5~15 岁的义务教育,由地方教育当局资助开办的中等学校一律实施免费。父
母有保证其子女接受义务教育的职责。地方教育当局应向义务教育超龄者提供
全日制教育和业余教育。(4) 保留私立和教会学校并在经费上给予补助。所有
的公立学校和私立学校都必须进行共同的宗教教育。另外,该法还对特殊教育、
师范教育、初等学校和中等学校实施董事会制等诸多领域提出了相应的规定。

1944 年的《巴特勒法》吸收了英国自 19 世纪以来历次重要教育法案和报告
所提出的改革诉求,从根本上结束了教育管理体制和公共教育制度混乱的积弊,
标志着英国现代公共教育制度的确立。该法实施之后,形成了初等教育、中等教
育和继续教育相互衔接的现代国民教育体制。尽管该法的某些条款曾被多次修
订,但是其基本原则和精神时至今日仍然没有改变。但是该法也留下了一些尚
需解决的问题,诸如,对学生过早地进行分流的"11 岁考试";对中等教育的结构
和类型没有作出明确的规定;公学作为特权的"独立教育系统",尚没有被纳入
到改革的方案之中等。

第三节　罗素和沛西·能的教育思想

19 世纪末 20 世纪初,英国涌现出一批倡导教育革新的进步主义教育家。
他们针对传统教育中的诸多弊端予以抨击,提出教育适应社会发展、尊重儿童个
性和自由发展等口号。在当时众多的进步主义教育家中,罗素和沛西·能的教
育思想,对英国的教育理论和实践产生过较大的影响。

一、罗素的教育思想

贝特兰·罗素(Bertrand Russell, 1872—1970)是英国著名的哲学家、数学
家、社会活动家和教育家。他一生著述等身,涉猎广泛,其中《教育论》和《教育
与社会秩序》是其教育方面的代表作。1950 年,他被授予诺贝尔文学奖。他终
生倡导和平,反对战争;尽管两次遭受监禁,但仍矢志不渝。1927—1935 年间,
他曾创办"皮肯希尔学校"(Beacon Hill),实践其反对压制、倡导自由的教育
理念。

1. 教育目的观

罗素的教育目的观是建立在他对传统教育的反思和批判之上的。他认为,
传统教育主要有两大弊端。其一,教育成为维护现有秩序的工具。这种以维持
现状为目的的教育,通常并不把儿童本身作为目的,而是将儿童看作是实现和维
护特定利益的手段。他认为,狭隘的民族主义和国粹主义教学,会使毫无防御的
儿童受到歪曲的教育,成为世界不安宁的因素。其二,传统教育不利于儿童个性

的自由发展。它仅以灌输既定的信仰为目的,压制学生的悬疑和探索精神。"他自以为有职责来把儿童'造成'一定的形状:在想象之中把自己比作陶工,儿童是他手中的陶土。"①其结果是,儿童的个性、自由和创造性被无情地压抑和扼杀。

在批判传统教育弊端的基础上,罗素提出了颇有见地的教育目的观。其一,他认为教育的首要任务是把儿童看作目的,而不是手段。教育的目的首先是养成良好的人性,进而改造社会。塑造人性是改造社会的前提,理想社会的最终价值诉求乃是个人的生活幸福和完善。其二,学校教育既不应该迷恋于古典教育中的"品性培养",也不应该偏执于科学技术的"知识教育",而应该统筹兼顾学生的"品性"和"知识"两个方面。在《教育论》一书中,他把教育分成两个阶段,即幼儿期的"品性教育"、从小学至大学的"知识教育"。

2. 品性教育

罗素认为,幼儿期是进行品性教育的最佳期。因为这时婴儿只有原始的本能,极易受外界塑造。在他看来,尽管不同的人具有不同的品性,但是教育应该以培养人类普遍具有的品性为目标。他指出:"在我看来,以下四种特性的结合便可构成理想品性的根据:活泼、勇敢、敏感和理智。我不是说这几种特征已经足够,但确能使我们趋于完善。"②

罗素认为,"活泼"(vitality)使人们易于对所发生的一切产生兴趣,从而有助于增加人们的客观性。活泼一方面可以使人摆脱自身的抑郁和痛苦,对生活充满信心和希望;另一方面,又可以防止忌妒从而与他人更好地交流和相处。"勇敢"(courage)是与恐惧相对立的情感。人只有从内心深处真正克服恐惧,才能具有"真正的勇气"。具备勇气的基本条件是:健康、活泼以及应付困境的经验和技巧。此外,"真正的勇气"的形成,还必须以"自尊心"与"非个人的人生观"相结合为基础。所谓"自尊心",是指依靠自己既定的目标生活,既不受他人意见的左右,又不将自己的观念强加于人。所谓"非个人的人生观",是指人通过重视自身以外的事物或兴趣,意识到自己在这个世界中的渺小,从而不断地充实和完善自己。"敏感"(sensitiveness)是指个人的情绪能够对许多事物或刺激作出适度的反应。罗素认为,婴儿在出生后的几个月里,只对舒适感、食物和赞扬等作出敏感的反应。其后,随着环境和教育的扩展,这种敏感会发展为移情或同情。即使受害者不是自己的亲人,抑或自己不在现场时,也会给予同情。鉴于此,罗素特别强调给儿童以"爱的教育"。罗素认为,"理智"(intelligence)包括实际的知识和对知识的理解能力。接受知识的能力比单纯拥有知识更重要,因

① [英]罗素.社会改造原理[M].张师竹译.上海:上海人民出版社,1959:85.
② [英]罗素.教育论[M].靳建国译.北京:东方出版社,1989:30.

为它有助于接受更多的知识。适当的好奇心和求知方法,以及敢于发表自己观点的勇气,对于理智的培养至关重要。罗素认为,由拥有以上几种品性的人们组成的社会,是一个爱好和平、健康、自由和幸福的社会,从而也能达到个人与社会发展的统一。

3. 知识教育

罗素认为,6岁以前的"品性教育"是6岁以后"知识教育"的基础;知识教育反之又可以促进品性教育,二者相得益彰。知识的传授应该以客观和科学为准则,不应囿于党派、集团和个人的偏见。与传授知识相比,智力训练更为重要,因为在智力的发展过程中即蕴涵着知识的传授。罗素按照儿童身心发展的特点将知识教育分为三个阶段。6～14岁是普通初等教育时期,所设的课程面向所有儿童,不分专业。14～18岁是中等教育时期,主要培养学生的独立思考和解决问题的能力。该时期实行分专业学习,主要课程有三类:古典学科、数学和科学、现代人文学科。18～22岁是高等教育时期。罗素认为,在高等教育尚未普及的情况下,应该以才能和智力素质而非以社会地位和经济收入来选拔高等学府的学生。另外,罗素在早期性教育、教育与民主的关系、自由与纪律的关系、儿童良好习惯的培养以及教学方法等方面都有诸多颇为独到的见解。

在传统与现代教育思想激烈交锋的20世纪初期,罗素通过抨击传统教育的种种弊端,提出了诸多颇有见地的教育思想,诸如,儿童本身是目的而非手段、儿童的品性教育、个性的自由发展、肯定教育对社会的改造作用等。但是在他的教育思想中,也存在着夸大教育的作用以及过分强调个人本位的自由主义倾向。

二、沛西·能的教育思想

沛西·能(Thomas Percy Nunn,1870—1944)是英国著名的教育学者和教学法理论家。他出生于一个教师世家,从小就在父亲创办的私立学校里接受教育。沛西·能长期从事数学和物理教学法的教学和研究工作,历任伦敦师范学院教授和伦敦大学教育学院院长等职务。他的学术研究涉猎数理和哲学等诸多领域,其教育方面的代表作是于1920年出版的《教育原理》。该书影响深远,曾被反复修订和重印,被誉为"英国进步教育运动的圣经"。

1. 教育的目的和本质在于个性的自由发展

沛西·能教育思想的核心是个性自由发展理论。正如他本人所说:"一切教育努力的根本目的应该是帮助男女儿童尽其所能达到最高限度的个人发展。"[①]在教育目的观上,他主张个人本位主义,反对"普遍的教育目的"。他批判黑格尔哲学中关于个人的全部职能在于为"共同体"的人格服务的观点,认为这

---

① [英]沛西·能.教育原理[M].王承绪等译.北京:人民教育出版社,1992:2.

完全颠倒了个人与社会之间的关系。他认为个人是社会的前提,自由是义务的前提,教育的目的应该是个性的自由发展。教育的本质是一个生物学的过程,动物和人类之间的心理机能具有基本的连续性。他说:"我把教育称为一种生物过程,意思是说,教育乃是人类或动物生活的一种先天具有的表现形式而不是一种后天获得的表现形式。"①所有的动物,都以一种"特有的独立态度面对世界",在与外界的交往中发展出一个"简单的或复杂的个性"。动物尚且如此,以个性为生命特征的人类,在与外界的相互作用中也就自然会有发展个性的内部要求。因而,教育的目的即在于促进个性的自由发展。为此,他说:"以培养个性为目的的教育是唯一适应'自然'的教育。"②同时,沛西·能强调指出,教育的社会化和个性化并不矛盾,一个充分自由和自治的社会,需要由各种个性的人组成;个体愈能发展各自的特性和特长,这个社会就愈将充满活力和生机。

2. 以个性发展为原则构建合理的学校教育制度

沛西·能认为,英国的学校教育制度是以社会的等级性为基础而组织起来的。在这种不公正和不平等的社会制度下,学校教育制度就成为强化社会两极分化的阶梯。他指出,必须遵循儿童个性自由发展的原则,建立符合不同儿童个性发展需要的、不同类型的学校教育制度。由于儿童的天赋能力,各种特殊的才能和倾向各不相同,没有一个单独的教育制度能够满足所有儿童的需要。鉴于当时英国中等教育被资产阶级和贵族所垄断的现实,沛西·能建议:"一个开明的社会将为年轻一代设置不同标准、不同类型的学校,特别是中等学校。于是每一个儿童,可以找到最适合他的天性和需要的学校,而在这个不完善的世界中,将尽可能使'教育机会均等'。"③他认为,学校既是一个"自然"的集体,又是一个"人为"的集体。学校之所以是一个"自然"的集体,是因为学校的职能乃在于使学生自然地社会化的过程。学校的师生必须走出象牙之塔,使校内生活与校外生活自然过渡,要从"好学生"自然地过渡到"好公民",使他们承担公民的"目的、劳动、责任和牺牲"。学校之所以是一个"人为"的集体,是因为学校的教育内容和活动应该反映和选择这个世界中最优秀和最重要的东西,而非完全等同于外部世界。学校既要与社会相互开放,又不完全等同于社会,要有自己相对的独立性。沛西·能还从有机体运动的"保守性"和"创造性"的哲学角度论述了教育中继承和创造之间的关系,阐述了常规、礼仪及游戏的教育价值。

在学校课程设置上,沛西·能主张"有用性"是课程设置的根本原则,认为应该把古典课程与职业课程、学科课程与活动课程结合起来。在师生关系上,他反对教师专横独断的教学方式,认为教师应该成为学校环境的选择者、积极的观

---

① 瞿葆奎.教育学文集·英国教育改革[M].北京:人民教育出版社,1993:35.
② [英]沛西·能.教育原理[M].王承绪等译.北京:人民教育出版社,1992:23.
③ [英]沛西·能.教育原理[M].王承绪等译.北京:人民教育出版社,1992:285.

察者、示范者和指导者;教师既应发挥其应有的指导性,又不至于影响学生个性的自由发展。在教学方法上,他认为游戏和自由是最好的教育途径。在游戏中通过对成人生活的模仿,儿童能够适应将来的生活和职业。另外,自由学习法、活动教学法、个别教学法等,对儿童个性的自由发展也是有利的。

沛西·能试图把教育理论建立在生物学和心理学的基础之上,他以学生的个性自由发展为中心议题,对学校教育制度、课程设置和教学方法等方面都提出了诸多独到的见解,为英国进步教育理论和实践作出了重要贡献。但是他关于教育活动和教育理论生物化的观点,无疑忽视了教育的社会性、阶级性和能动性。

20 世纪前半期,英国在教育管理体制和现代公共教育制度创建等方面取得了长足的进展。就教育管理体制而言,英国形成了以地方行政为主导的中央行政与地方行政之间职责分明的"伙伴关系"。这一独具英国特色的"伙伴关系"的形成,经历了一个多世纪的艰难曲折。中央一级的教育行政机构,无论是名称抑或是职能都几经变迁。在 1839 年第一个中央教育行政机构"枢密院教育委员会"成立之后,先后几易其名:从 1856 年的"教育署"(ED)到 1899 年的"教育委员会"(BE),再到 1945 年的"教育部"(MOE)。随着名称的改变,中央教育行政机构的职能也由 1839 年以后以"资金补助"为主导的时期,过渡到 1856—1899年间以"国家干预"为特点的时期,最终于 1902—1945 年形成了与地方教育行政之间以"伙伴关系"为基本特征的"国家监督"时期。英国第一个地方一级的教育行政机构是 1870 年《初等教育法》颁布之后设立的学区"学校委员会"(SB),1902 年《巴尔福法》颁布之后,更名为"地方教育当局"(LEA)。1918 年《费舍法》颁布之后,地方教育当局又获得了地方学校的直接开办权和管理权。值得一提的是,英国政府还特别重视专家咨询委员会、皇家督学团和大学拨款委员会在教育管理中的建议、视导和间接影响作用。到二战结束时,英国业已形成了由中央教育行政部门专事"国家督导"、地方教育当局负责地方学校的"直接开办与管理"、咨询委员会和督学团及大学拨款委员会发挥"间接干预"作用等为基本特色的、分工明确的现代教育管理体制。

现代公共教育制度的建立与现代教育管理体制的确立密切相关。尽管1870 年的《初等教育法》奠定了英国近代初等教育体系,但是直到 20 世纪初期,初等教育与中等教育之间仍然存在着森严的社会等级制鸿沟。因此,如何构建一个初等教育与中等教育相互衔接的现代国民教育体系,就成为 20 世纪前半叶英国教育改革的中心议题。20 世纪上半叶,英国选择教育改革的切入点是以小学毕业的"11 岁考试"成绩为标准,决定学生进入哪一种类型的中学。应该说,在初等教育业已普及的情况下,通过人人都可以参加的学业成绩考试来选拔学生的做法,与 19 世纪时仅仅以"社会等级"为标准分化教育对象的做法相比,的确是一个长足的进步。但是,通过"11 岁考试"考查出的所谓"成绩、能力和性向",实际上与儿童的后天环境尤其是家庭环境密切相关。况且,在当时的三类中学(文法、技术、现代)中,现代中学的毕业生尚无法参加高等学校的入学考试。尽管 1944 年的《巴特勒法》规定,英国法定的国民教育由初等、中等和继续教育构成,但是该法并没有对中等教育的类型与结构作出明确的规定。这些问题与缺憾,为战后英国教育的改革与发展埋下了伏笔。

思 考 题

1.《巴尔福法》、《费舍法》和《巴特勒法》的基本内涵及意义。

2. 1926 年的《哈多报告》和 1938 年的《斯宾斯报告》提出的改革建议及其意义。

3. 罗素和沛西·能的教育思想的主要内容。

参考文献

1. 瞿葆奎.教育学文集·英国教育改革[M].北京:人民教育出版社,1993.

2. [英]邓特.英国教育[M].杭州大学教育系外国教育研究室译.杭州:浙江教育出版社,1987.

3. [英]罗素.社会改造原理[M].张师竹译.上海:上海人民出版社,1959.

4. [英]罗素.教育论[M].靳建国译.北京:东方出版社,1989.

5. [英]沛西·能.教育原理[M].王承绪等译.北京:人民教育出版社,1992.

6. S. J. Curtis, M. Boultwood. An Introductory History of English Education since 1800[M]. London:University Tutorial Press,1970.

第二十五章

20 世纪前期法国的教育

继法国资产阶级大革命为法国资本主义经济发展清除封建桎梏之后,拿破仑执政府及第一帝国时期为此后法国社会发展提供了以中央集权为主要特征的政治管理体制。为回应 20 世纪前半期法国教育发展所面临的教会势力的挑战,进一步服务于法国该时期社会变革和教育现代化发展的需要,法国教育管理在继承大学区制的基础上,明确中央教育行政管理的具体职责,不断强化国家教育意志的权威,中央教育行政管理机构在学前教育、初等教育普及化发展、中等教育民主化改革以及相关考试事务和文凭颁授方面的职能也得到进一步强化。在具体教育事业的发展上,统一学校运动实现了法国初等教育民主化改革的基本目标,并继续向中等教育阶段推进。1919 年《阿斯蒂埃法案》的颁布,则为 20 世纪前半期法国职业教育的发展提供了法律规范。

第一节 中央集权教育管理体制的加强

20 世纪前期,拿破仑时期确立的中央集权教育管理体制得到了进一步的巩固和加强,这成为在政府教育领域贯彻实施国家意志的重要保障。

一、教育行政管理体制的职责

在教育行政管理体制上,20 世纪前半期,法国继承拿破仑时期创立的大学区制,只不过以公共教育部取代了帝国大学,大学区经过合并减少为 17 个。公共教育部长为全国最高教育行政长官,由总统直接任命,具体负责学制制定、课程设置、教材选用、考试安排、教师资格确定、教师薪资标准制定等事宜。同时,与大学区总长、总督学和学区督学共同承担领导公立学校和监督私立学校的职责。

每一大学区设大学区总长一人,学区总长为各大学区的最高教育行政长官,统一管理和领导本学区内的所有学校。在大学区总长之下设立评议会,以备教育咨询和审议之用。

二、中央教育行政管理职责的加强

进入 20 世纪后,为加强教育领域内的中央集权化领导而采取了一系列措施,1902 年,政府解散 50 多个从事传教和教育活动的教会组织,关闭 3 000 多所教会学校。1905 年,法国议会通过的一项法令重申教会与教育分离的原则,废除了原《法鲁法案》中教会掌握国民教育领导权和监督权的相关规定。1932 年,入主格勒内尔街的德蒙齐(De Monzie)将公共教育部改名为国民教育部。

在学前教育方面,政府管理作用的加强体现在对母育学校的关注和对学前教育独特性质的界定上。"第一次世界大战结束以后,政府一直不断地关心为尚未达到义务教育学龄的儿童而设的母育学校"。① 母育学校的任务在于为孩子们提供接受教育之前的准备性教育。按照公共教育部 1922 年、1926 年和国民教育部 1938 年的指令,既要避免母育学校变成"庇护"或"慈善"性机构,又要防止其陷入启蒙教育过于快活和不切实际需要的危险。

在公立学校、私立学校和教会学校课程计划和教学方法的选择方面,公立学校的课程计划和教学方法由教育部部颁章程决定。对于私立学校和教会学校而言,教育部理论上不干预其学校生活,仅监督其卫生和道德规范;但实际上,私立学校和教会学校的校长必须遵循官方的课程计划。公共教育部在 1923 年通过颁布决定和指令的方式调整课程计划和教学方法。课程计划调整和教学方法的改进应以服务于把儿童培养成为合格劳动者和成年公民的教育需要。关于法国公共教育部在课程计划上实施整齐划一管理的状况,英国诗人和评论家马修·阿诺德(Matthew Arnold,1822—1888)曾在一份报告中援引一位法国教育界权威的表述:"有那么成千上万的儿童在一定的钟点内,就是说十一点钟吧,都正在上这样的地理课"。②

为强化中央集权管理在初等教育与中等教育领域的作用,20 世纪前半期法国教育管理机构着力将 1881 年、1882 年第一、二《费里法案》所确立的国民教育免费、义务、世俗化发展的三大原则变为现实。在国民教育免费原则的落实上,1933 年,德蒙齐执掌国民教育部期间,借助于 1933 年 5 月 31 日的财政法第 25 条之规定,将免费教育的实施扩大到中等教育第二阶段的各年级。③ 1927—

---

① [法]布尔雅克.历史演变与目前的原则:两次世界大战之间教育动向//瞿葆奎.教育学文集·法国教育改革[M].北京:人民教育出版社,1994:52.
② 转引自赵祥麟,王承绪.杜威教育论著选[M].上海:华东师范大学出版社,1981:31.
③ [法]米诺.第三共和国历届教育部长的事业//瞿葆奎.教育学文集·法国教育改革[M].北京:人民教育出版社,1994:26.

1933年,为了在各级公立中学和技术学校实行免费教育,财政部颁布了多部法令,采取种种措施减轻学生的经济负担。在国民教育义务性的建设上,1936年8月9日,义务教育年限延长到14岁,即6岁至14岁为法定的义务教育年龄。关于国民教育的世俗化,肖米埃(J. Chaumié)任公共教育部长期间,于1904年7月7日通过禁止宗教团体进行教学的法案,后又规定小学生的宗教教育应在公立学校以外的地点实施。

在考试组织和文凭颁授上,所有公立学校、私立学校及教会学校的学生都可参加公立教育的考试。只有国家才拥有颁发正式文凭和认可私立学校证书的权力。1921年至1922年,贝拉尔(Bérard)在出任教育部长期间颁布了两项法令,一项法令在于恢复国立中学的统一考试制度,另一项法令在于规定拉丁语应为全体中学生的必修课。而按照1926年10月1日的法令,各高级小学、各市立中学或国立中学的课程在课程计划的同一部分上必须相同。

第二节　统一学校运动与学校教育制度改革

作为19世纪法国学校教育制度发展的历史性成就之一,法国双轨学制在步入20世纪后,尤其在第一次世界大战结束后成为法国教育民主化进程中改革的重点。统一学校的建立和发展及其在初等、中等以及高等教育阶段的发展,成为20世纪前半期法国教育发展的主要内容之一。即"统一学校的问题,主导着1914年那次大战以后的年代"。[①]

一、统一学校运动的兴起与基本主张

充满残酷和暴力的第一次世界大战,打破了人们在和平时期所形成的生活方式和思维方式,并激励起人们对于和平、民主与平等的渴望,激发起民众的爱国主义、集体主义和自由平等意识。人们热切地希望通过和平手段改进社会发展和人们的生存环境。在教育方面,人们对于任何形式的不平等表现得更难以容忍。统一学校运动即是在这一背景条件下兴起的。

1919年,一个具有民主主义色彩的激进组织——新大学同志会诞生。该组织的主要成员包括经历战火洗礼的大学毕业生和青年教师,他们刚刚从充满硝烟的战场撤出,认真思考着法国的前途和未来。他们选择了发展教育,把发展统一而平等的教育作为改进社会的手段;他们反对当时法国社会中作为复制阶级差别而存在的双轨制教育和教育中的其他不平等现象,将双轨制视为阶级差别

---

① [法]普罗斯特.第二次世界大战前的统一学校//瞿葆奎.教育学文集·法国教育改革[M].北京:人民教育出版社,1994:31.

产生的土壤,是建设民主与平等社会的障碍。

新大学同志会的成员们主张实施统一的教育,而统一学校则是实施统一教育的教育机构。统一学校所实施的统一教育有着三个方面的含义:在基础教育阶段,全体儿童在学校中接受同样的义务、免费、平等的基础教育,并一直延续到14岁;在中等教育阶段,中等学校要与初等学校建立起自然的衔接关系。中等教育是一种选择性教育,分为人文和职业的不同性质,在对就读者实施学习能力和禀赋进行甄别的基础上,择优招收中等学校新生。但选择的标准只能是学生的学业准备状况和学习的潜质,而不是其家庭出身、父母社会地位、家庭经济状况。所有具备学习潜质和学业准备充分的儿童应拥有同等的接受彼此衔接的初等教育和中等教育的机会;统一学校教育还意味着高等教育的大门向一切合格的中学毕业生开放,无论学生在中学阶段接受的是古典学科还是现代学科教育,凡具备相应的天赋和学习潜力都应享有接受高等教育的机会。

因其对法国传统教育中特权阶层对中等与高等教育的垄断性接受的否定,新大学同志会的统一学校教育方案体现出鲜明的民主性和进步性,深受广大法国普通民众的欢迎,但同时也遭到以天主教会为代表的法国右翼势力的仇视和反对。统一学校运动在20世纪20年代初右翼势力执掌法国政坛后面临着更为强大的阻力。

二、初等教育与统一学校运动

然而,统一学校运动计划因其符合第一次世界大战后风行于欧美各国的教育民主化潮流,而被越来越多的人士所接受,各方面的压力也迫使法国政府实施相应的教育改革。这种改革首先在初等教育领域展开。1923年,法国政府决定实施统一的初等学校教育体制:所有初等学校(包括公立学校和中学预备班)遵循同样的教学大纲,实施同样的课程计划,保证所有就读于各种类型初等学校的6～13岁(后延长至14岁)儿童原则上都能接受同样的教育。20年代末期,初等教育阶段的统一学校得以普遍设立,初等教育阶段的统一学校教育基本实现。

为进一步加强初等教育阶段的统一性,1925年,政府出台的一项关于所有报考中学、高级小学和职业学校的学生均可参加奖学金考试的规定,事实上把高级小学和职业学校纳入小学后教育机构的范畴;1933年,政府更进一步设立统一的中学入学考试,进一步强化了初等教育阶段的统一性建设。

三、中等教育改革与统一学校运动的发展

统一学校运动在中等教育领域的推行,由于法国历史上长期存在的课程设置上的古典学科与现代学科之争而面临着更大的阻力。同时作为一种具有较高制度化水平的教育制度,法国中等教育表现出较强的稳定性。作为深受中世纪

基督教势力影响的国家,法国中等教育在较大程度上保留了中世纪教会教育的传统,耶稣会及其他宗教团体将教育发展成为事实上的教会事业,主张用古典作品作为训练学生具备虔诚的宗教信念和完善心灵的材料。拿破仑的教育改革更进一步强化了法国中等教育的古典性,赋予国立中学和市立中学实施严格管理、强化秩序、注重古典的教育与教学特征。

进入 20 世纪后,法国更是深受永恒主义和新托马斯主义教育思潮的影响。法国知名的永恒主义教育思想家阿兰(Alain,1868—1951)主张古典语言的学习不仅可以引导学生领略古典著作的优美,更重要的是在于磨炼学生的意志。英国永恒主义教育思想的代言人利文斯通则明确提出"保卫古典语言"的口号,极力强调古典语言在塑造国民精神方面所发挥的作用,要求将基督教精神和希腊精神作为一个民族的文化基础。"当我们讨论希腊语在教育中的地位时,我们就是在讨论英国思想的未来,而且也许是在讨论西方文明的未来。"[①]而法国新托马斯主义教育思想的主要代表马里坦(Jacques Maritain,1882—1973)主张教育的核心和最高目标在于实施宗教教育,以培养年轻一代对基督教的虔诚信仰,为此,宗教学科和人文学科的教学要渗透基督教精神。

1. 1902 年的教育改革

为实现中等学校教育的进一步改革,19 世纪 80 年代后期,政府成立了以亚历山大·里博(Alexander Ribot)为首的"议会调查委员会"对全国中等教育实施调查。该委员会在 1899 年提交了调查报告,为 1902 年法国中等学校教育改革提供了坚实依据:在保留和重视古典主义传统科目的基础上,不断增设与经济和科学技术发展相适应的现代科学科目。

1902 年 5 月,法国颁布《莱格法案》,规定将全部中等教育分两个阶段实施:即由六、五、四、三年级组成的第一阶段和二、一年级及结业班组成的第二阶段。其中第一阶段又分为古典课程组和现代课程组,进入古典课程组学习的学生在六年级和五年级必修拉丁语,四年级和三年级则选修希腊语;进入现代课程组学习的学生则着重学习法语和自然科学课程。中等学校教育第二阶段的学习划分更为细致:拉丁—希腊语组(学习拉丁语和希腊语);拉丁—语言组(学习拉丁语和现代语言);拉丁—实科组(学习拉丁语和现代自然科学);语言—实科组(学习现代语言和自然科学知识)。可以看出,1902 年法国中等教育的改革注重寻求中等教育古典派和现代派之间的调和,借助于此次改革,现代中学被纳入统一的学制之中。

法国中等教育课程设置上的古典与现代学科之争由来已久,为赋予学生课

---

① 华东师范大学教育系,杭州大学教育系.现代西方资产阶级教育思想流派论著选[M].北京:人民教育出版社,1980:271.

程学习上更多的自由选择权利,1902年的改革虽把现代学科课程与古典课程并置,学生可以自由选择,但对其抨击之声自实施之日起便不绝于耳。反对者将以拉丁语、希腊语文字与文学教育为核心的古典教育视为教育唯一的基础和核心,古典教育具有训练开发个人智力的教育价值,是一种真正持久的对个人社会职业生活的文化知识准备。中等学校作为传播传统文化精髓的最佳机构,自然当以古典学科知识的传播与教育为核心任务。而以赋予学生自由选择权利为名过早实施古典与现代学科学习上的分野,将最终导致学生过早过分地专业化,学生被剥夺本应属于他们的获取全面知识的机会,将视野局限于未来的自己的工作的狭小范围内。

2. 1923年的教育改革

1923年,法国公共教育部部长雷昂·贝拉尔(Leon Berard)在向总统提交的一份议案中声称,将古典学科与现代学科并置,让学生具有自由选择学习的权利是一个"知识文化的准备服从于物质发展和经济需要"的观点,是一个"有悖于真正文化意识的错误"。[①] 1923年5月3日,法国总统正式颁布法令,规定以单一的四年制共同课程取代1902年改革所实施的平行课程。要求在中学前四年中,所有学生必须学习古典课程,具体包括4年的拉丁语(第六、五、四、三年级)、2年的希腊语学习(四、三年级);而在中学的最后两年,即二年级和一年级时学生可以选学古典语言和现代语言课程。法令同时规定,凡准备参加第一部分业士考试的申请人必须持有完成普通古典课程学习的证书,并且通过高级希腊语考试的学生在参加业士考试和获取业士学位时将得到特别优待。

依据此法令,公共教育部部长雷昂·贝拉尔于1923年12月3日颁布了国立中学和市立中学各年级的课程与课时安排表:六年级和五年级每周总课时为20课时,包括拉丁语6课时,法语4课时,历史2课时,地理1课时,现代外语4课时,数学2课时,自然科学1课时。四年级每周20课时,其中拉丁语5课时,希腊语3课时,法语3课时,现代外语3课时。三年级每周总课时21课时,其中拉丁语与法语各为4课时。二年级每周总课时21.5课时,其中古典班选修希腊语者拉丁语与希腊语各为4课时,法语3课时。一年级每周总课时23课时,其中古典班学生选希腊语者拉丁语与希腊语各为4课时,法语3课时。[②] 此课程与课时安排明显表现出古典语言教育受到重视,在中学前4年的学习中,古典语言的学习时间占全部课时的1/3,明显相悖于统一学校运动的基本主张。

为革除1923年中学教育改革计划中的古典主义色彩,1924年8月9日公共教育部长阿尔伯特(Francois Albett)颁布法令,在中等学校前四年设立平行于古

---

① 夏之莲.外国教育发展史料选粹:下册[M].北京:北京师范大学出版社,1999:49.
② 夏之莲.外国教育发展史料选粹:下册[M].北京:北京师范大学出版社,1999:58—60.

典语言的选修性现代学科,并在所有分支中加强法语学习。

3. 1926 年的教育改革

20 世纪 20 年代,在政府正式取消各类中学学费之后,中等教育领域内的改革为"统一学校运动"的推行提供了有利条件,埃里奥(Herriot)与扎伊(Jean Jay)在执掌公共教育部期间所实施的中等教育改革,极大地推动了统一学校运动在中等教育领域的发展。

1926 年 7 月 23 日,埃里奥出任公共教育部部长后推行了一系列旨在实施统一中等学校的教育改革:首先,统一小学教育后高级小学、市立中学和国立中学课程计划中相同教学科目的内容,如统一古典组和现代组法语教育的学习内容;其次,实施免费中等教育,消除基于学生家庭经济状况的差异而导致的中等教育机构分化现象;第三,追求平等的男女教育,破除男女教育平等方面的性别障碍。然而,受法国社会条件以及教育传统的影响,加之 1928 年 11 月 11 埃里奥的离职,埃里奥的教育改革计划未能得到较好实施。统一学校运动在中等教育领域内的推行留给了其继任者——扎伊。

4. 1936 年的教育改革

锐意改革、富有创新精神的扎伊在 1936 年执掌国民教育部后,决意取消法国中等教育的双轨学制,使统一学校在法国中等教育阶段变为现实。在扎伊的努力下,1936 年 8 月 9 日,长期以来几乎成为悬案的义务教育期延长至 14 岁的法案获得通过。1937 年 3 月,一项被称为"统一学校"(école unique)的法令草案被提交给议会。扎伊的统一学校改革方案的主要目的在于:变双轨制为"阶梯制",即从原来两轨互不联系的学制体系转变为彼此衔接的阶梯形学制体系。具体改革设想为:第一,把中学的初级阶段改为独立的公立学校,与初等统一学校相衔接,在初等教育阶段建成统一学校;第二,统一中级教育,把古典、技术和现代组作为中级教育的三个平行组并置;第三,把第六年级改为过渡性班级,以方向引导学生进入古典、技术和现代三组;第四,在中等教育阶段,第一年所有学生学习统一的课程,第二年则依据学生第一年学习情况分别进入古典、现代和技术三科学习,古典、现代与技术三科在课程设置上虽各有侧重,但要保证其内在联系,使学生有可能实现各科之间的转换,保证其接受同样的基础知识教育;第五,在课程设置上,按照 1937 年 5 月 21 日的命令,"国立和市立中学的六、五、四、三年级各班和中等教育班级的课程,以及预备班和高级初等学校三年学制中的课程,都要按照在学习的过程中随时可以从这一组向那一组过渡的方式安排"。① 统一同级教育内各学校的课程设置,使用同样的教材和教学方法提供统

---

① [法]普罗斯特.二次世界大战前的统一学校//瞿葆奎.教育学文集·法国教育改革[M].北京:人民教育出版社.1994:47.

一的教育。

扎伊的教育改革方案激起温和派、反动派、保守派和极端派激烈的批评和讨论,且1938年至1939年的国内外政治危机影响了此方案的贯彻与实施。

然而,注意到扎伊改革所取得的有限成就是必要的:1937年5月22日,各类中学的基础班划归初等教育;1937年6月19日的法令创办了工场学校;1938年公布了新的初等教育课程计划和教学法指南,以保证初等教育向中等教育的过渡。

就20世纪前半期统一学校运动整体的发展历史而言,统一学校运动是一场并未完成的运动,其很多改革计划并未转化为具体的教育实践,没有也不可能解决中等教育由来已久的阶级差别和不平等现象。但另一方面,统一学校运动以其对平等与民主教育的追求,在较大程度上推进了法国教育的民主化进程,是一次进步的学校教育改革运动。该运动所激发的关于教育民主平等发展的热情,一直成为20世纪法国教育改革的持久动力。

第三节　职业教育的发展

法国职业教育的传统可追溯至中世纪晚期的学徒制,18世纪末期出现了专门的职业技术学校。然而,相对于其他资本主义国家而言,法国重视古典知识教育、轻视实用学科教育的传统制约了职业教育的发展,导致20世纪初法国职业教育发展水平落后于同时期的德国和美国。为改变这一状况,以1919年《阿斯蒂埃法案》的颁布为起点,法国职业教育开始了服务于本国经济飞速发展的20世纪历程。

一、《阿斯蒂埃法案》的主要内容

尽管相对于其他国家而言,以巴黎理工学校为代表的大学校所提供的专业技术教育处于领先地位,然而由于法国教育中所存在的重文轻实、重古典学科轻现代自然学科的教育传统的影响,导致19世纪法国职业教育未能获得较好发展。第一次世界大战结束后,法国职业教育在经济发展的催生和教育改革的带动下获得了较快发展。

继1918年8月20日颁布实施《农业和农政教育法》之后,1919年7月25日,法国议会通过了一项由阿登省议员阿斯蒂埃(Loi Aster)提交、后被誉为法国历史上"技术教育宪章"的职业教育法案议案——《阿斯蒂埃法案》,主要内容为:

第一,明确国家发展职业教育的责任。在教育部设立主管职业教育的部门和官员,各省设立专门机构和官员承担地方职业教育管理工作。《阿斯蒂埃法案》确立了职业教育由国家组织的原则。此前职业教育大都由私人创办,在管理上挂靠工商部,1921年后归属国民教育部。

第二,完善职业学校体系建设。职业学校按性质分为公立职业学校和私立职业学校。全国每一市镇设职业学校1所,其教育经费由政府和雇主平均分担。对于私立职业学校(包括教会所设立的职业学校),国家承认其合法性,并通过经济资助的方式使其获得有序发展。私立职业学校获得政府认可及资助的条件在于遵循教育部相关规定,不断满足社会经济发展所提出的对各类专业技术人才的需求。

第三,关于接受职业教育的权利和义务。18岁以下的法国青年有接受相应职业教育的义务和权利。18岁以下的法国青年具有接受免费职业教育的义务,需要系统学习各门科学知识和各类工艺知识,以确保自己具备相应的职业知识、技能和技巧。雇主须保证其雇用的青年每周有4小时的工作时间接受职业教育,且年学时合计不少于100小时。

第四,职业教育内容应涵盖三部分:补充初等教育的普通教育部分、作为职业基础的学科教育部分和旨在获得劳动技能的劳动实习部分。

第五,关于开展职业教育的方式。职业教育的提供既可以通过在专门设立的职业学校实施,也可以通过举办职业教育讲座的方式进行。关于职业讲座,《阿斯蒂埃法案》规定,职业讲座专为工商业领域的徒工、工人及职员开设,是向从事工商业工作未满18岁的男女青年提供免费义务职业教育的主要形式;雇主须为雇用的未满18岁的职员和工人创造接受参加职业讲座的条件;职业讲座的内容包括初等教育、职业基础教育及车间实习三部分;接受职业讲座满3年及3年以上者可参加职业能力证书考试。

二、《阿斯蒂埃法案》的历史作用

《阿斯蒂埃法案》的历史作用在于:为法国职业教育的发展确定了基本框架,将职业教育纳入法国公共教育体系,并且进一步唤起了产业界对职业教育与培训的关心。该法关于举办职业教育讲座的规定为未来法国职业教育的开展指明了形式。

为进一步强化产业界及广大雇主阶层在发展职业教育中的责任,1925年,法国政府颁布实施《艺徒税法》。该法规定:经营工业和商业的所有个人和团体在核算支付给个人、职员工资(或者报酬)总额的基础上按比例交纳艺徒税,交纳的比例根据《财政法》每年确定一次,最初艺徒税交纳比例为工资总额的2%。[①]"艺徒税"的开征,为创办全日制实科学校、职业学校和定时制职业学校

---

① 日本世界教育史研究会.六国技术教育史[M].李永连等译.北京:教育科学出版社,1984:208.

提供了必要的经费保证。1937年,法国政府颁布了《德布利法》,该法在继承《阿斯蒂埃法案》基本精神的基础上,进一步强化国家发展职业教育的责任。1938年,法国劳动部提出"工人培训"建议,开展成人职业速成培训。

由于受第一次世界大战的影响及在第二次世界大战战争阴影的笼罩下,20世纪前半期法国政府实际用于教育改革的时间和精力均有限。不过,法国教育事业在20世纪前半期仍取得了较为明显的成就,具体表现为:

首先,中央教育行政管理职能的逐步加强。在适应各时期社会发展与教育变革的过程中,法国中央教育行政机构的名称、组成及具体职能尽管一直处于变化之中,但法国中央教育行政管理职能却保持了在适度分权前提上的逐步加强,管理职能日益明确,逐步排除了教会势力对于国民教育事业的觊觎和染指,实现了真正意义上的教育管理"政教分离"。

其次,在法国政府努力下,国民教育事业成就显著。初等教育阶段实现了统一学校制度,义务教育年限被延长到14岁,中等教育实现了免费制,双轨制学校也得到不同程度的改造,19世纪末期《费里法案》所确立的"免费"、"义务"和"世俗化"的教育原则得到实现。

第三,在新大学同志会成员及持有教育民主化思想的进步知识分子的努力下,法国教育民主化水平借助于统一学校运动的开展而表现出事实上的提高。在初等教育方面,实现了所有初等学校(包括公立学校和中学预备班)遵循同样的教学大纲,开设同样的课程计划,保证所有就读于各种类型初等学校的6～13岁(后延长至14岁)儿童原则上接受同等的教育,高级小学、初等学校纳入小学后教育范畴以及统一的中学入学考试的实施,切实加强了法国初等教育发展的统一性。

第四,中等教育的发展主要围绕课程设置上的古典学科与现代学科之争这一主题展开,并贯穿于1902年、1923年、1926年和1936年的教育改革实践之中。1902年的改革在为现代科学科目进入中学课程体系提供历史契机的同时,还成为此后历次改革抨击和改革的对象。1923年的改革即把古典学科与现代学科并置而让学生选择学习视为一个"有背于真正文化意识的错误",在改革中增加了古典学科的学习时间和学习内容,强化了中等教育的古典主义特征,中等教育改革的天平向着古典主义的方向倾斜。1926年和1936年的教育改革则试图在中等教育学习内容上的古典主义和现代主义之间寻求某种平衡。为革除1923年中学教育改革计划中的古典主义色彩,1926年的改革试图统一中级教育,把古典、技术和现代组作为中级教育的三个平行组并置,古典、现代与技术三科在课程设置上虽各有侧重,但采取措施确立起内在联系,使学生有可能实现各科之间的转换,保证其接受同样的基础知识教育。

第五，职业教育发展成为20世纪前期法国试图突破重文轻理、重古典学科轻实用学科的教育传统，实现教育发展为工业化服务的教育举措。1919年《阿斯蒂埃法案》的颁行，不仅仅是一部普通意义上的教育法案的出台，而事实上是法国教育发展注重服务于社会生产实践的信号，从而使该法案成为法国历史上的"技术教育宪章"。

法国教育改革是在背负着强大的教育传统的基础上实施的。法国的教育传统既为法国20世纪前半期的教育改革提供了某种历史性的引领，同时也成为法国教育改革实践中必须面对的张力，这导致法国在教育民主化的改革、中等教育阶段的统一性建设、中等学校课程内容上古典主义和现代主义平衡的追求、职业教育如何更加紧密地服务于社会生产与经济建设等过程中，均面临着诸多需要进一步思考和解决的问题，所有这些都成为20世纪后半期法国教育发展必须面对的教育课题。

思 考 题

1. 统一学校运动的基本主张及在20世纪前半期法国初等教育领域的具体体现。

2. 1936年扎伊教育改革的主要设想。

3. 《阿斯蒂埃法案》的主要内容及对法国职业教育发展所发挥的历史作用。

参考文献

1. 吴式颖.外国现代教育史[M].北京:人民教育出版社,1997.

2. 夏之莲.外国教育发展史料选粹:下册[M].北京:北京师范大学出版社,1999.

3. 瞿葆奎.教育学文集·法国教育改革[M].北京:人民教育出版社,1994.

4. 王一兵.八十年代发达国家教育改革的动向和趋势述评[M].北京:人民教育出版社,1994.

第二十六章

20 世纪前期德国的教育

20 世纪前期,德国时局动荡,教育制度几经变迁。1918 年,德意志帝国在其挑起的第一次世界大战中覆灭。次年,德国历史上第一个议会民主制共和国——魏玛共和国成立。魏玛共和国存在的 14 年里,政治动乱和经济动荡,但却也是德国历史上文化教育最富有活力的一个时期。1933 年,希特勒上台,德国再一次成为世界大战的策源地,穷兵黩武,最后以失败告终。在纳粹执政时期,希特勒以国家社会主义铲除一切传统,包括教育传统,推行所谓"一体化"(Gleichschaltung)运动,以政治手段与恐怖手段实行独裁统治,教育出现了停滞与倒退。

第一节　魏玛共和国时期的教育改革

魏玛共和国只存在了短短的 14 年,但它给二战后联邦德国提供了丰富的政治和文化遗产。魏玛共和国教育改革的努力主要表现在两方面:一是在自由民主的旗帜下,试图建立统一基础学校;增设"上层文科中学"等措施,填平帝国时期教育"双轨制"的沟壑。二是在战争的废墟上,实行教育重塑,提升民族和国家的自尊心和自信心。在原有的三类中学之外,增设一种注重德语、德国文学、德国历史与地理的九年制中学——"德意志中学"(deutsche Oberschule)即是这种努力的集中表现。

一、撤销教会对地方学校的监督权,完善政府监督学校的相关制度

如前所述,德国早在 1872 年《学校视察法案》就规定,监督学校是政府的职权。但由于历史的原因,到 20 世纪初,地方学校的大部分督学仍然由牧师担任,与以往不同的仅是,牧师由政府任命,受政府委托而行使此监督权。教会在教育领域这个最后的控制权在魏玛共和国失去。

1918 年,普鲁士就发出公告,撤销教会对地方学校的监督,由乡镇督学接管其权力。① 1919 年《魏玛宪法》第 144 条明确规定:"全部教育事业处于国家监督之下,国家可让乡镇参与监督。对学校督导由事先受过专门训练的专职官员实施。"②《魏玛宪法》颁布后,各邦先后颁布法律,确认国家对教育事业的监督权,并建立和完善监督的相关制度。

二、建立共同的基础学校,加强劳动教育

初等教育改革是魏玛共和国最重要的教育成就,这奠定了联邦德国初等教育的基本框架。初等教育改革包括两个部分:

1. 建立共同的基础学校

19 世纪德国学校教育制度基本上是一个高度分化的教育制度。它针对社会不同阶层构建了一个与此相对应的多种类型和阶段且具有明确分工的学校制度。那时,国民学校多是为来自社会中下层的儿童准备的,国民学校或者之后的中间学校,即是他们终结性的校园学习。而那些希望进入中学直至大学的儿童——多数来自社会的中上层,则在开学第一天,便是在公立或私立的预备学校学习。进入 20 世纪以后,随着社会民主化进程的加速,统一学校运动也在新的共和国铺开。魏玛共和国在基础教育领域的一个重要成就就是撤销公立或私立预备学校(Vorschule),将国民学校最初的四学年作为对所有儿童共同的基础学校(Grundschule)。

1919 年 8 月,《德意志联邦宪法》(因在魏玛市制定,又称《魏玛宪法》)颁布并生效。《魏玛宪法》规定了有史以来公民最广泛的权利,它不仅囊括了近代各国宪法普遍规定的公民基本权利,如人人平等、迁徙自由、言论自由、结社自由等,还规定了许多新的权利,包括经济方面、保障方面、劳动方面以及文化教育方面的权利。《魏玛宪法》将"教育和学校"专列一章,对教育事业进行规定。其中包括:(1) 实行 12 年义务教育。第 144 条规定:"实行普及义务教育。普及义务教育原则上由至少八学年的国民学校和与此相衔接的直至 18 周岁的进修学校(Fortbildungsschule)实施。③ (2) 建立共同基础学校。第 146 条规定:"公立学校事业为有机地组成的整体。在所有儿童共同的基础学校之上设立中间学校和高级中学。"第 147 条规定:"撤销私立预备学校。"④这样,从宪法上否定了教育

① 转引自瞿葆奎.教育学文集·联邦德国教育改革[M].北京:人民教育出版社,1991:33.
② 德意志帝国宪法(1919)(节录).转引自瞿葆奎.教育学文集·联邦德国教育改革[M].北京:人民教育出版社,1991:25-28.
③ 德意志帝国宪法(1919)(节录).转引自瞿葆奎.教育学文集·联邦德国教育改革[M].北京:人民教育出版社,1991:25-28.
④ 德意志帝国宪法(1919)(节录).转引自瞿葆奎.教育学文集·联邦德国教育改革[M].北京:人民教育出版社,1991:25-28.

的"双轨制",为建立统一学校制度提供了法律保障。

1920 年 4 月经德意志国民议会通过的、由德国总统弗里德里希·艾伯特 (Friedrich Ebert)签署的《关于基础学校和撤销预备学校的法令》(*Gesetz betreffend die Grundschulen und Aufhebung der Vorschulen*),即《帝国初等教育法》对此作了更详细的规定。该法进一步规定:基础学校为 4 年的国民学校①;在特殊情况下,各邦主管机关可准许把国民学校的其他年级作为基础学校年级来设置。同时规定:立即撤销现有的公立预备学校和预备学校班②。

但改革并不是一帆风顺的。这不但表现在立法过程中,而且也表现在法律的推行过程中。事实上,削减公立预备学校的工作在 20 年代中期结束,但解散私立预备学校的工作则一直延续到魏玛共和国的终结。

统一学校具有划时代的意义。它打破了传统的学校教育"双轨制",使全体儿童接受了至少四年的共同的基础教育,算得上是教育民主化的第一个决定性步骤。同时,它也奠定了联邦德国初等教育的基本框架。到 21 世纪的今天,4 至 6 年的基础学校,在德国仍然是共同的基础教育阶段。其中,基础学校在柏林市和勃兰登堡州为 6 年,其余各州则为 4 年。

2. 加强劳动教育

在凯兴斯泰纳等人"劳动学校"思想的推动下,在基础学校中加强劳动教育,成为魏玛共和国初等教育领域一个重要的行动。

《魏玛宪法》第 148 条规定:"所有学校均须按照德意志民族性的精神及各民族和解的精神努力进行道德、公民意识、个人技能和职业技能方面的教育。……公民课和劳动课应纳入学校教学科目范围。"③

1920 年 6 月,联邦内务部主持召开了全德学校工作会议,来自各地的 700 多名代表参加了会议。会议集中讨论德国学校制度、师资培训和学校教育教学方法等方面的改革问题。在这次会议上,人们就劳动教育进行了专门讨论,并提出了对基础学校劳动教育有指导意义的《关于劳动课的指导原则》。该指导原则系统地阐述了劳动教育的意义、内容、教学原则以及保障劳动教育顺利展开的各种保障条件④:(1) 劳动是国民学校和统一学校发展的基础。它强调,"教育的

---

① 《关于基础学校和撤销预备学校的法令》第一条规定:"设立国民学校。国民学校的最初四学年为对所有儿童共同的基础学校,在此基础上设中间学校和高级中学。基础学校各年级(阶段)除了完全保留其作为国民学校之一部分的基本任务之外,同时应保证学生受到足够的预备教育,以直接升入中间学校或高级中学。"参见《关于基础学校和撤销预备学校的法令》(1920). 转引自瞿葆奎. 教育学文集·联邦德国教育改革[M]. 北京:人民教育出版社,1991:34。

② 《关于基础学校和撤销预备学校的法令》第二条规定:"现有的公立预备学校和预备学校班必须立即予以撤销。"参见:《关于基础学校和撤销预备学校的法令》(1920). 转引自瞿葆奎. 教育学文集·联邦德国教育改革[M]. 北京:人民教育出版社,1991:34。

③ 德意志帝国宪法(1919)(节录). 转引自瞿葆奎. 教育学文集·联邦德国教育改革[M]. 北京:人民教育出版社,1991:25 - 28.

④ 参见瞿葆奎. 教育学文集·联邦德国教育改革[M]. 北京:人民教育出版社,1991:120 - 123.

基础必须是劳动,是在感性材料上进行的劳动",因此"新型学校应当是劳动学校"。①(2)把劳动以劳作课的形式列为所有学校的必修课。(3)将劳动这种创造性的学习形式作为一种教学原则,贯穿于所有的学习过程中。(4)在教师教育中增加有关在教学过程中开展劳动教育的知识与能力的内容,同时培养专门的劳动课教师。

自此以后,重视劳动教育,并开设劳动课,成为德国学校教育的一个重要特征。

三、增设两种新的 9 年制中学

1924 年,魏玛共和国通过教育改革方案,决定在原有的三种 9 年制中学,即文科中学、实科中学、文实中学之外,增设两种新的 9 年制中学:德意志中学和上层文科中学。

1. 德意志中学

在 1920 年全德学校工作会议上,内务部部长科赫(Koch)在开幕词中清楚明了地表达了新共和国教育改革的基本任务之一是培育民族思想:"在这些特殊任务中,我认为首先是培育民族思想的必要性。……我们要不断地认清这一点:德国人民有权利为自己在文化进步方面对世界作出的巨大贡献感到骄傲。我们要在我们的孩子身上唤起和培育一种关于德意志民族之伟大的意识和敬畏心情。我们要在孩子们身上培养起这样一种感情:德国尽管遭受了莫大的屈辱,但由于它为人类建立了丰功伟绩,它还是有权利自豪地昂首屹立在民族之林。"②德意志中学即是这项任务落实的结果。

顾名思义,德意志中学即课程以"德意志学科",包括德语、德国文学、德国历史、德国地理等学科为主的中学。它与基础学校相衔接,学制为 9 年。德意志中学这种带有强烈民族主义色彩的学校,反映了当时德国人的一种战后情绪。战后重建,培育民族自尊心和自信心,如同 1807 年普法战争失败后,著名哲学家费希特发表"对德意志国民的讲演",宣传爱国主义精神一样,无疑是正确的。只是到纳粹时期,这种民族情绪被无限放大,最后导致极端的民族主义。

2. 上层文科中学(Aufbauschule)

为了帮助优秀的国民学校毕业生,尤其是农村地区的优秀国民学校的毕业生能获得完全中学的教育,进而获得到大学深造的机会,魏玛共和国还增设了一种文科中学——上层文科中学。这种中学与国民学校相接,学制 9 年,且多设在小城镇。

---

① 瞿葆奎.教育学文集·联邦德国教育改革[M].北京:人民教育出版社,1991:120.
② 瞿葆奎.教育学文集·联邦德国教育改革[M].北京:人民教育出版社,1991:37 - 38.

四、统一的师范教育，提升初等教育师资培养水平

直到 20 世纪 20 年代，德国教师教育都是分级分类进行的：国民学校的教师采取实习型师范教育模式，而中学教师则采取学术型师范教育的模式。具体地讲，国民学校教师的职前教育是师范学校教育，而中学教师则是大学教育。为了提高初等教育师资水平，魏玛共和国采取措施，取消差别，统一师范教育。

《魏玛宪法》第 143 条第 2 款明确规定："按照普遍适用于高一级教育的原则，统一规定帝国的师范教育。"即所有学校教师，包括国民学校的教师都被要求统一接受学术性高等教育。

从 1924 年起，虽然有关统一师范教育的法律最终没有被帝国内阁批准，但传统的师范教育形式逐渐被打破。除巴伐利亚、符腾堡两州仍保留师范学校以外，其他各州都提升了国民学校教师教育的水平。具体来讲，普鲁士新建了师范学院，而汉堡、图林根、布伦瑞克、萨克森和黑森等则在大学或工业大学等学术性高校中开设师范类课程，培养包括国民学校教师在内的各级各类学校教师。

五、延长义务教育年限，推动职业教育向前发展

魏玛共和国将已开辟的职业教育道路向前推进。

1919 年制订的《魏玛宪法》第 145 条规定："确定普通义务教育年限：至少八年制国民学校毕业并在此基础上进入补习学校学习到 18 岁止。国民学校和补习学校的教学和教材一律免费。"该宪法的进步意义在于，相比 1869 年北德意志邦联工商条例而言，《魏玛宪法》将接受义务教育的年限规定到满 18 岁止。

1920 年 6 月，为了实现宪法规定，帝国学校委员会（Reichsschulausschuss）在柏林举行会议。会议将补习学校和进修学校统一改名为"职业学校"（Berufsschule），以此表明此类学校所肩负的与普通学校相区别的特殊教育任务。由于《魏玛宪法》并没有对联邦和地方在实现义务教育问题的责任做出明确规定，因而直到 1938 年以前，职业义务教育都由各州的法律规定。1923 年，普鲁士通过了延长职业学校义务年限的法律，开始对所有年满 18 岁的青年实行职业学校义务教育。之后，其他各州也纷纷效仿。到魏玛共和国末期，全德有 2/3 的义务职业学校教育年龄阶段的青年人学习了相应的职业课程。不过，各州的情况相差很大，从 24% 到 99% 不等①。

六、发扬大学传统，促进学术自由

魏玛时期的德国高等教育沿袭了战前的模式，学校规模没有大的发展。在

---

① Ludwig von Friedeburg. Bildungsreform in Deutschland：Geschichte und gesellschaftlicher Widerspruch
[M]．Frankfurt am Main：Suhrkamp，1992：247．

这一时期,德国只创办为数很少的新学校,其中包括科隆大学和汉堡大学。大学生人数没有新的增长,有些年份甚至有所下降。1919 年,德国大学生人数,包括大学和工业大学(TH)达到 110 000 人,其中大学在校生为 87 000 人,工业大学在校生为 23 000,相当于每 1 万居民中有大学生 18 人;但到 1933 年,德国在校大学生人数下降为 81 000 人,其中大学在校生为 68 000 人,工业大学在校生为 13 000 人,相当于每 1 万居民中有大学生 12 人。[①]

魏玛共和国虽然因时间短暂而来不及创造自己的模式,但高校学术自由明显加强,尤其是充满民主特色的《魏玛宪法》为学术自由创造了巨大的发展空间。《魏玛宪法》第 142 条规定:"艺术、科学及其这方面的教育享有自由,国家予以保护并关心其培育。"[②]在共和国,不但战前受到排挤的犹太人、社会主义者、女性进入了大学教师队伍,而且不同的学术流派也被介绍到大学课堂。在这一时期,大学人才济济,学术气氛自由而宽松;大学在社会中仍享有崇高的地位,学术成就依然保持着世界一流水平。

第二节　纳粹时期的德国教育

1933 年至 1945 年纳粹统治时期,教育成为了纳粹党实现其独裁统治的工具。学校教育虽然沿袭了魏玛共和国的基本结构,但其目的、内容、方法等发生了本质性的改变。纳粹时期教育政策的基本指导思想是:统一化、简约化。结果,德国教育出现全面的倒退。

一、建立中央集权的教育管理体制

纳粹上台后,在教育行政管理体制上,进行了所谓"划一革新"的改革,以中央集权管理取代了魏玛时期的地方分权管理。

1934 年 1 月 31 日,纳粹当局发布命令,取消各邦对文化教育事务的管理权。同年 5 月 1 日,帝国科学、教育和国民教育部(das Ministerium fuer Wissenschaft, Erziehung und Volksbildung)成立,成为管理全德教育事务的最高权力机构,它直接管理从教科书到教学计划等一切教育事宜。

二、缩短学制,发展德意志中学,确定义务职业教育

1938 年通过的《帝国学校义务教育法》规定,所有儿童必须在八年制国民学

---

①　T. Ellwein. Die deutsche Universitaet:vom Mittelalter bis zur Gegenwart[M]. Koenigstein/Ts. :Athenaeum,1985:232.

②　德意志帝国宪法(1919)(节录). 转引自瞿葆奎. 教育学文集·联邦德国教育改革[M]. 北京:人民教育出版社,1991:25.

校接受 8 年的义务教育。在中等教育领域,中学学习年限由原来的 9 年缩短为 8 年;并规定德意志中学为主要的学校形式。该法颁布后,中等学校的学习年限普遍被缩短:9 年制的高级中学缩短为 8 年,6 年制中间学校缩短为 4 年,并改称为"主要学校"。传统的文科中学被大量撤销,强调德意志语言和历史的德意志中学则获得不同寻常的重视,成为了高级中学的主要类型。据统计,1938 年,德意志中学在校生数占同期中学生总数的 83.8%。① 除此之外,为了培养政治接班人,纳粹当局还建立了三种培养纳粹政治精英的学校:"阿道夫·希特勒学校"、"国家政治学院"、"骑士城堡"。同时,还把"乡村生活年"、"劳动服役"等政治教育方式引入学校教育中。

1933 年纳粹上台后,职业教育也加强了集中管理。1933 年,德国技术教育委员会(Deutscher Ausschuss fuer technisches Schulwesen)受经济部长之托,担负起了确定培训职业的任务。从 1935 年起,标有名称的职业活动和训练课程必须得到国家技术教育委员会这个国家权威性机构的认可②。1938 年,德意志帝国职业学校义务教育法律颁布,法律意义上的"双元制"职业教育得到确立。该法明确规定,职业教育由两部分构成:一是由私营企业组织的企业培训,一是由国家组织的、通过职业学校来完成的职业理论教育。至此,德国"双元制"职业教育制度终于形成。

三、否定大学传统,限制学术自由

在第三帝国时期,德国传统大学模式从形式上并没有太大的变化,国家社会主义的高等教育政策对高等教育的改造主要表现在实质内容上。这一时期,纳粹党在高校实行一个党、一个领袖和一套思想统治,全盘否定了大学传统和学术自由。

1. 排除异己

希特勒一上台,就采取了清除对手、清除异己的大清洗行动。在这场大清洗运动中,不少大学教授,由于种族和政见等原因被迫离开校园。1933 年 4 月 7 日,德国颁布"恢复公职法",该法规定:1934 年 8 月 1 日以前成为终身教师、或在前线打过仗或父辈已阵亡的非雅利安血统的教师仍可在大学留任;除此之外,非雅利安血统的教师一律不得从教。按该法条例,凡属犹太血统和具有反对倾向的教员都得离校,结果,约有 1 684 名学者,占全国总数的 15%,其中包括柏林大学 32% 的教员不得不离开教职。③

2. 实行一党专政和"领袖原则"

① 吴式颖.外国现代教育史[M].北京:人民教育出版社,1997:248.
② 孙祖复,金锵.德国职业技术教育史[M].杭州:浙江教育出版社,2000:44.
③ [美]戈登·A.克雷格.德国人[M].杨立义,钱松英译.上海:上海译文出版社,1998:241.

纳粹党通过其建立起来的组织机构及宣传工具,控制和监督大学及其师生的思想和行动。其中包括:(1)强化由纳粹党任命的校长的权力,使传统的大学评议会等机构的学术权力形同虚设。1935年,纳粹当局正式确定所谓的"领袖原则",将其写入全国统一的高等学校章程(Hochschulverfassung)之中。1938年8月21日,巴登州颁布新的高等学校章程,确认了"领袖原则":"校长为高等学校的领袖……过去评议会所拥有的权力全部转交给校长。""领袖原则"使校长成为全校的首长,将全部权力集于一身,从而彻底动摇了教授在大学中传统的领导地位①。更重要的是,由于校长由政府任命,通过"领袖原则",实际上使得大学的领导权完全掌握在纳粹党的手中。(2)在大学中扶持纳粹党亲信,并委以重任;在教学中增加政治教育的内容;加强对大学师生言行的监督等。例如,从1933年开始,科学家们参加任何科学会议都要经过德国宣传部统属下的一个机构——科学会议中心的批准;甚至在科学家代表团要到境外参加会议时,纳粹当局通常会指派一名他们信任的纳粹党成员担任团长。自1939年起,所有博士学位科学论文都必须提交给官方的纳粹审察官。②

在纳粹统治时期,德国高校学生人数进一步下滑。1936—1937冬季学期,在大学注册的学生人数仅为48 500人,在工业大学注册的学生人数仅为11 000人。许多大学,如吉森、格赖夫斯瓦尔德、罗斯托克等大学在校人数不足1 000人,埃尔兰根、哈勒、基尔等大学在校人数徘徊在1 000人上下;只有柏林大学的学生人数保持在6 700人左右。③

第三节 凯兴斯泰纳的公民教育理论

凯兴斯泰纳(Georg Kerschensteiner,1854—1932)是德国著名的教育理论家和教育改革家。他提出的"公民教育"理论在19世纪末20世纪初在当时的德国及西欧各国产生了很大影响,是当时重要的教育理论流派。另外,他极力倡导和推动"劳作学校"运动,主张国民学校及其之上的进修学校应当是劳作学校,也因此赢得了"德国职业学校之父"④的称号。

---

① 校长除任命各院院长之外,还可以任命校务长为其副手,代其行使职权。另外,校长可以亲自参加或派代表参加所有的院务会议,从而使学院一级的独立性被大大地削弱。更有甚者,博士授予工作原本是学院独自管理的传统事务,在"领袖原则"下也被校长所插手。
② [美]伯纳德·巴伯.科学与社会秩序[M].顾昕等译.北京:生活·读书·新知三联书店,1991:91-92.
③ T. Ellwein. Die deutsche Universitaet:vom Mittelalter bis zur Gegenwart[M]. Koenigstein/ Ts.:Athenaeum,1985:233.
④ Ludwig von Friedeburg. Bildungsreform in Deutschland:Geschichte und gesellschaftlicher Widerspruch. Frankfurt am Main:Suhrkamp,1992:247.

凯兴斯泰纳一生著述颇丰。其主要著作包括:《德国青年的公民教育》(*Die Staatsbuergerliche Erziehung der deutschen Jugend*)、《学校组织形式的根本问题》(*Grundfragen der Schulorganisation*)、《公民教育的概念》(*Begriff der Staatsbuergerlichen Erziehung*)、《劳作学校要义》(*Begriff der Arbeitsschule*)。

一、公民即能服务国家任务的有用之人

凯兴斯泰纳公民教育理论的基本主张可以概括为一句话:学校教育要为国家培养有用的公民。他在《劳作学校要义》一书中写到:"由于我把自始至终为这双重任务而服务于现有国家的人,称为有用的国家公民,所以,我十分明确地把培养有用的国家公民,当作国家国民学校的教育目标,并且是国民教育的根本目标。"①

凯兴斯泰纳的公民教育理论是基于他对国家、公民之本质的理解。

1. 国家的本质

凯兴斯泰纳的国家观带有鲜明的德意志民族的特性,那就是对国家的理想化和盲目崇拜。在德国,有相当一部分人希望出现一个以柏拉图《理想国》为模本的理性国家。例如,费希特在1807—1808年间写的《告德意志民族的演讲》中就假设了一个对公民个人都必需的国家,公民在为国家服务时才会实现自我。凯兴斯泰纳对国家存在着一个理想主义的预设:国家是一个理性的国家,是一个正义的、积极的善的国家。"国家是一个目标和管理中,体现伦理思想的国家,就其本质来说,是一种至高无上的、外在的伦理财富。"②可以说,凯兴斯泰纳对国家的认识是非现代性的,是极为精神的、道德化和理想化的。他提到:"在许多不肯定的结论中,唯有一个结论可以肯定,那就是:至高、至美的外在伦理财富是一种社会组织。它确保每一个人能够按照其天性,发展他自己认为是伦理财富的东西。"③

他认为,国家有双重目标。"现有国家的目标是双重目标:首先是利己主义的目标,也就是考虑内在与外在的安全及其公民的身体和精神的健康。然后才是为公的目标,即:通过国家自身向着伦理集团的发展,以及在法制和文明国家的集体中行使其权力,逐渐在人类社会中,建立起人道主义的国家。"④

① Ludwig von Friedeburg. Bildungsreform in Deutschland:Geschichte und gesellschaftlicher Widerspruch. Frankfurt am Main:Suhrkamp,1992:15.

② [德]凯兴斯泰纳. 劳作学校要义//[德]凯兴斯泰纳. 凯兴斯泰纳教育论著选[M]. 郑惠卿译. 北京:人民教育出版社,1993:8.

③ [德]凯兴斯泰纳. 凯兴斯泰纳教育论著选[M]. 郑惠卿译. 北京:人民教育出版社,1993:8.

④ [德]凯兴斯泰纳. 凯兴斯泰纳教育论著选[M]. 郑惠卿译. 北京:人民教育出版社,1993:14.

2. 公民的素质及教育的任务

凯兴斯泰纳认为,有用的国家公民即"自始至终为国家双重任务而服务于国家的人"。[1] 这样的人应具备的素质包括:第一,必须深刻了解国家的本质和任务;第二,必须具备杰出的从事某种职业的能力;第三,必须具备国家所要求的道德品质和情操。[2]

为此,凯兴斯泰纳认为国家举办的学校应当从三方面担负起自己的使命:第一,职业教育的任务,即使学生具有从事某种工作或某种职业的能力。在他看来,一个对国家有用的公民必须是有能力且愿意直接或间接地从事某项有利于国家目标实现的工作或职业的人。国民学校最基本和首先的任务就是"帮助每个受教育者在集体中从事某项劳动"。[3] 第二,职业教育伦理化的教育任务,即帮助学生"养成将其职业视为一种职责的习惯"。[4] 换句话说,学校教育应当使学生意识到,一个人从事某一职业,不仅仅是养家糊口、谋生的手段,而且还是自己为国家和社会承担的义务。第三,共同体的伦理化的教育任务。使学生的个人道德成为实现国家伦理化这个总体目标的一部分,这也是国民学校最高的教育任务。

二、劳作学校是实现公民教育最理想的学校形式

凯兴斯泰纳认为,公民教育最理想的学校形式是劳作学校,因此,国家举办的国民学校应当是劳作学校。在凯兴斯泰纳那里,"公民教育"和"劳作学校"是相互联系的;公民教育是教育目的,而劳作学校是实施公民教育最理想的教育机构。他说到:"我十分明确地把培养有用的国家公民,当作国家国民学校的教育目标,并且是国民教育的根本目标。根据这一目标制定出学校的任务,又根据任务制定出一系列切实可行的规章制度,或者说学校管理准则,并依此规定了学校的组织形式。这一组织形式,我们称它为'劳作学校'。"[5]

1. 劳作学校的教育原则

凯兴斯泰纳认为无论哪种类型和层次的学校都应当贯彻劳作教育的精神,文科中学也不例外。不过,在他的理论与实践中,他主要是把国民学校及其之上的进修学校作为劳作学校的实施机构。

劳作教育首先是作为一个教育原则。凯兴斯泰纳认为,劳作学校的基本原则是通过学校中的共同劳动活动,发展学生的身心。他主张压缩学校中书本知

---

① [德]凯兴斯泰纳.凯兴斯泰纳教育论著选[M].郑惠卿译.北京:人民教育出版社,1993:14.
② [德]凯兴斯泰纳.凯兴斯泰纳教育论著选[M].郑惠卿译.北京:人民教育出版社,1993:5.
③ [德]凯兴斯泰纳.凯兴斯泰纳教育论著选[M].郑惠卿译.北京:人民教育出版社,1993:16.
④ [德]凯兴斯泰纳.凯兴斯泰纳教育论著选[M].郑惠卿译.北京:人民教育出版社,1993:16.
⑤ [德]凯兴斯泰纳.凯兴斯泰纳教育论著选[M].郑惠卿译.北京:人民教育出版社,1993:15.

识的教学,增加手工劳动和体力劳动的训练;反对死记硬背,提倡以学生自己的经验获得知识与能力。

凯兴斯泰纳十分看重劳作对性格形成所起的作用。他认为,劳作活动不仅可以使学生掌握一技之长,获得从事某一职业的能力,而且可以养身修性,尤其是可以培养人的意志力、毅力及判断力。从这个角度上讲,劳作学校又是"以培养性格为主的学校组织形式"。[①] 他尤其重视手工劳动的作用,认为手工劳动具有知、情、意训练等多方面的价值,应当成为劳作学校中最主要的教育活动。

2. 设立专门的劳作课

劳作教育不仅是一个教育原则,它还应当体现为一门劳动课程。凯兴斯泰纳主张在学校中设置一门单独的手工劳动课程,由受过专门技术训练的教师承担教学任务。为此,他详细说明了在劳作学校中开设手工劳作课的理由:(1) 在社会成员中,大部分人都是手工劳动者,因此,手工劳动课适合于大多数人的需要;(2) 在任何社会中,体力劳动,尤其是手工劳动的比重大;(3) 人类天性倾向于手工劳动;(4) 3~14 岁的儿童对手工劳动有本能的冲动与兴趣。1919 年,《魏玛宪法》规定公民课与劳动课作为国民学校的必修课,凯兴斯泰纳的教育被国家所采纳。

从 1919 年至 1945 年,德国经历了从帝国专制到民主共和国,从民主共和国到纳粹专政的社会政治变革。伴随着政体的转换与社会的变迁,教育领域也发生了诸多变革。这些变革围绕着一些德国教育发展中的基本命题,例如教育与政治的关系、教育机会与双轨制、学校民族传统与教育的关系等。魏玛共和国建立了统一基础学校,确立了教育管理上的联邦主义,提升了教师教育水平,同时也设立了德意志中学;纳粹取得政权后,对魏玛共和国的教育政策进行了一个反动:以中央集权取代联邦制,以德意志中学统合学校类型,缩短学制,以政治取代学术等。这些经验与教训对于德国二战后教育的改革与发展无疑都是一份独特的遗产。

思考题

1. 魏玛共和国时期德国教育改革的主要内容。

2. 凯兴斯泰纳公民教育理论的基本内容。

---

① [德]凯兴斯泰纳. 凯兴斯泰纳教育论著选[M]. 郑惠卿译. 北京:人民教育出版社,1993:53.

参考文献

1. T. Ellwein. Die deutsche Universitaet：vom Mittelalter bis zur Gegenwart［M］. Koenigstein/Ts.：Athenaeum，1985.

2. Ludwig von Friedeburg.，Bildungsreform in Deutschland：Geschichte und gesellschaftlicher Widerspruch［M］. Frankfurt am Main：Suhrkamp，1992.

3. 滕大春.外国教育通史：第四卷［M］.济南：山东教育出版社，1992.

4. ［德］凯兴斯泰纳.凯兴斯泰纳教育论著选［M］.郑惠卿译.北京：人民教育出版社，1993.

5. 瞿葆奎.教育学文集·联邦德国教育改革［M］.北京：人民教育出版社，1991.

6. 吴式颖.外国现代教育史［M］.北京：人民教育出版社，1997.

7. 孙祖复，金锵.德国职业技术教育史［M］.杭州：浙江教育出版社，2000.

第二十七章

20 世纪前期苏联的教育

　　19 世纪末 20 世纪初,俄国社会经济步入变革时代,但是,保守的政治体制导致所有的社会文化领域出现了危机,其中包括教育领域。资本主义的迅速发展对国民教育提出了新的要求,而当时的俄国教育部却固守教育的阶级性和阶层性原则。1887 年的人口普查表明,全国共有 100 多万文盲,其中成人男性文盲率为 35.8%,女性为 12.4%。[①]

　　普及儿童教育,降低文盲率,实现教育民主化成为 20 世纪初俄国教育发展的主要任务。与此同时,教育体系内部存在的矛盾严重阻碍着教育的发展。1900—1917 年间,俄国先后出现了 13 位教育部长,每位部长都提出了自己的教育改革构想和方案。政策的非连续性导致教育改革的非彻底性。在这样的背景下,全俄教师联合会及其他一些社会性教育团体领导的社会教育运动成为克服教育危机的决定性力量。

　　1917 年是俄国历史的转折点,教育领域的变化基本与政治体系和社会经济关系的转变同步。在十月革命前夕,已有 150 年历史的全俄教师联合会重新恢复,其他的一些教育团体也开始积极行动,力求对俄罗斯教育体系进行民主化改革。[②] 1917 年 5 月建立的国家教育委员会(Государственный комитет по народному образованию)虽然形式上是国民教育部的附属社会机构,但实际上却是领导全国教育改革的独立组织。委员会成员中包括 100 多位有声望的社会活动家、教育家和热心教育事业的人士。委员会在很短的时间内就制定了数十份教育改革的文件,并开始初步实施教育民主化改革。

　　十月革命之后,苏联要以最快的速度改变国家经济和文化的落后局面,学校作为教育机构和实施共产主义教育的工具被赋予了特殊意义。列宁在第一次教育工作者会议上强调:"只有学校才能够巩固革命的胜利成果……通过革

---

① 　Под редакцией Н. Д. Никандрова. История педагогики[M]. Москва,2007;260.
② 　Под редакцией, Н. Д. Никандрова. История педагогики[M]. Москва,2007;287.

命得来的一切,只有通过对未来几代人的教育才能得以巩固。"①因此,建立社会主义的教育体系是战后苏联政府的一项重要任务。苏联政府制定推行了一系列措施,在短期内很快建立起统一的、免费的普通教育体系,并致力于扫除文盲,改革大学录取原则。20世纪30年代则完全取消了统一劳动学校的构想,在教育领域推行全面的集权化管理。在卫国战争期间,根据战时情况,苏维埃政府对学校教育进行了一系列调整,使之经受住了卫国战争的严峻考验。

从建国初期到20世纪30年代之前,一批卓越的教育家、心理学家开展了一系列教学试验,在教学过程中应用了许多新方法。30年代的苏联教育体系则开始失去创新和探索元素,出现以教师为中心、以课堂为中心、以教科书为中心的教学范式,对苏联教育的发展产生了一定的负面影响。而在卫国战争期间,为了适应教育学思想及苏联教育的继续发展,教育学者们开展了不懈的研究和探索,为战后的教育重建工作奠定了基础。

第一节　苏联社会主义教育体系的建立

学校的重建工作在十月革命一结束就已经开始。1917年10月以后,原有的教育体系很快被摧毁,以前的学校管理体制也被颠覆,私立学校被关闭,教堂学校、教会学校交给了人民教育委员会。

1917年11月9日,人民委员会(CHK)签署了建立人民教育委员会(Государственный комитет по народному образованию)的命令,授权该委员会领导国民教育事业并制定相关法令和法律,卢那察尔斯基(А. В. Луначарский)被任命为委员会主席,克鲁普斯卡娅(Н. К. Крупская)等担任副主席。人民教育委员会推行了一系列布尔什维克式的学校改革,其工作目的是全面扫除文盲,实行普及的免费教育,组建教师队伍。学校管理移交给了工农代表苏维埃,工农代表苏维埃附设地区、城市、区人民教育局和文化教育委员会。

一、建立普通教育体系

1918年10月制定的《统一劳动学校章程》(Положение о единой трудовой школе)及《统一劳动学校宣言》(Декларация о единой трудовой школе)将全面实现学校民主化置于首位。《统一劳动学校章程》从法律角度废除了旧的国民教育体系,苏联学校作为统一的、免费的普通教育体系建立起来。《统一劳动学校章程》规定所有公民都有受教育的权利;在受教育方面,男女平等;教育没有等

① Н. К. Гуркина. История образования в России(X – XX века)[M]. Санкт – Петербург,2001:43.

级性;学校具有对学生进行道德教育和生产教育的职能。

按照《统一劳动学校章程》的规定,原有的多种类型的学校被取消,取而代之的是分为两个梯级的统一劳动学校,从 8 岁到 13 岁为一级(五个年级),13 岁到 17 岁为第二级(四个年级)。① 为 6 岁到 8 岁的儿童设立的幼儿园也属于统一劳动学校范围,实行免费教育。教育具有世俗性,学校禁止教授宗教课,也禁止在中小学校举行宗教仪式。教学人员经选择产生,在 1918 年 7 月以前,教师需要递交申请,并且要提供适当证明,以及推荐书,还要表明自己的教育观和社会观。

《统一劳动学校章程》确定了国家学校事业发展的基本原则,而《统一劳动学校宣言》则指出了学校教育、教学工作发展的途径。《统一劳动学校宣言》的主导思想包括:集体主义教育思想、国际主义教育思想、培养积极主动的学生、创建教师队伍……提出在社会劳动的基础上组织教学材料是制定新教学大纲的原则,指出劳动是获得知识的基本途径。

当时,由于部分人民教育委员会成员对实行统一教学大纲持反对意见,统一劳动学校建设工作一度进展缓慢。1918—1920 年,尚没有制定统一的教学大纲。1920 年,公布了新的教学计划和第二梯级学校示范性教学大纲。1920 年的教学计划一度发挥着重要作用,这一计划包括关于自然的科学、关于社会的科学和数学科学的教学计划。

1918 年后,由于苏联面临物质方面的困难,在加速实现工业化的条件下,为了确保中等和高等职业教育的发展,1920 年,苏共党的会议提出取消九年制学校,建立七年制基础学校。七年制学校分为两个阶段,第一阶段为四年,第二阶段为三年。同时决定,职业教育应当在七年制学校基础上实施,即从 15 岁开始。四年制技校是当时主要的职业学校形式。②

1923—1924 年,在农村地区,在第一阶段学校基础上建立了三年制的农村青年学校。这类学校不仅仅提供普通教育,而且教授农业教育知识。从 1921 年起出现了工厂学校(Школа фабрично - заводского ученичества,简称 ФЗУ),1925 年建立了七年制的工厂学校(Фабрично - заводские семилетка,简称 ФЗС)。这一时期,普通学校教育的第二梯级开始出现职业化倾向。

学校体系的改变要求重建教学大纲,1923—1925 年,在国家学术委员会(Государственный ученый совет,简称 ГУС)的领导下,编写了新的大纲。新大纲不再是某门课程的教学大纲,而是一种综合性的单元教学大纲。针对旧学校

① Под редакцией З. И. Васильевой. История образования и педегогической мысли за рубежом и в России[М]. Москва, 2005:371.

② Под редакцией З. И. Васильевой. История образования и педегогической мысли за рубежом и в России[М]. Москва, 2005:372.

中存在的理论与实践、学校教学内容与生活相割裂的问题,大纲编写者剔除了初等学校中的分科教授形式,提出只有实行综合教学才能够揭示现实生活各种现象之间的关系。按照上述观点,在大纲中,教学材料分为三个部分,包括自然与人、劳动、社会。

1927 年编写的新大纲,重申综合性单元体系的正确性,但是大纲本身偏离了综合性:在统一劳动学校的第一梯级,提供了语法、正字法、算术等课程大纲,综合性单元课程变成了特殊大纲,由社会知识课程、地理课程、自然科学课程、儿童生活课程组成。

1929—1930 学年,发布了《统一劳动学校第一梯级大纲》(*Программы единой школы I ступени*),增加了综合技术材料,综合性单元课程保留了下来。同时提出要将综合性单元大纲变成综合性单元设计大纲。综合性单元设计大纲定位于取消班级,取而代之的是单元和小组式授课形式,学生通过单元或小组学习掌握生产劳动技能。个别学校开始将国外借鉴来的教学法应用于自己的工作实践,开始使用道尔顿制和设计教学法。

在创建苏联教育体系的过程中,列宁在 1918 年到 1919 年在教师代表大会上的讲话,以及领导国民教育委员会的克鲁普斯卡娅、卢那察尔斯基的讲话起着重要的作用。学校与政治相联系的原则、建立统一劳动学校的原则是创建苏维埃教育体系的主导原则。

二、扫除文盲

十月革命后,扫除文盲成为年轻的苏维埃政权最为重要的一项教育任务[①]。1919 年签署并颁布了《扫除文盲的命令》(*Декрет о ликвидации неграмотности*)。在创建统一劳动学校的同时,开始设立成人学校,并为成人学校制定大纲和教学法。1919 年 12 月 26 日,苏维埃革命委员会制定了《消除苏维埃人口中文盲的政府命令》,按照这项命令,所有 8~50 岁的居民都要学习母语或者俄语的文字。规定每天要为学习文字的在职人员缩短两小时的工作时间,并保留工资。动员有文化的人以义务劳动的形式,组织扫盲小组。

1920 年,建立了全俄扫除文盲非常委员会,该委员会一直工作到 1930 年,委员会附属于国民教育委员会,设有专门部门以便负责在少数民族中开展扫盲工作。1923 年,建立了"扫盲"协会,制定了在苏维埃政权建立十周年之前消除 18~35 岁的文盲的决定。但是,这些计划并没有完成,扫盲速度比计划速度要慢。由于青少年文盲的产生,文盲数量仍占很大比例。

[①]　В. Г. Торосян. История образования и педогогической мысли[M]. Москва,2006:245.

三、改革高校录取制度和管理制度

高等学校是苏维埃政权关注的对象,1918 年 8 月 2 日,人民委员会通过了《关于高等学校录取原则》(*Декрет о правилах приема в высшие учебные заведения*)的政府命令。命令规定,每个年满 16 岁的人,不论国籍、民族、性别和宗教信仰的差别都可以免试进入大学,而且不需要提供中学教育证书。① 《关于高等学校录取原则》为工人、农民进入大学开辟了道路。1918 年,莫斯科大学录取人数是 1913 年的五倍。② 但是,多数被录取的学生因为不具备在大学学习所必需的知识,没办法坚持学习。为了解决这一问题,从 1919 年开始在全国建立的工人系成为了工人进入大学的台阶。在国民经济恢复时期结束时,工人系的毕业生占大学录取学生的一半。

高校工作的第二个方向就是改变社会科学教学,确立马克思主义在大学中的地位。1918 年,开设了社会主义学院,学院的任务就是研究马克思主义理论需要继续解决的问题。1919 年,斯维尔德洛夫共产主义大学成立,其目的为宣传共产主义思想并培养意识形态工作者。国内战争结束以后,在苏联建立起广泛的科研和教学网络,这些机构都成了马克思主义研究中心,包括马克思、恩格斯学院等。

1921 年,第一部《苏维埃大学章程》使大学的各方面活动都服从于苏共党和苏维埃国家的领导。建立了苏维埃高等学校管理体制,为工人和农民接受高等教育提供优先权。该章程取消了大学自治,要求从 1921 年开始,大学要开设马克思社会科学课程,并且关闭了法律系。1927 年前,苏联高等教育体系形成,高等学校的任务是培养具有组织能力的专业人员。

缺乏资金和高水平教师制约着高等和中等专业教育的扩展,1928 年,1/4 的教授和副教授职位空缺。为了重建大学教师队伍,创办共产主义大学来培养大学教师,组建了政治方面经得起考验的红色教授队伍。受多种因素影响,当时的高等教育只接近于中等教育水平。

从整体来看,由于国家整体经济和社会形势的严峻,建国初期苏联教育的发展面临着巨大的物质困难,1920 年,国家预算中的教育支出比例达 10%,1922 年下降到了 2% ~ 3%。③ 学校校舍破旧,教师不能如期拿到工资。《统一劳动学校章程》制定的教育目标很多并没有实现,综合技术教育仅仅在新型的劳动学

---

① Н. К. Гуркина. История образования в России (X – X X века)［М］. Санкт – Петербург. 2001：44.

② Н. К. Гуркина. История образования в России (X – X X века)［М］. Санкт – Петербург. 2001：47.

③ Н. К. Гуркина. История образования в России(X – XX века)［М］. Санкт – Петербург,2001：46.

校即工厂学校中得以成功实现。普通学校学生所获知识的总量不够,教育水平下降,中等学校教育接近于原来的初等教育水平。

但不可否认的是,尽管面临着诸多困难,20世纪20年代苏联的教育仍然取得了极大成绩,国家推行了普及教育,并开始扫除文盲,绝大部分城市儿童都能接受学校教育,农村里也有一半左右的孩子进入了学校,国民识字率迅速提高,各民族的母语教学广泛普及。

综合性单元设计教学大纲的提出和制定,反映出20年代苏联的学校教学已经开始从重视教师转向重视学生,转向重视学生的认识兴趣和精神需求,这是学校教育民主化发展的结果。强调在掌握知识的过程中发展学生的积极性和自主性,加强理论与实践、教学与生活的联系成了学校变革的主要方向。重视对青年一代的智力、道德、身体、劳动教育,在促进全面发展的重要目标指引下,新的道德教育体系正在建立,共青团和少先队组织在学校道德教育方面起着重要作用。

第二节　苏联社会主义教育体系的调整

苏联在20世纪30年代形成的集权制国家教育体系对其学校教育产生了显著影响。斯大林亲自参与制订了1931年到1932年的一系列关于学校的决定。这些决定完全取消了统一劳动学校的构想,开始在教育领域推行全面的集权化管理。在卫国战争期间,根据战时情况,苏维埃政府对学校教育进行了一系列调整,以适应战时的特殊环境。

一、发展普通教育体系

20世纪30年代,苏联学校教育发生了巨大的变化。1931—1936年,苏共中央委员会制订了初等学校、中等学校条例,初等学校、中等学校教科书条例,关于在学校教授历史和地理课的条例,关于四分制(稍后改为五分制)评价体系的条例,以及关于国民教育体系中教学问题等一系列条例。[①]

1930年,中央委员会作出了《关于普及初等义务教育的决定》,规定从1930—1931学年起对8~10岁的儿童实行四年制的普及初等义务教育,要求没有受过初等教育的青少年接受1~2年的速成教育。为工业城市、工厂区、工人居住区接受过初等教育的儿童确立了七年制的义务教学体系。

这一阶段,在苏联国家领导的倡导下,对中等学校情况进行了调查研究。调查研究结果表明,当时第二梯级学校学生中工人和农民子弟比例较低,中学阶段

---

①　Под редакцией З. И. Васильевой. История образования и педагогической мысли за рубежом и в России[M]. Москва, 2005:375.

的培养水平不够,中学毕业生进入大学面临困难,于是作出改革中等学校的决定。从 1932 年开始,第二梯级学校数量显著增加,并创设了工厂学校和农民青年学校等新式学校类型,工人和农民子弟的比例增长迅速。

二、统一教学大纲和教科书

从 20 世纪 30 年代初开始,苏联学校开始构建全新的普通教育发展构想,教学的主要任务是以系统的知识和技能武装学生。从 1931—1932 学年开始,普通学校开始实行新的教学计划和教学大纲,该计划和大纲按照分科教学原则组织。此后,学校开始按照固定课表组织教学,有固定学生参加的、时间为 45 分钟的课堂成为教学的基本组织形式。课堂是学校教学的中心,学校制定了严格的课程表,以及内部管理规则,形成了连续、稳定的学校教育体系。学校中行政管理严格,学校生活的方方面面都有着严格的规定,取消了学生自我管理的组织机构。所有学校活动、教学内容都是统一的。1931 年,苏共中央委员会下达命令取消20 年代开始的教育试验和创造性探索[1],学校采用传统的教学方式,教学内容的意识形态化加剧。

这一阶段,道尔顿制只在为数很少的实验学校中保留,大量学校实行班级授课制。特别是从 30 年代下半叶开始,学校教学过程明显表现出片面性和重书本性。20 年代在学校生活中占主要地位的学生劳动不再受到重视,1937 年,劳动教学从普通学校的教学计划中取消。

三、恢复大学传统教学形式

在第一个五年计划期间,苏联政府曾经尝试加快培养工程技术人才,工程技术大学移交给人民委员会管理。大学开始在经压缩的期限内培养专业面窄的专业人员,大学采用小组教学法,并且取消了考试,专业人才培养质量下降。1932—1933 年,传统的历经时间考验的大学教学方法得以恢复,学校的专业化有所扩展。1934 年,确立了副博士和博士学位以及讲师、副教授、教授职称。从30 年代初开始,在高等教育领域,工程技术、农业和师范学校发展迅速。

30 年代,大学生中工农子弟明显增加。大学设有各种工农青年辅导班、工人系。知识分子总量迅速增长,30 年代末,工农出身的知识分子已经占知识分子总量的80%~90%。[2] 当时还规定,提升为领导的先进工人可以进入大学进行专业进修,为此建立了培养领导干部的专门学校。

1929—1930 学年与 1925—1926 学年相比,国家对学校的投入增加了九倍,

---

[1] В. Г. Торосян. История образования и педегогической мысли[М]. Москва,2006:250.
[2] Н. К. Гуркина. История образования в России(Х – ХХ века)[М]. Санкт – Петербург,2001:50.

而且连续几年持续增长，从而使苏联有可能在第一和第二个五年计划期间扩建学校，全国在这一阶段开设了 4 万所中小学校。教师培养工作发展迅速，教师和教职员工的工资待遇有所提高。1932 年，全国 8～11 岁儿童中有将近 98% 在校接受教育。① 扫盲工作仍在继续进行，而且取得了一定成果。但是，这一时期苏联的教育体系仍存在诸多不足，包括教学缺少选择性，教学内容和教学方式过分统一，拒绝教育创新和探索等。

四、卫国战争时期的教育政策

卫国战争期间（1941—1945 年），苏联学校陷入极为困难的状态。1941—1942 学年，俄罗斯联邦有 25% 的学生无法上学。到 1944—1945 学年，这一比例为 10%～12%。整个战争期间，俄罗斯联邦有 8.2 万座教学楼被破坏，许多学校校舍被用作兵营、医院和工厂。②

尽管条件艰苦，很多学校却坚持开展教学活动。如在列宁格勒，战时约有数千名学生留在市区，从 1941 年 10 月 15 日开始，学校陆续开始上课，即便市区内的水电供应无法保障，仍有数十所中小学没有停课，其中一年级到四年级的学生在防空洞中上课。③

学校教学计划和大纲作了调整，引入了军事防卫项目和军事体育培训项目。教师备有两套教学计划，一套用于正常情况下使用，另一套用于防空洞中教学。中小学校中通常是 14 岁以下的孩子在学习，高年级学生参加生产活动。多数儿童和青少年参加了农业劳动、防御工事的建设。为了培养儿童和青少年的工作技能，农村学校学生学习农业劳动技能，一些学校附设了校外机构，甚至在企业建立了学校生产作坊。职业学校学生在工业企业劳动。战争期间，学生充满爱国主义热情，学校所有的教育教学工作都具有爱国主义倾向。

战争年代，苏联政府制定了一系列关于学校教育的决定，包括：关于 7 岁入学的决定（1943）；关于开设工人青年普通学校的决定（1943）；关于在农村地区设立夜校的决定（1944）；关于实施学生成绩和行为五分制评价体系的决定（1944）；关于设立初等、七年级和中等学校毕业考试的决定（1944）等。

在战争最困难的时候，教师、大学生、中学高年级学生加入了苏联军队。成千上万名教师和学龄儿童手拿武器参加了战争。当时设立了很多儿童收容所、儿童院。从 1943 年开始，创建了专门收留无人照料儿童的寄宿学校。

战争年代的条件导致专业人才培养的变化。1941 年，与和平年代相比，大

① Н. К. Гуркина. История образования в России(X - XX века)［М］. Санкт - Петербург,2001：49.
② Н. К. Гуркина. История образования в России(X - XX века)［М］. Санкт - Петербург,2001：51.
③ Под редакцией З. И. Васильевой. История образования и педагогической мысли за рубежом и в России［М］. Москва,2005：382.

学录取额减少了41%,大学数量从817所减少到460所,学生数量和教师数量也减少很多。为了保证大学学生的数量,大学补充录取了女大学生。学校压缩课程,学习期限减少到 3～3.5 年。① 从 1943 年开始,随着苏联军队在前线的胜利,部分大学教师专业复原,部分技术大学的学生也不再服役,高等教育体系开始恢复。卫国战争即将结束时,大学的数量和学生的数量已接近战前水平。中等专业学校的学生由服役前年龄段的青年组成。

就整体而言,在卫国战争时期,由于战时特殊条件,苏联教育的整体发展受到影响。但是,需要强调的是,1943 年,正是在卫国战争期间,建立了俄罗斯教育科学研究院(АПН РСФСР,后称为苏联教育科学院),其主要任务是研究教育理论和教育实践中迫切需要解决的问题,并为出版古典教育学成果做准备。尽管战时条件非常艰苦,但是,研究和丰富教育学经验适应了教育学思想及苏联教育继续发展的需求。当时组织举办了教育学学术研讨会,在《苏维埃教育学》(*Советская педагогика*)、《国民教育》(*Народное образование*)以及其他杂志上刊登教育学、心理学和教学法方面的文章。正是由于教育学者们不懈的研究和探索,使苏联教育和教学的目的及任务得以确定,教育理论和教学论原则、教育内容及其过程得以确立,从而为战后的教育重建工作奠定了基础。

第三节　马卡连柯的教育思想

马卡连柯(Антон Семенович Макаренко,1888—1939)是苏联教育学的伟大代表人物。他 1905 年毕业于克列明楚格城市学校(Кременчугского городского училища),同时结束了学校师范班的学习。1911 年,因为与学校领导发生冲突,马卡连柯在克留科夫(Крюков)的教学活动中断。他迁居到偏僻的铁路小站,成为一所铁路初等职业学校的老师。

1914 年,马卡连柯进入了专门为高级初等职业学校培养教师的波尔塔瓦师范学院(Полтавский Учительский институт)。这所学校民主风气浓厚,乌申斯基的教育传统在这里得到了很好的保留。波尔塔瓦师范学院在马卡连柯成长为教育家的过程中起到了非常重要的作用。

1917 年,马卡连柯从师范学院毕业后,开始担任克留科夫铁路高级初等学校的督学。从 1919 年开始,他在教师中开展了大量的社会工作,组织了学生校外机构。从 1920 年开始担任未成年人劳动教养所的领导,此后这一教养所被命名为高尔基工学团。他在工学团的工作为其在教育学理论与实践领域的创新奠

---

① Н. К. Гуркина. История образования в России(X – XX века)[М]. Санкт – Петербург, 2001: 51 – 52.

定了基础。他在工学团里积累的经验,此后在于 1927 年在哈尔科夫创建的捷尔任斯基(Дзержинского)公社中予以继续和深化。在他的领导下,公社成为了示范性的教育机构。此前,他领导的高尔基工学团也是示范性教育机构。

在高尔基工学团和捷尔任斯基公社工作期间,马卡连柯出版了一系列文学作品,1932 出版了《30 年进行曲》(Марш 30 - го года),1933 年出版了《教育诗》(Педагогической поэмы)。他描写高尔基工学团,写捷尔任斯基公社,写教育学,也在写老师、家长和儿童,写学校教育,写家庭教育。1937—1938 年,他完成了近 60 多部作品,其中包括《家长必读》(Книга для родителей),《塔上旗》(Флаги на башнях)。马卡连柯是一位知名作家,同时他始终都是一位教育家,从未中断过对教育理论和教育实践的探索。

作为教育家和作为作家的马卡连柯的成长道路极不平坦,1939 年,马卡连柯猝死,留下了很多未完成的理想和计划。

一、学生是教育的主体和客体

马卡连柯接受十月革命的理想,并准备将其付诸教育实践。在领导高尔基工学团和捷尔任斯基公社时,马卡连柯创造了新的教育思想,提出参加劳动活动是对难教儿童进行劳动再教育的实践基础。儿童和成人生活的独立性,是独立劳动取得结果的保证。

马卡连柯认为,学生既是教育的客体,也是其主体,如果学生在生活中占据积极主动的位置,则生活中的所有快乐和不快对于孩子而言都具有特别意义。因此,马卡连柯认定要将工学团的生活组织成为集体本身的创造成果。比如,尽管当时有偷盗行为,马卡连柯并没有为工学团雇佣护卫来保护财产。他对学生说,"你们应当自己来守护,因为你们是主人。"

教师在任何情况下都决不应当取代学生的地位。教师要促进集体的发展,并以此来解决所面临的教育任务。教师应当尽量不引起戒心,应参与受教育者们的活动,感受他们的成功与失败。马卡连柯说,教育者的工作,首先是组织者的工作。他认为,未来的教师应当为教育工作做准备,在师范大学必须教授教学技术和教学技巧,教未来的老师控制自己的声音、动作、面部表情、姿态、情感表现,如愤怒、抱怨、不安。

教学技巧是可以获得的,当马卡连柯能够以 20 种音调讲"请到这里来"的时候,他认为自己成为了掌握教学技巧的人。

二、教育在集体活动中实现

马卡连柯集体主义教育的思想包括:在集体活动中形成每个人行为的个性化经验;儿童的集体活动应当尽可能全面反映社会生活,成为社会大生活的组成部分;为了让孩子感觉到自己是生活的主人和组织者,集体活动具有非常重要的教育意义;在目标明确、具有自身逻辑性的集体活动中,孩子获得具有价值的社会行为经验和相处经验。

马卡连柯在分析劳动活动的教育可能性时指出,如果劳动没有得到很好的组织,缺少社会激励动机,则劳动在儿童个性发展过程中的作用就是有限的。集体是生动的社会有机体,在集体中,孩子们为共同的目的、共同的劳动、共同的劳动组织联合在一起。集体具有自己的管理机构,自己的结构、权利和责任。

在组建集体时,劳动活动应当符合孩子的兴趣,并应迅速取得可以感觉到的成果。因此,在创建最早的集体时,马卡连柯选择了组织学生保护国家森林。孩子们喜欢上了这项工作,并且将其理解为一项社会活动。他在高尔基工学团和捷尔任斯基公社中向集体提出的每一项任务都是作为艰巨的政治任务而提出的。

三、如何组建集体

马卡连柯认为,集体的发展分为如下几个阶段:

第一阶段,领导对尚未组织好的儿童小组提出要求,这些要求很简单,在完成这些要求的过程中,集体得到成长。这一阶段对于领导者而言是最为紧张的阶段。马卡连柯建议,在这一阶段不要拖延。

第二阶段,领导者开始支持由学生小组提出的要求,并积极帮助其实现。在领导者周围开始团结一些积极分子,他们是集体的主要行动力量。

第三阶段,集体的每一个成员都表现出积极性,开展合作性活动、取得成绩、保持传统的愿望、积极行动使集体成为一个统一的有机体。达到这一阶段对于发展的集体而言是极大的幸福,在这一阶段,集体的美得以特别充分的展现。

第四阶段,集体的教育与自我教育相结合,每一个受教育者提出了对自己的更高要求,他们在构建自己的生活计划,珍视道德理想和道德价值。

最初的集体成员人数为 7~15 人,先选意志最为坚定的男孩担任组长。随着集体的成长,团队中的任何一个成员都可以担任组长。选择普通成员任组长,这样可以锻炼所有成员既具有领导技巧,也具有服从技巧。

集体的发展过程是根据确定前景目标、美好的发展方向而不断向前发展的运动,它在达到目的的同时,也产生了新的发展方向。

四、集体教育的原则

通过集体进行教育具有明显效果,因为它使集体和个体同时受到教育。平行教育影响,是集体教育的原则和方法。马卡连柯说:"在教育单独的个人的时候,我们应当想到整个集体的教育。在实践中,这两个任务只有同时用一个共同的方法来解决才行。每当我们给个人一种影响的时候,这影响必定同时应当是给集体的一种影响。相反地,每当我们涉及集体的时候,同时也应当成为对于组成集体的每一个个人的教育。"[1]对个体进行平行教育影响,是马卡连柯主张的基本教育方法。

除了共青团组织以外,马卡连柯一直保留着自我管理机构。最重要的自我管理机构是所有受教育者的集体会议。集体会议制非常有效,可在 20~30 分钟之内解决最为棘手的问题。队长会议是自我管理的中心机构,负责组织集体中的日常工作。队长委员会是一个执行机构,所有的决定都要通过这个机构来作出,通过这个机构,孩子们感觉自己是集体的主人。

集体中的关系是一种责任关系,个人利益要与集体利益保持一致,责任感和对于自身优点的认识使得集体成员充满信心,同时集体成员能够克制自己的行为和愿望。马卡连柯领导的集体有近 600 名青少年,但是从未有不守纪律、擅自外出的行为,也没有争吵和相互不尊重现象。

马卡连柯重视培养受教育者的美学品位,他让每一个孩子都热爱艺术:文学、戏剧、音乐、绘画。早在高尔基工学团时,学生每晚都要读高尔基、果戈里等的文学作品。在工学团里,保留着庆祝节日的传统,每一个节日都有自己的固定内容,都有精心选择的节日项目,这些项目被精心保留着。

马卡连柯的教育思想和经验在今天都没有失去其现实性,他的集体教育的思想,在各个方面都与发展个性品质不相悖,他所强调的自主性、原则性、责任感和创新性正是当今时代要培养的个性品质。

第四节 凯洛夫的教育思想

凯洛夫(И. А. Кайров,1893—1978),苏联著名教育家。1893 年 12 月 14 日出生于一个国家银行官吏的家庭。1914 年进入莫斯科大学物理数学系学习自然科学专业,1917 年毕业,同年参加俄国社会民主工党(布尔什维克)。1935 年获得教育学博士学位,1929—1948 年任莫斯科大学教育学教研室主任。1942—1950 年担任《苏维埃教育学》杂志主编。1943 年担任俄罗斯联邦教育科学院副院长,1946—1967 年担任俄罗斯联邦教育科学院院长。1949—1956 年曾任俄罗斯联邦教育部部长。1963 年获"社会主义劳动英雄"称号,并被授予列宁勋章。

凯洛夫曾于 1939 年主编苏联首部《教育学》。该书系统地总结了苏联 20 世纪 20—30 年代的教育经验,1948 年修订后再版。1956 年,以凯洛夫为主编出版第三版《教育学》,作为当时苏联师范学院的教科书使用。凯洛夫的教育活动,

---

① 吴式颖.马卡连柯教育文集:上卷[M].北京:人民教育出版社,1985:79.

主要是在斯大林时代。

凯洛夫根据马克思主义关于人类起源于劳动和劳动创造人以及劳动是人类生存的基本条件的论断出发,提出了教育起源于劳动的观点。

凯洛夫认为,学校教育的基本目的是培养全面发展的人。全面发展的教育应包括智育、综合技术教育、德育或共产主义道德教育、体育、美育、劳动教育。凯洛夫认为,要有计划、有目的地影响学生的意识、情感和行为,培养学生的共产主义道德精神。他主张对学生进行苏维埃爱国主义和无产阶级国际主义教育、科学无神论教育、共产主义劳动态度的教育以及自觉纪律教育等。他认为,学生的世界观是"在掌握知识的过程中逐渐形成的",进行教育要"根据人道主义和尊重人的原则"。

凯洛夫深入研究了教学理论,他认为"掌握知识的过程和人类在历史发展中认识世界的过程具有共同点",因此,教学过程应在科学认识论的指导下进行。同时他又指出:"教学不是也不可能是与科学的认识过程完全一致的过程。"学生的任务主要是自觉地牢固地掌握和利用前人所发现和整理的知识,"并不负有发现新真理的任务"。

在教学形式上,他认为课堂教学应是教学工作的基本组织形式,重视班级授课制。他认为教师和学生在教学过程中都起到重要的作用。"教学的内容、方法、组织之实施,除了经过教师,别无他法。"但是,如果学生自身没有积极性,也是不可能掌握知识的。他重视教科书在教学中的作用,认为教科书是学生知识的主要来源之一。教学内容具体体现在教学计划、教学大纲和教科书之中。教科书只能采用确定不移的真理,而不是科学上尚无定论或正在争论的意见。

凯洛夫的教育思想基本反映了 30 年代中期到 50 年代苏联教育的实际情况。其教育思想曾在东欧和中国产生过较大的影响。1951 年至 1957 年,凯洛夫教育学思想在中国影响深远,其本人也于 1956 年访问过中国。在他来访之后,中国曾一度掀起学习凯洛夫教育思想的热潮。1957 年 3 月,人民教育出版社翻译出版了凯洛夫的《教育学》,它在中国前后增印 8 次,发行 193 897 册。① 凯洛夫教育思想至 50 年代中期一直占据中国教育学的主导地位,从 50 年代后期开始遭受质疑。而在当今俄罗斯,目前在教育学书籍中很少能够看到凯洛夫的名字,对于年轻的教育学工作者而言,凯洛夫及其思想更是鲜为人知。

20 世纪初期,尽管十月革命后的苏维埃政府遇到了物质方面的困难,资本主义者和反革命分子制造障碍,阻挡苏维埃政权的发展,但是统一的、免费的、劳动的、普及的社会主义教育体系却在短期内很快建立起来,并得到不断调整和发

① 毛礼锐,沈灌群.中国教育通史:第 6 卷[M].济南:山东教育出版社,1989:96.

展,承受住了卫国战争的严峻考验。

从建国初期到 30 年代之前,苏联教育体系的建立和发展涌动着创造的热情,沙茨基和维果茨基等卓越的教育家、心理学家参与创建了统一劳动学校。在这一阶段,对一些教育体系和学校类型进行了试验性检验,包括九年制普通教育学校、九年制有职业倾向性的学校,以及九年制的工厂学校。在组织教学时,尽可能兼顾地区特点和学生人数,在教学过程中应用了许多新方法。

这一阶段的苏联教育界,尽管意识形态化严重,但是站在统一的意识形态立场和方法论立场基础上,卢那察尔斯基、克鲁普斯卡娅、波克罗夫斯基（М. Н. Покровский）、布隆斯基（П. П. Блонский）、平克维奇（А. П. Пинке - вич）、沙茨基（СТ. Шацкий）、皮斯特拉克（М. М. Пистрак）、卡拉什尼科夫（А. Г. Калашников）等国民教育委员会的第一批领导者和教育学家都对共同的问题发表了自己的不同观点,为社会主义教育体系的建立做出了自己的贡献。

1928 年,苏联教育学界展开了关于教育学、方法论和教育过程等主要问题的讨论,对一系列问题分歧很大,如关于教育的界限问题,关于教育学是否是科学的问题,关于教育与教学的矛盾性问题,关于社会环境和学校教育究竟谁处于主导地位的问题等。

可以说,20 年代相对开放和民主的态势为社会主义教育体系的建立创造了条件。而 30 年代的苏联教育体系则完全缺乏创新和探索元素:教师失去了进行创造性探索的权利,他们疲于应付教科书、划一的教学大纲、教育部制订的教学法要求。学生没有选择教学计划的权利。30 年代出现了以教师为中心、以课堂为中心、以教科书为中心的教学范式一直影响着以后苏联教育的发展。

思 考 题

1. 十月革命后苏联建立社会主义教育体系的主要举措。
2. 20 世纪 20—30 年代苏联教育改革的主要内容。
3. 马卡连柯的集体教育原则。

参考文献

1. Под редакцией З. И. Васильевой. История образования и педегогической мысли за рубежом и в России[М]. Москва, 2005.
2. Н. К. Г уркина. История образования в России（X – XX века）[М].

Санкт – Петербург, 2001.

3. Под редакцией Н. Д. Никандрова. История педегогики[М]. Москва, 2007.

4. Под общей редакцией, А. И. Пискунова. История педегогики и образования от зараждения воспитания в первобытном обществе до конца XX века[М]. Москва, 2007.

5. А. Н. Джуринский. История педегогики[М]. Москва, 2000.

6. 王义高,肖甦.苏联教育70年成败[М].北京:北京师范大学出版社,1999.

7. 肖甦,王义高.俄罗斯教育十年变迁[М].北京:北京师范大学出版社, 2003.

第二十八章

20世纪前期美国的教育

美国南北战争的胜利结束,为资本主义工商业的大发展创造了条件。到20世纪初,美国的工业产值已经跃居世界第一位,美国资本主义发展进入到一个新的历史阶段。经济的大发展以及对来自世界各国移民的统一化政策,推动了美国现代教育的发展。在20世纪前半期,美国逐渐完善了中等教育制度,发展了高等教育制度和职业教育制度,形成了独立的具有本国特色的现代教育制度,为二战后美国教育的发展奠定了重要的基础。

第一节　中等教育大众化与公共学校教育制度的完善

20世纪前期,美国中等教育得到迅速发展,公共学校教育制度也随之日趋完善,逐渐形成了具有美国本土特色的基础教育体系。

一、中等教育的普及

进入20世纪特别是第一次世界大战后,美国学校教育急速发展,到1918年为止,全美实现了初等义务教育,中学教育民主化的口号也响彻云霄。其原因主要是:美国资本主义工商业比较发达,急需大量有一定科学知识与生产技能的劳动者进入现代工业生产过程;随着工业生产的长足发展,广大人民的生活水平得以迅速提高,很多家庭有条件送子女进入中学;20世纪初期的移民浪潮也是促进中等教育普及的因素之一。1821—1932年,大约有600万移民迁居北美,而在19世纪末到20世纪初,迁往北美的移民高峰年达到15万人。移民潮极大地改变了学校学生的构成成分,学校面临着如何使来自不同文化、信仰和习俗的儿童和少年美国化这一任务。第一次世界大战也暴露了美国教育上的缺陷。美国于1917年因参加第一次世界大战而征兵时,测验的结果是大量适龄青年不合格,他们身体有缺陷,读、写、算能力缺乏,对具体作战任务缺乏训练,尤其是缺少爱国热情。为了培养效忠祖国的下一代，需要加强在文化知识、道德品质以及爱国思想上的教育，而这不是初等教育所能胜任的，必须大力发展中等教育。因此，战后中学教育走向普及。① 和各级各类学校的发展一样，中学的发展也是先城市而后农村，并随着城市的发达而发达的。随着城市人口的增多，中学人数也日益增多。20 世纪成为美国青年进入中学校门的世纪。据统计，1890 年全国公立中学为 2 526 所，到 1938 年则增加为 25 652 所；全国私立中学则由 1890 年的 1 632 所，增加到 1938 年的 3 327 所。1880—1930 年，中学生增加 40 倍。根据联邦教育署 1940 年公布的数据，在 1937—1938 年度，各类中学学生总数是 6 646 681 人。"在美国教育史上，没有比中等学校的发达更为动人的了。"②

由于中学迅速普及，学生数量猛增，这些学生中毕业后升学者仅占少数，绝大多数毕业后即就业，并不继续到高校深造，中学遂有"群众学院"或"人民大学"之称。美国于是成为世界范围中等教育民主化、大众化的先锋。但由于贫富悬殊的存在，中学并不是人人可入的学校，各州贫富不同，学校数量不同，所达到的水平也不同，所以中等教育的不平等性依然存在。

在美国中等教育大众化和普及化的过程中，中等学校不但数量增加，其职能也日趋分化，从而产生不同类型的中等学校，如一般综合性中学、工艺中学、工科中学、农业中学、商业中学等。同时，中等教育阶段的划分上也有了新的变化。美国教育协会于 1908 年建议小学修业 6 年，中学修业 6 年，而且中学分为初中、高中各 3 年，合为 6 – 3 – 3 制。1909 年，加利福尼亚州的伯克利城首先实行 6 – 3 – 3 制。美国心理学家霍尔关于儿童发展年龄阶段划分的理论，也给中学分级以有力的支持。第一次世界大战后，6 – 3 – 3 制和 8 – 4 制逐渐成为美国广泛采用的学制。③

二、中等教育的改革

20 世纪伊始，美国工业化的进程日益加快，大量农村劳动力涌向城市，工业化和城市化的发展迫切需要大批的熟练技术工人。而当时中学课程是根据大学入学标准来确定的，古典人文学科占据着支配地位，职业教育得不到重视。这样美国原有的教育模式已经显得滞后，受到社会各方面的指责。同时随着进步运动的兴起，教育被看作是促进人类进步和社会改造的重要手段，强调教育必须与社会生活相联系，并适合社会发展的需要。于是，改组中等教育的呼声日益高涨。

1918 年，美国教育协会组织中等教育改组委员会，研究了中等教育的职能、

---

① 参见滕大春.美国教育史[M].北京：人民教育出版社,1994:357.
② 参见滕大春.美国教育史[M].北京：人民教育出版社,1994:358.
③ 参见滕大春.美国教育史[M].北京：人民教育出版社,1994:363.

目标以及提高中等教育的社会效益等问题,提出了《中等教育的基本原则》的报告。该报告强调美国教育应当体现民主原则,教育应当使社会的每一个成员的个性得到发展,使他能够完满地有价值地生活。该报告认为中等教育的目标和基本原则是:(1)保持身心健康;(2)掌握基础知识;(3)成为良好的家庭成员;(4)具有准备就业能力;(5)具备公民资格;(6)善于运用闲暇时间;(7)具有道德品质。[①] 其中成为良好的家庭成员、具备就业能力、胜任公民职责是 3 项主要目标。为有效实现上述目标,该报告建议改革学制,中等教育由初级和高级两个阶段组成,每阶段 3 年。报告建议中学里所教的每一科目都需要重新组织,中等教育应当在组织统一、包容所有课程的综合中学进行,使综合中学成为美国中学的标准模式,使中等教育面向所有适龄青少年。

《中等教育的基本原则》对美国中等教育的发展具有重要影响,它进一步强调教育的社会效益性、教育机会均等和教育适应个别能力,把公共教育看作是对民主政治的重要保障,提出的生活适应教育目的在很大程度上符合美国当时的社会状况。它肯定了 6－3－3 学制和综合中学的地位,提出中学是面向所有学生并为社会服务的机构的思想。这些主张为整个美国教育未来的发展指明了方向,20 世纪前期美国教育界关于中学目标的论述均未超出这一范围。

这一时期在进步教育运动的影响下,许多教育工作者对学校的组织、课程和教学方法进行了广泛的实验,注重学生个人经验的活动课程迅速发展,教学与社会生活广泛联系,强调知识与技能的实际应用,教学方法从单纯讲授向解决问题的趋向发展,出现了各种新式的教学方法。20 世纪 30 年代成为美国中等教育迅速发展和变化的时期。为了使教育的发展更加适应社会的发展变化,1938 年成立的美国教育政策委员会提出了教育的四大中心目的:自我实现、人际关系、经济效率和公民责任。在本质上,这四项目标与上述七项原则基本一致,但更突出了教育的政治和经济功能,强调教育在培养公民责任、发展经济效率方面的作用。

三、八年研究计划

1929 年开始的经济大萧条迅速影响到教育领域,中学课程、中学与大学衔接、学生就业困难等问题日益突出。为此,美国进步教育协会在中等教育方面开展了调查研究。1930 年,美国进步教育协会成立了大学与中学关系委员会,进一步探讨中学与大学之间的关系以及相互的合作问题,以便解决美国中学长期存在的一些问题。该委员会制定了一项 1933—1941 年为期八年的大规模实验

---

① 参见滕大春.美国教育史[M].北京:人民教育出版社,1994:43.

研究计划,史称"八年研究计划",由于参与该计划的有全国近300所学院和30所中学,所以该研究也称"三十校实验"。

八年研究计划旨在对进步主义学校毕业生和传统学校毕业生在大学的学习情况作对比研究,以了解两种不同类型的课程、教法的优劣,现行的大学入学考试科目对于大学学习是否必要,进步主义学校新的课程、教法是否同样能为学生升入大学作准备等问题。1933年,调查的主持人对1475名大学生从年龄、性别、种族、学术倾向、职业兴趣、家庭、社会背景,尤其是在大学的学习成绩与进步等方面作了详细比较。

八年研究计划的主要内容有四个方面:(1)关于教育目的。中学教育的目的除升学外,还应有其他的目的。学校教育的目的主要是实现个人的发展并有效地协调个人与社会的关系。(2)建立管理机构。为帮助各实验学校开展研究工作,进步教育协会设立了专门咨询机构来负责课程设计、教育评估和实验研究人员的培训等。(3)设计新的课程和教学方法。在课程上直接围绕学生的个人与社会活动按单元组织课程,为教师编制了专用教学参考书。教学方法重视学生的反思、师生协作,强调对职业、社会问题、创造性活动和个人训练等方面的兴趣。(4)检查评估。委员会下设一个评估委员会,对实验学校和常规学校的学生在智力完善程度、文化发展水平、实际判断力、个性特点、情感平衡以及体能体质等方面的表现进行测试和比较。

研究计划由于二次大战的爆发于1940年结束。研究结果表明,实验学校学生的学习成就略高于常规学校的学生。在中学专为升学而设计的传统课程并非是唯一可靠和成功的选择。因此许多大学修改了入学要求,允许中学在制定课程计划时有更大的自主权和灵活性。这次对高中教育和高等教育关系的实验研究,揭示了中等教育发展中的许多问题,为此后美国的教育改革提供了有益的思路。

第二节　初级学院运动与高等教育的扩充

19世纪末至20世纪初兴起的初级学院运动是美国高等教育发展进程中一次影响深远的革新运动,初级学院在全美各地的广泛设立有力地推动了美国高等教育的普及和发展。

一、初级学院的兴起与发展

19世纪末,美国高等教育逐渐进入快速、持续的发展轨道。但随着中学普及运动的开展,教育民主化浪潮的高涨,以及社会上对不同职业技术水平人才的需求,高等教育结构的单一模式也开始发生变革。高等教育扩展的一个直接结果是初级学院运动。① 出于提高高等教育办学质量、完善高等学校的类型结构及层次结构的考虑,芝加哥大学校长哈珀(William R. Harper)等人提出改建或创办初级学院的构想。

1892年,哈珀把芝加哥大学分成两级学院——基础学院和大学学院,后来它们的名字分别改为初级学院和高级学院,首次使用初级学院这一概念。哈珀的设想是把传统的四年制大学课程划分为两部分,后两年更加接近于专业教育或研究生教育,前两年则更加类似于中等教育。与此同时,也大力发展初级学院,其中尤以弗莱克斯诺学区活动最有成效。在哈珀的倡导及芝加哥大学创设初级学院实践的示范作用下,芝加哥大学周围相继创办了几所初级学院:一些本科学院停办了三、四年级而成为初级学院,如俄亥俄州的马斯金葛姆学院和得克萨斯州的浸礼会德卡特学院;伊利诺伊州的乔利尔特教育委员会于1902年在乔利尔特中学附设了十三、十四年级,创办了全美第一所公立初级学院(Junior College)——乔利尔特初级学院。

初级学院适应了美国大学教育改革及美国民众接受高等教育的需要,也适应了美国社会实际生活的需要,因此,自诞生之日起便获得较快发展,并形成了全国性的初级学院运动,1920年成立了规范初级学院发展的美国初级学院协会。在初级学院运动中,处于领先地位的还有加利福尼亚州、伊利诺伊州、密歇根州、明尼苏达州和衣阿华州等。据统计,1900年全美共设立初级学院8所,在校生100名。1915—1916年,初级学院的数量增加到74所,1921—1922年达到207所。到1930年,全美初级学院的数量猛增到436所,在校生约7.5万人。②

二、初级学院的职能

作为两年制高等教育机构的初级学院,其重要任务是扩展高等教育,使本地区希望进入学院和大学学习的青年在中学毕业后能有机会接受高等教育。初级学院的形式多样化,包括独立设置的初级学院、附属于大学的初级学院部以及在高中基础上设立的初级学院。初级学院招收高中毕业生,授以两年比高中稍广一些的普通教育和职业教育;由社区以及私人团体和教会开办,不收费或收费较低;学生就近入学,可以走读,无入学考试,无年龄限制;但在初级学院发展的初期,由于校舍、设备等条件比较简陋,师资条件不甚理想,加上创办时间短,因而教学质量不能令人满意。

初级学院承担的主要职能是转学教育,即向高中毕业生讲授大学一、二年级的文化课程内容,目的在于帮助他们顺利转入大学相应年级后继续学习。同

---

① John. D. Pulliam. History of Education in America [M]. New York:Merrill,1991:123.
② 贺国庆,王保星,朱文富等.外国高等教育史[M].北京:人民教育出版社,2003:447.

时,它也兼顾一定程度的就业教育。初级学院的课程一般包括四年制学院前两年的课程,在课程内容及广度上与之保持一致。此外,初级学院也开设适合本地社区的公民、社会、宗教及职业需要的课程。但各初级学院也存在明显区别,总体来看,公立初级学院的课程以门类众多、范围广泛的职业及终结性课程为主,旨在使毕业生顺利就业,而私立初级学院则注重开设古典课程。此外,多数私立初级学院开设了师范教育课程,而开设师范教育课程的公立初级学院比例并不高。

在发展初期,初级学院的管理未能真正纳入高等教育的范畴。初级学院被视为提供大学前两年课程的教育机构,是高中教育的延伸,属于中等教育的范畴。[①] 20 世纪 20 年代后期,初级学院较为单一的转学教育职能逐渐难以适应美国社会经济发展的实际需要,初级学院协会把初级学院界定为一种提供严格的两年制学院水平教学的教育机构。在范围和深度方面,初级学院提供的普通文化课程应该和大学四年制一、二年级的课程相同,并且应与四年制大学高年级的课程衔接。另外,初级学院开始重视设置职业课程,把提供有关农业、工程技术、手艺等科目的终结性教育作为其办学宗旨之一,并把职业教育作为初级学院终结性教育的主要部分。这样,转学教育与职业教育就成为初级学院的两大主要职能。

三、初级学院的意义

19 世纪末 20 世纪初兴起的初级学院运动,对美国高等教育发展具有重要意义,它适应了美国高等教育发展与改革的总体要求。很多中学毕业生能够通过初级学院而完成他们的正规教育,接受实际生活所需要的训练。同时它也能够为地方社区服务,适应美国社会和经济发展的需要。初级学院运动的兴起,为美国高等教育大众化和民主化作出了努力。两年制学院是世界高等教育中的一种首创形式,初级学院在发展过程中也逐渐形成了其独特的职能和特点,使美国高等教育制度发生了深刻的变化,在美国高等教育结构中增加了新的层次。它开始成为美国高等教育结构中的一个重要组成部分,使美国大学形成了由大学、学院以及初级学院构成的三级高等教育机构。第二次世界大战后,两年制学院在美国高等教育发展中的重要地位及作用有更高的拓展,并且影响到其他发达国家,世界许多国家纷纷开办起这种形式的高校机构。

第三节　职业教育的发展——《史密斯—休斯法案》的颁布

20 世纪前期,资本主义工业的勃兴为美国职业教育的发展带来了良好的

① Edmund J. Gleazer. American Junior College[M]. Washington D. C. : American Council on Education, 1967：34.

机遇,1917 年颁布的《史密斯—休斯法案》使职业教育的发展获得了法律保障。

一、20 世纪初期美国职业教育的发展

南北战争后,美国工农业迅速发展,这样通过一定的职业教育培养合格的工农业熟练劳动力和中、低级生产管理人员就成为极其重要的课题。美国重视职业教育的传统便是在这一基础上发展起来的。20 世纪以后,随着资本主义工商业的快速发展,美国急需大批有文化和懂技术的熟练工人,职业教育的状况更加受到社会的关注,但如何实施职业教育还是一个有争论的问题。当时争论的一个主要问题是职业教育是否应该被列入公立学校的课程,是否应建立单独的职业教育系统。尽管 19 世纪以来人们就主张公立学校实施职业教育,但在学校里开设职业教育还存在一些实际困难和阻力。一些教师受到"形式训练说"的影响而认为,一个学理上有教养的人容易解决任何问题,具有良好普通教育的人应该是有效的从业者。他们担心,在学校中进行职业教育,会使学校课程受职业支配,从而使才智的培养受到不利的影响。而另一些教师认为,职业教育应该成为普通教育的一个方面,应该在中学课程中列入职业教育的内容。

1905 年,马萨诸塞州州长道格拉斯任命了一个委员会来了解职业教育的需要。随后州立法机关根据该委员会的建议,成立了州职业教育委员会,曾在德国学习凯兴斯泰纳职业教育制度的汉纳斯(Paul H. Hanus)教授被任命为主席。1906 年,州职业教育委员会建议,在独立的公立职业学校中或在普通中学的专门部门中进行职业教育,该建议受到了人们的普遍支持。在纽约州,劳工部也提出了有关职业的报告。全国教育协会成立了关于职业在公共教育中的地位委员会来研究职业教育问题。

1906 年,美国成立了全国职业教育促进会,其成员包括企业主、劳工领袖、农场主和职业教育专家,其主要目的是推动制定一部能对全国的职业教育提供财政补助的法律。1912 年,该机构积极主张在正规中学之外单独设立公立职业学校。威斯康星州 1911 年通过法律,成立州职业教育局及地方职业教育局,创办与中学平行的职业学校系统。一些州出现了职业中学、农业中学以及职业训练学校。到 1910 年,美国有一半以上的州开展了某一种类的职业教育。

二、《史密斯—休斯法案》的颁布及内容

尽管当时美国的职业教育有了一定的发展,但参加工厂或农场工作的人在就业前接受职业训练的不足 1% 。在这种情况下,面对社会公众要求提供职业教育的强烈呼声,为了提高工人的技术和更好地参与国际竞争,美国国会于1914 年任命职业教育国家补助委员会专门研究对职业教育提供联邦补助的问

题,国会议员史密斯(Hoke Smith)任主席,其成员主要有休斯(Dudley M. Hughes)等人。该委员会不久提出了报告,主要内容涉及职业教育的必要性、联邦政府向州拨给职业教育补助经费、依靠联邦资助开办的职业学校的种类、对职业学校提供补助费的范围和条件等。同年,该委员会向国会提交了一份职业教育提案,但被搁置。1917年,美国国会通过了由史密斯和休斯提出的职业教育提案,史称《史密斯—休斯法案》。

《史密斯—休斯法案》的主要内容有:(1)由联邦政府拨款补助各州大力发展大学程度以下的职业教育,开办提供农业、工业、商业和家政等教育的职业学校。(2)联邦政府要与州政府合作,提供农业、工业、商业和家政等方面科目的师资训练,对职业教育师资训练机构提供补助。(3)在公立学校中设立职业科,设置选修的职业课程,把传统的专为升学服务的中学改革成为兼具升学和就业双重目的的综合中学。(4)联邦政府应设立联邦职业教育委员会。各州也应成立州职业教育委员会,负责分配州内的职业教育经费,制定职业教育计划并上报联邦政府,以及督导本州职业教育计划的实施。

该法案明确了联邦政府的职责是采取新的和必要的服务性措施促进各科职业教育的发展。同年6月,美国成立了联邦职业教育委员会,随后各州也相继成立了职业教育委员会。

三、《史密斯—休斯法案》对美国教育发展的影响

《史密斯—休斯法案》的颁布,对美国普通教育和职业教育的发展产生了重要影响。该法案颁布后,形成了由中央到地方的全国性的职业教育系统,从此美国职业教育的发展不再是一种行业的自发行为,而是一种联邦与州合作、共建的政府行为。它第一次为中等程度的职业教育体制提供了牢固的财政基础,使得美国中等职业教育制度化,有力地推动了美国职业教育的发展。该法案明确了美国职业教育的四种类别(农、工、商、家政)和内容,对职业教育的术语做出了界定,认为职业教育是中等水平而不是学院水平,使青年对于有直接生产效能的职业有所准备。该法案使美国普通教育的内部结构和性质发生了变化,使得普通教育开始由传统的单一的升学目标,转向升学和就业的双重目标,促使在公立学校中开设职业课程,加强了普通教育与社会实际的联系,加强了普通教育的实用性因素。随着法案的实施和多次修订,美国各级政府对职业教育的拨款数额不断加大,课程和范围都有扩大。据统计,1917—1918年,美国联邦政府对职业教育的资助经费是170万美元,1921—1922年为420万美元,1925—1926年为720万美元,1932—1933年为980万美元。[①]

---

① 吴式颖.外国教育史教程[M].北京:人民教育出版社,1999:565-566.

20世纪前期可以说是美国教育制度发展的完善时期。在中小学教育制度方面,单轨的6-3-3学制于20年代开始实施,由6年制的小学、3年制初级中学、3年制高级中学构成,课程也相互衔接。在中等教育政策委员会的大力推动下,6-3-3制在美国迅速发展,与8-4制一起成为美国至今仍在使用的普通教育的主要形式,后来也成为日本、中国等国家普通教育学制的主体。在教育制度得到发展完善的同时,教育民主化的思想和理念通过进步主义教育运动的发展,在学校的培养目标、课程、教学方法、学校管理等方面得到充分体现。这一时期,美国教育的民族化特征得到强化。为了使大量移民融合为统一的美利坚民族,美国各州先后颁布法令,强调移民儿童必须进美国公立学校接受教育,向移民灌输忠于政府、遵守法律与社会秩序的思想以及进行美国式价值观的教育,从而促进了公立中小学教育的进一步发展。社区学院制度的建立和发展为二战后美国高等教育大众化的发展创造了有利的条件,也为后来美国职业技术教育的发展奠定了坚实的基础。

思 考 题

1. 20世纪初期美国中等教育发展的特点及原因。
2. 美国初级学院的性质及其在美国高等教育发展中的地位。
3. 《史密斯—休斯法案》的内容及其对美国教育发展的意义。

参考文献

1. 滕大春.外国教育通史:第五卷[M].济南:山东教育出版社,2005.
2. 滕大春.美国教育史[M].北京:人民教育出版社,2001.
3. 贺国庆,王保星,朱文富等.外国高等教育史[M].北京:人民教育出版社,2003.
4. John. D. Pulliam. History of Education in America [M]. New York:Merrill, 1991.

第二十九章

20 世纪前期日本的教育

日本在 20 世纪初期过渡到垄断资本主义阶段,成为军事封建性的帝国主义国家,具有强烈的侵略性。这种特殊的经济、政治体制决定了此后日本教育的发展趋势。从第一次世界大战结束到第二次世界大战结束,日本教育的发展大致可以分为前后两个时期,前期从 1918 年到 1936 年,后期从 1937 年到 1945 年。这两个时期,日本在对外方面都是执行侵略扩张政策,但对内采取的政策却略有不同。这就使两个时期的教育既有共性,也有各自不同的特点。概括地说,前期是在第一次世界大战后形成的新的国际形势冲击下,为缓和国内矛盾,满足增强国力和继续侵略扩张的需要而对以前的教育进行整顿,并进一步扩大规模与加强控制的时期;后期是为了适应侵华战争与太平洋战争的需要,进一步强化军国主义教育,建立与实行战时教育体制,并随着侵略战争的失败而使教育制度完全陷于瘫痪与崩溃的时期。下面分别叙述前后两期日本教育的发展概况。

第一节　第一次世界大战后日本教育的整顿与扩充

第一次世界大战后,为适应政治、经济和军事发展的需要,日本政府调整教育政策,对各级各类教育进行了改革和整顿,学校教育体系得到进一步扩充。

一、社会形势与日本政府的教育政策

以中日甲午战争为契机而奠定雄厚基础的日本产业,在第一次世界大战后又跃入了急速发展的阶段。这一时期,日本借英、俄、法等帝国主义国家陷于欧洲战场而无暇东顾之机,肆意掠夺亚洲邻国和向海外大量倾销商品,一时获利巨万,财富猛增,资本主义产业获得空前发展。1914—1919 年,日本企业总投资从 25 亿日元增为 40 多亿日元,工厂数由 17 062 个增为 43 949 个,工业总产值从

13.4 亿日元增为 65.4 亿日元。与此同时,产业结构也发生了深刻变化,重化学工业在整个产业中的比重从 1914 年的 28.8% 上升到 1920 年的 36%。[①] 但是,第一次世界大战结束后不久,由于受战争和世界经济危机的影响,这种繁荣很快消失了。为了摆脱萧条危机,日本帝国主义一面加紧侵略中国的步伐,一面采取措施谋求产业合理化和在各产业领域培植具有巨额资本的财阀势力,使生产力渐呈回升和增长之势,日本经济又随之步入了相对稳定的发展阶段。不过,这种回升景气的出现却是以广大劳动人民受到更加残酷的剥削为前提的。资本家为了增加收入,肆意加大剥削强度,引起广大劳动人民的强烈不满,加之俄国十月社会主义革命的影响,使劳资对抗和要求民主的运动空前高涨。仅在 1924—1927 年,工人进行的各种斗争就多达 4 211 次,其中罢工斗争就有 1 300 多起。

上述社会形势的变化促使日本政府对这个时期的教育进行了全面整顿与扩充。揭开这一时期教育整顿与扩充序幕的是临时教育会议所制定的教育政策。临时教育会议是作为内阁的教育咨询机构而成立的,该机构成立于 1917 年 9 月,其任务是全面审查和修订明治维新以来所确立的教育制度和教育内容,为教育的进一步发展出谋划策。经过一系列审议,自 1918 年 12 月起,日本政府先后颁布了涉及各级各类学校教育的《高等学校令》、《大学令》、《修改小学校令》、《中学校令》、《高等女子学校令》和《实业学校令》。这些法令的基本精神是对现行教育不做根本制度上的改革,重点在于从整体上进行扩充规模、完善体制和加强控制。为此,日本政府在大力增加各级各类教育机构数量的同时,着力在教育内容上强调了灌输"忠君爱国"的思想。特别是在这一时期后一阶段,这种行动更是变本加厉。如 1925 年 4 月 13 日颁布《陆军现役将校学校配属令》,开始对各级各类学校男生进行军事训练;1928 年在文部省专门学务局设学生课,在各高等学校设专职学生主事、副学生主事,负责调查研究学生思想和监督指导学生训育;1929 年 4 月 1 日在大学设置日本精神、日本思想问题讲座;1935 年设置文部大臣咨询机构教学刷新会议,搞"以思想手段解决思想问题"的洗脑运动等。所有这些措施,极大地加强了军国主义教育,严重打击了进步思想和限制了学术自由,更成为下一时期建立战时教育体制的前兆和基础。

二、初等教育的整顿与扩充

从 1907 年将义务教育年限延长为 6 年,到 1910 年就基本实现了目标,义务教育就学率达到 98.1%。由于小学教育已经普及,这次改革的重点就主要集中到了两个方面。第一,延长义务教育年限。临时教育会议建议从 1924 年起实行 8 年制义务教育,但因时机不成熟和所需经费过多,这项建议未被采纳。此后,8

---

① 贺国庆,王保星,朱文富等.外国高等教育史[M].北京:人民教育出版社,2006:381.

年制义务教育问题又被多次讨论,直到 1937 年设立教育审议会时才正式通过。但由于第二次世界大战爆发,实际也未执行。第二,改革教育内容和提高教育质量。根据 1919 年 2 月颁布的《修改小学校令》及《小学校令施行规则》,寻常小学的教学时数有所减少,但却增设了理科课程,为加强国家主义意识的灌输又增加了地理和历史的教学时数。高等小学也相应扩充了科目,并强调培养学生独立自主的学习精神和注重贯彻《教育敕语》。1926 年 4 月,再次修改的《小学校令》及《小学校令施行规则》,侧重增强高等小学的实科教育,把图画、手工、珠算和实业课定为必修课,把家政、裁缝定为女生的必修课。在改革教育内容和提高教育质量的同时,初等教育的规模也得到了相应扩充。从 1918 年到 1935 年,小学校的数量从 25 625 所增至 25 799 所,学生数从 8 137 347 人增至 11 425 628 人。①

三、中等教育的整顿与扩充

这一时期,中等教育改革的重点是调整升学年龄,注重发展学生的个性和能力,以及加强国家主义思想的灌输。1919 年 2 月颁布的《中学校令》,对中学的教学内容进行了调整,在物理、化学课中强调重视实验和实习;为加强小学与中学的联系,除允许中学设置 2 年的预科外,还取消了原来的中学入学年龄必须是 12 岁以上的规定,允许学习优秀者提前一年升入中学。之所以作这样的修改,一是受美国实用主义教育思潮的影响,一是为加强"忠君爱国"、"信奉天皇"的思想教育,鼓励学生以优异的学习成绩效忠大日本帝国。1920 年 7 月颁布的《高等女子学校令》和《高等女子学校令施行规则》,强调加强女子中等教育,提高女子的国民道德和文化水平,将高等女子学校的修业年限由 4 年延长到 5 年,与以男子为教育对象的中学校的修业年限拉平。为适应升学的要求,还允许高等女子学校设置专攻科和高等科。从 1918 年到 1935 年,日本中学校的数量从 337 所增至 557 所,学生数从 158 974 人增至 340 657 人;高等女子学校的数量从 420 所增至 974 所,学生数从 118 942 人增至 412 126 人。②

四、高等教育的整顿与扩充

产业规模的扩大和产业结构的升级,要求培养更多的高级科技人才和管理人才,因此,由高等学校、大学和专门学校构成的高等教育成为这一时期教育改革的重点。

自从 1894 年颁布《高等学校令》,"高等学校"就一直属于高等教育机构。

① 日本国立教育研究所.日本近代教育百年史:第 5 卷[M].东京:文唱堂,1974:11-13.
② 日本国立教育研究所.日本近代教育百年史:第 5 卷[M].东京:文唱堂,1974:11-13.

1918 年 12 月 6 日颁布的修改《高等学校令》延续这一传统并对其办学规定作了某些调整。该令全文 20 条,其要点是:高等学校以完成男子高等普通教育为目的,同时特别注意充实国民道德教育;高等学校既允许官立,也允许公立和私立;高等学校分文、理两科;修业年限为 7 年,包括 4 年的寻常科(相当于中学校)和 3 年的高等科(大学预备教育机构,属高等教育范畴),也可只设高等科,在特殊情况下还可设立预科;寻常科入学资格为寻常小学毕业或预科结业及具有同等学力者,高等科入学资格为寻常科毕业或修完初中四年级及具有同等学力者,学生人数寻常科定员 320 人以内,高等科定员 480 人以内;高等学校教师由文部大臣授予资格证书。

《大学令》是与《高等学校令》同日颁布的,全文 21 条。其要点是:大学以传授国家需要的学术理论及其应用并研究其奥秘为目的,同时必须兼顾人格之陶冶与国家思想之涵养;改以前的分科大学为学部,大学原则上由几个学部构成,必要时也可设立只含一个学部的单科大学,大学的学部分为法学、医学、工学、文学、理学、农学、经济学、商学等,修业年限为医学 4 年、其他 3 年;除国立大学外允许地方设公立大学,私人团体法人设立私立大学,公私立大学必须符合法令规定之标准且其设立与停办须由文部大臣批准;为提高和保证大学教育质量,允许大学设置预科,修业年限 2 年或 3 年,讲授相当于高等学校高等科的课程;大学入学者必须是大学预科或高等学校高等科毕业生及具有同等学力者,经考试合格方可入学;大学在校三年以上学生(医学部四年以上)经考试合格授予学士学位;改以前研究生院与分科大学(学部)平行并设的组织关系,规定在学部内设立"研究科",研究生院为居于各学部之上的各研究科之总称。

此次颁布的《高等学校令》和《大学令》除了分别对高等学校和大学做了新的、具体的规定之外,在办学目的上更加强调灌输忠君爱国观念,在学校设置上都承认了公私立学校的合法地位。关于《专门学校令》,由于认为其规定仍然适合新的形势需要,因此,除于 1928 年在其办学目的上增加"须留意人格之陶冶及国体观念之养成"条款外,没有其他大的变动。

上述法令的颁布和修改,为日本政府更加牢固地控制高等教育和进一步扩充各类高等教育机构的规模提供了法律依据。为了贯彻落实法令的规定,日本政府还制定了针对官立学校的具体扩充计划和针对公私立学校的设学鼓励措施。这些法令与措施的推行加上其他社会因素的综合作用,促使这一时期高等教育进入了在制度上达到明治维新以来最为完善、在数量上成为二战前各历史阶段中扩充最大的发展时期。从 1918 年到 1936 年,高等学校从 8 所增至 32 所,学生数从 6 792 人增至 17 097 人。大学从 4 所增至 45 所,学生数从 9 040 人增至 72 195 人;其中,帝国大学增加 2 所,分别是 1918 年 4 月 1 日成立的北海道帝国大学和 1931 年 4 月 30 日成立的大阪帝国大学;私立大学增速最快,它们大都是从以前的高水平专门学校升格而来,至 1933 年增至 25 所,而且,私立大学的在校生数在 1933 年首次超过公立大学。专门学校(含实业专门学校)从 96 所增至 178 所,学生数从 4.9 万人增至 9.8 万人。高等教育机构的学生数在社会同一年龄层人口中的比例也从 1920 年的 1.2%增至 1935 年的 2.5%,翻了一番还多。①

五、职业教育的整顿与扩充

职业教育的整顿与扩充是这一时期教育改革的又一重要方面。关于职业教育的改革方针,临时教育会议在回答内阁总理大臣第七号咨询《能否改善实业教育,其要点及方法如何》一文时,于 1918 年 10 月 25 日提出九项建议。其基本精神是鉴于目前职业教育状况和国内外形势,不对职业教育制度进行整体改革,重点在于采取积极措施完善体制、扩充数量,谋求职业教育的兴旺发达。

根据这一基本精神,1920 年 12 月 15 日日本政府颁布修改《实业学校令》。随后又于 1921 年、1923 年相继修改了《工业学校规程》、《农业学校规程》、《商业学校规程》、《商船学校规程》和《水产学校规程》,新制定了《职业学校规程》②。对《实业补习学校规程》也进行了相应修订,并制定了《实业补习学校教员养成所令》和《实业补习学校公民课教学大纲》。这些法令的修改要点是:第一,在职业教育的目的方面,强调进一步加强德性涵养。如将原来《实业学校令》规定的"实业学校以对从事工业、农业、商业的实业者施行必要的职业技术教育为目的",改为"实业学校以向实业者传授必要的知识技能和着力涵养其德性为目的",并将修身课程、法制课程和经济课程列为各级职业学校的必修课程和中心课程。第二,在职业学校的种类方面,将原来一直被看作农业学校之一种的水产学校定为独立的学校,废除一直被作为工业学校之一种的徒弟学校并将其纳入工业学校之中。废除职业学校甲、乙种的区别,同时,对其入学资格和修业年限也进行了相应调整。如改正后的《工业学校规程》规定,凡具备寻常小学校毕业的入学资格者在工业学校可修业 3 年至 5 年,凡具备高等小学毕业的入学资格者可在工业学校修业 2 年至 3 年。扩大职业学校修业年限的伸缩程度和废除职业学校的甲、乙种区别,其目的在于重点振兴低级职业教育,培养更多的技术人才。第三,修改实业补习学校的目的,使它从原来以"补习"为重点转移到以"职业"为重点,与此同时,进一步明确实业补习学校以"职业教育"和"公民教育"为两大基石的性质。为促进实业补习学校的发展,废除对设立实

---

① 日本国立教育研究所.日本近代教育百年史:第 5 卷[M].东京:文唱堂,1974:306.
② 在近代,日本称职业教育为实业教育。此处的职业教育与实业教育的含义不同,它是实业教育的一种。为合乎今天的习惯,本书除特定机构外,一般称实业教育为职业教育,因此,此处的职业教育与书中其他地方的职业教育在含义上不尽一致。

业补习学校的限制,承认商业会议所、农会及其他各种公共团体所设立的私立实业补习学校;废除过去规定的道厅府县立实业补习学校只许附设于其他道厅府县立实业学校之中的限制,承认实业补习学校的独立地位;废除实业补习学校教员的名称待遇以公立小学的基准为例的规定,改之为与中等学校教员同等对待。第四,增强各种职业学校之间及职业学校与其他学校之间在入学规定上的相互联系。第五,制定新的职业学校规程,增加以女子为主要教育对象的职业教育机构。第六,为从整体上整顿充实职业教育机构,承认工业学校和商业学校的夜间课程,并为促进其迅速普及,努力采取措施对其入学予以奖励。

上述法令的贯彻实施极大地改善了这一时期职业教育的办学体制,同时,各级各类职业教育机构的规模也得到了明显扩充。从1918年到1936年,实业补习学校从12 213所增至17 043所(从1935年起与青年学校合并,统一改称青年学校),学生数从812 935人增至1 964 599人;职业学校从608所增至1 304所,学生数从113 814人增至434 345人;实业专门学校从24所增至60所,学生数从9 252人增至26 591人。[①]

在整顿与扩充各级各类教育机构的同时,日本政府在发展师范教育上也下了很大力气。各级师范教育机构的数量虽然增加不多,但招生人数和教师人数增加较快,对各级师范教育的控制也空前加强。从1918年到1936年,高等师范学校、女子高等师范学校虽然一直只有4所,但学生数却从1 793人增至2 670人;师范学校数从93所增至101所,学生数从25 285人增至30 256人;实业补习学校教员养成所从18所(1921)增至47所,学生数从421人增至1 315人;各种教员养成学校从4所增至5所,学生数从318人增至422人。[②]

第二节　战时教育体制的建立与崩溃

1937年7月7日,日本发动全面侵华战争,1941年12月8日又挑起太平洋战争,日本举国进入战争状态。在全力备战的社会氛围下,日本政府对其教育政策进行了调整,建立起带有浓厚战时色彩的学校教育体制,各级各类教育均成为服务于其军国主义政策的工具。1945年8月15日,日本宣布投降,至此这种战时教育体制才随之崩溃。

---

① 日本国立教育研究所.日本近代教育百年史:第5卷[M].东京:文唱堂,1974:10-13,884-885.
② 日本国立教育研究所.日本近代教育百年史:第5卷[M].东京:文唱堂,1974:10-13,884-885.

一、社会形势与日本政府的教育政策

1938年4月1日,日本政府颁布《国家总动员法》,宣布日本进入战时体制,提出一切社会力量均须服从建设"总力战体制"的需要。从此,日本在政治上更加强化以军部为中心的法西斯统治;在经济上重点扩充以重化学工业为中心的与军事需要密切相关的产业的规模;在思想上实行高压政策,严禁一切自由思想和民主活动。与这种社会形势相适应,教育也朝着战时体制方向迅速发展。指导本期教育变革的教育政策是由教育审议会负责审议和制订的。

教育审议会成立于1937年12月10日,是内阁总理大臣的直属咨询机构,其任务是根据"明征国体"、"刷新教学"的宗旨,重新审查教育制度,修订教育内容,监督各级各类学校执行军国主义教育政策。教育审议会成立后,针对内阁总理大臣的第一号咨文《我国教育内容及制度的刷新振兴实施方策如何》,先后对青年学校、国民学校、师范学校、幼儿教育、中等教育、高等教育、社会教育和教育行政与财政进行审议并提出改革建议。根据教育审议会提出的改革建议和战时紧急需要,日本政府一面采取各种临时措施,一面陆续修改和制定《青年学校令》(1939年4月)、《国民学校令》(1941年3月)、《中等学校令》(1943年1月)、《高等学校令》(1943年1月)、《大学令》(1943年1月)、《专门学校令》(1943年1月)和《师范学校令》(1943年3月),逐步确立了战时教育体制。然而,由于战争原因,有些法令规定实际未能完全落实,一些临时措施仍然在教育运行中发挥着重要作用。随着战争规模越来越大,1943年6月,东条英机内阁决定"确立学生战时动员体制",要求学生"勤劳报国",每年时间为60天。1944年1月又颁布《紧急动员学生参加劳动方案》,要求学生每年参加劳动时间为4个月,并要求把教室改为学校工厂,把校园改为种植军需物资的农田。自1944年8月起,日本国土遭到美机狂轰滥炸,中小学学生被迫疏散,大中专学生全部被动员参军或参加劳动。1945年5月20日,日本内阁又颁布《战时教育令》,宣布国民教育进入紧急状态,所有学校一律停课。至此,整个日本教育完全崩溃。直到日本军国主义法西斯政权灭亡后,日本的教育才得以重建与复苏。

二、战时体制下的初等教育

战时体制下的初等教育有两点最为明显的变化,一是在普通初等教育方面将小学改为国民学校;二是在初等职业教育方面将实业补习学校与青年训练所合并,成立兼具中初等教育程度的社会性教育机关青年训练所。

根据教育审议会的改革构想,1941年3月1日,日本政府颁布《国民学校令》,把从明治以来七十余年间一直叫做小学的初等教育机关改为国民学校。这不仅是名称上的变更,而是在目的、制度、内容上为适应战时体制所作的全面重大的改革。该令规定国民学校的目的是"遵守皇国之道,实施初等普通教育,给学生以国民基础的训练"。国民学校分为初等科和高等科,前者修业 6 年,后者修业 2 年,共 8 年,属于义务教育阶段。[①] 国民学校的教学科目分为四类,第一类是国民科,包括修身、国语、国史、地理;第二类是数理科,包括数学、理科;第三类是体育科,包括体操、武道(女生可免修);第四类是艺术科,包括音乐、图画、手工、习字。此外,初等科还为女生增设裁缝课,高等科设置外国语和实业科,供学生选修。同年 3 月 14 日,日本政府又颁布《国民学校令实行规则》,明文规定学校一切工作必须遵守皇国之道,在体育科中增加武道教育内容,强制学生必须参加升旗仪式和朝会,背诵《教育敕语》和历代天皇名字,并向神社和天皇遥拜。所有这些规定,目的都是为了在国民学校中加强灌输忠君爱国思想,从小培养学生具备武士道精神和法西斯军人应有的身心素质。

1935 年 4 月 1 日,日本政府颁布《青年学校令》,把实业补习学校与青年训练所合并,成立青年学校。青年训练所是日本政府效法意大利和德国训练青年的做法,于 1926 年开始在全国各地陆续建立起来的,其任务是对即将服兵役的青年进行思想和技术训练。它附设于实业补习学校之中,与实业补习学校共用设施设备和教师队伍,但程度略高于实业补习学校,以年满 16 岁至 20 岁的青年为教育对象。《青年学校令》规定,青年学校的目的是把实业补习教育与军事训练结合起来,以日本国体之本义为宗旨,将青年培养成为具有皇国主义精神和实际职业技能的人。青年学校设置普通科和本科,普通科招收寻常小学毕业生,学制 2 年;本科招收高等小学和青年学校普通科毕业生,学制为男生 5 年,女生 3 年。青年学校的教学科目包括修身公民课、普通课、职业课和教练课。青年学校成立后发展十分迅速,为吸收更多青年接受这种训练,1938 年,教育审议会建议把青年学校教育改为义务教育。这个建议立即得到政府和军部同意,1939 年,日本正式推行修改《青年学校令》,要求社会上 12~19 岁的男青年都必须进入青年学校接受义务教育。这种学校的突出特点是在管理上受军部的强有力的控制,在目的上是为战争培养后备力量,在内容上以军事训练和职业技能为主,在学制上兼具中初等程度,是国民学校和正规中等学校的重要补充。从 1935 年到 1942 年,青年学校的数量从 16 705 所增至 23 670 所,学生数从 1 902 157 人增至 2 910 986 人。[②]

三、战时体制下的中等教育

1943 年 1 月 21 日,日本政府颁布《中等学校令》,宣布废止以前的《中学校

---

① 将义务教育年限由 6 年延长为 8 年,虽已确定,但因战争原因实际未能执行,义务教育仍维持 6 年制。

② 日本国立教育研究所. 日本近代教育百年史:第 5 卷[M]. 东京:文唱堂,1974:884 – 885.

令》、《高等女学校令》和《实业学校令》，将过去的中学校、高等女学校和实业学校综合化，都改称中等学校，但仍分中学校、高等女学校和实业学校三种类型。为贯彻该令，1943年3月2日又颁布了《中学校规程》、《高等女学校规程》和《实业学校规程》。上述法令规定，中等学校的教育目的是依据皇国之道，实施高等普通教育和实业教育，造就中坚有为的皇国国民。中等学校的修业年限由原来的5年缩短为3至4年。根据规定，中学校的修业年限为，凡国民学校初等科毕业入学者修业4年，国民学校高等科毕业入学者修业3年，业余中学、国民学校高等科程度入学者修业3或4年。高等女学校和实业学校的修业年限一律按中学校标准执行。在教学科目方面，中学校设有国民科、数理科、体育科、艺术科、实业科、外语科。高等女学校除以上科目外，增设家政科。实业学校男生班的科目与中学校相同，女生班的科目与高等女学校的相同。另外规定，为加强普通教育和职业教育的联系，进入第三学年后，如有正当理由，在三类中等学校间可以相互转学。进行上述改革的目的是为适应战时体制需要，统一中等教育规定，以便在中等学校中加速推行军国主义教育。按原定计划，上述规定自1943年4月1日起实施。但因战争激化，许多规定并未落实。

然而，这一时期的中等教育仍然发生了非常明显的变化。第一，在各类中等学校中全面加强了军国主义教育。第二，各类中等学校的数量和学生人数均有明显增长。从1937年到1945年，中学校从563所增至776所，学生数从364 486人增至639 756人；高等女学校从996所增至1 272所，学生数从454 423人增至875 814人；实业学校从1 354所增至1 743所，学生数从470 088人增至845 497人。① 第三，为满足军需产品的供应，实业学校内部的科类结构发生了畸形变化，明治以来形成的工、农、商多科并举的职业教育模式，彻底转变为以工业教育为主的模式。仅在1940年至1944年的5年间，工业学校就增加了262所，增长幅度超过了一倍（1940年为221所）。以军需生产为对象的工业教育的扩大，极大地限制和压抑了其他产业领域的教育，尤其对商业学校的影响最大。如东京都的25所都立男子商业学校中，只保留了2所，其中10所改为工业学校，4所暂停招生。战时教育的非常措施，使商业学校濒临停办状态，有的府县的商业学校甚至完全消失。②

四、战时体制下的高等教育

由于侵略战争的需要，负责培养高级人才和进行科学研究的高等教育，同前一时期一样，继续成为教育改革的重要方面。这一时期高等教育改革的总体特

---

① 日本国立教育研究所.日本近代教育百年史:第5卷[M].东京:文唱堂,1974:884-885.
② 朱文富.日本近代职业教育发展研究[M].保定:河北大学出版社,1999:128.

征是,全面加强了军国主义教育,严格限制了学术自由,教育规模进一步扩大并重点发展了与战争关系密切的理工科院校和专业。

在高等学校方面,1939 年 9 月 14 日,教育审议会制定《关于高等学校的纲要》,提出高等学校的改革要点是:在教育目的上强调以"皇国之道"培养对国家有用的人;在学制上维持 3 年制,特别场所可为 7 年制;承认女子高等学校的合法地位;高等学校仍分为文理两大科,但大量增加理科的分量;在教学内容上大量扩充国民道德科和体育科,在教材中尤其注重增加敬神崇祖、东亚及世界、国防和艺术等内容。1943 年 1 月 21 日,日本政府据此修改了《高等学校令》。为贯彻上述精神,日本政府从 1937 年 3 月至 1939 年 6 月,根据"皇国之道"陆续改正了高等学校的修身、国语、汉文、历史、地理、哲学、法制、经济、心理学和伦理学等教学科目;1939 年开始增招理科学生;1940 年 9 月指令成立学生组织"报国团";1942 年颁布《高等学校高等科临时教学要目》,进一步强调"皇国之道";1942—1943 年度,再次增招理科学生。这些措施实行后,高等学校除教育目的和教学内容得到重大"刷新"外,文理科学生的比例也被强行扭转过来。据统计,从 1937 年到 1945 年,高等学校的数量从 32 所增至 33 所,学生数从 17 017人增至 21 687 人。学校数和学生数的增长幅度虽然都不大,但理科学生的比例却有明显提高。1937 年,理科学生只有 7 449 人,占全体学生的 44%。到 1945年,理科学生达到 15 233 人,占全体学生的比例提高到 70.5%。①

在大学方面,1940 年 9 月 19 日,教育审议会制定《关于大学的纲要》,提出大学的改革要点是:大学作为国家最高学府,应以国家利益为根本,发扬学术报国精神,开拓学术界尚未开辟的新领域,使学生在维护帝国的生存与发展上有所作为;博采东西科学文化之精华,开展创造性研究;发展学生的智力和判断力,使大学担负起为国家造就德才兼备的领袖之目的;熟悉东部亚洲和世界其他各地的知识以利于国防;承认创设女子大学的必要性;重点充实理工科教育和大学预备教育。1943 年 1 月 21 日,日本政府据此修改了《大学令》。为贯彻上述精神,日本政府于 1938 年后相继开除有进步思想的大学教授;1939 年后增设新的大学并加大理工科比例;1940 年发布要求大学教授必须依国体之本义教导熏陶人才的训令。这些措施实行后,大学教育发生了以下几个方面的变化。第一,大学和学生数量继续增加,并呈现向理工科倾斜之势。从 1937 年到 1945 年,大学从45 所增至 48 所,除少数大学合并外,新增了名古屋帝国大学(1939)、藤原工业大学(1939)、神宫皇学馆大学(1940)、兴亚工业大学(1942)和大阪理工科大学(1943)。在新设的 5 所大学中,除神宫皇学馆大学属神道系统外,其他 4 所大学均系理工类大学。在学科设置方面,在巩固传统的机械工学、电气工学、应用化

---

① 日本国立教育研究所.日本近代教育百年史:第 5 卷[M].东京:文唱堂,1974:1251.

学、土木工学等学科地位的基础上,加大了航空、金属工学等学科的比重,新设了通信工学、精密工学、电气通信学、计测工学、工业经营学等与战争关系至为密切的学科。在学生人数方面,1933—1943 年,帝国大学工学部学生从 2 602 人增至 5 744 人,理学部学生从 1 054 人增至 1 419 人,分别增加 1.2 倍和 0.35 倍;官立工业大学学生从 479 人增至 1 093 人,增加 1.28 倍;私立大学理工学部学生从 1 371 人增至 2 796 人,增加 1 倍。① 第二,研究的战时体制化。从 1940 年前后开始,各帝国大学相继增加了军事、国防、重化学工业等方面的讲座数量。1939 年至 1944 年各类大学新增设的 28 个研究所中,有 25 个属理工系列,它们皆以战时体制下的紧急课题为研究任务,直接为侵略战争服务。第三,大学自治发生危机。

与高等学校和大学相比,同产业和文化实际联系极为密切的专门学校,受战争影响更为显著。在专门学校方面,1940 年 9 月 19 日,教育审议会制定《关于专门学校的纲要》,提出专门学校的改革要点是:在教育目的上进一步强调国家思想的涵养和人格的陶冶;充分发扬产业报国精神;增设实业专门学校;充实专门学校的设施设备。1943 年 1 月 21 日,日本政府据此修改了《专门学校令》。为贯彻上述精神,日本政府除对专门学校的教育目的和教育内容进行"刷新"外,重点采取了增设理工科学校、学科和转化学校类型的措施,如 1938 年在官立学校中增设飞机、机械等学科;1939 年增设室兰、盛冈等 7 所工业专门学校;1943 年颁布《关于教育非常措施方案》,明令减少一半文科招生人数,增加理工科招生人数,改商业学校为工业学校等。通过采取这些措施,专门学校发生了以下重大变化。首先,学校数量和学生人数急剧增加。从 1937 年到 1945 年,专门学校数从 178 所增至 311 所,学生数从 99 580 人增至 212 950 人。其次,学科构成明显朝着战争急需的工业、医疗和其他类型转化。不但新设学校以工业、医疗等类型为主,在既设的学校中,学科构成也朝着这类学科转化。例如,在官立工业专门学校中,战争最急需的机械科由 1937 年的 16 个增至 1945 年的 28 个,电气科由 10 个增至 21 个,应用化学科由 9 个增至 20 个,电气通信科新设 13 个等。最后,由于理工类学校、学科的扩充,理工类学科入学者和在学者的比重明显增加。1941 年,理工类入学者的比重只占全体入学者的 27.1%,到三年后的 1944 年猛增至 48.2%,几乎占了全体入学者的半数。而同期其他类学科入学者的比重,除药类由 10.3% 增至 14.4% 以外,则急剧减少或微有增加②。

综上所述,第一次世界大战结束后的一段历史时期,是日本政府对明治以来

---

① 日本国立教育研究所.日本近代教育百年史:第 5 卷[M].东京:文唱堂,1974:1277 – 1278.
② 日本国立教育研究所.日本近代教育百年史:第 5 卷[M].东京:文唱堂,1974:1312 – 1315.

建立起来的近代教育制度进行改革、修订的时期,也是日本各级各类学校教育获得大发展的时期。出于发展垄断资本主义经济和建立军国主义政体的需要,日本政府在这个时期所进行的教育改革取得了一定成效,各级各类学校数量迅猛增加,整体教育结构也逐渐趋于合理。但必须指出,这个时期的教育改革与发展仍然是以 1890 年颁布的《教育敕语》的精神为指导,以逐步建立军国主义教育体制为目的的,因此,使明治后期确立的国家主义教育体制又加上了一层浓重的军国主义色彩。所以,这个时期教育改革与发展的过程也是日本教育向军国主义教育转化的过程。此后,这种教育更进一步发展,直至成立战时教育体制。从1937 年日本发动全面侵华战争到 1945 年,日本军国主义者之所以能够穷兵黩武,不断扩大侵略战争,一方面是凭借其强大的经济和军事实力,另一方面则是由于其军国主义教育培养出了大批的忠于天皇、愿为日本帝国献身的"忠臣良民"和"勇武士兵"。

思 考 题

1. 第一次世界大战后日本教育的扩充。
2. 战时体制下的日本高等教育的变化。
3. 日本军国主义教育的危害性。

参考文献

1. 王桂.日本教育史[M].长春:吉林教育出版社,1987.
2. 吴式颖.外国现代教育史[M].长春:人民教育出版社,1997.
3. 贺国庆,王保星,朱文富等.外国高等教育史[M].北京:人民教育出版社,2006.
4. 朱文富.日本近代职业教育发展研究[M].保定:河北大学出版社,1999.
5. 日本国立教育研究所.日本近代教育百年史:第 5 卷[M].东京:文唱堂,1974.

第三十章

杜威的教育思想

约翰·杜威(John Dewey,1859—1952),美国最有创见、最渊博的哲学家以及最有影响的教育思想家之一。他把教育问题放置在广阔的社会大背景中进行研究,从而发现了教育新的内涵。杜威的教育理论,不仅"在二十世纪的前半个世纪的整个时期里统治了教育舞台"[1],而且在当代也有着广泛的世界影响。

第一节　生平与著作

杜威生于美国佛蒙特州的伯林顿,他的父亲是当地的零售商。家乡优美的自然环境陶冶了他的性情,杜威从小就非常反感死记硬背的课堂教学方式,除了学校课本之外,他几乎对阅读任何书籍都感兴趣,因此,"一直到杜威上大学,在他本人所受到的教育中,最重要的部分是在课堂外面获得的"。[2] 1875 年 9 月,杜威进入了佛蒙特大学。在这所规模很小、办学时间不长的农工学院里,杜威逐步对哲学研究产生了兴趣。大学毕业后,杜威先后在宾夕法尼亚州石油城和家乡的一所中学任教。1882 年,杜威进入霍普金斯大学攻读研究生学位,主修哲学。在霍普金斯大学鼓励学术创新的氛围中,杜威广泛涉猎历史学、政治学、生物学、逻辑学、伦理学、心理学、教育学、德国哲学等,1884 年,杜威获得了霍普金斯大学的博士学位。

毕业后的杜威,经莫里斯教授推荐获得了密歇根大学的哲学讲师职位。从 1884 年到 1894 年,除了一年短暂的时间在明尼苏达大学工作以外,杜威一直在密歇根大学任教。密歇根大学民主的环境和学术自由的氛围,强化了杜威内心对于民主的信念,促进了杜威"工具"实用主义思想的萌芽。特别是当伦理学研

---

① [美]威廉·W.布里克曼.世界教育家杜威//简·杜威.杜威传[M].单中惠编译.合肥:安徽教育出版社,1987:200.
② [美]简·杜威.杜威传[M].单中惠编译.合肥:安徽教育出版社,1987:9.

究需要有一个心理学基础的时候,詹姆士建构在进化论基础上的机能心理学,以及社会心理学家米德提出的人体神经器官在调节有机体与客观环境中所具有的作用与反作用的观点,都对杜威哲学思想的形成有着巨大的影响。也正是在密歇根大学执教时期,作为密歇根教师俱乐部的成员,杜威在与一些中小学校教师的交往中发现,"现在的教育方法,特别是在小学里所运用的那些教育方法与心理学所阐述的儿童正常发展的原理是不相协调的"。① 所有这些都促使他开始关注起中小学教育。

1894 年,杜威接受了新成立的芝加哥大学的聘请,担任哲学、心理学和教育学系的主任,并从事研究生的教学工作。进入芝加哥大学,标志着杜威学术走向了成熟期。在这一时期里,他不仅形成了独具特色的哲学、心理学思想,还主持和领导了影响深远的"芝加哥大学实验学校"(Chicago University Laboratory School)的实验。在这所仅仅存在 7 年半时间的实验学校里,杜威的一些来自哲学和心理学的思想在教育实践中得到了检验。从某种意义上讲,正是实验学校的活动,促进了杜威实用主义教育思想的形成,确立了杜威作为世界知名教育家的学术地位。1904 年,由于与芝加哥大学校长哈珀(W. R. Harper)的一些分歧与摩擦,杜威辞去芝加哥大学的所有工作,前往哥伦比亚大学哲学系和师范学院任教。在哥伦比亚大学期间,杜威发表了被西方学者认为可以与《理想国》、《爱弥儿》相媲美的教育著作《民主主义与教育》。这一时期,杜威除了在国内作一系列的演讲外,他的足迹还遍布日本、中国、土耳其、墨西哥和苏联等国家和地区,获得了广泛的世界声誉。1930 年,杜威从哥伦比亚大学退休后,依然笔耕不辍,1952 年杜威逝世,享年 94 岁。

杜威一生大约出版了 40 本著作,700 多篇文章,② 在哲学、教育学和心理学等方面均取得了辉煌的成就。他的教育理论更多地建构在他对哲学和心理学研究的基础上。在这方面,杜威认为哲学就是教育最一般的理论,"教育乃是哲学上的分歧具体化并受到检验的实验室"③;心理学是教育理论和实践的基础,"教育必须从心理学上探索儿童的能量、兴趣和习惯开始。它的每一方面,都必须参照这些加以考虑④。"哲学与心理学的研究基础赋予了杜威教育理论丰富的内涵。另外,杜威的教育理论也是力求解决社会现实问题的产物。他的教育理论形成于 19 世纪 90 年代美国工业化即将完成的时期,当工业化为美国社会带来更为巨大财富的时候,也不可避免地导致了美国原有社会结构、经济制度和价

---

① [美]简·杜威.杜威传[M].单中惠编译.合肥:安徽教育出版社,1987:32.
② 滕大春.外国教育通史:第五卷[M].济南:山东教育出版社,1993:288.
③ 转引自邹铁军.实用主义大师杜威[M].长春:吉林教育出版社,1990:93.
④ [美]杜威.我的教育信条//杜威教育论著选[M].赵祥麟,王承绪编译.上海:华东师范大学出版社,1981:3.

值体系的诸多问题。比如,从经济方面来看,垄断组织的出现,使社会财富加速向少数人手中积聚,致使富者更富、贫者更贫;从政治方面来看,大众政治意识普遍淡漠,政治权力为少数人所控制,美国宪法所着力追求的民主社会的理想几乎成了一纸空文;从社会安全的角度来看,由于收入微薄,加之贫民窟的恶劣环境,导致城市犯罪问题频发;从社会道德养成的角度来看,由于机器对人的异化,致使工作本身在塑造性格、陶冶品格等方面的功能被极大削弱……面对社会转型期物质生活与精神文化生活的巨大失调,从 19 世纪 90 年代起,以西奥多·罗斯福、拉福莱特、威尔逊、卡明斯、克罗利、简·亚当斯、琼斯等为代表的各界有识之士掀起了一场广泛的社会改革运动——进步主义改革运动。杜威与社会各界有识之士一样,对以上的社会矛盾有着清醒的认识,他主要是从民主主义的缺乏和培养双重的角度来诊治美国社会的疾患的。正是将教育作为实现民主主义首要的工具,杜威的教育理论才体现出厚重深沉的特征,具有强大的生命力。

根据杜威教育思想形成的阶段,他的教育论著体现了不同的特色。从 1885 年杜威发表第一篇教育论文到 1894 年杜威进入芝加哥大学为止,这是杜威关注教育问题的开始,其主要的作品有《教育与妇女健康》(1894)、《高等教育中的健康和性别问题》(1886)等。芝加哥大学的十年时期,是杜威在教育上崭露头角、形成系统化教育理论的时期。这一时期杜威的代表作品有《我的教育信条》(1897)、《学校与社会》(1899)、《儿童与课程》(1902)。其中,《我的教育信条》是杜威教育理论的纲领性论述,标志着独具特色的杜威教育理论的形成。进入哥伦比亚大学直至退休是杜威教育思想的成熟阶段。在该阶段内,美国进步主义教育运动蓬勃开展,杜威的教育创作得到了进一步的丰富。该时期他的重要著作有《教育上的道德原理》(1909)、《教育上的兴趣与努力》(1913)、《明日之学校》(1915)、《民主主义与教育》(1916)、《进步教育与教育科学》(1928)等。第四个时期是杜威从哥伦比亚大学退休直至逝世。这一时期杜威的教育作品主要表现出对实用主义教育思想的维护和辩解的特征。主要的教育著作有《我们怎样思维》(1933)、《芝加哥实验的理论》(1936)、《教育与社会变动》(1937)、《经验与教育》(1938)、《教育与社会秩序》(1939)、《自由与文化》(1939)、《人的问题》(1946)等。

第二节　教育是什么

对于杜威来说,究竟什么才是真正的教育?其实答案非常简单,用"教育即生活、教育即生长、教育即经验的改造"简短的几句话就可以概括,但是,这里面却有着丰富的内涵。

一、教育即生活

杜威是从自己童年生活的记忆出发来研究教育的。正是基于对昔日贴近生活、深入生活、在生活中接受教育方式的美好回忆,杜威认为,当工业的集中和社会分工实际上已经消灭了家庭和邻近的各种职业时,一味希望把它们挽回来,那是无济于事的。真正理智的做法就是:在学校教育机构已经成为一种必然的情况下,尽量把最好的家庭教育模式搬到学校来,①由学校去有目的地提供过去由家庭负责的那些教育因素。

但是,对杜威来说,当时统治美国中小学校的机械、静听的教育方式,显然与他心目中理想的教育方式背道而驰。于是,杜威力主在教育界来一场哥白尼式的革命,把学校与儿童真实和生气勃勃的生活联系起来,使学校成为儿童现在生活的地方。这样的学校,就其实质来说,无非"就是以一种更系统、更扩大、更加明智和更适当的方式去做大多数家庭由于各种原因只能以一种比较简单和偶然的形式完成的工作罢了"。② 这样的学校教育,由于是从家庭生活中发展起来的,并继续儿童在家庭已经熟悉的活动,因此它首先具备传统家庭教育方式内在的优点,即鲜明地体现了教育与生活融合的特征;另一方面,它又优于传统的家庭教育方式。首先,从规模上来看,儿童在学校里能够接触到更多的成人和同伴,通过对学校环境的改善,"创造一个比青少年任其自然时能接触的更广阔、更美好的平衡的环境",③学校在一定的意义上就变成了一个理想的"雏形社会"。在杜威看来,雏形社会中人们的交往不仅可以丰富儿童的生活,而且还非常有利于民主主义观念的养成,因为"民主主义不仅是一种政府的形式;它首先是一种联合生活的方式,是一种共同交流经验的方式"。④ 其次,从内容上看,儿童在家庭里学到的东西更多的是偶然碰到的东西,但是学校却可以克服这种偶然性和随意性,以儿童的生活为中心并把儿童的生活组织起来,通过适应儿童能力和经验发展程度的设备和教材,从而引导儿童内心兴趣和冲动的主动发挥和发展。

基于传统的最好的家庭教育方式,杜威响亮地提出了"教育即生活"的口号。同时,基于工业社会的现实,杜威在此基础上又提出了"学校即社会"的命题。可以说,这两句宣言代表了杜威教育理论中最根本的东西,它们不仅构筑了

① Raymond D. Boisvert. John Dewey:Rethinking Our Time[M]. Albany:State University of New York Press,1998:96.

② [美]杜威.学校与社会//任钟印.世界教育名著通览[M].武汉:湖北教育出版社,1994:1084.

③ [美]杜威.民主主义与教育//杜威教育论著选[M].赵祥麟,王承绪编译.上海:华东师范大学出版社,1981:154.

④ [美]杜威.民主主义与教育//任钟印.世界教育名著通览[M].武汉:湖北教育出版社,1994:1103.

杜威教育理论大厦的基石,同时也奠定了杜威民主社会最坚实的基础。

二、教育即生长

从青年时代起,杜威就接受了达尔文的生物进化理论。在杜威看来,人类作为自然界的组成部分,与其他生物体一样遵循着自然进化的规律,人类是在参与社会生活的过程中,使自身不断得到发展。因此,从"生活就是发展;不断发展,不断生长,就是生活"①的角度,杜威又提出了"教育即生长"的命题。

对于杜威而言,生长并不是儿童的专利,常态的儿童与成人都在不断生长,"成人利用他的能力改造他的环境,因此引起许多新的刺激,这些新的刺激再引导他的各种能力,使他们不断发展"。② 儿童与成人之间不是生长和不生长的区别,而是适合于不同情况的生长方式的差异。由于生长和发展在它本身之外没有别的目的,因此生长并不是朝着一个固定目标的运动。简单地说,生长和发展并不仅限于从儿童生长为成人的过程,生长和发展同样包含着儿童与成人相互朝向对方生长的可能性。比如,在处理特殊的科学和经济的问题上,儿童应该向成人方向生长;在同情心和不偏不倚的敏感性和坦率的胸怀方面,成人应该向儿童方向生长。在杜威看来,"教育就是不问年龄大小,提供保证生长或充分生活的条件的事业"。③ 而"政府、实业、艺术、宗教和一切社会制度都有一个意义,一个目的。那个目的就是解放和发展个人的能力(不问其种族、性别、阶级或经济状况如何)"。④ 使个人能力的全面发展和充分生长不仅是民主主义到来的基础,同时也是民主主义所致力的目标。

杜威的教育生长观,打破了原有生长观的单向性和阶段性,更多地把生长看作是一种多向的、永无止境的过程。同时,杜威的生长观还给予儿童期与成人期同等的地位,扭转了将成人期作为固定的标准来衡量儿童期的褊狭,这些改变对儿童未来的发展有着多方面的意义。比如,这种生长观给予儿童的本能或天性更多的重视,它改变了过多的压制所导致的儿童创新精神的丧失、害怕不确定和未知的事物的倾向。同时,由于给予儿童的天性更多的尊重,它还扭转了原有教育过分依赖外在训练的做法,唤醒了儿童更为主动的学习精神。当然,杜威在充分肯定儿童的本能和天性在生长中的作用的同时,并不认为可以放任它们。他提醒家长和教师,要分清儿童表面的行动和真正的兴趣,在保存儿童天性的同

① [美]杜威.民主主义与教育//任钟印.世界教育名著通览[M].武汉:湖北教育出版社,1994:1095.
② [美]杜威.民主主义与教育//任钟印.世界教育名著通览[M].武汉:湖北教育出版社,1994:1096.
③ [美]杜威.民主主义与教育//任钟印.世界教育名著通览[M].武汉:湖北教育出版社,1994:1096.
④ [美]杜威.哲学的改造[M].许崇清译.北京:商务印书馆,1989:100.

时,阻止他们扰乱、干蠢事和胡闹。杜威认为,要达到这个目标,对所有教育者来说都不是一件容易的事情。

三、教育即经验的改造

"在杜威的教育哲学,乃至一般哲学中,'经验'是个最最重要的名词。"①正是在把握经验的本质和经验意义的基础上,杜威为教育下了另一个专门的定义,"即教育就是经验的改造或改组"。

杜威认为,经验是人的主动尝试行为与环境的反作用之间连续不断相互作用的结果,任何经验的形成,都包含着一个主动的"尝试"过程和被动的"承受结果"的过程,如果把经验主动的一面和被动的一面割裂开来,就会割裂经验完整的意义。同时,杜威还认为,一个人在一种情境中所获得的事物之间的某种联系——经验,可以变成有效地理解和处理后来情境的工具,而现在和未来的经验都立足于不断改造或改组原有经验的基础上。杜威说,经验的改造和改组,既增加了原有经验的意义,又提高了指导后来经验进程的能力,这也正是经验的生长、经验的连续性和经验的改造的含义。杜威将经验的以上本质,作为衡量经验的教育意义和教育价值的标准。他说:"所有这种继续不断的经验或活动是有教育作用的,一切教育存在于这种经验之中。"②基于以上对于经验本质的认识,杜威批判学校教育违背经验原则的一些做法。

首先,学校教育轻视经验形成过程中内在因素的作用。杜威认为经验形成的过程是外部因素和有机体内在因素相互作用的结果。只有当外部的客观条件从属于具有这种经验的个人的内心情境时,才能产生真正新的经验,而当时学校教育的弊病正在于它过分重视对经验的外部条件实行控制,而忽略了经验形成的内在因素。其次,学校教育忽略在事物之间建立起有机的联系。杜威举例说,目前学校很多工作就是制定规则,要求学生照做,甚至在学生做了以后,还不引导他们去发现所用的方法和结果之间的联系,结果使整个教育活动对形成学生真正的经验毫无意义。再次,学校教育忽略了经验改造和改组的意义。杜威认为,在故步自封的社会,由于人们把维护已有的风俗习惯作为价值标准,因此向青少年灌输已有社会的经验就可以了。但是在进步的社会,为了不重演流行的习惯,使未来的社会比现在进步,人们应该有意识地利用学校教育,塑造儿童和青年人的新经验,真正发挥教育作为改造社会的建设性媒介的潜在功效。

---

① 瞿葆奎.曹孚教育论稿[M].上海:华东师范大学出版社,1989:561.
② [美]杜威.民主主义与教育//任钟印.世界教育名著通览[M].武汉:湖北教育出版社,1994:1102.

第三节　教育的目的

目的是使活动有方向、有意义的前提。杜威认为："教育一事,不可以无目的。无目的的则如无舵之舟,无羁之马,教育的精神从何发展,其结果必不堪设想。"①对教育目的的阐述因而成为杜威教育思想的重要基石。

一、杜威教育目的观的特征

从整体来看,杜威的教育目的观体现出了与众不同的特征。

1. 教育目的的现时性

杜威反复强调的一个论点就是:教育是生活的过程,而不是将来生活的预备。他批评教育的预备说,认为替将来预备而忽略现在可能性的教育制度使教育活动丧失了前进的动力,助长了犹豫不决和拖延的习气,这种教育自以为替将来作了准备,实际上正是它最失败的地方。同时,杜威也反对教育的展开说。他认为向着终极不变的目标展开的教育是先验论的,它的目标是空洞的,它代表一种模糊的情感上的渴望,而不是代表可用理智领会和说明的东西。杜威认为教育必须立足于现时的可能性来确立自己的目标,教育目标是现有情况的产物。"如果教育是生长,这种教育必须循序渐进地实现现在的可能性,从而使个人更适合于应付后来的要求。"②

2. 教育目的的内在性

杜威旗帜鲜明地反对从外面强加给教育的目的。他说,如果家长或教师提出他们"自己的"目的,作为儿童生长的正当目标,这和农民不顾环境情况提出一个农事理想,同样是荒谬可笑的。③ 杜威认为从外部建立的目的对行动过程来说,总是僵硬的。他尖锐地指出了当时教育的流弊:教师从上级机关接受这些目的,上级机关又从社会上流行的目的中接受这些目的,教师把这些目的强加于儿童,其直接的后果就是使教师和学生的工作变成机械的、奴隶性的工作。因此,杜威说:当我们探索教育目的时,并不要到教育过程以外寻找一个目的,使教育服从这个目的。我们整个教育观点不允许这样做。

3. 教育目的的多元性

杜威肯定了以卢梭为代表的自然主义教育观对儿童先天的差异给予的重视。杜威认为,教育目的本身应该有无穷的变异,应该随着儿童个体的差异,以

---

① 　[美]杜威.杜威在华演讲集//杜威教育论著选[M].上海:华东师范大学出版社,1981:439.
② 　[美]杜威.民主主义与教育//任钟印.世界教育名著通览[M].武汉:湖北教育出版社,1994:1097.
③ 　[美]杜威.民主主义与教育[M].王承绪译.北京:人民教育出版社,1990:113.

及儿童的生长和教育者经验的增加而变化。为此,他还援引了一位近代作家的话:"引导这个男孩读斯各特写的小说,不读旧的斯留斯写的故事;教这个女孩缝纫;使约翰根除横行霸道的习惯;准备这一班学生求医——这些都是我们在具体的教育工作中实际所有的无数目的的几个例子。"[①]教育目的的多元性,体现了杜威对于儿童个性差异的尊重。

4. 教育目的的过程性

杜威认为教育目的不在教育之外,而在生长或教育的过程之中。为此,杜威比较了从活动内部和活动外部产生的目的的差异。他说从活动以外强加的目的的具有静止的性质,和目的的实现比较起来,活动自身没有意义,这种目的观割裂了目的和手段之间的联系;但是从活动内部产生的目的,作为指导活动的计划,始终既是目的,又是手段。每一个手段在我们没有做到以前,都是暂时的目的,每一个目的一旦达到,就变成进一步活动的手段。前一个阶段与后一个阶段目的和手段的紧密衔接,促成了不断的生长,而真正的教育就孕育在这种不断生长的过程中。

二、杜威的教育目的

杜威反对为任何教育活动确立一个外在的、固定的和终极的目的。在杜威看来,教育目的的现时性、内在性、多元性和阶段性将更好地服务于个人各种能力的解放——即最大程度地实现个性化。杜威认为,个人各种能力的充分生长和发展既是民主主义的要求与体现,也是民主主义得以维持和发展的保证。正是从这一意义上来说,实现民主主义成为杜威教育矢志不渝奋斗的目的。

杜威之所以将民主主义作为教育的目的,是建立在其对于教育过程本质的认识基础上的。杜威认为,一切教育的过程都包含着两个方面的因素:一个是心理学的,一个是社会学的。从心理学上看,儿童自己的本能和能力为一切教育提供了素材,教育必须以深入观察儿童个人的心理结构和活动为起点,否则教育过程将会成为偶然性的、独断的。同时,教育过程又必须以社会的标准来衡量自身,只有将儿童的本能和倾向转化为社会相当的事物,儿童的本能和倾向才有现实的价值和意义。因此,杜威说,心理的和社会的两个方面是有机地联系着的,"如果从儿童身上舍去社会的因素,我们便只剩下一个抽象的东西;如果我们从社会方面舍去个人的因素,我们便剩下一个死板的、没有生命力的集体"。[②] 在杜威看来,民主主义消融了个人与社会的对立,个性最大程度的实现正是民主主

---

① 转引自[美]杜威.民主主义与教育//任钟印.世界教育名著通览[M].武汉:湖北教育出版社,1994:1105.

② [美]杜威.我的教育信条//任钟印.世界教育名著通览[M].武汉:湖北教育出版社,1994:1074.

义社会最明显的特征。而正是在这个意义上,教育过程所具备的个人与社会因素融合的特征,无疑成为实现民主主义的有效工具。

另外,杜威的教育目的也是他对教育功能准确把握的结果。杜威认为,随着社会的文明进步,没有正规的教育,一个复杂社会的一切资源和成就就无法保存和传递。在这方面,教育,特别是学校教育承担着不可推卸的责任。杜威同时指出,教育不仅仅是已有文明的传递过程,教育还是创建新的文明的工具。杜威说,通过法律和惩罚,通过社会的鼓动和讨论,社会就以一种多少有些机遇性和偶然性的方式来调整和形成它自身。但是通过教育,社会却能明确地表达它自己的目的,能够组织它自己的方法和手段,因而明确地和有效地朝着它所希望的前进目标塑造自身。正是看到教育作为社会进步和改革的最基本的和最有效的工具,杜威将民主主义的实现作为教育最高的追求,民主主义也因之成为统领杜威教育思想的核心。

第四节　课程与教学论

课程与教学论是杜威教育思想的有机组成部分。他基于对传统课程与教学论理性批判的基础上,提出了自己独具特色的课程与教学理论。

一、课程与教材

1. 对传统课程与教材的批判

概括来说,杜威对传统课程与教材的批判主要集中于以下三点:

首先,杜威认为传统的课程与教材是投合人们"静听"的需要的。他指出统治当时教育的观念,仅仅投合了人们研究、积累知识和掌握学术的愿望,而没有考虑人们制造、做、创造、生产的冲动和倾向。在这种观念指导下的教育,普遍缺乏用来提高儿童建造、创造以及调查研究能力的工场、实验室和材料等设施,督导员、校董会和教师们使用的课程与教材无非就是一些早已准备好了的东西,这些东西仅仅是供人记忆,以便在需要时能够熟练地背出来。其次,传统课程与教材是脱离儿童的经验生活的。与儿童经验的狭隘性相比,学校课程在内容上是无限地回溯过去,同时从外部无限地伸向空间。"儿童的小小的记忆力和知识领域被全人类的长期的多少世纪的历史压得窒息了。"①而学校课程的编排原则往往依据逻辑顺序,很少顾及儿童的心理,因此杜威不无遗憾地说:"儿童被送去受训练的地方,正是世界上最难得到经验的场所。"②第三,传统课程与教材对

---

① [美]杜威.儿童与课程//杜威教育论著选[M].赵祥麟,王承绪编译.上海:华东师范大学出版社,1981:76.

② [美]杜威.学校与社会//任钟印.世界教育名著通览[M].武汉:湖北教育出版社,1994:1080.

知识的条块分割也是非常严重的。当整个知识的领域被划分为若干的学科，一门学科被划分为若干块块，再指定哪一块归课程里的哪一年，这种非常普遍的课程与教材编排方法，不仅与儿童生活的整体性、统一性和连贯性相矛盾，同时也肢解了教育的统一性。

2. 从做中学

正是在对传统课程与教材编排原则、内容等方面深刻反省的基础上，杜威认识到，新的课程与教材只有立足于"从做中学"原则，才有可能改变传统课程与教材为静听服务的弊端。

杜威认为，在儿童本性的发展上，自动的方面先于被动的方面，动作优于有意识的感觉。正是儿童本性的驱使，儿童生来就有一个自然愿望，要贡献，要做事，要服务。如果学校教育违背了儿童在行动中表现自己的愿望，将儿童置身于被动的、接受的或吸收的状态中，将造成学校工作大部分时间和精力不可避免的浪费。杜威批评中世纪沿袭下来的学究式的知识概念，说是除了用科学方法系统地提出的事实和真理以外，其他概不过问。在这种概念的影响下，教育上不承认原始的或最初的教材总是一种包括身体的运用和材料的处理的主动行动。为此，杜威明确地指出："人们最初的认识，最根深蒂固地保持的知识，是关于怎样做的知识，例如怎样走路、怎样谈话、怎样读书、怎样写字、怎样溜冰、怎样骑自行车……如果承认教材的自然的发展进程，就总是从包含着做中学的那些情境开始。"①

杜威所理解的"从做中学"（learning by doing），是与儿童在家庭生活中普遍采用的学习方式相一致的，即儿童从自身的活动中学习，从自身的经验中学习。这种学习方式在最大程度地尊重儿童天性的基础上，也给予儿童更多的学习主动性。杜威认为，如果将"从做中学"作为学校课程与教材立足的基础和原则，就有可能从根本上改变课程与教材服务于由静听方式所带来的压制儿童天性、机械训练等一系列弊端，使儿童的学习活动成为主动的、积极的行动，这将带给学校生活最大的革命。当然，杜威也认为，"从做中学"原则的贯彻，需要学校课程与教材积极的配合。为此，他提出了以"主动作业"为核心的课程与教材体系。

3. 主动作业

杜威所使用的"作业"概念，与人们通常理解的教师为了防止儿童淘气，为儿童布置的作业或练习的概念是不同的。它更多的是儿童的一种活动方式，这种方式重演了某种社会生活中进行的工作；或者同这种工作相平行，它主要通过

① ［美］杜威.民主主义与教育//任钟印.世界教育名著通览［M］.武汉：湖北教育出版社，1994：1117.

引导儿童不断的观察、筹划和思考,使儿童选择适宜的材料和工具,做出自己的工作计划和模型,引导他们发现自己的错误并寻求改正错误的方法,它的重点在于促进儿童智力和道德的发展,而不是以功利性的谋生糊口为目的,因此作业不同于传统意义上所理解的狭隘的职业教育。杜威认为,人类基本的共同事务集中于食、住、衣、家具以及与生产、交换和消费有联系的工具方面。儿童的作业如果围绕着以上事务,就会包含丰富多彩的内容,比如无数种的游戏和竞技、户外短途旅行、园艺、烹饪、缝纫、印刷、书籍装订、纺织、油漆、绘画、唱歌……由于这些内容能够重演社会生活的各种情境,因此作业对儿童具有强烈且持久的吸引力,儿童一般都是主动从事这些活动的。杜威说,如果运用得当,作业不仅可以有效地消除校内外生活之间的隔阂,激发儿童进一步探索的动机,培养互助合作的社会精神,同时照顾到儿童发展的多种可能性,为儿童未来真正的职业选择奠定基础。鉴于主动作业的教育功效,杜威认为,必须重新认识大部分学校已经开设的木工、金工、纺织、缝纫、烹调等课程的价值,不再把它们作为各种特殊的科目,而应该作为儿童生活和学习的方法。通过这些主动作业,学校自身将成为一种生动的社会生活的真正形式,而不仅仅是学习功课的场所。

芝加哥大学实验学校成为杜威实践以上教育思想的理想场所。他为该校设计了以主动作业为核心的一套课程与教材体系。该体系由各种作业和与之相平行的理智活动所组成,其中包括历史或社会研究、自然科学、思想交流等内容。

4. 以儿童的活动为中心

面对传统的分科教学造成的知识的条块分割,杜威提出了以儿童的活动为中心的课程与教材编排原则。当然,以儿童的活动为中心来编排课程与教材,也是与杜威所提出的"从做中学"、"主动作业"等思想相适应的。

杜威认为,儿童参与实际生活中的各种活动,不仅可以训练儿童的观察力、创造力、建设性的想象力、逻辑思维能力,同时还可以养成守秩序和勤奋的习惯,获得对于世界的责任感以及应当做这些事和生产某些东西的义务感,社会活动对于儿童具有多方面的教育价值。正是看到了社会活动能够同时培养儿童多方面能力的特征,杜威说,如果教育即是生活,我们并没有一系列分层的大地,一层是数学的,另一层是物理的,又一层是历史的……我们生活在所有各方面都结合在一起的一个世界里,由于一切生活一开始就具有科学的一面、艺术和文化的一面以及相互交往的一面,社会生活给予了儿童一切努力和一切成就的不自觉的统一性和背景。儿童生活在雏形的社会——学校,通过主动作业和做中学,在获得各种经验的同时,也将同时获得地理、艺术、文学、科学和历史等方面的知识。因此,"学校科目相互联系的真正中心,不是科学,不是文学,不是历史,不是地理,而是儿童本身的社会活动"。① 而促进学校科目不断丰富、深化和扩展的力量也正来源于儿童在活动中不断产生的新经验和新兴趣。

当然,杜威所提出的"从做中学"、"主动作业"、"以儿童的活动为中心"等教育思想,是以儿童现在的生活和儿童的直接经验作为教育的起点的。杜威在重视这个起点的同时,也没有忽视系统的知识和间接的经验。在《儿童与课程》一文中,他特别地强调了进入儿童现在经验里的事实和真理,和包含在各门课程与教材里的事实和真理,构成了教学的起点和终点。两者之间没有必然的鸿沟,把一方和另一方对立起来,就如把儿童的幼年期和成熟期对立起来一样。杜威认为,为了使更多的学科知识在传授中顾及儿童的经验,必须尽可能地把各门学科的知识还原最初的状况,恢复到它被抽象以前的水平,逻辑的并不是注定反对心理的。在这方面,杜威不仅要求教师承担起"教材心理化"的责任,而且他还号召一切教育机关要力争提供相当的设备,使儿童能够通过学校所营造的社会情境获得观念和知识。另外,杜威还指出,儿童从主动作业和做中学获得了许多支离破碎、混乱不堪的直接经验,它们是儿童未来比较详尽、专门而有组织的知识的根基,教师必须承担起组织、抽象和概括这些直接经验的责任。鉴于切身的体会,杜威指出:"要解决这个问题是非常困难的,我们并没有解决好;这个问题到现在还没有解决,而且永远不可能彻底解决。"②

二、思维与教学

杜威是将思维与教学联系起来讨论教学论的问题的。杜威提倡的思维是反省思维,也"就是有意识地努力去发现我们所做的事和所造成的结果之间的特定的联结,使两者连接起来"。③ 杜威认为,思维的功能"在于将经验到的模糊、疑难、矛盾和某种纷乱的情境,转化为清晰、连贯、确定和和谐的情境"。④ 因此,没有某种思维的因素便不可能产生有意义的经验,思维就是有教育意义的经验的方法。就学生的心智而论,学校为学生所能做或需要做的一切,就是培养他们思维的能力,而教学的各个过程在培养学生优良的思维习惯方面能做到什么程度,就统一到什么程度。

杜威认为,反省的思维不会凭空而起,当一个含有困惑或疑难的情境产生时,才会引起思维。杜威将反省的思维从产生到终结划分为 5 个阶段:第一,困

---

① [美]杜威.我的教育信条//任钟印.世界教育名著通览[M].武汉:湖北教育出版社,1994:1075.
② [美]杜威.芝加哥实验的理论//杜威教育论著选[M].赵祥麟,王承绪编译.上海:华东师范大学出版社,1981:323.
③ [美]杜威.民主主义与教育//任钟印.世界教育名著通览[M].武汉:湖北教育出版社,1994:1111.
④ [美]杜威.我们怎样思维//杜威教育论著选[M].赵祥麟,王承绪编译.上海:华东师范大学出版社,1981:298.

惑、迷乱和怀疑的情境,这是反省思维产生的必要条件;第二,推测预料,确定疑难的所在,从疑难中发现问题;第三,审慎调查一切可以考虑的事情,提出解决问题的多种假设;第四,完善假设,使假设更加精确,更加一致,力争与范围较广的事实相符;第五,将假设应用于行动,检验假设。杜威认为,一般来说,思维的五个阶段,并不依照固定的次序出现,它们可以结合起来,或者匆匆掠过。另外,在真正思维的每一个阶段,都可以引发新的问题,促进新的假设的形成。杜威指出,教学法的要素和思维的要素是相同的。从思维的 5 个步骤或阶段,可以推演出教学法的 5 个步骤或阶段:"第一,学生要有一个真实的经验的情境——要有一个对活动本身感到兴趣的连续的活动;第二,在这个情境内部产生一个真实的问题,作为思维的刺激物;第三,他要占有知识资料,从事必要的观察,对付这个问题;第四,他必须负责有条不紊地展开他所想出的解决问题的方法;第五,他要有机会和需要通过应用检验他的观念,使这些观念意义明确,并且让他自己发现它们是否有效。"①

杜威的五步教学法,更多的是一种探究式、发现式的教学方法。这种教学方法与杜威的课程与教材理论相适应,在激发学生更多的求知主动性的同时,促进了积极的思考,鼓励了创新的精神,对于打破传统教育静听式的知识授受关系有着巨大的意义。但是,这种方法在一定程度上对于教育设施、教育管理者和教师等都提出了更高的要求,在应用中也需要更多的教育智慧。比如,该教学法对教学情境的创设提出了更高的要求,它要求教学情境能够直接引发儿童的困惑,推动儿童的求知;同时,这种方法也要求教师要有更高的技巧,能够帮助儿童从困惑中找到真正需要解决的问题,并指引儿童自己去发现解决问题的办法。因此,正像杜威所说的:"简括地说,教学方法是一种艺术的方法,是受目的明智地指导的行动的方法。"②教学方法来源于具体的教育情境,简单地认为教学法就是把教学上可以遵循的配方和模式交给教师的想法,没有比它给教育理论带来更坏的名声了;同时教学方法也是因人而异的,因为如果设置一个环境,使儿童在工作或游戏中进行有指导的作业,促进灵活的个人经验的生成,那么,所确定的方法将因人而异,因为每个人肯定都有他特有的做事情的方法。

第五节 道德教育

作为实现民主主义理想的有力工具之一,道德教育在杜威的教育思想中占

① [美]杜威.民主主义与教育//任钟印.世界教育名著通览[M].武汉:湖北教育出版社,1994:1114.
② [美]杜威.民主主义与教育//任钟印.世界教育名著通览[M].武汉:湖北教育出版社,1994:1115.

据着重要的位置。杜威是从广阔的社会生活的角度来看待道德概念的。他说，所谓道德，潜在地包括我们的一切行为。而"所谓的德行，就是说一个人能够通过在人生一切职务中和别人的交往，使自己充分地、适当地成为他所能形成的人"。① 正因为杜威将个人的一切行为放置在社会合作和交往的大背景中进行检验，所以杜威认为当时学校道德教育的原则、标准、内容、理念和形式等存在诸多的问题。

首先，学校道德教育的原则与社会精神的矛盾。杜威举例说，教室中的学习单纯地为了吸收事迹和真理，完全变成了个人的事情。由于缺乏鲜明的社会动机，即使有了成绩，也不能明显地有益于社会。同时，学校的评价体系又使竞赛几乎成了衡量学习成绩的唯一手段，这种倾向强化了个人之间的竞争，非常不利于以合作互助为特征的社会精神的培养。其次，学校的道德教育标准与社会的分离。杜威认为，学校的全部机构，特别是它的具体工作，其中也包括道德教育，都需要时时从学校的社会地位和功能来加以考虑，根本没有独立的学校道德教育标准。再次，学校的道德教育内容被局限在狭窄的范围内。杜威指出，当时学校的道德教育常被局限于公民权的训练，而公民权又被狭义地解释为能够明智地投票，能够服从法律等等。杜威认为这样限制和束缚学校的伦理责任是无益的。第四，学校道德教育的理念是病理式的。杜威认为当时学校道德教育的重点被集中于矫正错误的行为，却没有注意到儿童积极服务习惯的养成，这是明显有失偏颇的。第五，学校道德教育的形式化倾向。杜威认为，学校虽然也着力培养学生的一些永久的和必需的道德习惯，但是这些做法往往是从学校制度本身出发，而不是从学生感情的兴趣出发，因此是形式化的。

正是基于对传统学校道德教育的批判，从民主主义的信念出发，杜威提出了学校道德教育的一些很有启发性的原则。

首先，学校道德教育不是单纯的道德教育的问题，而是学校制度本身的问题，必须从雏形社会的构建来考虑道德教育。杜威说，必须改变学校是专为学习功课的场所的观念，使学校成为雏形的社会生活，具有社会生活的全部含义，并且与校外的社会生活协调一致。因为，只有在社会情境中，通过儿童主动的建造、生产和创造活动，伦理的重心才能从自私的吸收转到社会性的服务上，儿童的社会观念和兴趣才能发展。同时，也只有在社会的情境里，儿童才能学会平等相处、交流和合作。"教育不只是这种生活的手段，教育就是这种生活，维持这种教育的能力，就是道德的精髓。"②

① ［美］杜威.民主主义与教育//任钟印.世界教育名著通览［M］.武汉:湖北教育出版社,1994:1146.
② ［美］杜威.民主主义与教育//任钟印.世界教育名著通览［M］.武汉:湖北教育出版社,1994:1147.

其次,学校道德教育不是直接的道德教育的问题,而必须从学校生活的所有机构、手段和资料等道德成长的整个情境来考虑道德教育。杜威说,直接道德教育的影响,即或是最好的,总是相对地在数量上是比较小的,在影响上是比较轻微的。但是,如果从学校整个道德成长的情境来考虑道德教育,就有可能产生持久且强大的教育合力。他主张发挥学校生活、教材、教法"三位一体"的道德教育主渠道的功能,处理好知识授受与儿童行为的关系问题,努力在知识的方法、题材与道德之间建立起有机的联系,力促知识和寻常的行为动机及人生观的融合,以有效避免直接的道德教育的狭隘性,同时使道德教育远离说教。

第三,学校的道德教育不是外在的行为,而必须从儿童的心理和感情出发。杜威认为,道德教育必须立足于儿童的天赋和本能的冲动,如果忽略这一点,儿童的道德行为就有可能变成机械的模仿或者难以控制,当儿童的力量没有用于适当的活动时,学校道德教育就只能成为防范和纠正儿童犯规的行为。另外,杜威还指出,儿童的道德行为同样是一个需要注入自我感情的行为。杜威认为,仅有最好的判断力还不足以产生预期的行为,因为除了需要力量去克服实行上的困难,同样还需要个人敏感的反应——感情的反应。在这方面,杜威仍然主张儿童在雏形的社会生活中,从事于自己感兴趣的活动,"对于从生活的一切接触中学习感到兴趣,就是根本的道德兴趣"。① 也只有这样,才能有效克服学校道德教育形式化的倾向。

杜威的道德教育概念,从民主主义的信念出发,在促进社会交往和社会合作的基础上,力求个性全面和充分的发展,它有力地扩展了传统道德教育概念的内涵与外延,达到了个性与社会性的统一;同时,杜威还为道德教育指出了一条在学校雏形的生活中,利用多种途径,通过儿童积极主动地参与来实施的更为宽广、灵活和高效的道路。可以说,杜威的道德教育思想是同时代人的一个高峰。

作为一个有着广泛和深远世界影响的教育家,杜威的教育思想是其哲学、政治和社会等思想的自然延续。可以说,正是看到了教育在促进儿童的个性与能力发展、培育社会合作互助的精神等方面所具有的无与伦比的作用,杜威将改造旧的传统的教育作为社会改造的基础,将新的教育精神、教育内容和教育形式作为实现民主主义的有效途径和得力工具,从而大力拓展了教育的领域和视野,提升了教育的社会价值,赋予了教育更强的社会功能。当然,由于多种原因,依靠教育实现社会的改造未必是一条完全行得通的道路。但是,依靠教育实现社会

① [美]杜威.民主主义与教育//任钟印.世界教育名著通览[M].武汉:湖北教育出版社,1994:1147.

改造的道路却是一条非常有价值的道路,值得社会所有的有识之士认真思考、努力实践。

由于将教育与实现民主主义社会的宏伟蓝图相联结,杜威整个的教育思想体现了恢弘博大的特征。杜威从传统的家庭教育方式中挖掘合理的因素,着力打破传统学校教育与社会生活、与儿童心理脱节的弊端,提出了教育即生活、教育即生长、教育即经验的改造等一系列全新的命题。同时,杜威还为新的学校教育设计了不同以往的课程与教材体系,提出了独具特色的教学理论。另外,杜威的职业教育思想和道德教育思想也体现出了崭新的精神风貌。可以说,正是因为杜威,以赫尔巴特教育理论为代表的传统教育思想遭受了最猛烈的抨击,杜威无疑在教育领域内引爆了一场哥白尼式的革命。

当然,杜威在检验与批判传统教育的同时,自身的教育思想也在实践中经受着最无情的检验。由于杜威教育思想体系自身的不足以及其他人对于杜威教育思想的误解,杜威在生前就已经成为备受争议的人物之一,特别是在 20 世纪 50 年代末苏联卫星上天后引起的恐慌中,杜威的教育理论在美国成为最受攻击的对象。但是,作为教育理论界最伟大的人物之一,杜威教育思想的价值在历经时代的考验后依然熠熠生辉,他对于许多教育问题的深刻认识依然是指导当代教育实践的基础。

思 考 题

1. 杜威教育思想形成的时代背景。
2. 杜威"教育即生活、学校即社会"概念的含义。
3. 杜威的教育目的观。
4. 杜威职业教育思想的独特性。

参考文献

1. [美]简·杜威.杜威传[M].单中惠编译.合肥:安徽教育出版社,1987.

2. [美]凯瑟琳·坎普·梅休.杜威学校[M].王承绪等译.北京:教育科学出版社,2007.

3. 吴式颖,任钟印.外国教育思想通史:第九卷[M].长沙:湖南教育出版社,2002.

4. 单中惠.现代教育的探索——杜威与实用主义教育思想[M].北京:人民

教育出版社,2002.

5. William Boyd,Edmund J. King. The History of Western Education[M]. London:Adam & Charles Black,1975.

6. Jay Martin. The Education of John Dewey[M]. New York:Columbia University Press,2003.

7. James Bowen. A History of Western Education. Vol. Ⅲ [M]. London:Methuen & Co. Ltd. ,1981.

第三十一章

20世纪后期英国的教育

第二次世界大战之后,英国教育的发展大致经历了四个特色鲜明的历史时期。其一,是战后初期《巴特勒法》的实施时期。1944年颁布的《巴特勒法》,将英国的公共教育体系划分为初等、中等和继续教育三个相互衔接的阶段,为战后初期的教育重建尤其为中等教育"三轨制"的确立奠定了基础。其二,是20世纪60—70年代教育的大规模拓展时期。在这期间,中等教育实施了综合化改革,高等教育的规模也得到了前所未有的大发展。其三,是20世纪80年代到20世纪末英国教育由数量型发展转变为质量型发展时期。其中,《1988年教育改革法》是这一转变的分水岭。该法通过设置义务教育阶段统一的国家课程和统一的考试制度等改革举措,对英国教育的发展产生了深远的影响。其四,是21世纪初期至今,工党政府按照所谓的"第三条道路"政策对教育的改革和调整时期。

第一节　1944年《巴特勒法》的实施

1944年《巴特勒法》的颁布与实施,标志着战后英国现代教育体制的确立,它是"英格兰和威尔士在后来的二十五年时间内教育空前大发展的序曲"。[①] 战后初期,英国面临百废待兴的局面。战后教育重建与《巴特勒法》的贯彻与实施,是该时期教育发展的首要任务。

一、初等教育的调整与改革

二战期间,英国的国民教育遭受了严重的破坏。据统计,在1939—1945年的战争期间,有20万所中小学的校舍被摧毁。《巴特勒法》将学生的离校年龄提高到15岁,这意味着战后初期必须增加40万个新学额。随着中小学学额的

---

① 　[英]邓特.英国教育[M].杭州大学教育系外国教育研究室译.杭州:浙江教育出版社,1987:22.

增加,又需要新增教师 7 万名。① 由此可见,战后英国教育的重建面临着十分艰巨的任务。

《巴特勒法》规定,英国法定的公共教育体系由初等、中等和继续教育三个连续的阶段组成,这意味着英国现代公共教育制度的正式确立。该法规定,初等教育是"适合于小学生发展需要的教育",而"小学生"是指"年龄未满 12 周岁的儿童"。但是,一些文法中学指责这一规定使那些智力优异的儿童不能较早地接受中等教育。其结果是,《1948 年教育法》又重新规定,初等教育可以在 10 周岁 6 个月时结束,最迟不得超过 12 周岁。这条新法规,实际上是为了延续战前业已实施的"11 岁考试",以便对小学毕业生进入不同类型的中学进行选拔。《巴特勒法》规定:"必须在所有儿童达到 4 周岁的那个学期起为他们提供教育";换言之,儿童应在 5 岁时开始接受初等义务教育。可见,上述条款只涉及初等义务教育年龄的上限和下限,并没有对初等教育机构的结构和类型作出具体的规定。二战以后,在实际的发展过程中,英国的初等教育机构主要演变为三种类型:其一,是幼儿学校,招收 5～7 岁的儿童;其二,是初级小学,招收 7～11 岁的儿童;其三,是混合学校,包括幼儿部和初级部。

二战以前,《哈多报告》曾根据心理学关于智力研究的成果,提出按照学生能力的个体差异进行分组,这一思想对战后英国初等教育的办学理念和实际举措产生了广泛的影响。在战后的 20 余年里,英国绝大多数的初等教育机构实际上仍然按照能力分组对学生进行分化教育。当时,通常根据智商测试以及语言和数学的考试,按能力将学生分为高、中、低三种类型。据 1962 年的一次调查表明,在英格兰和威尔士的 660 所初等学校中,进行能力分组的学校高达 96%,不进行能力分组的仅占 4%。在对 11 岁学生进行能力分组的 252 所学校里,出身于上层家庭的儿童有 58% 在高级班,仅有 14% 在低级班;而出身下层家庭的儿童只有 21% 在高级班学习,有 46% 被分在低级班学习。② 这种能力分组表面上是为了使每个儿童都得到适当的教育和发展,较之以往纯粹按照社会阶级分化学生的做法的确是一种进步,但实际上它仍然带有较为明显的阶级烙印。

二战以后到 20 世纪 60 年代中期,在初等学校里实施的能力分组以及选拔性的"11 岁考试"等措施,曾导致小学生学业负担过重、过早地分化儿童、忽视非考试学科教学内容等诸多问题。20 世纪 60 年代,随着综合学校运动的兴起,这些问题才得以缓解。

---

① H. C. Barnard. A History of English Education from 1760［M］. London：University of London Press Ltd. ,1961：304.

② Brian Jackson. Streaming—An Education System in Miniature［M］. London：Routledge & Kegan Paul. , 1964：16.

二、中等教育"三轨制"的确立

二战之前,《哈多报告》、《斯宾斯报告》和《诺伍德报告》都曾建议中等教育实行"三轨制"(Tripartite System),文法、技术和现代三类中学也得到了一定规模的发展。尽管 1944 年的《巴特勒法》规定,中等教育是连接初等教育和继续教育的中间环节,但是该法并没有对中等教育的结构和类型作出任何规定。在这种情况下,战后英国的中等教育应该采取怎样的组织形式,是按照战前业已形成的"三轨制"做法,还是改为单一的、多边的或综合性学校的模式,一时成为社会关注的焦点问题。

1945 年,英国教育部发布《国家学校》的教育政策宣言,正式确立了中等教育的"三轨制"原则。同年,教育部又发布通告,要求各地方教育当局按照该原则制定本地区的发展计划。通告指出,现代中学应占 70% ~ 75%,其余的25% ~ 30% 由文法中学和技术中学以适当的比例加以分配。到 1947 年初,共有54 个地方教育当局提交了发展规划,其中有 75% 采纳了"三轨制"方案,其余则选择了综合中学的发展方案。到 1950 年,英格兰和威尔士就读于"三轨制"中学的学生人数已占压倒多数。① 到 1956 年,现代中学有 3 636 所,文法中学有 1 357 所,技术中学有 303 所。从入学人数来看,战后初期,现代中学学生数占中学生总数的 70% 左右,文法中学占 20%,技术中学所占的比例还不到 4% 。②

战后英国中等教育"三轨制"的确立,是 1944 年《巴特勒法》将中等教育作为公共教育体系组成部分的产物。在"三轨制"的中等教育机构中,文法中学历史悠久且享有崇高的学术声誉,是为进入大学做准备的中等教育机构;技术中学是一种偏重于技术教育的中学,其学术地位低于文法中学;现代中学通常招收"11 岁考试"不及格的学生,其毕业生在接受简单的继续教育后,以就业为主导。二战以后,这三类中学尤其是现代中学和文法中学的大规模发展,极大地拓展了普通民众接受中等教育的机会。但是,由于当时的"11 岁考试"是决定学生能够进入哪一类中学的主要依据,这种过早地分化儿童的做法受到了人们的质疑。1953 年,哈尔西(Halsey)和加德纳(Gardner)的研究表明,现代中学学生主要来自体力劳动阶层,而这个阶层在文法中学学生中的比例还不到 1/4;文法中学的学生则大多数来自中产阶级家庭,这个阶层的子女很少在现代中学就读。③ 20 世纪 60 年代综合学校大规模发展之后,这种不平等的现象才得以缓解。

---

① B. Simon. Education and Social Order,1940—1990[M]. London:Lawrence &Wishart,1991:583.
② 吴式颖.外国现代教育史[M].北京:人民教育出版社,1997:472.
③ 王承绪,徐辉.战后英国教育研究[M].南昌:江西教育出版社,1992:112.

第二节　20 世纪 60—70 年代教育的调整与发展

20 世纪 60—70 年代,是英国教育大规模的调整和发展时期。英国教育中诸多突出的矛盾和问题得到了调整和改革,诸如,由中等教育的"三轨制"向综合学校的转变;高等教育由原来的精英型教育逐步转向大众型教育;师范教育完成了由定向型向非定向型的转变等。

一、综合中学运动

二战以后,通过"11 岁考试"选拔学生进入三种不同中学的做法,一直受到社会各界的质疑和批判。1957 年的一项调查表明,当时选拔性考试的误差率为12%,这意味着每年有 7 万名儿童作出了错误的选择。[①] 另据 1967 年的统计,文法中学教师中有 78% 为大学毕业生,而现代中学相应的比例仅为 17%,文法中学的毕业生有 79% 进入中产阶级职业领域,而现代中学仅为 25%。[②] 诸多的社会学研究表明,"11 岁考试"是具有阶级偏见的选拔工具,它明显地有利于中产阶级。进入文法中学的多是中产阶级子女,而进入现代中学的则主要是社会的低下层子女。到 20 世纪 60 年代,教育民主化运动的开展、人力资本理论的兴起、英国经济发展的需求等因素,都需要废除"11 岁考试"和中等教育的"三轨制"。

实际上,在中等教育的"三轨制"实施之前,关于中等教育综合化的设想就曾被一再提到过。从 1947 年起,伦敦和布里斯托尔等地还开展过综合中学的试验,旨在建立一种不分文法、技术、现代三种中学类型,同时又能融合和满足所有儿童中等教育需求的新型中学。但是在 20 世纪 60 年代之前,综合中学的发展极为缓慢。到 1960 年,综合中学共有 130 所,学生所占的比例仅为 4.7%。[③] 1964 年工党再度执政后,开始要求将三种类型的中学合并为综合中学,从而引发了"综合学校运动"。1965 年,工党教育国务大臣克罗斯兰(Anthony Crosland)发布了题为《中等教育的组织》(*The Organization of Secondary Education*)的第 10 号通告,要求各地方教育当局在一年内提交中等学校综合化的发展计划。该通告提出了 6 种可供选择的综合中学方案;在其后的现实发展中,其中招收11 ~ 18 岁学生的一贯制综合中学方案占据了绝大多数。随着综合中学的设置

---

①　Keith Evans. The Development and Structure of the English School System[M]. London:Hodder and Stoughton Ltd. ,1985:117.

②　Alan Weeks. Comprehensive Schools:Past,Present and Future[M]. London:Methuen and Co. ,Ltd. ,1986:4 – 5.

③　吴式颖.外国现代教育史[M].北京:人民教育出版社,1997:474.

和推广,选拔性的"11 岁考试"也失去了存在的必要性。1967 年的《普洛登报告》提出之后,"11 岁考试"逐渐走向消亡。

综合学校的发展并非一帆风顺。1970 年之后,工党和保守党曾经几番轮流执政。保守党向来主张选拔性的精英主义教育,他们批评综合中学所推行的"平均主义"并不能实现真正的教育机会均等,而只能导致教育质量的整体下降。尽管在保守党执政期间,综合学校的发展有所停滞,但是中等教育的综合化已是大势所趋。据统计,从 1965—1981 年间,英国的公立文法中学和现代中学分别减少了 83% 和 89%。[1] 到 1980 年,综合中学的学生数已占全部公立中学学生数的 88%。[2] 至此,战后英国中等教育结构的"三轨制"已基本瓦解,综合中学成为中学的主要类型。这一转变意味着英国的中等教育由原来的"选拔精英型"转向了"综合大众型"。

需要指出的是,综合中学仅仅实现了形式上的教育机会均等,因为当时许多综合中学只是由原来三种中学合并而成的"多科中学",或者由其中任何两种中学合并而成的"双科中学"。在这些多科或双科的综合中学内部,学生被分为学术组、技术组、现代组,通过为每一组设置不同的课程来分化学生。综合中学并没有从根本上改变选择性教育的问题。但是,在同一所学校里学生在各个组之间的横向流动毕竟要比在不同的学校类型之间的流动要便利些。另外,长期从事精英教育的私立"公学"仍然没有被纳入到公共教育体系的改革之列。

二、师范教育体制的改革与发展

二战以前,英国已经形成了以大学训练学院、地方公立师范学院和地方私立师范学院为主体的师范教育体系。二战以后,英国根据人口出生率状况、义务教育阶段的学生数量、经济发展的需求等因素的变化,对师范教育进行了两次较大规模的调整和改革。

第一次变革发生于战后初期至 20 世纪 60 年代后期,建立起了以"定向型"为主体的师范教育体制。1944 年的《麦克纳尔报告》指出,当时的各级各类师范教育机构自我封闭,没有形成一个一体化的师资培训体系。该报告提出了两个可供选择的发展方案:其一,每所大学设立一个教育学院,负责师资培训和评价工作;其二,成立"中央师资培训委员会"和"地区师资培训组织",促进师范教育的协调发展。这份被称为"教师宪章"的研究报告,对战后英国师范教育体制的

---

① Keith Evans. The Development and Structure of the English School System[M]. London:Hodder and Stoughton Ltd. ,1985:121.

② Alan Weeks. Comprehensive Schools:Past,Present and Future[M]. London:Methuen and Co. ,Ltd. ,1986:49.

建构产生了重大影响。战后初期,由于出生率的剧增、义务教育年龄的延长以及战争伤亡等因素的影响,英国急需新增 7 万名中小学教师。在这种情况下,大量的应急师资训练学院和新的地方师范院校被建立起来,并成立了以大学为中心,由地方教育当局、地方师范院校参与的地区师范教育联盟——"地区师资培训组织"。20 世纪 60 年代中期,在师范院校中还首次引进了 4 年制的"教育学学士学位"课程,以促进师范教育一体化,提高师范教育在高等教育中的地位。到20 世纪 70 年代中期,英格兰和威尔士共建立了 23 个"地区师资培训组织",以及包括大学教育系、教育学院、技术教育学院、多科技术学院教育系、艺术师资培训中心等 5 种类型的 200 多个师范教育机构。上述师资培训组织和机构,为战后英国大规模的师资培养发挥过积极的作用。

第二次变革发生在 20 世纪 70—80 年代初期,英国的师范教育体制开始由大规模的"定向型"发展,转变为关注质量的"非定向型"发展。促成这一转变的直接原因是从 60 年代以后英国人口出生率开始出现明显的下降,从而导致中小学生源和师资需求量的下降。1973 年的经济危机,也迫使英国政府对师范教育的规模和结构进行了紧缩式的调整。在这种背景下,以詹姆士·波特为主席的"师范教育和培训调查委员会"于 1972 年发表了著名的《詹姆士报告》。该报告明确提出要废除已经不合时宜的"地区师资培训组织",建议创建师资培训的"三段制"(three cycles):第一阶段是普通高等教育;第二阶段是职前培训;第三阶段是在职培训。该报告尤其强调第三阶段的教育,建议每个教师都应该有定期脱产进修的机会,以便提高师资队伍的整体质量。同年 12 月,政府发表《一个扩展的框架》(A Framework for Expansion)的教育白皮书,采纳了《詹姆士报告》中的诸多建议,并提出了英国师范教育体制未来十年的改革方向。1972 年之后,英国的师范教育体制主要发生了以下几个方面的变革:其一,取消"地区师资培训组织",师范教育的规划和经费分配等由教育和科学部、全国师范教育与培训委员会、地区委员会三重体制负责。其二,师范教育从原来的单独建制成为"公共"高等教育的一部分。1972 年之前,单独建制的师资培训机构不属于高等教育领域,"它被看作为一种威信不高并且花钱不多的替代品"。① 师范教育成为"公共"高等教育之后,对于提高教师的专业素质和地位无疑是有益的。其三,师范教育由定向型朝非定向型体制转变。从 70 年代中期起,仅仅以培养师资为目标的教育学院逐渐消亡,培养目标多样化的高等教育学院得以建立。这是英国师范教育史上具有划时代意义的一次重大体制改革,它标志着非定向型师范教育体系的正式确立。这些改革举措对此后英国师范教育的发展产生了深远的影响。

---

① 瞿葆奎.教育学文集·英国教育改革[M].北京:人民教育出版社,1993:790.

三、高等教育的发展与改革

20 世纪 60—70 年代是英国高等教育发展史上一个重要的时期,其主要标志是许多新大学的创建、理工和技术学院的升格、大学入学人数的剧增、开放大学的创办、高等教育"双重制"的形成等。战后出生率的增长、经济和科技发展的需求、固有大学的封闭性和精英教育传统等因素,无疑是促使该时期英国高等教育大规模拓展的主要原因。

二战以后,尽管英国的高等教育开始恢复和发展,但是其发展规模和入学率远低于同时期的其他发达国家。到 1960 年,英国大学的适龄青年入学率仅为 4%,尚处于发展中国家的水平。① 与此同时,传统大学的封闭性和精英教育模式,已经无法适应现代科技的发展和就业结构的变化。在这种背景下,英国首相任命罗宾斯爵士(Lord Robbins)组成专门委员会,对高等教育进行专门研究。1963 年,该委员会向议会提交并发表了著名的《罗宾斯高等教育报告》,着重探究高等教育如何为社会服务这一重大问题。在多达 178 条的建议中,最为著名的是被称为"罗宾斯原则"的建议:"高等教育的课程应该向所有能力上和成绩上合格的、并希望接受高等教育的人开放。"②此后,该原则成为 60 年代英国高等教育大发展的政策依据。1966—1967 年,有 10 所高级技术学院改为大学,有 5 所大学学院升格为大学。60 年代中期,又创办了 7 所新大学。1964 年,"全国学位授予委员会"宣告成立,专门为不属于大学的高校学生颁发学位或其他资格证书。1958—1968 年间,英国全日制大学生人数增长了 110%,总人数达到 205 195 人。尽管 1973 年的石油危机使英国高等教育的发展有所减缓,但是 1968—1978 年仍增长了 35%,总人数达到 277 000 名。③ 在高等教育机构和人数大规模扩展的同时,一些大学也改变了以往重视自由教育轻视科技教育的传统,通过专业和课程革新,注重培养现代社会急需的高等专门人才。

20 世纪 60 年代,英国高等教育另一个重要变革就是确立了高等教育的"双重制"。二战以前,大学几乎是英国高等教育的代名词,著名的大学几乎都由民间团体创办,在财政和学校管理上也基本独立于中央和地方政府,堪称"自治"的高等教育。60 年代创办的 10 所新大学,首开政府出资办学的新局面。二战以后,政府对大学的拨款比重呈上升趋势。二战前,政府对大学的拨款不超过总经费的 30%,1956 年增至 50%,1973 年上升至 70%。④ 尽管政府对大学的拨款在逐年增加,但是大学在公共和社会服务领域并没有明显的改革举措。1965 年

---

① 滕大春.外国教育通史:第六卷[M].济南:山东教育出版社,2005:152.
② 瞿葆奎.教育学文集·英国教育改革[M].北京:人民教育出版社,1993:281.
③ Peter Scott. British Universities,1968—1978[J]. European Journal of Education,1978(13).
④ 吴式颖.外国现代教育史[M].北京:人民教育出版社,1997:488.

4 月,英国教育和科学大臣克罗斯兰在一次演讲中公开批评传统大学的封闭性和精英教育传统,认为英国应该建立"双重制"的高等教育体系,即将高等教育分为由大学构成的"自治"(autonomous)部分和由大学以外的各种学院构成的"公共"(public)部分。在 1966 年政府发布的《关于多科技术学院和其他学院的计划》白皮书中,高等教育"双重制"的设想被采用并付诸实施。二者的主要区别在于:大学具有"自治"权和学位授予权,经费由政府通过大学拨款委员会拨付;多科技术学院的经费来自地方教育当局并由其管理,学位由"全国学位授予委员会"或由伦敦大学授予。高等教育"双重制"的建立,不仅拓展了民众的高等教育机会,也标志着英国高等教育从一元垄断向二元分立体制的转变。

开放大学的创办是该时期英国高等教育史上另一个具有划时代意义的创举。1969 年 6 月 1 日,英国的开放大学获得了皇家特许状,并于 1971 年 1 月正式开学。它主要以成人为教育对象,采用现代化的教学手段和灵活多样的教学方式,极大地拓展了成人接受高等教育的渠道。开放大学的办学模式,成为日后世界许多国家效仿的楷模。

第三节　20 世纪 80 年代至 20 世纪末期的教育改革

进入 20 世纪 80 年代以来,持续的经济衰退以及新世纪的国际挑战,迫使以撒切尔夫人为首相的保守党政府出台了一系列教育改革举措。在高等教育领域,自 1983 年《雷弗休姆报告》发表之后,质量与效益的均衡发展成为英国政府的主导原则。在基础教育领域,《1988 年教育改革法》的颁布与实施,试图借助准市场化的手段实现国家对国民教育的有效控制。

一、《雷弗休姆报告》

1973 年的经济危机和人口出生率的持续下降,成为英国高等教育发展的转折点,60 年代高等教育数量型的发展业已成为历史,调整和收缩成为此后发展的主要特征。1981—1983 年,在"雷弗休姆基金会"的资助下,"英国高等教育研究会"连续发表了十份专题报告,即《雷弗休姆报告》。其主要内容包括以下几点:其一,拓展高等教育的入学渠道。针对大学适龄人口下降的状况,高校应该改变以往严格的入学标准,提高成人、女性和小数民族的入学比例,采用业余和工读交替等方式拓展高等教育的渠道。其二,调整课程内容和学位结构。针对当时的教学内容过于强调专业化的荣誉学位课程,建议将大学三年分为两个相对独立的阶段,即两年的初级学位课程和一年的荣誉学位课程。获得初级学位的学生既可以离校就业,也可以进入荣誉学位阶段进而继续研究生阶段的学习。其三,建议以多样性替代高等教育的"双重制"。针对"双重制"高等学校之间在教学、科研以及交流方面难以沟通的弊端,建议高等教育的多样化发展。其四,提高教学和科研水平。建议大学要明确教学和科研的职能,建立校际的教学评估制度,科研要体现工业和社会的需求。另外,该报告还建议以贷款和助学金相结合的方式来代替原来的助学金资助方式。

《雷弗休姆报告》提出的许多建议,被后来的政府报告和立法所采纳。1985年,在英国政府发布的《进入90年代高等教育的发展》(*The Development of Higher Education into the 1990s*)绿皮书中,明确规定将"谁有资格谁升学"的"罗宾斯原则"改变为"谁能受益谁升学"。绿皮书还根据《雷弗休姆报告》提出了高等教育应该更有效地为国民经济服务、大力发展终身教育和继续教育、加强大学的科研评估等建议。1987年,在英国政府发表的《迎接挑战》(*Meeting the Challenge*)的白皮书中又重申了《雷弗休姆报告》的改革思路,确定了高等教育质量与效益均衡发展的原则。

二、《1988 年教育改革法》

1988 年 7 月,保守党政府提出的《1988 年教育改革法》获得议会通过,它被看作是继 1944 年《巴特勒法》之后英国最重要的一项立法,标志着英国面向 21 世纪教育改革的开始。该法以中小学教育改革为中心,也涉及高等教育和教育管理等领域。

该法的主要内容包括以下几点:其一,在义务阶段实施统一的"国家课程"(National Curriculum)。这一改革举措打破了长期以来由地方教育当局、中小学校长和教师决定中小学课程、教材和教学内容的局面。该法规定,5 ~ 16 岁的义务教育阶段开设三类课程:核心课程、基础课程和附加课程,前二者合称为"国家课程",是中小学的必修课程。其中,英语、数学和科学(包括物理、化学和生物)是 3 门核心学科。基础课程包括历史、地理、技术、音乐、美术、体育和现代外语(从中学阶段开始)。附加课程包括古典语言、家政、职业教育等。其二,设置全国性的成绩考试和评定制度。义务教育阶段的学生在 7、11、14、16 岁时,要分别参加四次全国性的考试,其目的是统一学生的学习标准并作为对学校进行评估的依据。其三,中小学实行"开放入学"(open enrollment)和"自由选择"(option out)的管理政策。"开放入学",是指学校的招生数在未达到法定最高限额时,不能拒绝家长的入学要求,这意味着家长可以跨学区进行入学选择。其目的在于促使学校之间办学质量的相互竞争,以营造大批高质量的"选择性学校"。所谓"自由选择",即原来属于地方教育当局管理的所有中学和学生数在 300 人以上的小学,可以在大多数家长投票同意的情况下,摆脱地方教育当局的管辖,成为由中央教育机构指导和财政资助的"直接拨款学校"。这一改革举措赋予了作为教育"消费者"的家长前所未有的教育参与权和选择权。其四,创建新型的中等教育机构,加强科技和职业教育。新创建的学校分别是城市技术学校和城市艺术技术学校,以当地 11～18 岁不同年龄的学生为教育对象,二者皆由政府和工商界联合投资办学和管理,目的在于培养应用型的科技人才。其五,废除高等教育的"双重制",加强中央政府的控制。该法规定,原来属于"公共"部分的多科技术学院和其他学院将脱离地方教育当局的管辖,取得与大学同等的法人地位。同时成立"多科技术学院基金委员会",对这部分学院进行规划和拨款。以"大学基金委员会"取代"大学拨款委员会",负责为各大学分配经费。这一改革举措无疑增强了中央政府对高等教育机构的控制力度,各学校只有按照中央一级基金委员会的旨意调整专业设置和承担科研项目等,才能得到相应的拨款资助。

《1988 年教育改革法》是 1944 年《巴特勒法》实施以来,英国颁布的最重要的法规,并对后者的诸多规定作出了重大的修正。首先,它通过削弱地方教育当局的权限强化了中央政府对整个教育系统的控制力度。其次,义务教育阶段"国家课程"和评定制度的建立,打破了长期以来中小学在课程和评价标准方面不明确甚至混乱的状况,确定了各地义务教育的基本水准。再次,借助准市场化的手段在学校之间引入竞争机制,以提高教育水准。例如,作为教育"消费者"的家长,被赋予了较大的学校教育选择权。最后,需要指出的是,该法在 20 世纪90 年代的实施过程中也引起了诸多的非议。例如,统一的"国家课程"忽略了特殊儿童的需要;统一考试不利于能力的培养;家长择校权力的增大容易造成学校布局的失调等等。无论如何,《1988 年教育改革法》都是英国教育史上影响广泛的一部法令。

第四节　21 世纪初期英国教育的发展与改革

20 世纪末英国工党执政以来,对前期保守党政府的教育政策进行了相应的调整。保守党政府在教育上强调将市场的竞争机制引入到教育领域,试图通过竞争促使学校改进教育质量和办学效益,从而实现学校之间的优胜劣汰。而工党政府则不主张遗弃薄弱学校,在教育政策上鼓励所有的学校改进办学质量,尤其是帮助那些处境不利的学校摆脱困境,最终让每一所学校都得到发展。与保守党的教育政策相比,工党的教育政策更加注重教育机会的均等化、民主化和全民化。进入 21 世纪以来,工党政府主要出台了下列教育改革举措。

其一,在幼儿和初等教育方面,推行"国家儿童养护策略"(National Child-care Strategy),为所有 3～4 岁的幼儿提供早期教育。该策略的目标在于,把儿童养护作为幼儿教育、学校教育以及家庭服务的补充。同时,推行"良好开端计划",为生活在条件不利区域的未来父母以及拥有 4 岁以下幼儿的家庭提供更多、更好的服务。在初等教育方面,通过推行"识字和计算策略",让更多的11岁儿童能够掌握读、写、算,为接受中等教育打下良好基础;通过进一步丰富国家课程,为学生学会运动和乐器技能提供机会,同时为更多的学生学习外语创造条件;通过儿童基金会,为处于社会不利处境的儿童提供保护性的服务。

其二,在中等教育方面,使所有的青少年都能获得生活和工作所需的知识和技能。2005年2月英国政府颁发的《14岁至19岁教育与技能白皮书》指出,确保11岁至14岁的教育阶段打下更坚实的知识和技能基础;14岁至19岁教育阶段的关键是数学和英语的掌握和运用能力;提高教学的标准,特别是提高最低成绩标准,缩小学生之间的成绩差别,为最薄弱的学校和最不成功的学生提供帮助等等。该白皮书也是英国关于职业教育改革的纲领性指导文件,它旨在建立一套新的、更加适合学生天赋和兴趣的文凭系统,以消除学术性学习和职业性学习之间的壁垒,为学生提供更大的选择权。

其三,在高等教育方面,致力于扩大入学机会。2003年,英国政府发表了题为《高等教育的未来》的白皮书。其核心主题是提高高等教育质量,加强与经济界的联系,增强英国的竞争力。同时,白皮书也在扩大高等教育入学机会,保证入学的公平性和公开性方面提出了不少新措施。诸如,在保持标准的同时,将18~30岁人口的高等教育入学率提高到50%;在创造公平的入学机会方面,按照高等教育基金会的标准每年取得进展;降低大学生的辍学率等等。

由上述改革举措可以看出,通过扩大教育机会来实现教育平等,以及寻求教育优异和教育平等之间的平衡,是英国工党政府在本世纪初教育政策上的第一选择。它集中反映了以布莱尔为首的"新工党"关于"第三条道路"的政治哲学。"第三条道路"的精神实质是指介于自由放任资本主义和福利国家之间的中间道路。它强调四个领域之间的平衡,即政府调控与市场机制之间的平衡、经济发展与社会公正之间的平衡、权利与责任之间的平衡、国家利益与国际合作之间的平衡。在这种政治哲学的指导下,本世纪初,英国教育改革与发展的目标也体现了这种折中性。

在战后半个多世纪里,英国教育的发展与改革显示出几个较为显著的特征。其一,英国工党和保守党轮流执政的政治体制,始终是左右教育政策的关键因素。保守党素以资产阶级为政治堡垒,在意识形态上向来奉行精英主义和自由市场主义;而工党则以工人阶级为主要阵地,在意识形态上奉行大众主义和社会民主主义。表现在教育上,保守党始终坚持中等教育的"三轨制"和精英主义教育传统;而工党则矢志不移地秉持综合中学的教育机会均等原则,反对中等教育的"三轨制"和精英主义教育。在《1988年教育改革法》中,保守党政府通过削弱被看作是工党教育大本营的地方教育当局的权力,从而强化了保守党政府对整个教育系统的控制力度。但是毋庸置疑的是,无论是工党抑或是保守党都未曾对教育的发展与改革有所懈怠,每次大选和轮流执政都促使执政党和在野党对各自的教育政策予以反思和研讨,使教育政策始终置于全社会的监督之中。其二,人口出生率的波动和经济发展的兴衰成为战后英国教育政策适时调整的重要依据。战后初期,受人口出生率上升、经济的快速复兴、离校年龄延长等因素的影响,英国面临着师资短缺和中小学生人数剧增等诸方面的压力。英国政府通过创建大规模定向型的师范教育网络、开展综合中学运动等举措,有利地缓解了师资紧缺和入学压力。随着 20 世纪 60 年代人口出生率的下降以及 1973年经济危机的到来,英国政府又通过教育领域的紧缩政策,适时地将前一时期教育的数量型拓展转向质量型的提升阶段。其三,专家和各种咨询委员会的研究报告往往会成为政府教育决策的蓝本。二战以后,英国政府在进行某项教育立法之前,通常要任命一个专家委员会对有关问题进行调查并提交研究报告。政府根据报告的内容确定政策意向并形成“绿皮书”;在反复征求各方的意见后,形成正式的政策性文件,即“白皮书”。如果政府要将既定的政策变为法律,需将其以法案(Bill)的形式递交议会予以三次辩论,最终表决方可成为法律(Act)。二战后,英国几乎每年都有专家研究报告得以发表,其中《麦克纳尔报告》、《罗宾斯报告》、《普罗登报告》和《雷弗休姆报告》等,都以其中立的客观性、科学性和权威性,对战后英国的教育决策发挥了举足轻重的影响。最后,战后英国教育经历了一个从“阶级分化的不平等”,到“形式的平等”,再到“教育内容的平等”的渐进式的演变历程。大量的社会学研究表明,战后初期通过“11岁考试”将儿童按“能力”分流进三种不同类型中学的做法,几乎是一种社会阶级的复制和再生产,是一种“阶级分化的不平等”。20 世纪 60 年代中期以后的综合中学运动实现了“形式的平等”,因为在综合中学内部,学生仍然被不同的课程所分化,但是这毕竟要比学生在不同的类型学校之间的迁移要容易得多。《1988 年教育改革法》通过设置统一的“国家课程”和考试制度,可以看作是英国教育由“形式的平等”向“教育内容的平等”的转变。另外,从学校教育普及的层次来看,也显示出英国教育发展的渐进性。由于战前英国业已普及了初等教育,因而战后初期中等教育的普及就成为中心议题。20 世纪 60 年代中等教育普及之后,高等教育的大规模扩展又成为重点。通过这一系列渐进式的转变,不难看出英国人对传统的珍视及其深思熟虑的教育变革方式。

思 考 题

1. 中等教育的“三轨制”和综合学校的特点。

2. 战后英国师范教育和高等教育的变革历程及其特征。

3. 《1988 年教育改革法》的内容及其意义。

4. 战后英国的教育发展与改革的特征。

参考文献

1. ［英］邓特. 英国教育［M］. 杭州大学教育系外国教育研究室译. 杭州：浙江教育出版社,1987.

2. 王承绪,徐辉. 战后英国教育研究［M］. 南昌：江西教育出版社,1992.

3. H. C. Barnard. A History of English Education from 1760［M］. London：University of London Press Ltd. ,1961.

4. Keith Evans. The Development and Structure of the English School System［M］. London：Hodder and Stoughton Ltd. ,1985.

5. Alan Weeks. Comprehensive Schools：Past,Present and Future［M］. London：Methuen and Co. ,Ltd. ,1986.

第三十二章

20 世纪后期法国的教育

第二次世界大战的硝烟尚未散尽之际,对教育发展素抱厚望的法国人民开始思考战后教育的重建与改革问题。1947 年出台的《郎之万—瓦隆计划》即是这一思考的结果,为战后法国教育继承战前学制改革的传统、在重建中改革法国教育使其适应战后社会发展需要提供了纲领性的框架。伴随着战后法国政局的动荡与多变的是,为实现法国教育的民主化,适应法国社会现代化发展的需要,法国政府进行了多次教育改革。这些教育改革涉及普通教育与职业教育,涉及初等教育、中等教育和高等教育等各教育等级和教育类型,极大地改变了法国教育的面貌。除战后初期颁行的《郎之万—瓦隆计划》外,其中产生较大影响的教育改革还包括:20 世纪 50—60 年代的初等与中等教育改革;《高等教育方向指导法》和 20 世纪 60 年代的高等教育改革;20 世纪 70 年代的学校教育体制现代化改革;20 世纪 80 年代的普通教育改革以及高等教育改革等。

社会发展不断提出新的教育需求促使教育改革成为一个无止境的过程,20世纪 90 年代以来法国教育改革的步伐仍在继续前行。

第一节 《郎之万—瓦隆计划》与二战后法国教育的重建

第二次世界大战给法国社会和人民带来了沉重灾难,拥有悠久教育传统的法国国民在战后重建时期以极大的热情参与到教育改革的潮流之中,将战后法国的兴旺与崛起寄托到教育的全面改革事业上。凝聚着这种热情和希望的各种教育改革方案和计划不断提出,而其中 1947 年出台的《郎之万—瓦隆计划》则为法国战后教育重建提供了纲领性的框架和方向性的引领。

事实上,早在法国被占领期间,全国抗敌委员会在 1944 年 3 月 15 日通过的一项纲领即就教育发展做出设想:"法国全体儿童不论其家长的财产情况如何,都应该真正有机会受到教育和接触最先进的文化,以便使一切有能力担任最上层社会职务的人事实上担负起这样的职务,并且使名副其实的英才不是凭借家庭出身而是靠能力得到晋升,因而英才不断地由人民大众得到更新"。①

法国著名物理学家郎之万(Paul Langevin,1872—1946)于1944年11月8日受命制订战后法国教育改革的总体规划,郎之万于1946年年底去世后,该委员会副主席、著名心理学家瓦隆(Henri Wallon,1879—1962)秉持新教育理念,将郎之万的教育民主化思想同新教育观与儿童心理研究成果结合起来,最终于1947年6月19日向教育部提交在现代法国教育史上具有里程碑意义的《郎之万—瓦隆计划》。

一、教育改革的必要性

《郎之万—瓦隆计划》在引言部分以"教育结构理应适应社会结构"为基本理论根据,非常明确地分析了实施教育改革的必要性。一方面,半个世纪以来的法国社会结构经历了迅速的演变和根本性的变化,具体表现在生产机械化、新能源的广泛利用、运输业的快速发展、工业生产集中化、女子广泛进入经济生活、基础教育的扩展等方面。这些变化对教育发展提出了改进教育结构、培养越来越多的干部和技术人才的新要求。另一方面,法国教育发展与社会需要之间表现出越来越大的脱节,"各级教育与生活之间缺乏联系或联系不够,大、中、小学的学习往往严重脱离实际。学校似乎成了可以不受外界影响的一个封闭的场所"。② 此外,这种脱离还表现在教育未能从科学进步中汲取营养和动力,教学实践中的经验主义和传统仍旧主宰着教学方法,新的教学方法未能得到较好的运用。因此,法国的"教育改革已迫在眉睫,要补救教育在培养生产者和公民方面的无能,使它能够向所有人提供一种公民的、社会的和人文主义的培养"。③

二、教育改革的基本原则

为确保教育改革计划的顺利实施,保证教育改革计划服务于社会发展的整体利益,《郎之万—瓦隆计划》首先确定了教育改革的两大基本原则:

第一是"公正原则"。作为全部教育改革计划中需要遵循的首要原则,"公正原则"意味着"所有的儿童不论其家庭、社会和种族出身如何,都享有平等的

---

① [法]米亚拉雷,维亚尔等.郎之万—瓦隆计划//瞿葆奎.教育学文集·法国教育改革[M].北京:人民教育出版社,1994:72-73.
② [法]米亚拉雷,维亚尔等.郎之万—瓦隆计划//瞿葆奎.教育学文集·法国教育改革[M].北京:人民教育出版社,1994:74.
③ [法]米亚拉雷,维亚尔等.郎之万—瓦隆计划//瞿葆奎.教育学文集·法国教育改革[M].北京:人民教育出版社,1994:74.

权利,使个性得到最大限度的发展;除了能力上的原因,他们不应该受到任何限制"。① 该原则包含着互为补充的两个方面:平等与民主,即在教育平等的实现上,不是借助于筛选,而是借助于不断提高全民族文化水平,推进法国教育民主化进程;在教育民主的实现上,向每位公民提供与其能力相适应的教育,使其获得与其文化水平和知识技能相适应的职业岗位,最大限度地实现个人发展理想。

为确保公正原则的充分体现,《郎之万—瓦隆计划》提出首先要改变体力劳动和实用性价值微不足道的历史偏见,因为公正原则"要求人们承认一切社会工作有同样的尊严,并承认体力劳动、实用性智力和技术方面的才能具有高度的物质价值和精神价值"。② 此外,"公正原则"还赋予正在成长中的法国年轻一代获得全面发展的权利,并最终实现全面发展。

第二是"定向原则"。为了实现个人才能最大程度的发挥,《郎之万—瓦隆计划》还提出了"定向原则"。体现该原则的具体做法是以"劳动者分类制"取代传统的"筛选制",先确定学业,继而确定职业,最终使每位劳动者和公民都处于最有利于其成功的职业岗位上。筛选保证的是让最有天赋的学生从事那些最可能取得辉煌成就的职业,而利用劳动者分类的办法所依据的既是个人的能力,同时也是社会的需要。在实现"定向原则"的过程中,需要谨慎地处理好普通劳动者养成中专业化与普通文化知识掌握之间的关系。专业化的发展以不成为个人理解范围更广阔问题的障碍为底线,普通文化知识的学习应贯穿于整个学习阶段,使个人的培养不至于因为专业技术人才的培养而受到限制。

对于学校教育,"定向原则"意味着学校教育不能仅仅局限于义务教育阶段,而应该成为不断激发个人对文化萌生兴趣的机构,应该成为文化传播的机构,应该成为确保过去和未来连续性的一个交点。

三、教育改革的具体方案

为确保各级教育适应学生发展水平的差异,确保所有儿童有序接受各级学校教育,《郎之万—瓦隆计划》依据"公正原则"与"定向原则"提出了具体的教育改革方案:

儿童与青少年所受的教育分为两个阶段:

第一阶段教育为强迫性义务教育。它面向所有处于 6 岁至 18 岁的儿童与青少年实施,其中包括三个分段的教育:

第一分段教育(3 岁至 11 岁):属于义务教育期,面向所有儿童实施,义务教

① [法]米亚拉雷,维亚尔等.郎之万—瓦隆计划//瞿葆奎.教育学文集·法国教育改革[M].北京:人民教育出版社,1994:74-75.
② [法]米亚拉雷,维亚尔等.郎之万—瓦隆计划//瞿葆奎.教育学文集·法国教育改革[M].北京:人民教育出版社,1994:75.

育的年龄确定在 6 岁开始实施。在该分段教育中,所有儿童将受到既符合其智力发展水平,又能满足其即时需要的教育。儿童学习的任务是:掌握一些理解别人和取得别人理解的方法,学习有关自然环境和人类环境的知识,能够在时间上和空间上摆正自己的位置。

第二分段教育(12 岁至 15 岁):属于定向教育期,对少年儿童实施系统观察,发现其能力、兴趣与禀赋所在,并依据观察结果给予定向指导,确保他们在普通知识方面得到必要补充。

第三分段教育(16 岁至 18 岁):属于确定性的分科教育期,在此时期,部分适宜于接受高等教育的学生将受到相应的理论培养;其他学生则主要学习专业知识,兼习普通文化,以为第三分段教育结束时步入职业生涯做准备。在具体分科上,第三分段教育所修习的学科包括:(1) 实务科:为那些手工劳动能力超过理智能力的儿童设立,着重实施较为宽泛的职业操作技能训练,毕业时颁授"职业适任证书";(2) 职业科:为具有较强活动能力而理论学习能力薄弱的学生设立,向学生传授商业、工业、农业和艺术等科专门知识,毕业时颁授"职业合格证书";(3) 理论科:为具有较强的抽象思维能力的儿童设立,除开设法语、历史和现代实用外语课程外,又依据语言与科学的不同分为四类课程,即古典人文类、现代人文类、纯粹科学类、技术科学类。结束理论科学习的学生可参加学士学位的考试。其中修读技术科学类课程的学生可获得"技术学士学位"。

第二阶段教育为高等教育。《郎之万—瓦隆计划》关于高等教育的设想继承了法国高等教育的传统,即高等技术教育、专业教育和普通高等教育并行发展;高等教育承担各级学校教师培养的任务。同时,该计划还提出高等教育依据公正和平等的改革原则,向一切能够从中受益的人开放,招生的依据在于考生的能力和资质,而非其社会地位和家庭经济状况。为扫除低收入家庭子女接受高等教育的障碍,计划提出大学实施免费教育,并建立奖学金制度。高等教育的具体实施分为大学预科教育和大学教育两个分段:

大学预科教育:介于第一阶段教育与大学教育之间,专为准备进入大学学习的学生开设,修业 2 年。大学预科教育致力于两个层面的教育目的:提高准大学生的一般文化修养;通过观察与筛选,初步确定准大学生的专业学习方向。

大学教育:即硕士培养阶段,修业 2 年,学业成绩合格者授予硕士学位。

和法国教育史上许多有价值的教育改革文件的命运一样,《郎之万—瓦隆计划》的历史价值并不全部显示于该计划对当时法国教育改革所产生的实际作用上。在二战后法国政局屡生变动、教育界强大的保守势力以及法国对越南、阿尔及利亚开战等综合因素的影响下,该计划最终未得以实施。然而,《郎之万—瓦隆计划》以其对法国现实教育问题所表现出的敏锐而深刻的洞察力,为解决教育矛盾所提出的教育改革建议的创见性,计划本身所体现出的人类改善自身发展状况、追求理想教育的勇气和信心,为法国此后的教育改革提供了持久的理论引导。该计划所追求的"公正原则"和"定向原则",既是对此前法国统一学校运动所追求的教育民主化理想的继承,也是对扎伊所尝试推行的变双轨制为阶梯制学制改革设想的进一步发挥,同时更是对 20 世纪新教育运动理念的接受和落实,将根据儿童的年龄、心理特征、能力和禀赋设计安排学校教育落实到教育改革实践中。因而,《郎之万—瓦隆计划》反映了世界教育发展和进步的理想与趋势,进而成为"一切想对教育进行改革者的蓝本"。①

第二节　20 世纪 50—80 年代的教育改革

法兰西第四共和国(1946—1958)的 12 年间,政局的快速变动导致教育改革难以实施,教育体制一如战前状况。1958 年戴高乐第五共和国成立后,政局趋于稳定,教育在适应经济快速的发展过程中步入黄金时期。

一、20 世纪 50—60 年代初等与中等教育改革

法兰西第五共和国的教育改革始于 1959 年 1 月 6 日颁布的《教育改革法令》。在初等教育方面,法令规定将义务教育年限由 8 年延至 10 年,其中 6～12 岁儿童在普通小学接受初等教育。之后,除极少数不能升入中学的学生之外,绝大部分学生直接进入中学接受"观察期"的教育。

在中等教育方面,强化中等教育为初等教育之上的自然阶梯的观念,以统一学校作为实施初中教育的机构,通过"观察期"的观察决定学生未来的发展方向;同时将职业教育纳入正规中等教育体系,将原技术中学和国立职业学校升格而成的市立技术高中、由艺徒中心升格而成的市立技术教育中心纳入中等教育体系。此时,承担中等教育的机构还包括:由高等小学或小学补充班发展而来的市立普通教育中学、历史悠久的国立中学和市立中学。

20 世纪 60 年代,一种新型的综合性中学——市立中等教育学校的出现,将不同类型的第一级中等教育机构统一起来,成为法国政府实施统一的中等教育方面所取得的新成果,并发展成为实施中等教育的主要机构。

1959 年年底,戴高乐政府颁布实施《国家与私立学校关系法》,重新界定了国家与私立学校的关系:国家保障正常开课的私立学校行使自己的教育自由权利;国家保证公立学校学生的宗教信仰自由及接受宗教教育的权利;认可私立学校的合法地位并保障其正当权益;国家借助于"简单契约"和"联合契约"的方式对私立学校实施资助和管理,与其签约的私立学校应定期接受政府组织的检查。

---

① 转引自吴式颖. 外国现代教育史[M]. 北京:人民教育出版社,1997:513.

私立学校可以自愿选择与政府签订"简单契约"或"联合契约"，与政府签订"简单契约"的私立学校需在教学时间、教师资格、学生人数及学校卫生状况诸方面符合政府的规定标准。在获得政府有关部门的认可后，私立学校可获得政府提供的拨款用于支付教师工资及购置教学设施之用；与政府签订"联合契约"的私立学校除满足"简单契约"的标准外，还需比照公立学校的标准，开设与公立学校相同的课程。政府不但支付与其签订"联合契约"的私立学校教师的工资，还依据私立学校的人数支付办学费用。

应该说，《国家与私立学校关系法》的实施，规范了私立学校的发展，进一步强化了政府对私立学校的控制与管理。

二、《高等教育方向指导法》与 20 世纪 60 年代法国高等教育改革

20 世纪前半期，法国高等教育进展缓慢，教育体制日渐僵化，《郎之万—瓦隆计划》关于教育民主与平等的理念已波及高等教育；基础教育和中等教育多样化改革扩大了教育规模，越来越多的接受完中等教育的学生要求进入大学深造；在大学就读的青年对大学的守旧观念、僵化体制与集权管理越发不满，所有这些为 20 世纪 60 年代法国高等教育改革提供了基本动力。

1968 年 5 月，法国巴黎首先爆发中学生反抗高考制度的学潮，并迅速引发全国性大规模的大学生反抗旧教育制度的学生运动。学生运动很快得到社会各界民众的响应，教师、工人、农民和商人相继加入到抗议活动中来，全国性的罢工浪潮出现，史称为"五月风暴"。

"五月风暴"极大地震动了法国政府与高等教育界，作为应对之策，戴高乐政府将民主参与作为社会改革与教育改革的基本方针。教育部长富尔（M. Faure）将高等教育改革的基调确定为："单一、集权和等级制的拿破仑式大学理念已经过时，民主制应贯穿从幼儿园到大学。"[①]1968 年 11 月 12 日，为二战后法国高等教育改革奠定法律基础的《高等教育方向指导法》（又称《富尔法案》）颁行实施。

《高等教育方向指导法》分别就高等教育的任务、大学性质、高等教育改革原则等作出规定：

关于高等教育的任务：大学及其他类型高等教育机构承担着发展与传播知识、促进科学研究和培养人的教育职责。关于大学性质：大学是拥有法人资格和财政自治权的公立科学文化性机构。大学是组织教学与科研单位，承担传播与发展知识、开展科学研究和培养人职责的教育机构。关于高等教育改革原则：提

---

① W. R. Fraser. Reforms and Restraints in Modern French Education[M]. London：Routledge & K. Paul，1971：92.

第二节 20 世纪 50—80 年代的教育改革

449

出以"自治"、"参与"和"多科性"作为高等教育改革的主导性原则。

"自治原则"具体体现为大学的行政自治、教学自治和财政自治。大学行政自治是指：大学依据《高等教育方向指导法》及其他相关法令，有权确定各自的章程、内部结构及大学与其他单位的关系等；大学教学自治则指大学依据《高等教育方向指导法》、教学研究人员章程并参照全国高等教育和科学研究理事会的意见建立的制度，有权确定各自的教学活动、研究计划、教学方法、检查和考核知识与能力的方式；大学财政自治是指大学为完成自身所承担的教育职责和任务，有权使用国家提供的设备、人员和经费，有权接受社会团体或个人的馈送、捐赠与基金、服务与报酬、考试费及各种补助。

"参与原则"意指大学相关人员，包括大学教师、学生、一般行政管理者和校外人士参与大学行政事务和教学事务的管理。

"多科性原则"体现在大学在结构改革上打破传统的学科隔离壁垒，取消大学的院系，新设教学与科研单位，并由若干教学与科研单位组建为一所多科性大学。

《高等教育方向指导法》以"自治"、"参与"和"多科性"为原则，通过组建新型的教学与科研单位对高等教育实施改革，是以对法国高等教育传统症结和现实矛盾的正确把握为基础的，表现出明确的教育民主化理想。但法国长期集权文化背景下形成的集权型高教管理体制与自治原则存在着极强的不兼容性，许多大学生对参与教学与科研单位管理并未表现出真正持久的积极性，影响了此次高等教育改革的成效。

三、《法国学校体制现代化建议》与 20 世纪 70 年代法国普通学校教育体制改革

为进一步改进普通学校教育体制，哈比（R. Haby）执掌教育部期间的 1975 年，法国议会通过《法国学校体制现代化建议》（又称《哈比法案》），主要内容包括：

关于学校教育管理体制：中学校长由教育部部长任命；小学设家长委员会和教师委员会，中学设中学理事会、班级教师小组和教学委员会等教师、家长参与学校管理的基本组织；以智力与学习能力作为接受高一级教育的依据，且学生入学和升级不受严格的年龄限制。

关于学校教学体制：学前教育方面，全国所有 5 岁儿童须进入幼儿学校或小学幼儿班接受正规学前教育。小学教育方面，小学教育分三阶段实施：预备期 1 年，基础期 2 年，中间期 2 年。小学所有的教学学科分为三类：基础学科（法语和数学）、启蒙学科（历史、地理、公民道德、自然科学、人文科学与工艺、艺术）、体育学科，鼓励跨学科教学实践。中学教育方面，在初级中等教育阶段，新设一种

综合性教育机构——中学,面向所有学生开放。初级中等教育分为两个阶段实施,前两年为"观察期",向所有学生提供统一的基础教育,强调知识的统一性和连贯性;后两年为"方向指导期",在实施统一教育的同时,通过选修课发展学生的职业定向。在高级中等教育方面,高级中等教育由普通高中、技术高中和职业教育高中实施。普通高中学制3年,实施完全中等教育,教育目的在于为大学输送合格新生;技术高中学制3年,目的在于为学生参加技术类高中毕业会考做准备,为职业市场和高等技术教育培养人才;职业教育高中学制2年,主要培养技术工人。

关于教学内容和教学方法:加强实用性知识教育,实现教学内容的现代化。在小学阶段加强自然常识、社会环境及科技基础知识的教育,初中加强实验科学和相关技术教育。初中开设具有职业教育特点的课程,高中则开设具有较强职业性特点的课程供学生选修。在教学方法上,《法国学校体制现代化建议》提出要积极开展教学实验,援引教育心理学有关儿童个性特征及能力差异的研究成果指导教学方法的选择和使用,切实提高教学效益。

就实施效果而言,《法国学校体制现代化建议》的颁布与实施,使得单轨制学校体制借助于综合制初中的设立而延伸至初级中等教育阶段。同时,中小学课程设置与内容选择上的教育现代化和实用化特征,也较前有明显增强。教师、家长、学生以及社会各界人士对学校管理与教学事务的参与程度也得到提高。不过,这次改革也导致初级中等教育过早职业化、学生负担加重、总体教育质量有所下降等现象的出现。

为解决上述问题,法国政府也相继推行了一些改革措施。在初等教育方面,改革重心放在课程设置与教学方法上。在课程设置上废除合科制或多科制课程,恢复分科教学,重新强调学科知识内容的逻辑性和系统性。

四、20世纪80年代法国普通教育改革

20世纪80年代,法国政府在普通中小学教育领域推行了一系列改革。[①]

20世纪80年代初所确定的初中教育改革目标为:使初中毕业生有能力就自己未来的教育方向或职业生活做出选择;使承担初中教育的人员具备履行职业责任的能力和素质。

在教学内容和教学方法改革方面,1985年11月4日,国民教育部公布初中新教学大纲和教学计划:加强法语教学,提高学生的读写能力;调整初中各年级数学教学内容与进度,强化数学基本技能训练;加强外语教学,要求学生至少掌

---

① 详见王一兵.八十年代发达国家教育改革的动向和趋势述评[M].北京:人民教育出版社,1994:170-171.

握一门外语,鼓励学生学习两门外语;加强公民道德教育,独立设置公民教育课;以必修工艺技术科取代原手工技术课,逐步把具有职业准备性质的现代科学技术知识纳入初中教学内容体系之中。在高中教育改革方面,1983年11月,受教育部长之托,以巴黎第一大学教授普罗斯特为负责人的九人工作小组向政府提交了一份名为《21世纪前夕的高中及其教育》的报告。报告提出的主要改革建议为:教学内容多样化改革,鼓励教师采用灵活多样的教学方法,加强对学生的个别指导和方向引导;调整教学内容,重视各学科、课程之间的协调;鼓励学生独立学习。在传授知识的基础上,将学生的独立理解、推理、判断、交流和合作能力的培养作为高中教育改革的关键目标。

关于职业教育改革,政府采取的主要改革措施包括:更新职业学校教学、实习设施,不断增加职业教育经费;修订教学大纲,优化专业设置。适应社会生产结构调整需要,增设自动化控制、信息处理、电子技术、微机生产与维修等专业课程;完善职业教育文凭制度,提升职业教育高中的社会地位。1985年11月,改原职业教育高中为职业高中,同时在63所职业高中进行职业业士文凭试点工作,1986年,政府增授职业业士文凭,以提高职业高等教育的地位和培养规格。

关于教师教育的革新,首先改革中小学教师的培养制度,依据1986年3月颁布的法令,自当年秋季始,师范学校通过公开考试的方式从大学第一阶段文凭持有者中选录新生,被选中者在师范学校接受为期两年的教师教育专业培训。其次是逐步废除初中普通教育教师的招聘,对现有初中普通教育教师,通过进修或在职培训的方式使其成为中学证书教师。第三,完善教师在职培训制度。为调动地方学区在教师培养工作中的积极性,国民教育部决定将培训组织工作下放至学区,同时增加教师在职培训的资金。

关于教育行政管理体制改革,1985年颁布的法令将中央掌握的一部分教育管理权下放至地方,分别明确中央、学区、省、市镇的教育管理权限,即国民教育部负责教育目标、教育方针和教学大纲的制定和修订以及教师聘任工作;学区负责高中管理;省负责初中管理;市镇则负责小学管理。

五、《高等教育法》与20世纪80年代法国高等教育改革

20世纪80年代后,为适应法国社会、经济、科学技术发展的新要求,1984年1月,力主高等教育改革的法国总统密特朗签署《高等教育法》(又称《萨瓦里法》,萨瓦里系主持制定该法的法国教育部长)。

关于高等教育改革原则,该法在重新继承倡导《高等教育方向指导法》"自治"、"参与"和"多科性"原则的基础上,提出高等教育应以现代化、职业化和民主化作为改革的新原则。高等教育现代化主要指"办学方向与方法应面向现代

社会,教学内容应迅速反映现代科学发展的需要"。① 为实现此目标,法令要求大学加强与工业界的合作,吸收社会人士参与大学管理,加快大学科研成果的转化,实施课程内容的快速更新,强化课程的跨学科和与实际生产的联系。高等教育职业化则要求重视向学生提供职业技术教育,强化就业方向指导教育。大学要通过提供科技咨询、签订科研合同和承担在职培训的方式,及时反映并服务于科学技术革命的需要。高等教育民主化意味着政府进一步下放高等教育管理权,吸收广大教师、学生参与大学事务管理。

关于公立高等教育的性质,公立高等学校是世俗性机构,免受任何政治、经济、宗教和意识形态的支配;注重尊重知识的客观性;享有在教学、研究工作方面的发展、创造和批评的自由。

关于高等学校机构设置的改革,高等学校设立校务委员会、科学委员会和学习与大学生活委员会。其中校务委员会作为大学的决策机构,担负着高等学校政策制定、审议与政府签订的合同内容、表决和批准预算和决算等管理职责。

关于学位制度改革,取消大学第三阶段博士,改设博士学位;取消原国家博士,改设"指导研究资格"。

1984 年的《高等教育法》继承了 1968 年《高等教育方向指导法》的基本原则,指导了 20 世纪 80 年代及后来的高等教育改革。然而,高等教育的"民主化"和"职业化"发展引发了激烈争论。反对者认为,大学的主要任务在于造就优秀的学术人才,过度职业化将损害学术人才的培养,最终损害大学的教育目的;高等教育民主化也不仅仅是高等教育规模的简单扩充。这些争论影响了该法在教育实践层面的作用的发挥。

在高等教育改革上,1986 年 7 月 12 日,希拉克总统执政期间通过了《德瓦凯法案》。该法以高等教育"自治"、"竞争"和"效率"为原则,要求大学在行使自治权利的同时,通过不同学校在教育质量上展开竞争,进一步提高教育效率,允许部分院校拥有选择优秀新生的权利。在学位授予上,许可大学颁发本校文凭;在经费获得渠道上,鼓励大学获得社会资金,并可在一定限度内自行确定学生注册费的数额。1986 年 11 月 18 日至 12 月 8 日爆发的大规模学生运动,使得此次教育改革陷于夭折。

第三节 20 世纪 90 年代以来的教育发展

20 世纪 90 年代以后,伴随着人类活动范围的日趋全球化,科学技术快速发展,人们建构知识的方式及其传播速度发生着史无前例的变化。法国社会变革

---

① 吴式颖.外国现代教育史[M].北京:人民教育出版社,1997:532.

向教育提出了更新更高的要求,教育面临的危机成为催生一系列教育变革的内在动力。

教育民主化危机集中体现于学校里大面积存在的学业失败现象。据统计,1990年,15%的升入初中的小学毕业生不具备基本的阅读能力,此比例在数学学科上表现为10%;13%的中学生在离开中学时两手空空,既无文凭又无资格,成为新的失业大军的一员。工人子弟高中毕业会考合格率仅为20%。高等学校毕业生中58%的人出生于社会中上层,工人子弟仅占12%。①

在教育行政体制改革方面,20世纪90年代着重加强了全国教育督导体制的改革,在全国设总督学225名,负责各级各类教育的改革、评估及相关事务;学区督学126名,负责各省初等和中等教育的管理、推动、评估和培训工作;国民教育督学1 925名,负责各市镇的初等教育的管理、推动、评估和培训工作。1998年的一项法令规定,学区长为各地区教育政策的唯一掌握者,承担着本地区四年教育规划制定的任务。

在学前和小学教育改革方面,在注重提高学前教育机构和小学教师地位和待遇的同时,调整教学时间,按4天上课制修订教学计划;加强学前教育与小学阶段教育的衔接。

在中等教育阶段,1999年教育部提出的一项方案要求密切小学与初中的联系,重视初中新生的学业适应和接待工作,修订初中教育的相关评估标准。高中阶段的改革主要体现为高中分科的调整和专业方向等计划的矫正。普通高中由7科改为3科,即设立文学、科学、经济与社会3科;技术高中由原来16科减少到4科,即医学—社会科学科、工业技术科、实验室技术科和第三产业技术科。

在高等教育阶段,落实1989年《教育方针法》关于设立大学教师培训学院的规定,注重发挥高等学校培养教师的教育功能。大学教师培训学院学制2年,招生对象为读完大学三年级,且获得学士学位者。大学教师培训学院的设立提高了初等教育教师的培养规格,将初等教育教师的学历水平提高至高中毕业后再加5年高等教育的层次。这一培养体制使师范教育与大学教育融为一体,表现出法国师范教育由独立性向依存性的转变,加强了师范教育与整个教育体系的一体化。到1995—1996学年,全国该类学院的在校生达到8.4万人。1998年教育部提出"第三个一千年大学计划",在稳定规模的同时,逐步提高教育质量,引导高等学校面向企业和地方经济发展,加强重点学科和实验室建设,适应国际科技竞争发展的需要。

进入21世纪后,为应对经济全球化及欧洲一体化进程对法国社会政治变革、经济发展及文化演进所提出的一系列挑战,并着重解决法国在教育质量、教

① [法]P–L.高蒂埃,邢克超.九十年代法国教育改革进程述评[J].比较教育研究,1999(6).

育民主化、教育权力下放、教育世俗化及教育信息技术化发展方面所存在的问题,法国教育改革的传统在新世纪得以延续,教育改革的主题也日渐鲜明:

1. 教育民主化改革。在新世纪,为解决法国教育,尤其是基础教育阶段长期存在的辍学率居高不下、学业不良及教育质量遭受民众批评的问题,法国政府在民众的广泛呼吁与参与下,继 2004 年发表反映民众教育改革心声的报告——《为了所有学生的成功》之后,又在 2005 年 4 月 23 日颁布实施《面向未来学校的方向与计划法》,具体就法国教育的民主化改革作出规定。

2004 年 10 月 12 日,一份名为《为了所有学生的成功》的报告正式发表。该报告系法国"学校未来全国教育讨论委员会"全面总结数百万法国民众关于未来法国学校变革与发展心声的结果。报告分析了法国的社会政治、经济背景、学校教育的现状及未来改革趋势,强调未来法国学校教育事业的发展必须纳入欧洲一体化进程的总体框架中统筹实施,同时坚持学校教育要致力于构建全社会的终身教育事业,要满足经济发展及劳动市场提出的人才需求。报告贯穿两大主题:何谓"为了所有学生的成功"和如何实现"所有学生的成功"。关于前一主题,报告强调:法国的学校应建设成为法国民众掌握实现个人成功适应社会生活所必需的知识、能力和行为规范的得力机构,应培养未来公民就自身的持续发展作出明智选择的才智。[①] 关于后一主题,报告强调,为致力于"所有学生的成功",学校需承担的教育职责包括:参与年轻一代的教育,培养学生的公共意识,实现学生的均衡发展;重视向学生提供个人发展所需要的共同基础和多样化的发展路径;学校应公正地为不同处境的学生提供成功的机会。在强调共同的知识、能力和行为规范基础教育的同时,报告还结合学校教育实践中的"多样化"发展问题,主张学校为学生提供多样化的发展路径,小学和初中应该通过开展形式多样的补充性选择教育,切实满足学生的多样化发展需求。关于未来法国民众必须具备的知识、能力和行为方式的"共同基础"的基本含义,报告的界定是:为个人生活所必不可少的知识、能力和行为规范。为确保"共同基础"教育的实施,报告就相关五个方面的内容加以明确:学校并非学生获得知识的唯一来源,人们只能要求学校做好它能够做好的事情;初等教育并非终结性教育,终身教育则是伴随个人一生的教育;共同基础教育应确保学生对未来生活的持续适应;作为共同基础的知识、能力和行为规范教育是造就自主的个人、共和国的公民和成功职业人士的重要内容;共同基础教育的实施方案应具备可行性。此外,在共同基础中,语文与数学构成共同基础之知识的两大支柱学科;英语与信息技术则构成共同基础之能力的两大关键能力。

---

① 戴天华. 为了所有学生的成功——法国全国教育大讨论总结报告概述[J]. 世界教育信息,2005(4).

报告还就学校的公正性教育进行了阐述，主张为解决法国由来已久的教育不平等问题，要从教育"供给"效益均衡化、加强信息沟通、方便学生流动、实施因材施教的制度建设等方面着手。关于学校教育的公正性，报告体现出鲜明的教育民主化理念："学校的公正性还在于它如何处理最差和最不被看好的学生，在保护胜利者骄傲的同时，也保护失败者的自尊，给后者提供一个能够真正进入社会和选择职业的机会。"①

2005 年 4 月 23 日，法国颁布实施《面向未来学校的方向与计划法》，在较大程度上以法律的形式将《为了所有学生的成功》报告中表达的教育理念确定下来。法案首先将未来法国学校教育的目标厘定为：全部学生可从学校教育中获得一种文凭或证书；80% 的学生获得业士文凭；50% 的学生获得高等教育文凭。在义务教育阶段，着力体现《为了所有学生的成功》所提出的"共同基础"教育理念，即学校须完成向所有学生传授全部基础知识的核心要素，具体包括法语、数学、人文与科学素养，掌握一门外语以及有用的信息与交流技术等。该教育法将掌握知识和技能的共同核心作为基础教育的使命，以保证所有学生的成功，体现出对"共同文化"的追求。

《面向未来学校的方向与计划法》还提出，要建立一个更公正、更开放、更高效的学校教育体系。更公正的学校教育体系意味着，法国的学校教育要同等地面向全体学生，要为他们的个人发展和职业成功提供基础知识和基础能力的保证，既要帮助经济处境不利阶层的子弟获得成功，又要为优秀学生取得成功提供服务。力争在 10 年后使 50% 的青年人获得接受高等教育的机会。更开放的学校教育体系意味着，学校教育要成为社会生活的积极参与者，要倾听来自家长的声音，要把握产业界的实际需求和发展动向，同时注意培养法国学生的国际化意识和适应经济发展全球化的竞争能力。更高效的学校教育体系是指学校教育的高质量发展，即学校要向学生、家长以及社会提供高质量的公共教育服务。

2. 教育信息化建设。为适应信息化时代的挑战和加快法国融入欧洲一体化的进程，法国政府重视推进不同层次的教育信息化发展，在中小学和高等学校强化信息化知识和能力的教育。2002 年 1 月，法国信息技术战略委员会在其发表的《学校与信息社会》中，强调作为信息化社会的基石，学校是开展信息技术教育的主导性机构。为实现这一主张，2002 年 5 月，法国教育部着力建设名为"知识数字空间"的法国中小学信息网。该信息网建设的目的在于为学生和教师免费提供大量的数字信息资源服务，同时向学生和教师提供一种名为"数字书包"的"虚拟空间"，学生和教师凭此可在在校内或校外获得学习资源。为加

① 戴天华.为了所有学生的成功——法国全国教育大讨论总结报告概述[J].世界教育信息,2005 (4).

强法国高等学校的信息技术教育,仅 2001 年法国政府即向高等学校下拨 4 600 万欧元用于开展信息与通讯技术教育,并分别在 2000 年、2001 年和 2002 年三次面向全国招标建设法国数字化校园,并在 2003 年 4 月建成 64 个数字校园。①

3. 教育世俗化推进。2004 年 3 月 15 日,法国政府通过一项有关教育世俗化的法律,重申自 1882 年《费里法案》颁布以来法国政府所坚持的教育世俗化原则,规定"在公立小学、初中和高中,禁止学生公然佩带宗教标志"。② 强调公共教育的基本职能在于向学生传授共和国的价值观,这种教育不得接受具有任何宗教色彩的信仰的干涉。

二战结束以来的 50 余年间,法国教育的主题可以概括为"重建"与"改革",法国教育选择了一条在重建中改革、在改革中前进的发展道路。

战后初期,法国政府继承了战前的中央教育管理体制,政府在教育变革中发挥着越来越重要的作用。从《郎之万—瓦隆计划》的出台到《高等教育方向指导法》、《法国学校体制现代化建议》、《高等教育法》等一系列教育法案和文件的实施,无不体现了法国政府的教育意志。法国政局的变动尽管对教育实施产生了影响,但各届政府对于教育发展的政策是连续的,对于教育民主与平等的教育理想的追求是一致的,希望借助于教育推进社会现代化发展的愿望是相通的,这些为法国教育发展体现出清晰的连续性提供了传统性根基。

法国教育的重建和改革,还体现在对战前已开始进行的学校教育体制改革成果的继承上。借助于战前统一学校运动在初等教育阶段使命的基本完成,战后学校教育体制的现代化改革将发展重心置于中等教育的民主化改革上,在完善组织机构确保家长、学生参与学校教育管理的同时,还借助于综合制初中的设立,将单轨制学校体制延伸至初级中等教育阶段。在中等教育发展理念上,塑造中等教育与初等教育自然连续的教育观念,以统一学校作为实施初中教育的机构,通过"观察期"的观察决定学生未来的发展方向。重新梳理中等教育阶段普通教育与职业教育的关系,逐步将职业教育纳入正规中等教育体系,处理好公民与劳动者培养过程中普通文化修习与专业化发展之间的障碍。在中小学课程设置与内容选择方面,追求教育实用化和赋予学生更多选择的机会,彰显法国中等教育的现代化特征。

高等教育改革是二战后法国教育改革的重要内容。拥有悠久高等教育传统的法国高等教育,一方面面临着继承欧洲中世纪大学以"自治"为核心的高等教育理念的任务,实现大学自由、自治地传播知识、创新知识和培育专门人才的历

---

① 王晓辉.法国教育信息化的基本战略与特点[J].外国教育研究,2004(5).
② 王晓辉.为了社会和谐:法国教育的若干政策取向[J].比较教育研究,2008(4).

史使命,另一方面又面临着如何在既定的以中央集权制管理为特征的大学管理体制下高效发展的现实使命。1968年"五月风暴"所催生的《高等教育方向指导法》,意在为法国未来高等教育的发展指明"自治"、"参与"和"多科性"发展的方向,并在事实上成为法国高等教育改革与发展的根本原则。然而,法国大学作为公立的、世俗的、免受任何政治、经济、宗教和意识形态支配的高等教育机构,其对自治追求的空间是有限度的,是以对高等教育现代化、职业化和民主化追求为基础的,是应服务于大学传播文化知识、推广科学研究成果和开展国际文化交流和合作活动的。易言之,法国高等教育改革方向在坚守"自治"、"参与"与"多科性"原则的同时,还应体现于1986年7月实施的《德瓦凯法案》所厘定的除"自治"之外的"竞争"和"效率"原则,大学要在行使"自治"权利的同时,谨记自身使命,进一步提高教育效率。

进入21世纪,法国教育在继承自身教育传统的同时,还面临新的挑战,唯有实施不断的改革才能确保自身的社会地位和教育功用,在教育民主化、教育信息化和教育世俗化方面所推行的改革,即是法国政府对国际教育思潮和国内教育实践作出判断和思考的结果,体现了法国教育在新世纪的努力和追求。

思 考 题

1.《郎之万—瓦隆计划》的主要内容。

2. 1968年《高等教育方向指导法》的基本内容及对二战后法国高等教育发展的影响。

3. 20世纪70年代法国学校体制现代化改革的主要内容。

参考文献

1. 瞿葆奎.教育学文集·法国教育改革[M].北京:人民教育出版社,1994.

2. 吴式颖.外国现代教育史[M].北京:人民教育出版社,1997.

3. 王一兵.八十年代发达国家教育改革的动向和趋势述评[M].北京:人民教育出版社,1994.

4. [英]博伊德,金.西方教育史[M].任宝祥,吴元训主译.北京:人民教育出版社,1985.

第三十三章

20 世纪后期德国的教育

1945 年,第二次世界大战以德国无条件投降告终。德国被美、英、法、苏四国分区占领。1949 年 9 月,在美、英、法占领区成立了德意志联邦共和国。同年10 月,在苏占区成立德意志民主共和国。此后四十余年,两个德国的教育走上了各自不同的发展道路。1989 年 11 月 9 日,柏林墙被推倒;1990 年 10 月 3 日,两德统一。东、西两个德国的统一,包括教育制度的统一基本上按照联邦德国模式进行。

第一节 二战后联邦德国教育的重建

在战后初期的西占区,鉴于对魏玛时期教育传统的信任,逐步恢复了魏玛共和国时期的学校教育制度。各州享有"文化主权";重新设立具有社会选择性的三种类型中学。儿童进入共同的四年制基础学校或国民学校低年级(柏林为6 年),毕业后分别进入三种类型的中学:四年制的国民学校高级阶段、六年制的中间学校或实科学校以及九年制的文科中学。前两种中学与各种职业学校相衔接,文科中学与大学相衔接。

一、统一学校制度

二战后联邦德国实行文化联邦制,各州拥有文化教育上的立法权和行政管理权。1948 年,联邦德国设立联邦德国各州文化部长会议(Staendingen Konferenz der Kultusminister der Laender in der Bundesrepublik Deutschland, Kultusministerkonferenz)以协调各州文化教育事宜。为了统一学校教育制度,1955年 2 月 17 日,各州文化部长会议在杜塞尔多夫(Duesseldorfer)通过了《联邦德国各州关于统一学校制度的协定》(简称《杜塞尔多夫协定》)。《杜塞尔多夫协定》就各州中小学校学年起始、假期天数、考试成绩评定以及相关学校名称等进行了统一规定①。不过,由于地方主义势力强大,《杜塞多夫协定》在实际执行中并没得到完全落实。

1964年,《杜塞多夫协定》为期十年的有效期期满。各州文化部长会议在《杜塞多夫协定》的基础上,根据新的形势及新的思路,于1964年10月28日在汉堡签署了《联邦德国各州关于统一学校制度的协定》(简称《汉堡协定》),以取代到期的《杜塞多夫协定》。《汉堡协定》共五章22条,其主要内容包括:

第一,确定了9年普通义务教育制度和秋季入学制度。协定规定所有中小学新学年从8月1日开始,于次年7月31日结束;所有在6月30日之前年满6周岁的儿童在当年的8月1日开始接受义务教育;全日制义务教育年限为9年,也可延长至10年;一个学年的假期总计为75天;暑假统一安排在7月1日至9月10日之间;等等。

第二,继续维持中等教育的分轨制,但将第5、6年级确定为"促进阶段或观察阶段",从而将学生的分化时间向后推迟了两年。

第三,进一步统一了各类中学的名称及其组织形式,并明确各类中学的修业年限及课程要求,特别是外语教学的要求;认可了实科中学和完全中学的非常规形式,从而提供了主体中学、实科中学和完全中学转学的可能性。例如协定规定:所有学生就读的低年级学校统一使用"基础学校"(Grundschule)名称;构建在基础学校之上的学校统一使用"主体中学(Hauptschule)"、"实科中学(Realschule)"、"完全中学(Gymnasium)"名称;基础学校和主体中学也可使用"国民学校(Volksschule)"名称。

第四,相互认可考试成绩并统一分数等级名称。协定规定相互承认各州签发的学校毕业证书和其他毕业证书,以及高校入学资格的扩展性考试;统一规定教师职务考试成绩证书使用的分数等级以及所有中小学成绩证书使用的分数等级。

《汉堡协定》及其1968年、1971年的修订条款奠定了现今德国普通学校教育制度的基本框架。它不仅是原联邦德国统一教育事务问题上的基本文件,而且也是1990年东西两德统一时统一学校教育制度的重要基础。

二、高等教育领域的拨乱反正

二战结束后,联邦德国百废待兴。德国高等教育领域也是如此。在高等教育的十字路口,德国人面临着一个重要的抉择:复兴还是改造?当时人们对联邦德国高等教育的未来除了在非纳粹化这一问题上达成共识外,其余则是众说纷纭。这里关键的一个问题是:如何评价德国高等教育的传统?虽然美、英、法占

---

① 参见李其龙,孙祖复.战后德国教育研究[M].南昌:江西教育出版社,1995:21.

领当局更愿意看到一个与其本国高教系统相近的德国大学系统,但最终他们还是确认德国高等教育传统基本上是好的。在 1948 年发表的《鉴定报告蓝皮书》中,由占领当局组织的德国大学国际研究委员会确认:德国"高等院校具有历史悠久、其核心是健康的传统",应当"让传统的健康核心服务于我们时代的必要性"。[①] "传统的健康核心"即延续在德国大学身上的洪堡大学理想。

二战结束至 60 年代初的 15 年里,德国高等教育主要做了几项工作:

1. 肃清纳粹政府在大学的残余势力及其影响。以海德堡大学为例,在非纳粹化运动中,约有 70% 的教师因加入过德意志民族社会主义工人党而被解雇,以至于学校到 1948 年才为一些主要的学科聘齐了需要的教授[②]。

2. 全面复兴魏玛时期的办学方针与学术制度,包括依靠教授的大学内部管理制度、重学轻术的研究与教学传统等。尤其是经历了纳粹时期高等教育政治化的沉痛教训之后,学术自治被认为是大学不容争辩的基本原则,当时的德国大学因此也享受着空前绝后的自治权[③]。直到 1960 年,德国科学审议会在其报告中再次重申了联邦德国大学的基本原则是:第一,大学为成员之间平等的学者社团;第二,研究与教学在教学活动中的统一;第三,专业教育与普通人文教育的统一。

3. 建立新大学。德国西部在战后不久成立了 3 所新大学,即 1946 年成立的美因茨大学(Mainz)、1948 年成立的萨尔布吕大学(Saarbruecken)和柏林自由大学(Freie Universitaet Berlin)。而占领国在参与创建这三所大学中发挥了重要作用。

第二节 20 世纪 60—70 年代联邦德国的教育改革

20 世纪 60 年代以后,伴随着德国经济的高速增长和民主平等意识的深入人心,德国教育制度的痼疾越来越明显地暴露出来:一是学校教育培养的人才从质量和数量上都不能满足社会的需要;二是教育领域中的社会歧视问题严重。1964 年,大学教授皮希特(G. Picht)发表题为《德国教育的灾难》的系列文章,指出德国的教育规模远远不能满足未来社会对人才的需要,因此必须大力发展各层次的教育。[④] 1965 年,德国社会学家及教育活动家达伦多夫(R. Dahrendorf)

① [德]福尔.1945 年以来的德国教育:概览与问题[M].肖辉英,陈德兴,戴继强译.北京:人民教育出版社,2002:216.

② 杨荫恩.海德堡大学[M].长沙:湖南教育出版社,1991:98.

③ 参见陈洪捷.德国当代高等教育思想//陈学飞.美国、德国、法国、日本当代高等教育思想研究[M].上海:上海教育出版社,1998:169.

④ 陈洪捷.德国当代高等教育思想//陈学飞.美国、德国、法国、日本当代高等教育思想研究[M].上海:上海教育出版社,1998:192.

发表《教育是公民的权利：为一种积极教育政策的辩护》一文，从教育权利的角度分析了政府大力举办教育的必要性。① 两位学者的呼吁在德国社会引起了广泛的反响。

改革很快成为各州和联邦政府支持和推动的事业。这一时期，从基础学校到高等学校各层次的学校教育都成为了改革的"实验田"，一些新型教育组织，如综合中学、专科高中、高等专科学校、哈根远程教育大学等开始出现在联邦德国的土地上；传统的学校组织得到改造；文科中学及高校也出现前所未有的扩张，据统计，1970 年至 1980 年联邦德国的大学生数从 51 万增加到 104.4 万。②

一、基础教育领域的结构改革

1.《教育结构计划》和《教育总体规划》

（1）德国教育委员会与《教育结构计划》

作为由联邦政府和各州政府委任的教育政策（主要是基础教育、师范教育和职业教育）咨询机构，德国教育委员会（Deutscher Bildungsrat，1965—1975）在改革时期担任着重要的角色。它发表了一系列教育改革建议，对教育改革起到了重要的推动作用。其中最有影响的是其 1970 年 2 月发表的《教育结构计划》（*Strukturplan fuer das Bildungswesen*），它为 1973 年联邦—州教育规划委员会（BLK）的《教育总体规划》做了最重要的前期工作。

《教育结构计划》的改革思路十分明确，即通过教育的一体化，实现教育机会的平等，并尽可能地促进学生的个性发展。为此，它提出了教育结构改革的基本构想。

第一，将学前教育机构——幼儿园纳入教育系统，称之为"初级教育领域"。初级教育领域的学制为 2 年，儿童 3 岁入园。

第二，改革基础学校，将改革后的基础学校称为"初等教育领域"。初等教育领域的学制为 4 年或 6 年，儿童 5 岁入学。4 年的初等教育领域划分为入门阶段和基础阶段，6 年的初等教育领域包括入门阶段、基础阶段和定向阶段。

第三，将中等教育领域分为中等教育第一阶段和中等教育第二阶段。中等教育第一阶段包括第 5 年级至第 10 年级（如定向阶段划归为初等教育领域，该阶段则只包括第 7 年级至第 10 年级），毕业生获得中等教育第一阶段毕业证书。中等教育第二阶段与高等教育和继续教育相衔接，包括完全中学和各类职业学校等多种教育形式。各类完全中学和专科高中（Fachoberschule）毕业生可获得

① 陈洪捷.德国当代高等教育思想//陈学飞.美国、德国、法国、日本当代高等教育思想研究［M］.上海：上海教育出版社,1998：186.
② ［德］福尔.1945 年以来的德国教育：概览与问题［M］.肖辉英,陈德兴,戴继强译.北京：人民教育出版社,2002：28.

中等教育第二阶段毕业证书,该毕业证书同时也是学生进入高等学校学习的资格证明。中等教育第二阶段职业教育分级进行,提供相互衔接的各种资格。其中:各类职业教育的第一年为义务职业基础教育年,学生在这一年里接受各职业的系统的理论基础教育。职业基础教育年结束后,学生接受不超过 2 年的专业教育,然后取得初级职业资格证书。结束初级职业资格培训后,学生可以直接转入专科学校(Fachschule)学习。

（2）联邦—州教育规划委员会与《教育总体规划》

1969 年,《基本法》修订,联邦在教育规划上取得了发言权。为了协调联邦与各州政府之间的行动,联邦—州教育规划委员会应运而生。联邦—州教育规划委员会由联邦政府代表(8 名)和各州代表(每州各派 1 名)参加,其任务是完成联邦范围内的教育规划。如果说各州文化部长会议是在联邦主义框架下各州相互协调的常设机构的话,那么,同样作为政府委员会,联邦—州教育规划委员会则是在联邦的参与下,联邦与州、州与州之间进行协作的常设机构。

在 20 世纪 70 年代,联邦—州教育规划委员会的主要任务就是筹备教育总体规划。1973 年,在《教育结构计划》的基础上,经过不断的协商,联邦—州教育规划委员会终于出台了第一部由联邦和州共同制定的联邦德国《教育总体规划》(Bildungsgesamtplan)。该规划包括至 1985 年联邦德国教育事业未来发展的方针和政策,以及教育改革的具体步骤和所提供的财政支持。但由于在很多重要问题上,由不同党派执政的各州存在较大分歧,作为整个联邦范围协调发展的发展规划并没有顺利地付诸实施。1982 年,《教育总体规划》被终止。

2. 综合中学和文科中学改革

（1）建立综合中学(又译总合中学)

传统上,联邦德国实行分轨的学校体制,不同的中学有不同的培养目标和不同的学历资格。其中 13 年制文科中学毕业证书为普通高校的入学资格;专科高中毕业证书为高等专科学校的入学资格。而 9 年制主体中学的毕业生的出路主要是接受各种类型的职业教育。综合中学模式即是打破这种传统的分轨制教育制度,通过灵活组合的课程制度安排,使学生根据本人的志向、兴趣及能力,选择自己的学习重点,最终取得不同水平的升学或就业的学历资格。

综合中学一般包括 5 至 10 年级,或 7 至 10 年级。它有两种主要形式:一是合作式综合中学,二是一体化综合中学。前者在组织和教学安排上包括主体中学、实科中学和文科中学等三类学校,三类学校的教学计划和课程结构在综合中学的框架下相互协调,从而实现它们之间高度的贯通性。后者即在组织上和教学安排上是一个整体,学生毕业时依据其所选课程及成绩而获得中等初级教育领域的三种不同的毕业文凭。

1982 年,各州文化教育部长联席会议达成了关于一体化综合学校学历资格各州之间相互认可的协议,综合学校实验在形式上结束。综合中学改革没有实现它最初的设计,即以综合学校取代其他各级各类中学,形成一个统一的、单轨的学校系统。目前,它作为一种新的学校类型在一些州存在。

(2) 改革文科中学

增加文科中学在校生的数量是改革时期教育政策的目标。但随着这一目标的逐步实现,原本属于精英学校的文科中学逐渐成为"大众学校"①。为了应对大众化所带来的问题,如学习动机、学习兴趣等问题,1972 年 7 月 7 日,各州文化部长会议通过了关于改革文科中学高中阶段教育的所谓《波恩协议》,其目的是加强文科中学高中阶段的课程与教学个性化,尽可能地促进学生知识与能力的专门化。其中最重要的改革包括:第一,将传统三种类型的文科中学统一为单一的学校类型。改革前,文科中学存在三种不同的学校类型,即古典语言类、现代语言类和数学—自然科学类;学生多通过选择不同类型的学校就读来确定自己的学习方向。改革后,学生不再通过选择学校类型,而是通过在学校内部选择不同课程来确定自己的学习重点。第二,取消年级制(11 ~ 13 年级),代之以课程制。即学生不再按年级来分班,而是按其所选的课程来分班。每名学生在高中伊始,按照个人的意愿和能力选择本人的课程方案,并因此选择了自己可能的班级。

1972 年文科中学高中阶段的改革引起了不同的反响。支持者认为它促进了学生的个性化,符合时代的要求;反对者认为它造成了学生的过早专门化,不利于学生长远的发展。在这种争论中,各州文化部长会议对 1972 年的改革决议进行了多次调整或修订,其宗旨主要是在保持个性化教育教学的基础上,加强学生的共同基础和核心能力。1987 年 12 月 4 日,各州文化部长会议通过《关于继续执行和统一实施文科中学高中阶段各项协议的协议》。该协议成为联邦德国文科中学高中阶段教育教学工作的基础性文件。

二、颁布《职业教育法》,推行"职业基础教育年"

1. 颁布《职业教育法》

二战结束后,联邦德国继承发扬了魏玛共和国的教育传统,摒弃了纳粹时期强调大工业式的实习工厂化职业培训,将职业培训权重新放回到手工业行会及工商协会等经济组织手中。为此,各行业负责本行业的职业培训,并制订符合本行业特点的培训条例。其中最重要的是 1953 年颁布的《手工业条例》。该条例统一了手工业从业资格,规定凡招收和培训学徒以及独立开业者,必须通过师傅

---

① [德]福尔.1945 年以来的德国教育:概览与问题[M].肖辉英,陈德兴,戴继强译.北京:人民教育出版社,2002:157.

资格考试①,并对手工业职业培训的规程进行了全面而具体的规定。

但随着德国经济的发展,要求制定一个统一的职业教育法律的呼声也越来越强烈。这主要是由于:(1)各行业的培训法规不健全。虽然手工业有《手工业条例》,但工商业、农业等部门的职业培训并不十分健全。(2)在制定的职业培训条例中,雇主和雇员之间的矛盾没有得到解决,有些法规主要是从雇主利益出发而损害了雇员的利益。(3)行业法规都只是针对签订了师徒合同的青年人,那些未签订合同的青年人被排除在外。在经过长期的酝酿、讨论之后,《联邦德国职业教育法》于1969年8月14日得以颁布。该法在吸收了《手工业条例》相关内容的基础上,对"双元制"职业教育的组织、教学以及考核等进行了统一规定,并确定了企业职业培训由联邦直接管理的基本原则。1981年12月23日颁布的《联邦德国职业教育促进法》则对职业培训的质量保障问题、职业培训费用的分担问题,以及企业培训与职业学校教育的协调问题等作了进一步规定。

2. 推行"职业基础教育年"

"双元制"职业教育的教育理念是,只有通过有效的实践和充分的理论学习,才能实现真正的职业教育。但人们发现,由于"双元制"职业教育中教育职业类别划分过细,接受过"双元制"职业教育的青年人知识面较窄,职业转换能力差。

为了加强职业基础教育,1978年5月19日,各州文化部长会议达成了有关职业基础教育的框架协议。所谓"职业基础教育年"(Berufsgrundbildungsjahr),即在双元制职业教育的第一年,采取全日制职业学校教育形式或企业与部分时间制职业学校合作形式,将相近职业组成"职业领域",向学员传授该"职业领域"共同的基础知识和基本技能。其中全时制学校由州文化教育部主管,招收完成9年或10年学校教育的青年人。根据联邦经济部颁布的一项条例,职业基础教育年计入"双元制"职业教育的年限。目前,全日制形式的职业基础教育年逐渐取代了原来"双元制"中第一年的企业培训②。

三、高校扩张与民主化改革

20世纪60—70年代,德国高等教育政策讨论的中心议题包括:一是高等学校大门的"开放";二是高等学校的民主决策。而改革成果也体现在两方面:一是高等学校和学生人数的大发展。1965年至1975年间,联邦德国创建了25所

---

① 1965年,德国放松了对零售行业的开业资格规定,只对食品、医药和医疗用品等零售业实行资格证书。参见孙祖复,金锵.德国职业技术教育史[M].杭州:浙江教育出版社,2000:81.
② [德]福尔.1945年以来的德国教育:概览与问题[M].肖辉英,陈德兴,戴继强译.北京:人民教育出版社,2002:181.

新大学①,加上蓬勃发展的高等专科学校,使这十年成为德国高等教育史上高等教育扩张的十年。大学生在同龄人口中所占比例也由 1950 年的 5%、1960 年的 8% 上升到 1970 年的 15%、1980 年的 19%。② 二是高等教育整体结构和高校内部组织变革。这一时期德国产生了多种新类型的高等教育机构,如综合高等学校、高等专科学校,以及哈根函授大学(又称哈根远程大学)。与此同时,在高等学校内部,通过民主化运动,德国传统的"教授大学"改造为"团体大学";取消传统的系级建制,将古典的 4 个系(医学、法学、神学与哲学)变革为 20 多个专业领域(Fachbereich)。

1. 高校扩张背景下的"限额招生"与"开放决定"

(1)"限额招生"

在德国,普通高校入学资格即文科中学毕业文凭(abitur)。原则上,凭借普通高校入学资格证书,人们有资格在任何高校学习任何专业。然而,自 20 世纪 60 年代以来,高校的发展远远跟不上文科中学的发展。其后果是,由于高校提供的学习位置有限,持有普通高校入学资格的人并不能如愿地进入自己所心仪的高校和专业学习。于是,在一些高校学习名额供不应求的专业,实施了所谓"限额招生"(Numerus clausus)。限额招生制度是否损害了德国《基本法》赋予人们自由选择职业和教育地点的基本权利,一时成为德国社会热议的话题。1972 年 7 月,德国联邦宪法法院最终做出裁决,确认限额招生办法在宪法接受的范围之内。1972 年 10 月 20 日,各州文化部长会议达成了一项国家协议,对限额招生专业的申请和录取办法作了统一规定;并决定在多特蒙德市(Dortmund)设立"学额分配中心"(Zentralstelle fuer die Vergabe von Studienplaetzen,ZVS),由这个中心根据申请者所在地、家庭状况、等待时间、中学毕业成绩等材料来集中统一地分配入学名额。以后,这一国家协议根据新的形势被多次修订,内容涉及限额招生的专业和招生的办法等。1977 年前后,在"机会平等"的口号下,为配合高校的开放政策,曾大幅缩减限额招生的专业。但仍有少数热门专业,如医学、经济学、法学、生物学、心理学、建筑学等实施限额招生。

(2)"开放决定"

虽然新建、扩建了不少大学和高等专科学校,但面对不断增加的大学新生潮,高校仍然只是勉为其难地维持着局面。高校的接纳能力日益成为问题。是紧缩高校招生人数,还是继续扩大招生?这成为当时高等教育政策的拐点。由于当时错误地估计随着人口出生率大幅度降低,大学新生人数也会随之减少,

---

① George Turner. Hochschule zwischen Vorstellung und Wirklichkeit[M]. Berlin:Duncker & Humblot, 2001:33.

② Mitchell G. Ach. Mythos Humboldt:Vergangenheit und Zukunft der deutschen Universitaeten[C]. Wien/Koeln/Weimar:Boehlau,1999:146.

1977年11月4日,各州州长做出了一个影响深远的决定,即所谓的"开放决定"。具体内容包括:高等学校要为当时出生率高的年份保留学习位置;尽管高校学习位置有限,但仍要保证在高等教育领域有充裕的教育机会;应充分利用高等院校现有的接受能力,在必要的情况下,要通过"超载"加以扩张;要通过"调整"高等院校教师的编制,对需求作出灵活的反应。① 简言之,就是在维持现有高等院校规模和教育经费投入的情况下,高校要坚持向社会开放,尽可能满足社会成员对高等教育的需求。

"开放决定"后,德国高校被迫超负额运转,并寄希望于随着人口出生率的下降,大学新生也会随之减少。然而,人们错误地估计了形势:首先,人口出生率并未如以前预测的那样走低;其次,即使是人口出生率较低的年份,涌入高校的新生仍是有增无减。最后德国高等学校不堪重负:校园人满为患,师生怨声载道。1988年,大学生走上街头,抗议恶劣的学习条件和糟糕的学习环境,最终导致新一轮高等教育改革。

2. 民主化旗帜下的高等教育结构改革

（1）建立综合高等学校（又译总合大学）

综合高等学校（Gesamthochschule）是联邦德国20世纪60—70年代进行高等教育结构改革的产物。它有两种模式:一种是学校一体化模式,即将不同类型的高等学校——学术性高校（包括综合大学、工业大学、师范学院）和非学术性高校（包括艺术类高等学校、专科与工程技术学校）等合并在一起,完成高等教育的多种教育任务;另一种是专业课程一体化模式,即在各专业方向里,设置多层次、多样化的专业课程计划,为学生提供多种结业可能性。这也就是所谓的Y－模式:学生在完成共同的基础学习之后,将学习划分为短和长的专业学习。短的专业课程计划导向高等专科学校硕士学位（Fachhochschul-Diplom,简称D1）;而长的专业课程计划则导向大学硕士学位（Universitaets-Diplom,简称D2）。

在改革前期,综合高等学校改革计划得到了联邦政府、科学审议会以及西德大学校长会议（WRK）的支持。1971年,德国第一所综合高等学校在卡塞尔（Kassel）成立,至1974年,联邦德国共成立了11所综合高等学校。在1976年颁布的《高等教育总法》中,发展综合高等学校被确定为国家高等教育发展的长期目标。

但到80年代,综合高等学校运动不得不告一段落。这不仅是因为反对者的呼声越来越强大,而且也因为综合高等学校的实践并不令人满意。以综合高等学校一体化专业课程计划为例,人们发现,绝大多数学生在结束4个学期共同的

---

① ［德］福尔.1945年以来的德国教育:概览与问题［M］.肖辉英,陈德兴,戴继强译.北京:人民教育出版社,2002:222－223.

基础学习之后,都不会选择短学期的高等专科学校学位课程。尤其当高等专科学校发展起来以后,综合高等学校存在的合理性也丧失了。1985 年修订的《高等教育总法》删除了有关促进综合高等学校发展的相关条款。1987 年再次修订的《高等教育总法》甚至在前言中开始强调:要促进"多样化的、相互竞争的高等学校的发展",每一类型的高等学校都有其自己的地位和存在的意义。从 80 年代初开始,很多综合高等学校重新用"大学"的名称。到 1987 年,只有 7 所学校仍保留着综合高等学校的名称,但这些学校也都在逐渐向大学回归。

（2）发展高等专科学校

1968 年 10 月 31 日,各州州长签署了一个全联邦关于高等专科学校（Fachhochschule）的协定。按照该协定,1969 年至 1971 年,原工程师学校、工业设计高级专科学校、社会公共事业专科学校、经济高级专科学校等中等职业学校改制为高等专科学校;并确定高等专科学校是高等学校范围中的一个独立教育机构。随后,各州相继颁布《高等专科学校法》,确定高等专科学校的法律地位和培养制度,包括入学条件、师资要求及教学条例等。这样,德国传统单一的高等教育结构被打破。

70 年代以来,高等专科学校数发展迅速。不过,直到 1985 年,一直有一个问题困扰着高等专科学校的发展,那就是:相对于传统高校而言,高等专科学校的定位问题。1976 年的《高等教育总法》只是规定大学与高等专科学校具有同等的价值。当时科学审议会提出了一个流行的说法,即高等专科学校与大学等其他高等学校相比,是"异类等值"（andersartig, aber gleichwertig）①。1985 年 11 月,德国联邦政府修改了《高等教育总法》,明确提出要打破单一的高等教育模式,发展不同类型的高等学校,从联邦法律上确认了高等专科学校是一种新的、承担着与传统高校不同任务的高等学校类型。

（3）创建职业学院

"双元制"职业教育模式本来只是德国中等职业教育的成功模式。但 20 世纪 70 年代在巴登－符腾堡州（Baden-Wurttemberg）的斯图加特管理与经济学院的基础上创建的职业学院（Berufsakademie, BA）改变了这种状况。德国企业界原本就持有一种观念,认为大学理论化的教学不能培养企业所需要的应用型的人才。当工程师学校和其他职业学校升格为大学之后,他们愈发意识到应用性人才的危机。1972 年,联邦德国的三家大公司戴姆勒－奔驰公司、布施公司和罗伦茨公司联合符腾堡州立管理与经济学院,创立了校企联合办学的职业培训机构,试图借鉴"双元制"职业教育的培养模式,提供一种以企业培训及管理与经济学院教学结合的高级职业培训。1974 年,巴登－符腾堡州文化部充分肯定

---

① Wissenschaftsrat. Empfehlungen zu Aufgaben und Stellung der Fachhochschulen[M]. Köln,1981.

了这一做法,将这种培训机构正式命名为职业学院,并着力在本州推广。1982年4月29日,巴登－符腾堡州颁布《职业教育法》,职业学院成为高等教育领域的正式机构。1989年,巴登－符腾堡州正式认定职业学院的毕业证书与高等专科学校毕业证书等值。

（4）师范高校

在高等学校结构改革强调分化之时,德国的师范高校却朝着完全不同的方向发展。在1970年至1980年之间,也就是讨论建立综合高等学校的期间,绝大多数师范高校开始并入大学:或者将师范高校各专业领域分别并入大学相应的专业领域,或者组建大学独立的教育学专业领域。

目前,巴登－符腾堡州是全德唯一保留师范高校为独立机构的州。不过,为了保持人们对师范高校的信任,巴登－符腾堡州明显提升了师范高校的学术地位,其中包括使它拥有学术性高等学校的许多权利,包括教授资格的授予权(habilitationsrecht)和博士学位授予权等。

3. 校内管理体制民主化改革

在以"教授大学"为特征的传统德国大学里,大学的学术自我管理权是由教席教授来把持的。"教授大学"实际上是教席教授盘踞顶端的层级森严的官僚组织。所谓的平等协作关系只是发生在把持着各讲座的教授之中;教授以外的大学成员在大学自我管理中毫无影响力。

魏玛共和国时期,在普鲁士文化部长贝克(Carl Heinrich Becker,1876—1933)的推动下,在普鲁士、巴登和巴伐利亚,教席教授以外的教授和私人讲师的代表被允许进入学院一级委员会,使教席教授以外的大学成员参与大学管理迈出了根本性的一步。在1948年成立的柏林自由大学(FU Berlin),大学生在大学自我管理中获得了真正的共同决策权。在那里,大学生在学校所有的组织机构中都拥有1个席位和1个表决权。然而,从"教授大学"向"团体大学"真正的过渡发生在20世纪60、70年代。

1968年的德国大学生运动是高等学校内部管理民主化改革的助推器。著名哲学家、法兰克福学派第二代重要代表人物哈贝马斯(J. Habermas,1929—)积极参与了这场学生民主运动。他在1967年发表了《民主中的大学:大学的民主化》,声援大学生。1968年,他为黑森州文化教育部起草了《新高等学校法的基本原则》,主张高校各级管理机构应由高校所有团体成员的代表构成,引起社会强烈反响。

1971年10月26日,下萨克森州颁布了《下萨克森州综合高等学校法》(草案)(*Vorschaltgesetz fuer ein Niedersaechsisches Gesamthochschulgesetz*)。该草案废除了传统的高校组织制度,取而代之以由所有高校成员共同参与高校咨询与决策的"团体大学"制度。它依据职务和利益将高校成员划分为四个团体:高校教师

(Hochschullehrer)、学术型辅助人员(Wissenschaftliche Mitarbeiter)、大学生(Studenten)以及其他非学术型辅助人员(Sonstige Mitarbeiter),规定由以上各团体所选举出来的代表参加高校自我管理的决策机构并拥有等额的表决权。该草案一经颁布,就引起了高校教授和讲师们的激烈抗议。针对该草案在拥有教授资格的教授、讲师之外,还将不具备教授资格的高校医生、高级助手、在高校服务部门工作的其他科研人员和大学生咨询人员、担负专门教学任务如练习课、外语课的教师、学生指导人员等也划入"高校教师"范畴的做法,398名教授和讲师联名正式向联邦宪法法院提出宪法诉愿,认为此规定违背了联邦《基本法》有关学术自由的规定,要求对此进行基本法上的审查。1973年5月,联邦宪法法院针对高校教授和讲师的申诉进行了判决,认为"团体大学"模式与《基本法》的基本精神是一致的;"团体大学"作为解决大学各团体之间矛盾的手段,以及作为在高校管理中做出更好的决策而调动各团体专业能力的手段的想法,都是正当合理的。① 不过,在原则上承认"团体大学"合法性的前提下,联邦宪法法院从高等学校教师在学术活动中突出的地位出发,又特别强调了"团体大学"中高校教师在高校决策中的优势地位。

1976年颁布的《高等教育总法》在法律上对"团体大学"进行了确认。它明确规定校一级全体成员代表大会、评议会和学院(专业领域)委员会必须由四方人员,即教授、大学生、学术性辅助人员以及非学术性辅助人员构成;被法律认定的高校成员,只要属于各委员会的成员,均有权参加科研与艺术发展计划、教学或教授聘任直接有关事项的表决。同时它也确认了十分重要的"差别性原则",即不同的团体成员有不同的参与度。具体地讲,非学术性辅助人员虽有资格参与高校自我管理,但他们在科研与艺术发展计划、教学或教授聘任等直接有关学术事务的表决时,只有在有说服力的条件下才拥有表决权,否则只有咨询权;而教授团体成员在涉及科研、教学、教授聘任等重要的学术事务时则有压倒优势的影响力。

4. 联邦政府参与高等教育活动

文化教育是各州的事务。在1969年以前,联邦政府在高等教育领域的作为仅限于以下两方面:一是在科学研究领域里有关促进科学研究的立法权;二是在文化管理领域从业的公务员法的立法权。

1969年《基本法》的修订,使联邦政府在高等教育领域的职权范围大大扩展。它不仅为联邦政府获得高等教育总法的立法权提供了合法性,而且承认了联邦政府在教育与科学系统的发展计划上与州平等的话语权。首先是立法权,

---

① H. Saecker. Das Bundesverfassungsgericht[M]. Bonn: Bundeszentrale fuer politische Bildung(bpb), 2003:123.

包括有关大学生学习资助的立法权、有关科学研究促进的立法权、有关高等学校教师等公务人员工资和待遇的立法权、制定高等教育事业一般性原则的立法权等。其次是和各州一起分担教育与科学领域的"共同任务"。包括扩建和新建高等学校，以及在教育规划和促进跨地区的科研机构和研究项目方面的任务等。[①] 为了保证以上任务的实现，1969 年秋，成立了联邦教育和科学部（Bundesministerium fuer Bildung und Wissenschaft，BMBW）。

事实上，自 1969 年以后，联邦政府就在高等教育事务中扮演着越来越重要的角色。

（1）与州分摊高等教育基本建设费

1969 年 9 月，德国联邦政府颁布了《高等学校基本建设促进法》（Hochschul-baufoederungsgesetz），并为此成立了高等学校基本建设规划委员会。从此以后，联邦与州共同分摊高等教育基本建设的财政经费（各承担其费用的 50%）。据统计，1970 年至 1994 年，联邦和州总共为高等教育基本建设拨款 662.26 亿马克，其中联邦为 298.98 亿马克，各州为 363.28 亿马克[②]。

（2）负责大学生教育资助

1969 年 9 月，德国联邦政府颁布了《联邦培训促进法》（Bundesausbildungsf-oederungsgesetz，BAfoeG）。自此以后，联邦政府承担了大学生教育资助的主要责任。1989 年，在德国西部州大学生资助金约 20 亿马克，其中绝大部分即 15 亿马克出自《联邦培训促进法》的资助款。而在这 15 亿马克中，65% 来自联邦财政，35% 来自各州财政。[③]

（3）规划与协调联邦与各州之间的教育与研究政策

1970 年 6 月，联邦—州教育规划委员会（Die Bund-Laender-Kommission fuer Bildungsplanung，BLK）成立。1975 年，该委员会扩大为联邦—州教育规划和研究促进委员会（Die Bund-Laender-Kommission fuer Bildungsplanung und Forschungsfoerderung，BLK）。如果说各州文化部长常设会议是协调各州之间的文化教育政策的话，那么，联邦—州教育规划委员会则是在联邦的参与下，协调联邦和各州之间教育与研究政策，制定联邦范围内的教育规划。随着形势的发展，联邦—州教育规划委员会的工作重点由最初的制定教育规划逐渐转移到解决国家教育发展的重大问题上，如新媒体、新技术对基础教育和高等教育的影响、教育体制与就业体制中的结构问题等。

① ［德］福尔.1945 年以来的德国教育：概览与问题［M］.肖辉英，陈德兴，戴继强译.北京：人民教育出版社，2002：45－46.

② ［德］福尔.1945 年以来的德国教育：概览与问题［M］.肖辉英，陈德兴，戴继强译.北京：人民教育出版社，2002：54.

③ H. Peisert，G. Framhein. Das Hochschulsystem in Deutschland［M］. Bonn：BMBW，1994：55－56.

（4）制定高等教育的一般性原则

1976 年 1 月，联邦政府颁布了《高等教育总法》。尽管《高等教育总法》只是有关高等教育一般性原则的框架法，但它对于联邦德国高等教育法律制度以及联邦与各州在高等教育事务上建立新的关系都具有重要的意义。尤其是《高等教育总法》有关高等学校的法律地位以及高等学校一般性的组织及管理原则的规定，对各州高校法具有导向作用。

第三节　两德统一后德国的教育改革

1991 年两德统一后，德国教育面临三大任务：一是统一后东部新州教育的重塑；二是在竞争与效率目标下的教育改革；三是欧盟教育一体化背景下的欧洲化与国际化。90 年代后的德国教育改革正是围绕这三大任务而展开的。

一、东部新州学校教育的改造与建设

1945 年二战结束后，作为战败国的德国被苏、美、英、法等国按占领区分割，教育也随即分而治之。在苏占区，1946 年通过了《关于德国学校民主化的法律》，把传统的双轨制学校教育制度改变为统一学校制度，即把整个学校系统分为相互衔接的四个阶段：学前教育阶段（幼儿园）、基础教育阶段（基础学校）、中等教育阶段和高等学校阶段。其中，基础学校学制为 8 年，中学学制为 4 年；实行 8 年免费义务教育。而职业教育仍以传统的双元制为主，并以 1948 年建立的企业职业学校为其主要的实施机构。1949 年，德意志联邦共和国与德意志民主共和国分别成立，此后 40 余年两个德国的教育走上了各自不同的发展道路。

20 世纪 50 年代，民主德国开始全面学习苏联，引进苏联教育模式，建立了中央一级的教育行政机关——国民教育部，对教育实施中央集权制管理。原 8 年制的基础学校改为 10 年一贯制的学校，1956 年改称为"中间学校"。1959 年，在加强综合技术教育的口号下，"中间学校"又改称为"十年制普通综合技术中学"；与大学相衔接的原 4 年制中学则被改称为"扩展的普通综合技术中学"（简称为"扩展中学"，其入学条件是修毕 10 年制中学的第 8 学年）。

1965 年，民主德国出台了《关于统一社会主义教育制度法》（简称《1965 年法》），全面规定了民主德国的教育目标、教育任务、教育功能和教育结构。至德国统一前，民主德国形成了从托儿所到大学的统一的教育体系，实行 10 年义务教育。

两德统一后，根据东、西德 1990 年 8 月 31 日签订的统一条约，东部 5 个州的教育体制按照西德教育模式加以改造。可以说，统一后德国教育的发展基本上是西德模式一体化的过程。

1. 教育管理体制改革

统一后,新州的教育行政管理全部纳入联邦和州协调的教育政策中来。1990 年 12 月,新州各州的文化部长出席全德各州文化部长会议,它同时也意味着新州加入联邦—州教育规划委员会和科学审议会;1990 年 11 月,新州高等学校校长出席联邦范围的大学校长会议,使 1949 年成立的"西德大学校长会议"成为"全德大学校长会议"。联邦《高等教育总法》、《高等教育基本建设促进法》等法律对新州也同样具有法律效力。

2. 高等院校进行结构性调整

1991 年,科学审议会受民主德国的最后一届政府以及联邦德国联邦及各州政府的委托,提交了一份有关统一后民主德国高等学校发展规划的评估报告。报告建议包括发展高等专科学校、设立高等院校结构委员会、实行新的教授聘任制度以及改造个别意识形态强烈的学科领域等。新州的改革基本上沿着科学审议会指引的方向进行。

(1)建立新学校、改造旧学校

首先是发展高等专科学校。在统一前,民主德国没有高等专科学校。在科学审议会的建议下,1992 年,在东部州就建立了 23 所高等专科学校[1]。

其次,将师范学院并入大学,即将东部地区的 10 所师范学院中的 9 所并入综合性大学。

最后,在高等学校不发达的地区新建大学。例如在波茨坦(Potsdam)、奥得河畔法兰克福(Frankfurt an der Oder)、埃尔富特(Erfurt)等地建立新大学;在科特布斯(Cottbus)、克姆尼茨(Chemnitz)建立新的工业大学。

(2)进行意识形态领域的改造

"解散"和"掺沙子"是 90 年代初东部新州高等教育改革中的两个"热词"[2]。"解散"包括解散那些意识形态浓厚的学科专业,如社会学、法学、历史学、国民经济学等,也包括解雇相应的人员。统一初期,东部新州高校人事改革是当时一项重要和敏感的工作。当时的人事和专业委员会负责审核高校成员。"掺沙子"指通过政策吸引西部的高校教师来东部高校任教。

二、两德统一后的教育创新

进入 20 世纪 90 年代以来,德国教育积重难返,陷入二战结束以后最深刻的危机。联邦德国在新的形势下,展开了一场涉及基础教育、职业教育、高等教育

---

① [德]福尔.1945 年以来的德国教育:概览与问题[M].肖辉英,陈德兴,戴继强译.北京:人民教育出版社,2002:226.

② [德]福尔.1945 年以来的德国教育:概览与问题[M].肖辉英,陈德兴,戴继强译.北京:人民教育出版社,2002:226.

的全面而深刻的教育改革。

1. 构建质量保障体系,提高基础教育质量

提高和保证教育质量是一个全面而系统的工程,但这并不意味着改革行动没有轻重缓急。德国基础教育改革的重点主要集中在以下方面:

(1) 发展全日制学校

德国绝大部分学校都是半日制的。在半日制的学校里,学生早晨 7 点半或 8 点到学校上课,到中午 12 点或 13 点放学回家。半日制学校不仅是导致德国学制过长的一个主原因,同时也是诱发大量社会问题的一个重要因素。60 年代末,德国曾尝试兴办过全日制学校,但终因财政问题而半途而废。现在,旧话重提。2003 年,联邦教育与研究部推出"未来教育和关怀"工程,决定在 2003 年至 2007 年的五年里,投入 40 亿欧元,将全德三分之一的学校(一万所)新建或改建为全日制学校。①

另外,学制过长是长期困扰德国教育的老问题。德国政府在推行全日制学校的同时,也致力于缩短学制。2007 年 10 月,各州文化部长会议原则上通过了将基础教育学制由原来的 12 年和 13 年并存的制度统一调整为 12 年制的方案。

(2) 构建教育质量评估体系

过去德国各州对学校的管理往往停留在过程管理上。州政府对教育的管理主要体现在:规定教育的大政方针,编制财政拨款预算,制定教学计划,及至出台教师培训条例和学生考试规章等。进入 21 世纪以后,德国开始关注教育的结果。

2003 年 12 月,根据各州文化部长会议决议,国家教育质量研究所(IQB)成立。这个全国性独立的教育评估机构挂靠在柏林洪堡大学,其任务是制定相关的国家性教育标准,同时评估这些教育标准的可行性,并从学术角度督促标准的落实。② 国家性教育标准包括学科质量标准、合格学校标准和教师教育标准。从 2005 年起,该所组织相关专家,制订供各州参照的主要学科的基本标准。2007 年,各州在国家教育质量研究所提供的标准基础上,制定了本州的标准。③

2. 完善"双元制"职业教育

为了使传统的"双元制"职业教育适应社会和科技的发展,德国对"双元制"职业教育进行了卓有成效的现代化改造。

(1) 更新职业教育条例,增设新兴教育职业,实现职业教育的动态化与灵活性

在德国,教育条例和职业学校教育框架计划是按教育职业来制定的。德国

① 中国驻德国大使馆教育处.2004 年德国教育改革发展综述[J].世界教育信息,2005(5).
② 徐斌艳.PISA 引发的德国教育改革[J].现代教学,2006(6).
③ 徐斌艳.PISA 引发的德国教育改革[J].现代教学,2006(6).

现有 360 多个国家承认的教育职业,它们是从 1 万多个社会职业中合并归纳而来的。而当前社会产业结构发展呈现的两大特征是:一是以传统加工业、农业、采矿业、传统服务业等为代表的传统产业日益萎缩,而以信息技术产业、旅游业、护理业等为代表的新兴产业发展迅猛;二是伴随着科学技术的不断进步,各职业本身也加速了自我革新与改造,对从业人员提出了更高和更新的素质要求。为此,根据社会经济结构的转换及时调整和更新教育职业及其教育计划便成为德国职业教育现代化改革的重点,也被视为德国职业教育新的生长点。据统计,在 1996 年至 1999 年间,总共有 90 个教育职业的教育条例被制定和修订,其中包括 34 个新增加的、主要分布在新媒体、信息与电子通讯技术等领域的教育职业。① 2000 年至 2004 年,德国对 76 个教育职业及其相关的职业教育条例进行了修订,并增设了 26 个新的教育职业;2004 年、2005 年又分别对 51 个教育职业进行了现代化改革。② 除此之外,德国加强相关研究,建立职业资格早期辨别系统,对职业和职业资格的产生、发展及消亡进行分析,为职业教育"专业"调整提供支撑。③

(2)修订职业学校教学计划,改革考试方法,重申职业教育的应用性和实践性

首先是确定以行动为导向的职业学校课程方案。1996 年,德国各州文化教育部长联席会议颁布职业学校的"学习领域"课程指南。所谓"学习领域",即是一个由学习目标描述的主题学习单元;每个学习领域由能力描述的学习目标、任务陈述的学习内容和总量给定的学习时间(基准学时)三部分构成。④ 而学习领域划分的基础是工作过程,也就是"在企业里为完成一件工作任务并获得工作成果而进行的一个完整的工作程序"。⑤ 这种基于工作过程的、以职业能力为导向的课程方案,打破了传统的基于学科结构的、以知识为导向的课程方案,强调课程的行动性和情境性,使职业教育课程开发能够更有效地实现职业教育的应用性与实践性。

其次是提高在考试中对考生职业综合运用能力和实际操作能力考核的比重。各州文化教育部长联席会议在 1998 年 10 月"有关进一步发展职业教育的

① Ausbildung fuer alle:neue Ausbildungschancen fuer Jugendliche und Betriebe. http://www. mc - consult. de/BBB/BBB2000/Teil_l. Htm.
② 姜大源.德国职业教育改革重大举措:德国新《职业教育法》解读[J].中国职业技术教育(综合版),2005(5).
③ 姜大源.德国职业教育改革重大举措:德国新《职业教育法》解读[J].中国职业技术教育(综合版),2005(5).
④ 姜大源,吴全全.德国职业教育学习领域的课程方案研究[J].中国职业技术教育(综合版),2007(1).
⑤ 姜大源,吴全全.德国职业教育学习领域的课程方案研究[J].中国职业技术教育(综合版),2007(1).

思考"决议中提出,在今后的职业教育考试制度改革中,要加强对考生操作能力和工作过程知识的考核;要充分考核不同企业或地方的具体要求。① 联邦职业教育研究所在 1998 年职业教育年度报告中也建议,为了使考试内容和环节尽可能与实际工作过程接近,就采用设置任务情境、提出完整工作任务的考试模式。

(3) 扩大职业教育新空间,开发职业教育新形式,实现职业教育的多元化和多样化②

2005 年新的《联邦职业教育法》在肯定"双元制"职业教育为主要职业教育形式的同时,确认了职业教育的实现方式是多种多样的。为此,新法做了如下修改:一是对各种形式的职业培训或职业预备教育予以认可。在德国,有相当一部分青年人在普通中学结业后会接受联邦劳动总署或其他社会机构举办的职业培训项目。这类培训过去被视为非正规职业教育而不予以认可。而按照新法规定,对参加过这类培训的青年人,如再接受"双元制"职业教育,则其相应的培训时间将有效地予以折算。二是对全时制形式的职业学校教育予以认可。在新法之前,全时制职业学校的毕业生在劳动市场上不能得到与"双元制"职业教育毕业生那样的同等对待,以至这部分青年人中大约有 40% 的人在结束学校职业教育后,又不得不再接受"双元制"职业教育。为此,新法允许在各州职权范围内管辖的全时制职业学校的毕业生,其在校接受职业教育的时间等同于"双元制"职业教育的学习时间,为各行业协会认可全时制职业学校的职业教育开启了"绿灯"。

3. 以竞争促效率,实施高等教育的现代化改造

20 世纪 90 年代以来,德国政府在加大财政投入的同时,也推动了以竞争促效率的一系列改革。

(1) 绩效导向的高校经费分配制度

其一,建设精英大学。长期以来,德国坚持整体均衡发展的高等教育战略,对同类所有高校,不论历史或规模大小,从投入到管理一视同仁。结果是,德国高校在世界高校中整体水平较高,但缺乏世界顶尖的、一流的大学。为此,德国决定放弃"均衡发展"的原则,实施"卓越计划",着力打造德国的"精英大学"。

2004 年 11 月 15 日,联邦教育与研究部部长与各州文化部部长在柏林就尖端研究资助计划相关事宜达成一致,计划从 2006 年至 2011 年间共投资 19 亿欧元(联邦和 16 个州分别出资 75% 和 25%),重点扶持 10 所精英大学以及精英的科研团队和研究生院。2005 年 6 年,该项计划以"卓越计划"为名被政府通过。该计划分为三个层次:第一,"研究生培养机构"计划,为年轻科研人员和博士生

① KMK. Ueberlegungen der KMK zum Weiterentwicklung der Berufsbildung. http://www.bmbf. de.
② 姜大源.德国职业教育改革重大举措:德国新《职业教育法》解读[J].中国职业技术教育(综合版),2005(5).

提供良好的研究条件,其经费占总经费的 12.7%;第二,"研究组群"计划,主要鼓励高校建立具有国际竞争力的研究与培训机构,其经费占总经费的 63.4%;第三,"精英大学"计划,即重点支持一些大学,打造具有世界一流水平的大学,其经费占总经费的 23.9%。经过一系列的申请、评估和筛选,2006 年 10 月,德国评选出了第一轮"卓越计划"的 18 个研究生培养机构、17 个研究组群和 3 所大学。其中,卡尔斯鲁厄大学、慕尼黑大学和慕尼黑工业大学获得了第一轮"精英大学"的称号。①

其二,建立绩效导向的高校财政制度。1998 年 8 月,联邦进行了《高等教育总法》的第 4 次修订。修订的重点之一即建立以绩效为导向的高校财政制度,以及与此相配套的高校教学与研究评估制度。《高等教育总法》规定:"国家高等学校财政以其在研究与教学以及在促进科学后备人才方面所取得的业绩为导向。同时也会考虑高等学校在实现平等任务方面所取得的进步"(第 5 条);"高等学校在研究与教学、在促进科学后备人才以及促进男女平等等方面的工作应定期评估。大学生必须参与教学质量的评估。评估的结果应正式公布"(第 6 条)。这也就是说,国家在保证并增大对高校财政资源投入的同时,将引进一种新的、以绩效为导向的资金分配制度,以此激发高校之间的竞争行为。

其三,实行缴费制。自 20 世纪 60 年代德国社会民主党执政时期提出"大学门前不分贫富"的口号以来,德国一直实行高等教育免费制。

1998 年,由右翼联盟领导的巴登 – 符腾堡州开始引入收费制,对在校时间超过 6 年尚未获得学位的学生每学期收取一定的费用。2002 年,以社会民主党与绿党联合执政的联邦政府颁布了一项"国家学费禁令",制止了巴登 – 符腾堡等州的收费行为。但 2005 年德国联邦宪法法院对联邦政府的"国家学费禁令"作出裁决,判定此禁令违反了基本法。其理由是依照德国基本法,德国 16 个州对各自的教育拥有管理权,联邦政府不得直接干涉。此后,在高校是否收取学费的问题上,各州各自为政。目前各州在收费问题上的政策大致分为三种:收费、有条件收费、不收费。到 2007 年,下萨克森、汉堡、巴符、巴伐利亚和北威等州已实行全面收费,收费标准多在每学期 500 欧元左右。②

(2)管理体制改革

竞争与效率,要求建立一个具有决策能力的领导与管理体制。90 年代末期以来,德国高等教育管理改革表现出一个明显的特征:通过"去控制化"、"去国家化",赋予各州以及各高校更多的自主权。

① 朱佳妮.德国"卓越计划"与"精英大学"初探[J].世界教育信息,2007(5).
② 闫瑾,李洪伟,曹喆.德国大学收费的最新动态[J].世界教育信息,2008(2).

其一,削减联邦政府的教育权力。人们认为,法律主义、文牍主义以及与此密切相关的官僚主义是德国高校管理僵化、效率低下的主要原因。而作为联邦范围内的框架性法律,联邦《高等教育总法》过于繁琐的条款自然成为众矢之的。为此,1998 年修订后的《高等教育总法》删除了许多规定性的条款,包括"学习条例"、"课程设置"、"其他成绩证明"、"科研的协调"和"取消学籍"等,从而为地方和高校提供了更多的自主空间。①

2006 年 5 月,联邦与各州签订了《2020 年高校公约》。公约以增加地方对高等教育的自主权为宗旨,重新划分了联邦与州在高等教育领域的职责范围及承担的任务。2007 年 6 月 30 日和 7 月 7 日,联邦议院和联邦参议院分别通过了酝酿已久的《联邦制改革法案》。该法案的核心内容包括:高校具有招生和结业的决定权;各州负责本州的教育规划,联邦放弃对教育规划的参与权;在人事制度上,把包括高校教师在内的公务员工资与待遇专项权下放给各州;取消联邦今后对扩建和新建高等院校的财政参与权等。②

其二,增加高校的自主权。"团体大学"是德国 60—70 年代高校改革的重要成果。在"团体大学"模式中,高校所有重要的决议都由委员会中的教授、大学生、学术性辅助人员、非学术性辅助人员等四方代表讨论商议后做出。这种事事由全体成员代表参与的决策方式,不但消耗时间与精力,而且责权不明。为此,许多州进行了高校内部组织与管理模式的探索。其中包括:个人负责制,即通过延长任期和扩大职权,加强校长的权力;实行决策行政部门与监督部门的分离;引入有校外人士参加的高校理事会等。

(3)高校人事结构与工资制度改革

2000 年,联邦教育与研究部颁布《21 世纪德国高等学校服务法》改革方案,提出了一个新的科学后备力量的培养途径和以绩效为导向的工资制度。

其一,新的科学后备力量培养途径。改革前,在德国,人们要得到教授职位,原则上要在大学毕业后再获得两个资格,即博士学位和教授资格。与其他国家相比,德国大学教授培养途径暴露出几大问题:一是培养期过长,教授初始年龄过大;二是在获取教授资格前的青年科研人员独立性不够。为此,联邦教育与研究部重新设计了高等学校教师的职业发展道路:5 年大学学习,接着是最多为 3~4 年的博士阶段和最多为 2~3 年的博士后阶段,然后是任期不超过 6 年的青年教授职位,最后是受聘成为教授。这里,最为引人注目的是,引入"青年教授"职位,让它取代传统的"教授资格"来作为受聘终身教授的考察阶段,进而使青年人在 30 岁左右就能拥有独立研究与教学的权利。

---

① 参见周丽华.德国大学与国家的关系[M].北京:北京师范大学出版社,2008:172－176.
② 何康林.德国新一届政府上台后的教育政策及倾向[J].世界教育信息,2008(1);闫瑾.德国高等教育管理体制改革的新动向[J].世界教育信息,2008(1).

其二,绩效导向的工资制度。改革前,教授工资是由基本工资加家庭补贴构成的多等级的工资制度。教授工资分三个等级:C1、C2、C3,教授的个人工资即是在所聘职位等级工资的基线上,按工龄增加工资。每工作两年,便晋升一级工资,一共可晋升 15 级。可以说,这是一个基本上无关乎业绩的工资制度。为此,《高等学校服务法》提出了一个 W 级工资制度。它包括:青年教授适用 W1 级工资;大学和高等专科学校教授适用 W2 级和 W3 级工资;各级别工资均由两部分构成:一是统一固定的起点工资,即基本工资;一是依据其岗位及承担任务而变化的、原则上是有一定期限、且是由校方和教师个人达成协议的业绩工资。

(4)博洛尼亚进程中学位制度与教学制度改革

1999 年 6 月 19 日,欧洲 29 个国家的教育部长在意大利博洛尼亚共同签署了《博洛尼亚宣言》。德国是《博洛尼亚宣言》的首批签署国,也是博洛尼亚进程的倡议国和推动者。在推进博洛尼亚进程中,德国进行了一系列深刻改革,有些对于德国传统而言甚至是颠覆性的。

其一,引进英美式的学士—硕士学位体系,构建高等教育的三级学位体系。德国高等教育学位系统为两级学位:第一级学位为硕士学位,包括专业硕士(Diplom)、硕士(Magister)和国家考试毕业文凭(Staatsexamen);第二级学位为博士学位。1998 年修订的《高等教育总法》对此作出反应,即允许高校在保留传统学位制度的同时,引入英美式的学士—硕士学位。2002 年《高等教育总法》则进一步明确,授予英美式学士—硕士学位的专业设置为高校常规专业设置。

其二,引入欧洲学分转换系统。在衡量与评估学生学业成绩上,德国高校实行的是一种"成绩证明"(Schein)制度。一个学生在申请参加毕业考试和取得学位时,需要递交"教学条例"和"考试条例"所规定的所有课程及教学活动的成绩证明,并以此证明其达到了该学位的毕业要求。这种制度的不足是其可测性与可比性较低。欧洲学分转换系统则对高校学生的学习量进行了量化处理:1 学期相当于 30 学分,1 学分相当于学生 30 个小时的学习量,每学期平均为 900 个小时的学习量。欧洲学分转换系统使学生的学习成绩在同一学校的不同专业或不同学校之间的相互承认成为可能,使学生的转学和流动变得更加容易。

综观德国 20 世纪下半叶的教育发展,我们可以发现在其传统与变革的变奏曲中有一些基本主题:第一,在中等教育阶段存在着带有双轨制性质的多种类型中学,是德国教育的传统和特色。虽然它拥有合理的出发点,即根据不同人的能力、兴趣和需要提供不同的学习道路,但由于它实际造成的教育机会不平等问题,使得社会对它的批评从未间断过。如何促进主体中学、实科中学和文科中学之间的贯通,促进主体中学与高等学校之间的衔接始终是德国中等教育改革的焦点问题。第二,"双元制"职业教育是德国引以为豪的职业教育形式。而"双元制"职业教育有效进行的前提条件,一是企业提供的徒工培训岗位与其申请者之间达到供求平衡;二是企业与职业学校之间教学能实现相互配合。如何发挥和调动企业职业教育的积极性,如何提高"双元制"职业教育对青年人的吸引力;如何协调企业培训与职业学校理论教学的关系,相对稳定的职业分类如何适应快速变化的经济发展需要,这些都是德国职业教育改革亟待解决的问题。第三,学术自由与社会责任一直是高等教育改革中的基本命题。德国高等教育50年代的拨乱反正、60—70年代的民主化运动,以及90年代以后以竞争促效率的改革,从某种角度上讲,都是在不同社会环境下德国高等教育对这一命题的求解。

思考题

1.《汉堡协定》的基本内容。

2. 20 世纪 60—70 年代联邦德国基础教育领域改革的主要内容。

3. 20 世纪 60—70 年代联邦德国高等教育领域改革的主要内容。

4. 两德统一后,德国高等教育改革的指导思想及其举措。

参考文献

1. Sekretariat der Staendigen Konferenz der Kultusminister der Laender in der Bundesrepublik Deutschland:Das Bildungswesen in der Bundesrepublik Deutschland 2001. Bonn,2002.

2. Christoph Fuehr. Deutsches Bildungswesen seit 1945[M]. Bonn:Inter Nationes,1996.

3. Peisert,H./Framhein,G. Das Hochschulsystem in Deutschland[M]. Bonn:BMBW,1994.

4. 孙祖复,金锵.德国职业技术教育史[M].杭州:浙江教育出版社,2000.

5. 李昌芳,梁翠英.当今德国教育概览[M].郑州:河南教育出版社,1994.

6. 李其龙,孙祖复.战后德国教育研究[M].南昌:江西教育出版社,1995.

7. 瞿葆奎.联邦德国教育改革[M].北京:人民教育出版社,1991.

8. 吕达,周满生.当代外国教育改革著名文献:德国、法国卷[M].北京:人民教育出版社,2004.

9. 周丽华.德国大学与国家的关系[M].北京:北京师范大学出版社,2008.

10. [德]福尔.1945年以来的德国教育:概览与问题[M].肖辉英,陈德兴,戴继强译.北京:人民教育出版社,2002.

第三十四章

20 世纪后期苏联与俄罗斯的教育

　　从 1958 年到 70 年代末期,苏联曾先后三次进行教育改革,改革的主要环节是中等教育,试图以改革解决教学与生产劳动相结合的问题。在 80 年代之前,苏联经济、科学的迅速发展与其在教育领域取得成绩密切相关。从 80 年代开始,社会、经济的变革影响到教育领域,与苏联及俄罗斯社会深刻的结构性变化同步,教育领域也发生了结构性变化。缺乏一定的系统性、连续性和有效性是 20 世纪 80—90 年代俄罗斯的教育发展的特点。进入 21 世纪,随着俄罗斯经济的逐渐复苏,服务于国家和社会的创新性发展成为俄罗斯教育发展的主导方向。

　　20 世纪下半叶,苏联教育学者针对教学内容、教学原则等问题展开创造性研究活动,形成了大量的教育学研究中心、实验室、科学研究所,涌现出了众多知名的教育理论家,这些研究机构和专家的工作极大地推动了 20 世纪后期苏联教育科学的发展。

第一节　二战后苏联教育的调整与发展

　　卫国战争期间,苏联大约有 8.4 万多所学校和科学研究机关毁于战火,但学校教育事业的恢复工作在战时的各个收复地区早已先后展开。战后,苏联教育体系的恢复工作开展更快。国家首先增加对教育的投入,1946 年,国家预算中用于教育的投入为 38 亿卢布,而在战前的 1940 年仅为 23 亿卢布。在临近 1950 年时,国家对教育的投入增加到 57 亿卢布。[①] 除了国家预算投入以外,集体农庄、工会、工业合作社也在为学校建设投资。苏联动员全民力量,以全民建设的方式建设教育体系,在短期内取得了很好的效果。

---

① Н. К. Гуркина. История образования в России (X-XX века) [М]. Санкт-Петербург, 2001 : 52.

一、普通教育的调整和发展

战后苏联中小学得以恢复并不断扩大,儿童 7 岁入学和七年制普及义务教育在城市和乡村得以实施,中等教育逐渐普及。1950—1951 年,苏联各类小学、七年制学校和中学总数已达 201 628 所,在校生总数达到 3 331.4 万人。[①]

20 世纪 30、40 年代,苏联学校主要侧重于知识教学,为更高一级学校培养合格的新生是苏联普通中学的主要任务。随着中学毕业生数量的增长,高等学校无法容纳如此大量的毕业生,因而就产生了升学与就业的矛盾。1954—1957 年间,全国不能升学的中学毕业生达 250 万人,仅在 1957 年就有 80 多万。[②] 这些毕业生需要就业;与此同时,50 年代末苏联国民经济迅速发展,国力强盛,急需补充大批的劳动力。但是,由于忽视生产劳动教育,致使中学毕业生无法适应社会生产的需要。升学与就业之间的矛盾、学校教育与社会需要之间的矛盾尖锐,教学与生产劳动相结合,恢复综合技术教育的问题再次受到关注。

50 年代中期,教育内容包括学生在教学车间和学校附属的实验场地的学习,用基本的科学知识武装学生与培养他们参加劳动活动相结合。1958 年 9 月,赫鲁晓夫提出了《关于加强学校同生活的联系和进一步发展全国国民教育制度的建议》。同年 12 月,苏联最高苏维埃主席团根据这个建议通过了《加强学校同生活的联系以及进一步发展全国国民教育制度的法律》[③],按照这一法律,"加强学校同生活的联系,培养学生走向生活和参加公益劳动"是新一轮教育改革的基本指导思想。此后,中学改为 11 年制的集普通教育包括生产教学在内的劳动教育、综合技术教育于一体的学校。因为教学计划中纳入了职业性教育,八年制义务教育开始取代七年制教育,称为不完全的劳动综合技术普通教育。完全中学的学习时间由 10 年延长至 11 年,并创建起了学制为 1~3 年的统一的职业技术学院。

改革中等教育结构是这次教育改革的重要方向之一。中等教育第二阶段分三种基本类型:第一类为青年工人学校和农村青年学校。这类学校是为了使从八年制学校毕业后直接从事生产劳动的青年能有继续学习机会而开办的业余普通中学;第二类为兼施生产教学的劳动综合技术普通中学,它是完全中等教育学校,八年制学校毕业生可在这种全日制学校接受三年的普通中等教育和职业训练,毕业后获得中等教育毕业证书和所选职业的资格证书,之后可以马上就业,也可以进入设有相关专业的高等院校;第三类为中等职业技术学校和中等专业

---

① 滕大春.外国教育通史:第六卷[M].济南:山东教育出版社,1994:2.
② 毕淑芝,迟恩莲.苏联教育制度的几次改革[J].苏联东欧问题,1983(4).
③ Под редакцией З. И. Васильевой. История образования и педегогической мысли за рубежом и в России[M]. Москва,2005:389.

学校,学制为 3 ~ 4 年,接受普通中等教育和中等专业教育,这类学校由苏联部长会议所属的国家职业技术委员会负责管理,学生毕业后发给证明其掌握有关职业技能和完全中等教育的毕业证书,之后一般安排就业,获得优等毕业证书者则可以报考高等学校。

教学计划也发生了改变,普通学校大量增加生产劳动时数,增设职业训练。八年制学校的劳动教学与生产劳动占教学总时数的 15.3%,与改革前的七年制学校相比,增加近三倍。普通中学第二阶段中劳动教学与生产劳动占 33.3%,比教改前增加四倍以上,同时对学生进行职业训练。[①]

为了改进儿童教育,1956 年 9 月,苏共中央和苏联部长会议还通过建立寄宿学校的决定,扩大寄宿学校网,增加延长学日的学校和班级。由国家培养残废军人和残废劳动者的子女,并解决家庭特别困难、双职工以及缺乏必要的教育条件的儿童的教育问题。寄宿学校有了很大的发展。

重视培养有特殊才能的儿童,1958 年,赫鲁晓夫在关于改革国民教育制度的建议中提出:"在现有的学校中挑选有才能的学生,以便把有特殊天才的儿童集中到一定的学校里",创办加深学习若干科目的学校。对此,苏联教育界曾开展激烈的辩论。直至 1963 年,才首次开办了四所针对特殊才能儿童的加深学习若干科目的学校。[②]

1958 年教育改革暴露出了诸多问题,在苏联社会受到了抨击。1964 年10 月的苏共中央全会和后来的几次全会,都要求以批判的态度对待这次改革,并提出了进行新的改革要求。可以说,学校改革本身没有错误,只是学生的职业训练由于各种不同的原因而流于形式,并且,普通教育阶段的培养水平也有所降低。1964 年和 1966 年,学校又先后恢复以前的教育体系,限制了以学校劳动课形式进行的职业训练。

二、高等教育的调整和发展

1946 年,全苏高等教育委员会改变为苏联高等教育部。此前,高等学校具有双重隶属关系,属于全苏高等教育委员会和国民经济委员会两个部门管理。这种管理机制对学校工作造成了一定影响。卫国战争后,高等教育迅速恢复和发展起来,1946—1950 年期间,苏联高等学校学生数量在历史上首次超过100 万人。[③]但是,由于经济和社会的迅速发展,国家对于专业人才的需求并没有得到充分满足,加之卫国战争造成高校教师特别是高水平教师的流失,使得这一时期苏联高等教育仍面临巨大的发展压力。为了弥补高校教师的不足,尤其是

① 毕淑芝,迟恩莲.苏联教育制度的几次改革[J].苏联东欧问题,1983(4).
② 毕淑芝,迟恩莲.苏联教育制度的几次改革[J].苏联东欧问题,1983(4).
③ 贺国庆,王保星,朱文富等.外国高等教育史[M].北京:人民教育出版社,2003:665.

补充高等学校社会科学课程教师,培养党的干部和意识形态工作者,1946 年,苏联创建了附属于苏共中央的社会科学学院。

在 1958 年教育改革期间,高等学校的招生制度再次调整。高校招生中优先录取有实践工龄的青年,后来又规定高校主要招收有两年以上工龄的青年,废除获得金质奖章和银质奖章的中学毕业生免试升学的规定。

新的大学录取规则为工龄两年以上和军队复员人员创造了优势条件,从 1959 年起,苏联全日制高等学校纷纷办起夜大学和函授大学。1945—1946 学年在函授部学习的人员占大学生总数的 28%,1960—1961 学年这一比例已上升至 51.7%。[①]

高校招生制度的改变,造成许多优秀的中学毕业生不能直接升学。同时为了招收在职青年,往往降低对考生科学基础知识方面的要求,有些新生文化水平很低,严重地影响了高等学校的质量。

第二节　20 世纪 60—80 年代的苏联教育

20 世纪 60—80 年代,为解决二战后教育改革遗留下的诸多问题,苏联对各级各类教育进行了持续的改革,并取得了一定成效,但与此同时也陆续产生了一些新的问题,影响到 20 世纪后期苏联教育的健康发展。

一、20 世纪 60 年代的苏联教育

1958 年教育改革暴露出许多问题,教育改革的重点是加强学校中的劳动教育和职业训练,结果是忽视了 50 年代以来科技革命新时代对实现教学现代化和提高知识教学质量的新要求。特别是 20 世纪 60 年代,科学技术和现代化生产迅猛发展,为了适应现代科学技术、现代化生产的需要,1964 年 8 月,苏共中央和苏联部长会议公布了《关于改变兼施生产教学的劳动综合技术普通中学的学习期限的决定》,自此之后,苏联教育又经历了一系列改革。

1. 普通教育改革与发展

中等教育依然是改革的重点之一,1964 年以后,大大压缩生产教学实践时间,从而缩短中学第二阶段的学习年限,把中学第二阶段由三年改为两年,整个普通教育阶段由十一年改为十年。教学计划中大量削减生产劳动时数,1964 年中学第二阶段的生产教学和生产实习的时间由 1 356 小时减至 708 小时,减少了 47.8%。[②] 这样一来,生产教学又一次被忽视。1967—1968 年的十年制普通

①　Н. К. Гуркина. История образования в России(Ⅹ-ⅩⅩ века)[М]. Санкт-Петербург,2001:53.
②　毕淑芝,迟恩莲.苏联教育制度的几次改革[J].苏联东欧问题,1983(4).

学校的教学计划中,生产劳动的时间只剩下每周两小时,不再提职业训练。与此相反,从七年级起逐年增开选修课,以加深物理、数学、自然科学和人文科学的知识,发展学生各方面的兴趣和才能。

另一项改革就是缩短小学阶段的学习年限。在教育科学院多年实验研究的基础上,经苏联教育部批准,于1964—1969年先后开始把小学阶段的学习年限由四年逐步改为三年,于是从四年级起开始讲授系统的科学基础知识。普通教育的第二阶段也相应地由四年变为五年。

从1964年10月开始,俄罗斯联邦教育科学院和苏联科学院联手组织学者、教授和优秀教师着手修改和重新编写中小学的教学计划、教学大纲和教科书,用了十年时间,完成了十年制学校的全部教学大纲和教科书的编写工作,使"教育的内容和性质符合现代科学、技术和文化的发展水平"。在改革教育内容的同时,进行教学设备和教学手段的技术更新,普通学校从70年代初开始逐步由班级教室制过渡到专用教室制,即按各学科建立和装备专用教室进行教学,以提高教学质量和效率。

提高教育质量是1964年教育改革的主要目的,即为高校培养高质量的新生成为中学教育的主要目的,而生产劳动再次被忽视。1964年以后的教育改革,对提高苏联的教育质量,促进苏联教育的现代化起了很大的作用。但是学生的学业负担却大大加重了。教师和学生都普遍反映新的教学大纲太难太深,教科书分量太重,学生无法掌握。教育改革中存在的另一个问题是,又一次忽视普通学校的劳动教育问题。因此,1958年以前的升学和就业的矛盾又在新的条件下反映出来。

2. 高等教育的改革与发展

1964年的教育改革重新改变高等学校的招生规定。除取消按出身录取的规则外,1965年全日制高等学校又废除主要从具有两年以上工龄的青年中选拔的规定,开始实施对具有两年以上工龄的青年和对应届毕业生予以分别选拔的办法,二者的录取比例由志愿报考的学校校长根据报考人数和考试成绩决定,逐步恢复了以招收应届毕业生为主的做法。此外,规定获得金质奖章的中学毕业生有升学的优先权。这类学生只参加一门专业科目的考试,如成绩为五分者,即可被录取。大学管理的自主性有所提高,大学人文学系得以逐渐恢复,校长、系主任选举制、高等学校委员会和系委员会的选举制得以恢复。

但是,高等学校教学计划和教育内容的划一性依然继续,在教学计划中,意识形态性的课程占有重要地位,如苏联共产党史、辩证唯物主义和历史唯物主义、社会主义政治经济学等课程。高等教育内容以及个别课程处于国家和党的严格监督下。

苏联进入科学技术革命时代后,使得60年代的高等教育和中等教育有所拓展,大学的行业性管理形式有所改变,与新技术和国民经济及科学新领域相关的大学、技校的录取人数迅速增长,高等学校在发展科学方面的作用有所提高。

为了保证高等学校的质量,弥补工农青年基础知识的不足,高等学校设立了预科。1969年,苏共中央和部长会议通过《关于高等学校设立预科的决议》,决定从1969年起,逐步在高等学校设立预科,招收具有完全中等教育程度的先进工人、庄员和服兵役期满的青年。预科系学生经有关单位推荐,由学校面试录取。脱产学习者(全日制)修业八个月,不脱产学习者(夜校和函授)修业十个月。学习内容基本上是高等学校入学考试的科目。预科生只要毕业考试及格,均可免试进入本院校一年级就读。

二、20世纪70年代苏联教育的发展和改革

进入70年代,普及中等教育成为苏联教育发展的重要方向。此间普及十年中等教育是通过三种途径实现的:十年制普通学校,这是进行普通中等教育的主要形式;夜课制和函授制普通学校;兼施完全中等教育的中等职业技术学校和中等专业学校。到1975年,86%的走向社会的青年人都受过完全中等教育,超过90%的八年制学校的毕业生在不同的中等学校学习过。[①]

60年代的教育改革之后,培养学生进入大学成为中学教学的主要目的。可是至1975年,只有不到1/4的中学毕业生进入大学[②],需要直接就业的中学毕业生比例增加。在此情况下,由于教学计划只注意学生的知识质量,忽视了对学生进行劳动就业的准备,多数毕业生在职业定向方面遇到困难,毕业生缺乏劳动技能的问题又重新被提出来。

1977年12月,苏共中央和苏联部长会议颁布《关于进一步改进普通学校学生的教学、教育和劳动训练的决议》(简称《决议》)。《决议》指出:"许多中学毕业生在走向生活时,缺乏应有的劳动训练,对基本的普通职业没有足够的认识。因此在到国民经济部门工作时感到困难。"《决议》要求"中学毕业生在学习期间应当掌握深刻的科学基础知识和在国民经济中工作的劳动技能,学校必须坚决转向改进青年在物质生产范围内的劳动训练,为学生选择职业打好基础"。

根据这一《决议》,再次改变学校教学计划,中学高年级增加劳动教学时间,即九、十年级从每周2小时增加到4小时。给学校配备劳动教学师资,并对之加强培养和提高工作;利用企业、国营农场和集体农庄的条件为学生安排有效的劳动教学和职业指导;增设劳动教学、职业指导的视导员,在普通中学成立学生职业指导教学法研究室;大力开展学生参加公益劳动的各种形式:校办工厂、学生

① Н. К. Гуркина. История образования в России(X-XX века)[М]. Санкт – Петербург,2001:53.
② Н. К. Гуркина. История образования в России(X-XX века)[М]. Санкт – Петербург,2001:53.

生产队、劳动和休息夏令营等组织,扩大校际教学生产联合工厂网等。

1977 年的《决议》一方面加强了普通学校的劳动教学,为毕业生就业或升入中等职业技术学校提供了条件,另一方面,加强了职业技术学校中的普通教育内容,使中等职业技术学校和中等专业学校中的普通教育课程与普通完全中学基本平衡。70 年代,随着中等教育的普及,苏联大力发展兼施职业教育和普通中等教育的中等职业技术学校。实施初等职业技术学校逐步向中等职业技术学校的过渡,职业技术学校的地位和作用不断提高。中学毕业生直接就业的人数在不断减少,而升入职业技术学校的比例却在增加,1980 年已达 40%。[①]

三、20 世纪 80 年代的苏联教育

在普通教育方面,始于 30 年代的"教育学无儿童"的问题到了 80 年代初期变得更为严重,苏联学校教学质量开始下降,特别是在小城市和农村地区。学校的划一性和平均主义发展到了极致,在整个苏联从加里宁格勒到楚克奇(岛),同一年级的同一门课程都是一样的。教科书是一样的、固定的,教学大纲是一样的,教学计划也是相同的。

儿童和青少年的个性特点被忽视,整个教学过程定位于"中等层次"学生。落后学生(不论落后的真实原因)和天才学生都处于不被重视的状态,学生的身体健康状态和心理健康状态严重恶化。学校封闭,与社会割裂,导致学生的幼稚性加剧,学校在社会和国家面前失去了对青少年一代的责任感,教育自身的社会威信下降。

教师疲于应付教科书,失去了进行创造性探索的权利,划一的教学大纲、教育部制订的划一的教学法要求也使学生没有选择自身教育途径的权利。到1982 年,这种专制性的、划一性的教育体系开始改变。80 年代初,在《国家处在危险中》这一报告的影响下,从美国开始,整个世界掀起了新一轮的改革浪潮。苏联教育部也提出要改革国家教育,《普通学校和职业学校改革的主要方向》确定了此次教育改革的主要原则。改革的目的是将学校工作提高到一个新的水平,改善教育教学质量,保证每门课的教学具有更高的科学水平,牢固地掌握科学基础知识,完善教学计划和教学大纲,完善教育教学方法。本次教育改革触及教育体系的各个部分。苏联教科院也明确了其研究计划,对于不同类型的学校和校外机构的教学、教育活动经验的研究兴趣在提高。

但 1984 年的教育改革被认为是试图摆脱危机的一次失败的尝试,一直保留下来的教育管理体制不能给学校教育的发展带来现实的改变。1988 年 3 月,在当时的教育部、高等学校部和国家职业教育委员会的基础上组建了教育部。当

① 毕淑芝,迟恩莲.苏联教育制度的几次改革[J].苏联东欧问题,1983,(4).

时的教育部长雅戈金(Г. А. Ягодин)命令建立临时科研集体,由著名的教育学家第涅普罗夫(Э. Д. Днепров)担任其领导。建立这一集体的目的,是制定以发展学生个性的思想为基础的全新的教育政策,以教育体系中各级教育的可选择性和自由选择性为基础,将教育视为社会发展的实效性因素。

1988年12月举办的全苏教育工作者代表大会制定并通过了以下基本原则,即教育的民族化、多样化,教育的多种投入形式,教育的可选择性,教育的民族性和国家性,教育的开放性,教育的区域化,教育的人道化,教育的多样化,教育的发展性,教育的连续性。

20世纪80年代,高等教育领域的发展同其落后的经济和社会贡献之间的矛盾已极为尖锐。1987年,高等学校旨在实现教育、生产和科学一体化、完善教学过程、改变大学教育工作的改革得到支持。与80—90年代中等教育改革并行,高等教育也在同时进行改革,高等教育改革的主要内容是教育计划的人道化和基础化,大学管理的合理化和去集权化、教育的多样化,在大学中民主化和学校自我管理的进一步发展。但是这项改革并没有进行到底。

1985—1988年,教育体系遭到了普遍的批评。官僚主义、高度集权、单纯追求成绩、教师和管理者职业水平低以及其他一些问题成为批评对象。80年代末,由《教师报》和电视台发起了对于教育问题的全民讨论。总是认为中等学校毕业生水平在下降的高等学校,提出了对于"优质教育"的需求,虽然当时对于优质教育这一概念尚无明确的确定。

从80年代末期开始,社会上形成了在中学高年级实施专业侧重教学、提高外语教学质量、更新大纲、拒绝人文课程及其他课程内容的意识形态化要求。在中小学校广泛出现了数学物理、生物化学、人文等有专业侧重的班级,为某一所确定大学培养人才的学校进一步扩展,出现了文科学校(提供大学前教育的学校)、实科学校(为专业学院培养学生的高年级学校类型),这类学校的教学计划较为丰富,定位于掌握最适应社会需要的专业知识。

第三节 20世纪后期苏联的教育理论

20世纪下半叶,苏联教育学者积极开展创造性研究活动,这一阶段的活动为苏联教育学理论及教育实践的发展做出了重要贡献。莫斯科和列宁格勒是当时苏联教育理论研究的两个重要基地,两地积聚了大量的教育学研究中心、实验室、科学研究所,以及众多知名的教育理论家,这些机构和专家的工作极大地推动了20世纪后期苏联教育科学的发展。

一、20 世纪后期苏联教育理论发展概述

1966 年,俄罗斯教育科学研究院改组为苏联教育科学院。从 60 年代末期,每年都要举办全苏教学法和教育科学研究方法研讨会,总结先进教育学经验,讨论教育学研究的发展问题以及创建科学教育学方法论的构想,并确定教育学需要迫切研究的问题,试图创建苏联教育科学新形象。

教学论问题是从 60 年代开始苏联教育研究的一个重要领域,针对苏联教育学中无儿童的问题,教学、教育和发展相统一成为苏联教学论的基本思想。赞可夫(Л. В. Занков)在解决这一问题上做出了巨大贡献,在赞可夫发展性教学体系中,儿童作为个体是教学的中心。达维多夫(В. В. Давыдов)的成果也直接用于解决这一问题。在达维多夫的成果中,教学和发展的关系具体体现在低年级儿童的教学过程中。所有这些研究都在丰富学校教学理论与实践,使学校教学过程更加积极,更加有利于教育目标的成功实现。

在教学论体系中,教学原则问题受到特别关注。赞可夫和达维多夫都在将教育学和心理学加以相互联系的基础上,制定了发展性教学原则。赞可夫的工作具有开创性意义,其中包括他的奠基性作品《教学与生活》(1968)。消除科学性原则和可接受性原则之间的矛盾是赞可夫关注的重心。达尼洛夫(М. А. Данилов)、叶西波夫(Б. П. Есипов)、斯卡特金(М. Н. Скаткин)等许多学者均参与了由赞可夫首先提出的这一问题的讨论。艾利康宁—达维多夫(Д. Б. Эльконин-В. В. Давыдов)发展性教学思想和赞可夫发展性教学思想在俄罗斯教育界确立起了新的、人道主义的、具有个性化的心理学思想。

在教育学研究中,对于教学内容的研究也占有重要地位,在苏联教学论专家看来,教学内容是青少年一代了解物质文化财富的重要途径。从这个角度出发,斯卡特金和莱纳(И. Я. Лернер)重点研究了教学内容问题,他们确定了教学的内容和组织形式。

斯卡特金和莱纳还研究了课堂教学问题。他们指出了课堂教学的特点,如:保证课堂教学功能与教育功能的一致性,这种一致性由教学内容、教师的活动和学生的积极自主性相结合、共同关心课堂工作结果,并对课堂工作持正面态度等来保证。在他们看来,课堂是一个与教学目的有机结合的整体,课堂的其他组成都从属于课堂目的。60 年代,课堂和课堂教学体系作为教育学问题在教育界得到广泛关注。人们对于课堂结构、课堂类型的认识等问题进行了讨论,尽管课堂教学存在缺陷,但是,课堂和班级授课体系仍然是教学活动的基本组织形式。

70—80 年代教育学的鲜明代表是巴班斯基(Ю. К. Бабанский),他是教学过程最优化理论与实践的首创者。巴班斯基在 20 世纪 70 年代初至 80 年代中期以罗斯托夫地区的普通学校为基地,创造了大面积克服留级现象的经验,更直接

为教学过程最优化理论的创立提供了实验材料。巴班斯基在此基础上于1972 年出版了《教学过程最优化：预防学生学业不良的方法》一书,提出教学过程最优化的教育原理。此后,他出版了《教学过程最优化：一般教学论方面》,并在《国民教育》和《苏维埃教育学》等杂志上发表了一系列论文,来阐述自己的最优化教学思想。

70—80 年代,阿莫纳什维利（Ш. А. Амонашвили）、沙塔洛夫（В. Ф. Шаталов）、雷先科娃（С. Н. Лысенкова）、伊里因（Е. Н. Ильин）、卡拉科夫斯基（В. А. Караковский）等人的思想广泛传播。他们联合在马特维耶夫（В. Ф. Матвеев）主编的《教师报》周围,《教师报》刊登了他们的座谈会纪要,提出了"合作教育学"的口号。在这些创新性教师的活动中,体现出了教育实践定位于完善教学过程的主旨。在这一阶段,出版了系列丛书,丛书的作者就是开展独创性教学探索的教师们,他们的探索旨在解决教学与教育的主要问题。沙塔洛夫（В. Ф. Шаталов）在 1979 年出版了《三分是怎样消失的》。他致力于解决教育教学中如何培养学生的创造性,培养学生对学习的兴趣,培养学生的积极性和自主性,消除过重的课业负担等问题,而这些问题都是教育领域亟待解决的尖锐问题。阿莫纳什维利、沙塔洛夫、雷先科娃、伊里因等人的活动非常知名,在教育学书籍中,这些教师的经验不仅仅作为教学论的主要问题被研究,而且也作为理论与实践之间多样化的关系问题来研究。尽管他们提出的观点没有得到普遍认可,但在很大程度上被渗透在教学计划、教学大纲和教科书的编写工作中,这对于更加科学地组织教学,对于更新教学方法,都起到了积极的促进作用。

苏联时期的最后十年,即 20 世纪 80 年代,是苏联教育发展和教育学思想发展史上的一个特殊时期。这一时期,社会对于教育发展的热情提升,创造了用新的思想和先进经验来丰富教育科学的良好氛围。教育学方法论作为一个独立的学科领域也在这一时期得以形成。

苏联教育科学院于 80 年代在教育学、师范教育、心理学等各个方向展开了研究,研究题目极为丰富。整个 80 年代,苏联的教育学者主要就三个问题展开了研究,包括：完善教育的形式和方式、活跃学生的学习认识活动、培养大学的教育学研究积极性。注重个性,是教育研究以及教育实践过程中完成教育任务的基本理论和方法论基础,也是当时合作研究的选题。

二、苏霍姆林斯基的教育思想

苏霍姆林斯基（В. А. Сухомлинский,1918—1970）是苏联著名的教育活动家和教育思想家,他的教育实践活动和教育理论著作对二战后苏联教育科学的发展曾起到重要作用。在苏联教育科学的发展过程中,苏霍姆林斯基是教育创新者,他留下了极为丰富的教育科学遗产。他在卫国战争中身负重伤后来到了基洛夫格勒市,并在那里展开了教学活动。从 1948 年到 1970 年去世,他担任帕夫雷什学校校长达 22 年之久,在这期间,他集中研究了教育学的若干基本问题。其主要作品《把整个心灵献给孩子》(*Сердце отдаю детям*)表达了他一生的座右铭,也是他理论与实践活动的写照。

苏霍姆林斯基的教育学是在其教学实践中形成的,它在实践中成长,并发展为创造性的教育科学体系。在其教育科学体系中,苏霍姆林斯基研究了教育学的人道化倾向问题。苏霍姆林斯基是时代的代表,培养共产主义的世界观是他所确定的教育目的、教育内容、教育结果的基础。

苏霍姆林斯基实践教育学的思想活动与他的生活和工作有着紧密联系。他利用乌克兰农村生活的特点,利用反映青少年成长的劳动过程,将进入社会生活的道路具体化。苏霍姆林斯基的教育探索就是生动的生活与学校创造性活动、与教学集体和每个教师不断互动,这种互动关系是生活本身所决定的。

孩子是苏霍姆林斯基教育学体系的中心,教育、教学是青少年掌握文化财富的途径。这种认识是苏霍姆林斯基的所有教育学著作的基础,其中很多著作成为俄罗斯教育学的宝贵财富。其作品包括:《把整个心灵献给孩子》、《帕夫雷什中学》(*Павлышская средняя школа*)、《和青年校长的谈话》(*Разговор с молодым директором школы*)、《公民的诞生》(*Рождение гражданина*)、《集体的明智权利》(*Мудрая власть коллектива*)和《家长教育学》(*Родительская педагогика*)等。

苏霍姆林斯基的教育体系是教育学知识的百科全书,他从人道主义和创造性的观点出发,力图解决 20 世纪 60、70 年代苏联教育学发展方面的主要问题,对二战后苏联教育理论的发展产生了深远影响。

第四节　苏联解体后俄罗斯教育的改革与发展

90 年代,随着俄罗斯政治、经济领域的急剧变化,俄罗斯教育体系也经历了重大变革,思想生活的意识形态化已经成为过去。学校管理的去集权性原则、地方权力机构参与教育管理的原则、学校确定教学活动的自主性原则、教师与学生和家长合作关系等成为主导原则。另外,国立学校资金投入不足导致高水平的教师流失,教育水平和质量都有所下降。

80 年代末至 90 年代初,民众对教育必要性的认识不足。1989 年,仅有 10% 的中学毕业生表现出对学习的兴趣。学校可以拒绝实施国定最低限必修课程,出现了许多速成的、可供选择的教学计划和教科书,这在一定程度上破坏了中等和高等教育的连续性,降低了中小学生培养的总体水平。

90 年代初,俄罗斯宪法实际上不再保证免费的完全中等教育(九年级以后的教育）。这意味着部分青少年被排除在完全中等教育之外,青年人犯罪率增长。到 90 年代中期,对于教育必要性的认识也在提升,1996 年新的《俄罗斯联邦教育法》再次提出完全中等教育是普及的和免费的。

苏联解体后,学校的主要问题是教师的地位问题,就收入水平而言,教师的收入处于社会的最底层,教师威信下降,学校教师女性化,学校缺少高水平教师。

高等学校从 1987 年开始的改革持续进行,教学组织发生改变,通过引进多样化的课程,教学计划的多样化更加深化。2003 年,俄罗斯加入了博洛尼亚进程,高等教育从传统的五年制的专家培养体制向学士和硕士培养体系过渡。

从 1992 年的《联邦教育法》颁布开始,非国立教育部分开始积极形成。私立学校以小班授课形式和多样化的课程来吸引学生,私立大学依靠其教学的实用性和吸引力发展迅速。私立教育的产生和发展在一定程度上满足了人们对教育服务的多样化需求,使教育领域出现了可展开竞争的空间。

90 年代的教育改革可以视作 80 年代未竟的教育改革的真正开始,改革的重要任务包括:更换价值体系,激发人的自主性和活动性。教育改革的特点主要体现在以下几个方面:

教育的民主化。即要求学校管理去国家化,要求学校转变为社会与国家共管体系;教育管理实现去集权化;要求地方政权参与发展教育;要求学校自主选择自身的发展策略;教师要有创造的权利;学生要有选择学校的权利。

教育的多元化。多种组织形式、多种选择性赋予国立教育和非国立教育并存发展的可能。

教育的民族性和国家性。跨文化对话是民族发展的有效因素,也成为使民族关系实现和谐的有效因素。

教育的区域化。即给予地区根据自身条件选择各自教育发展计划的权利和责任,也就是说避免教育计划和大纲的划一性。

教育的人道化。即学校应关注孩子,尊重孩子的个性,信任孩子,并为儿童的能力和天赋发展创造条件。

教育的多样化。教育的多样化以教育计划的多样化为基础,以教科书的多样化为基础,以创建教育服务市场为基础。只有以务必遵守的国家教育标准为基础,才能保证教育的多样化,才能保持教育的质量。

教育的发展性和活动性特征。只有在学校不再定位于重复性的知识再现,并转而关注教育的活动性和变革性时,才能唤醒个体开展各种不同形式的独立劳动的能力。

从 1958 年到 70 年代末期,苏联曾先后三次进行教育改革,中等教育成了该过程的主要环节,且始终围绕着两个问题进行:一个是加强生产劳动教学,为学生的就业作准备,培养熟练工人;另一个是实行教育的现代化,提高教学质量,培养高质量的专门人才。1958 年的改革强调了学校和生活的联系,为学生将来就业作准备;却忽视了当代科学技术发展对专门人才的要求,结果降低了教学质量,职业训练也没有能够真正实现。1964 年的改革又矫枉过正,尽管教育现代化得到了重视,但过分强调了知识教学的一面,而忽视了生产教学。结果学生学习负担太重,中学毕业生缺乏就业准备。1977 年的教育改革吸取了前两次改革的经验教训,力图使普通学校和职业学校的学生既有就业的准备,又有坚实的基础知识,不过仍没有能够很好地解决这个问题。

尽管苏联教育体系内部存在一系列问题,教师的创造性和学生积极性没有得到应有的发挥,但不可否认,在 80 年代之前,苏联经济、科学、教育发展迅速,苏联拥有世界最好的技术教育、音乐教育,在宇宙航空、激光技术领域取得了辉煌成绩。而在整个 80 年代,苏联经济、对内政治和对外政治进入停滞状态,这种状态不可避免地影响到教育领域,1984 年的教育改革并没有能够改变这种局面,反而有所加剧。从 20 世纪 90 年代开始,俄罗斯社会经历了深刻的结构性变化,教育领域也发生了结构性变化。鉴于社会变革的过程并没有结束,同时也由于教育政策缺乏一定的系统性、连续性和有效性,20 世纪 90 年代俄罗斯的教育发展表现出了复杂性和非连续性。

21 世纪初,随着俄罗斯经济的逐渐复苏,对教育与经济和社会的创新性发展及与国家安全的关系的认识更加深刻了。继《2010 年前俄罗斯教育发展构想》(一般通称为《教育现代化构想》)之后,从 2006 年开始,俄罗斯开始推行旨在提高俄罗斯公民的生活质量的《国家规划》,而教育发展是《国家规划》的重要内容。该规划提出要提高教育投资,向优秀学校、优秀教师、天才青年提供专项支持,其主要目的是保证优质教育的普性。面向知识经济的发展,服务于国家和社会的创新性发展将是新世纪俄罗斯教育发展的主导方向。

进入新世纪,《2010 年前俄罗斯联邦发展战略》及以此为基础制定的《2010 年前俄罗斯教育现代构想》确定了俄罗斯教育现代化原则,提出了"教育应当成为俄罗斯社会和国家的一个优先发展的领域","国家要重新承担起自己在教育领域的责任,并积极发挥自身的作用"。提高教育质量,使教育符合个体、社会和国家当前及未来的发展需求,符合世界教育发展趋势成为俄罗斯教育政策的主导思想。

2008 年,俄罗斯联邦政府制定了 2020 年前国家社会经济发展长期构想,其战略目的是使俄罗斯走创新性发展之路。现在,俄罗斯社会已形成这样的共识,即"现代教育既是创新发展的结果之一,更是创新发展的必要条件"①。这也是

① А. А. Фурсенко Комплексная модернизация образования как механизм обеспечения инновационного развития социально-экономической сферы из выступления на Правительственном часе в Государственной Думе 3 сентября 2008 г. // Народное образование. – 2008. – No. 9.

正在制定中的俄罗斯 2009—2012 教育全盘现代化的主要原则。教育现代化的主要内容包括:以教育促进社会发展,促进社会关系的完善;调整教育内容和教育标准,以保证青少年一代具有现在和将来所需的创造能力和创新性行为;提高教育体系的开放性,创建灵活的、现代化的终身教育体系;进一步严格认证、鉴定要求,提高教育质量等。

思 考 题

1. 20 世纪后期苏联教育理论的发展。
2. 20 世纪 60 年代苏联教育改革的主要内容。
3. 20 世纪 90 年代俄罗斯教育改革的主要特点。

参考文献

1. 毕淑芝,迟恩莲.苏联教育制度的几次改革[J].苏联东欧问题,1983(4).

2. 王义高,肖甦.苏联教育 70 年成败[M].北京:北京师范大学出版社,1999.

3. 肖甦,王义高.俄罗斯教育十年变迁[M].北京:北京师范大学出版社,2003.

4. Под редакцией З. И. Васильевой. История образования и педегогической мысли за рубежом и в России[M]. Москва,2005.

5. Н. К. Гуркина. История образования в России (Х-ХХ века)[M]. Санкт-Петербург,2001.

6. Под редакцией Н. Д. Никандрова. История педегогики [M]. Москва,2007.

7. Под общей редакцией, А. И. Пискунова. История педегогики и образования от зараждения воспитания в первобытном обществе до конца ХХ века[M]. Москва,2007.

8. А. Н. Джуринский. История педегогики[M]. Москва,2000.

第三十五章

20 世纪后期美国的教育

虽然第二次世界大战没有在美国本土发生,但作为重要的参战国,战争还是对美国教育产生了重要影响。各级学校都卷入到了为战争服务的轨道中去;许多教师投笔从戎,许多青年学生放弃学业加入到作战队伍中去,教师短缺、学生学业成绩差成为各级各类学校的普遍问题。在战后初期,美国教育面临的最重要的挑战是解决退役军人的去向问题。1944 年美国国会通过的《退役军人重新适应法》即是解决这一问题的政府对策。1954 年美国联邦最高法院对学校种族歧视政策的废除奠定了此后近 30 年美国教育的主题:促进公平。1983 年《国家处在危险中》报告成为促进美国教育追求优异的导火索。2001 年《不让一个孩子掉队法案》开启了新世纪美国教育改革的序幕。

第一节 战后初期的教育改革

二战结束后的几年里,美国高等教育和公立学校的入学人数出现高潮。战争即将结束时,有一项援助因服兵役而中断学校教育的退伍军人的行动。1944 年通过的《退役军人重新适应法》为 780 万退伍军人提供津贴,帮助他们进修。这项津贴最终惠及了朝鲜战争、冷战和越南战争中的退役军人,超过 1 500 万退役军人享受到了这一待遇。

正如《退役军人重新适应法》所表明的,这些退役军人要重新适应未来的生活,主要包括:适应从战时到和平时期的经济;适应从军营到一个新的居住模式——郊区的生活;适应一个比以前任何一个时期更加短暂、易变、繁荣的社会。在战后所面临的各种变化和不确定的因素中,由《退役军人重新适应法》等因素引起的生活适应教育成为一种重要的运动。

生活适应教育是在 1945 年美国教育办公室(U. S. Office of Educatioin)主持召开的职业教育会议上正式提出的。生活适应教育关注大多数中等水平的青年,他们既不在大学预科班就读为升入大学做准备,也不在某个领域就职。生活适应教育强调的是功能性目标,如职业、家庭生活和个人健康,而不是传统的学术研究。这种强调功能性目标的课程计划在被正式引入不到十年的时间里,半数的州已经开设了某种程度的生活适应课程。

由于生活适应教育强调对生活的适应,与进步教育强调以儿童生活为中心来组织课程与教育的主张有相似之处,所以受到了许多教育评论家的批评,其中最著名的是亚瑟·贝斯特(Arthur Bester)。在他最著名的研究《教育的荒原》(1953)中,贝斯特痛陈由进步教育家引起的美国学校反理性主义的性质。贝斯特指出,他们所"确立的四个教育目标如此琐屑,以致摧毁了人的思想的完整性,并蓄意离间学校与科学和学术的密切关系"。① 贝斯特提倡返回基础,返回到强调明确智力训练价值的自由学科课程,强调系统思维的训练,强调知识的逻辑组织。其他一些著名的教育家也对生活适应教育提出了批评。1957 年苏联人造地球卫星的上天所引起的课程改革,为生活适应教育画上了句号。

第二节　《国防教育法》和 20 世纪 60 年代的教育改革

1958 年颁布的《国防教育法》对美国当时的教育产生了重要影响,在 60 年代除了延续《国防教育法》的努力之外,促进教育公平仍是一个重要的主题。

一、《国防教育法》

在美国历史上很少有哪件事情能像 1957 年 10 月苏联发射人造地球卫星那样对教育产生如此大的影响。这件事情似乎肯定了这种恐惧,那就是在冷战的技术和军备竞赛中,美国正在输给苏联。人造卫星的发射似乎证实了这样一些批评:学校的课程设置缺少严密性、对数学和科学没有足够的重视。这件事同样使美国社会认识到十多年来对教育投入的不足和对教育的忽视:在人造卫星发射时,美国缺少 135 000 名教师和 159 000 间教室。在大城市的一些班级中,每个班有 40 名或者更多的儿童,全国有 800 000 名儿童只上半天学。② 美国各界对卫星发射和美国教育现状都作出了反应,其中联邦政府的反应就其影响力和指导性上来说都是最重要的。

1958 年 9 月 2 日,美国总统批准了《国防教育法》,主要内容包括:加强普通学校自然科学、数学和现代外语的教学;加强职业技术教育;强调天才教育;增拨大量教育经费。就增拨教育经费而言,该法案规定,从 1959 年到 1962 年,由联

---

① A. E. Bester. Educational Wasteland:The Retrate from Learning in the Public Schools[M]. Urbana:University of Illinois Press,1953:10.
② E. J. McGrath. Sputnik and American Education[J]. Teachers College Record,Vol. LIX,1959.

邦政府拨款 8 亿多美元用于资助各级各类学校。具体资助项目包括：学生贷款，数学、科学和外语教学，设立国防研究奖学金，加强教师对学生的辅导等工作，设立语言研究中心和训练班，研究和推广现代教学手段，加强职业教育，改善各州教育统计工作等。根据《国防教育法》，美国还确定了 24 所重点大学，由国会拨大量资金进行资助。重点大学按照一定的评估指标确定，每年评估一次，以确定哪些大学成为国会拨款资助的重点大学。

1964 年，国会又通过《国防教育法修正案》，决定将《国防教育法》有效期延长到 1968 年，范围也有所扩大。例如：研究生科研奖名额由 1 500 名增到 7 500 名；资助加强的科目也不限于数学、科学和外语所谓的"新三艺"科目。

《国防教育法》作为改革美国教育、加快人才培养步伐所推出的紧急措施，冠以"国防"二字，足以说明美国当局对教育和教育改革的重视，他们已经认识到教育在国际竞争中的重要性。

二、20 世纪 60 年代的教育改革

20 世纪 60 年代美国的教育改革主要表现在三个方面：一是中小学课程改革；二是继续促进教育机会不平等问题的解决；三是发展高等教育，提高高等教育质量。

除联邦政府通过《国防教育法》的颁布影响中小学课程改革之外，其他组织也积极投入到中小学课程改革中来。1959 年 9 月，美国科学院邀请了 35 位科学家、教育家和心理学家一起讨论中小学课程改革问题。会后由大会主席心理学家布鲁纳起草了总结报告，并以《教育过程》的名称发表。其基本思想包括：(1) 重视早期教育，注意发展儿童的智力潜力；(2) 逐级下放科学技术课程，缩短高级知识和基础知识的距离；(3) 结构主义是编制中小学课程的指导思想；(4) 鼓励学生发现学习。这次会议之后，以科学家为主体完成了新教材的编写工作，由于过分强调了知识的深度和逻辑性，教师教和学生学都存在极大的难度，所以并没有取得预想的效果。这表明，一线教师的参与是必不可少的。

在促进教育公平方面，这一时期主要体现在 1964 年《民权法案》和 1965 年《中小学教育法案》的通过上。布朗法案①推行 10 年之后，学校反对种族隔离运动只取得了很少的进展，各学区企图通过自由选择的计划反对种族隔离。在大多数情况下，这些计划对取消隔离的影响并不大，98% 的黑人儿童仍然进入黑人学校。不过，因布朗案而引起的民权运动在其他方面获得了进展。自由游行、静坐、联合抵制及其他形式的非暴力的抗议活动都引起了全国和全民族的注意。

---

① 1954 年，布朗诉讼堪萨斯州托普卡教育委员会案(Brown v. Board of Education of Topeka, Kansas) 废除了美国公立学校的种族歧视政策。

总统约翰·肯尼迪(John Kennedy)迫切希望通过制定联邦民权法案以结束在公共机构、劳动雇佣等方面的种族隔离和歧视行为。肯尼迪被暗杀后,他的继任总统林登·约翰逊(Lyndon B. Johnson)于1964年7月2日签署了《民权法案》。该法案是美国社会立法史中的重要一页。

民权法案促使美国联邦政府进一步参与到了学校活动中来。该法案的第六章规定,禁止所有接受联邦资金的机构在种族、肤色或民族血统等方面的歧视行为。第七章规定,禁止在就业中出现种族、肤色、宗教和民族血统的歧视行为。1972年又增加了反性别歧视的规定。对第四章规定如有违反,将撤回联邦资金。法案还授权美国司法部长采取法律行动,促使学校取消种族隔离,并提供联邦资金对教育者进行在职培训或为学区提供技术援助,以鼓励学区自愿或根据法庭的判决取消种族隔离。

1965年,美国国会通过了《中小学教育法案》。该法案是迄今为止对美国教育影响最深远的一项联邦教育法规。该法案规定联邦政府每年向教育分配超过10亿美元的联邦资金,其中约80%的资金拨给地方学区,给来自低收入家庭的子女提供教育援助。该法案揭开了20世纪60—70年代美国向贫困宣战的号角。其他资金主要用于图书馆资源、教科书、教学材料、教育研究和发展中心以及教育管理机构的建设。在1966年和1967年,美国分别对《中小学教育法案》进行了修正,使教育计划的范围扩大到包括土著美国人的儿童、移民和残疾人的孩子以及英语语言能力有限的儿童。

美国的高等教育在20世纪60年代也获得了长足发展。在这一时期,美国国会先后通过了《高等教育设施法》(1963年)、《高等教育法》(1965年)和《高等教育法修正案》(1968年)。其中1965年的《高等教育法》对高等教育的影响最为深远。该法案规定,高等教育机构可以直接将资金用于购买设备及图书馆和教学资源的改善,而且在美国历史上第一次为学生提供联邦助学金,称之为"平等机会资助金"。总之,这些法案的基本精神如下:通过增加对高等教育机构的拨款,更新高校的教学和科研设施,提高学生贷款和奖学金数额,改革课程与教学,以提高教学质量,大力培养科技人才,促进科技进步。这些措施对美国科学技术发展和提高国防能力都起到了促进作用,同时也大大提高了受高等教育人口的比例。例如,1970年美国每万人口中有大学生427人,比1960年增加了1.37倍。

第三节　20世纪70年代的教育改革

经过二战后20多年的发展,美国教育从数量上已经跃居世界领先地位,但在教育中仍然存在一些亟待解决的问题。其中,学生适应能力差,离校后就业困难,其中普通教育基础知识和基本技能薄弱是最突出的问题,这导致美国在20世纪70年代教育改革中出现了两个重要的概念:生计教育(career education)和返回基础(back to basics)。

一、生计教育

生计教育是时任美国健康、教育和福利局专员的马兰(S. P. Marland Jr.)在1971年提出的一种教育概念。马兰指出,对大多数人来说,在为职业和工作职位做准备时,往往意味着大量的艰苦劳动和一点点纯粹的运气成分。他认为应该有一种更好的方式,一种有计划的、适合所有人的方式,这也就是他所说的职业计划,或称生计教育计划。这样的计划应该是一个整体性的教育制度,从小学生的职业意识到其他有用的技能或为更高级的中学的培训作准备。马兰指出,生计教育应该包括职业教育,因为不管他们中学毕业后是否沿着既定的道路走下去,大多数年轻人都必须在上学期间形成工作技能。这就迫切需要改变各级教育中职业指导和咨询的方向,这是因为,一个人要选择一种职业必须知道如何做出职业决策。在马兰看来,生计教育不仅应该提供给所有的儿童和青少年,而且要提供给任何想提高他们能力的任何年龄的人。在过去的美国教育中,学校没有为他们提供关于工作世界的准备,从人力资源和金融投资的角度看,这种需要比以往更加迫切了。很明显,在马兰看来,生计教育作为一种观念,它的时代已经到来了。

概言之,马兰认为生计教育的概念应该取代职业教育,以便使更多的美国人享受到以前接受职业教育的人所获得的益处。生计教育旨在在教育和工作之间建立一种可靠的、系统化的关系。这种生计教育计划将建立一种标准化的实践使所有学生提高职业选择的能力。

生计教育概念提出以后,美国国会于1974年通过了《生计教育法》。许多州也相继颁布了相关的法令,采取实际步骤推行生计教育。生计教育在实施中基本上贯彻了马兰所提出的基本理念,把幼儿园、中小学、大学和学院以及成人都作为教育对象。其中中小学阶段是实施的重点阶段,具体分为三个阶段:1～6年级为职业意识培养阶段,把各种职业归为15个职业群,供学生熟悉和了解,从中选择自己喜爱的职业。7～10年级为探索和学习阶段,对所感兴趣的职业钻研和学习。11～12年级为职业决策阶段,详细了解某种职业的知识与技能,为将来进入某种职业作准备。在高等教育阶段,则强调职业教育和普通教育的结合。生计教育是美国社会为解决美国就业问题所作出的努力。

二、返回基础运动

"返回基础"是20世纪70年代美国教育改革的另一项重要内容。返回基础运动始于 1976 年,由美国基础教育委员会倡导和推动,是 20 世纪 70 年代后期美国教育改革的主流。返回基础是针对中小学出现的基础知识和基本技能教学薄弱而提出的。这项改革要求小学重视学生读写算这些基本技能的训练,中学集中于英语、数学、自然科学和历史等科目的学习。教学方法主要包括练习、背诵、日常家庭作业及经常性的测验等。在师生关系方面要求教师在教学过程中起主导作用,不允许学生有自主活动,强调严明的纪律,甚至把体罚作为管理学生的方法,并规定学生的服装和发型。改革要求用传统的等级评价法给学生计分,并定期发给学生。经过考试证明已经掌握所要求的基本技能和知识后,学生方可升级或毕业。取消选修课,增加必修课。取消一切点缀性课程,如泥塑、编织等。取消学校的"社会服务性项目",如性教育、禁毒教育等,重新列入爱国教育的内容。

返回基础运动实际上是美国一种恢复传统教育的思潮,它否定了"进步教育"的一些基本主张,强调严格管理等。但由于过分强调教师和管理的控制作用,忽视了学生的主体性,它也受到了许多批评。返回基础运动到 20 世纪 80 年代逐渐消沉下去。

第四节　20 世纪 80—90 年代的教育改革

20 世纪 80 年代,生存的危机意识在美国社会和教育界表现得尤为强烈。在那个年代,来自全国各地拥有不同社会和经济背景的美国人都相信,美国的学校和美国的社会一起陷入了深深的危机当中。首先,"我国一度在商业、工业、科学和技术上的创造发明无异议地处于领先地位,现在正在被世界各国的竞争者赶上"。[①] 与日本、德国等国家的经济竞争和日益恶化的国内经济使学校系统成为美国公众关注和争论的焦点。人们相信,教育与国家经济的健康发展有直接关系,并把教育视为解决经济问题的一种手段。其次,美国社会普遍认为美国的教育出现了严重的问题,必须进行改革。例如,在许多大城市,如芝加哥,近 30% 的 9 年级学生四年以后不能完成中学学业;越来越多的学生甚至从来就没有达到 9 年级的水平,辍学率高达 30%,而拉美裔美国人和非洲裔美国人的比例则更高;至少 2 500 万美国成人是文盲,未能享受到美国学校所带来的益处;整个国家的学区状况参差不齐,差异极大,遇到预算困难和紧张的学区越来越多;越来越多的学区的教学设备和技术陈旧落后,使得学校的教育能力日益恶化;对学生、教师和管理者的伤害日益增多,许多学校及其周围的环境不安全,不

① 吕达,周满生.当代外国教育改革著名文献:美国卷(第一册)[M].北京:人民教育出版社,2004:1.

符合教育的精神。①

当然,在美国也有教育家,甚至是非常著名的教育家不同意这些数据所描绘的美国学校的景象,认为美国学校和教育是世界上最先进的系统,有些人则明确反对所有的改革努力,认为儿童期就是儿童期,学校就应该在这个迅速变化的社会背景下给学生提供一种稳定的和连贯的教育。但是,总起来讲,在20世纪80年代的美国,对学校和教育进行改革的呼声要高得多。的确,美国从20世纪80年代开始,在各个层次上,都进行了一系列卓有成效的改革。

一、联邦层次或全国范围的教育改革

与其他现代国家相比,联邦政府在美国教育中的作用是很小的,美国实行高度分权的制度,大部分决策和财政支持都来自州和地方政府。但是,由于20世纪80年代的强大舆论压力,当时的联邦政府在总统里根和教育秘书威廉·班尼特的努力下,实施了一种强势舆论(bully-pulpit)策略,通过总统办公室的优势,呼吁人们注意美国学校的状况并采取改革措施。之后,美国联邦政府陆续实施了一些影响美国教育发展与改革的政策。其他一些全国性的民间组织也不甘落后,积极地介入到教育改革中来。

1. 制定2000年国家教育目标

美国总统老布什(George Bush)于1989年召集全国50个州的州长研究制定了《美国2000年教育目标》,提出了6项全国教育目标。当时的一个领袖人物就是时任美国阿肯色州州长的比尔·克林顿(Bill Clinton)。当时克林顿的说法代表了大多数峰会代表的意思:"我们不仅要制定实现这些目标的策略,而且我们现在站在你们面前是要告诉你们,我们希望每个人都在推动这个国家走向更加光明的未来的过程中承担责任。"②克林顿总统上台后,再一次强化了他的承诺,将6项全国教育目标增加到8项,提出《美国2000年教育目标法》草案,于1994年3月31日获得国会通过,成为正式法律。这项法律确定了美国到2000年要实现的教育发展目标:

目标1:到2000年,所有美国孩子都做好上学的准备。

目标2:到2000年,中学毕业率至少达到90%。

目标3:到2000年,所有学生到四年级、八年级和十二年级结束时,在英语、数学、科学、外语、公民和政府、经济、艺术、历史和地理等学科上都表现出相应的能力;美国所有学校都要确保全部学生学会很好地使用他们的头脑,以便为他们

---

① Hal A. Lawson. Toward Healthy Learners, Schools and Communities: Footprints in a Continuing Journey [M]. Seaattle: Institute for Educational Inquiry, 1993:4.

② The Editors of Education Week. From Risk to Renewal[M]. Washington D. C.: Editorial Projects in Education, 1993:xiv.

成为负责任的公民、继续学习并成为美国现代经济的有效的建设者做好准备。

目标4:到2000年,美国的教师队伍都能接受进一步的进修计划以提高他们的专业技能,获取为美国21世纪的学生作准备所必需的知识和技能。

目标5:到2000年,美国学生的数学和科学成绩在世界上处于领先地位。

目标6:到2000年,每一位美国成人都是有教养的人,具有在全球经济中竞争所需要的知识和技能,拥有实施公民责任和权利的知识和技能。

目标7:到2000年,美国的每一所学校都不存在吸毒、暴力以及不合法地拥有枪支和酗酒的现象,形成一种有利于学习的有秩序的环境。

目标8:到2000年,每一所学校都和家庭建立合作参与关系,以促进儿童在社交、情感和学习方面的发展。

在上述目标的指引下,美国在之后对教育的投入日渐增加,1990年度美国教育开支达到3 530亿美元,占美国GDP的6.8%,首次超过军费开支。1999年美国的教育投入增加到创纪录的6 350亿美元。当然需要指出,这些目标到2000年的时候并没有完全实现,但的确反映出美国在联邦层次上对教育发展与改革问题的重视。

2. 开展课程改革

独立于2000年教育目标和国会行动之外,美国的一些代表科学、历史和数学的学术团体则推出了一些建议,有的还制定了总体的课程计划,以促使学校教授最新的学科内容。这些努力主要是为了解决许多学者所抱怨的美国学校教学内容过时的问题。

2061计划就是一个这样的课程改革计划。2061计划发起于1985年。这一年哈雷彗星光顾我们的星球,而下一次造访则要到2061年,故取名2061计划。该计划旨在促使学生了解21世纪科学领域的深刻变化。2061计划的目的在于促进整个美国的科学教育以确保所有美国中学毕业生都成为有科学素养的成人,至少也是对自然和社会科学、数学和技术领域的核心观念和技能有基本了解的人。其他的一些课程改革包括由美国阅读委员会组织发起的"成为读书的民族"计划和由国家科学基金会组织发起的"科学/技术/社会"计划。国家写作计划通过写作教学的革新以促进写作技能的提高。1989年,全国数学教师理事会编制了一种新的课程方针,强调学生不仅要了解数学,而且要应用数学。芝加哥数学计划从总体上对数学课程进行了修订,它尤其关注普通学生和低年级学生的数学学习问题,这些学生常常发生掉队现象。除了这些努力之外,当时在所有的学科领域都有全国性计划,包括历史、地理和艺术,都关注教材问题并试图确立相应的课程标准。

所有这些课程改革计划的共同特点是相应学科领域的学者、教师教育者和课堂教师的共同参与。各条战线之间在观念和意见上一度森严的壁垒趋于消失。大学的理论研究人员到中小学课堂里观察学生的学习,而在大学校园里,中小学教师给大学的学者示范如何对广大中小学生教授相应的学科。

3. 加强师资队伍建设

1986年5月,卡内基教育和经济论坛"教育作为一种专门职业"工作组发表了《国家为培养21世纪的教师作准备》的报告,开启了美国重视师资队伍建设的序幕。该报告呼吁人们认识到,教育改革成功的关键是建立一支与教育改革相适应的专业队伍,即一支经过良好教育的师资队伍。为了建立这样一支队伍,报告呼吁在教育政策上必须做出较大幅度的改革,主要包括:

(1)建立一个全国教学标准委员会,成员由地区和州组成。它负责确定教师应达到的知识和能力标准,并为达到这些标准的教师颁发证书。

(2)改组学校,为教师提供一个良好的教学环境,使学校充分享有决定最好地满足州和地方对儿童培养目标的要求的权力。同时学校要对学生的进步负责。

(3)改组教师队伍,在学校中推出一种新型的教师,叫做"领导教师"。他们在重新设计学校和帮助同事提高教育质量和教育水平中,显示出积极的先锋作用。

(4)把取得文、理科学士学位作为学习教学专业的前提条件。

(5)要求研究生院为攻读教学硕士学位制订的新的授课计划,必须建立在系统学习教学理论、见习和中小学实习基础之上。

(6)调动国家资源培养少数民族青年从事教学工作。

(7)把对教师的奖励与全校学生的成绩挂钩,为学校提供必要的技术、服务和职员来提高教师的效率。

(8)使教师的薪金和职业前途能够与从事其他专门职业人员的工资和职业前途相匹敌。[①]

4. 成立全国志愿者网络

学校和学区网络的出现是美国近来教育改革与发展中一个非常引人注目的现象。这些网络是一些松散的、志愿性的联盟,主要的网络包括由西奥道·塞泽尔领导的精英学校联盟(the Coalition of Essential Schools)、以詹姆斯·考默尔(James Comer)的新天堂学校发展计划为范本的学校网络、约翰·古德莱得(John Goodlad)的全国教育改革网络、罗伯特·斯莱文(Robert Slavin)发起的为了所有学校的成功学校网络、亨利·莱文(Henry Levin)的加速学校网络(目前在美国的40多个州已有1 500多所学校)、由斐·德尔塔·卡珀学会领导的价

---

① 吕达,周满生.当代外国教育改革著名文献:美国卷(第一册)[M].北京:人民教育出版社,2004:252-253.

值驱动学校联盟等。在这些网络中的学校都持有共同的教育理想或一套理念。例如,精英学校联盟中的中学在实践中致力于实现以下的原则:帮助青少年充分地使用他们的头脑;教授基本技能并促进某个领域知识的掌握;将学生视为工作者,不将教师视为信息的传递者;强调学生学会如何学习;在学校环境中思考信任、庄重、容忍和宽宏大量等价值观念;寄予学生更多的期望而不威胁他们。①

美国在联邦层次或全国范围的教育改革中有两个明显的特征:一是国家对教育的影响日益成为一种强势舆论,二是各州改进课程标准的要求越来越强烈。当然,大多数的改革都是志愿性质的,地方学校及其所在的社区在其中的作用是最重要的。这一事实有助于使人们避免形成"学校国家化"之类的反美国传统的认识。

二、各州的教育改革

尽管《国家处在危险中》唤起了整个美国对教育的关注,而且联邦政府采取了一些影响教育改革与发展的措施,但是大量的教育改革都是由各州和地方社区发起的。教育成为州政府和市长办公室的热门话题,在各州都形成了遍及全州的改革力量。各州州长、立法人员、州教育委员会以及大量的市民组织和基金会都成为发动改革的主力。1983 年末,美国建立了 54 个州一级的教育改革委员会,一年以后则达到了 100 多个。② 数不清的地方社区建立了应对"学校危机"的蓝带委员会。当然,各州改革的出发点和侧重点有很大差异,但是,所有的改革组织都希望学校能够走出平庸,提高质量,追求优异。为了实现这些共同的目的,各州采取了一些共同的措施:

1. 提高毕业要求

为取代一到两年的英语和历史学习要求,一些核心课程必须学习三到四年时间;要获得普通中学毕业证书,必须学习科学和高年级数学。

2. 延长学日和学年的长度

在许多教育者看来,短的学日和较长的假期是造成美国学生成绩差的主要原因之一。近来的研究也表明,在 90% 的情况下,学生在课堂上用功较多会提高学习成绩。美国很多地方学校学日的长度由五个半到六个小时延长到六个半到七个小时。在大多数州,学年的长度由过去的 170 ~ 175 天或更少延长到 180 天,有 34 个州超过了 180 天。③ 不过,虽然许多改革研究报告建议美国的学校

---

① Theodore Sizer. Horace's School:Redesigning the American High School[M]. Boston:Houghton Mifflin,1992:207 - 208.

② Thomas Toch,In the Name of Excellence[M]. New York:Oxford University Press,1991:33.

③ The Editors of Education Week. From Risk to Renewal[M]. Washington D. C. :Editorial Projects in Education,1993:64.

应该效仿日本(240 天)和德国的做法(216～240 天),但是没有哪一个州及相关的学区迈出这么大的一步。其中最重要的原因就是这样做需要增加大量投入。

3. 实施全州范围的测验

在 20 世纪 70 年代,几乎没有哪一个州实施全州范围的测验计划,以评定学生是否达到州的最低课程标准。但是到 1995 年时,有 40 个州有了这样的计划。①

当然,全州范围的测验运动是一把双刃剑。全州通考的成绩被视为教育的"报告卡",是决策者和公众评价学校的主要媒介。但是这其中也存在一种极大的危险:"考什么,教什么。报告什么,教什么。"因而,许多人相信,对测验和责任的要求已经引起了受测验驱动的教学,在学校中不可避免地出现"为考试而教"的现象。虽然说已经出现了呼吁真实测验的声音,但在实践中并没有普遍做到。

4. 对教师提出更高的标准

20 世纪的最后 20 年,由各州所实施的改革努力中,提高美国教学队伍的素质是一个最主要的措施。其中有三项具体的措施是最值得注意的:教师能力测验、教师教育更高的准入要求和职级提升计划。

教师能力测验这项措施并不是什么新的举措,但是在 20 世纪 80 年代却得到了极为广泛的应用。到 20 世纪末,已有 43 个州存在教师能力测验形式,一般在教师候选人完成教师教育计划或获得州许可证之前进行。② 第二项措施与教师教育有关。美国各州的立法使教师资格要求及大学和学院的教师教育都发生了变化。总起来说,这种变化主要是提高博雅教育的要求,减少教育专业的课程,以及提供更好的教育专业课程。自 1983 年《国家处在危险中》发表以来,美国除两个州以外,都提高了教师教育计划的准入标准,或制定了统一的职前教师准备课程标准。③ 第三项措施是职级提升计划。批评者一直抱怨美国教学职业结构的"平面性"。批评者经常这样说:"新教师在开始他们的职业时需要承担太多的责任,而一旦他们真正地学会了教学,则几乎没有机会最大限度地发挥他们的作用。在教育领域唯一的提升方式就是使他们离开学生,成为指导咨询者或管理者。"④在这种舆论和州立法的推动下,许多州实施了各种教师专业计划,如老教师计划、职工区分计划、为新教师设立导师计划等。一般来说,这类计划

---

① Digest of Education Statistics 1995 [M]. Washington D. C. : U. S. Department of Education, National Center for Education Statistics,1995:150.

② Digest of Education Statistics 1995 [M]. Washington D. C. : U. S. Department of Education, National Center for Education Statistics,1995:149.

③ Emeral A. Crosby. The "At-Risk" Decade[J]. Phi Delta Kappan,1993(8).

④ Kevin Ryan,James M. Cooper. Those Who Can Teach[M]. Boston & New York:Houghton Mifflin Company,1998:433.

都是赋予有经验的教师新的责任和角色以及提高报酬。尽管这些改革措施只是有限度地得以实施,但是这些新的角色,如导师或队伍带头人等给教师提出了新的挑战,也使教师愿意一直从事教学工作。

5. 给教师较高的薪水

20 世纪 80 年代的许多报告揭示的一个主要问题是教学队伍较低的报酬制度。虽然职级提升及其他计划丰富和扩展了教师的角色,是对教师的一种激励,但要吸引有天分的学生加入到教师队伍中来,并留住原有的教师,为教师提供较高的薪水无疑是一个重要选择。从 1983 年到 1993 年,教师平均薪金增长的速度是通货膨胀速度的两倍,在有些州的增长则更多。从 1982—1983 学年到 1988—1989 学年,康涅狄格州教师的平均薪水增加了 98%,佛蒙特州增长了75%,弗吉尼亚增长了 55%,南卡罗来纳增长了 53%,加利福尼亚增长了 50%。①

另外,美国各州打破了原有固定以学年或教授学科门数支付报酬的做法,实行成绩薪水,为一些特殊的服务提供报酬。提高起步薪水也是增加教师报酬的一个重要措施。例如,20 世纪 80 年代中期,美国教师职业的起步工资在12 000 ~ 13 000 美元之间,到 20 世纪 90 年代中期,新教师的起步薪水则升到24 000 美元。有些州和学区的教师起步薪金达到或超过 30 000 美元。②

需要指出,尽管各州的教育改革运动具有许多共性,有些州还是采取了与其他州不同的改革措施以追求教育质量的提高。像加利福尼亚、南卡罗来纳,尤其是肯塔基州就是这方面的典型例子。例如,肯塔基高级法院宣布本州的整个教育制度是违宪的,并通过了肯塔基教育改革法案。法案宣称,所有的孩子都可以进行高水平的学习,学校是改革的中心。其改革策略的核心包括三个要素:制定一套世界级的课程标准;建立全州范围的真实评价制度;对学校实施新的报酬结构,将经费等的支持与学生成绩的变化联系起来。例如,肯塔基的课程标准对学生提出了许多要求,下面是其中的三项:学生能使用研究工具确定和寻找与具体需要或问题有关的信息资源;学生能够确定、比较、建构并使用各种模式(patterns)认识和解释过去和现在的事件,并预测未来的事件;学生通过写作,为了不同的目的,使用不同的方式与不同的受众交流思想。在评价上,肯塔基教育改革法案要求使用合作学习策略、数学操作、教师小队教学、语言艺术综合学习、学习中心和作品集等方式对学生进行评价。

三、地方教育改革

正如曾任美国参议院发言人的蒂普·欧奈尔(Tip O'Nell)经常所说的:"所

---

① Thomas Toch. In the Name of Excellence[M]. New York:Oxford University Press,1991:186.
② Thomas Toch. In the Name of Excellence[M]. New York:Oxford University Press,1991:186.

有政治都是地方的。"①在教育问题上也是如此,因为儿童总是在地方学校,而不是在州议会大厦或华盛顿特区接受教育。像精英学校联盟计划虽然是全国范围的,但是计划的实施却是在学区的指导下由地方学校具体完成的。

当然,就目前而言,绝大多数发生在学校的教育变革都是在各州教育局的指导下进行的。自 20 世纪 80 年代以来,州政府投入了大量的资金和精力支持学校的改革。由地方发起的教育改革虽然一直没有停止,但是部分是由于资金的短缺,改革的步伐缓了下来。目前,各州往往根据地方是否接受州的指导给予或撤回经费,这就意味着地方教育委员会控制教育的权力减弱了。前面提到的肯塔基教育改革法案就是一个典型的例子。州一级的法官、立法者和教育官员会指导肯塔基的地方学校进行改革,教学内容甚至如何教都越来越多地为各州政府所控制。

另外,地方教育委员会以及高度分权制度下的 15 000 个学区,都积极地参与了由联邦和各州发起的教育改革。由联邦或州所发布的绝大多数改革理念都是由地方传递上去的,因为它们总是首先在地方的层次上产生的。这些改革理念之所以能成为全州甚至全国的理念,就是因为这些改革在地方上的实施是成功的。像模块计划(block scheduling)、单性别学校、校服,以及校本决策等都是来自于地方学校的改革努力。

四、教育改革的主题

对美国 20 世纪最后 20 年所实施的各种试验计划、课程改革和其他改进学校的努力进行一番系统的考察,就不难发现在真正的和持续的教育改革中总是贯穿着这样一些主题:优异、主动学习、真实评价、社区、择校、学会学习和品格教育。

1. 优异

美国公众,包括教育界的学者普遍认为,虽然追求优异是教育改革的一个永恒主题,但在美国的学校却很少听到这种声音。20 世纪 80 年代以来,尤其是 1983 年美国创优教育委员会②推出《国家处在危险中》以来,追求优异、追求教育质量的提高、提高学生的成绩就成为教育改革最重要的主题和驱动力。

所谓优异是指必须在全国建立更高的学习标准,年级和分数必须反映真正的成绩,对学生的评价要集中于真正的掌握,学生要严肃地承担起自己的学习任务。学校不应该只是通过积极的强化提高自尊,而应该把自尊当作学习成绩优异的一个副产品。也就是说,不是把自尊给学生,而是教师通过设立学习情境让

---

① Kevin Ryan,James M. Cooper. Those Who Can Teach[M]. Boston & New York:Houghton Mifflin Company,1998:435.

② 我国有很多学者将"National Commission on Excellence in Education"译为美国高质量教育委员会。

学生自己赢得自尊。

追求优异这个主题在各个层次的教育改革中都有体现。联邦政府和州政府通过提高学习要求和标准来对教育制度进行调整。学术界和教师一起协作,撤换过时陈旧的课程内容,代之以新的先进的学科知识。教师教育也提高了培训的要求,并增加了培训内容。地方教育委员会则增加了学日和学年的长度。

2. 主动学习:建构主义的方法

所有教师都非常熟悉这样一句古语:你可以把牛牵到水边,但你却不能使它喝水。同样,你可以让孩子在教室里,但你却不能使他学习。美国教育者相信,向学生灌输大量信息或迫使他们做作业等并不奏效。学生在学习之前肯定要发生一些事情和变化,或者是好奇心,或者是一个他们想解决或需要解决的问题,然后在教师直接或间接的帮助下,学生自己建构他们的意义。

建构主义是一种强调意义建构过程的方法。学校教育中的建构主义方法不是要求学生消极地接受知识,而是在已有知识、态度和价值观的基础上进行积极的建构。在这种积极的学习中,学习者通过动手操作或试验创建各种模式、规则和策略。

建构主义主要从两个方面体现教育改革的目标。首先,建构主义方法的基本成分是学习者对自己的学习负责。他们不能消极地等着教师和学校教育他们。虽然教师和学校的支持作用非常重要,但学习者的主动学习才是根本。其次,建构主义者的课堂允许试验学习,鼓励给予更长等待时间进行开放性的发问,提供各种疑难情境和智力游戏气氛。

3. 真实评价

20世纪70年代和80年代隐藏在责任运动深层的一个主要动机是对考试分数的强调。在这个运动中,美国各地的学校开始使用标准化成绩测验或最低能力测验去评价自己的工作,并与其他学校进行比较。强调测验分数的现象越来越普遍,许多教师很自然地在教学中更加重视那些可能要测验的知识和技能。教师开始"为考试而教"。考什么就教什么,教学围着考试来进行。

由于教学非常狭窄地越来越多地专注于基础内容,学生分数看起来提高了。在美国出现这样一种所谓的雷克·沃壁根[①]效应,一个州跟着一个州,一个社区跟着一个社区,都宣称他们的测验分数高于平均水平。这种现象引起了教育者的注意,并受到了广泛的质疑。

人们在对广泛使用最低能力测验和狭窄的标准化成绩表示不满的同时,对使用多项选择测验方式也表现了同样的不满。教育者和工商业界都呼吁学校应

---

① 雷克·沃壁根(Lake Wobegon)是美国著名广播幽默演员 Garrison Keillor 虚构的位于明尼苏达的一座城镇。在这座城镇里,所有的妇女都健壮,所有的男人都英俊,所有的孩子都是天才。有学者借用了这个称呼来表示各个学区报告自己的学生成绩都高于平均成绩的现象。

重视发展学生高水平的思维技能以及解决问题的能力。很显然,这些素质很难通过多项选择和其他的客观测验来测量。人们呼吁使用不同的评价方式,直接测量学生完成某些重要任务的真实的成绩。例如,提倡者指出,如果想知道学生的写作水平,就可以检查他们的写作样本;如果想了解学生对科学概念的掌握情况,能否进行科学研究,就可以要求学生真正实施一项实验。测量学生真正掌握的实际内容的评价方式就是改革者所谓的真实评价。真实评价测量的是与学生如何应用知识有关的成绩,而不是在头脑中如何储存知识。

真实评价最常用的一种方法是让学生收集他们在较长一段时期内的学习和作业成果,装订成为作品集。由教师对这些作品进行评价,以确定学生在学习上取得的成绩和进步。真实评价不是用一些简短的事实性的问题来考查学生,而是让教师对学生几个月来收集的作品集或成果大全进行评价。事实上,在美国的许多地方,当教师候选人在找工作的时候,都被要求将他们的学习成果装订成作品集,向用人单位展示他们的专业技能。

4. 社区

20 世纪 80 年代以后,美国的许多社会活动家相信,"小巧是美"(Small is beautiful)。尤其是最近几年中,美国各界越来越认识到,那些规模极大的学校普遍存在一些致命性的边缘效应。这些学校往往存在一种非人性化的环境和气氛,导致许多学生远离了学校的各种活动。美国的教育者指出,在这些学校里可以经常听到这样的声音:"我在这里迷失了。""在这儿没有人真正了解我、关心我。""我不过是某个点名册上的名字而已。"尽管这种批评大多指向高中,但在初中和中间学校,甚至在小学,也出现了这种现象。很明显,当学校的规模变得越来越大,教师,尤其是学生的人数越来越多时,就会有更多的学生孤离于学校活动之外。针对这种状况,在美国出现了一种"校中校"(school-within-schools)。

所谓的校中校就是在学校建立小的社区。在这些改革计划中,大的学校被分割成一个一个由 100 ~ 200 名学生组成的房子(house)。这些房子执行校中校的职能,教师的数目则相应减少。由于学生和教师在多年中都待在同一所房子里,他们很容易建立一种更加紧密的关系,学生分化的现象将减少,学生和教师的相互成见也会减少许多。提倡者相信,在这样的环境中,每一位学生都是鲜活的人,而不只是名单上的一个名字。

5. 择校

提倡择校的人士指出,目前美国的教育制度是一种专制,必须改变美国组织教育的方式。他们主张,应该将决定孩子到哪所学校接受教育的权力从教育官员手中转交到孩子的父母手中,应该让市场的力量为学校立法,而不是实行目前所执行的教育垄断,必须让父母成为教育消费者。自由市场的规律表明,更多的选择等于更多的竞争,等于更好的产品和更好的价格。显然,这里的"更好的产品"就是指受到更好教育、得到更好发展的学生。

选择理论逐渐在全美国赢得支持。可以预测,在未来的几年中,教育的争论不再是人们是否可以选择,而是应该采取哪一种选择形式。美国的主要政党都提出了自己对这一问题的立场。民主党倾向于在目前的公立学校系统中进行选择,而共和党则主张在包括公立学校、私立学校和宗教学校在内的整个教育系统中实施选择计划。这两种选择在美国都有最好的例子,即公立的特许学校(Charter School)和在整个系统实施的教育券计划(Voucher Plan)。

6. 学会学习

在社会和经济迅速变化的全球环境中,人们需要的不只是一次教育,而必须能够继续学习。所以,教育改革必须注重发展使人们在其一生中都能不断学习的各种技能。获得这些技能的过程常常被称为"学会学习"。

正是由于普遍认识到学会学习、获得不断学习的技能对人们日后的成功至关重要,美国学者提出了教育者必须教给学习者的新基础(The New Basics)计划。新基础计划基于这样一种假设:尽管人的大脑功能强大,具有巨大的创造能力,能够储存比最大的计算机还要多几百倍的信息,但是大脑也有其固有的缺点,那就是会丢失或错编信息。观念、事实等各种信息通过人的感官进入大脑以后,由于各种原因,这些信息会丢失或发生错误的变动。例如,当我们想回忆某种观念时会常常找不到,或者对事实做了改动。所以,尽管大脑是人类的珍宝,但并非十全十美,这就需要接受训练。

所谓的接受训练就是指教人们如何有效地使用大脑。这里的有效是指人们能够更好地吸收、解释、加工、储存和提取信息。研究者相信,人们除了经常使用大脑之外,还必须接受些如何有效学习的技能训练。改革者强调,读写算这些基本技能的确重要,但是要使知识也就是智力资本发挥更大的效益,就必须培养学生一些新的基础能力。这些新基础能力包括:牢记重要信息的各种方法、做笔记和牢记重要信息的方法、研究性阅读、为各种类型的测试做准备、做研究、以系统化的方式思考问题、产生创造性观念的技能、顺利完成学术任务的技能等。这些技能是学生中学毕业后上大学或工作都需要的重要工具。

7. 重申品格教育

美国教育工作者所谓的品格教育(character education)是指帮助年轻人获得道德准则的努力。美国家长和社区领导对学校现状的不满,很大程度上源于他们认为美国的公立学校没有努力帮助学生发展积极的道德品质和价值观念。改革者相信,严肃的教育改革必须解决品格教育问题,必须帮助学习者形成是非观念,并养成良好的生活习惯。

提倡品格教育的人相信,由税收支持的公立学校可以教授在社会的民主生活中所必需的公民道德,如同情、诚实与公正、自律、良好的判断、尊重他人、自尊、勇气、负责、公民能力与爱国。支持者相信,在美国可能几乎没有人反对学生应该形成这些道德品质。教师和学校对学生形成优良行为习惯和进行道德教育并对学生产生积极影响的方式有很多,其中利用课程和促使学生从事服务性活动是最常用的做法。

需要指出,美国联邦、州、地方及学校所实施的教育改革计划多种多样,有些可能包含着以上的几个主题,有些则可能侧重于某个主题,这要视各种改革计划的特点、要求、规模和追求的目标而定。

第五节　新世纪的教育改革

随着 20 世纪最后 20 年美国教育改革的不断深入,教育领域发生了许多重要的变化,具体表现为学生测验分数的不断提高。但同时人们也认识到,经济繁荣所依靠的学校的质量并没有获得普遍提高,所以,对教育改革的呼吁一直持续到了新世纪。

新世纪的教育改革是由 21 世纪美国第一任总统乔治·W. 布什提出的,具体内容体现在教育计划《不让一个孩子掉队法案》中。这一法案是自 1965 年《中小学教育法案》实施以来影响最广泛的教育改革法案。《不让一个孩子掉队法案》的影响远远超出了联邦政府所发挥的作用,为各州提供了教育改革的框架、动力。它要求各级各类学校努力开设符合各州的课程标准中所规定的课程,提高学生的成绩,聘任高质量的教师,并承担起对公众的责任。

布什教育计划的基石《不让一个孩子掉队法案》包含在 2001 年重新核准的《中小学教育法案》中。法案长达 1 200 多页,它的通过获得了两党的广泛支持,标志着联邦政府参与教育事务在方向上发生了重大的扩展和变化。法案同时扩大了州和地方学区的法律责任。《不让一个孩子掉队法案》的目标是使所有学生到 2014 年都能在各个年级达到熟练水平。其资金主要用于提高低收入和少数民族学生的成绩,让学校对所有学生的进步承担责任,给家长更多的选择,使学区可以根据当地的需要灵活支配联邦政府拨付的资金。

《不让一个孩子掉队法案》扩展了联邦政府在教育上的作用和发生作用的方向,主要表现在四个方面。[①] 第一,《不让一个孩子掉队法案》不像先前的联邦法律那样仅仅限于一些特殊的目的或仅指向孩子们的一些特殊需要,而是指向美国所有公立学校的每一名学生和每一位教师:所有 3 ~ 8 年级的学生都要参加考试;所有的学生都要达到所在年级的熟练水平;所有的教师都是高质量的。第二,《不让一个孩子掉队法案》改变了联邦政府参与教育的根本目的。从历史上

---

① J. Jennings. Knocking on Your Door[J]. Amrican School Baord Journal,2002(9).

看,联邦政府干预教育都是基于这样的前提:一个受过教育的公民会对国家的政治、经济、福利做出贡献。然而,《不让一个孩子掉队法案》明确指出:国家对教育的支持不再仅仅是支持一些特殊的服务项目,而是提高学生的学业成绩。第三,联邦政府角色的变化与扩大,明显地表现为把测验分数看作衡量学生学业成绩的指标和年度发展的决定因素。最后,也是极为重要的,在美国历史上联邦政府第一次参与了教学人员的资格认定。各州依然颁布教学资格证书,但怎样才算是"高质量的教师",则由联邦政府来确定,并适用于各州。

《不让一个孩子掉队法案》也扩大了州和地方的责任。最近的20多年里,州政府越来越多地介入到了一直由地方教育委员会负责的教育事务中来。部分原因是州承担了更多的财政责任,部分则是学校改革运动及伴随1994年《中小学教育法案》的实施,人们对标准、测验和责任评价重视的结果。《不让一个孩子掉队法案》进一步扩大了州政府的角色。法案规定,各州必须编制、扩展现存的学生评价体系,为那些有待改善的学校提供技术支持。法案也规定了各州的主要责任是确保到2005—2006年所有的教师都是高质量的,并提交为实现这一目标所取得的进步的年度报告。实际上,法案是要求各个州通过建立符合标准的课程和评价体系,提供高质量的教师等来促进学生学业成绩的提高。

为确保不让一个孩子掉队,美国联邦教育部在吸收各界意见的基础上提出了一些具体的改革措施,主要包括:提高教师素质;加大家庭参与学校教育的力度;强调阅读先行;关注英语水平有限的学生;加强学生的科学和数学素养教育;创建安全学校;建立起学校对学生学习成绩负责的机制;授予家长择校权力;加强对学校的评估等。

《不让一个孩子掉队法案》所制造的高压氛围对美国教育产生了重要影响,联邦政府、州和地方政府、学校和教师等都积极地投入到教育改革中来,并取得了一定的成绩。但是,这种高压氛围也产生了明显的消极作用,主要的副作用是导致许多教师、行政人员改变了过去一些行之有效的实践方法。有些人甚至做出了不道德的行为,包括擅自更改测验,捏造辍学率,将成绩差的学生赶出学校系统,用官僚政治的分类方法对学生进行分类,以便隐藏学生的注册状况或毕业失败的情况。[1] 压力同样存在于下列群体中:测验公司、州教育局要制定有效、可靠的标准化测验;学生要达到或超过年级的熟练水平;教师、学校要获得好的分数以避免失去联邦政府的资金和良好的声誉,甚至是工作。如何消除这些压力,减少法案的实施所产生的消极作用,是以后美国教育改革所面临的一个重要挑战。

① Mark. F. Goldberg. The Test Mess[J]. Phi Delta Kappan,85,2004(5).

二战以后美国教育改革的步伐一直没有停止过。在这一时期实施的各种改革计划、措施和试验中,始终围绕着两个重要的主题:一是提高教育质量,二是确保教育公平。从战后到20世纪80年代初,教育公平一直是美国教育改革的最重要的主题,而到了20世纪80年代,除继续促进教育公平外,促进教育质量的提高成为最重要的主题。美国战后教育改革与发展的历史表明,当教育发展到一定程度,公平和优异就成为教育改革与发展的最重要的主题,其他改革的主题无不都是为了促进教育公平和提高教育质量。

思考题

1. 比较生活适应教育和生计教育。
2. 20世纪50年代末60年代初美国的中小学课程改革。
3. 20世纪最后20年美国各层次所实施的教育改革措施。
4. 20世纪最后20年美国教育改革的主题。
5. 《不让一个孩子掉队法案》对美国教育管理制度的影响。

参考文献

1. 吕达,周满生.当代外国教育改革著名文献:美国卷[M].北京:人民教育出版社,2004.

2. [美]劳伦斯·A.克雷明.美国教育史:城市化时期的历程(1876—1980)[M].朱旭东等译.北京:北京师范大学出版社,2002.

3. L. Dean Webb. The History of American Education:A Great American Experiment[M]. New Jersey:Prentice Hall,2006.

4. John D. Pulliam,James Van Patten. History of Education in American[M]. New Jersey:Prentice Hall,1995.

5. Kevin Ryan,James M. Cooper. Those Who Can Teach[M]. Boston & New York:Houghton Mifflin Company,1998.

第三十六章

20 世纪后期日本的教育

自明治维新时期日本进行近现代史上的第一次教育改革以后,日本教育获得了突飞猛进的发展,综合国力也迅速上升。但是在极端国家主义和军国主义的驱使下,日本发动了与世界民主力量对抗的侵略战争,极大地葬送了教育改革的成果。二战后,在美国影响下,日本进行了近现代史上的第二次教育改革,消除了军国主义影响,建立了资产阶级民主主义的教育体制,奠定了战后日本教育发展的基础。经过 20 世纪 50—60 年代的经济恢复和高速增长时期,日本迅速成为世界第二经济大国。针对社会的变化和教育出现的新问题,日本于 20 世纪 70 年代初又拉开了第三次教育改革的序幕。20 世纪后期日本教育的发展因每个历史阶段政治、经济的变化而呈现出明显不同的特点。大体来看,战后日本的教育改革与发展可以分为美军占领时期教育的民主化重建阶段、经济恢复与高速增长时期教育的经济至上主义阶段和进入成熟化社会以后以终身教育体系构建为中心而进行的进一步改革与发展等三个阶段。

第一节　美军占领时期日本教育的重建

1945 年 8 月 15 日,日本接受《波茨坦宣言》,宣布无条件投降。8 月 27 日,美军进驻日本,到 1952 年 4 月 28 日美日单方面签订《旧金山和约》与《日美安全保障条约》为止,日本经过了长达七年半的美军占领时期。在此期间,日本政府秉承美军占领当局的旨意,在政治、经济、军事、教育等各领域进行了全方位的民主化改革。经过这次改革,日本确立了以美国教育为样板的资产阶级民主化教育体制。

一、民主化教育改革方针的确立

1. 占领教育政策和停战教育措施

1945 年 9 月 15 日,日本文部省发布了战败以后的第一个关于教育改革的法令性文件《新日本建设的教育方针》,宣布战后日本教育改革和发展的基本方向是"奉行关于停战诏书之宗旨,帮助国家建设一个对世界和平与人类福利做出贡献的新日本,一扫历来迎合发动战争要求的教育措施,努力实施旨在建设文化国家和道义国家的各项文教措施"。① 在此方针之下,取消了学生兵和战时教育训练,废止了军事教育,删除和改正了教科书,采取一些措施恢复了正常的学校教育秩序。10 月 6 日,废止了《战时教育令》,11 日废止了《学生勤劳令》,从法律上终止了战时教育体制。

对于日本方面的方针政策,美国占领军总司令部认为并不彻底。美国占领军总司令部有关教育的政策是由其下属机构民间情报教育局(The Civil Information and Education Section,简称 CIE)制定的。该机构成立于 1945 年 9 月 22 日,其人员多由美国教育专家组成。民间情报教育局在执行占领教育政策和在战后教育改革方案的起草和实施中发挥了重要作用。该机构成立后不久,连续以备忘录的形式向日本政府发布了四项指令。10 月 22 日发布"对日本教育制度的管理政策",明确了美军占领军总司令部的基本管理政策。接着又相继发布了"关于教员及教育官员的调查、开除和任命"、"关于取消政府对国家神道、神社神道的保障、支援、保护、监督及宣传"、"关于停止开设修身、日本历史和地理课"的相关指令。日本政府接受并执行了这些指令,清除了军国主义和极端国家主义的教师,删除了教科书和教材中的反动内容,暂时停止了修身、日本历史和地理课,禁止在学校进行神道教育及神道祭祀活动。这四项指令对于彻底消除战时日本教育体制、肃清军国主义和极端国家主义思想发挥了巨大的作用,为建立战后民主化教育体制,复兴和普及自由主义和民主主义思想奠定了基础。

2. 美国教育使节团报告书

对民间情报教育局的方针政策产生重大影响的是美国教育使节团。美国占领军总司令部为了探讨战后日本教育改革的方针政策和全面绘制改革的蓝图,除在占领军总司令部内设置民间情报教育局外,还请求美国政府派出教育使节团,并且要求日本政府组织一个由优秀的日本教育专家组成的日本教育家委员会,以协助美国教育使节团工作,由总司令部和日本文部省共同领导。1946 年 2 月 7 日由 29 名委员组成的日本教育家委员会成立,东京帝国大学校长南原繁任委员长。

1946 年 3 月 5 日,以美国纽约州教育局长斯托达德为团长,由 27 名团员组成的美国教育使节团抵达日本。美国教育使节团在民间情报教育局和日本教育家委员会的协助下,在 27 天的停留时间内完成了《美国教育使节团报告书》,于

1946 年 3 月 30 日提交占领军总司令部。

《美国教育使节团报告书》首先对战前日本的教育制度进行了批判,指出"日本的教育制度,在其组织和课程规定中,即使没有受到极端的国家主义和军国主义影响,根据当代的教育理论也应该进行改革。这种制度分别为大众和少数特权阶级提供不同的教育,是高度的中央集权型的基于 19 世纪教育而建立起来的"①,认为"民主政治下以生活为目的的教育制度应该以承认个人价值和尊严为本",强力主张对战前日本的教育理念和教育制度进行根本性的改革。报告书对于今后日本的教育发展提出的主要建议有:教育目的应强调以尊重个人和充分发挥个性为根本,培养作为"民主社会"一员的"民主市民";教育内容和方法上应给教师和儿童以最大限度的自由,保证教师教学、编制课程计划和选择教材的自由,教科书由国定制改为审定制,将儿童从划一性和应试教育中解放出来,重视儿童的经验;教育行政要改极端的中央集权形式为地方分权形式,削减文部省的权力,建立教育委员会制度;学校制度采用小学六年、初中三年、高中三年的"6-3-3"单轨制学校体系,实施 9 年免费义务教育,男女同校;改革教师培养制度,建立教师认可制度;重视成人教育,建立专门的成人教育管理机构;扩大接受高等教育的机会,加强大学中的人文教育,重视大学自治和研究等。《美国教育使节团报告书》为战后日本教育改革指明了方向,成为民间情报教育局指导战后教育改革的基本方针,也是日本方面实施改革的重要参考蓝本,极大地推动了战后日本教育的改革与发展。

3. 新教育方针的公布及教育刷新委员会的成立

日本政府根据《美国教育使节团报告书》的精神,在美国占领军民间情报教育局的指导下着手教育改革的准备。1946 年 5 月,文部省公开发表《新教育方针》,并陆续出版了五卷本的手册,分发到全国教师手中。

1946 年 8 月 10 日,日本政府根据美国占领军司令部的要求,在协助美国教育使节团工作的日本教育家委员会的基础上成立了教育刷新委员会。该委员会共有委员 49 人,文部大臣安部能成任委员长,南原繁任副委员长。1947 年 11 月,南原繁取代安部能成任委员长。委员会是隶属于日本内阁的教育审议机构,任务是落实美国教育使节团的建议,并审议和制定指导教育改革的具体方案。1949 年 6 月,教育刷新委员会更名为教育刷新审议会,直到 1952 年 6 月文部省设立中央教育审议会时才解散。在其存在的六年期间,该委员会提出建议 35 份,起草和制定了《教育基本法》和《学校教育法》等许多教育法案,并予以切实的实施,在战后教育政策的制定上发挥了决定性作用。

① 《战后日本教育史料》编辑委员会.战后日本教育史料集成:第一卷·败战和教育的民主化[M].东京:三一书房,1982:88.

4.《教育基本法》的制定

1946 年 11 月 3 日,日本国会制定并颁布了《日本国宪法》。新宪法宣布国民在法律上平等,明确了"依据法律规定,全体国民均享有与其能力相适应的平等受教育的权利","全体国民负有令其所保护的子女接受普通教育的义务"。① 依据新宪法的精神,1947 年 3 月 31 日又公布了《教育基本法》。

《教育基本法》首先阐明"我们业已制定了日本国宪法,决心建设既有民主又有文化的国家,为世界和平和人类福祉做出应有的贡献。这一理想的实现,归根究底有赖于教育之力"②。该法规定:教育的目的在于形成人格,培养爱好真理和正义、尊重个人价值、热爱劳动和负责任的具有独立自主精神的身心健康的国民,成为和平国家和社会的建设者;教育方针是利用一切机会和一切场所实现教育目的,尊重学术自由,从实际生活出发,涵养自主精神,并尊敬他人和相互合作,努力为文化的创造和发展做贡献;全体国民不问人种、信仰、性别、社会地位均享有平等地接受与其能力相应的教育的机会;实施 9 年免费义务教育;男女同校;学校具有公共性质,学校教师必须为全体国民服务;教育行政上要求教育不可服从不当的统治,必须对全体国民直接负责。此外,《教育基本法》还对社会教育、政治教育、宗教教育的基本原则进行了规定。《教育基本法》在日本教育史上具有划时代的意义。它的颁布彻底否定了战前日本实施的军国主义和国家主义教育,终结了《教育敕语》在日本教育中的指导地位;规定了战后日本教育的指导思想和基本方向,确立了资产阶级民主主义的教育方针和基本原则,明确了教育是实现和平与民主社会重要手段的基本理念;是其他教育相关法律的基础,因而被称为"教育宪法";其颁布形式与战前教育指导方针的敕令主义③不同,标志着战后教育法律主义的开始。

二、战后教育制度的重建

1. 教育行政体制的改革

1948 年 7 月 15 日,根据美国教育使节团的建议制定并综合各方面意见的《教育委员会法》获得国会通过。

《教育委员会法》明确规定了教育委员会的组织、权限及职责。其主要内容为:在都道府县和市町村设立教育委员会;委员由当地公民选举产生,正副委员长从委员中选举产生;委员会下设教育长和事务局;教育长由委员会任命一位教育专家担任,在委员会指导和监督下处理相关教育事务;教育委员会的具体职责包括当地学校和其他教育机构的设置、废除、经营、管理、教育内容的处理及教科

---

① [日]新井隆一等.解说教育六法[M].东京:三省堂,1983:21.
② [日]国民教育研究所.修订近现代日本教育小史[M].东京:草土文化,1990:222.
③ 敕令主义是指战前以天皇的名义确定教育基本理念的形式,以"教育敕语"为代表。

书的选用、校长和教职员的任免等。《教育委员会法》的颁布标志着战后教育委员会制度的建立,确立了教育行政的地方分权原则、教育行政的民主化原则和教育行政与一般行政相分离的原则,与战前的日本教育行政有着本质的不同。文部省的职权也随之发生了重大变化。1949 年 5 月 31 日实施的《文部省设置法》规定,文部省的职责是:对教育委员会、大学、研究机构及其他教育机构进行专门性指导和建议;制定教育基准等法令草案,编制教育预算和分配教育经费;调整大学、研究机构的研究活动;开展教育调研等。可见文部省由战前的监督、管理机构变成了指导、建议、协调和服务机构,从而从制度上保证了地方分权的实施。

2. 学校教育制度的重建

战后日本政府决定采用美国的 6 - 3 - 3 - 4 新学制改革学校教育,并于 1947 年 3 月 31 日颁布《学校教育法》,作为建立战后学校教育制度的法律依据。废除旧学制、实施新学制的工作从 1947 年 4 月 1 日开始到 1950 年完成,是有计划、分阶段实施的。

1947 年 4 月,将旧制国民学校初等科改为 6 年制小学,将旧制国民学校高等科和青年学校普通科改为 3 年制初中。小学和初中为义务教育阶段。小学的课程包括国语、社会科、算术、理科、音乐、图画、家政、体育和自由研究。新制初中开设的必修课包括国语、社会、数学、理科、音乐、图画、手工、家政、体育、自由研究,选修课包括外语、习字和职业课程。1948 年开办新制高中。新制高中是以战前旧制中学校为主体,合并或改编高等女子学校和实业学校而成。新制高中有普通高中、职业高中和综合高中三种。高中课程设置灵活多样,实行学分制。1949 年春,新制大学启动。新制大学由旧制大学、高等学校、大学预科、专门学校改组、合并而成,为单一类型的 4 年制大学。大学实行学分制。一些不合乎大学基准而未能升格为新制大学的旧制专门学校作为临时性措施予以保留,以后逐渐发展为短期大学。改革后的研究生院成为了设于本科之上的具有培养高级技术人才和进行科学研究双重职能的高等教育机构。新制研究生院分为硕士和博士课程,前者修业 2 年以上,后者修业 5 年以上。师范教育制度由战前的封闭型模式改为开放型模式,废除了战前单独设立的师范教育体系,中小学教师改由大学培养。另外还设置了少量专门培养师资的学艺大学和教育大学。

3. 社会教育制度的重建

战后的教育改革不仅仅是学校教育的改革,也包括社会教育领域的改革。1949 年 6 月 10 日,日本政府颁布了《社会教育法》。

《社会教育法》规定了社会教育和社会教育行政的区别,强调前者是国民的自主性教育活动,后者则对前者进行奖励和援助,但不得干涉其活动的自主性;限制了国家对社会教育的权力,主张地方自治体的权限;表明了不干涉和不控制社会教育团体的基本原则;建议设立社会教育委员会、公民馆运营审议会以充分反映民众意见;明确公民馆作为综合性的社会教育设施的核心地位和法律基础。①《社会教育法》的颁布标志着战后社会教育制度的正式建立,表明社会教育已成为国民教育体系不可分割的组成部分;它终结了战前"教化"性质的社会教育,开始了在资产阶级民主主义理念指导下的作为国民基本人权和民众开展自我教育活动的社会教育;为民众开展社会教育的自由权利提供了法律保障。

《社会教育法》颁布以后,日本重要的社会教育设施公民馆迅速发展起来。公民馆是以市、镇、村等一定区域内的居民为对象,以提高居民教养、增进健康、陶冶情操、丰富文化生活、促进社会福利事业发展为目的,开展与实际生活相结合的教育、学术、文化等各种事业的综合性社会教育设施,具有开放性、综合性、社区性、教育性、自治性等特征,在道德建设、文化教育、产业振兴、生活改善、行政渗透、保健卫生、安全防范、社会福利等方面发挥着多种功能。它立足于社区社会,贴近居民生活,深受人们的欢迎。

第二节　经济迅速增长时期日本教育的发展

随着世界冷战格局的形成,为把日本建设成为其在亚洲的反共堡垒,美国将战后限制日本垄断资本主义发展和打击军国主义势力的政策调整为扶植日本资本主义发展和解除对日全面占领的政策。1951 年 9 月,美国与日本单方面媾和,签署了《旧金山和约》和《日美安全保障条约》。在美国的大力扶持下,1949 年,日本经济开始转入恢复时期,1956 年进入了经济高速增长阶段,整个 20 世纪 60 年代日本经济以超过 10% 的年均增长率迅猛发展,1968 年日本国民生产总值达到 1 597 亿美元,超过英国、法国、联邦德国,成为仅次于美国的世界第二经济大国。为适应国内外政治形势和经济的变化,日本制定了新的教育政策。总体来看,这一时期教育发展的变化主要体现在两个方面,一是强调道德教育,加强对教育进行中央集权控制;二是顺应经济发展,采取注重"能力开发"的经济至上主义政策,对教育体制进行"能力主义"的改造。

一、经济至上主义教育方针的确立

1. 修改战后教育改革的动向

美国对日政策改变后,日本出现了修改战后民主化教育改革的动向。保守势力的代表人物吉田茂出任首相后,试图推出《教育宣言》以代替《教育敕语》,并强调加强日本历史、地理和爱国心的教育,其文部大臣也企图恢复战前设置过

---

① 在该法中有关公民馆的规定占据了社会教育各种规定的核心地位,因此《社会教育法》也被称为"公民馆法"。

的修身课或道德课,并希望在学校举办庆祝活动时悬挂战前使用过的颇有争议的"日之丸国旗"和齐唱"君之代国歌",但由于广大国民、日本教职员工会(简称日教组)的反对而未能实施。

1951年11月16日,政令修改咨询委员会向内阁提出《教育制度改革的咨询报告》。政令修改咨询委员会是在单独媾和会议即将召开之前应美国占领军司令部要求由日本政府建立的内阁首相咨询机构,其主要任务是对占领下的政策法令进行重新审查。《教育制度改革的咨询报告》对战后新教育制度的修改提出了具体的方针和措施。该报告认为,战后的教育改革虽然确立了民主化的教育制度,但由于是以外国的教育制度为样板而进行的改革,因而存在一些不符合日本国情的地方,主张对这些改革进行重新审查。该报告建议,在维持6-3-3-4学校制度的基础上,改变单一的学制模式,建立适应社会需要的灵活多样的教育制度;改革偏重普通教育的弊病,加强职业教育和充实理科教育;在维持教科书审定制的同时由国家制定标准教科书;教育委员会的委员长应由选举制改为任命制,明确文部大臣对教育的负责体制等。这些提议与战后初期实施的民主化改革理念是背道而驰的,由于多方的反对而未能被全部采纳,但是其中关于学校制度多样化和重视职业教育等建议在以后的改革中逐渐体现出来。该咨询报告是日本战后在教育方面加强中央集权的开始,成为此后十数年政府修改文教政策的基本路线。

2. 国民经济计划中的教育发展计划

随着日本经济的恢复和高速发展,日本经济界不断要求教育培养经济发展所急需的人才。由日本垄断资本财团组成的日本经营者团体联盟相继提出了《重新研讨新教育制度的要求》、《当前教育制度改革的要求》和《适应新时代要求的技术教育意见》,强烈要求教育改革要适应经济发展的需要。

为促进国家经济和社会的发展,自1956年起日本政府连续制定和推行国民经济发展计划。这些计划的一个明显特点是强调根据经济发展和社会进步的需要来改革和发展教育。1957年12月,岸信介内阁制定的《新长期经济计划》(1958—1962年),首次将日本教育发展计划编入国民经济计划中,强调必须加强科学技术教育。1960年12月,池田内阁制定的《国民收入倍增计划》(1961—1970年)继续强调普及和提高后期中等教育,扩充科学技术教育。佐藤内阁以调整经济发展速度为目标制定的《中期经济计划》(1964—1968年)进一步强调提高人的能力和振兴科学技术的重要性,要求扩充后期中等教育,加强大学本科和研究生教育,造就大批高素质的科技与管理人才。此后,佐藤内阁还制定了《经济社会发展计划》(1967—1971年),把提高人的能力和开发自主技术作为促进经济发展、提高国际经济竞争能力的最主要的政策措施。这样,日本教育开始出现重视能力和人才开发的"能力主义",强调将教育计划纳入经济计划,使教育政策同经济政策统一起来的趋向。

二、经济至上主义下日本教育的发展

1. 教育行政制度的集权化

政令修改咨询委员会咨询报告提出加强中央权力后,20 世纪 50 年代初,文部省通过对《文部省设置法》进行修改、新设中央教育审议会代替教育刷新委员会和改组文部省部局等措施逐渐扩大权限,使占领期形成的以指导建议为主的服务性机构逐渐向监督机构转变。1956 年 6 月,日本政府不顾民众的反对强行通过了《地方教育行政组织及运行法》,对战后建立的教育委员会公选制度做了重大修改,将教育委员由公开选举制改为任命制,选出的教育长须经文部大臣同意任命,把教育委员会对管理教育财产和经费支出的权力移交给地方公共团体长官,公立学校教职员由都道府县教育委员会任命,明确国家在地方教育行政中的责任,文部省通过教育委员会加强指导等。此后,文部省陆续出台了学校管理规则,实施教职员业绩考评,对学生学习能力进行测评,审定教科书等,教育行政的"管理"色彩进一步增强。针对这些动向,日本教职员工会开展了针锋相对的斗争。

2. 基础教育的发展

文部省根据 1958 年教育课程审议会提出的《改善中小学教学计划》的报告,修改了中小学《学习指导要领》。把中小学课程分为学科、道德、特别教育活动、学校仪式四个方面。把道德教育从学科中独立出来,单独开设,取消了自由研究,用特别教育活动来代替。重视培养学生的基本学习能力,加强了国语、数学的教学,侧重知识的系统性和科学性,修改数理科的教学内容,加强了科技教育。

高中向普及化和多样化发展。义务教育的普及带来的中学生升学压力及经济高速发展对高水平人才的需求使得普及高中的要求日益高涨。1961 年,日本文部省在倍增计划中专门增加了增设高中的内容,计划增加 112 万人,新设公立高中约 200 所。改革后高中入学率由 1950 年的 42.5% 迅速上升,到 1970 年竟超过了 80%(1980 年高达 94.2%)[①]。大力发展职业高中,调整普通高中和职业高中的招生比率,将 1955 年以前普通科和职业科学生之比 6:4 变成了 5:5。1968 年,文部省还设立了"数理科",以培养数学及理科方面的精英人才。1961 年 6 月,文部省开始实施学校与企业合作制度,加强了高中教育与企业内职业训练的合作。

3. 高等教育的发展

---

① [日]大田尧.战后日本教育史[M].王智新译.北京:教育科学出版社,1993:248.

从 20 世纪 60 年代初期开始,日本的高等教育规模迅速扩大。1952 年至 1970 年,日本高等教育机构总数从 425 所增加到 921 所,学生人数由 44.451 4 万人增加到 168.5 万人。① 规模的扩张主要是通过兴办巨型大学和增设新大学 尤其是私立大学来实现的。据统计,1960—1979 年,日本万人以上的大学由 10 所增加到 41 所,5 000 人以上的大学由 18 所增加到 60 所;在 1960 年至 1970 年 新增加的 137 所本科大学中私立大学占 134 所。高等教育入学率由 1960 年的 10.3% 增加到 1963 年的 15.5% ,又增加到 1970 年的 24% 。可见,1963 年,日本 开始由高等教育的"精英阶段"进入"大众化阶段",且其高等教育大众化主要是 通过大量兴办私学而实现的。在扩大高等教育规模的同时不断优化高等教育机 构。1962 年根据产业界的要求创建了高等专门学校。高等专门学校是以初中 毕业生为招生对象、以培养工业方面的中级技术人才为主要目的的 5 年一贯制 高等教育机构。1962 年初建时只有 19 所,学生 3 375 人,到 1970 年增至 60 所, 学生 44 315 人②。战后作为临时性措施而存在下来的短期大学也取得了合法地 位并获得迅速发展,至 1970 年日本短期大学已有 479 所,短期大学学生263 219 人③。为了适应产业结构的调整,高等教育发展的重点放在了理工科上,扩招理 工科学生并增建理工科高等教育机构。从 1957 年起开始实施增招理工科大学 生 8 000 人的计划,1961 年起每年增招 1.6 万人,1964 年每年增招 2 万人。1965 年至 1968 年,增设理工科院系 56 所,改组和扩充 20 多所。1965 年,理工科新生 人数占新生总数的 45.3% ,到 1970 年这一比例增加到了 73.5% 。④

第三节　成熟化社会时期日本教育的改革

20 世纪 70 年代以后的日本已经成为世界经济大国。作为发达的工业国 家,日本"已经告别了明治维新以来的赶超型近现代化时期,正由成长阶段迈入 成熟阶段"⑤。新技术革命带来了产业结构和就业结构的巨大变化;国民文化生 活水平不断提高,闲暇时间增加,社会福祉改善;国际化程度进一步加强;终身教 育思潮广泛传播。1973 年爆发的中东石油危机使日本经济由高速增长期转入 低速增长期,教育也随之结束了大发展局面并相应地转向稳定发展和提高质量 阶段。注重能力开发的经济至上主义教育带来的忽视学生个性、考试地狱现象 等教育问题日趋恶化。在这种形势下,一直以"追赶"、"模仿"方式实现了现代

① 胡建华.战后日本大学史[M].南京:南京大学出版社,2001:78、145.
② 日本教育年鉴刊行委员会.日本教育年鉴(1991 年)[M].东京:行政株式会社,1992:475.
③ 日本文部科学省.文部科学统计要览[M].东京:国立印刷局,2007:87,89.
④ 日本文部科学省.产业教育九十年史[M].东京:东洋出版社,1974:674.
⑤ 瞿葆奎.教育学文集·日本教育改革[M].北京:人民教育出版社,1991:35.

化的日本没有了借鉴的目标。因此,如何走自己的路、培养独立自主的创新型人才以适应未来瞬息万变的社会发展,就成为新时期日本教育发展的中心任务。为解决这些问题,日本又掀起了以构建终身教育体系为框架、以培养创新型人才为内核的近现代教育史上的第三次教育改革。第三次教育改革的准备工作始于1967年,正式开始于1971年,20世纪70年代中期以后改革一度中断,1984年中曾根首相成立临时教育审议会后又重新全面展开。这一时期的日本教育发展可以分为20世纪70年代教育改革的初步尝试阶段和20世纪80年代以来日本教育改革的全面开展阶段。

一、20 世纪 70 年代教育改革的初步尝试

1967年,文部大臣提出了咨询报告,明确指出:"明治以来我国一直是以先进国家为范,为接近其水准而努力。但是现在已经到了应该依靠自己来探究日本独自道路的阶段了。"①1971年6月11日,中央教育审议会提交了《今后学校教育综合扩充与整顿的基本措施》的咨询报告(又称"四六报告")②,从而拉开了第三次教育改革的序幕。该报告历经四年时间,经过二百多次会议讨论,是在广泛征求多方意见后提出的。咨询报告宣称"迄今为止我国已经历过明治初年和第二次世界大战之后两次教育制度的根本改革。当前,我们应该认真考虑开展与上两次改革意义不同的、关系到国家和社会未来的第三次教育改革"③。报告建议将教育目标改为"培养能实现以民主社会的规范和民族传统为基础的国民团结,并能通过创造富有个性和普遍性的文化为世界和平与人类福利做出贡献的健康勇敢的日本人",并强调民族传统的重要性;继续肯定了能力主义的教育政策;提出了建立终身教育体系的构想;进一步强化了国家对教育内容的管理;主张与个性发展相适应的教育方法等。与此同时,日教组、财界、教育调查等社会团体也纷纷提出自己的改革主张,从而为20世纪80年代以后的深入改革在不同程度上提供了线索。

1977年,文部省根据"四六报告"精神重新修订了中小学《学习指导要领》。其基本精神是:加强德育和体育,重视儿童的协调发展;精选教学内容,减少教学时数,增加课外活动,营造轻松的学习环境,培养儿童的创造力等。在高等教育方面,成立了一批新型的高等教育机构。1973年10月,日本政府打破了传统的系科结构,采取学科群和学类的组织模式创办了筑波大学。1976年,成立了专修学校,设有以高中毕业生为招生对象的专门课程、以初中毕业生为招生对象的

① [日]水原克敏. 现代日本教育课程改革[M]. 东京:风间书房,1992:515.
② 咨询报告发表的年份1971年是日本的昭和46年,因此这份报告又被称为"四六报告"。
③ 中央教育审议会. 今后学校教育综合扩充与整顿的基本措施//[日]细谷俊夫等. 新教育学大事典:第七卷[M]. 东京:第一法规出版株式会社,1990:193.

高中课程和不同入学资格的普通课程。1976年,新设长冈和丰桥两所技术科学大学,招收工业高中和高等专门学校毕业生,学生毕业合格后可全部进入本校研究生院继续学习。1978年以后又成立了兵库、上越、鸣门三所教育大学,重点培养研究生水平的师资。

二、20世纪80年代以来教育改革的全面展开

1. 面向21世纪教育改革的规划

(1)临时教育审议会的咨询报告

1984年2月6日,日本首相中曾根康弘提出进行"战后政治总决算"①的口号,提出由经济大国向政治大国转变的战略。在他的建议下,8月21日成立了为期三年的临时教育审议会,作为直属内阁的教育咨询机构来审议、调查和处理教育问题。这标志着第三次教育改革进入了全面展开和深化的阶段。

临时教育审议会在三年间召开数百次会议,分别于1985年6月、1986年4月、1987年4月和1987年8月先后提出四份咨询报告。其中第四份报告是最终报告,最具代表性。该报告提出了教育改革的三个基本原则,即重视个性的原则、向终身学习体系过渡的原则和适应时代变化的原则,其中重视个性的原则是最基本的原则。该报告还提出了教育改革的具体策略,包括:① 完善终身学习体制,实现评价的多元化,发挥家庭、学校与社会的教育作用;② 促进高等教育多样化发展,提高高等教育质量,改革大学招生制度,积极振兴学术研究,改善大学的组织和管理;③ 根据充实德育、加强基础、发展个性的原则改革基础教育内容,提高教师素质,建立灵活的后期中等教育结构;④ 建设国际化的开放型学校;⑤ 充实信息环境;⑥ 改革设置基准,促进地方分权。临时教育审议会的建议成为第三次教育改革的指导性纲领,20世纪80年代以来日本的教育改革基本上是在此咨询报告的基础上开展的。

为深入探讨面向21世纪的教育改革,1996—1997年第15届中央教育审议会又向文部大臣提出了《展望21世纪我国教育的理想状态》的咨询报告。主张:① 应培养儿童的"生存能力",加强自主判断和创造型能力的培养,营造宽松的学习环境;② 应加强学校、家庭、社会教育的合作;③ 应改变教师的教育观念,重视儿童在自我学习、相互学习和交流经验中的主体活动。这些建议无疑是对20世纪80年代临时教育审议会报告的进一步深化和拓展。

(2)《教育基本法》的修改

20世纪90年代以来日本经济的长期低迷使得日本政府开始从道德力量的

---

① 所谓的"战后政治总决算"大体分为国内改革和向战后"禁区"挑战两个部分。其中向"禁区"挑战就是要从经济大国向政治大国转变。

缺失中寻找原因,出现了将教育问题增多和社会上无责任风潮流行归罪于战后自由主义、个人主义教育的趋向。苏联解体后,世界政治格局也发生了重大变化,战后一直与保守势力斗争的日本教职员工会走向分裂,从而使得制约保守势力的力量衰退。在此形势下,修改战后《宪法》和《教育基本法》以强化爱国主义和道德教育的民族国家主义和道德保守主义的要求进一步加强。

1982年,日本文部省要求将教科书中记述的对中国的"侵略"改为"进出"。1986年,保卫日本国民会议编的高中教科书《新编日本史》充斥了右翼思想。这些篡改历史教科书的行为引发了亚洲各国人民和日本国内左翼团体的强烈抗议,酿成外交事件,最后以日本政府妥协和更正教科书而告终。20世纪90年代,新修改的《学习指导要领》添加了军国主义分子的有关内容。1999年,日本国会通过《国旗国歌法》,国旗国歌教育在日本全国贯彻开来。

2006年4月,日本内阁会议通过了《教育基本法》修正案,并于12月22日正式颁布实施。新《教育基本法》的教育基本理念发生了重大转变,新法将原来的"具有普遍性之文化"的提法删除,提出要"尊重公共精神,培养具有丰富的人性和创造性的人,同时要继承传统,推进旨在创造新文化的教育"①,新法的教育目的和教育目标也随之改变。总体来看,原教育基本法所宣扬的理念侧重于民主、和平、普遍真理,而新教育基本法则侧重于尊重传统和文化、热爱祖国和乡土。"尊重公共精神"及"继承传统"的新提法,反映了近年来日本教育改革中的保守主义倾向。② 此次修改是《教育基本法》自1947年颁布以来的第一次全面修改,标志着道德保守主义和民族国家主义教育思想在教育政策制定中取得了绝对优势的地位,它的影响无疑将是十分深远的。

2. 20世纪80年代以来教育改革的实施

(1) 终身教育体系的构建

日本是最为重视普及终身教育思想、积极构建终身教育体系的国家之一。1981年,中央教育审议会发表《关于终身教育》的报告,1984年,临时教育审议会首次提出"向终身学习体系过渡"的教育改革理念。1988年7月,文部省把社会教育局改为终身学习局,使其成为文部省的第一大局。各都道府县也设置了专门负责终身学习的机构,由此建立了从中央到地方的终身学习推进体系。1990年6月,日本国会又通过了《关于振兴和完善终身学习推进体制的法律》(简称《终身学习振兴法》),明确了在全国建立终身学习体制的方针。

2001年初,日本将文部省与科学技术厅合并成为"文部科学省",并对省内机构进行了大规模的调整。改革后的文部科学省不仅减少了以前过于庞大的编

---

① 日本文部科学省.2006年度文部科学白书[M].东京:国立印刷局,2007:471.
② 日本文部科学省.2006年度文部科学白书[M].东京:国立印刷局,2007:471.

制,而且避免了教育和科学技术在政策规划上的条块分割与资金浪费等弊端,加强了教育与科学政策的协调统一。此后,文部科学省着手推行地方分权改革,加强了中小学校长在学校管理中的权限和责任。

（2）基础教育的改革

基础教育仍然以课程改革为重点。1989 年的《学习指导要领》要求培养丰富的人性和健全的人格、重视基础知识和基本技能、提高自学能力、重视个性化教育。1998 年,日本教育课程审议会的答申报告建议大幅度削减课时,严选教学内容,充实道德教育,提高外语交流能力,强化信息技术教育,创设综合学习型课程“综合学习时间”。在高中阶段推行 6 年一贯制的中等学校和学分制高中,新设介于普通学科和职业学科之间的综合学科,推进高中学习方式的弹性化和多样化,改革高中招生考试制度,实行选拔方式多样化、选拔尺度多元化改革。

（3）高等教育的改革

日本于 1987 年设立了直属文部省的常设咨询机构——大学审议会,在其建议下,20 世纪 90 年代初期文部省连续对《大学设置基准》《研究生院设置基准》《短期大学设置基准》等进行了大纲化的修改。依据这些修改的法规,20 世纪 90 年代日本政府展开了对高等教育的全面改革。

在大学课程改革方面,将战后形成的普通教育课程与专门教育课程分别在大学本科前两年和后两年进行的“二二分段”模式,改为使普通教育和专门教育课程相结合的“四年一贯”模式。此外还广泛采取了按学期制安排课程、制定教学大纲、重视小班教学、加强外语和信息技术教学、组织学生评课、实施研究生助教制度、提高教师授课水平等一系列措施。

在大学管理制度改革方面,一是积极推行国立大学法人化改革。2004 年 4 月,日本的国立大学全部成为独立行政法人[①]。其目的在于将国立大学剥离于国家组织之外,扩大其自主性和自律性,使其在更为激烈的竞争环境中,成为高水平的、个性鲜明的大学。二是建立大学评估制度。自 20 世纪 90 年代起陆续导入了自我评估制度和第三者评估制度,并于 2004 年要求所有的大学必须定期接受第三者评估机构的评估。三是推行教师人事制度改革,实施教师任期制。

在研究生教育改革方面,一方面扩大研究生招生规模,使在校硕士研究生总数从 1990 年的 61 884 人增至 2006 年的 165 525 人,在校博士研究生从 28 354 人增至 75 365 人[②]。另一方面着手改革研究生教育制度。修改了博士学位授予制度,取消了对博士学位授予的过高要求。创设了没有本科学生、只实施研究生教育的“研究生院大学”,成立了独立于学部的“独立研究科”,设立招收高级职

---

① 独立行政法人是介于政府与民间组织之间的一种准政府机构。
② 日本文部科学省.文部科学统计要览[M].东京:国立印刷局,2007:92.

业人才的"专业研究生院",新设开设硕士和博士课程的"函授制研究生院"①。为了建设一批 21 世纪具有较高教学科研水平、特色鲜明的世界一流大学,2002年,日本政府启动了《21 世纪 COE 计划》②,并专门为该计划设立了"研究基地建设费补助金"。到 2006 年,已经有 93 所大学的 274 个学科方向获得了重点资助。

战后日本改革是美国占领军当局通过日本政府实施的一次自上而下的资产阶级民主化改革,完成了明治维新未能彻底进行的资产阶级民主改革的任务。通过这次改革,"日本社会的封建性因素几乎被一扫而光,经济方面的地主制,社会方面的父家长制,政治方面的专制天皇制,思想方面的天皇神化,都被消灭了。它们的消灭,乃是一千几百年日本国家历史上空前的大变革"③。

战后教育改革在日本教育史上具有划时代的意义,它彻底摧毁了《教育敕语》指导下的军国主义教育体制,建立了资产阶级的民主的教育体制,为战后日本教育沿着民主化方向发展开辟了道路。不过,我们也不能忽视,在战后民主化发展的大趋势中也总有一股暗流存在,那就是强化爱国主义和道德教育的民族国家主义和道德保守主义势力的逐渐抬头。尊重传统文化、提倡爱国主义和道德教育本无可厚非,但日本的最大问题是这种教育没有建立在对于侵略历史的深刻反省之上。不仅如此,甚至还有企图否定和美化侵略战争的势力存在。在这种情况下,尊重传统文化、提倡爱国主义和道德教育,就有可能被右翼政客所利用而出现复活军国主义的危险。我们应该联合世界各国爱好和平的力量予以揭露和批判。

战后日本能够迅速实现经济的恢复与飞速发展,除了很好地利用冷战的国际格局及科技革命发展的战略契机、实现战后民主化改革、战前日本的经济和科技发展具有良好的基础等内外部条件之外,教育在日本经济起飞中发挥了重要的作用乃是世人的共识。日本始终重视教育在国家发展战略中的优先地位,将教育的发展与经济的发展紧密结合起来,使教育很好地为经济的腾飞保驾护航,值得我们借鉴。但是也应该注意到,过分强调教育为经济发展服务的经济至上主义政策也带来许多负面影响,它直接导致了 20 世纪后期"校内暴力"、"儿童自杀"、"逃学"等一系列教育问题的产生。这些问题的产生又引发了日本近现代历史上的第三次教育改革。在经济恢复和发展时期形成的两个教育发展方向——经济至上主义和保守主义,直到 20 世纪 70、80 年代依然未变,甚至延续到了 90 年代以来的教育改革之中。日本一方面试图消除教育中的"病理现

① 日本文部科学省.2006 年度文部科学白书[M].东京:国立印刷局,2007:171.
② COE 是 Center of Excellence 的缩写,意为卓越的基地。
③ 转引自王桂.日本教育史[M].长春:吉林教育出版社,1987:272.

象"，一方面又不改变教育为经济发展服务的总体战略思路，致使战后的改革都未能产生根本的效果。这也是日本教育自 20 世纪 70 年代以来一直致力于改革却收效不丰的原因之所在。

日本人长于技术而短于科学，善于模仿而拙于创新，这是由其长期的历史发展所形成的。古代日本学习中国教育而成"和魂汉才"，近代日本借鉴欧美教育而成"和魂洋才"，战后改革又深受美国教育影响，使其形成了善于模仿和借鉴的教育特色。日本的成功在于此，但制约日本教育发展的瓶颈亦在于此。技术层面和应用领域的创新固然也是创新，但是较之理论层次和基础领域的创新毕竟是一种低层次的创新。当今可资日本模仿的国家已经不多，因而"创新"便成为了新时期日本教育改革的"中心词"。这也是第三次教育改革中日本备加重视"个性"和"创造性"能力培养的原因，日本能否保持其以往的强劲发展势头，关键亦在于此。

思 考 题

1. 日本近现代教育史上第二次和第三次教育改革主要解决的问题。
2. 《美国教育使节团报告书》的主要内容和意义。
3. 1947 年《教育基本法》的主要内容及意义。
4. 日本经济高速增长时期的教育政策及其评价。
5. 20 世纪 80 年代以来日本教育改革的主要措施及内容。

参考文献

1. ［日］国民教育研究所.改修近现代日本教育小史［M］.东京:草土文化,1990.

2. ［日］仲新.日本现代教育史［M］.东京:第一法规出版社,1971.

3. ［日］大田尧.战后日本教育史［M］.王智新译.北京:教育科学出版社,1993.

4. 梁忠义.世界教育大系·日本教育［M］.长春:吉林教育出版社,2000.

5. 王桂.日本教育史［M］.长春:吉林教育出版社,1987.

6. 瞿葆奎.教育学文集·日本教育改革［M］.北京:人民教育出版社,1991.

第三十七章

现代欧美教育思潮

1899 年,美国教育家杜威在他的著作《学校与社会》中,第一次使用"传统教育"一词来表示以赫尔巴特为代表的教育理论,同时把自己所提出的教育理论称为"现代教育"理论。此后在现代欧美教育理论中开始出现"传统教育"与"现代教育"的概念。本章所讨论的欧美现代教育思潮是指杜威提出"现代教育"概念之后在欧美影响较大的教育理论。实用主义或进步主义教育理论是最重要的教育思潮之一,前已有专门论述,兹不赘述。本章主要讨论存在主义、分析哲学、永恒主义、要素主义、社会改造主义、终身教育和后现代主义等教育思潮。

第一节 存在主义教育思潮

存在主义教育思潮是一种以存在主义哲学为基础的教育理论,20 世纪中期流行于美国和西欧各国。

存在主义(Existentialism)又称生存主义,是一种非理性主义哲学思潮,强调个人、独立自主和主观经验。存在主义的创始人是丹麦的基督教哲学家克尔凯郭尔(S. A. Kierkeggard),主要代表人物有德国的雅斯贝尔斯(K. Jaspers)和海德格尔(M. Heidegger)、法国的萨特(J. Sartre)以及奥地利的布贝尔(M. Buber)等。

存在主义的根本特征是把孤立的个人的非理性意识活动当作最真实的存在,并作为其全部哲学的出发点。它自称是一种以人为中心、尊重人的个性和自由的哲学。就本体论即形而上学而言,存在主义者认为"存在先于本质"。在他们看来,物质世界无任何意义和目的,我们只是偶然来到这个宇宙中,在这里没有世界的秩序,也没有事物的自然规律。除了我们的存在,我们不把任何东西归功于自然界。存在主义者认为,因为我们是无目的地生存在这个世界上,所以我们必须创造我们自己的意义(meaning)。除了存在,"选择"在存在主义形而上学中也是一个核心概念。确定我们是谁、是什么就是确定什么是真。在存在主义者看来,我们按自己的选择来确定真实,我们不能逃脱选择的责任,包括选择如何看待我们的过去。

在认识论上,与他们关于真实的立场一致,存在主义者认为,我们认识真理的方式是选择。个体自己必须最终确定何为真以及如何知其真。我们是选择逻辑、直觉和科学方法,还是我们的发现与事实一点关系也没有,这都不重要,重要的是我们最终必须做出选择。我们选择的自由意味着我们也背负着逃脱不了的巨大责任。因为没有绝对,没有权威,也没有达到真理的唯一的或正确的方式,所以唯一的权威就是自我。

在价值论上,存在主义者认为,不仅确定真实和获取知识是必须的,而且确定什么东西有价值也是必须的。一言一行都是选择,而且是创造价值的行为。存在主义者指出,这种选择存在一个悖论:因为没有供我们正确选择的规范、标准和确定性,所以选择总是令人失望,甚至有时令人恼怒。指望根据一种标准或尺子来确定什么是正确的、正义的或有价值的,往往比为我们选择承担责任要容易得多。

存在主义对教育产生了重要影响,二战以后一些教育家开始将存在主义应用到教育理论中。例如,德国教育人类学家博尔诺夫(Otto Friedrich Bollnow)和美国教育家奈勒(G. Kneller)把存在主义应用于教育理论,形成了存在主义教育思想,前者著有《存在哲学与教育学》和《教育学的人类学考察方法》等教育著作,后者著有《存在主义与教育》和《教育哲学导论》等著作。20世纪60年代以后,美国一些著名教育家陆续出版了一些以存在主义为理论基础的教育著作,如约翰·霍尔特(John Holt)撰写的《自己教自己》,[①]查尔斯·西尔伯曼(Charles Silberman)撰写的《课堂危机》[②],乔纳森·科索尔(Jonathan Kozol)撰写的《自由学校》[③]和《野蛮的不平等:美国学校的孩子》[④]。这些人都是20世纪60年代中期广泛流行的开放学校、自由学校等的支持者。目前存在主义教育理论的代言人是美国的教育家奈尔·诺丁斯(Nel Noddings)。他认为,作为人,我们关心我们发生了什么。我们想知道是否有来生,是否存在一个关心我们的上帝,我们爱的人是否爱我们,我们是否属于某个地方;我们想知道我们会变成什么,我们是谁,我们能在多大程度上控制自己的命运。对青少年来说,以下的问题则是最为紧迫的:我是谁?谁会爱我?别人如何看我?然而,学校却将更多时间浪费在了二次方程式上,而不是用于探究这些生存问题。[⑤]

---

① J. Holt. Teaching Your Own[M]. New York: Delacorate, 1981.

② C. Silberman. Crisis in the Classroom[M]. New York: Random House, 1970.

③ J. Kozol. Free Schools[M]. Boston: Houghton Mifflin, 1972.

④ J. Kozol. Savage Inequatlties: Children in American Schools[M]. New York: Crown, 1991.

⑤ N. Noddings. The Challenge to Care in Schools: An Alternative Approach to Education[M]. New York: Teachers College Press, 1992: 20.

存在主义教育理论的基本主张可以概括为五个方面：

一、教育的目的是"自我发现"

在存在主义者看来,学校应该发展学生对他们行为后果负责的态度,并学会如何处理他们行动的后果。相应的教育的目的就在于人的"自我发现"(self-discovery),并向学生解释自由选择和对自己的选择负责的重要意义。这就是说,教育应该让学生认识到应对自己的行为负责,应该成为一个对自己负责的人,是自己的选择及其行为后果使一个人成为一个人、成为自我。这种选择及其行为使学生自我发现、自我生成。正是在这一点上,存在主义者坚信,教育始于自我,教育应该帮助学生成为他们想成为的人,而不是别人或社会认为他们应该成为的那样的人。

二、课程内容以学生为中心并以人文学科为主

在课程上,存在主义者强调以学生为中心,并提供各种各样的生存状况来丰富和强化学生个人的切身体验。存在主义者最重视的科目是人文学科,因为这些学科所提供的材料往往包含着人类的生存状况。存在主义者断言,通过对这些无意义和虚无的观念的集中学习,以及伴随着的焦虑和荒谬,最终我们能建立对自我的肯定并寻找到生活的意义。存在主义者认为,这样的课程能唤醒学习者的主观意识,他们称之为"存在的瞬间"。与传统哲学强调绝对真理的课程观不同,存在主义者的课程强调的是"个人真理"。

三、教学方法上强调个体和个人学习

与进步主义强调小组学习不同,存在主义强调个体和个人学习。存在主义者偏爱的教学方法是非指导性的人类价值观教育,具体的方式是对学生的选择和生活经验等进行讨论和分析。这种个体学习的方式和苏格拉底的问答法有许多相似之处,所以存在主义者对苏格拉底式的对话教学非常推崇。他们相信这种方法能引导学生自我认知和自我发现。

四、学生的任务是承担选择和行动的责任

存在主义者相信,学生是能够做出真正的、负责的选择的个体,学生能够自律和自我发现,并对他们自己的学习负责。所以说,学生的任务是承担选择和行动的责任,学会树立个人的目标,并通过发展独立性、做决定和解决问题来实现个人所确定的目标。

五、教师的角色是创造让学生独立行动的环境

与学生的任务相对应,在存在主义者看来,教师的角色是创造让学生独立行

动的环境以使学生做出选择并承担行动的责任,这就要求教师成为学生的真实的榜样。此外,教师的目标是帮助所有学生在争取自我实现的过程中使他们的潜力获得充分发展。存在主义教育家鼓励更多的个人性的和互动的师生关系。教师与学生个人的认知和情感的发展有密切的关系。因为存在主义强调寻求生活的意义的目标,所以教师应该是乐于内省和反省的个体,想象和洞察力也是存在主义者对教师的普遍要求。

作为一种教育理论,存在主义提出了许多不同于传统教育和进步教育的观点,有些具有积极的意义,例如,强调个性发展,强调学习者对自己的学习负责,重视建立积极平等的师生关系等,都是极为有见地的教育主张。

第二节　分析教育哲学

分析教育哲学是将分析哲学的方法应用于教育领域而形成的一种教育哲学思潮。分析哲学又称哲学发现或语言分析,是20世纪西方最重要的哲学思潮之一,它有两个主要的分支:一个是逻辑实证主义,另一个是语义分析学派。

逻辑实证主义形成于20世纪20年代前后,其基本观点是:(1)哲学的任务是逻辑分析。真正的哲学完全是批判的和分析的,而不是思辨的。(2)大多数规范性判断,无论是道德判断、宗教判断,还是审美判断,都是不能用经验来证实的,因而是无意义的。(3)所有在认识上显示出具有重要意义的论述,都可以毫无例外地分为分析命题或综合命题。(4)所有综合性的命题都可以简化为能用逻辑—符号—语言来表达的基本经验的论述。

语义分析学派出现于20世纪30年代后期,在50—60年代兴盛起来。语义分析学派认为,长期以来,哲学想要解决的许多问题是由于人们对一些重要的概念加以混淆并作出了错误的解释所造成的。任何概念的意义都同人们所使用的日常语言有关。

语义分析学派同逻辑实证主义的主要分歧表现在以下三点:(1)逻辑实证主义认为自然语言或日常语言不精确,有必要使用一种理想的人工语言、符号、逻辑来代替它;而语义分析学派则强调自然语言是最完善的,根本不需要人工语言。(2)对数理逻辑的意义估价不同。逻辑实证主义很强调数理逻辑,将其视为语言分析的主要工具;语义分析学派一般不重视数理逻辑的研究或运用,而关注词、短语和句法及其意义的研究。(3)对形而上学的态度不同。逻辑实证主义对传统的形而上学持全盘否定态度,主张把形而上学和逻辑学逐出哲学领域;而语义分析学派则相对温和。

分析教育哲学是分析哲学的方法在教育中的运用。分析教育哲学认为,教育哲学不是一个知识体系,而是一种"清思"活动。分析教育哲学家不应该对教育工作者发布指令,为他们提供教育准则,设计教育方案,而应该对教育领域的概念和命题进行澄清,并通过澄清,使教育理论科学化、实践化。分析教育哲学从 20 世纪 50 年代开始发展起来,代表人物是英国的奥康纳(D. J. O'Conner)和美国的谢夫勒(Isreal Scheffler)。20 世纪 70 年代的代表人物是英国的皮特斯(R. S. Peters)。分析教育哲学依据分析哲学,讲求通过对概念和命题的分析来认识问题的本质,并改革社会活动中的陈旧的、不合理的现象。在教育上,它主张通过对教育既有的概念、思想进行分析与清理,从而进一步弄清教育基本概念的本质意义及其价值,用以影响和指导教育、教学实际的改革。

分析教育哲学的基本教育主张可以概括为以下几个方面:

一、不关心与教育目的有关的陈述

由于分析教育哲学重视对教育概念、定义的澄清和分析,重视对语言意义的分析,因而,分析哲学家并不关心如何表述教育的目的。分析教育哲学关心的是教育者在学校里使用的语言是清晰的还是模糊的,能否被公众和学生所理解。

二、重视如何使用合适的语言描述和实施课程

分析教育哲学家并不规定课程的内容,他们关心的是参与课程设计的教育者应该使用怎样的语言描述和实施课程。他们主张教师和课程编制人员应该将哲学分析当作一种工具,以避免使用那些模糊的、模棱两可的、容易混淆的术语。他们也主张让学生了解语言分析的价值和重要性,因为这是有效交流的基础。他们建议分析的各种工具应该早在小学各年级就介绍给学生,并在中学和高等教育阶段进一步强化。

三、教师向学生示范分析方法是基本的教学方法

分析教育哲学家偏爱的教学方法是教师向学生示范分析哲学家所使用的各种哲学分析和语义分析的方法。教师必须注意他们如何与学生、同事和公众进行交流,因为他们是学生的榜样,学生从他们身上可以学到清晰地、科学地分析各种概念、思想和事物的技能。

四、学生的任务是了解和运用分析的程序和方法

分析教育哲学家坚信,所有年龄阶段的学生都能够理解和运用分析的程序和方法,所以学生的任务就是正确理解分析的程序和方法,并将之应用到学习和生活中去。另外,学生还应该通过实践不断强化所获得的良好的交流技巧。

五、教师是使用语言和逻辑的模范

在分析教育哲学家看来,教师的作用就是示范如何运用语言和逻辑。因为教育领域包含了许多源于其他学科(如哲学、心理学、历史、社会学和宗教等)的观念,因此,教师就应该非常精通这些学科如何对特定的语言和观念进行解释和定义。在分析教育哲学家看来,最重要的是,教师无论何时都应该注意选择那些对学生而言清晰的和有意义的术语。也就是说,教师是这方面的典范,跟学生交流应该清晰和有意义,同时又是学生学习的榜样。

分析教育哲学作为一项运动,它的存在有其合理性,主要表现在:其一,分析教育哲学看到了语言、概念对思维和教育理论建设的重大影响,强调语言意义的明确,重视对语言形式的研究,这为教育理论的发展提供了一个有利条件;其二,正确地指出了传统教育哲学脱离教育实际的倾向,主张教育哲学应该尽可能少用玄虚的、思辨的哲学术语,注重对课堂教学和教育实践中所使用的术语和实例进行分析,这无疑是朝着教育理论的科学化和实践化前进了一步。但是,分析教育哲学的不足也同样明显:首先,分析教育哲学没有考虑价值和道德问题。事实上,价值问题是教育工作无法回避的一个方面。其次,分析的方法有其局限性,分析往往没有一个明确规定的、用以判断各种分析的充分性的程序。最后,分析教育哲学家所进行的语言分析往往走向了其最初反对的繁琐哲学。

第三节　永恒主义教育思潮

永恒主义教育思潮是 20 世纪 30 年代在美国产生并对西方教育有重要影响的教育理论流派。它以实在论的哲学观为依据,提倡古典主义教育传统,反对当时极为流行的实用主义和进步主义教育观,属于西方教育理论中的新传统流派。其代表人物有美国的赫钦斯(R. M. Hutchins)、艾德勒(M. J. Adler)、法国的阿兰(Alain)和英国的利文斯通(R. Livingstone)等人。赫钦斯毕业于耶鲁大学,曾任芝加哥大学校长,著有《美国高等教育》、《为自由而教育》和《民主社会中教育的冲突》等,是永恒主义教育思潮最著名的领袖。艾德勒毕业于哥伦比亚大学,曾在芝加哥大学、圣约翰学院任教,著有《怎样读一本书》等,曾协助赫钦斯编辑出版《西方名著》。利文斯通毕业于牛津大学,曾任贝尔法斯特女王大学副校长、牛津大学三一学院院长和伦敦古典语言协会主席,著有《保卫古典教育》和《教育的未来》等。阿兰原名为爱弥尔·奥古斯特·夏提埃(Emile Auguste Chartier),毕业于巴黎高等师范学校,曾在里昂、巴黎的几所中学任哲学教师,著有专门论述教育问题的《教育漫话》,其他方面的著作如《幸福论》、《政治论丛》等对法国社会也有广泛影响。

永恒主义强调永恒不变的真理,强调持久性、秩序、确定性、理性和逻辑性。理想主义、现实主义和新托马斯主义是永恒主义的哲学基础。永恒主义坚信教育需要回到过去,也就是从普遍真理以及理性与信仰等绝对性中寻求支持。在永恒主义者看来,亚里士多德和阿奎那的思想是最具有普遍性的教育哲学。尽管永恒主义与新托马斯主义和罗马天主教会教育联系甚密,但也获得了世俗教育的广泛支持。永恒主义基本的教育主张可以概括为以下几个方面:

一、教育的目的是培养理性智慧和传递关于终极真理的知识

不管是新托马斯主义的永恒主义,还是世俗的永恒主义,都主张学校教育的目的是培养学生的理性智慧,并传递关于终极真理的知识。永恒主义者相信,以理性为特征的人性是人类天性中共同的要素,教育必须关注这些"属于人之为人的东西"以及"人与人之间相通的东西",向学生传递关于终极真理的知识,使人的理性和智慧、使人的精神力量得到充分的发展。在永恒主义者看来,这种教育目的在任何社会、任何时代、任何国家都是相同的,是永恒不变的。不过,在教育的最高目的上,神学的永恒主义和世俗的永恒主义存在差异,神学的永恒主义者强调教育的最高目的是与上帝保持一致,世俗的永恒主义则强调发展人的理性和智慧。

二、课程的核心内容是艺术和科学知识

神学永恒主义和世俗的永恒主义都十分强调教学内容的系统学习,因为对教学内容的掌握会训练学生的智慧,并解释终极真理。对哲学、数学(尤其是代数和几何)、历史、语言、美术、文学(尤其是杰作)和科学等知识的认知应该在课程中占据中心地位。此外,永恒主义者认为,品格训练和道德发展也应在课程设计中占有适当的位置。与世俗的永恒主义者相比,神学的永恒主义者认为,基督教信条也是课程的重要部分。圣经、基督教问答集、神学和基督教教义的教学是最重要的部分。只要可能,神学著作永远优先于纯世俗著作的学习。世俗的永恒主义者则更加强调关注人类历史上一直必须面对的那些挑战。例如,艾德勒认为,通过听说读写、观察、计算、测量和估计(estimating)等课程的学习,可以发展学生的智慧技能,教育必须关注千百年来一直困扰人类的那些难题和问题。

三、教学方法以讲授和演讲为主

由于教育的目的是发展儿童的理性和智慧,学习的内容是经典的艺术和科学巨著,所以,永恒主义者非常强调运用教师的讲授和演讲来组织教学活动。尤其在学习古典名著时,只有在教师的指导下,通过教师的讲授,学生的阅读和讨论才能有的放矢,才能深刻理解名著的内容。艾德勒曾经提出了三种具体的教

学方法:"(1)通过演讲和分配教材的说教;(2)养成赖以发展各种技能习惯的指导;(3)通过发问并对所引出的答案进行讨论的苏格拉底式教学。"①这三种教学方法都强调教师的引导或指导作用。

永恒主义者强调,在学习文学、哲学、历史和科学的名著之前,必须教给学生批判性思维的方法和发问的策略,以便学生与经典作家对话。而神学永恒主义者鼓励使用任何能使学习者与上帝进行交流的教学方法。

四、强调营造集中于教学任务、精确和有序的课堂环境

永恒主义者不只是关注智慧的训练,也关注意志的培养。他们相信,教师有责任训练学生的坚强意志。在永恒主义者看来,专心于教学任务、精确和有序是培养学生意志的最合适的课堂环境。神学的永恒主义者则将体现祈祷和沉思的学习环境也作为良好课堂环境的一个指标。不难看出,永恒主义者把品格的养成视为教育的一项重要内容。

五、教师是真理的传播者和智慧教练

永恒主义者认为教师应该在自由学科(liberal arts)上获得良好训练,他们应该是掌握真理的权威,也是传播真理的承担者。很显然,如果教师是传播者,那么学生就是学习的接收器。所以,人们用"精神体操的控制器"来比喻永恒主义者理想的教师。

另外一个描述永恒主义教师的比喻是"智慧教练"。他们能引导学生进行苏格拉底式的对话。永恒主义的教师必须是一个拥有智慧和理性能力的模范。他们必须能进行逻辑分析,熟练使用科学方法,精通经典著作,记忆良好,并能进行最高形式的智力推理。由此不难看出,永恒主义者对教师有极高的要求。

作为一种教育哲学思想,永恒主义在教育理论上产生了一定影响,对大学和上层知识界影响更大一些。永恒主义的复古态度,对经典著作的过度重视,使这种教育哲学受到了很多人的批判。的确,永恒主义存在脱离现实和时代的弊端。

第四节　要素主义教育思潮

要素主义是对西欧各国尤其是美国中小学教育影响最大的教育理论之一。它的声望可能时高时低,但要素主义从来没有完全消失过。教育改革者可以暂时地利用其他的理论覆盖它,但是,当时代和各种时尚发生变化的时候,要素主义又会显现出来。要素主义者有时说他们的理论就是去掉美国教育的各种时尚

---

① M. Adler. The Paideia Program[M]. New York: Macmillan,1984:8 – 9.

和虚饰后留下来的精髓。

要素主义和与它有密切关系的永恒主义一样,其哲学基础为理想主义和现实主义。理想主义使得要素主义特别强调将人类视为一种宝贵甚至是神圣的财富,如果教育适当,人就能过上完满、健康的生活。现实主义则使要素主义重视物质世界。人在世上生活,就必须获取必要的知识和技能,因为人不只是要生存,而且要生活得好。

在 20 世纪,要素主义出现了三次大的发展和繁荣,每一次它都充分利用了公众关于学校软弱并且过分强调社会控制的舆论。在 20 世纪 30 年代末期,威廉·钱德勒·巴格莱(William Chandler Bagley)领导了要素主义运动。巴格莱是要素主义创建的三个领袖之一,也是当时最著名的代言人。他撰写的论文《要素主义者促进美国教育的纲领》①被视为要素主义的经典文献,也标志着要素主义教育流派的正式形成。在 20 世纪 50 年代,那些"学院批评家"——一批相信要素主义的文科和科学教授,如亚瑟·E. 贝斯特(Arthur E. Bestor)、莫蒂默·史密斯(Mortimer Smith)、詹姆斯·B. 科南特(James B. Conant)等,成为运动的主力。这些学院批评家表达力强、语言生动,而且在攻击美国教育的时候,内心怀有深深的痛苦。这一点仅从他们的著作题目就可以看出来:如贝斯特的著作是《教育的废墟:我们公立学校学习的倒退》和《学习的复兴》;史密斯则撰写了《也论发疯的教学》和《智力的退化:公立学校平庸计划之研究》等。科南特的《教育与自由:学校在现代民主主义中的作用》和《今日美国中学》对美国教育的批评则相对温和得多。②

从 20 世纪 70 年代直到世纪末,要素主义的旗帜又一次飘扬起来。从最低能力测验,到《国家处于危险中》(1983 年)所描绘的"教育创优"战役,再到前总统乔治·布什 2000 年美国教育战略,所有的改革都从要素主义那里获得了灵感。当代最有影响的要素主义的代表是威廉·班尼特(William Bennett)、黛安·莱维奇(Diane Ravitch)、切斯特·芬(Chester Finn)等。他们这些人几乎都是当时最著名的畅销书的作者,教育著作成为畅销书充分说明了他们所提倡的教育观念的影响力。

每个时期都有一些著名的要素主义教育家,他们的哲学观点往往并不完全

① William C. Bagley. An Essentialist's Platform for the Advancement of American Education[J]. Educational Administration and Supervision, April 1938:241 – 256.

② Arthur E. Bestor. Educational Wastelands: The Retreat from Learning in Our Public Schools[M]. Urbana: University of Illinois Press, 1953; Bestor. The Restoration of Learning[M]. New York: Knopf, 1955; Mortimer Smith. And Madly Teach[M]. Chicago: Regnery, 1949; Smith. The Diminished Mind: A Study of Planned Mediocrity in Our Public Schools[M]. Chicago: Regnery, 1954; James B. Conant. Education and Liberty: The Role of Schools in a Modern Democracy[M]. Cambridge: Harvard University Press, 1953; Conant. The American High School Today[M]. New York: McGraw – Hill, 1959.

一致,对教育的看法也可能存在差异,但关于教育基本问题的观点则是一致的。要素主义教育的基本教育主张可以概括为以下几个方面:

一、教育目的是传授人类共同的文化要素

要素主义者坚信,存在一些独立的共同的核心文化要素需要学生掌握,这是个人在社会正常生活的前提。教育的目的就是向学生提供共同的文化知识要素,促进学生文化素养的提高,同时也发展学生的智慧。而民主主义观念则被认为是人类共同文化要素中最重要的要素,所以教育必须为学生提供相应的知识和技能,以便学生成功地参与民主社会的生活,并保卫民主社会的持续发展。例如,巴格莱指出,"民主主义理想是包含在要素主义者的纲领中的最重要的要素",而"美国教育的首要功能是保卫和加强这些民主主义理想,尤其要强调言论自由、出版自由、集会自由和宗教自由"。① 实际上,每一个时期,虽然要素主义教育家都对美国教育提出了批评,但对民主观念的重视则是相同的。

二、课程的核心是人类文化的共同要素

要素主义者相信,掌握人类文化的共同要素是学校教育的中心工作,也是课程的核心内容。但在共同文化要素的认识上,不同时期的要素主义者有不同的认识。例如,巴格莱认为,记录、计算和测量的技术一直是有组织教育的首选内容,它们是基本的社会艺术(social arts),所有文明社会都建立在这些艺术基础之上,并且一旦这些艺术丧失了,文明就总是不可避免地崩溃。超越个人直接经验之外的关于这个世界的知识是公认的普通教育的要素。随着社会的发展,巴格莱指出,研究、发明、艺术创作、健康教育、自然科学、美术和工艺等,都应成为普通教育的要素。当代要素主义者对哪些是学生必须掌握的共同要素也给出了他们的答案。在小学低年级,这些共同的要素就是读写算;而在小学高年级还包括历史、地理、自然科学和外语。在中学阶段,课程的核心包括 4 年英语、3 年数学、3 年科学、3 年社会研究、半年的计算机以及与大学有关的外语。不难看出,要素主义者认为人类文化的共同要素随着时代的变化而有所调整。

三、重视以教师和教学内容为中心的教学方法

由于要素主义者将人类文化的共同要素作为课程的核心内容,在教学方法上必然重视更为传统的教学策略,像演讲、背诵、讨论和苏格拉底对话法。口头和书面的交流也在要素主义学校中占有极为重要的地位。和永恒主义者一样,

---

① William C. Bagley. An Essentialist's Platform for the Advancement of American Education[J]. Educational Administration and Supervision, Vol. 24, 1938.

要素主义者也将书籍视为合适的教学媒介。另外，要素主义者还发现了其他许多支持他们教育理论的教育技术。详细的课程提纲和功课计划、目标明确的学习、以能力为基础的教学、计算机辅助教学和听力实验室辅导方法（audio-tutorial laboratory method），都是要素主义者能够接受的教学策略。总之，要素主义者偏爱的是教学材料程序化的教学方法，以确保学生知道他们要掌握什么内容。

四、强调对行为有明确期望并尊重他人的课堂环境

要素主义者不仅提倡智慧训练，而且认为道德训练和品格培养在课程中也应有重要的位置。相应的，要素主义者认为，应该营造有明确行为期望和尊重他人的课堂环境。要素主义者认为，这样的环境不仅有利于训练学生的智慧，使学生在有序的环境中掌握人类文化的共同要素，而且能培养尊重他人、有良好的品格、在民主社会中发挥积极作用的公民。

五、教师的作用是传递共同的文化要素和训练智慧

从强调系统的文化知识学习和训练智慧的教育目的出发，要素主义者极为重视教师在教育、教学过程中的重要地位和作用。要素主义者将教育者视为人类"文化智力遗产"的代言人和世人的模范（a demonstrator of the world model）。要素主义者眼中的教师应该精通自由和人文学科以及自然科学，是受人尊敬的知识界的成员，是掌握了高级教学技能的教学能手。除了传递人类文化的共同要素和训练学生的智慧外，在课堂上营造有利于品格培养的环境也是教师的一个重要任务。

时至今日，要素主义作为一种教育运动，同时也作为一种教育理论，已经走过了近一个世纪的历程。当代要素主义者与最初创建要素主义的教育家的主张已经发生了许多变化，但是，教育的基本功能和学生要掌握的基本技能及知识在任何时代都具有相对的稳定性。作为在美国（对西欧和苏联也有重要影响，实际上，在大多数国家，要素主义都有市场）中小学占支配地位的教育理论，要素主义的生命力在于，它将社会的稳定和有序发展作为教育的主要功能之一。同时，虽然要素主义者认为美国的民主主义理想和目标永恒不变，而且实现这个目标和理想的教育的要素具有稳定性，但这些要素并不是一成不变的。随着时代的发展，学生要掌握的基本技能和基础知识也会相应有所变化和丰富。有些批评者认为，要素主义作为一种强调稳定的教育哲学，已经不适应以计算机技术为主要特征的信息时代的要求了。这是因为，对于有关事实的内容和信息，只要敲击计算机键盘上的几个按键就可以很容易地获得。因而，更为重要的不是运用智力去积聚信息，而是如何思考并使用它们。这种批评的确抓住了要素主义的命脉，但是迅速变化的时代和信息是一把双刃剑，一方面它意味着不可能把掌握

大量的事实知识作为学生的主要任务；另一方面也暗示着，学生只能掌握一些相对稳定的知识和技能，而这正是要素主义的基本主张。

第五节　社会改造主义教育思潮

社会改造主义教育是在 20 世纪 30 年代从实用主义教育和进步教育中逐渐分离出来，到 50 年代形成的一种独立的教育思想。社会改造主义自称是进步主义的真正继承者，代表了进步主义中强调教育的社会作用的力量。因此，早在进步主义发生和壮大的时期，改造主义的思想就已经有所表现。20 世纪 20 年代，哥伦比亚大学师范学院陆续聚集了进步主义教育哲学的一些著名人物。这些人经常聚会，讨论学校与工业化社会的关系，尤其是如何通过给予教师和学生一些必要的理智工具，使他们理解并指导社会的变化，以建立一个理想社会等问题。这些人逐渐组成了以后社会改造主义教育学派的核心，如拉格（H. O. Rugg）和康茨（G. S. Counts）等人。杜威在他 1920 年出版的著作《哲学的改造》中首先使用了"改造主义"这一术语。

1929 年美国经济大萧条发生后，进步主义教育家们开始更加注意寻找使学校能为建设没有经济危机的社会做出更多贡献的办法和途径。一些原先主张儿童中心教育的进步主义者如克伯屈，也将注意力转向儿童实现创造自由的条件。在他们看来，进步主义教育需要改变方向；要少强调个人中心、个人主义的教育，多强调社会中心、社会改造的教育；要少关心个人的成长，多关心社会的变革。

20 世纪 30 年代初，出现了一个所谓的"拓荒思想家"团体，其代表人物是康茨和拉格。他们要求通过教育手段，为创立更为平等的社会开辟道路。康茨发表了《美国通往文化之路》（1930）、《学校敢于建立新的社会秩序吗》（1932），拉格出版了《美国的文化和教育》（1931）。进步主义者克伯屈等也主张教育要更注意其社会责任，但他们并不赞成康茨、拉格等人的主张。由于得不到进步主义者们的支持，"拓荒思想家"团体的实际作用并不大。同时由于罗斯福"新政"缓解了失业的压力，以及第二次世界大战的爆发，社会改造主义的活动和影响相对减少。

社会改造主义成为一种渐为人们熟知的教育思潮，主要得益于布拉梅尔德（T. Brameld）在战后出版了一系列阐述社会改造主义教育思想的著作。布拉梅尔德毕业于美国芝加哥大学，先后在长岛、明尼苏达、纽约和波士顿等大学任教，曾担任进步教育协会的副主席，他的《教育哲学的模式》、《趋向改造的教育哲学》和《正在出现的时代的教育》等著作奠定了社会改造主义教育的根基。

在布拉梅尔德看来，进步主义、要素主义、永恒主义都是为了应付危机时代的比较习以为常的方式,都不能妥善解决当前的文化和社会危机。要解决当前的危机,教育要关心方法,但更要关心目的;教育要关心过程,但更要关心结果。布拉梅尔德等社会改造主义者宣称,当今是"改造的时代",应该根据现代科学知识重新解释西方文明的价值观点,并对过去的教育理论进行"改造",以便通过教育来改造社会,为创造一种新的世界文明开辟道路。

当代最著名的社会改造主义的代表是伊利奇(Ivan Illich)和弗莱雷(Paulo Freire)。伊利奇在他的著作《去学校的社会》(Deschooling Society)中指出,因为学校腐蚀了社会,所以要建立更美好的社会只有在整体上废除各种学校,并寻找新的教育方式。弗莱雷出生在拉美,在拉美接受教育,并在拉美地区从事教学工作。他认为真正的教育来自学习者的日常生活经验。他在 1973 年出版的著作《被压迫者教育学》(Pedagogy of the Oppressed)中提出,学生不应该受别人的控制或操纵,而应该是学习的主人。在弗莱雷看来,通过对经验的检查,通过与同伴、导师等交流经验,那些在社会、经济和政治上处于劣势的学生能够为他们的生活制定计划并采取行动。

尽管几乎没有教育工作者承认自己是社会改造主义者,但现在有许多人在实践和执行着与社会改造主义有关的信念和价值观。此外,社会改造主义的许多原则在将要讨论的后现代主义等教育运动中也有体现。

社会改造主义对教育基本问题的认识大致可以概括为以下几个方面:

一、教育的目的是改造社会

在社会改造主义者看来,人们生活在一个处处是危机的时代,人们应该对社会状况负责,并通过改变社会秩序以改善生活质量。应用到教育上,社会改造主义者则主张教师、学生和学校改造社会和建立新的社会秩序以便更有效地在民主生活中起关键作用。不难看出,社会改造主义者将教育视为解决重要社会问题的手段,并因此促使民主的有效性和效率。教育的目的是对所有的文化和教育制度进行批判性的检视,并提出改造社会的建议。进一步,学校的目的是教学生和公众思考"什么是应该的"而不是确定"事实是什么"。学校要把学生培养成为社会变化的代理人。

二、强调常规课程应该融合解决社会问题的知识和方法

由于大多数社会改造主义者极为重视民主的重要性,并认为学校是现代社会中最重要的机构,相应地,学校的课程应该反映民主理想,强调培养学生批判的素养并发展批判性思考的技能。这样的课程反对任何将政治排除在外的做法,并对所有不平等的权力关系提出质疑。社会改造主义的课程论反对迫使学生学习一门一门的独立学科,而是让学生思考那些重要的社会问题,如思考生物

医学伦理学在改善生活质量中的作用,保护自然资源的必要性,以及外交政策和民族主义的关系等问题。社会改造主义者还强调,除了要重视正式的和官方的课程之外,还应注意"控制学校的主流社会团体和阶级的知识观和价值观"。[①]

三、在教学方法上鼓励学生掌握并使用解决问题的技能

由于将改造社会视为教育的目的并反映在教学内容中,相应的,在教学方法上社会改造主义者主张使用合作学习策略,以小组活动的形式解决问题,鼓励学生使用解决问题的技能。教学策略主要集中于问题解决并重视课外的活动,如帮助需要帮助的小同学学习,实施公共扫除计划,撰写社会评论,以及促进消费立法等。这类活动使学生在学校里获得的技能能运用于实践之中,并帮助学生认识到这些技能的作用。改造主义者要求学生不只是阅读和研究有关的社会问题,还要投身到社区中去,了解和熟悉社区的问题,并提出可能的解决方案。在对这些重要的问题进行分析、研究,并与社区的制度和结构,甚至是更大的社会联系起来之后,他们要在此基础上,负责制定改革的计划并采取某些行动。

四、主张在课堂里营造探究的环境

在社会改造主义者看来,课堂环境应该是探究性的。在这样的环境中,教师和学生一起对现状提出质疑,并对各种社会问题及其未来的发展趋势进行分析研究。这种课堂环境强调的是如何建立起有效的交流,而不是对学生进行管理或控制。在社会改造主义者看来,这样的环境最有利于分析、批评和行动研究。社会改造主义者主张,应该鼓励学生在世界观上存在差异,并容忍各种各样甚至存有矛盾的解决问题的方法。

五、教师是"新社会的塑造者"

"新社会的塑造者"、"转型的领袖"和"变革的代理人"是人们对社会改造主义教师的比喻。社会改造主义者强调,作为教师应该乐意不断更新他们个人的和专业的生活。他们应该乐于对他们工作的环境提出批评和评价,并把他们的教育责任延伸到课堂和学校之外的社会。他们应该高度容忍各种不确定性,习惯各种不断的变化,并对形成他们思想的文化和精神力量进行思考。作为教育改革者的教师应该憎恨现状,并将学校视为处于发展中的特别的文化。此外,作为教师,应该将社会视为永远没有完结并不断变化的试验。最后,教师必须乐于和社区团体、附近的各种组织、社会运动和家长们结成联盟,对学校的民主实践

---

① G. Gutek. Philosophical and Ideological Perspectives in Education[M]. New York: Allyn and Bacon, 2004: 319.

和学校政策提出批评和质疑。教师的角色具体到学校中，则是要帮助学生掌握、确定、发现并解决这种问题，尤其是社会问题的技能。

与其他教育思潮相比，社会改造主义教育理论极为重视教育的社会改造功能，将教育视为社会改造的工具。这反映了教育理论家试图通过教育解决社会问题的努力，其中对师生关系民主性的强调，对学生解决问题的能力的重视都是对现代社会而言仍有意义的重要主张。但由于过分强调教育的社会职能而忽视学校在促进个人发展上的重要作用，因而这种理论的片面性是明显的。

第六节　终身教育思潮

终身教育是一种在国际上有重要影响的教育理论。一般认为，终身教育理论于 20 世纪 50 年代产生于法国，60 年代后开始在世界各地广泛传播。但终身教育思想的萌芽可以追溯到遥远的古代。古代希腊著名的哲学家苏格拉底、柏拉图和亚里士多德都十分关注教育，他们认为人的一生接受的教育不是一次性的，而是连续不断的。例如，亚里士多德就主张，儿童和需要教育的各种年龄的人都应受到训练。文艺复兴后，随着社会的进步和教育的发展，许多教育家都提出了终身教育的一些思想。像夸美纽斯的教育理论中就建立了终身性的教育制度。但将这种理念付诸实践则是工业革命时期成人教育逐渐受到重视的时候。可以说，在 20 世纪前半期，一些教育家已经认识到，成人教育不仅应该是普遍的，而且应该是终身的。二战后，随着社会、经济和科技的发展，人们越来越认识到单一的制度化教育有诸多弊端。

从 20 世纪 60 年代开始，世界进入了"知识爆炸"时代，现代科技在社会生产中发挥着越来越大的作用，给教育的发展提出了许多新的课题和新的要求，反映现代生产与生活新特征、以终身教育思想为核心内容的现代教育思想在各国广为传播。1960 年，在加拿大蒙特利尔市举行的国际成人教育大会，阐明了将成人教育纳入整个人生教育范畴的必要性，倡导成人教育向终身教育发展的问题。1965 年，当时联合国教科文组织成人教育计划处处长、后任终身教育局局长的法国成人教育专家保罗·郎格朗（P. Lengrand），向国际成人教育促进委员会提交了一份关于终身教育构想的提案，该委员会讨论并肯定了他的提案。提案指出，数百年来，社会把人的一生机械地分为学习期和工作期，前半生的时间用来积累知识，后半生一劳永逸地使用知识，这是毫无科学根据的。他提出教育应当贯穿于人的一生，成为一生不可缺少的活动。因此，提案要求建立一个新的一体化的教育体系，使教育从纵的方面贯穿于人的一生，从横的方面连结个人和社会生活的各个侧面，使今后的教育在每一个人需要的时刻，随时都能以最好的方式提供必要的知识技能。保罗·郎格朗对"终身教育"这一概念的阐释以及对"终身教育"理论与实践的倡导,在世界许多国家引起了强烈的反响。1970年举行的联合国教科文组织第 16 届会议通过一项决议,授权成立国际教育发展委员会,其任务是研究世界教育形势和改革,并要求提供一份研究报告,供联合国教科文组织及各会员国在制定教育策略时参考。以埃德加·富尔(E. Faure)为首的国际教育发展委员会经过一年多的努力,于 1972 年 5 月完成了题为《学会生存——教育世界的今天和明天》的研究报告。该报告指出,从个人和社会的观点来看,终身教育这个概念已经包括整个教育过程,终身教育变成了由一切形式、一切表达方式和一切阶段的教学行动构成一个循环往复的关系时所使用的工具和表现方法,明确建议将终身教育作为发达国家和发展中国家在今后若干年内制定教育政策的指导原则。终身教育遂成为一种受到各国普遍关注的有影响的教育思潮。1996 年,联合国教科文组织成立的以"思考 21 世纪的教育与学习"为主要任务的 21 世纪教育委员会,在题为《教育:财富蕴藏其中》的报告中,把"终身教育"列在该报告的"原则"部分之中,强调终身学习是打开 21 世纪光明之站的钥匙。

终身教育的最重要的代表人物首推法国成人教育家郎格朗。郎格朗毕业于巴黎大学,曾任教于中学和大学,也从事过成人教育工作。他的著作《终身教育引论》被公认为终身教育思想的代表作。

终身教育的主要理论可以概括为以下几个方面:

一、终身教育是现代社会的需要

以郎格朗为代表的终身教育家普遍认为,现代人面临着一系列的挑战。例如,世界变化速度加快,人口迅速增长,科学知识和技术迅猛发展,大众媒介的出现促使信息传播加快,国家政治结构变化带来的政治挑战,如何利用日益增多的闲暇时间,生活模式和人际关系的变化带来的危机,如何认识自身及思想意识形态的危机等。这些来自人类生存环境的挑战,向人们提出了新的教育要求,要求人们在智力、体力、情感、态度等方面都做好准备。这就要求教育在它的具体目标、内容和方法上不断更新,能够应付这些挑战的教育模式就是终身教育。

终身教育的内涵极为丰富。终身教育强调教育贯穿于整个人生,而不是只限于人生的青少年时期;强调家庭、学校、社会各类教育的一体化,不仅仅是传统学校承担教育任务。终身教育将教育活动从时间和空间上推向了极限。这是教育思想的大解放、大发展,是人类塑造自身、世界和未来的永无止境的大教育观。终身教育最基本的特点是连续性、全面性和整体性。

二、终身教育的目标是帮助所有人实现更美好的生活

现代社会是强调所有人的潜力都得到发展,让所有人都过上美好生活的社

会。终身教育家正是认识到这种普遍要求，才将终身教育的目标定义为"实现更美好的生活"。例如，在郎格朗看来，终身教育的主要目标在于"实现更美好的生活"，从中吸取一切有益的东西，使人过一种更和谐、更充实、符合生命真谛的生活。具体来讲，郎格朗认为，终身教育的目标主要有以下两个方面：(1)培养新人。郎格朗指出，教育的真正对象是全面的人，是处在各种环境中的人，是担负着各种责任的人，简言之，是具体的人。他认为，作为个体的人应从两个方面来考查：一方面是把他作为一个独立的个体来考查；另一方面是从他与其他人，与社会的一般关系上来考查。他既是孤立的，同时又是与别人联系在一起的。因此，他指出，教育的目标就是要适应个人作为一种物质的、理智的、有感情的、有性别的、社会的、精神的存在的各个方面和各种范围。他认为，在终身教育中，每个人都能找到自己的发展道路，因为，它提供了一系列不同种类的适合不同人个性、独创性和职业的教育和训练。总之，郎格朗认为终身教育一方面使人能够适应各种变化，特别是经济和职业方面的变化；另一方面，能够培养具有丰富个性的人，促进人的全面发展，使人能够充实、幸福地生活。(2)实现教育民主化。郎格朗将实现教育民主化作为终身教育的另一重要目标。在郎格朗看来，教育民主化的核心内容是教育机会均等。他主张学校教育的重点一定要放在为民主而教育人这一点上，并认为，终身教育是实现真正平等的手段。在郎格朗看来，终身教育是贯穿人的一生的教育，它不仅可以在学校教育阶段，而且在人的终身过程中实现教育机会均等问题。

三、终身教育的内容与方法范围广泛

在传统观念中，教育就意味着学校，意味着性质特殊的，用课程、方法和专业人员体现其内容的一种活动。终身教育观的倡导者对此有不同的意见，例如，郎格朗认为，如果教育要在个人的整个一生中、在个人生活的各个方面发挥作用，首先就需要使它突破学校的框框，使它占据人类活动的全部，既与工作联系起来，也与闲暇时间联系起来。郎格朗指出，教育与职业密切联系是终身教育中十分突出、人们普遍认识到的一个方面。他认为，普通教育与职业训练是有机统一的，所谓的普通教育，也就是学会使用科学知识和表达思想的工具，只有在它培养了人们从事职业的能力时才能获得其充分的意义，也才能获得最强大的动力。

闲暇时间也与终身教育紧密联系着。随着科学技术的发展，人们拥有越来越多的闲暇时间。在郎格朗看来，闲暇教育和闲暇学习有广阔的时间和空间。他认为，人在闲暇问题上最难但又最重要的训练，无疑是要学会把自己的时间合理地用于工作和休息，用于集体生活和独处，用于学习和娱乐。因此，郎格朗主张，必须有为了闲暇而进行的教育，人们必须作好准备并接受训练，以便有价值

地使用这种自由支配的时间,而且也必须在闲暇时间向人们提供教育,确保无论什么情况下,都使闲暇变成一种宝贵的财富。可见,郎格朗认为,提高人们闲暇生活的质量,既是终身教育的应有之义,又是终身教育的重要内容和重要方式。

郎格朗还主张,体育运动应在终身教育中占有应有的地位。对于这一点,郎格朗主张要从双重意义上来理解。首先,必须抛弃那种认为体育运动训练只是在一生的一个短暂的时期内进行的观点。其次,应将体育运动和整体的终身教育结合起来,把它从单纯的肌肉作用、从与文化隔离的状况中解放出来,把它与智力的、道德的、艺术的、社交的和公民的活动等紧密结合起来。

另外,郎格朗认为,在任何终身教育计划中,必须给公民的训练以充分的必要的重视。特别是对于发展中国家来说,通过终身教育加强公民教育,使国民承担公民责任、积极参加国家建设更是具有十分迫切的意义。

从郎格朗关于终身教育内容的范围来看,我们既可以说,终身教育的内容无所不包,也可以说,终身教育没有固定的内容。

同样,在方法上,终身教育家也相信终身教育没有固定的方法。因为终身教育的目的是帮助所有人过上更加美好的生活,所以,只要是有助于人过上美好生活的方法、能帮助人学习的方法都是终身教育的方法。虽然如此,终身教育家还是提出了一些关于教育方法的原则。其中郎格朗在他的《终身教育引论》中提出的教育方法要求如下:一是强调学生而不是课程;二是把教育看作一个过程而不仅仅是知识的传授;三是注重对儿童个人所作的质量上的评价;四是使每一个人都能发挥其才能并运用其经验,使用小组的学习制度进行学习;五是不能把儿童当作小大人来看;六是尽可能少作鉴定;七是尽可能广泛地把教育与生活联系起来;八是采用适当的方法实施早期教育。

四、终身教育是教育的未来发展战略

终身教育家认为,教育的未来是与建立并实施终身教育制度联系在一起的。未来的教育就其整体和自我更新能力来看,将取决于终身教育。但是,每个国家都有自己的体制、结构,自己的传统,自己的禁忌,自己的便利条件。而且,一个国家在一定历史时期总有一个问题在重要性上超过所有其他问题,必须予以优先考虑。因此,郎格朗认为,仅仅提出一种模式的终身教育是不可能的。鉴于这种考虑,郎格朗提出了发展终身教育战略的一般性原则,这些原则主要有以下几个方面:第一,要保证教育的连续性以防止知识过时;第二,使教育计划和方法适应每个社会的具体要求和创新目标;第三,在各个阶段都要努力培养新人,使之能适应充满进步、变化和改革的生活;第四,大规模地调动和利用各种训练手段和信息,这种训练和信息超出了对教育的传统定义和组织形式上的限制;第五,在各种形式的行动(技术的、政治的、工业的、商业的行

动等)和教育的目标之间建立密切的联系。在以上这些原则的基础上,各个国家可以根据自己的条件建立适合自己国情的终身教育模式。但是,建立终身教育的模式必须遵循这样一个原则:使教育成为生活的工具,成为使人成功地履行生活职责的工具。

终身教育思想的提出是当代教育理论的重大变革,它突破了传统教育的一般局限性,从更广阔的社会大背景对传统教育理论及其弊端进行了较为深刻的反思和批判,从一个全新的角度对教育作出了诠释,从而使教育理论产生了一次新的变革。终身教育思潮也是近半个世纪以来流传极广、影响很大的教育思潮。终身教育的观念已为世界各国所承认和接受,并已逐渐成为世界各国进行教育改革的原动力和指导原则,许多国家还把终身教育的理论作为制定国家教育法令的依据。但是,终身教育的全面展开和实现,必然以一系列社会的、教育的物质设施等客观条件的具备和国家政策决策人、教育工作者与广大民众的教育观念等主观因素的成熟为依托和基础。所以,尽管终身教育理念对学校教育、社会教育等产生了重要的影响,但终身教育的思想要落到实处,还有很长的路要走。

第七节 后现代主义教育思潮

"后现代主义"是当代世界最重要的文化、艺术和教育思潮之一。后现代主义(postmodernism)又称"后现代建构主义"(postmodern constructivism),是一种哲学、意识形态,是一种运动,也是一种方法。它将实用主义、存在主义和社会改造主义几种哲学融合在一起,并使用了批判理论(critical theory)的技术。[①] 后现代主义是在"现代主义"(科学主义、理性主义、工具主义、经济中心主义)的土壤中产生的,但是它却强烈批判现代社会的"现代性"。例如,后现代主义者认为不存在最终的、普遍的真理和价值观。他们认为真实是主观的,不是在遥远的过去发现的,而是存在于观者眼中。后现代主义者相信,每个人都是通过自己的经历建构自己的意义,历史自身也是一种建构。这种主题体现在许多后现代主义作家的著作中。后现代主义对"科学实证主义"(scientific realism)也提出质疑。后现代主义者指出,科学实证主义的认识论宣称科学(尤其是科学方法)是客观的和没有偏见的,这是站不住脚的。他们宣称,客观观察是不可能的,因为观察者必然对观察的对象产生影响。后现代主义者指出,我们获取知识的途径不应

---

① 批判理论是一种对政治、经济、社会和教育制度进行分析和批判的方法。批判理论家提出关于这些制度的政治本质的设想或概括。他们通常提这样的问题:"谁控制学校?""谁选择课程?""谁雇佣教师?""谁选择教科书?"以及"谁编写教科书?"等等。简言之,"谁掌握权力?"通过分析,他们揭示了主流文化和边缘文化之间的不平等。

该只有科学一条路,我们可以检查"人类的过去和现在,看看发布的真理是如何产生、建构和表达的,看看这些真理产生了怎样的社会、政治和教育后果"。① 他们对客观性、普遍解释、真理和理性的重要性也提出质疑。他们用批判性探究和政治意识、多样性、包容和多元,以及语言和词汇意义的有限性来代替这些现代社会普遍看重的知识和原理。

后现代主义的主要代表人物是美国的批判教育学家亨利·吉鲁(Henry A. Giroux)。吉鲁曾在美国罗得岛州布里斯托尔县(Bristol County)的一所城镇中学担任社会研究教师六年,之后在卡内基·梅隆大学获得博士学位。他先后在波士顿大学、迈阿密大学和宾夕法尼亚州立大学任教,2004年成为加拿大迈克马斯特大学英语与文化研究全球电视网络主席。迄今为止,吉鲁已经出版了30部著作,发表了300多篇学术论文,对教育和文化有广泛而深入的研究。他对美国教育制度进行过多方面的批判,并建立了自己的现代主义教育理论,形成了他的批判教育学。其他著名的代表人物还有美国教育家迈克尔·阿普尔(Michael W. Apple)、斯坦利·艾罗诺威兹(Stanley Aronowitz)等人。

后现代主义教育的基本主张可以概括为以下几个方面:

一、教育的目的是帮助学生发展对真理主观性的警觉和意识

后现代主义者认为,那些呈现在人们面前的所谓"真理"很多都是一些荒谬的说法,甚至是永远无法证明的神话,是不可靠的、不可信的。学校教育的目的是让学生认识到这些所谓的真理具有多样性,时时都可能会发生变化,并帮助学生形成这方面的警觉和意识。在教育领域里,像"教育机会平等"、"非政治化课程"、"公平竞争"(level playing field)以及"开放入学"等都是这类神话,是永远的神话。作为教育,就必须帮助学生形成一种意识,要时刻对社会、教科书等所提出的所谓真理存有一种绝对质疑的警觉性。

二、在课程上强调阅读尽量广泛且种类繁多的材料

由于后现代主义者不相信有所谓的终极真理,材料中呈现的所谓真理很可能是一些极为荒谬的说法,所以,让学生尽量阅读不同来源的、各种各样的材料是其在课程上的必然要求。例如,后现代主义者也可能建议学生阅读经典著作(Great Books),但是他们不是像永恒主义者那样将这些经典著作视为真理的模式和来源,而是当作一种材料和模式,用以对真理的形成过程进行质疑、批判和

---

① G. Gutek. Philosophical and Ideological Perspectives in Education[M]. New York: Allyn and Bacon, 2004: 130.

分析。在后现代主义者看来,只有广泛阅读各种不同的材料,才能帮助学生认识到真理的多样性,认识到真理的主观性,认识到真理的荒谬性,才能帮助学生形成对真理质疑、批判和否定的警觉性和意识。

三、重视建构主义的教学方法

在教学方法上,后现代主义主张使用建构主义的教学方法。他们要求教师在课堂上向学生传递建构主义和解构的概念。建构主义是从认知发展研究中形成的一种学习理论。其创建者是瑞士的心理学家皮亚杰(Jean Piaget)和美国的教育家、心理学家布鲁纳(Jerome Bruner)。建构主义的基本主张是将学习视为学习者根据目前的和过去的知识主动建构新思想和新概念的过程。学习者选择和转换信息,提出假设,并做出有意义的决断。通过对自己经验的反省,学习者建构他们自己对这个世界的理解。

学生也应进行解构或解码。这是一种深入解剖课文的方法,通过这种解码,可确定课文如何呈现知识,课文的意义及其解释如何影响我们的思想和信念。解构或解码一篇课文时通常可问这样的问题:"课文如何反映官方意欲传递的知识? 如何解释这些课文以便在不同的社会群体之间建立或维持各种权力关系? 何种课文(经验)被排除在外? 课文在撰写的时代是什么意思? 课文对今天的不同群体意味着什么?"通过类似问题的解答,学生可以获得关于建构主义和解构的概念,通过建构和解构的方法,完成对课程的学习。

四、主张营造没有威胁的、开放的、支持性的课堂环境

后现代主义主张学生通过建构或解构的方法阅读尽可能多的材料,并对各种各样有冲突的主题或题目进行没有限制的讨论。这就要求在课堂上营造一种没有威胁的、安全的、开放的、平等的和支持性的环境。这样的环境鼓励学生对自己的经验进行反省,并和同学一起分享自己的故事及对故事的叙述。在后现代主义者看来,质疑和批评不是一种消极的活动或行为,相反,却被视为导致变化的积极行动。后现代主义者相信,建构主义的学习环境可能刺激学生通过小组解决问题,进行合作性的、试验性的集体活动。

五、教师的作用是实践和示范批判理论的程序和方法

后现代主义者认为,教师的作用是在教学过程中实践批判理论,并向学生示范批判理论的程序和方法。具体说,在后现代主义的课堂里,教师要实践并示范质疑、批评和分析的程序与方法。同时,教师要认识到,他们拥有对学生、学生的同伴和父母,以及更大的社区产生影响的能力,而且必须发挥这种能力,以对这些人产生积极的影响。作为专业人员,教师要不停地检视他们是如何与别人进

行交流的,是否疏远或冒犯了其他人,是否始终尊重所有个体提出问题和表达不同意见的权利。不难看出,后现代主义教育希望在师生之间,大而言之,在人与人之间建立一种相互尊重、自由、开放、平等的对话和交流关系。相应地,由于后现代主义教育强调尊重人们发表不同意见的机会,所以,在对学生的评价上,特别强调学生的自评。

后现代主义教育思潮是在对现代教育进行反思、批判的基础上形成的一种重要的教育理论。它强调社会、文化、思想和真理等的多元性,强调人与人之间的平等关系等,都是有独到的见解。但它否定所有的真理,过分重视世界的不确定性,也容易导致教育的目的模糊性和不确定性,这些都是有待进一步讨论的问题。

影响欧美现代教育的理论自然不仅仅是前面论及的进步主义和本章所讨论的这几种教育思潮,但这些思潮的确是对西方现代教育影响最深远也是最广泛的教育哲学。通过对这些教育思潮的背景及其基本主张的梳理,我们不难发现,每一种教育思潮的产生都与特定时代所发生的变化、出现的问题和挑战分不开。要理解每一种教育思潮的主张,就必须仔细地考察那个时代的各种社会的、政治的和经济的力量。就各种教育思潮的主张来看,它们都对一些基本的教育问题进行了深入的思考,即"谁是教育的对象?""教育的目的是什么?""学生应该学习什么内容?"以及"教师和学生在教育教学中的地位和作用如何?"等。然而,不管有什么样的教育目的,学习什么样的知识,以及建立什么样的师生关系,在这些看起来迥异的教育主张中总是存在一些共同的呼声。可以说,给所有人公平发展的机会以及教育的民主化是蕴藏于所有教育思潮中的共同旋律。

思 考 题

1. 各种教育思潮的基本教育主张。
2. 比较各种教育思潮的主张和背景,分析概括这些教育思潮的共性。

参考文献

1. 王承绪,赵祥麟. 西方现代教育论著选[M]. 北京:人民教育出版社,2001.

2. 陆有铨. 现代西方教育哲学[M]. 郑州:河南教育出版社,1993.

3. 吴式颖,任钟印. 外国教育思想通史:第九、十卷[M]. 长沙:湖南教育出版社,2002.

4. L. Dean Webb. The History of Amercian Education:A Great American Experiment. New Jersey:Pearson Education, 2006.

第三十八章

发展中国家的教育

在世界各国中,发展中国家占了绝大多数,其中不乏创造过辉煌古代文化的文明古国,而到了近代,这些国家大都沦为西方资本主义国家的殖民地或附属国。在西方国家的殖民统治下,这些国家不仅在经济和政治上遭受了掠夺和压迫,文化教育领域也深受殖民政策的影响。发展中国家近代教育的发展一直交织着宗主国政府按照自身模式确立的殖民地现代教育制度与发展中国家人民建立的自己的现代教育制度的尝试与斗争。独立后,随着社会经济发展水平的提高和政治、文化的进步,发展中国家在教育上已取得了一些成绩,但进一步发展仍面临诸多困难。本章仅以亚洲、非洲和拉丁美洲的三个典型国家——印度、埃及和巴西为例,追溯发展中国家教育发展与改革的历程,并对其共性进行归纳。

第一节　印度的教育

自 7 世纪起,印度先后经历了封建社会时期、殖民地时期和独立建国时期三个阶段,在不同的政治、经济和文化背景下,印度教育的发展呈现出不同的特征。

一、封建社会时期印度的教育

7 世纪上叶,戒日帝国结束了笈多王朝衰亡后邦国林立的局面,印度步入封建社会。13—16 世纪初,穆斯林突厥－阿富汗军事贵族征服了印度次大陆,建立了德里苏丹国家,把中亚的伊斯兰宗教文化带入印度。从这时起,印度先后经历了奴隶王朝(1206—1286)、哈勒吉王朝(1290—1316)、图格鲁克王朝(1320—1389)和莫卧儿帝国(1626—1707)几个时期。

伊斯兰教传入印度,使得佛教由盛转衰,伊斯兰教逐渐成为统治者的宗教。伊斯兰教是 7 世纪初由穆罕默德在阿拉伯半岛的麦加城创立的。信徒称为穆斯林,即"顺从者"之意,信奉安拉,以《古兰经》和《圣训》为主要经典。伊斯兰教教育成为这一时期印度教育的主要形式。

伊斯兰教统治时期,教育得到了政府的大力支持,学校建设受到重视。麦克台卜和马德拉沙是实施教育的主要机构。在初等教育机构麦克台卜,学生要背诵《古兰经》中的部分内容,还要学习阅读、作文和算数。从麦克台卜毕业后,升入马德拉沙接受高一级的教育。穆斯林教育没有设立大学,马德拉沙被赋予传播高深知识的功能。虽然穆斯林教育是在宗教教育的基础上进行的,但世俗教育同样受到重视。马德拉沙除了教授伊斯兰教义、伊斯兰法律和历史外,也传授会计、书信等实用知识。教学方法以记诵课文为主,学生若违反纪律,会被处以残酷的体罚。不同社会阶层的子女都可在麦克台卜接受教育,而社会上层子弟的教育一般在家中进行,皇家子女在皇宫中学习。

二、殖民地时期印度的教育

15 世纪末,随着西方通往印度航路的开辟,印度的历史开始和西方国家的历史交织在一起。以 1757 年普拉西战役为标志,印度沦为英国的殖民地。印度的近代教育即殖民地时期的教育,也从此时开始。

1. 殖民官办教育的状况

殖民地初期,东印度公司与西方传教士联手将教育作为传播基督教的重要手段,在印度掀起"西方化"浪潮。1854 年,经过对印度教育现状的调查,英国殖民当局的议会监督局主席查理士·伍德提出了关于在印度建立完整的近代教育体系的建议,即著名的《伍德教育急件》(*Wood's Educational Dispatch*)①。《伍德教育急件》建议:(1) 在印度各省设立公共教育部;(2) 在三个管区城市(加尔各答、马德拉斯和孟买)各创办一所大学;(3) 建立补助金制度(grand-in-aid system),对符合规定条件的教育机构给予财政补助;(4) 建立上下衔接的学校制度;(5) 确定英语为教学语言。《伍德教育急件》颁布后,印度教育得到了一定的发展,《伍德教育急件》提出的各级学校——小学、中间学校(middle school)、中学(high school)、学院和大学的设置,第一次为印度确立了从小学到大学的现代教育制度。

1882 年,印度教育委员会(Indian Education Commission)成立,负责检查《伍德教育急件》颁布后教育的发展状况。该委员会强调了初等教育的重要性,并在调查了公立教育机构在印度教育中的地位后,建议将初等教育交由地方政府负责,要求政府在高等教育的发展上,推行"放任政策"(laissez-faire policy)。这

① 参见 N. Jayapalan. History of Education in India [M]. New Delhi: Atlantic Publishers and Distributors, 2000:61 - 65.

些建议鼓励了私人办学,使得私人管理的学校和学院数量有所增长。

1901 年,印度总督寇松(L. Curzon)主持了在西姆拉召开的全体公共教育总理事会议,着手制定新的教育政策,在 1904 年颁布了《印度大学法》(Indian Universities Act),力图恢复政府在高等教育方面正趋于放弃的责任,要求政府加强对大学领导机构的监督,并规定私立学院与大学建立附属关系要经由政府批准,[①] 史称"寇松爵士的教育改革"。

1917 年,《孟买初等教育法》颁布,1918—1930 年间,印度全国各大行政区相继颁布初等义务教育法,标志着印度的国民教育制度开始建立。1917—1947 年,被称为印度"新大学的建立时期"。1917 年以后创办的大学一改传统大学专门为各类学院的学生举行考试并授予学位的功用,开始承担教学工作。这一时期高等教育的发展引人瞩目,大学生人数从 1921—1922 年度的 45 175 人猛增到 1946—1947 年度的 193 402 人。[②]

2. 印度民族教育的发展

近代印度的民族教育是在与宗主国文化和教育的碰撞和斗争中孕育、发展的。民族独立运动的兴起,是 20 世纪上半叶印度历史的重要特征,民族教育运动随之形成并发展起来。继 1905—1908 年间第一次高潮之后,第二次民族教育运动的高潮兴起于 20 世纪 20 年代,并在 30—40 年代得到发展,这次运动与"非暴力不合作运动"紧密相联。

1885 年,印度国民大会党(今国大党)成立后,就大力要求推广民族的现代教育。1906 年,印度民族教育委员会(National Council of Education)成立,并宣布要在现行的初等、中等和高等教育体系之外,建立一个包括文科、理科和工科在内的独立的奉行民族主义路线并完全处在民族控制下的教育体系。

1920 年,国大党通过甘地的"非暴力不合作"策略并作出决议,要求儿童逐渐退出由政府资助或管理的学校,并要求在各省创办民族学校和民族学院以取代官办学校和学院。这一决议得到民众响应,印度官办学校的学生人数迅速下降,仅 1921 年全国学院一级的入学人数就下降 8.6%,中学一级下降 5.1%。[③] 这就直接加速了民族教育的发展。1901 年,印度文学家、教育家泰戈尔(Rabindranath Tagore,1886—1941)在圣蒂尼克坦(Santiniktan,"和平村"之意)创办了一所小学,后不断完善建制,先后增设了中学和大学,1921 年扩建为"国际大学"。从官办学校退学转入该校的学生人数年年增加是该校扩建的重要原因。

20 世纪 30 年代,印度民族教育的发展是以甘地(Mohandass Karamchand

① N. Jayapalan. History of Education in India [M]. New Delhi: Atlantic Publishers and Distributors, 2000:76 – 78.

② 滕大春. 外国教育通史:第五卷[M]. 济南:山东教育出版社,1993:505.

③ 滕大春. 外国教育通史:第五卷[M]. 济南:山东教育出版社,1993:499.

Gandhi,1869—1948)的基础教育思想为指针的,因而又称"基础教育运动"。1937 年,全印民族教育大会召开,制定了《基础教育方案》,集中体现了甘地的"以基础教育为主"、"以手工劳动为中心"的教育改革思想。

印度民族教育的兴起和发展,迫使英国殖民当局不得不调整教育政策。在教育行政管辖权上,将初等教育交由地方负责,并着手普及初等教育、改革中等教育和高等教育中的学科设置、提升高等教育质量。

三、独立后印度教育的改革与发展

印度于 1947 年 8 月 15 日摆脱英国的殖民统治,宣告独立,并于 1950 年 1 月 26 日成立共和国。为促进独立后政治经济的恢复和发展,印度对原有殖民地时期的教育进行了改造。

1. 学制改革

印度独立后的第一次学制改革(1947—1966)是以甘地的"基础教育思想"为指导的。甘地提出的"基础教育"包括初级基础学校 5 年、高级基础学校 3 年和基础后学校 5 年。由于独立初期新旧学制并存,形成了事实上的双轨制,基础教育的学校系统实际上成为当时学制中的一轨。

1966 年至今,印度学制改革进入了第二阶段。在教育委员会 1966 年《教育和国家发展报告》以及 1968 年经议会通过的《国家教育政策》中,都提出了在全印各地建立统一的"10 + 2 + 3"学制的要求。"10 + 2 + 3"学制包括:初等教育阶段(8 年)和初级中等教育阶段(2 年)共 10 年,高级中等教育阶段(2 年)和高等教育的本科阶段(3 年)。这次学制改革到 20 世纪 80 年代基本完成,印度第一次拥有了全国统一的学制。

到 20 世纪 90 年代,印度政府对这一学制进行了部分修正,按初等、中等和高等教育 3 个层次划分教育阶段,即将原学制 10 年中的后 2 年初级中等教育同原来的 2 年高级中等教育合为中等教育阶段,并将以后陆续发展起来的非正规教育系统纳入其中。[①] 在印度,1—8 年级为全免费的义务教育,9 年级以上会收取相应的学费,数额根据各邦的经济发展水平及福利状况而各有不同。

2. 初等教育

独立后的几十年间,印度初等教育入学率一直呈稳定增长趋势。然而,直到 1985 年,印度仍未实现 1950 年宪法规定的"自本宪法生效起 10 年内为所有儿童提供免费义务教育直到年满 14 岁"的目标。此外,在初等教育普及中又存在着不平等现象,这种不平等主要来自性别、地域(农村与城市、不同邦之间)和种姓等。

---

① 赵中建等. 印度基础教育[M]. 广州:广东教育出版社,2007:35.

为解决普及初等教育中学生流失率高的问题,印度政府自 1978 年开始有组织地开展"非正规教育"(Non-formal Education, NFE)①,即"以 9 岁至 14 岁年龄的儿童为主要对象的在学校外实施的教育"。20 世纪 80 年代以来,印度政府已将非正规教育纳入现行学制当中。到 1992 年 3 月,这类非正规教育中心的数量已达到 277 000 所,修学人数增加至 680 万。② 另一方面,留级也是造成学生流失的因素之一。早在 1966 年,印度教育委员会就提出了"不留级制",旨在减少由留级和辍学造成的学生流失。从 20 世纪 70 年代起,印度的一些邦开始实施这一制度。

1986 年,印度政府颁布了新的《国家教育政策》,将初等教育作为国家发展的重点,提出"操作黑板计划"(Operation Blackboard)以改善初级小学(1—5 年级)的基本教育设施。2001 年,印度政府启动了"国家普及初等教育项目"并修改了宪法,使接受高质量的初等教育成为每个儿童(包括残疾儿童)的基本权利。

3. 中等教育

在实施普通教育方面,印度的中学主要有三类:邦立学校,宗教组织创办的私立学校,公学和模范学校。除邦立学校外,其余学校均属私立。

"新式学校"是 20 世纪 80 年代以来印度中等教育改革的一大成果,它是在质量平平的邦立学校、质量优良但学费昂贵的公学和模范学校以外新建的一种免费的寄宿制学校。这类学校经费充足、设备齐全、师资雄厚,以农村地区有天赋的儿童为主要招生对象,体现了保证教育平等和社会公正、促进国家一体化的追求。

在职业教育方面,印度在 20 世纪 50 年代中等教育改革中就曾建立过"多元目标学校"(multi-purpose school),意在使课程设置不再仅为升学做准备,而且通过选修课程为部分学生做好职业准备。1968 年《国家教育政策》重申了中等教育职业化的发展方向,到 20 世纪 70 年代后期,这一精神真正得到落实。在"学术轨"以外,"职业轨"(vocational stream)的发展被大力倡导。在 1979—1986 年间,印度实行分轨教育的学校由 1 150 所增加至 1 706 所,到 1986 年,修习职业教育课程的学生已达到 126 571 人。但从比例看,这一数字仅占高中全部学生人数(3 440 863 人)的 3.68%。③ 因此,1986 年新的《国家教育政策》再次要求协调中等普通教育与职业技术教育的比例,努力加快中等教育职业化的步伐。

---

① 参见 Ministry of Human Resource Development. Development of Education in India, 1993—1994 [M]. New Delhi: Department of Education, 1994:25.

② Ministry of Human Resource Development. Education for All: The India Scene [M]. New Delhi: Department of Education, 1993:30.

③ 赵中建等. 印度基础教育[M]. 广州:广东教育出版社,2007:98.

4. 高等教育

1948 年,印度成立了大学教育委员会,对高等教育状况进行调查并提出指导性建议。进入 20 世纪 80 年代后,印度注重发展高等函授教育,以增加民众受教育的机会。

印度高等教育机构由大学(包括中央大学和邦立大学,均为公立)和学院组成。由于政府的重视,印度高等教育规模迅速扩大。据印度人力资源部统计,1950—1951 年,印度有大学 30 所,学院 750 所,在校生数 26.3 万人;到 2003—2004 年,印度的大学增加至 338 所,学院 17 625 所,在校生人数达到 1 009 万人,高等教育毛入学率达到 9.2%。①

由于印度教育体制实行分权,中央政府对大学的控制力有限,并主要通过大学拨款委员会来实现,因而大学具有较广的自治权限,有利于学校的自我发展、学术自由和创新。发达的高等教育为印度培养了大量的科学技术人才,使印度成为世界上拥有最雄厚的技术力量的国家之一。在信息技术和高端产品制造领域,印度已成为中国强劲的竞争对手。然而,印度高等教育却一直没能摆脱科技人才外流、毕业生就业困难和教育机会不公平等问题的困扰。

5. 扫盲教育

印度的扫盲教育可追溯至 20 世纪初。独立后至 20 世纪 80 年代,印度扫盲的努力主要体现在 1948 年的"社会教育"②和 1978 年的"全国成人教育计划"两次扫盲教育运动中。1988 年,印度成立专门指导成人教育的国家教育机构——国家扫盲教育委员会,统一协调和组织各项扫盲计划。经过几十年的不懈努力,印度的识字人数占总人口的比例逐年上升,从 1951 年的 18.33% 上升至 1991 年的 52.19%。这一比例在 1961 年、1971 年和 1981 年分别为 28.31%、34.45% 和 43.67%。其中女性的扫盲成就更为明显,识字人数比从 1951 年的 8.86% 上升到 1991 年的 39.19%。③

1992 年,印度制定了实施新国家教育政策的《行动计划》,该计划将普及初等义务教育和成人教育作为优先发展的部分,构建了世纪末教育发展的框架。印度第十一个五年计划为扫盲教育制定的目标是到 2012 年,男性的识字率达到 85%,女性达到 80%。④ 在国家的积极倡导下,社会各界积极参与扫盲活动;将普及义务教育与扫盲教育相结合,杜绝新文盲的产生;将远程教育方式运用于扫盲教育等,都成为印度扫盲教育的宝贵经验。

---

① 何亮姬,王根顺. 印度高等教育评析及启示[J]. 中国农业教育,2008(2).
② "社会教育"(Social Education)这一提法强调,成人教育除了要在成年人中普及文化以外,还要对他们进行公民教育。这在事实上拓展了成人教育的范畴和视野。参见 N. Jayapalan. History of Education in India [M]. New Delhi: Atlantic Publishers and Distributors, 2000:153.
③ 赵中建等. 印度基础教育[M]. 广州:广东教育出版社,2007;80.
④ 关丽梅. 印度扫盲教育经验及其启示[J]. 继续教育研究,2008(10).

第二节 埃及的教育

据文献记载,古代埃及就有了较为丰富的学校类型(宫廷学校、僧侣学校、职官学校、文士学校等),教授知识的内容也较为广泛,在同时期的文明古国中处于领先的地位。在高等教育方面,公元前332年马其顿王国占领埃及后,马其顿王亚历山大建成具有大学功能的亚历山大城博物馆。时隔一千多年,于970年创建的爱资哈尔大学(AL-Azhar University)成为埃及伊斯兰教教育的最高学府和文化中心。宗教教育在埃及有着悠久的传统,而世俗教育则起步较晚,直到19世纪初,由于穆罕默德·阿里建立医学、工程、财会等专科学校的努力,才推动了埃及世俗教育体系的形成。

一、英国占领时期埃及的教育(1882—1922)

1882年9月,英国军队入侵埃及并实行了40年军事占领。40年间,英国驻埃及总督和英国军队成为埃及掌握实权的统治势力。取消免费教育制度和削减教育经费,成为英国占领当局这一时期在埃及的主要教育政策。

早在1867年,埃及政府就颁布法令,规定所有立法机构的成员都要能阅读和书写,所有30岁以下的公民要能够阅读。在英国军事占领以前,埃及政府已开始对贫困家庭学生提供免费教育,但这一政策被英国占领当局取消直到占领结束。免费教育制度的取消对埃及教育的发展非常不利,英国当局实际上通过收费的手段剥夺了埃及下层阶级儿童受教育的权利。到1907年时,几乎所有的免费教育都被英国驻埃及总督巴瑞恩(Evelyn Baring)的命令禁止,甚至在那些为穷人开办的高等学校中接受教育的学生最低也是中产阶级的子女,而贫穷的埃及人只能到昆它布(kuttāb)中接受教育。[①]

由于巴瑞恩就任时,用削减教育开支的办法解决了政府的财政危机,削减教育经费就成为这一时期解决财政危机的一种对策。到1913年时,实际上只有20.5%的男孩和6.5%的女孩受到了最低水平的教育,埃及的在校学生数仅占适龄人口的3.5%。[②]由于教育投资不足,到1914年,整个埃及的高中已由英国占领前夕的25所,减少至4所。

值得注意的是,在英国占领当局采取措施遏制埃及教育发展的同时,教育已经成为埃及知识分子与英国占领当局进行斗争的一个领域。他们把用阿拉伯语进行教学、争取扩大教育面和提供免费教育作为争取民族自由的武器。1908年

---

① 王素,袁桂林. 世界教育大系·埃及教育[M]. 长春:吉林教育出版社,2000:19.
② 滕大春. 外国教育通史:第五卷[M]. 济南:山东教育出版社,1993:522.

埃及大学(Egyptian University)的创立,目的就是培养埃及自己的知识分子,以争取民族解放运动的最后胜利。

二、独立后埃及的教育

1922 年,埃及获得独立。独立后的埃及政府对发展教育给予高度重视,初步建立起较为完备的学校教育体系。1952 年,埃及成立资产阶级民主共和国,其教育的发展步入了新的阶段。

1. 独立初期埃及的教育(1922—1952)

第一次世界大战掀起了埃及人民反对英国统治的高潮,英国被迫在 1922 年 3 月承认埃及"独立",但仍在埃及保留了军队。

独立后的埃及,将教育作为争取国家真正独立和实现社会民主、进步的重要工具,最早做出的努力就是通过发展教育来扫除文盲。1923 年 4 月,埃及颁布的宪法中确定埃及的政体为君主立宪制,并第一次规定对所有 6～12 岁的儿童实行免费义务教育。1925 年 3 月,新任教育部长马赫(Ali Mahir)在就职演说中强调:"我们的任务是坚持不懈地努力,实行一种坚定的和自由的教育政策,与此同时竭尽全力保护我们的民族性。"①这一时期埃及初等教育的学校类型共有"义务公立学校"、初级学校、初等学校、私立学校等四类,这些学校均为四年制,后两类学校需缴纳学费,教学质量也较高。

独立初期埃及的中等教育也得到了扩展,学习年限由 3 年最终确定为 5 年,一些著名中学,如赛迪亚中学、陶菲克中学、赫迪夫中学等相继创办,教学质量很高。中学的课程在保留原有宗教科目的基础上,世俗科目逐渐增多,但死记硬背和僵化的考试方式仍是最主要的方法。从 1934 年起,埃及教育部规定,将原先独立于国家教育制度外的外国语言学校置于政府监督之下。这是埃及教育国家化的又一努力。

1925 年,埃及大学扩展为一所综合性国立大学。此后埃及又创办了两所国立大学:亚历山大大学和艾因·舍姆斯大学。然而埃及的大学在体制上和课程上一直模仿他国,毕业生难以满足国家发展的需要。

这一时期埃及存在着两种教育体制:一种是贫困家庭的儿童进入初级学校或昆它布,然后升入爱资哈尔学校②或职业训练学校继续接受教育;另一种是富裕家庭(包括上层社会人士、富裕的土地所有者以及高级政府官员的家庭)的儿童进入初等学校或外国语言学校,然后在国立大学或国外完成他们的学业。这

① 滕大春.外国教育通史:第五卷[M].济南:山东教育出版社,1993:525－526.
② 传统的爱资哈尔大学在埃及独立后仍保持了它作为伊斯兰学术、文化和教育中心的传统地位,20世纪 30 年代,爱资哈尔系统发展为初等教育、中等教育和高等教育三个层次,是独立于国家教育制度之外的宗教教育机构。参见滕大春.外国教育通史:第五卷[M].济南:山东教育出版社,1993:531.

种教育制度上的双轨制显然是不民主的,且两轨之间的不平等相当明显——初等学校从政府得到的资助是每名学生 20 埃镑,而初级学校仅为每名学生 2 埃镑。1943 年,教育部决定取消小学的学费,试图把初级学校和初等学校合并为一个单一的面向所有儿童的初等教育机构。消除教育制度中的双轨制,体现了埃及社会和教育民主化的必然要求。

2. 战后埃及教育的发展与改革(1952 年至今)

1952 年 7 月,纳赛尔(G. A. Nasser)领导的"自由军官组织"发动起义,推翻了法鲁克封建君主王朝,建立了资产阶级民主共和国。战后埃及新政府改革与发展教育的举措主要围绕以下几个方面:

(1)全力夯实基础教育

在 1953 年和 1956 年,埃及政府颁布了第 210 号和第 213 号法令,将初等教育的学制由 4 年延长至 6 年,完成了统一小学的工作,为普及小学教育提供了条件;并规定以"自动升级制"(学生上课时数要达到 75% 即可升级)取代"考试升级制",以稳定在学率。虽然面临人口增长过快、教育经费不足等诸多困难,埃及这一时期普及义务教育的成就依然明显。据统计,1947 年,埃及人口的文盲率为 78%,1960 年下降至 70.5%,1976 年继续下降至 56.5%。① 为了进一步普及义务教育,在第三个五年计划时期(1970—1975),埃及政府努力改善学校设施、在农村地区建立单班学校②,并将义务教育延伸至免费中间学校——预备学校(创办于 1953 年,学制 3 年),开始实行 9 年义务教育。

20 世纪 90 年代以后,总统穆巴拉克提出新的教育改革国家计划,将教育视为国家安全、发展和富强的基石。埃及政府采取了一系列措施,大幅增加对基础教育的投入,大规模增建中小学。1992—1997 年,埃及政府新建中小学 7 500 所,并完成了 21 236 所中小学的修缮和翻新工程。③ 为提高基础教育质量,加强师资队伍建设,埃及政府在改善中小学教师待遇、提高教师工资水平的同时,大力开展各项教师专业培训计划,并建立了全国性的教师培训中心——穆巴拉克教育城,利用网络资源向教师提供远程教育。

(2)改革发展高等教育

为缓解原有几所大学面临的压力,从 1950 年起,埃及开始创建一批包含各种专业和学科的综合性高等院校,并于 60 年代决定建立一批高等专科学校,以培养各行业发展所需的专门人才。1953 年起"校外生"制度的实行,为未考取大学的中学毕业生提供了在校外学习大学课程的机会。这种制度主要在文、法、商

---

① 滕大春. 外国教育通史:第六卷[M]. 济南:山东教育出版社,1994:563.

② 参见 UNESCO International Institute for Educational Planning. University Education and the Labour Market in the Arab Republic of Egypt [M]. 1982:87.

③ 成文章,张誉. 出访印度、埃及记[J]. 云南教育,2004(30).

等学院推行,20 世纪 50—60 年代,埃及有数万名青年受益于这种制度。1952年,每千名人口中大学生数为 2.4 名,到 1978 年增加到 7.8 名。[1]

由于埃及政府十分重视高等教育,高等院校数与在校生数迅速增长,目前埃及高等教育毛入学率已达 30% 以上[2],大学与高等教育机构在校生数从 1981—1982 年度的 68 万余人增长到 2005—2006 年度的 180 余万人[3],使埃及由低人力发展指数国家迈入中等人力发展指数国家的行列。其中,公立大学在校生数已从 1981—1982 年度的 50 余万人增长到 2002—2003 年度的近 124 万人。[4] 不论在学术地位还是在办学规模上,公立大学都是埃及高等教育的主体。公立高等教育免费,教学模式趋于传统和国际化程度较高是埃及高等教育的显著特征。

(3) 发展职业技术教育

埃及独立初期,教育改革注重文化知识的普及、读写能力的提高,但技术教育仍未受到重视。20 世纪 50 年代以后,国家农业和工业现代化的目标要求教育系统提供工农业、军事等部门需要的专门人才;另一方面,随着初等教育普及率的提高和普通教育的扩展,未能考入大学的普通中学毕业生因缺乏一技之长而面临就业困难。于是在埃及政府的要求下,一批中等职业技术学校(主要包括工、农、商业学校)逐步建立。每千人中职业技术学校的学生数由 1952 年的0.8 名增加到 1972 年的 9 名,增长了 1025%。到 20 世纪 90 年代,接受职业中等教育的人数比例继续增加,占到基础教育阶段毕业生总数的 65%。[5] 目前埃及共有中等职业技术学校 1 041 所,有近 200 万名学生在校学习。然而由于职业技术教育发展过快,设备、场地和合格师资都出现短缺,因而影响了教育质量。

(4) 重视发展女子教育

从传统来看,埃及妇女的社会地位低下,到二战结束时,女童尚未得到与男童同等的受教育机会。1952 年革命以后,埃及政府颁布法律,明确规定男女儿童接受各级教育的机会平等,在全国广泛兴办扫盲班和夜校等扫盲机构,在提供扫盲教育的同时,帮助广大妇女获得从事生产、生活的基本技能;并积极兴办各类女子学校,倡导男女同校,鼓励女子接受正规的学校教育。1956 年,小学阶段女生比例为 37%,预备学校阶段为 23%,中学阶段为 16%,大学阶段为 14%,到1981 年,以上比例分别提高为 41%、38%、37% 和 33%。[6]

20 世纪 90 年代,依照教育部为保障女童教育颁布的新政策,埃及建立了单班学校、社区学校和小型学校。同时,政府还在学校中设立女子班,学习年限为

---

① 滕大春. 外国教育通史:第六卷[M]. 济南:山东教育出版社,1994:564 – 565.
② 同期非洲高等教育的毛入学率约维持在 8% 的水平。
③ Ministry of Information. 22 Years of Achievements 1981—2003[M]. 2004:121.
④ Ministry of Information. 22 Years of Achievements 1981—2003[M]. 2004:121.
⑤ Mubalak and Education. A Look to the Future [M]. New Rose EI:Youssef Printing Press, 1992:45.
⑥ 滕大春. 外国教育通史:第六卷[M]. 济南:山东教育出版社,1994:567.

5 年,以实现人口稠密地区女子受教育机会平等。通过努力,男女学生所受教育的差距明显缩小。2001—2002 年度,义务教育阶段学生入学率达到 98% 以上,小学教育阶段辍学率下降到 0.87%,其中女童辍学率下降非常明显,从 1990—1991 年度的 6.5% 下降到 2001—2002 年度的 0.61%。①

3. 埃及现行教育体制

埃及的教育体制是在 20 世纪 50 年代形成的,虽历经改革,但总体框架未变。1989 年,埃及教育部规定该教育体制的主要目标如下:① 促进民主和机会平等,养成民主的个体;② 促进国家的总体发展,即建立起教育与就业之间的功能关系;③ 增强个体对国家的归属感,促进阿拉伯文化的同一性;④ 通过自我更新和自我教育而导向持续的和终生的学习;⑤ 发展学生的文化知识和技能。

(1)教育行政制度

埃及实行中央集权式的教育管理体制。埃及政府负责教育管理的机构有两个:教育部和爱资哈尔宗教事务部。教育部又下设两个部:普通教育部和高等教育部(大学最高委员会属高等教育部)。高等教育部负责高等教育发展规划的制定及其下属学校的管理工作。普通教育部负责管理大学以下的各级各类教育(包括学前教育及特殊教育)。爱资哈尔宗教事务部负责爱资哈尔大学及爱资哈尔系统内中学和小学的规划和管理。

(2)学校教育制度

学前教育。埃及的幼儿园招收 4~6 岁幼儿,分为公立、私立两种,均须缴费,而学费高昂是幼儿入园率低的原因之一。在 20 世纪 90 年代的教育改革中,新的教育计划将学前教育纳入义务教育范畴,旨在为所有幼儿提供平等的教育机会。

初等教育。初等教育是基础教育的第一阶段。法律规定,埃及凡年满 6 周岁的儿童必须进入小学学习。小学有六年制和八年制两种类型,课程范围较广,考试制度较为严格,毕业生要参加"小学毕业证书考试"。

预备学校,又称中间学校。它属于基础教育的第二阶段,学制 3 年,学生年龄在 12~15 岁左右,入学免费。自 1981 年埃及第 139 号法令将此类学校纳入义务教育范畴后,埃及义务教育阶段延长至 9 年。学生在这一阶段末进行分流,成绩优秀的进入普通中学,成绩一般的进入各类中等职业技术学校。

中等教育。埃及的中等教育也是免费的,但不属义务教育。预备学校设立后,中等教育学制减少为 3 年,学生年龄约为 15~18 岁。中等教育机构主要有普通中学和技术中学两种类型。普通中学是为预备学校的优秀毕业生提供升学

① 王怀宇. 埃及义务教育的改革与发展[J]. 中国民族教育,2006(6):44.

准备的学术性中学;技术中学是埃及中等职业技术教育机构的统称,可分为农业中学、工业中学和商业中学等类型。

高等教育。埃及高等学校招生是以中学毕业证书的成绩为依据的。埃及高等教育由两个系统组成:一是大学系统,二是高等教育机构。埃及共有大学31所,包括公立大学18所,私立大学13所,提供四年本科及以上程度的学术性教育。高等教育机构则为职业性教育体系,包括两年制的专科教育,埃及目前共有此类高等教育机构140余所。公立大学无论就学术地位还是就办学规模而言,都是埃及高等教育的主体。

此外,爱资哈尔系统是与世俗学校体制并行的宗教教育系统,由六年制小学、三年制预备学校、四年制中学和爱资哈尔大学构成,这一系统由爱资哈尔宗教事务部负责管理,实施严格的宗教教育。不过,由于大学改革与世俗化,爱资哈尔大学这所具有千余年历史的宗教性大学正在转变为多科性综合大学。

第三节　巴西的教育

巴西的土地上最早生活着土著印第安部落,保持着原始公社制度。1500年,巴西沦为葡萄牙的殖民地,遭受了长达300余年的殖民统治,1882年获得独立。独立后的巴西经历了共和国时期、军人独裁时期和民主共和国时期,在此期间,巴西的教育逐渐步入近代化进程。

一、巴西概况

巴西位于南美洲东部,是拉丁美洲领土面积最大、人口最多的国家,面积为8 511 965平方千米,占南美洲总面积的47.3%。2005年,巴西人口总数为1.84亿,居世界第五位,居民以葡萄牙人、印第安人和非洲人为主,官方语言为葡萄牙语。

巴西是拉丁美洲的经济大国。二战后,巴西的国民经济迅速发展,20世纪70年代曾造就轰动世界的"经济奇迹",进入90年代后,巴西的经济实力进入世界前十位。巴西由于在国土面积、地理位置、人力物力资源等方面的优势,发展潜力巨大,因而获得"明日之国"的称誉。然而,巴西又是世界上贫富差距最大的国家之一。在巴西,占人口50%的最贫困人群1960年拥有全国收入的18%,这一比例到1995年下降为11.6%;而占人口10%的最富裕人群1960年拥有全国收入的54%,到1995年上升为63%。[①] 这种状况势必影响教育的普及与

①　Ministry of Education Brazil. National Report on the Education of Young People and Adults International Mid-term Conference on Adult Education [DB/OL]. http://www.undp.org/elt/documents/thematic/nhdr/BRAZIL.pdf.

发展。

从教育的发展历程看,在长达300多年的殖民地时期,葡萄牙殖民当局对巴西教育的发展漠不关心,因而这一时期教育被教会所垄断,耶稣会的传教活动成为教育的主要形式。由于教育基础薄弱,独立后巴西教育的发展依旧非常缓慢。直到20世纪20年代,巴西教育才随着经济建设的加速开始有了起色。1920年巴西第一所大学——里约热内卢大学创立。1934年,依照法国高等教育模式创办的圣保罗大学成为巴西第一所现代意义上的综合性本科大学。1930年,巴西内阁首次设立文化教育部。1946年巴西宪法规定,巴西的每一位公民都有接受初等教育的义务。

二、二战后巴西教育的改革与发展

二战后,巴西政府极为重视国民教育,把开发人力资源作为发展国民经济的战略措施之一。为满足国家政治、经济迅速发展的需要,巴西战后进行了多次教育改革,涉及教育体制、教育观念、教育平等化等方面。通过改革,建立了较为完备的学校教育制度。

1. 教育行政体制的变革——从中央集权制走向中央与地方合作制

成立于1930年的巴西文化教育部到1961年改革以前,已经扩展为一个庞大、臃肿、低效的官僚机构,它集权、独裁地管理着教育,剥夺了州与地方的办学自主权。1961年,巴西颁布《教育基本法》,对教育行政体制进行了改革,将中央集中领导改为由联邦与州两级管理,并建立了联邦教育委员会和州教育委员会。到20世纪70年代,中央与地方合作性质的管理体制最终建立:联邦教育委员会负责总的教育方针政策、课程基本要求、教师资格的确定,各州的教育委员会在联邦授权的范围内负责管理各州的教育。根据1961年《教育基本法》和1971年《中等教育改革法》,州与市的教育经费至少应占州与市预算的20%,由州决定教育投资和确定学校的数量。初等教育与中等教育由州和市管理,初等教育以市政府管理为主。长期以来,联邦政府对公立高等学校财政、人事政策严格控制,1988年的巴西新宪法成为巴西政府与高等教育关系模式的转折点,巴西高等教育管理体制由政府控制模式走向政府监督模式。新宪法赋予公立大学在财政、政治和管理方面大量的自治权。①

2. 教育观念的变革——加强教育与经济发展的联系

长期以来,巴西在教育观念上受欧洲传统教育思想影响极深,形成了重文轻理、注重学术、贬低技术和推崇英才教育的取向。现代社会和经济的发展,推动着教育观念的变革,教育与经济发展的关系日益密切。1967年,巴西制定了"十

---

① 蒋洪池. 巴西高等教育现代化策略研究[J]. 复旦教育论坛,2006(1).

年发展规划",明确提出了教育发展的目标:教育必须做到高效率、高质量,课程要进一步与社会变革和经济发展的需求相联系,学校要培养经济发展所需的熟练工人。1971年《中等教育改革法》重新确定了中等教育的目的和任务——传授科学基础知识与服务社会经济发展,并试图使全部中等教育职业化,要求所有学校都开设职业课程。这一时期,巴西中等教育发展极为迅速,中等学校注册学生人数从1965年的100万增长至1975年的194万[①]。但问题也随之出现:由于改革举措矫枉过正,过分偏重职业技术教育而削弱了中学阶段的基础训练,造成经过职业训练的中学毕业生就业困难。因此,1975年,巴西恢复了普通文理课程与职业技术课程共存的设置。尽管如此,改革使中等教育应与经济发展相联系的观念深入人心。为促进职业教育的发展,巴西政府还采取了允许职业技术学校的学生继续升学、设立奖学金、改革学制和教学方法等措施,以期满足经济发展对人才的要求。

3. 教育平等化进程——社会进步的必然要求

成立之初,巴西文化教育部曾以牺牲绝大多数人受教育的机会为代价,着力关注面向少数人的高质量公共教育体系的建设(1980年,巴西初等学校适龄儿童入学率仅为76.2%,在拉美各国中列第17位)。[②] 直到20世纪90年代,巴西公共教育体系仍然是精英型的,不断凝固和扩大着社会不平等,是巴西半个世纪以来教育水平低下的症结所在。

20世纪90年代中期,巴西政府采取一系列措施,加速教育平等化的进程。

在教育经费方面,依照新宪法的规定,将州和市税收的25%分配给教育事业;并规定在新宪法颁布后的10年中,将三级政府征收税的50%用于普及初等教育、提高教育质量和扫除文盲。

巴西"全民教育十年计划"(1993—2003)的推出有力保障了全体公民受教育的权利,并促进了巴西教育的平等。该计划的总目标为:"扩大学校的覆盖面,使学龄人口入学率达到94%以上;通过降低留级率,确保学生的升学率,使80%的学生在规定时间内以较好成绩读完小学。"[③]这一时期,巴西学龄儿童入学率明显提高,7~14岁的学龄儿童入学率从1994年的91%上升至1998年的98%;接受初等教育的学生人数在1994—1998年间上升了12%,以往辍学严重的5—8年级,学生注册人数增幅达21%;接受中等教育的学生人数激增,1994—1998年间,增幅高达41%。[④] 随着基础教育改革的实施,无论是在初等教育还是

---

① 黄志成. 世界教育大系·巴西教育[M]. 长春:吉林教育出版社,2000:145.
② Brazil Ministry of Education and Sports. The Development of Education, National Report, 1990–1992 [M]. 43rd Session of the International Conference on Education. Geneva,1992.
③ 高艳贺,黄志成. 巴西教育平等透视[J]. 外国教育研究,2007(8).
④ 周世秀. 90年代巴西教育的改革与发展[J]. 拉丁美洲研究,2000(3).

中等教育阶段,地区间发展差距已显著缩小。在 1993—2002 年间,经济发展水平较低的东北部和北部基础教育发展比其他地区更为迅速,这无疑得益于"东北地区教育计划"和学习成绩落后地区教师培训计划的实施。向残疾儿童、青少年提供特殊教育服务以及采用双语和多文化教学满足印第安儿童的教育需求等①也是巴西促进教育平等的重要举措。

4. 巴西现行学校教育制度

巴西的正规教育分为四级:学前教育、基础教育、中等教育和高等教育。

(1) 学前教育。旨在对 6 岁以下儿童进行教养,以促进儿童动作技能、认知、社会情感、语言等方面的发展。学前教育的机构包括三种:为 2 岁以前的儿童开设的托儿所,为 2~4 岁儿童开设的幼儿园,为 4~6 岁儿童开设的学前学校,为不同年龄阶段的儿童提供照料和教育。根据新宪法的规定,学前教育被视为公民的一种社会权利,6 岁以下儿童都能免费在幼儿园或幼儿学校中学习。

(2) 基础教育。即普及义务教育阶段(7~14 岁),包括 8 个年级,每学年至少完成 800 学时。课程包括共同核心课程和多样化课程两部分。共同核心课程是全国统一的必修课,包括葡萄牙语、社会学科(历史、地理、公民等)和自然学科(物理、生物、数学等)。多样化课程是根据地方、学校和学生的需要和特点而开设的课程。

1991 年,巴西初等教育机构为 193 700 所,其中公立小学占 93.8%,市立小学又占公立小学总数的 69.6%。② 在农村和落后地区,巴西基础教育仍然存在入学儿童年龄差距大,教师数量不足、水平参差不齐,教学设备简陋,学生退学和留级现象严重等问题。

(3) 中等教育。中等教育机构包括普通中学和职业技术中学两类。普通中学学制为 3 年,对学生进行系统的文化科学知识的教学与训练,为高等院校培养生源,学生年龄约在 15~18 岁;职业技术中学学制 2~4 年,为满足国民经济发展的需要,培养具有中等技术水平的劳动者和技术人员。职业技术学校在巴西中等教育中占有重要地位。巴西在 20 世纪 70 年代的中等教育体制改革中还建立起一种与正规教育体系平行的补充教育(ensino supretivo)制度,旨在为那些在相应年龄段没有机会完成学业的人提供适合他们特点的教育,也向已全部或部分完成学业的人提供进修的机会。

(4) 高等教育。巴西高等教育机构包括综合性大学和专科性院校,要取得高校入学资格须参加全国统一入学考试。根据学科、专业和学历层次的不同,学

---

① A. Dewees, S. J. Klees. Social Movements and the Transformation of National Policy: Street and Working Children in Brazil[J]. Comparative Education Review,1995(2).

② 黄志诚. 世界教育大系·巴西教育[M]. 长春:吉林教育出版社,2000:102.

制 2～6 年不等。专科性院校的任务主要是培养高级专门人才。综合性大学除了提供更广泛、更完整的知识与文化的教学和训练外,还承担着各种类型的科研项目,同时也为社会开设所需课程。

20 世纪 90 年代以来,巴西高等教育毛入学率从 1990 年的 11.2% 上升到 2000 年的 19%,实现了高等教育由精英教育向大众化的转变。[①] 公立高等学校提供免费教育。目前,巴西的 894 所高等学校中,公立高等学校有 222 所,占高校总数的 24.8%。[②]

许多发展中国家,如印度、埃及、伊朗、墨西哥等,都是人类古代文明的摇篮。这些国家在遭遇殖民占领之前,早已有了不同类型、不同水平的教育机构,不仅有初等教育机构,甚至拥有高级学校。虽然有些文明曾经中断,但在人类文化教育发展史上仍具有重要价值。从 15、16 世纪开始,这些国家和地区相继沦为西方国家的殖民地或附属国。殖民当局控制这些地区的教育领导权,不加改变地将宗主国的教育移植到殖民地,压制了这些地区本土文化的继承和传播。虽然西方国家在这些地区也曾兴办学校、普及教育,为建立完整的教育体系做出过努力,殖民占领也在客观上将西方近代文明引入了殖民地,从而促进了不同类型文明的碰撞、冲突和融合,催化了被殖民民族社会和文化的觉醒,然而这并不意味着殖民当局能够心无芥蒂地关心各阶层人民的普遍教育。他们关心的是如何将这些地区上层人士的子女训练成能为殖民当局服务的人,而同样是为了维护统治,他们为当地社会下层人民提供的教育往往是十分审慎而吝啬的。在殖民教育政策的长期影响下,被殖民国家在宣布独立时,民众的文盲率均高达 80%～90%,大量学龄儿童失学或辍学,师资短缺,学校教育质量低下。独立后,各国都下大力量开展扫除文盲的教育,普及初等义务教育,着力培养师资,改革教育体制、教育结构和教学内容,努力提高教育质量。虽然取得一定成绩,但由于发展中国家生产力水平总体不高且地区间不平衡,国民经济生活水平普遍较低,人口基数大且增长较快,教育发展的前景仍不容乐观:扫除文盲和普及初等教育的任务仍十分艰巨,教育经费短缺导致教育政策难以完全落实,师资队伍的数量和质量不能满足教育发展的需要,高等教育结构不适应本国需要。这些问题仍困扰着发展中国家的教育。

西方国家的入侵给发展中国家教育近代化(世俗化、国家化、普及化、科学化)的历程增添了一层含义,即在"教育国家化"中增加了"教育民族化"、"教育本土化"的含义。不论是殖民地时期发展中国家民族教育的抗争与发展,还是

① UNESCO. World Education Report 2000[R]. Paris,2000.
② Rebecca Marlow-Ferguson. World Education Encyclopedia Volume I. [M]. Detroit:Thomson Gale, 2002:166.

独立后依照国情对教育进行的革新或改造,都在实践着这一层含义。

思 考 题

1. 殖民地时期,印度官办教育和民族教育对教育发展做出的贡献。
2. 二战后埃及教育改革的主要举措。
3. 二战后巴西教育改革的主要经验。

参考文献

1. N. Jayapalan. History of Education in India［M］. New Delhi：Atlantic Publishers and Distributors, 2000.

2. S. R. Vashist, Ravi P. Sharma. History of Education in India［M］. New Delhi：Radha Publications, 1997.

3. S. R. Sharma. History of Ancient Education［M］. New Delhi：Omsons Publications, 2005.

4. 滕大春. 外国教育通史:第四卷[M]. 济南:山东教育出版社,1992.

5. 滕大春. 外国教育通史:第五卷[M]. 济南:山东教育出版社,1993.

6. 滕大春. 外国教育通史:第六卷[M]. 济南:山东教育出版社,1994.

7. 王长纯. 世界教育大系·印度教育[M]. 长春:吉林教育出版社,2000.

8. 王素,袁桂林. 世界教育大系·埃及教育[M]. 长春:吉林教育出版社,2000.

9. 黄志成. 世界教育大系·巴西教育[M]. 长春:吉林教育出版社,2000.

10. 赵中建. 战后印度教育研究[M]. 南昌:江西教育出版社,1992.

11. 马加力. 当今印度教育概览[M]. 郑州:河南教育出版社,1994.

12. 李乾正,陈克勤. 当今埃及教育概览[M]. 郑州:河南教育出版社,1994.

13. 李建忠. 战后非洲教育研究[M]. 南昌:江西教育出版社,1996.

14. 曾昭耀,石瑞元等. 战后拉丁美洲教育研究[M]. 南昌:江西教育出版社,1994.

15. 贺国庆,王保星,朱文富等. 外国高等教育史[M]. 北京:人民教育出版社,2003.